% LEBENDIGE TREUE ZUM URSPRUNG

# WALBERBERGER STUDIEN
der Albertus-Magnus-Akademie

THEOLOGISCHE REIHE
herausgegeben von
Willehad Paul Eckert OP

Band 14
LEBENDIGE TREUE ZUM URSPRUNG

JOHANNES BUNNENBERG

# LEBENDIGE TREUE ZUM URSPRUNG

Das Traditionsverständnis Yves Congars

MATTHIAS-GRÜNEWALD-VERLAG · MAINZ

CIP-Titelaufnahme der Deutschen Bibliothek

*Bunnenberg, Johannes:*
Lebendige Treue zum Ursprung: das Traditionsverständnis
Yves Congars / Johannes Bunnenberg. – Mainz: Matthias-
Grünewald-Verl., 1989
(Walberberger Studien der Albertus-Magnus-Akademie: Theologische Reihe; Bd. 14)
Zugl.: Bochum, Univ., Diss., 1988
ISBN 3-7867-1411-8
NE: Albertus-Magnus-Akademie <Walberberg>: Walberberger Studien
der Albertus-Magnus-Akademie / Theologische Reihe

© 1989 Matthias-Grünewald-Verlag, Mainz

Das Werk einschließlich aller seiner Teile ist urheberrechtlich
geschützt. Jede Verwertung außerhalb der engen Grenzen des
Urheberrechtsgesetzes ist ohne Zustimmung des Verlags unzulässig
und strafbar. Das gilt insbesondere für Vervielfältigungen,
Übersetzungen, Mikroverfilmungen und die Einspeicherung und
Verarbeitung in elektronischen Systemen.

Reihengestaltung: Roland P. Litzenburger
Gesamtherstellung: Echter Würzburg,
Fränkische Gesellschaftsdruckerei und Verlag GmbH.

# INHALTSVERZEICHNIS

Vorwort .............................................. XI
Verzeichnis der Abkürzungen ........................... XIII
Quellen- und Literaturverzeichnis ...................... XV

EINLEITUNG ..................................... 1
1. Yves Congar – ein »traditioneller« Theologe ............... 1
2. Aufriß der Problematik ............................... 3

BIOGRAPHIE UND THEOLOGIE – DER LEBENSWEG
CONGARS BIS IN DIE DREISSIGER JAHRE ............. 7

A. ANNÄHERUNGEN ............................. 15
  I. Die Virulenz des Traditionsthemas in der französischen
    Theologie im 1. Drittel des 20. Jahrhunderts .............. 17
    1. Der Modernismusstreit ........................... 17
      a) Hintergründe ............................... 18
      b) Fragestellungen ............................. 19
    2. Kurze Charakteristik theologischer Richtungen .......... 21
      a) Neuscholastische Systeme ...................... 21
      b) Theologischer Modernismus .................... 22
      c) Progressive Vermittlung ....................... 22
      d) Maurice Blondel ............................. 25
    3. Maurice Blondels Beitrag »Histoire et Dogme« .......... 26
      a) Der Extrinsezismus .......................... 27
      b) Der Historizismus ........................... 27
      c) Das Traditionsprinzip als Antwort ............... 31
    4. Die dominikanische Schule von Le Saulchoir .......... 33
      a) Ambroise Gardeil op ......................... 33
      b) Marie-Dominique Chenu op ................... 37
      c) Die Prägung Congars durch Le Saulchoir .......... 45
    5. Der Ort Congars im theologischen Umfeld ............ 46
      a) Indirekte Einwirkungen des Modernismus auf Congar ... 46
      b) Von Blondel zu Congar ....................... 48
      c) Grenzziehungen ............................. 52

II. Spuren einer Theologie der Tradition im Werk Congars
bis zum 2. Weltkrieg .............................. 58
  1. Ansätze zu einer geschichtlichen Hermeneutik ........... 58
  2. Aufbruch zu den Quellen ......................... 61
  3. Tradition als Erfahrung und Leben .................. 63
  4. Die ökumenische Bedeutung der Tradition ............. 65
  5. Kirche und Tradition im Anschluß an J. A. Möhler ........ 66
  6. Theologie als Theologie der Tradition ................ 71

III. Etappen auf dem Weg zu einer Theologie der Tradition
nach dem 2. Weltkrieg ............................ 76
  1. Congars Theologie zwischen Aufbruch und Abblockung .... 76
     a) Tendenzen der französischen Theologie im und nach dem
        2. Weltkrieg ................................ 76
     b) Congar zwischen Thomismus und »Nouvelle Théologie« . 78
     c) Lehramtliche Bremsen ........................ 80
     d) Congar im Konflikt mit Rom .................... 81
  2. Historische Theologie ........................... 83
     a) Der Theologiebegriff Congars im Übergang von
        der Scholastik zur Moderne .................... 83
     b) Geschichte und Theologie ..................... 88
     c) Theologie der Heilsgeschichte ................... 91
     d) Die Eschatologie als Dimension der Geschichte ........ 95
     e) Die Kirche als geschichtliche und transzendente Wirklichkeit 98
     f) Elemente einer theologischen Anthropologie .......... 103
     g) Tradition als Integration ...................... 107
  3. Reform und Reformation als Herausforderung
     für den Traditionsbegriff ........................ 109
     a) Zur Einordnung ............................ 110
     b) Anliegen, Methode und Leitlinien ................ 111
     c) Grundlegung des Traditionsbegriffs ............... 113
     d) Tradition zwischen normativer Vergangenheit
        und aktuellem Anspruch ...................... 114
     e) Verkehrungen der Tradition ................... 116
     f) Auseinandersetzung mit der Reformation .......... 118
     g) Zusammenfassung .......................... 121

B. DIE SYSTEMATISCHE ENTFALTUNG DES TRADITIONS-
THEMAS BEI CONGAR ............................ 123

I. Hermeneutische Leitlinien ......................... 127
  1. Hauptanliegen der Theologie Congars ................ 127
  2. Wirkungen eines weitgespannten Gesprächs ............ 130

3. Fragestellungen ................................. 133
II. Eine biblische Skizze zum Thema Tradition ............... 135
   1. Im Anfang war die Tradition ...................... 135
   2. Das Verhältnis Jesu zur Tradition .................. 136
   3. Paulus als Theologe der Tradition .................. 138
   4. Tradition durch Zeugnis und als Weiterführung
      der Heilsgeschichte ............................. 139
   5. Sendung, Sinn und Geist – Tradition im johanneischen
      Schrifttum .................................... 141
   6. Die apostolische Tradition ........................ 142
   7. Auswertung ................................... 143

III. Die Geschichte des Traditionsverständnisses .............. 145
   1. Congar als Historiker mit theologischer Absicht .......... 145
   2. Der Ertrag der geschichtlichen Untersuchung ........... 150
   3. Systematische Konsequenzen aus der Geschichte ......... 153
   4. Prinzipien der historischen Theologie Congars ........... 155

IV. Der systematische Ansatz .......................... 160
   1. Der Einstieg .................................. 160
   2. Tradition zwischen Theologie und Anthropologie ......... 161
   3. Begriffliche Unterscheidungen ..................... 163
   4. Grundsätzliche Orientierung ...................... 165

V. Tradition und Offenbarung .......................... 166
   1. Gemeinsamer Ursprung .......................... 166
   2. Offenbarung in der Geschichte ..................... 168
   3. Der Offenbarungsbegriff .......................... 170
   4. Die Unabgeschlossenheit der Offenbarungsgeschichte ...... 174

VI. Die geschichtliche Offenbarung als normativer Bezugspunkt
   christlicher Tradition .............................. 177
   1. Die Person Jesu Christi .......................... 177
      a) Umriß einer Christologie ....................... 178
      b) Das Evangelium Jesu Christi .................... 180
      c) Materiale Präzisierung ......................... 182
      d) Historische und transzendente Norm der Tradition ..... 183
   2. Die Apostel ................................... 185
      a) Begrifflichkeit ............................... 185
      b) Historischer Bezug ............................ 186
      c) Die Apostolische Tradition ...................... 186
      d) Das Verhältnis der Apostel zur Kirche .............. 187
      e) Das Problem der nicht-schriftlichen apostolischen
         Traditionen ................................. 188

VII

3. Der Kanon der Heiligen Schriften ................... 191
VII. Die Vermittlung und Aneignung der Offenbarung
durch die Tradition .............................. 196
   1. Der Glaube als Zugang zur Offenbarung und Tradition .... 196
   2. Die Bedeutung der Taufe im Traditionsgeschehen ........ 198
   3. Die Kirche als Ort lebendiger Tradition ............... 200
      a) Glaube, Tradition und Kirche ................... 200
      b) Tradition als Glaubenssinn und als Bewußtsein der Kirche . 202
      c) Die Laien als Träger der Tradition ................ 204
      d) Das Lehramt als verbindlicher Interpret der Tradition ... 205
      e) Die Theologen als Erinnerer und Kritiker der Tradition .. 208

VIII. Kirchliche Tradition als Bewahrung und Entwicklung ....... 209
   1. Kirchliche Tradition im Rahmen der Heilsgeschichte ...... 209
   2. Sakramentale Tradition .......................... 211
   3. Die Kirchengeschichte als Ort der Tradition ............ 212
   4. Kirchliche Tradition als gott-menschliche Tradition ....... 213
   5. Kirchengeschichte zwischen Versagen und Treue ......... 215
   6. Tradition zwischen Historie und Theologie ............ 217
   7. Der expansive Charakter der Tradition ................ 218
   8. Faktoren und Gesetze des Traditionsprozesses .......... 221

IX. Der Heilige Geist als treibende und einende Kraft der Tradition . 226

X. Das Verhältnis von Tradition und Heiliger Schrift .......... 231
   1. Die Beziehung von Offenbarung, Sprache und Text ....... 231
   2. Die Tradition als eigene Weise der Mitteilung der Offenbarung 234
   3. Die Notwendigkeit der Schrift ..................... 235
   4. Die Suffizienz der Heiligen Schrift .................. 237
   5. Die Insuffizienz der Heiligen Schrift ................. 238
   6. Die sakramentale Struktur des Wortes Gottes ........... 240
   7. Die Heilige Schrift als Buch der Kirche ............... 241
   8. Das inhaltliche Plus der Tradition ................... 242
   9. Zusammenfassung .............................. 244

XI. Die Zeugnisse der Tradition ........................ 246
   1. Die Liturgie ................................... 246
      a) Die Liturgie als Zusammenschau im Symbol .......... 247
      b) Die Liturgie als Vergegenwärtigung des Ostergeheimnisses 247
      c) Die biblische Grundlage der Liturgie ............... 248
      d) Christus als Mitte der Liturgie ................... 248
      e) Der katholische bzw. kirchliche Charakter der Liturgie .. 248
      f) Die Liturgie als Verwirklichung und Synthese
         der wahren religiösen Beziehung ................. 249

       *g)* *Der kriteriologische Wert der Liturgie* .............. 249
   2. *Die Kirchenväter* ............................. 250
       *a)* *Begriffsbestimmung* ......................... 250
       *b)* *Einzigartigkeit und Begrenztheit der Väter* ........... 252
       *c)* *Der Konsens der Väter als theologisches Wahrheitskriterium* 254
   3. *Die dogmatische Tradition* ....................... 255
   4. *Die gelebten Ausdrucksformen des Christentums* ......... 258
   5. *Das Verhältnis der Tradition zu ihren Zeugnissen* ........ 259

XII. Auseinandersetzung mit der Reformation ............... 261
   1. *Positionsbeschreibung* .......................... 261
   2. *Annäherungen und bleibende Divergenzen* ............. 262

XIII. Auswertung ..................................... 265
   1. *Hauptlinien* ................................. 265
   2. *Bewährung im Dialog* .......................... 267
   3. *Die Aufnahme Blondels durch Congar* ............... 268
   4. *Eine Kurzformel* .............................. 270
   5. *Würdigung und Kritik* .......................... 271

C. DER EINFLUSS CONGARS AUF DIE KONZILS-
KONSTITUTION „DEI VERBUM" ................... 273

   1. *Einleitung* ................................... 275
   2. *Das vorbereitete Schema »De Fontibus Revelationis«* ...... 276
   3. *Congars Entwurf von 1962* ....................... 278
   4. *Von der ersten zur zweiten Sitzungsperiode* ............. 279
   5. *Zwischen zweiter und dritter Sitzungsperiode* ........... 283
   6. *Congars Entwurf von 1964* ...................... 285
   7. *Congars Kommentar zum »Textus emendatus« vom Juli 1964* 289
   8. *Die dritte und vierte Sitzungsperiode* ................ 290
   9. *Die Position Congars im Verhältnis zur dogmatischen
Konstitution »Dei Verbum«* ...................... 292

D. FORTFÜHRUNGEN, ANWENDUNGEN, KORREKTUREN 297

  I. Neue Herausforderungen des Traditionsverständnisses ...... 299
   1. *Die Welt im Umbruch* .......................... 299
   2. *Kirchliche Erschütterungen* ....................... 302
       *a)* *Traditionalismus* ............................ 303
       *b)* *Aufbruchsbewegung* ......................... 305

 II. Die Offenbarung Gottes verstehen durch die Tradition ...... 307
   1. *Offenbarung und Erfahrung* ...................... 307
   2. *Theologie und Hermeneutik* ...................... 310

3. Einheit und Pluralismus .......................... 314
III. Tradition als geschichtliche Vermittlung der Wahrheit ....... 316
 1. Geschichte und Identität ........................ 316
 2. Geschichte und Erkenntnis ...................... 317
 3. Theologie der Geschichte ....................... 319
 4. Die Geschichte der Wahrheit in der Sprache der Kirche ..... 321
 5. Von der Geschichte zur Ontologie .................. 324
 6. Heilsgeschichte und Trinität ...................... 327
 7. Die Wahrheit der Geschichte in der Geschichte .......... 329
   a) »Die Wahrheit ist eschatologisch« ................. 329
   b) Die Wahrheit ist praktisch ..................... 330
   c) Die Wahrheit ist interpersonal .................. 331
   d) Durch die Tradition zur Wahrheit ................ 331

IV. Struktur und Recht als Mittel der Treue zum Ursprung ...... 333
 1. Wert und Risiko der Institution ................... 334
 2. Tradition in rechtlicher Form ..................... 337
 3. Zwischen persönlicher Freiheit und amtlicher Autorität ..... 341
 4. Die Frage der Zulassung von Frauen zum Amt .......... 344
 5. Die Bedeutung der Rezeption ..................... 347

V. Tradition, Innovation und Rezeption am Beispiel
 des Zweiten Vatikanischen Konzils .................... 351
 1. Das Neuartige am Vatikanum II ................... 351
 2. Die Traditionsverbundenheit des Vatikanum II ......... 353
 3. Die Unabgeschlossenheit des Vatikanum II ............ 355
 4. Die nachkonziliare Krise ........................ 356
 5. Die Zukunft des Vatikanum II .................... 357
 6. Eine Hermeneutik der Tradition ................... 359

VI. Der Traditionsbegriff zwischen Christologie und Pneumatologie 361
 1. Das Problem der »Kirchengründung« ................ 361
 2. Das Wirken des Geistes ......................... 363
 3. Auf dem Weg zu einer pneumatologischen Christologie .... 364

VII. Eine Theologie des Gleichgewichts .................... 367
 1. Im Balanceakt nach vorn ........................ 367
 2. Gewichtsverlagerung und Akzentverstärkung .......... 368
 3. Ein historischer Vergleich ....................... 370
 4. Tradition statt System .......................... 371

EPILOG: THEOLOGIE UND BIOGRAPHIE ............... 375
Anhang ............................................ 379

# VORWORT

Über Tradition nachdenken, schließt ein, sich der eigenen Abhängigkeit, Herkunft und Bezogenheit bewußt zu werden, und diese Erkenntnis der Verwiesenheit auf eine Quelle des Lebens und Denkens, die größer ist als man selbst, führt zur Dankbarkeit für das Empfangene. So gehört an den Beginn dieses Buches über Tradition die Erinnerung an die Menschen, die zur Entstehung beigetragen haben.

Da ist zunächst P. Herbert Schlögel, der mich anregte, mich mit P. Congar zu befassen und der mich zur wissenschaftlichen Arbeit ermutigte. Prof. H. J. Pottmeyer nahm das Projekt interessiert auf und begleitete es zielstrebig; ohne seine Unterstützung und Förderung wäre eine Bewältigung der Aufgabe nicht möglich gewesen. Auch die Mitglieder des Doktorandenkolloquiums haben durch Kritik und weiterführende Hinweise Anteil am Zustandekommen. Während der Jahre der Entstehung hatte ich in P. Manfred Entrich einen Prior, dessen feste Überzeugung von der fruchtbaren Verbindung von Gemeindearbeit und Studium mich antrieb und der immer wieder für den nötigen Freiraum sorgte. Dieser Freiraum erfuhr örtliche Konkretisierung bei den Dominikanerinnen in Ludwigshafen (Marienkrankenhaus) und Neusatzeck/Bühl: Durch ihre herzliche und unkomplizierte Aufnahme ermöglichten sie mir Wochen ungestörten Studiums. Doch die Gemeinde an St. Andreas in Köln war nicht nur Belastung, sondern wirkte als Motivation und tragender Grund. Stellvertretend für alle Hilfe möchte ich Frau Marianne Beyer nennen, die das Manuskript erstellte. Selbstverständlich darf P. Congar selbst nicht unerwähnt bleiben. Mehrere Male hatte ich Gelegenheit, ihn zu besuchen, und er nahm sich Zeit für das Gespräch und gab manche Anregungen. Dank gilt weiterhin meiner Ordensprovinz Teutonia, die das Weiterstudium trotz personaler Engpässe zugestand und die den Großteil der Druckkosten trug.

Die vorliegende Arbeit wurde von der kath.-theol. Fakultät der Ruhr-Universität Bochum im Wintersemester 1988/89 als Dissertation angenommen. Ich danke der Fakultät für alle Mühe, vor allem Prof. G. Langemeyer, der das Zweitgutachten zu verfassen hatte.

Das Buch widme ich dem Konvent der Dominikaner an St. Andreas in Köln. Durch ihn bin ich tiefer in die Tradition des Dominikanerordens hineingewachsen; seine Präsenz und seine Arbeit in der Innenstadt von Köln sind für mich ein Beispiel lebendiger Tradition.

Johannes Bunnenberg

# VERZEICHNIS DER ABKÜRZUNGEN

*1. Sigel, die für Congars Werke verwendet werden*
*(Reihenfolge nach dem Erscheinungsjahr)*

| | |
|---|---|
| EME | *Esquisses du mystère de l'Eglise*, Paris 1941. |
| VFR | *Vraie et fausse réforme dans l'Eglise*, Paris 1950, ²1969 (zitiert wird, wenn nicht anders vermerkt, nach der 2. Auflage). |
| L | *Jalons pur une théologie du laïcat*, Paris 1953. |
| AKH | *Außer der Kirche kein Heil*, Essen 1961. |
| VDV | *Les Voies du Dieu vivant. Théologie et vie spirituelle*, Paris 1962. |
| TTH | *La Tradition et les traditions. Essai historique*, Paris 1960. |
| FTh | *La Foi et la Théologie*, Tournai 1962. |
| SL | *Sacerdoce et laïcat devant leur tâches d'évangélisation et de civilisation*, Paris 1962. |
| TTT | *La Tradition et les traditions. Essai théologique*, Paris 1963. |
| SE | *Sainte Eglise*, Paris 1963. |
| TK | *Tradition und Kirche*, Aschaffenburg 1964. |
| PL | *Priester und Laien im Dienst am Evangelium*, Freiburg 1965. |
| JC | *Jésus-Christ*, Paris 1965. |
| HK | *Heilige Kirche*, Stuttgart 1966. |
| EM | *Esquisses du mystère de l'Eglise*, Paris ³1966 (Foi Vivante 18) |
| MO | *Au milieu des orages*, Paris 1969. |
| SuA | *Situation und Aufgabe der Theologie heute*, Paderborn 1971. |
| MC | *Ministères et communion ecclésiale*, Paris 1971. |
| PM | *Un peuple messianique*, Paris 1975. |
| FL | *Der Fall Lefebvre*, Freiburg 1977. |
| HG | *Der Heilige Geist*, Freiburg 1981. |
| PS | *La Parole et le Souffle*, Paris 1984. |
| CV | *Le Concile de Vatican II*, Paris 1984. |
| GF | *Im Geist und im Feuer. Glaubensperspektiven*, Freiburg 1987. |

## 2. Sonstige Abkürzungen

JOSSUA  J. P. Jossua, Le Père Congar. La théologie au service du peuple de Dieu, Paris 1967.

PUYO  Jean Puyo interroge le Père Congar. Une vie pour la vérité, Paris 1975.

Weitere verkürzte Zitierweisen gelten jeweils für einen Teil und sind dort in den Anmerkungen angegeben.

Alle anderen Abkürzungen richten sich nach dem Abkürzungsverzeichnis von S. SCHWERTNER, Theologische Realenzyklopädie (TRE), Berlin–New York 1976.

# QUELLEN- UND LITERATURVERZEICHNIS

## A. SCHRIFTEN CONGARS

*I. Werke und Aufsatzsammlungen* (nach Erscheinungsjahr)

*Chrétien désunis.* Principes d'un oecuménisme catholique, Paris [1]1937 (Unam Sanctam 1), [2]1965.
*Esquisses du mystère de l'Eglise*, Paris [1]1941 (Unam Sanctam 8), [2]1953, [3]1963 (= Taschenbuch in der Reihe: Foi Vivante 18, Paris 1966).
*Vraie et fausse réforme dans l'Eglise, Paris [1]1950 (Unam Sanctam 20), [2]1969 (Unam Sanctam 72).*
*Le Christ, Marie et L'Eglise*, Bruges 1952 [= Christus, Maria, Kirche, Mainz 1959].
*Jalons pour une théologie du laïcat*, Paris [1]1953, [2]1964 (Unam Sanctam 23) [= Der Laie. Entwurf einer Theologie des Laientums, Stuttgart 1956].
*Neuf cents après.* Notes sur le „Schisme Oriental" 1054–1954, Paris 1954 [= Zerrissene Christenheit. Wo trennten sich Ost und West? Wien-München 1959].
*La Pentecôte – Chartres 1956*, Paris 1956 [= Nun bitten wir den Heiligen Geist. Zur Pfingstfeier und Firmung, Recklinghausen 1962].
*Le Mystère du Temple ou l'Economie de la Présence de Dieu à sa créature de la Genèse à l'Apocalypse*, Paris 1958 (Lectio Divina 22) [= Das Mysterium des Tempels. Die Geschichte der Gegenwart Gottes von der Genesis bis zur Apokalypse, Salzburg 1960].
*Si vous êtes mes témoins.* Trois conférences sur Laïcat, Eglise et Monde, Paris 1959 [= Wenn ihr meine Zeugen seid. Über das Apostolat und das Prophetenamt des Laien in der Kirche, Stuttgart 1958].
*Vaste monde, ma paroisse.* Vérité et dimensions du salut, Paris [1]1959, [4]1966 (Foi Vivante 27) [= Außer der Kirche kein Heil. Wahrheit und Dimensionen des Heils, Essen 1961].
*La Tradition et les traditions.* Essai historique, Paris 1960 [= Die Tradition und die Traditionen I, Mainz 1965].
*Aspects de l'oecuménisme*, Brüssel 1962.
*La Foi et la Théologie*, Tournai 1962 (Le Mystère chrétien 1).
*Les Voies du Dieu Vivant.* Théologie et vie spirituelle, Paris 1962 (Cogitatio Fidei 3) [Dt. Version mit Änderungen: Wege des lebendigen Gottes. Glaube und geistliches Leben, Freiburg 1964].

*Sacerdoce et laicat devant leurs tâches d'évangélisation et de civilisation*, Paris ¹1962, ²1965 (Cogitatio Fidei 4) [= Priester und Laien im Dienst am Evangelium, Freiburg 1965].
*Vatican II*. Le concile au jour le jour, Paris 1963.
*La Tradition et la vie de L'Eglise*, Paris ¹1963, ²1984 [= Tradition und Kirche, Aschaffenburg 1964 (Der Christ in der Welt IV/1b)].
*La Tradition et les traditions*. Essai théologique, Paris 1963.
*Sainte Eglise*. Etudes et approches ecclésiologiques, Paris 1963 (Unam Sanctam 41) [= Heilige Kirche. Ekklesiologische Studien und Annäherungen, Stuttgart 1966 (Es fehlen die Literaturübersichten und Buchbesprechungen)].
*Pour une Eglise servante et pauvre, Paris 1963 (L'église aux cent visages 8) [= Für eine dienende und arme Kirche, Mainz 1965].*
*Le Concile au jour le jour*. 2ᵉ session, Paris 1964.
*Chrétiens en dialogue*. Contributions catholiques à l'oecuménisme, Paris 1964 (Unam Sanctam 50).
*Jésus-Christ, notre Médiateur et notre Seigneur*, Paris 1965 (Foi Vivante 1) [= Jesus Christus – unser Mittler, unser Herr, Stuttgart 1967].
*Le Concile au jour le jour*. 3ᵉ session, Paris 1965.
*Le Concile au jour le jour*. 4ᵉ session, Paris 1966.
*Situation et tâches présentes de la théologie*, Paris 1967 (Cogitatio Fidei 27). [Dt. Version mit teilweise anderen Artikeln: Situation und Aufgabe der Theologie heute, Paderborn 1971].
*L'Ecclésiologie du haut Moyen Age*. De Saint Grégoire le Grand à la désunion entre Byzance et Rome, Paris 1968.
*Cette Eglise que j'aime*, Paris 1968 (Foi Vivante 70).
*A mes frères*, Paris 1968 (Foi Vivante 71).
*Au milieu des orages*. L'Eglise affronte aujourd'hui son avenir, Paris 1969.
*L'Eglise*. De saint Augustin à l'époque moderne, Paris 1970 (HistDog 20/3,3) [= Die Lehre von der Kirche I u. II, Freiburg 1971 (HDG III/3 c.d)].
*L'Eglise une, sainte, catholique et apostolique*, Paris 1970 (Mysterium salutis 15) [= Die Wesenseigenschaften der Kirche, in: MySal IV/1, Einsiedeln-Köln 1972, 357–502.535–594].
*Ministères et communion ecclésiale*, Paris 1971 (Théologie sans frontières 23).
*Une passion: l'unité*. Réflexions et souvenirs 1929–1973, Paris 1974 (Foi Vivante 156).
*Un peuple messianique*. L'Eglise – Sacrament du salut. Salut et libération, Paris 1975 (Cogitatio Fidei 85).
*La Crise dans l'Eglise et Msgr. Lefebvre*, Paris 1976. [Dt. Übersetzung mit einer Einleitung von K. Lehmann: Der Fall Lefebvre. Schisma in der Kirche?, Freiburg u. a. 1977].
*Eglise catholique et France moderne*, Paris 1978.

*Je crois en l'Esprit Saint,* Paris 1979 (Bd. I), 1980 (Bd. II, III). [= Der Heilige Geist, Freiburg u. a. 1982 (beachte einige Auslassungen)].
*Diversités et Communion.* Dossier historique et conclusion théologique, Paris 1982 (Cogitatio Fidei 112).
*Droit ancien et structures ecclésiales,* London 1982 (Variorum Reprints).
*Martin Luther.* Sa foi, sa réforme. Etudes de théologie historique, Paris 1983 (Cogitatio Fidei 119).
*Esprit de l'homme, Esprit de Dieu,* Paris 1983 (Foi Vivante 206) [= Geist und Heiliger Geist, in: CGG 22 (Freiburg u. a. 1982), 76–113].
*Essais oecuméniques.* Le mouvement, les hommes, les problèmes, Paris 1984.
*Le Concile de Vatican II.* Son Eglise – Peuple de Dieu et corps du Christ (Préface de R. Rémond), Paris 1984 (Théologie historique 71).
*La Parole et le Souffle,* Paris 1984 (Jésus et Jésus-Christ 20).
*Thomas d'Aquin.* Sa vision de théologie et de l'Eglise, London 1984 (Variorum Reprints).
*Appelés à la vie,* Paris 1985 (Collection »Epiphanie«) [Dt. Übersetzung (nicht alle Artikel): Im Geist und im Feuer. Glaubensperspektiven, Freiburg-Basel-Wien 1987].

*II. Herangezogene Artikel Congars* (nach Erscheinungsjahr)

1930 – 1940

*Compte-Rendu,* in: BThom Bd. 3 (1930–1933) 40–47.
*La question du ministère ecclésiastique des femmes,* in: Les documents de la vie intellectuelle 3 (1931) 381–408.
*Bulletin d'histoire des doctrines chrétiennes,* in: RSPhTh 20 (1931) 591–596. 600–618. 631–633.
*Bulletin d'histoire de la philosophie du Moyen Age,* in: RSPhTh 20 (1931) 718–744.
*Notes et réflexions.* En marge de quelques études sur l'Eglise, in: VieI 4 (1932) 18–29 [= SE 449–457].
*Bulletin d'histoire des doctrines,* in: RSPhTh 21 (1932) 478–485, 493–500.
*Bulletin de théologie,* in: RSPhTh 21 (1932) 680–686 [= SE 457–463].
*Le R. P. Marin-Sola,* in: BThom Bd. 3 (1930–1933) 679–681.
*Bulletin d'histoire des doctrines chrétiennes,* in: RSPhTh 22 (1933) 525–538.
*Bulletin d'histoire de la philosophie,* in: RSPhTh 22 (1933) 696–718.
*Bulletin de théologie,* in: RSPhTh 22 (1933) 747–750 [= SE 463–466].
*Praedeterminare et Praedeterminatio chez saint Thomas,* in: RSPhTh 23 (1934) 363–371.
*Bulletin d'histoire des doctrines chrétiennes,* in: RSPhTh 23 (1934) 474–483. 491–494. 510–513.
*Bulletin de théologie,* in: RSPhTh 23 (1934) 680–687 [= SE 474–481].

*Rezension zu: A. Stolz, Glaubensgnade und Glaubenslicht nach Thomas von Aquin*, Rom 1933, in: BThom Bd. 4 (1934-1936) 343-346.
*Actualité de Kierkegaard*, in: VieI 6 (1934) 9-36.
*Pensée orthodoxe sur l'unité de l'Eglise*, in: VieI 6 (1934) 394-414.
*Dogme et vie spirituelle*, in: R Jeu 25 (1934) 149-161.298-306.458-467.
*Faut-il des dogmes à la religion?*, A propos du centenaire de Schleichermacher, in: NV 9 (1934) 113-130.
*Les protestants et nous*, in: VieI 33 (1935) 357-366.
*Une Conclusion théologique à l'Enquête sur les raisons actuelles de l'incroyance*, in: VieI 7 (1935) 214-249.
*La pensée de Möhler et l'Ecclésiologie orthodoxe*, in: Iren. 12 (1935) 321-329.
*D'abord comprendre*, in: VieI 7 (1935) 6-8.
*Bulletin de théologie*, in: RSPhTh 24 (1935) 707-734 [727-734 = SE 481-488].
*Bibliographie critique*, in: BThom Bd. 4 (1934-1936) 740-742.749-752.766-772 [767-772 = SE 488-493].
*Sur l'inclusion de l'Humanité dans le Christ*, in: RSPhTh 25 (1936) 489-495.
*La condition chrétienne*, in: VieI 9 (1937) 356-358.
*Le Verbe s'est fait chair*, in: R Jeu 28 (1937) 60-64.
*La crédibilité des révélations privées*, in: VSAM. Supplément Bd. 53 (1937) 29-48 [= SE 375-392 = Die Glaubwürdigkeit der Privatoffenbarungen, in: HK 389-408].
*Pour une étude de la sensibilité protestante*, in: VieI 10 (1938) 165-172.
*L'esprit des Pères d'après Möhler*, in: VSAM. Supplément Bd. 55 (1938) 1-25 [= EME 129-148].
*Note sur l'évolution et l'interprétation de la pensée de Möhler*, in: RSPhTh 27 (1938) 205-212.
*La signification oecuménique de l'oeuvre de Möhler*, in: Iren. 15 (1938) 113-130.
*Je crois en la sainte Eglise*, in: R Jeu 29 (1938) 85-92 [= SE 9-17 = „Ich glaube an die heilige Kirche ...", in: HK 9-14].
*L'apologétique et l'initiative chrétienne*, in: VieI 10 (1938) 29-36.
*Bulletin d'histoire des doctrines chrétiennes*, in: RSPhTh 27 (1938) 291-300.320-322.332-335.
*Bulletin de théologie*, in: RSPhTh 27 (1938) 639-661 [teilweise in: SE 505-513].
*Autour du renouveau de l'ecclésiologie: la collection „Unam Sanctam"*, in: VieI 11 (1939) 9-32 [= SE 513-528].
*Bibliographie critique*, in: BThom Bd. 5 (1937-1939) 490-505.528-533.745-748.

*1940 – 1950*
*Art. Théologie*, in: Dictionnaire de Théologie catholique XV/1, 341-502.
*Simples notes sur la notion catholique de liberté*, in: Cahiers de la Paroisse uni-

versitaire, Dez. 1945, 43-54 [= SL 447-457 = Bemerkungen zum katholischen Begriff der Freiheit, in: PL 405-415].
*Sur le problème de l'acte de foi*, in: VieI 14 (1946) 44-46.
*L'oeuvre posthume du P. Mersch*, in: VS Bd. 74 (1946) 117-124 [= SE 528-534].
*Sacerdoce et laïcat dans l'Eglise*, in: VieI 14 (1946) 6-39.
*Bulletin d'ecclésiologie*, in: RSPhTh 31 (1947) 78-96.272-296 [= SE 549-592].
*Trois livres de Pentecôte*, in: VieI 15 (1947) 37-43 [= SE 535-541].
*Sainteté et péché dans l'Eglise*, in: VieI 15 (1947) 6-40.
*Unité dans la transcendence de la foi*, in: VieI 16 (1948) 36-38 [= SL 437-440 = Einheit in der Transzendenz des Glaubens, in: PL 398-400].
Art. *Apostolicité*, in: Catholicisme I (Paris 1948) 728-730 [= SE 181-185 = Apostolizität, in: HK 186-190].
*Chronique*, in: BThom Bd. 7 (1943-1946) 605-613 [= SE 542-549].
*Tendances actuelles de la pensée religieuse en France*, in: Cahiers du monde nouveau 4 (1948) 33-50 [= Entwicklungen im religiösen Denken des heutigen Frankreich, in: Dokumente 5 (1949) 120-132.245-255].
*Conditions d'un vrai renouvellement*, in: Jeunesse de l'Eglise, Nr. 8 (1948) 154-164.
*Pourquoi le Peuple de Dieu doit-il sans cesse se réformer?*, in: Iren. 22 (1948) 365-394.
*La fraternité universelle*, in: Le Messager du Sacré-Coeur, Juli-August 1949, 249-253 [= SL 441-446 = Die allgemeine Brüderlichkeit, in: PL 400-405].
*Que pouvons-nous trouver dans les Ecritures?*, in: VS Bd. 81 (1949) 227-231 [= VDV 11-15].
*L'Ancien Testament, témoin du Christ*, in: VieI 17 (1949) 335-343 [= VDV 17-24].
Art. *Catholicité*, in: Catholicisme II (Paris 1949) 722-725 [= Katholizität, in: HK 159-165].

*1950-1960*
*Culpabilité et reponsabilité collectives*, in: VieI 18 (1950) 259-284.387-407.
*Mentalité de »droite« et intégrisme*, in: VieI 18 (1950) 644-666 [= VFR $^1$1950, 604-622].
*L'Eucharistie et l'Eglise de la Nouvelle Alliance*, in: VS Bd. 82 (1950) 347-372 [= VDV 185-206 = Die Eucharistie und die Kirche des Neuen Bundes, in: Wege des lebendigen Gottes, Freiburg 1964, 161-183].
*Ordre temporel et vérité religieuse*, in: SL 458-470 [= PL 415-426].
*Bulletin de l'histoire des doctrines chrétiennes*, in: RSPhTh 34 (1950) 391-392.396-399.
*Bulletin de théologie dogmatique*, in: RSPhTh 34 (1950) 636-637.640.648-655 [= SE 601-609].

*Notes théologiques à propos de l'Assomption*, in: Dieu vivant Nr. 18 (1951) 107–112 [= VDV 219–226].

*Le peuple fidèle et la fonction prophétique de l'Eglise*, in: Iren. 24 (1951) 289–312.440–466.

*»Dieu a besoin des hommes«. Propos d'un théologien*, in: VieI 19 (1951) 4–22.

*Bulletin de théologie dogmatique*, in: RSPhTh 35 (1951) 591–603.616–638 [in Auszügen = SE 609–618].

*Le Saint-Esprit et le Corps apostolique, réalisateurs de l'oeuvre du Christ*, in: RSPhTh 36 (1952) 613–625 [= EME ²1953, 129–179].

*Compte rendu de C. Journet: L'Eglise du Verbe Incarné*, in: BThom Bd. 8 (1947–1953) 746–756 [= SE 659–669].

*Ecclesia ab Abel*, in: M. Reding (Hrsg.), Abhandlungen über Theologie und Kirche. FS für K. Adam, Düsseldorf 1952, 79–108.

*Le christianisme, doctrine de la liberté*, in: L'Eglise et la liberté. Semaine des Intellectuels catholiques 1952, Paris 1952, 16–32.

*Du nouveau sur la question de Pierre? Le Saint Pierre de M. O. Cullmann*, in: VieI 25 (1953) 17–43.

*Conception chrétienne de l'histoire*, in: Bulletin de la Communauté Saint-Séverin 21 (1953) 11–17 [= SL 305–313 = Der christliche Begriff der Geschichte, in: PL 277–284].

*Dimensions de la foi*, in: VieI 25 (1953) 114–121.

*L'Esprit Saint dans l'Eglise*, in: Lumière et Vie 10 (1953) 51–74 [= Der heilige Geist in der Kirche, in: Wege des lebendigen Gottes, a. a. O. 138–160].

*Bulletin de théologie*, in: RSPhTh 37 (1953) 733–737.748–769 [748–769 = SE 618–640].

*Le problème du mal*, in: Essai sur Dieu, l'homme et l'univers, Paris 1953, 551–594 [= Das Problem des Übels, in: J. de Bivort/J. Hüttenbügel (Hrsg.), Gott-Mensch-Universum. Die Stellung des Menschen in Zeit und Welt, Köln-Graz 1963, 712–759].

*Avertissement à A. Gratieux, Le mouvement slavophile à la veille de la révolution*, Paris 1953 (Unam sanctam 25), 7–17.

*Jésus-Christ en France*, in: VieI 26 (1954) 113–130 [= SL 243–256 = Christus in Frankreich, in: PL 221–233].

*Bulletin de théologie*, in: RSPhTh 38 (1954) 736–739 [= SE 669–672].

*David et Salomon, types du Christ en ses deux avènements*, in: VS Bd. 91 (1954) 323–340 [= VDV 149–164 = David und Salomon. Typen Christi in seiner Ankunft und Wiederkunft, in: Wege des lebendigen Gottes, a. a. O. 120–137].

*Dogme christologique et Ecclésiologie. Vérité et limite d'un parallèle*, in: A. Grillmeier/H. Bacht, Das Konzil von Chalcedon III, Würzburg 1954, 239–263 [= SE 69–104 = Christologisches Dogma und Ekklesiologie. Wahrheit und Grenzen einer Parallele, in: HK 65–104 (etwas erweitert)].

*Bulletin d'histoire des doctrines chrétiennes*, in: RSPhTh 39 (1955) 318–200.
*Bulletin d'histoire des doctrines médiévales*, in: RSPhTh 39 (1955) 432–449 [439–449 = SE 672–682].
*Marie et l'Eglise.* Perspective médiévale, in: RSPhTh 39 (1955) 408–412 (= SE 682–686).
*Faits dogmatiques et »Foi ecclésiastique«*, in: Catholicisme IV (Paris 1956) 1059–1067 [= SE 357–373 = Dogmatische Tatsachen und „kirchlicher Glaube", in: HK 371–388].
*Le sens de l'»économie« salutaire dans la »théologie« de S. Thomas d'Aquin*, in: E. Iserloh/P. Manns (Hrsg.), Glaube und Geschichte, FS J. Lortz II, Baden-Baden 1958, 73–122.
*Quod omnes tangit, ab omnibus tractari et approbari debet*, in: Revue de droit français et étranger 36 (1958) 210–259.
*Action et Foi*, Bulletin FFEC, Nov. 1958 [= VDV 391–422].
*Traditions apostoliques non écrites et suffisance de l'Ecriture*, in: Ist. 6 (1959) 279–306.
*Dum visibiliter Deum cognoscimus.* Méditation théologique, in: MD Nr. 59 (1959) 132–161 [= VDV 79–107 = JC 7–48].
*Le Concile, l'Eglise et »les autres«*, in: Lumière et Vie Nr. 45 (1959) 69–92.

## 1960–1970

*Sainte Ecriture et Sainte Eglise*, in: RSPhTh 44 (1960) 81–88.
*L'apostolicité de l'Eglise selon saint Thomas d'Aquin*, in: RSPhTh 44 (1960) 209–224.
*La conversion.* Etude théologique et psychologique, in: ParMiss 3 (1960) 493–523 [= Die Bekehrung, in: PL 19–44].
*Présence du P. Lacordaire*, in: Le Monde vom 1.12.1960 [= VDV 317–322].
*„Traditio" und „Sacra Doctrina" bei Thomas von Aquin*, in: J. Betz/H. Fries (Hrsg.), Kirche und Überlieferung. FS J. R. Geiselmann, Freiburg 1960, 170–210.
*Inspiration des Ecritures canoniques et apostolicité de l'Eglise*, in: RSPhTh 45 (1961) 32–42 [= SE 187–200 = Inspiration der kanonischen Schriften und Apostolizität der Kirche, in: HK 191–205].
*Comment l'Eglise sainte doit se renouveler sans cesse*, in: Iren. 34 (1961) 322–345 [= SE 131–154 = Wie sich die Kirche unaufhörlich erneuern soll, in: HK 133–158].
*Peut-on définir l'Eglise?* Destin et valeur de quatre notions qui s'offrent à le faire, in: J. Leclercq, L'homme, l'oeuvre et ses amis, Paris 1961, 223–254 [= SE 21–44 = Kann man die Kirche definieren? Schicksal und Wert der vier Begriffe, die sich dazu anbieten, in: HK 16–41].
*Réponse à l'enquête sur le Concile*, in: Esprit 29 (1961) 691–700.
*Art. Histoire*, in: Catholicisme V (Paris 1962) 767–783.

*Tradition et Ecriture*, in: B.-D. Dupuy (Hrsg.), La révélation divine II, Paris 1968 (Unam Sanctam 70 b), 589–593 (Text von 1962 = De Traditione et Scriptura, ebd. 594–598).

*Du bon usage de Denzinger*, in: L'Ami du clergé, 23.5.1963, 321–329 [= Situation et tâches présentes de la théologie, Paris 1967, 111–134 = Über den rechten Gebrauch des „Denzinger", in: SuA 125–150].

*Langage des spirituels et langage des théologiens*, in: La mystique rhénane, Paris 1963, 15–34 [= Situation et tâches présentes de la théologie, Paris 1967, 135–158.].

*Ce que Jésus a appris*, in: VS Bd. 109 (1963) 694–706 [= JC 50–67].

*Les paraboles, révélatrices du Dieu qui vient*, in: ParMiss 7 (1964) 19–38 [= JC 115–138].

*La prière de Jésus*, in: VS Bd. 110 (1964)157–174 [= JC 91–114].

*Préface à K. Delahaye, Ecclesia Mater chez les Pères des trois premiers siècles*, Paris 1964 (Unam Sanctam 46), 7–32 [= VS Bd. 110 (1964) 315–342].

*Le débat sur la question du rapport entre Ecriture et Tradition au point de vue de leur contenu matériel*, in: RSPhTh 48 (1964) 645–657.

*Le Père Clérissac 1864–1914 et le mystère de l'Eglise*, in: VS Bd. 111 (1964) 513–516.

*Die Kirche als Volk Gottes*, in: Conc (D) 1 (1965) 5–16.

*Un homme se penche sur son passé*, in: Semences d'unité, Paris 1965, 59–82.

*L'Eglise est sainte*, in: Angelicum 42 (1965) 273–298.

*Théologie et sciences humaines*, in: Esprit 33 (1965) 121–137.

*L'Eglise, sacrement universel du salut*, in: Eglise vivante Bd. 17 (1965) 339–355.

*Avant-propos à I. de la Potterie/S. Lyonnet, La vie selon l'Esprit*. Condition du chrétien, Paris 1965 (Unam Santam 55), 7–11.

*Christus in der Heilsgeschichte und in unseren dogmatischen Traktaten*, in: Conc (D) 2 (1966) 3–13 [= SuA 97–124].

*La recherche théologique entre 1945 et 1965*, in: Recherches et Débats Bd. 54 (1966) 89–102 [= Situation et tâches de la théologie, Paris 1967, 25–40 = Die theologische Forschung von 1945–1965, in: SuA 27–45].

*Composantes et idée de la Succession Apostolique*, in: Oecumenica. Jahrbuch für Ökumenische Forschung 1966, hrsg. v. F.W. Kantzenbach/V. Vajta, Straßburg 1966, 61–80.

*Préface à A. Feuillet, Le Christ sagesse de Dieu d'après les épitres pauliniennes*, Paris 1966, 7–15.

*Changements et continuité dans l'Eglise*, in: B. Renard/L. Bouyer/Y. Congar/J. Daniélou, Notre Foi, Paris 1967, 55–73.

*Die historische Entwicklung der Autorität in der Kirche*, in: J.M. Todd (Hrsg.), Probleme der Autorität (mit einem Vorwort zur dt. Ausgabe von Y. Congar 7–15), Düsseldorf 1967, 145–185.

*La Pneumatologie dans la théologie catholique*, in: RSPhTh 51 (1967) 250–258.
*Le moment »économique« et le moment »ontologique« dans la Sacra doctrina* (Révélation, Théologie, Somme théologique), in: Mélanges offerts à M.-D. Chenu, Paris 1967, 135–187.
*Mon Journal du Concile* (unveröffentlicht), Straßburg 1967.
*Religion et Institution*, in: P. Burke/H. de Lubac/J. Daniélou u. a. (Hrsg.), Théologie d'aujourd'hui et de demain, Paris 1967, 81–97.
*Une deuxième condition: La question de la révélation*, in: La nouvelle image de l'Eglise. Bilan du Concile Vatican II, Paris 1967, 217–238.
*Das Verhältnis zwischen Kult oder Sakrament und Verkündigung des Wortes*, in: Conc (D) 4 (1968) 176–181.
*Die Idee der sacramenta maiora*, in: Conc (D) 4 (1968) 9–15.
*Notes de vocabulaire: Tradition, Réforme*, in: Cahiers Saint Dominique Nr. 92, Nov. 1968, 110–113.
*Autorité et liberté dans l'Eglise*, in: J. Loew/R. Voillaume/Y. Congar, A temps et à contretemps. Retrouver dans l'Eglise le visage de Jésus-Christ, Paris 1969, 7–39.
*Autorité, initiative, corresponsabilité*, in: MD Nr. 97 (1969) 34–57.
*Ce que gagne la culture de la Foi à la connaissance de l'histoire*, in: Cahiers Saint Dominique Nr. 103, Dez. 1969, 114–119.
*L'Eglise de Hans Küng*. Bulletin d'ecclésiologie, in: RSPhTh 53 (1969) 673–706.
*L'Eglise: obstacle ou voie d'accès à la vérité?*, in: Recherches et Débats Bd. 66 (1969) 205–219.
*L'historicité de l'homme selon Thomas d'Aquin*, in: DoC 22 (1969) 297–304.
*Sur le Catéchisme hollandais*, in: Catéchèse Nr. 9 (1969) 239–245.
*Zwei Faktoren der Sakralisierung des gesellschaftlichen Lebens im europäischen Mittelalter*, in: Conc (D) 5 (1969) 520–526.

*1970 – 1980*
*Bulletin d'ecclésiologie*, in: RSPhTh 54 (1970) 95–127.329–342.358–371.404–409.
*Dialogue entre les Péres Congar et Girardi 1960–1970: Dix années décisives pour l'Eglise et pour le monde*, in: ICI Nr. 351, Jan. 1970, 21–36.
*Die Geschichte der Kirche als „locus theologicus"*, in: Conc (D) 6 (1970) 496–501.
*Johann Adam Möhler 1796–1838*, in: ThQ 150 (1970) 47–51.
*Marie-Dominique Chenu*, in: H. Vorgrimler/R. van der Gucht (Hrsg.), Bilanz der Theologie im 20. Jahrhundert. Bahnbrechende Theologen, Freiburg u. a. 1970, 99–122.
*Pneumatologie ou »Christomonisme« dans la tradition latine?*, in: Ecclesia a Spiritu Sancto edocta. Mélanges théologiques. Hommage à Msgr. G. Philips, Gembloux 1970, 41–63.

*Vocabulaire oecuménique,* Paris 1970: Présentation (11–15); Art. Evangile (60–69); Art. Saint-Esprit (197–210); Grâce (213–221); Mérite (233–251); Tradition (309–322).

*Ces groupes informels dans l'Eglise,* in: Cahiers Saint Dominique Nr. 121, Sept./Okt. 1971, 10–29.

*D'une »Ecclésiologie en gestation« à Lumen Gentium Chap.* I et II, in: FZPhTh 18 (1971) 366–377.

*Lammenais aujourd'hui: foi et politique,* in: Les Cahiers de l'Iroise, Okt./Nov. 1971, 218–220.

*Les groupes informels dans l'Eglise: un point de vue catholique,* in: R. Metz/J. Schlick (Hrsg.), Les groupes informels dans l'Eglise, Straßburg 1971, 273–300. Conclusion: Ebd. 301–309 [= Die Spontangruppen in der Kirche aus katholischer Sicht, in: R. Metz/J. Schlick (Hrsg.), Die Spontangruppen in der Kirche, Aschaffenburg 1971, 191–218. Schlußwort: Ebd. 222–227].

*Les missions au service du salut,* in: Quel missionnaire? Rapports, échanges et carrefours de la XLI[e] Semaine de Louvain 1971, Brüssel 1971, 13–38.

*Le vrai sens historique,* in: Esprit 39 (1971) 623–628.

*Pneumatologie et Théologie de l'Histoire,* in: La Théologie de l'Histoire. Herméneutique et Eschatologie. Actes du Colloque E. Castelli, Paris 1971, 61–70.

*Préface à E. Gibson, Femmes et ministères dans l'Eglise,* Paris 1972, 7–15.

*Réponse aux questions sur la révélation,* in: Union catholique des scientifiques français 1971, 7–10.

*Actualité renouvelée du Saint-Esprit,* in: Lumen vitae 27 (1972) 543–560.

*Bulletin de Théologie:* Les normes de la Foi et de la Théologie, in: RSPhTh 56 (1972) 297–313.

*De la rencontre comme mystère,* in: M. Seckler/O. H. Pesch u. a. (Hrsg.), Begegnung. Beiträge zu einer Hermeutik des theologischen Gesprächs, Graz-Wien-Köln 1972, 123–130 [= Appelés à la vie, a. a. O. 59–67 = Begegnung als Geheimnis, in: GF 51–62].

*Erneuerung des Geistes und Reform der Institution,* in: Conc (D) 8 (1972) 171–177.

*La »réception« comme réalité ecclésiologiquè,* in: RSPhTh 56 (1972) 369–403 [verkürzte dt. Fassung: Die Rezeption als ekklesiologische Realität, in: Conc (D) 8 (1972) 500–514 = ThJb 1974, 447–470].

*Le chrétien, son présent et son passé,* in: Lumière et vie 21 (1972) 72–82 [Verkürzte dt. Fassung: Christsein zwischen Vergangenheit und Gegenwart, in: ThG 15 (1972) 187–195].

*Propos en vue d'une théologie de l'»Economie« dans la tradition latine,* in: Iren. 45 (1972) 155–206 [= Gedanken zu einer Theologie der „Ökonomie" in der lateinischen Tradition, in: ThGl 65 (1975) 161–203].

*Simples réflexions,* in: VieCon 44 (1972) 310–314.

„*Status Ecclesiae*", in: Studia Gratiana XV, Rom 1972, 3–31 [Nachdruck in: Droit ancien et structures ecclésiales, London 1982].

*Tradition et ouverture*, in: Fidélité et ouverture. Collectif dirigé par G. Loulages, Paris 1972, 55–68.

*Actualité d'une pneumatologie*, in: POC 23 (1973) 121–132 [= Appelés à la vie, a. a. O. 69–82 = Aktualität der Pneumatologie, in: GF 63–83].

*Die Normen für die Ursprungstreue und Identität der Kirche im Verlauf ihrer Geschichte*, in: Conc (D) 9 (1973) 156–163.

*Histoire des dogmes et histoire de l'Eglise*, in: Seminarium 25 NS 13 (1973) 75–88.

*Réflexions et recherches actuelles sur l'assemblée liturgique*, in: MD Nr. 115 (1973) 7–29 [= Appelés à la vie, a. a. O. 117–135 = Über die liturgische Versammlung, in: GF 102–129].

*R. Sohm nous interroge encore*, in: RSPhTh 57 (1973) 263–294.

*Zur Theologie der Mission*. Rezension zu L. Rütti, Zur Theologie der Mission, München-Mainz 1972, in: ThRv 69 (1973) 353–360.

*Bulletin de théologie. Les ministères*, in: RSPhTh 58 (1974) 631–642.

*La Tri-unité de Dieu et l'Eglise*, in: VS Bd. 128 (1974) 687–703.

*L'héritage reçu dans l'Eglise*, in: Cahiers Saint Dominique Nr. 145, Febr. 1974, 229–242 (Interview von J. Faller mit Y. Congar).

*L'influence de la société et de l'histoire sur le développement de l'homme chrétien*, in: NRTh 106 (1974) 673–692.

*Sur le diaconat féminin*, in: Effort diaconal 34/35, Jan.–Juni 1974, 31–37.

*Symbolisme chrétien et ordination des femmes*, in: Effort diaconal 37/38, Sept. 1974 – März 1975, 6–17.

*Thomas von Aquin als Vorläufer ökumenischen Geistes*, in: IKaZ Communio 3 (1974) 248–261.

*Tradition in Theology*. A Symposium on Tradition: The Great Ideas Today 1974. Encyclopaedia Britannica 1974, 4–20.

*Renouveau dans l'Esprit et institution ecclésiale. Mutuelle Interrogation*, in: RHPhR 55 (1975) 143–156.

*Soll das Christentum übermittelt und übernommen oder frei und neu interpretiert und gelebt werden?*, in: Conc (D) 11 (1975) 421–426.

*Bref historique des formes du »magistère« et de ses relations avec les docteurs*, in: RSPhTh 60 (1976) 99–112.

*Pour une histoire sémantique du terme »magisterium«*, in: RSPhTh 60 (1976) 85–97 [= Die Geschichte des Wortes »magisterium«, in: Conc (D) 12 (1976) 465–472].

*Regards sur la théologie française d'aujourd'hui;* in: Savoir, faire, espérer: les limites de la raison, Bd. 2 (FS Msgr. H. Van Campe), Brüssel 1976, 697–711 (PFTUL 5).

*Rezension zu: H.J. Pottmeyer, Unfehlbarkeit und Souveränität*, Mainz 1975, in: ThRv 72 (1976) 127–130.

*Témoignage et célébration liturgique*, in: Cahiers Saint Dominique Nr. 164 (1976) 454–463 [= Appelés à la vie, a. a. O. 137–145 = Liturgische Feier und Zeugnis, in: GF 130–142].
*Veränderung des Begriffs „Zugehörigkeit zur Kirche"*, in: IKaZ Communio 5 (1976) 207–217.
*Armut als Akt des Glaubens*, in: Conc (D) 13 (1977) 255–260.
*Saint Thomas, maître de vie spirituelle*, in: Seminarium NS 17 (1977) 994–1005.
*Bulletin d'ecclésiologie. Eglise, Conciles, Papauté*, in: RSPhTh 62 (1978) 65–95.
*Bulletin de théologie. Aperçus de pneumatologie*, in: RSPhTh 62 (1978) 421–442.
*Erzbischof Lefebvre*. Lehrmeister der „Tradition"? Die notwendigen Unterscheidungen, in: Conc (D) 14 (1978) 619–624.
*„Jus divinum"*, in: Revue de Droit canonique 27 (1978) 108–122.
*L'Eglises en cartes*. A propos d'un traitement informatique des textes de Vatican I, in: RSPhTh 62 (1978) 61–64 [= CV 73–78].
*Un Dieu qui parle, un Dieu qui a parlé*, in: Cahiers Saint Dominique Nr. 174, Dez. 1978, 5–17 [= Appelés à la vie, a. a. O. 39–49 = Gottes Wort in Vergangenheit und Gegenwart, in: GF 35–50].
*Vision de l'Eglise chez Thomas d'Aquin*, in: RSPhTh 62 (1978) 523–542.
*Bulletin d'ecclésiologie*, in: RSPhTh 63 (1979) 251–288.
*Pour une christologie pneumatique*, in: RSPhTh 63 (1979) 435–441.
*Brève chronique de théologie*. Autour de crises contemporaines, in: RSPhTh 63 (1979) 614–626.

1980–1985
*Art. Apostel*, in: Lexikon des Mittelalters I, 781–786.
*Bulletin de théologie*, in: RSPhTh 64 (1980) 265–277.
*Chronique de Pneumatologie*, in: RSPhTh 64 (1980) 445–451.
*Die Offenheit lieben gegenüber jeglicher Wahrheit*. Brief des Thomas von Aquino an Karl Rahner, in: K. Rahner/B. Welte (Hrsg.), Mut zur Tugend, Freiburg 1980, 124–133.
*L'Eglise, antique fontaine d'une eau jaillissante et fraîche*, in: VS Bd. 134 (1980) 31–40.
*Le Père, source absolue de la divinité*, in: Ist. 25 (1980) 237–246.
*Les régulations de la foi*, in: VS.S Nr. 133, Mai 1980, 260–281.
*Le théologien dans l'Eglise aujourd'hui*, in: Les quatre fleuves Nr. 12 (1980) 7–27.
*Regard sur le concile Vatican II à l'occasion du $20^e$ anniversaire de son annonce*, in: J. Brantschen/P. Salvatico (Hrsg.), Unterwegs zur Einheit. FS H. Stirnimann, Freiburg 1980, 774–790.

*Responsabilité du théologien et régulation de la foi,* in: Cahiers universitaires catholiques, Nr. 1 (1980–1981), 17–22.

*Pour le centenaire du concile de 381.* Diversité de dogmatique dans l'unité de foi entre Orient et Occident, in: Iren. 54 (1981) 25–35.

*Théologie du Saint-Esprit et renouveau charismatique,* in: VS Bd. 135 (1981) 735–749 [= Appelés à la vie, a. a. O. 83–94 = Theologie des Heiligen Geistes und charismatische Erneuerungsbewegung, in: GF 84–101].

*Versuch einer katholischen Synthese,* in: Conc (D) 17 (1981) 669–679.

*Die Theologen, das Pastoral-Konzil und die Theologie,* in: Diakonia 13 (1982) 364–376 [= Les théologiens, Vatican II et la théologie, in: CV 79–90].

*Les implications christologiques et pneumatologiques de l'ecclésiologie de Vatican II,* in: G. Alberigo (Hrsg.), *Les Eglises après Vatican II.* Dynamisme et prospective. Actes du Colloque international de Bologne 1980, Paris 1982 (Théologie historique 61), 117–130 [= CV 165–176 = Die christologischen und pneumatologischen Implikationen der Ekklesiologie des II. Vatikanum, in: G. Alberigo/Y. Congar/H. J. Pottmeyer, Kirche im Wandel, Düsseldorf 1982, 111–123].

*L'esprit du Concile,* in: Cahiers Saint Dominique Nr. 188, Dez. 1982, 99–102.

*Pneumatologie dogmatique,* in: B. Lauret/F. Refoulé (Hrsg.), Initiation à la pratique de la théologie II, Paris 1982, 483–516.

*Théologie historique,* in: B. Lauret/F. Refoulé (Hrsg.), Initiation à la pratique de la théologie I, Paris ²1982, 233–262.

*Chronique de Théologie,* in: RSPhTh 67 (1983) 140–150.

*Wie steht es mit der Glaubensaussage?,* in: Conc (D) 19 (1983) 816–819.

*Erinnerungen an eine Episode auf dem II. Vatikanischen Konzil,* in: E. Klinger/ K. Wittstadt (Hrsg.), Glaube im Prozeß. Christsein nach dem II. Vatikanum. FS K. Rahner, Freiburg 1984, 22–32.

*Art. Concile,* in: P. Poupard (Hrsg.), Dictionnaire des Religions, Paris 1984, 301–305.

*Art. Réforme,* in: P. Poupard (Hrsg.), Dictionnaire des Religions, Paris 1984, 1409–1414.

*Art. Tradition,* in: P. Poupard (Hrsg.), Dictionnaire des Religions, Paris 1984, 1714–1718.

*Thomismus und Ökumenismus,* in: J. B. Bauer (Hrsg.), Entwürfe der Theologie, Graz-Wien-Köln 1985, 41–50.

*The Brother I have known,* in: The Thomist 49 (1985) 495–503.

*Entretiens d'automne,* hrsg. v. B. Lauret, Paris 1987, [= Herbstgespräche. Erinnerungen und Anstöße, München 1988].

B. SEKUNDÄRLITERATUR

ALBERIGO, G./CHENU, M.-D./FOUILLOUX, E./JOSSUA, J.-P./LADRIERE, J., *Une école de théologie: le Saulchoir.* Préface de R. Rémond, Paris 1985.

ALBERIGO, G./CONGAR, Y./POTTMEYER, H.J. (Hrsg.), *Kirche im Wandel. Eine kritische Zwischenbilanz nach dem Zweiten Vatikanum*, Düsseldorf 1982.

ALBERIGO, G., *Geschichte und Theologie: Eine offene Herausforderung*, in: *Conc* (D) 19 (1983 801–807.

ARON, R., *Introduction à la philosophie de l'histoire. Essai sur les limites de l'objectivité historique*, Paris 1938.
- *La philosophie critique de l'histoire*, Paris ¹1938, ³1964.

AUBERT, R., *Le problème de l'acte de foi*, Löwen ³1958.
- *La théologie catholique au milieu du XX$^e$ siècle*, Tournai-Paris 1954.
- *Die Theologie während der ersten Hälfte des 20. Jahrhunderts*, in: H. Vorgrimler/R. van der Gucht (Hrsg.), *Bilanz der Theologie im 20. Jahrhundert II*, Freiburg u. a. 1969, 7–70.
- *Die modernistische Krise*, in: *HKG VI/2*, Freiburg u. a. 1973, 435–500.

AUER, A., YVES J.-M. (!) CONGAR, in: H.J. SCHMITZ (Hrsg.), *Tendenzen der Theologie im 20. Jahrhundert. Eine Geschichte in Porträts*, Stuttgart-Olten 1966, 518–523.

BACHT, H., *Tradition und Sakrament. Zum Gespräch um Oskar Cullmanns Schrift „Tradition"*, in: *Scholastik* 30 (1955) 1–32.

BAKKER, L., *Welche Rolle hat der Mensch im Offenbarungsgeschehen?*, in: *Conc* (D) 3 (1967) 9–17.

BALTHASAR, H.U.v., *Theologie der Geschichte. Ein Grundriß. Neue Fassung*, Einsiedeln ⁴1959.
- *Wort, Schrift, Tradition*, in: Ders., *Verbum Caro. Skizzen zur Theologie I*, Einsiedeln 1960, 11–27.
- *Im Strom fließt die Quelle*, in: L. REINISCH, *Vom Sinn der Tradition*, München 1970, 89–105.

BARBEL, J., *Dogmenentwicklung und Tradition*, in: *TThZ* 74 (1965) 213–231.

BARTH, K., *Conciliorum Tridentini et Vaticani I inhaerens vestigiis?* in: B.-D. DUPUY (Hrsg.), *La révélation divine II*, Paris 1968, 513–522.

BAUER, J.B., *Das Verständnis der Tradition in der Patristik*, in: *Kairos* 20 (1978) 193–208.

BAUER, K.A., *Kerygma und Kirche*, in: *EvTh* 41 (1981) 401–423.

BAUMGARTNER, H.M., *Kontinuität als Paradigma historischer Konstruktion*, in: *PhJ 79 (1972) 254–268*.

BEINERT, W., *Art. Tradition*, in: Ders. (Hrsg.), *Lexikon der katholischen Dogmatik*, Freiburg u. a. 1987, 513–516.

BENOIT, A., *Ecriture et Tradition chez Saint Irénée*, in: *RHPhR* 40 (1960) 32–43.
- *Die Überlieferung des Evangeliums in den ersten Jahrhunderten*, in: V. VAJTA (Hrsg.), *Evangelium als Geschichte*, Göttingen 1974, 161–186.

BEUMER, J., *Das katholische Schriftprinzip in der theologischen Literatur der Scholastik bis zur Reformation*, in: Scholastik 26 (1941) 24–52.
– *Der Begriff „traditiones" auf dem Trienter Konzil*, in: Scholastik 35 (1960) 342–362.
– *Die mündliche Überlieferung als Glaubensquelle*, Freiburg 1962 (= HDG I/4).
– *Die theologische Methode*, Freiburg u. a. 1972 (= HDG I/6).
BIEMER, G., *Überlieferung und Offenbarung. Die Lehre von der Tradition nach John Henry Newman*, Freiburg 1961.
BLONDEL, M., *L'Action. Essai d'une critique de la vie et d'une science de la pratique*, Paris 1893 (Neudruck: Paris 1950 u. 1973).
– *Histoire et Dogme. Les lacunes philosophiques de l'exégèse moderne*, in: La Quinzaine 56 (1904) 145–167.349–373.433–458 (Neudruck in: *Les Premiers Ecrits de Maurice Blondel II*, Paris 1956, 149–228. Dt. Übersetzung von A. Schlette: Geschichte und Dogma. Mit Einführungen von J. B. Metz und R. Marlé, Mainz 1963).
BLUM, G. G., *Tradition und Sukzession. Studien zum Normbegriff des Apostolischen von Paulus bis Irenäus*, Berlin-Hamburg 1963.
– *Offenbarung und Überlieferung. Die dogmatische Konstitution Dei Verbum des II. Vatikanums im Lichte altkirchlicher und moderner Theologie*, Göttingen 1971.
BOECKLER, R., *Der moderne römisch-katholische Traditionsbegriff. Vorgeschichte – Diskussion um das Assumptio-Dogma – Zweites Vatikanisches Konzil*, Göttingen 1967.
BONINO, J. M. Y, *An Approach to the Discussion of Tradition in a Heilsgeschichtliche Frame of Reference*, in: F. CHRIST (Hrsg.), Oikonomia. Heilsgeschichte als Thema der Theologie. FS O. Cullmann, Hamburg 1967, 295–301.
BONNARD, P., *La tradition dans le Nouveau Testament*, in: RHPhR 40 (1960) 20–30.
BRETON, S., *Sur l'idée de tradition*, in: Ders., Foi et raison logique, Paris 1971, 153–181.
BREUNING, W., *Art. Traditionalismus*, in: W. BEINERT (Hrsg.), Lexikon der katholischen Dogmatik, Freiburg u. a. 1987, 517.
CALLOT, E., *Les trois moments de la philosophie théologique de l'histoire*. Augustin – Vico – Herder – Situation actuelle, Paris 1974.
CAMBIER, J., *Paulus und die Tradition*, in: Conc (D) 2 (1966) 793–800.
CASTELLI, E. (Hrsg.), *Ermeneutica e tradizione*, Rom 1963.
CERFAUX, L., *Die Tradition bei Paulus*, in: Cath 9 (1953) 94–104.
CERTEAU, M. de, *Faire de l'histoire*, in: RSR 58 (1970) 481–520.
– *L'opération historique*, in: J. LeGOFF/P. NORA (Hrsg.), Faire de l'histoire I. Nouveaux problèmes, Paris 1974, 19–68.

CHENU, M.-D., *Le sens et les leçons d'une crise religieuse*, in: *VieI* 4 (1931) 356–380.
– *Une école de théologie: Le Saulchoir*, Tournai 1937.
– *Foi et Théologie d'après le P. A. Gardeil*, in: *RSPhTh* 40 (1956) 645–651.
– *Tradition und Soziologie des Glaubens*, in: J. BETZ/H. FRIES (Hrsg.), *Kirche und Überlieferung*. FS J. R. Geiselmann, Freiburg 1960, 266–275.
– *La Parole de Dieu I (La Foi dans l'intelligence) und II (L'Evangile dans le temps)*, Paris 1964.
– *Die Theologie als kirchliche Wissenschaft*, in: *Conc* (D) 3 (1967) 44–49.
COMBLIN, J., *Die katholische Theologie seit dem Ende des Pontifikats Pius' XII.*, in: H. VORGRIMLER/R. van der GUCHT (Hrsg.), *Bilanz der Theologie im 20. Jahrhundert II*, Freiburg u. a. 1969, 70–88.
CONZELMANN, H., *Theologie als Schriftauslegung*. Aufsätze zum Neuen Testament, München 1974.
CULLMANN, O., *Christus und die Zeit*. Die urchristliche Zeit- und Geschichtsauffassung, Zollikon-Zürich 1946.
– *Die Tradition als exegetisches, historisches und theologisches Problem*, Zürich 1954.
– *Heil als Geschichte*. Heilsgeschichtliche Existenz im Neuen Testament, Tübingen 1965.
– *Die kritische Rolle der Heiligen Schrift*, in: J. C. HAMPE (Hrsg.), *Die Autorität der Freiheit I*, München 1967, 189–197.
DANIELOU, J., *Les orientations présentes de la pensée religieuse*, in: *Etudes* 79 (1946) 6–21.
– *Vom Geheimnis der Geschichte*, Stuttgart 1955.
DANSETTE, A., *Histoire religieuse de la France contemporaine*. L'Eglise catholique dans la melée politique et sociale, Paris 1965 (Edition revue et corrigée).
DARLAPP, A., Art. *Geschichtlichkeit*, in: *LThK* IV 780–783.
DARLAPP, A./SPLETT, J., Art. *Geschichte und Geschichtlichkeit*, in: *HTTL* III 33–45.
DÖRING, H., *Paradigmenwechsel im Verständnis von Offenbarung*. Die Fundamentaltheologie in der Spannung zwischen Worttheologie und Offenbarungsdoktrin, in: *MThZ* 36 (1985) 20–35.
DUBARLE, D. u. a., *Le Modernisme*, Paris 1980.
DULLES, A., *Das II. Vatikanum und die Wiedergewinnung der Tradition*, in: E. KLINGER/K. WITTSTADT (Hrsg.), *Glaube im Prozeß*. FS K. Rahner, Freiburg u. a. 1984, 546–562.
DUPUY, B.-D. (Hrsg.), *La révélation divine I u. II*, Paris 1968.
DUVAL, A., *Yves Congar: A Life for the Truth*, in: *The Thomist* 48 (1984) 505–511.
DUQUESNE, J., „*Un théologien en liberté*". J. Duquesne interroge le Père Chenu, Paris 1975.

EBELING, G., *Wort Gottes und Tradition*, Göttingen ¹1964, ²1966.

ECKERT, W. P., *Die Bedeutung der Tradition in der Scholastik*, in: *Kairos* 20 (1978) 121–129.

EDELBY, N., *Die Tradition ist die Epiklese der Heilsgeschichte*, in: J. C. HAMPE (Hrsg.), *Die Autorität der Freiheit I*, München 1967, 119–122.

FENEBERG, W., *Die Frage nach Bewußtsein und Entwicklung des historischen Jesus. Eine Erinnerung an Albert Schweitzer*, in: *ZKTh* 97 (1975) 104–116.

FERET, H.-M., *Le R. P. Antoine Lemonnyer op (1872–1932)*, in: *BThom* Bd. 3 (1933) 677–679.

FIGL, J., *Text, Tradition und Interpretation. Schriftliche Objektivierung als hermeneutisches Problem in Hans-Georg Gadamers „Wahrheit und Methode"*, in: *Kairos* 20 (1978) 281–292.

FLORIT, H., *Die Weitergabe der Offenbarung und das Verhältnis von Schrift, Tradition und Lehramt*, in: J. C. HAMPE (Hrsg.), Die Autorität der Freiheit I, München 1967, 122–126.

FRANIC, F., *Die Stimme der Minderheit*, in: J. C. HAMPE (Hrsg.), Die Autorität der Freiheit I, München 1967, 126–129.

FOKET, M., *Regards d'Emile Poulat sur la crise moderniste. A propos de deux livres récents*, in: *Revue théologique de Louvain* 18 (1987) 57–69.

FREY, C., *Mysterium der Kirche – Öffnung zur Welt. Zwei Aspekte der Erneuerung französischer katholischer Theologie*, Göttingen 1969.

FRIES, H., *J. H. Newmans Beitrag zum Verständnis der Tradition*, in: M. SCHMAUS (Hrsg.), *Die mündliche Überlieferung. Beiträge zum Begriff der Tradition*, München 1957, 63–122.

– *Fortschritt und Tradition*, in: *StZ* 193 (1975) 75–89.

– *Fundamentaltheologie*, Graz u. a. 1985.

FRISQUE, J., *Oscar Cullmann. Une théologie de l'histoire du salut*, Tournai 1960.

– *Die Ekklesiologie im 20. Jahrhundert*, in: *Bilanz der Theologie im 20. Jahrhundert III*, Freiburg u. a. 1970, 192–243.

FRÖHLICH, K., *Die Mitte des Neuen Testaments. Oscar Cullmanns Beitrag zur Theologie der Gegenwart*, in: F. CHRIST (Hrsg.), *Oikonomia. Heilsgeschichte als Thema der Theologie*. FS O. Cullmann, Hamburg 1967, 203–219.

GADAMER, H.-G., *Wahrheit und Methode. Grundzüge einer philosophischen Hermeneutik*, Tübingen ¹1960, ³1972.

GARDEIL, A., *La crédibilité et l'apologétique*, Paris 1907.

– *Le donné révélé et la théologie*, Paris ¹1909, Juvisy ²1932 (Préface par le R. P. Chenu op).

– *Art. Crédibilité*, in: *DThC* III/2, 2201–2310 (Paris 1923).

– *La structure de l'âme et l'expérience mystique*, Paris 1927.

GEISELMANN, J. R., *Lebendiger Glaube aus geheiligter Überlieferung*. Der

Grundgedanke der Theologie Johann Adam Möhlers und der Katholischen Tübinger Schule, Mainz 1942, Freiburg ²1966.
- *Das Konzil von Trient über das Verhältnis der Heiligen Schrift und der nicht geschriebenen Traditionen,* in: M. SCHMAUS (Hrsg.), *Die mündliche Überlieferung,* München 1957, 123–206.
- *Die lebendige Überlieferung als Norm des christlichen Glaubens.* Dargestellt im Geist der Traditionslehre von J. E. Kuhn, Freiburg 1959.
- *Die Heilige Schrift und die Tradition,* Freiburg 1962 (= QD 18).
- *Art. Tradition,* in: *HThG* 2, 686–696.
GERHARDSSON, B., *Memory and Manuscript.* Oral Tradition and Written Transmission in Rabbinic Judaism and Early Christianity, Lund ¹1961, ²1964.
- *Die Anfänge der Evangelientradition,* Wuppertal 1977.
GNILKA, J., *Die biblische Exegese im Lichte des Dekretes über die göttliche Offenbarung (Dei Verbum),* in: *MThZ* 36 (1985) 5–19.
GOPPELT, L., *Tradition nach Paulus,* in: *KuD* 4 (1958) 213–233.
GOUHIER, H., *Tradition et développement à l'époque du modernisme,* in: E. CASTELLI (Hrsg.), *Ermeneutica e tradizione, Rom* 1963, 75–104.
GRANDMAISON, L. de, *Le dogme chrétien.* Sa nature, ses formules, son développement, Paris 1928.
GREISCH, J./NEUFELD, K./THEOBALD, C., *La crise contemporaine.* Du modernisme à la crise des herméneutiques, Paris 1973 (Théologie historique 24).
GRELOT, P., *Die Tradition – Quelle und Milieu der Schrift,* in: *Conc* (D) 2 (1966) 745–756.
GRESHAKE, G., *Gottes Heil – Glück des Menschen.* Theologische Perspektiven, Freiburg u. a. 1983.
GRÜNDER, K./SPAEMANN, R., *Art. Geschichtsphilosophie,* in: *LThK* IV, 783–791.
GUBLER, M.-L., *Tradition – was ist das?,* in: *Diakonia* 17 (1986) 73–77.
HALDER, A./VORGRIMLER, H., *Art. Geschichtstheologie,* in: *LThK* IV, 793–799.
HAMMANS, H., *Die neueren katholischen Erklärungen der Dogmenentwicklung,* Essen 1965.
- *Die neueren katholischen Erklärungen der Dogmenentwicklung,* in: *Conc* (D) 3 (1967) 50–59.
HAMPE, J. C. (Hrsg.), *Die Autorität der Freiheit.* Gegenwart des Konzils und Zukunft der Kirche im ökumenischen Disput. Bd. I–III, München 1967.
HARDTWIG, W., *Geschichtsprozeß und konstruierte Geschichte.* Eine Auseinandersetzung mit H.-M. BAUMGARTNER, *„Kontinuität und Geschichte",* in: *PhJ* 81 (1974) 381–390.
HENRICI, P., *Zwischen Transzendentalphilosophie und christlicher Praxis,* in: *PhJ* 75 (1968) 332–346.

- *Rezension zu: U. Hommes, Transzendenz und Personalität.* Zum Begriff der Action bei Maurice Blondel, Frankfurt 1972, in: *PhJ* 81 (1974) 214–219.
- *Aufbrüche christlichen Denkens,* Einsiedeln 1978.
- *Blondel und Loisy in der modernistischen Krise,* in: *IKaZ* Communio 16 (1987) 513–530.

HERMESMANN, H.-G., *Zeit und Heil.* Oscar Cullmanns Theologie der Heilsgeschichte, Paderborn 1979.

HILBERATH, B. J., *Theologie zwischen Tradition und Kritik.* Die philosophische Hermeneutik Hans-Georg Gadamers als Herausforderung des theologischen Selbstverständnisses, Düsseldorf 1978.

HOLSTEIN, H., *La Tradition dans l'Eglise,* Paris 1960.

HÜNERMANN, P., Art. *Geschichtsphilosophie,* in: *HTTL* III, 45–49.

JOSSUA, J.-P., *Le Père Congar.* La théologie au service du peuple de Dieu (Bibliographie générale du Père Congar par P. Quattrochi), Paris 1967 (Chrétiens de tous les temps 20).

KAMPLING, R., Art. *Tradition,* in: *Neues Handbuch theologischer Grundbegriffe 4,* hrsg. v. P. EICHER, München 1985, 221–235.

KASPER, W., *Die Lehre von der Tradition in der Römischen Schule,* Freiburg u. a. 1962.

- Art. *Geschichtstheologie,* in: *HTTL* III, 49–54.
- *Dogma unter dem Wort Gottes,* Mainz 1965.
- *Die Methoden der Dogmatik,* München 1967.
- *Das Verhältnis von Evangelium und Dogma,* in: *Conc* (D) 3 (1967) 69–75.
- *Glaube und Geschichte,* Mainz 1970.
- *Tradition als theologisches Erkenntnisprinzip,* in: W. LÖSER/K. LEHMANN/M. LUTZMANN-BACHMANN (Hrsg.), *Dogmengeschichte und katholische Theologie,* Würzburg 1985, 376–403.
- *Theologie und Kirche,* Mainz 1987.

KÄSEMANN, E. (Hrsg.), *Das Neue Testament als Kanon.* Dokumentation und kritische Analyse zur gegenwärtigen Diskussion, Göttingen 1971.

KERN, W., *Über die anthropologische Matrix des kirchlichen Traditionsprozesses,* in: K. H. NEUFELD/L. ULLRICH (Hrsg.), *Probleme und Perspektiven dogmatischer Theologie,* Düsseldorf 1986, 72–95.

KERN, W./POTTMEYER, H. J./SECKLER, M. (Hrsg.), *Handbuch der Fundamentaltheologie 1–4,* Freiburg u. a. 1985–1988).

KLINGER, E./WITTSTADT, K. (Hrsg.), *Glaube im Prozeß. Christsein nach dem II. Vatikanum.* FS K. Rahner, Freiburg u. a. 1984.

KOCH, K., *Die heilsgeschichtliche Dimension der Theologie.* Von der heilsgeschichtlichen Theologie zur Theologie der Geschichte, in: *Theologische Berichte 8.* Wege theologischen Denkens, Zürich u. a. 1979, 135–188.

KÖHLER, O., Art. Geschichte, in: *LThK* IV, 777–780.
- Art. Traditionalismus, in: *Handwörterbuch religiöser Gegenwartsfragen*, hrsg. v. U. Ruh u. a., Freiburg u. a. 1986, 471–474.
KOLAKOWSKI, L., *Der Anspruch auf die selbstverschuldete Unmündigkeit*, in: L. REINISCH (Hrsg.), *Vom Sinn der Tradition*, München 1970, 1–15.
KNOCH, W., „Tradition im Wandel – Wandel in Tradition" – Ein Beitrag zum ökumenischen Dialog, in: *ThGl* 75 (1985) 133–147.
KÜHN, U., *Die Kirche als Ort der Theologie*, in: *KuD* 21 (1985) 98–115.
LAGRANGE, M.-J., *La méthode historique, surtout à propos de l'Ancien Testament*, Paris 1903.
- M. *Loisy et le Modernisme. A propos des »Mémoires«*, Juvisy 1932.
LARCHER, G., *Maurice Blondels Traditionsverständnis als ein Antwortversuch auf geschichtstheoretische Grundprobleme im Modernismusstreit*, in: G. SCHWAIGER (Hrsg.), Aufbruch ins 20. Jahrhundert, Göttingen 1976, 23–42.
- *Modernismus als theologischer Historismus. Ansätze zu seiner Überwindung im Frühwerk Maurice Blondels*, Frankfurt u. a. 1985.
LATOURELLE, R./O'COLLINS, G. (Hrsg.), *Probleme und Aspekte der Fundamentaltheologie*, Innsbruck-Wien 1985.
LEDWITH, M., *The Theology of Tradition in the World Council of Churches*, in: *IThQ 43 (1976) 104–123*.
LEEUWEN, P. van, *Der Reifungsprozeß des Zweiten Vatikanischen Konzils in der Lehre über göttliche Offenbarung und ihre Weitergabe*, in: *Conc* (D) 3 (1967) 2–8.
LE GUILLOU, M.-J., P. *Yves M.-J. Congar op*, in: H. VORGRIMLER/R. vander GUCHT *(Hrsg.), Bilanz der Theologie im 20. Jahrhundert. Bahnbrechende Theologen*, Freiburg u. a. 1970, 181–199.
LENGSFELD, P., *Tradition innerhalb der konstitutiven Zeit der Offenbarung*, in: *MySal I*, Einsiedeln 1965, 239–288.
- *Tradition und Schrift*, in: *MySal I*, Einsiedeln 1965, 463–496.
LEUBA, J.-L., *La Tradition à Montréal et à Vatican II. Convergences et questions*, in: B.-D. DUPUY (Hrsg.), *La révélation divine II*, Paris 1968, 475–497.
LIEBING, H., *Sola scriptura – Die reformatorische Antwort auf das Problem der Tradition*, in: C. H. RATSCHOW (Hrsg.), *Sola scriptura*, Marburg 1977, 81–95.
LÖSER, W./LEHMANN, K./LUTZ-BACHMANN, M. (Hrsg.), *Dogmengeschichte und Theologie*, Würzburg 1985.
LOSSKY, V., *La Tradition et les traditions*, in: Ders., *A l'image et à la ressemblance de Dieu*, Paris 1967, 139–166.
LUBAC, H. de, *Histoire et Esprit. L'intelligence de l'Ecriture d'après Origène*, Paris 1950 (Dt. Fassung: Geist aus der Geschichte. Das Schriftverständnis des Origines, Einsiedeln 1968).
- *L'Ecriture dans la Tradition*, Paris 1966.

MACDONALD, C., *Church and World in the Plan of God.* Aspects of History and Eschatology in the Thought of Père Yves Congar op, Frankfurt-Bern 1982.

MACDONALD, T. I., *The Ecclesiology of Yves Congar.* Foundational Themes, Lanham u. a. 1984.

MARIN-SOLA, F., *L'Evolution homogène du dogme catholique.* 2 Bd., Fribourg 1924.

MARLE, R., *Historische Methoden und theologische Probleme,* in: Bilanz der Theologie im 20. Jahrhundert II, Freiburg u. a. 1969, 245–278.

– *Le problème de l'herméneutique à „Foi et Constitution",* in: RSR 58 (1970) 101–112.

– *Hermeneutik und Schrift,* in: R. LATOURELLE/G. O'COLLINS (Hrsg.), Probleme und Aspekte der Fundamentaltheologie, Innsbruck-Wien 1985, 93–111.

MARROU, H.-I., *Über die historische Erkenntnis.* Welches ist der richtige Gebrauch der Vernunft, wenn sie sich historisch betätigt?, Darmstadt 1973 (Franz. Original: *De la connaissance historique*, Paris 1954).

MARX, W., *Grundbegriffe der Geschichtsauffassung bei Schelling und Habermas,* in: PhJ 81 (1974) 50–76.

MEHLHAUSEN, J., Art. *Geschichte, Geschichtsschreibung, Geschichtsphilosophie. VII/2: 19.–20. Jahrhundert,* in: TRE XII, 643–658.

MENARD, E., *L'ecclésiologie hier et aujourd'hui,* Bruges-Paris 1966.

METZ, J. B., *Glaube in Geschichte und Gesellschaft.* Studien zu einer praktischen Fundamentaltheologie, Mainz ²1978.

METZ, R., *Les groupes informels dans l'église,* Straßburg 1971.

MEYER, H., *Die ökumenische Neubesinnung auf das Überlieferungsproblem. Eine Bilanz,* in: V. VAJTA (Hrsg.), Evangelium als Geschichte, Göttingen 1974, 187–219.

MINDE, H. J. van der, *Schrift und Tradition bei Paulus.* Ihre Bedeutung und Funktion im Römerbrief, München u. a. 1976.

MÖHLER, J. A., *Die Einheit in der Kirche oder das Prinzip des Katholizismus. Dargestellt im Geiste der Kirchenväter der drei ersten Jahrhunderte.* Herausgegeben, eingeleitet und kommentiert von J. R. GEISELMANN, Köln-Olten 1956.

MOELLER, C., *Le texte du chapitre II dans la seconde période du concile (Sessions II, III et IV),* in: B.-D. DUPUY (Hrsg.), La révélation divine I, Paris 1968, 305–344.

MÜLLER, P.-G., *Der Traditionsprozeß im Neuen Testament.* Kommunikationstheoretische Studien zur Versprachlichung des Jesusphänomens, Freiburg u. a. 1982.

MÜLLER, O., *Zum Begriff der Tradition in der Theologie der letzten hundert Jahre,* in: MThZ 4 (1953) 164–186.

MUSSNER, F., *Geschichte der Hermeneutik. Von Schleiermacher bis zur Gegenwart,* Freiburg ²1976 (= HDG I/3c, 2).

NOELLE-NEUMANN, E./PIEL, E., Art. Tradition, in: Handwörterbuch religiöser Gegenwartsfragen, hrsg. v. U. RUH u. a., Freiburg u. a. 1986, 466–470.
O'MEARA, T. F., Revelation and History: Schelling, Möhler and Congar, in: IThQ 53 (1987) 17–35.
OSNER, M., L'action du Saint-Esprit dans la communion ecclésiale. Etude sur l'oeuvre d'Yves Congar, Straßburg 1980 (unveröffentl. Dissertation).
PANNENBERG, W. u. a. (Hrsg.), Offenbarung als Geschichte, Göttingen ¹1961, ⁵1982.
– Grundfragen systematischer Theologie. Gesammelte Aufsätze I, Göttingen ¹1967, ²1971.
– Art. Geschichte, Geschichtsschreibung, Geschichtsphilosophie. VIII. Systematisch-theologisch, in: TRE XII 658–674.
POTTMEYER, H. J., Die Bedingungen des bedingungslosen Unfehlbarkeitsanspruchs, in: ThQ 159 (1979) 92–109.
Kontinuität und Innovation in der Ekklesiologie des II. Vatikanums. Der Einfluß des I. Vatikanums auf die Ekklesiologie des II. Vatikanums im Lichte des II. Vatikanums, in: G. ALBERIGO/Y. CONGAR/H. J. POTTMEYER (Hrsg.), Kirche im Wandel. Eine kritische Zwischenbilanz nach dem Zweiten Vatikanum, Düsseldorf 1982, 89–110.
– Die zwiespältige Ekklesiologie des Zweiten Vaticanums – Ursache nachkonziliarer Konflikte, in: TThZ 92 (1983) 272–283.
– Ist die Nachkonzilszeit zu Ende?, in: StZ 110 (1985) 219–230.
– Vor einer neuen Phase der Rezeption des Vaticanum II. Zwanzig Jahre Hermeneutik des Konzils, in: G. ALBERIGO/J. P. JOSSUA (Hrsg.), Die Rezeption des Zweiten Vatikanischen Konzils, Düsseldorf 1986, 47–65.
– Normen, Kriterien und Strukturen der Überlieferung, in: W. KERN/ H. J. POTTMEYER/M. SECKLER, Handbuch der Fundamentaltheologie 4, Freiburg u. a. 1988, 124–152.
POTTMEYER, H. J./ALBERIGO, G./JOSSUA, J.-P. (Hrsg.), Die Rezeption des Zweiten Vatikanischen Konzils, Düsseldorf 1986.
POULAT, E., Histoire, dogme et critique dans la crise moderniste, Paris-Tournai 1962.
– Critique historique et théologie dans la crise moderniste, in: RSR 58 (1970) 535–550.
– Modernistica. Horizons, Physionomies, Débats, Paris 1982.
– Critique et mystique. Autour de Loisy ou la conscience catholique et l'esprit moderne, Paris 1984.
POUPARD, P., Art. Traditionalismus, in: HTTL 7, 308–311.
PUYO, J., Une vie pour la vérité. Jean Puyo interroge le Père Congar, Paris 1975.
RAFFELT, A., Spiritualität und Philosophie. Zur Vermittlung geistig-religiöser Erfahrung in Maurice Blondels ›L'Action‹ (1893), Freiburg 1978.

RAHNER, K., *Zur Frage der Dogmenentwicklung*, in: *Schriften zur Theologie I*, Einsiedeln 1954, 49–90.
- *Über die Schriftinspiration*, Freiburg ¹1958 (= QD 1).
- *Überlegungen zur Dogmenentwicklung*, in: *Schriften zur Theologie IV*, Einsiedeln 1960, 11–50.
- *Bemerkungen zum Begriff der Offenbarung*, in: K. RAHNER/J. RATZINGER, *Offenbarung und Überlieferung*, Freiburg u. a. 1965 (= QD 25), 11–24.
- *De la révélation de Dieu et de l'homme faite en Jésus-Christ*, in: B.-D. DUPUY (Hrsg.), *La révélation divine II*, Paris 1968 (Unamm Sanctam 70b), 577–587.
RAHNER, K./LEHMANN, K., *Kerygma und Dogma. Geschichtlichkeit der Vermittlung*, in: *MySal* I, 622–707.727–787.
RAST, T., *Die Eschatologie in der Theologie des 20. Jahrhunderts*, in: H. VORGRIMLER/R. vander GUCHT (Hrsg.), *Bilanz der Theologie im 20. Jahrhundert III*, Freiburg u. a. 1970, 294–315.
RATZINGER, J., *Ein Versuch zur Frage des Traditionsbegriffs*, in: K. RAHNER/J. RATZINGER, *Offenbarung und Überlieferung*, Freiburg u. a. 1965 (= QD 25), 25–69.
- *Das Problem der Dogmengeschichte in der Sicht der katholischen Theologie*, Köln-Opladen 1966.
- *Dogmatische Konstitution über die göttliche Offenbarung. Einleitung und Kommentar*, in: *LThK. Das Zweite Vatikanische Konzil II*, Freiburg 1967, 498–528.
- *Tradition und Fortschritt*, in: A. PAUS (Hrsg.), *Freiheit des Menschen*, Graz u. a. 1974, 9–30.
- *Theologische Prinzipienlehre. Bausteine zur Fundamentaltheologie*, München 1982.
REINISCH, L. (Hrsg.), *Vom Sinn der Tradition*, München 1970.
RIVIERE, J., Art. *Modernisme*, in: *DThC* X, 2009–2047.
RODGER, P. C./VISCHER, L. (Hrsg.), *Vierte Weltkonferenz für Glauben und Kirchenverfassung – Montreal 1963*, Zürich 1963.
RORDORF, W./SCHNEIDER, A., *Die Entwicklung des Traditionsbegriffs in der Alten Kirche*, Bern-Frankfurt/M. 1983.
SAND, A., *Kanon. Von den Anfängen bis zum Fragmentum Muratorianum*, Freiburg 1974 (= HDG I/3a, 1).
SCHAEFFLER, R., *Der „Modernismus-Streit" als Herausforderung an das philosophisch-theologische Gespräch heute*, in: *ThPh* 55 (1980) 514–534.
- *Einführung in die Geschichtsphilosophie*, Darmstadt 1980.
- *Wissenschaftstheorie und Theologie*, in: *CGG* 20, 5–83.
- Art. *Tradition*, in: *Lexikon der Religionen*, begründet von F. König, hrsg. von H. WALDENFELS, Freiburg 1987, 665–666.

SCHATZ, K., *Ist Kirchengeschichte Theologie?* Zum Gedenken an Hubert Jedin, in: *ThPh* 55 *(1980)* 481–513.
SCHIERSE, F. J., *Tradition und Traditionen im Neuen Testament*, in: *StZ* 103 (1978) 95–107.
SCHIFFERLE, A., *Marcel Lefebvre – Ärgernis und Besinnung.* Fragen an das Traditionsverständnis der Kirche, Kevelaer 1983.
– *Tradition als Prozeß und kritische Erinnerung*, in: *Diakonia 17* (1986) 106–110.
SCHILLEBEECKX, E., *Offenbarung und Theologie.* Gesammelte Schriften I, Mainz 1965.
– *Glaubensinterpretation*, Mainz 1971.
SCHLINK, E., *Ecriture, Tradition et magistère selon la constitution »Dei Verbum«*, in: B.-D. DUPUY (Hrsg.), *La révélation divine II*, Paris 1968, 499–511.
SCHMAUS, M. (Hrsg.), *Die mündliche Überlieferung.* Beiträge zum Begriff der Tradition, München 1957.
SCHMITZ, J., *Die Fundamentaltheologie im 20. Jahrhundert*, in: H. VORGRIMLER/R. vander GUCHT (Hrsg.), *Bilanz der Theologie im 20. Jahrhundert II*, Freiburg u. a. 1969, 197–245.
– *Das Christentum als Offenbarungsreligion im kirchlichen Bekenntnis*, in: W. KERN/H. J. POTTMEYER/M. SECKLER *(Hrsg.), Handbuch der Fundamentaltheologie 2*, Freiburg 1985, 15–28.
SCHULZ, W., *Dogmenentwicklung als Problem der Geschichtlichkeit der Wahrheitserkenntnis.* Eine erkenntnistheoretisch-theologische Studie zum Problemkreis der Dogmenentwicklung, Rom 1969.
SCHUTZ, R./THURIAN M., *La Révélation selon le chapitre I$^{er}$ de la Constitution*, in: B.-D. DUPUY (Hrsg.), *La révélation divine II*, Paris 1968, 463–474.
SCRIMA, A., *Révélation et Tradition dans la Constitution dogmatique »Dei Verbum« selon un point de vue orthodoxe*, in: B.-D. DUPUY (Hrsg.), *La révélation divine II*, Paris 1968, 523–539.
SECKLER, M., *Tradition als Überlieferung des Lebens.* Eine fundamentaltheologische Besinnung, in: *ThQ* 158 (1978) 256–267.
– *Tradition und Fortschritt*, in: *CGG* 23 (Freiburg u. a. 1982), 5–53.
– *Der Begriff der Offenbarung*, in: W. KERN/H. J. POTTMEYER/M. SECKLER (Hrsg.), *Handbuch der Fundamentaltheologie 2*, Freiburg 1985, 60–83.
SEELIGER, H. R., *Kirchengeschichte-Geschichtstheologie-Geschichtswissenschaft.* Analysen zur Wissenschaftstheorie und Theologie der Katholischen Kirchengeschichtsschreibung, Düsseldorf 1981.
SKYDSGAARD, K. E./VISCHER, L. (Hrsg.), *Schrift und Tradition.* Untersuchung einer theologischen Kommission, Zürich 1963.
SÖLL, G., *Dogma und Dogmenentwicklung*, Freiburg u. a. 1971 (= HDG I/5).

STAKEMEIER, E., *Die Konzilskonstitution über die göttliche Offenbarung.* Werden, Inhalt und theologische Bedeutung, Paderborn ²1967.
STERN, F. (Hrsg.), *Geschichte und Geschichtsschreibung.* Möglichkeiten, Aufgaben, Methoden. Texte von Voltaire bis zur Gegenwart, München 1966.
THEOBALD, C., *L'entrée de l'histoire dans l'univers religieux et théologique au moment de la »crise moderniste«,* in: J. GREISCH/K. NEUFELD/C. THEOBALD, *La crise contemporaine,* Paris 1973, 7–85.
THEOLOGISCHE BERICHTE 8. *Wege theologischen Denkens,* Zürich u. a. 1979.
THEOLOGISCHE BERICHTE 11. *Kirchengeschichtsschreibung als theologische Aufgabe,* Zürich u. a. 1982.
VAJTA, V., *Evangelium als Geschichte.* Identität und Wandel in der Weitergabe des Evangeliums, Göttingen 1974.
VEIGA COUTINHO, L., *Tradition et Histoire dans la controverse moderniste* (1898–1910), Rom 1954.
VERWEYEN, H., *Die „Logik der Tat".* Ein Durchblick durch M. Blondels ›L'Action‹ (1893), in: *ZThK* 108 (1986) 311–320.
VIRGOULAY, R., *Une contribution de la philosophie à la théologie.* Etude sur la tradition d'après *Histoire et Dogme* de Maurice Blondel, in: *RSR* 39 (1965) 48–67.
– *La méthode d'immanence et l'encyclique Pascendi,* in: *RSR* 58 (1970) 429–454.
– *Blondel et le modernisme.* La philosophie de l'action et les sciences religieuses (1896–1913), Paris 1980.
VORGRIMMLER, H./GUCHT, R. vander (Hrsg.), *Bilanz der Theologie im 20. Jahrhundert I–III.* Perspektiven, Strömungen, Motive in der christlichen und nichtchristlichen Welt, Freiburg u. a. 1969–1970.
VÖGTLE, A., *Offenbarung und Geschichte im Neuen Testament.* Ein Beitrag zur biblischen Hermeneutik, in: *Conc* (D) 3 (1967) 18–23.
WALDENFELS, H., *Offenbarung.* Das Zweite Vatikanische Konzil auf dem Hintergrund der neueren Theologie. München 1969.
– *Kontextuelle Fundamentaltheologie,* Paderborn u. a. 1985.
WEGENAST, K., *Das Verständnis der Tradition bei Paulus und in den Deuteropaulinen (WMANT 8),* Neukirchen 1962.
WENGST, K., *Der Apostel und die Tradition.* Zur theologischen Bedeutung urchristlicher Formeln bei Paulus, in: *ZThK* 69 (1972) 145–162.
WEGER, K.-H., *Art. Tradition,* in: *HTTL* 7, 300–308.
WIEDERKEHR, D., *Theologisches Denken im Spannungsfeld von Ursprung, Überlieferung und Gegenwart.* Versuch einer Ortsbestimmung systematischer Theologie, in: *Theologische Berichte 8. Wege theologischen Denkens,* Zürich u. a. 1979, 13–33.
– *Das Prinzip der Überlieferung,* in: W. KERN/H. J. POTTMEYER/M. SECKLER (Hrsg.), *Handbuch der Fundammentaltheologie* 4, 100–123.

# EINLEITUNG

## 1. Yves Congar – ein »traditioneller« Theologe

Wenn nach den großen katholischen Theologen unserer Zeit gefragt wird, dann fällt in der Regel neben Namen wie K. Rahner, H. U. von Balthasar, H. de Lubac, M.-D. Chenu und E. Schillebeeckx auch der Congars. Er gilt als ein Vater moderner katholischer Theologie, allerdings betrachten ihn viele bereits als einen veralteten Vater, ein Schicksal, das er mit einigen der erwähnten Theologen teilt.[1] Der Zurückgang seiner Bekanntheit und seines Einflusses hat u. a. mit seinem theologischen Stil und mit seiner theologischen Position zu tun. Ein bezeichnendes Licht auf seinen Ort in der heutigen theologischen Landschaft wirft das Jubiläums-Heft zum zwanzigjährigen Bestehen der Zeitschrift »Concilium«. Congar urteilt darin über sich selbst: »Ich bin ... vielleicht das am stärksten der Tradition verbundene Mitglied des Direktionskomitees.«[2] Tatsächlich versteht es Congar als einen wesentlichen Teil seiner Berufung, die Tradition gegenwärtig zu halten, das Erbe der Jahrhunderte in die Diskussion einzubringen. Zahlreiche historische Studien zu aktuellen Fragestellungen belegen seine Absicht, die Vergangenheit für die Gegenwart fruchtbar zu machen, die Kontinuität zu wahren, unseren Gesichtskreis durch die Dimension der Geschichte zu weiten.

Gewandelt hat sich indessen während der Zeit seiner Veröffentlichungen und seiner Beteiligung am theologischen Diskurs (1931 bis heute) die Wirkung des Rückgriffs auf die Tradition: Erschien er damit in den dreißiger bis fünfziger Jahren als progressiv und innovativ, so wird ein solches Vorgehen heute mancherorts als bremsend empfunden. Während Congar früher an vorderster Front stand und für die Öffnung in der Ökumene, für die Erneuerung der Ekklesiologie, für konkrete Reformen in der Kirche und für die Überwindung der neuscholastischen Theologie kämpfte, sah er sich nach dem Vati-

---

[1] Vgl. die Äußerung J. COMBLINS zur Theologen-Generation der dreißiger Jahre in seinem Beitrag: *Die katholische Theologie seit dem Ende des Pontifikats Pius' XII.*, in: *Bilanz der Theologie im 20. Jahrhundert II*, Freiburg 1969, 70-88, hier: 75. M.-J. LE GUILLOU akzentuiert positiver: »Heute erfassen viele nicht mehr, wie urtümlich das Denken Congars ist: es hat in die Kirche so sehr Eingang gefunden, daß es von seinem Glanz verloren hat« (P. *Yves M.-J. Congar*, in: *Bilanz der Theologie im 20. Jahrhundert. Bahnbrechende Theologen*, Freiburg 1970, 181-199, hier: 197).
[2] Y. CONGAR, *Wie steht es mit der Glaubensaussage?*, in: Conc (D) 19 (1983) 816-819, hier: 818.

kanum II genötigt, gegenüber grundsätzlichen Infragestellungen der katholischen Lehre und Praxis in neu aufbrechenden Bewegungen verschiedenster Färbung kritische Distanz zu wahren.[3] Das geschichtliche Denken, das Congar vorantrieb und das maßgeblich zur Wende des Vatikanum II beitrug, hat zweifellos die Theologie revolutioniert, aber heute merkt Congar leicht polemisch an: »Leider befragen und praktizieren jene, die am meisten von ›Geschichtlichkeit‹ reden, die Geschichte selbst recht wenig!«[4] Wer Geschichtlichkeit als Wesensmerkmal menschlicher Vernunft und damit auch theologischer Erkenntnis betrachtet, darf sich nach Ansicht Congars an den Fakten der Geschichte und damit an der Tradition der Kirche nicht vorbeidrücken. Geschichtliches und vor allem theologiegeschichtliches Wissen ist für Congar deshalb ein Eckpfeiler seiner wissenschaftlichen Studien. Dem entspricht seine Auffassung von Theologie: Sie ist für ihn zunächst »die ausarbeitende Entfaltung eines ›Vorgegebenen‹«[5] ansetzend bei der Heilsgeschichte.

Angesichts der das ganze Werk Congars durchziehenden historischen Perspektive ist es dann nicht verwunderlich, daß er ein zweibändiges Werk über die Tradition verfaßt hat. Es entwickelt explizit, was als wissenschaftstheoretischer und methodischer Hintergrund in anderen Studien unterschwellig präsent ist. Von daher legt es sich nahe, gerade dieses Thema als Zugang zur Theologie Congars überhaupt zu wählen. Es ist kein Randproblem, dem er sich unter anderem auch einmal gewidmet hat, sondern ein zentrales Motiv. Auf den ersten Blick fallen seine Arbeiten zur Ekklesiologie und zur Pneumatologie vielleicht mehr ins Auge, aber vieles von dem, was er dort sagt, ist angelegt, zusammengefaßt oder begründet im Werk über die Tradition. Daß Congar in den siebziger Jahren zunehmend Aufsätze zur Pneumatologie und schließlich ein monumentales Opus über den Heiligen Geist verfaßt hat, darf als Konsequenz und Ausfluß seiner Beschäftigung mit Geschichte und Tradition gewertet werden. Nicht zufällig kommt er in einem seiner letzten Bücher noch einmal auf wichtige Punkte des Traditionsbegriffes zu sprechen.[6]

---

[3] Vgl. z. B. seine Aussage: »Die Idee von der Reform der Kirche hat einen tiefen Wandel erfahren: es handelt sich nicht mehr um eine Revision von gewissen *Lebensformen* der Kirche, sondern um eine Infragestellung ihrer *Strukturen* selbst, und zwar auf den drei Gebieten der Lehre, der Sakramente oder des Kultes, der Befugnisse und Strukturen des Amtes. Ein unannehmbares Ansinnen ...« (*Die Wesenseigenschaften der Kirche*, in: *MySal* IV/1, 357–502.535–594, hier: 473).
[4] *Wie steht es mit der Glaubensaussage,* aaO. 818
[5] »l'élaboration d'un ›donné‹« (PUYO 226; vgl. ebd. 227).
[6] *La Parole et le Souffle,* Paris 1984.
Ein Hinweis auf den Stellenwert des Themas bei Congar ist auch die Tatsache, daß drei Dissertationen über ihn jeweils ein umfangreiches Kapitel über die Tradition enthalten, obwohl sie einen anderen Schwerpunkt gewählt haben. Vgl. C. MACDONALD, *Church*

Außerdem fallen mehrfach biographische Bezüge auf. Die theologische Auseinandersetzung entfaltet sich vor einem lebensgeschichtlichen Hintergrund, vor einer bestimmten Persönlichkeitsstruktur. Congar bekennt: »Ich bin ein verwurzelter Mensch. Ich hasse den Bruch mit dem, was für uns Fundament ist.«[7] Diese und andere ähnliche Bemerkungen lassen vermuten, im Traditionsthema zugleich einen Lebensnerv Congars zu treffen und somit einer Theologie auf der Spur zu sein, die eine Spiritualität in sich birgt. Das Gewicht des gewählten Themas schließlich bringt W. Kasper ins Wort, wenn er schreibt: »Hier geht es um eine Grundlagenfrage des Glaubens und damit um die vielleicht wichtigste Frage für die Zukunft der Kirche ... Die Besinnung auf die Bedeutung der Tradition gehört ... zu den wichtigsten Voraussetzungen für die Erneuerung der Kirche und der Theologie.«[8]
Die Bedeutung Congars für die theologische und kirchliche Entwicklung des 20. Jahrhunderts, die nach wie vor akute Problematik des Verhältnisses von Geschichte und Theologie, das verbreitete Bedürfnis nach einer spirituellen Theologie, ferner die ökumenische Relevanz und die neuere Diskussion über das richtige Verständnis des Vatikanum II geben Anlaß genug, Congars Werk unter dem Gesichtspunkt der Tradition darzustellen. Ein letzter Grund für die Arbeit sei genannt: Es gibt überhaupt noch keine deutschsprachige Untersuchung über Congar.[9]

## 2. Aufriß der Problematik

Der Traditionsbegriff bei Yves Congar ist zu sehen vor dem Horizont der neuzeitlichen Auseinandersetzung über die Zuordnung von geschichtlichem Verstehen, theologaler Vernunft, religiöser Erfahrung und wissenschaftlichem Anspruch. Er reiht sich ein in die Suche nach einer theologischen Kategorie, die in sich so divergierende Elemente wie Historie und Dogma, Entwicklung und Normativität, geschichtliche Bindung und Offenheit für die

---

*and World in the Plan of God. Aspects of History and Eschatology in the Thought of Père Yves Congar op*, Frankfurt–Bern 1982; T.I. MACDONALD, *The Ecclesiology of Yves Congar. Foundational Themes*, Lanham–New York–London 1984; M. OSNER, *L'action du Saint–Esprit dans la communion ecclésiale. Etude sur l'oeuvre d'Yves Congar*, Straßburg 1980 (unveröffentlichte Dissertation).
[7] »Je suis un homme enraciné. Je déteste la rupture d'avec ce qui nous fonde« (PUYO 185).
[8] W. KASPER, *Tradition als theologisches Erkenntnisprinzip*, in: W. LÖSER/K. LEHMANN/M. LUTZ-BACHMANN (Hrsg.), *Dogmengeschichte und katholische Theologie*, Würzburg 1985, 376–403, hier: 379 und 403.
[9] Mehrere Studien sind an den römischen Fakultäten und in den USA verfaßt worden. Aus sprachlichen Gründen, wegen der Schwierigkeit, unveröffentlichte Arbeiten zu bekommen, und wegen der anderen Themenstellungen sind für unsere Untersuchung nur die in Anm. 6 genannten Werke berücksichtigt.

Zukunft, subjektive Eigenständigkeit und kirchliches Lehramt, Erfahrung und Reflexion, Leben und Wissenschaft vereinen bzw. vermitteln kann. So hat er seinen Ort innerhalb des Projektes der denkerischen Selbstvergewisserung des Glaubens. Congar greift mit dem Traditionsbegriff eine biblischtheologische Kategorie auf, die er für geeignet hält, aus der Mitte des Glaubensgeheimnisses selbst her den Anfragen anderer Konfessionen, der Wissenschaft und der Praxis zu begegnen. Um dies leisten zu können, muß er allerdings den Traditionsbegriff von einer Reihe von Mißverständnissen und Fehldeutungen befreien.

Congars Traditionsverständnis impliziert eine Antwort auf neuzeitliche Kritiken des Katholizismus, auf innerkatholische Konflikte und auf theologische Grundsatzfragen. Congar bearbeitet das Thema nicht auf rein akademischer Ebene und nicht zuerst aus intellektueller Neugier, sondern angeregt, herausgefordert und getroffen durch eine Anzahl von kirchlich-theologischen Strömungen seiner Zeit bzw. ihren Nachwirkungen, die sich häufig in antithetischer Reaktion entwickelt haben. Paradigmatisch und schlagwortartig seien einige dieser Gegensatzpaare genannt: Modernismus und Integralismus, liberaler Protestantismus und dialektische Theologie, konfessionelle Polemik und ökumenische Öffnung, apologetische Neuscholastik und geschichtliche Hermeneutik, autoritärer Paternalismus und demokratischer Reformismus, Traditionalismus und Utopismus. Als spezifisch französisches Erbe fließt einer seit dem 19. Jahrhundert schwelende und unbewältigte innerkatholische Streit zwischen liberalen, sozialen und demokratischen Tendenzen einerseits und restaurativen Ideen absolutistischer und monarchistischer Provenienz andererseits.[10] Wegen der angedeuteten real-, geistes- und kirchengeschichtlichen Verflechtungen, wegen der damit zusammenhängenden Entwicklung der Theologie Congars, wegen des langen Zeitraumes seiner Veröffentlichungen – über 50 Jahre, in denen wahrlich politisch, kirchlich und theologisch sich Welten abgelöst haben – und wegen des Umfangs und der Vielseitigkeit seines Werkes, die einer Systematisierung Grenzen setzen – ca. 1700 Nummern unterschiedlichsten Niveaus – geht die Arbeit genetisch vor. Damit entspricht sie Congars eigener Methode.

Ein Vorspann versucht, den biographischen Hintergrund der Frühzeit zu zeichnen. Teil A bemüht sich um eine theologiegeschichtliche Einordnung,

---

[10] Es kann eine Linie gezogen werden von den römischen Verurteilungen fideistisch-traditionalistischer oder rational-positivistischer Positionen im 19. Jahrhundert über die Affäre Dreyfus, die Trennung von Staat und Kirche, die Krise des Modernismus, den Integralismus, die Indizierung der »Action française«, den Aufbruch der »Action catholique«, die gespaltene Reaktion auf den spanischen Bürgerkrieg und den Äthiopienkrieg, den Streit um die »Nouvelle Théologie« und den Konflikt um die Arbeiterpriester bis hin zur Auseinandersetzung über das Vatikanum II zwischen Traditionalisten und Progressisten.

sichert dann eine Reihe von Spuren, die zum Traditionsthema hinführen, und stellt erste explizite Behandlungen vor. Teil B wendet sich den Arbeiten im Vorfeld und im Verlauf des Zweiten Vatikanischen Konzils zu; hier liegt der systematische Schwerpunkt. Teil C zeigt auf, inwieweit Congar seinen Traditionsbegriff in die Konzilskonstitution »Dei Verbum« einbringen konnte. Teil D schließlich untersucht, wie sich Congars bereits ausgereifter Traditionsbegriff im Spannungsfeld nachkonziliarer Bewegungen bewährt.

# BIOGRAPHIE UND THEOLOGIE –
## DER LEBENSWEG CONGARS BIS IN DIE DREISSIGER JAHRE

Yves Congar wurde am 13. April 1904 in Sedan in den Ardennen geboren und erlebte dort mit drei Brüdern und einer Schwester eine unbeschwerte Kindheit.[1] Die Vorfahren der Mutter stammten in langer Vorzeit aus Belgien, ihr Vater war Textilhändler in Sedan, nebenbei ein wenig politisch tätig, während Congars Großvater väterlicherseits aus der Bretagne kam, sich in Sedan ansiedelte und dort erfolgreich eine lokale Bank aufbaute.[2] Congars Name und Vorname verraten die bretonische Herkunft. Sein Vater setzte die Arbeit des Großvaters fort, allerdings mit weniger glücklicher Hand, so daß die Mutter, deren Frömmigkeit und Wesen Congar stark beeinflußten,[3] den Lebensunterhalt durch Nähen aufbesserte.

Congar nennt sich selbst einen Baum der Ardennen, der tief in der heimatlichen Erde verwurzelt ist, und bringt seine Vorliebe für die Geschichte damit in Zusammenhang.[4] »Ich habe immer Sinn für die Geschichte gehabt. Als Kind las ich die ›Berühmten Männer‹ von Plutarch. Dieser Sinn für Geschichte kommt in mir mit dem Sinn für Wahrheit überein.«[5] Ein typisches Beispiel dafür datiert noch vor seiner Schulzeit: Einer seiner älteren Brüder las Jules Vernes Science-Fiction-Roman »20 000 Meilen unter dem Meer«, und der junge Yves bekam einiges davon mit. Was ihn jedoch vorwiegend interessierte, war, ob das Geschilderte sich tatsächlich so ereignet hatte. Als seine Mutter seine diesbezügliche Frage verneinte, verlor er jedes Interesse daran.[6]

---

[1] Glücklicherweise liegen eine Reihe von biographischen Informationen vor: A. AUER, *Yves J.-M. (!) Congar*, in: H.J. SCHULTZ (Hrsg.), *Tendenzen der Theologie im 20. Jahrhundert. Eine Geschichte in Porträts*, Stuttgart–Olten 1966, 519–523. M.-J. LE GUILLOU, *P. Yves M.-J. Congar op*, aaO. J.-P. JOSSUA op, *Le Père Congar. La théologie au service du peuple de Dieu*, Paris 1967 (Chrétiens en tous les temps 20). *J. Puyo interroge le Père Congar. Une vie pour la vérité*, Paris 1975. Y. CONGAR, *Une passion: l'unité. Réflexions et souvenirs 1929–1973*, Paris 1974 (Foi vivante 156). Y. CONGAR, *Entretiens d'automne*, hrsg. v. B. LAURET, Paris 1987 (= *Herbstgespräche*, München 1988).

[2] Vgl. PUYO 6.8.

[3] Congar spricht von einem vorborgenen mystischen Leben seiner Mutter und versichert: »Je pense à elle, chaque jour, chaque soir« (PUYO 25).

[4] Vgl. PUYO 7

[5] »J'ai toujours eu la goût de l'histoire. Enfant, je lisais les ›Hommes illustres‹ de Plutarque. Ce goût de l'histoire s'identifie en moi avec le goût de la vérité« (Vorwort Congars zu C. MACDONALD, *Church and World in the Plan of God*, aaO. VII).

[6] Vgl. JOSSUA 58 (dort nur angedeutet, von Congar selbst bei einem Besuch ausführlicher erzählt).

Die Erziehung war streng, solid christlich ohne Übertreibung, ausgerichtet auf die Bildung des eigenen Gewissens und auf die Erfüllung der Pflicht.[7] Dem Miteinander in der Familie war bei aller gefühlsmäßigen Nähe eine diskrete Zurückhaltung zu eigen. Über die Beziehung zu seiner Mutter sagt Congar bedauernd: »Es fiel uns nicht leicht, uns einander anzuvertrauen.«[8] Congar erblickt darin einen charakteristischen Zug des ardennischen Menschenschlags: Sie sind verschlossen, ernst und nüchtern. »Seine Intimität preiszugeben, wird fast als eine Ungehörigkeit betrachtet.«[9] J.-P. Jossua, der Congar immerhin aus längerem konventualen Zusammenleben kennt, sieht die Persönlichkeit Congars ziemlich stark von dieser Herkunft geprägt. Sie manifestiert sich positiv in seiner Gewissenhaftigkeit und Redlichkeit, in seiner absoluten Loyalität gegenüber Vorgesetzten, in seinem hohen Arbeitsethos.[10] Congar selbst schlägt einen Bogen von seiner landsmannschaftlichen Abstammung zu seiner Neigung zu Ordnung und Regelmäßigkeit, in der eine innere Affinität zum späteren Ordensleben gegeben ist.[11] Aber auch sein Sinn für Objektivität und Sachlichkeit dürfte eine Wurzel im Milieu der Kindheit und Jugend haben. Ebenso lassen sich rückblickend erste »Vorbereitungen« seiner ökumenischen Berufung erkennen: Unter Congars Freunden und Spielkameraden befanden sich eine Reihe von Protestanten und Juden, und der unterschiedliche Glaube spielte in ihren Gesprächen durchaus eine Rolle.[12]
Der 1. Weltkrieg bedeutete einen markanten Einschnitt im Leben des Zehnjährigen: Er erlebte die Kämpfe um Sedan aus nächster Nähe mit, sah Verwundete und Tote, er litt unter der deutschen Besatzung, der Beschneidung der Bewegungsfreiheit und der Rationierung der Lebensmittel, er entwickelte eine tiefe Abneigung gegen die deutschen Angreifer und einen starken Patriotismus.[13] Die Pfarrei, die ein intensives religiöses Leben entfaltete, war »der einzige Ort der Freiheit, wo das Gemeinschaftsleben und der Sinn für das Fest sich ausdrücken konnten.«[14] Nachdem deutsche Soldaten die katholische Kirche bei der Besetzung in Brand gesteckt hatten, fand der Gottesdienst fast sechs Jahre – also auch in der Zeit der Berufsentscheidung Congars – in der protestantischen Kirche statt, ein weiterer kleiner Stein am Beginn des ökumenischen Mosaiks seines Lebens.[15]
Im Jahr 1918 kam Congar in einer Zeit persönlicher Unsicherheit, Leere und

---

[7] Vgl. JOSSUA 13–14; PUYO 15.
[8] »Nous n'avions pas grande facilité à nous livrer l'un à l'autre« (PUYO 25)
[9] »Livrer son intimité est presque considéré comme une incongruité« (PUYO 6).
[10] Vgl. JOSSUA 44.
[11] Vgl. PUYO 32.185.
[12] *Une passion: l'unité*, aaO. 11–12
[13] Vgl. PUYO 10–14; JOSSUA 14.
[14] »le seul lieu de liberté où pouvaient s'exprimer la vie de la communauté et le sens de la fête« (PUYO 14).
[15] Vgl. *Une passion: l'unité*, aaO. 12–13.

Perspektivenlosigkeit erstmals der Gedanke, Priester zu werden, was sich für ihn automatisch mit dem Dienst der Predigt verband. Hier wirkte wahrscheinlich das Vorbild des Pfarrers nach, den Congar selbst als hervorragenden Katecheten bezeichnet und dessen Predigten er gern hörte.[16] Von zuhause her wurde er weder zum Priestertum gedrängt noch davon abgehalten. Wichtiger war in dieser Hinsicht die Bekanntschaft mit D. Lallement, der Congar auf dem Weg zum Priestertum bestärkte und durch seine fordernde Rigorosität begeisterte.[17] Durch ihn lernte er die Benediktiner und das monastische Leben kennen und machte eine erste, tief ergreifende Erfahrung der Ausdrucksstärke gemeinschaftlicher Liturgie, ein Erlebnis, das er bis heute nicht vergessen hat und dessen Jahrestag er innerlich begeht.[18]

Auf Lallements Rat hin trat Congar 1919 ins kleine Seminar in Reims ein. Anschließend studierte er ab 1921 vom Seminar »des Carmes« aus am Pariser Institut catholique drei Jahre Philosophie, die ihn allerdings fast nur mit dem Thomismus vertraut machten. Er hörte Vorlesungen u. a. bei A.-D. Sertillanges op und J. Maritain, er gehörte – dank der Vermittlung Lallements, der inzwischen Professor am Institut catholique war – einem Kreis um Maritain an, der den hl. Thomas aus der Sicht der thomistischen Schule (vor allem Johannes a S. Thomas op) las und dessen geistliche Begleitung in den Händen von R. Garrigou–Lagrange op lag. Hier wurde ihm eine Abneigung, ja sogar Verachtung gegenüber modernen philosophischen Strömungen, sogar gegenüber christlichen Philosophen wie M. Blondel, G. Marcel, J. Maréchal und L. Laberthonnière eingeimpft.[19] Heute beklagt Congar die unzureichende und enge philosophische Ausbildung, die er erfahren hat, und empfindet sie als schwerwiegenden Mangel.[20]

Großen Einfluß übte auf Congar weiterhin D. Lallement aus, nun sowohl als persönlicher Berater als auch als Professor, der ihn in den hl. Thomas einführte. Doch bei aller persönlichen Nähe zu ihm und trotz aller Dankbarkeit (bis auf den Tag) widerstrebte Congar je länger desto mehr seine Weltabgewandtheit, seine ängstliche Abwehr von Neuem, seine etwas übertriebene Frömmigkeit. Es zeigte sich bereits Congars gesunder Realismus, seine Aufgeschlossenheit für die Realitäten des konkreten Lebens, sein Bedürfnis, im Gespräch mit der Welt zu stehen.[21]

Durch D. Lallement kam Congar auch in Verbindung mit der »Action fran-

---

[16] Vgl. PUYO 14–15.
[17] Vgl. PUYO 16.
[18] Vgl. PUYO 21–22.
[19] Vgl. PUYO 18–19.
[20] Vgl. PUYO 19–20.
[21] Vgl. JOSSUA 15. Jossua urteilt: »C'est cet amour de la vie, ce goût des choses de la terre, ce refus de l'idéalisme, de l'évasion, de la gnose, d'une spiritualisme désincarné, d'un surnaturalisme qui condamne ou du moins suspecte l'humain« (JOSSUA 46).

çaise«, mit der viele Katholiken und Priester sympathisierten, ohne daß er jedoch innerlich überzeugt wurde. Die Verurteilung der »Action française« durch Pius XI. im Jahre 1926 wirkte wie eine Befreiung: »er wird darin später eine der größten Barmherzigkeiten sehen, die Gott ihm erwiesen hat«.[22] Von dieser Zeit an löste er sich zunehmend von D. Lallement. J.-P. Jossua meint, daß Congar aus der Krise der »Action française« zwei entscheidende Lehren gezogen habe, nämlich die kritische Befragung aller absoluten Ansprüche und Skepsis gegenüber jeglichem geistigem Überbau in der Politik.[23]

Nach seinem Militärdienst, den er z. T. in Deutschland leistete und der ihn mit der Wirklichkeit des Protestantismus konfrontierte, trat Congar Ende November 1925 in das Noviziat der Pariser Dominikanerprovinz in Amiens ein. Ab Dezember 1926 setzte er in Le Saulchoir, dem Studienhaus der Provinz, das sich seit dem Bruch zwischen Kirche und Staat (1904/1905) und der damit verbundenen Vertreibung im belgischen Kain-la-Tombe (25 km von der französischen Grenze) befand, seine Studien fort. Äußerlich vollzog sich das Leben des Dominikanerstudenten in ziemlicher Zurückgezogenheit und Abgeschlossenheit im Rhythmus zwischen Liturgie, Studium und Gemeinschaft, doch das Haus war von einer großen geistigen Lebendigkeit und Offenheit geprägt, die vom Kontakt mit den Missionen der Provinz und von der Gestalt H. Lacordaires herrührte, der den Dominikanerorden in Frankreich im 19. Jahrhundert wiedergegründet hatte. »Wir lebten ... in der Tradition Pater Lacordaires«, beschreibt Congar selbst diese Zeit.[24] Er schaute bewundernd auf den Prior von Le Saulchoir, der den Ordenshabit noch direkt von Lacordaire bekommen hatte. »Zwischen Pater Lacordaire und mir gab es nur ein Bindeglied! Ich mag diese kleinen Begebenheiten sehr, die den Wert der Tradition herausstellen. Ich kannte einen alten Bruder, der den Pfarrer von Ars gekannt hatte; ich kannte einen Pater, der Don Bosco gekannt hatte; ich kannte jemanden, der Therese von Lisieux gesehen hatte ...«.[25] Durch die Beschäftigung mit Lacordaire lernte Congar auch die Krise um H. F. R. de Lammenais und die Zeitung »L'Avenir« kennen. Als er selbst in den fünziger Jahren in eine vergleichbare Situation geriet, glich seine Reaktion sicherlich nicht zufällig der Lacordaires.[26]

---

[22] »... il y verra plus tard une des plus grandes miséricordes que Dieu lui ait faites« (JOSSUA 16).
[23] Vgl. ebd.
[24] »Nous vivions ... dans la tradition du Père Lacordaire« (PUYO 30).
[25] »Entre le Père Lacordaire et moi, il n'y avait qu'un relais! J'aime beaucoup ces petits faits qui mettent en relief la valeur de la tradition. J'ai connu un vieux frère qui avait connu le curé d'Ars; j'ai connu un Père qui avait connu Don Bosco; j'ai connu quelqu'un qui avait vu Thérèse de Lisieux ...« (PUYO 29).
[26] Vgl. C. FREY, *Mysterium der Kirche – Öffnung zur Welt. Zwei Aspekte der Erneuerung französischer katholischer Theologie*, Göttingen 1969, 12.
M.-J. LE GUILLOU schreibt: »Seine geistliche Reaktion auf die Krise von 1954 gehört zu den erbauendsten, im biblischen Sinn des Wortes« (*P. Yves M.-J. Congar*, aaO. 1984).

Noch in anderer Weise hat der Orden der Predigerbrüder das Werk Congars beeinflußt: Das dominikanische Ideal besteht in einer Verbindung von liturgischem und intellektuellem, von gemeinschaftlichem und apostolischem Leben. Dies schlug und schlägt sich nicht nur wie selbstverständlich in Congars Lebensstil und -rhythmus als eines Mitglieds des Ordens nieder, sondern auch in seinem Denken: Congars Theologie speist sich aus dem doxologischen Leben, aus den Anforderungen der Verkündigung und Pastoral, aus dem brüderlichen Gespräch und kann davon nicht getrennt werden. Wie Congar mehrfach bis in die jüngste Zeit hinein beteuert, verdankt er etwa der Feier der Liturgie mehr als die Hälfte seines theologischen Verstehens.[27] Sodann ist hinzuweisen auf den kommunitären Stil in Le Saulchoir, auf die brüderliche Atmosphäre, die Vielseitigkeit der Talente, die geistige Beweglichkeit und das kulturelle Interesse.[28]

Das intellektuelle Klima der Ordenshochschule läßt sich am leichtesten umschreiben mit den Namen der herausragenden Professoren des Ordens, die Congar zwar nicht alle direkt als Lehrer hatte, aber deren Stil und Richtung maßgeblich prägten. Zu nennen sind A. Gardeil, M.-J. Lagrange, A. Lemonnyer, M. Jacquin, P. Mandonnet und M.-D. Chenu. Mit ihnen verbindet sich vor allem eine Intensivierung der biblischen, dogmengeschichtlichen und historischen Studien, eine geschichtliche Interpretation des hl. Thomas, die sich von der Neuscholastik absetzte, und eine konstruktive Auseinandersetzung mit dem Modernismus.[29]

Den entscheidensten Einfluß übte auf Congar der junge Professor M.-D. Chenu aus. Er gab Theologiegeschichte, Griechisch und Aristoteles. Von der Stundenzahl her war sein Anteil an der Ausbildung Congars gering, doch seine Hauptideen und theologischen Optionen wirkten fort. Congar spricht über Chenu stets in den höchsten Tönen, als Lehrer, Mitbruder und Freund. Was sich festsetzte, war vor allem Chenus Art, theologische Fragen und Probleme geschichtlich anzugehen, die Betonung des »donné« und seine Offenheit für alles und alle.[30] Durch Chenu wurde Congars Aufmerksamkeit u. a. auf J. A. Möhler gelenkt, dessen Werk für Congar bis auf den Tag eine grundlegende Quelle und Inspiration darstellt.[31]

Noch in die Zeit des eigenen Studiums fielen Congars erste Kontakte zur

---

Zur Analogie der Krisen um Lammenais und der Reformbewegung nach dem 2. Weltkrieg vgl. Mentalité de »droite« et intégrisme, in: *VieI* 18 (1950) 644–666, hier: 647–648.
[27] Vgl. PUYO 30.
[28] Vgl. PUYO 31–33; JOSSUA 18. Zu nennen sind Mitbrüder wie Féret, Maydieu, Couturier, Dubarle, Duployé.
[29] Vgl. PUYO 35–38.44–47; JOSSUA 17–19. Ferner unser Teil A/I,4.
[30] Vgl. PUYO 44–45; JOSSUA 19. Congar verfaßte ein Porträt Chenus in: *Bilanz der Theologie im 20. Jahrhundert. Bahnbrechende Theologen*, Freiburg 1970, 99–122.
[31] Vgl. PUYO 48.

Orthodoxie: Le Saulchoir hatte Verbindung zum »russischen Seminar« in Lille, das Pius XI. den französischen Dominikanern anvertraut hatte.[32] In der zweiten Hälfte der zwanziger Jahre begann Congar auch Luther zu entdecken, dessen religiöse und theologische Gestalt ihn zeitlebens nicht mehr los ließ. Trotz seiner Vorbehalte gegenüber dem Charakter, der Lehre und der kirchenpolitischen Rolle Luthers anerkennt Congar: »Und dennoch ist dieser Mensch eines der größten religiösen Genies der ganzen Geschichte. Ich stelle ihn in dieser Hinsicht auf die gleiche Ebene wie den heiligen Augustinus, den heiligen Thomas von Aquin oder Pascal. In gewisser Weise ist er noch größer. Er hat das ganze Christentum neu gedacht. Er hat eine neue Synthese, eine neue Interpretation gegeben ... Ich fürchte nicht, es zu sagen: ich empfinde für ihn Bewunderung.«[33]

Während des theologischen Studiums bildete sich immer mehr Congars Neigung zur Ekklesiologie und zur Ökumene heraus. Die Lektüre von H. Clérissacs »Mystére de l'Eglise« hatte dazu schon vor dem Eintritt ins Seminar wichtige Vorarbeit geleistet.[34] Das Kennenlernen der Orthodoxie, Chenus Vorlesung über die ökumenische Konferenz von Lausanne (1927) und die Beziehung Le Saulchoirs zur Mission in Norwegen verstärkten diese Tendenz. So hatte es programmatischen Charakter, wenn Congar als biblischen Leitfaden seiner Exerzitien vor der Priesterweihe das 17. Kapitel des Johannes-Evangeliums wählte und seine Lektoratsthese über die Einheit der Kirche schrieb.[35]

1930 verbrachte Congar zwei Monate im Düsseldorfer Dominikanerkonvent. Dabei stieß er auf F. Heilers Zeitschrift »Die Hochkirche«, wurde erfaßt von dessen Wärme und Großherzigkeit und gewann ein neues Bild vom Luthertum. Ein Jahr später besuchte Congar anläßlich eines Berlinaufenthalts die wichtig-

---

[32] Vgl. PUYO 74; *Une passion: l'unité*, aaO. 11. Congar lernte sogar russisch.

[33] »Et cependant, cet homme est un des plus grands génies religieux de toute l'histoire. Je le mets à cet égard sur le même plan que saint Augustin, saint Thomas d'Aquin ou Pascal. D'une certaine manière, il est encore plus grand. Il a repensé tout le christianisme. Il en a donné une nouvelle synthèse, une nouvelle interprétation ... Je ne crains pas de le dire: j'ai pour lui de l'admiration« (PUYO 59).

[34] Vgl. PUYO 74 und CONGARS Gedenkartikel: *Le Père Clérissac (1864–1914) et le mystère de l'Eglise*, in: VS 46 (1964) 513–516. Congar lobt darin an Clérissac die poetische Darstellung und die Verbindung von Ekklesiologie und Anthropologie. Er kritisiert heute die Vernachlässigung der Historie, den skizzenhaften Charakter, der der Präzision ermangelt, und die Vermischung von Theologie, Metaphysik und Poesie.

[35] Vgl. PUYO 75; JOSSUA 22; *Une passion: l'unité*, aaO. 9–10.
J.-P. Jossua weist ferner auf einen Artikel von M.-B. Schwalm hin, der bereits 1908 erschienen war und den Congar anscheinend 1930 entdeckte *[Les Deux Théologies: la scolastique et la positive*, in: *RSPhTh* 2 (1908) 674–703]. Ihm entnahm Congar die wichtige Einsicht, die er nicht müde wurde zu wiederholen, daß nämlich die Ekklesiologie sich erst vom 14. Jahrhundert an, und zwar immer in Abwehrstellung gegen Bestreitungen, entwickelt hat (vgl. JOSSUA 20–22). Schwalms Name wird ferner von Congar angegeben, wenn es um die Bestimmung der positiven Theologie geht (vgl. Art. *Théologie*, in: *DThC XV/1*, 465–466; *FTh* 137; *TTT* 275 Anm. 107).

sten Orte der Geschichte Luthers: die Wartburg, Erfurt und Wittenberg.[36] Nach seiner Lektoratsthese (7. 6. 1931) mußte Congar sogleich für Chenu einspringen. In dieser Zeit, wo Congar in Le Saulchoir die Einführung in die Theologie gab, beschäftigte er sich erstmals intensiv mit dem Modernismus, vor allem mit A. Loisy, dessen Memoiren gerade erschienen waren.[37] Vom ursprünglich vorgesehenen freien Studienjahr blieben Congar nur sechs Monate zur Vorbereitung seines Unterrichts, den er in Apologetik geben sollte. Er verbrachte sie in Paris (Januar bis Juli 1932), wo er am Institut catholique Vorlesungen von D. Lallement in Soziologie, an den Hautes-Etudes E. Gilson über Luther und an der protestantischen Fakultät A. Lecerf, A. Jundt, W. Monod hörte.[38] Letzteres erregte Aufsehen und Widerspruch, war ein katholischer Ordenspriester an einer evangelischen Fakultät damals doch etwas Unerhörtes. Die Bekanntschaft mit jungen protestantischen Pastoren brachte Congar dazu, K. Barth und S. Kierkegaard zu lesen.[39] 1934 begegnete Congar K. Barth persönlich und lud ihn zu einem Gespräch in die »Editions du Cerf« ein, an dem u. a. E. Gilson, J. Maritain und G. Marcel teilnahmen: »Das war ein kleines Ereignis: ein protestantischer Theologe in einem katholischen Konvent!«[40] Congar hielt daraufhin in Le Saulchoir auch eine Vorlesung über K. Barth.

Während seines Pariser Aufenthaltes nahm Congar Kontakt auf mit einer Gruppe orthodoxer Theologen (N. Berdiaeff, S. Boulgakov, L. Gillet) bzw. mit Liebhabern und Kennern der Orthodoxie (E. Mounier, A. Gratieux). Die persönlichen Begegnungen spielten für Congars ökumenische Ausrichtung eine große Rolle. In den folgenden Jahren machte er die Bekanntschaft der führenden Ökumeniker auf katholischer Seite (L. Beauduin, O. Rousseau, C. Lialine, P. Couturier), anglikanische Freunde kamen hinzu.[41]

Im Herbst 1932 begann Congar mit den Vorlesungen in Le Saulchoir. J.-P. Jossua konstatiert: »Er tat es in einem Geist, der sich ziemlich stark abhob von dem seiner Vorgänger auf dem Lehrstuhl. P. Congar hat niemals an einen apologetisch rationalen *Beweis* geglaubt. Noch bevor er in der Gefangenschaft Pascal gelesen und studiert hatte, war er auf diesem Gebiet zutiefst pascalianisch.«[42] Congar betrieb die Entwicklung der Apologetik hin zu einer Fundamentaltheologie und nahm bald den Traktat der Ekklesiologie aus der Apologetik heraus. Seit jener Zeit hatte er den Wunsch, einen ekklesiologi-

---

[36] Vgl. *Une passion: l'unité*, aaO. 16–17
[37] Vgl. JOSSUA 22.
[38] Vgl. JOSSUA 23; PUYO 76; *Une passion: l'unité*, aaO. 17–18.
[39] Vgl. PUYO 49.
[40] »Ce fut un petit événement: un théologien protestant dans un couvent catholique« (ebd.)
[41] Vgl. PUYO 76–77; *Une passion: l'unité*, aaO. 18–19
[42] »Il fait dans un esprit que tranche assez sur celui de ses prédécesseurs dans la chaire. Le P. Congar n'a jamais cru à une *démonstration* apologétique rationale. Même avant

schen Gesamtentwurf zu schreiben, ein Vorhaben, das er trotz immenser Vorarbeiten nie verwirklicht hat (glücklicherweise, wie er später meint).⁴³ Einflüsse anderer Art sind noch zu vermerken, etwa von Seiten der Literatur. Da ist zunächst F. Dostojewski: Der russische Schriftsteller brachte ihm das Wirken Gottes im menschlichen Elend, die innere Umwandlung des Menschen durch die Gnade und die kosmische Dimension des Glaubens nahe.⁴⁴ Aus der französischen Literatur beeindruckte Congar vor allem Ch. Péguy, dessen außergewöhnliches christliches Gleichgewicht er rühmt.⁴⁵ Ebenso wichtig aber wie Theologen und Schriftsteller wurden für Congars Studien und Positionen die Menschen, denen er als Priester und Prediger begegnete. Er verstand sich zuerst als Verkünder des Wortes Gottes und erst sekundär als Wissenschaftler.⁴⁶ In Le Saulchoir waren regelmäßig Gruppen der »Jeunesse ouvrière chrétienne« (JOC) zu Gast, für die Congar zahlreiche Vorträge hielt.⁴⁷ Er machte die Bekanntschaft des Gründers der JOC, Cardijn, des Arbeiterseelsorgers Godin und vieler junger Arbeiter, denen er Rede und Antwort stand. »Ich verdanke diesen jungen Männern viel. Sie haben mir den Sinn für die Einsenkung des Evangeliums in die Menschheit erschlossen.«⁴⁸ Diese menschlichen Begegnungen, die Betrachtung der Kirche als mystischer Leib Christi und die historisch-dynamische und soziale Ausrichtung der Ekklesiologie hingen bei Congar zweifellos eng zusammen.
Der Lebensweg Y. Congars bis in die Mitte der dreißiger Jahre hat einige Verflechtungen von Biographie und Theologie offengelegt. Halten wir fest den nüchternen, erdverwachsenen und ordnungsliebenden Menschentyp der Ardennen, die Frömmigkeit der Mutter, die frühe Erfahrung des Protestantismus, die thomistische Philosophie, die Verurteilung der »Action française«, das Leben im Dominikanerorden mit seinem angestrebten Gleichgewicht zwischen Liturgie, Gemeinschaft, Studium und Apostolat, Aufenthalte in Deutschland, Studien an der protestantischen Fakultät in Paris, die ekklesiologische Neubelebung, Kontakte mit der Orthodoxie, die ökumenische Bewegung, die frühe Neigung zur Geschichte, die Tätigkeit für die christliche Arbeiterjugend.
Eine Fülle von Anregungen, Einflüssen, Herausforderungen haben mitgewirkt an der theologischen Richtung, die Congar einschlagen wird. Zum adäquaten Verständnis ist es jedoch nötig, auf die größeren Zusammenhänge einzugehen, die bisher nur angeklungen sind, und Congar in sie hineinzustellen.

d'avoir lu et étudié Pascal en captivité, il était profondément pascalien en ce domaine« (JOSSUA 23). Vgl. PUYO 46.
⁴³ Vgl. JOSSUA 23.
⁴⁴ Vgl. PUYO 50–51.
⁴⁵ Vgl. PUYO 51–52.
⁴⁶ Vgl. JOSSUA 20.
⁴⁷ Vgl. PUYO 52–53.
⁴⁸ »Je dois beaucoup à ces jeunes garçons. Ils m'ont révélé le sens de l'insertion de l'Evangile dans l'humanité« (PUYO 52).

# A
ANNÄHERUNGEN

I.

# DIE VIRULENZ DES TRADITIONSTHEMAS IN DER FRANZÖSISCHEN THEOLOGIE IM 1. DRITTEL DES 20. JAHRHUNDERTS

*1. Der Modernismusstreit*

Unser Jahrhundert begann kirchlich und theologisch mit einem Paukenschlag, der lange Nachwirkungen zeitigte: der Krise des Modernismus.[1] Die lehramtliche Verurteilung der mit diesem Namen zusammengefaßten Strömungen, die in sich vielschichtig waren, führte zu einer jahrzehntelangen Verdrängung der damit verbundenen Fragestellungen. Der Modernismusverdacht und damit die kirchliche Marginalisierung drohte bis in die fünfziger Jahre hinein allen Theologen, die von der römischen Linie der Neuscholastik abwichen, und lähmte besonders die Exegeten und die historisch arbeitenden Systematiker.

Die kirchlich offizielle Reaktion auf den Modernismus beschränkte sich – neben der Verurteilung – auf die Empfehlung der Scholastik. Es entwickelte sich daher eine bewußt und betont antimodernistische Theologie: restaurativ,

---

[1] Eingesehene Literatur zum Modernismus: R. AUBERT, *Die Theologie während der ersten Hälfte des 20. Jahrhunderts*, in: Bilanz der Theologie im 20. Jahrhundert II, Freiburg 1969, 7–70. DERS., *Le problème de l'acte de foi*, Louvain ³1958. M. BLONDEL, *Geschichte und Dogma* (mit Einführungen von J.B. Metz und R. Marlé), Mainz 1963. M.-D. CHENU, *Une école de théologie: le Saulchoir*, Tournai 1937. Paris ²1985. G. DALY, *Dissens in der Theologie: Die Modernismuskrise*, in: Conc (D) 18 (1982) 569–573. A. DANSETTE, *Histoire religieuse de la France contemporaine. L'Eglise catholique dans la melée politique et sociale*, Paris 1965 (Edition revue et corrigée). D. DUBARLE u. a., *Le Modernisme*, Paris 1980. H. GOUHIER, *Tradition et développement à l'époque du modernisme*, in: E. CASTELLI (Hrsg.), Ermeneutica e tradizione, Rom 1963, 75–104. J. GREISCH/ K. NEUFELD/ C. THEOBALD, *La crise contemporaine. Du modernisme à la crise des herméneutiques*, Paris 1973 (Théologie historique 24). M.-J. LAGRANGE, *La méthode historique, surtout à propos de l'Ancien Testament*, Paris 1903. DERS., *M. Loisy et le Modernisme. A propos des »Mémoires«*, Juvisy 1932. G. LARCHER, *Maurice Blondels Traditionsverständnis als Antwortversuch auf geschichtstheoretische Grundprobleme im Modernismusstreit*, in: G. Schwaiger (Hrsg.), Aufbruch ins 20. Jahrhundert. Zum Streit um Reformkatholizismus und Modernismus, Göttingen 1976, 23–42. HS., *Modernismus als theologischer Historismus. Ansätze zu seiner Überwindung im Frühwerk Maurice Blondels*, Frankfurt-Bern-New York 1985. E. POULAT, *Histoire, dogme et critique dans la crise moderniste*, Paris-Tournai 1962. DERS., *Critique historique et théologie dans la crise moderniste*, in: RSR 58 (1970) 535–550. DERS., *Modernistica. Horizons, Physionomies, Débats*, Paris 1982. DERS., *Critique et mystique. Autour de Loisy ou la conscience catholique et l'esprit moderne*, Paris 1984. J. RIVIERE, Art. *»Modernisme«*, in: DThC X, 2009–2047. R. SCHAEFFLER, *Der »Modernismus-Streit« als Herausforderung an das philosophisch-theologische Gespräch heute*, in: ThPh 55 (1980) 514–534.

ungeschichtlich, lehramtsfixiert. Das Ergebnis war eine weitere Isolierung der Theologie gegenüber den anderen Wissenschaften und gegenüber dem Denken und Fühlen der Zeit.

*a) Hintergründe*

In der Aufarbeitung des Modernismus schält sich immer mehr heraus, daß in Genese, Verlauf und grundsätzlichen Positionen politisch-gesellschaftliche, wissenschaftstheoretische und theologische Momente eng miteinander verknüpft sind. Als Hintergrund ist festzustellen ein genereller Paradigmenwechsel in der Wissenschaft[2] und ein »Umbruch im Wirklichkeitsverständnis«,[3] dessen Wurzeln bis zu Reformation, Aufklärung und Französischer Revolution zurückreichen, wobei in Frankreich die Französische Revolution das einschneidendste und wirkungsvollste Ereignis ist.

Voltaire hatte bereits im 18. Jahrhundert den angelsächsischen Empirismus aufgenommen, die Destruktion der Metaphysik betrieben und eine Fortschrittsidee entwickelt, die »eine ganz unmetaphysische, vernunftgemäß notwendige, lineare Vervollkommnung der menschlichen Gattung, getragen von einem Optimismus der Vernunft bzw. der Wissenschaften«[4] beinhaltete. Condorcet bewegte sich in ähnlicher Richtung, verband allerdings die Idee des Fortschritts mit bestimmten gesellschaftlichen Trägern, vor allem dem demokratischen National- und Einheitsstat; Philosophen und Historiker des 19. Jahrhunderts wie Comte, Taine und Renan führten diese Gedanken fort und machten sich die gesellschafts- und religionskritischen Impulse der Französischen Revolution zu eigen.

Parallel zu diesen geistesgeschichtlichen Tendenzen brachte das 19. Jahrhundert rasch aufeinanderfolgende Umwälzungen in Politik, Naturwissenschaft und Technik, die die Lebenswelt und den geistigen Horizont weiter Bevölkerungskreise berührten und veränderten, so daß es für viele den Anschein hatte, als würde die Philosophie des Fortschritts durch die Tatsachen verifiziert. Die Folge war der Siegeszug der Evolutionstheorie, bisweilen mit romantisch-organologischen Facetten, die Verbreitung des historischen Relativismus und die Durchsetzung des positivistischen Wissenschaftsbegriffes, der jede Metaphysik ablehnte und das naturwissenschaftliche Erkenntnismodell einfach auf die Geisteswissenschaften übertrug. In der Geschichtswissenschaft resultierte daraus eine Dominanz des soziologischen Ansatzes, ein »Faktenpositivismus«[5], die Vernachlässigung der lebendigen Überlieferung, teilweise der Verzicht auf verbindliche Bewertungsmaßstäbe.

---

[2] Vgl. G. LARCHER, *Modernismus als theologischer Historismus*, aaO.17.
[3] *Ebd.* 23–24.
[4] *Ebd.* 26.
[5] *Ebd.*

Nehmen wir nun die im engeren Sinn theologischen Ursachen des Modernismus in den Blick. Da ist sicher zuerst zu nennen die historisch-kritische Exegese, deren Erkenntnisse nach Aufnahme in die katholische Theologie drängten. Vor allem der Schöpfungsbericht und die Sintfluterzählung wurden zwischen Historikern, Geologen, Biologen und Theologen heftig diskutiert und riefen ja auch lehramtliche Reaktionen hervor.[6] Durch den Streit um den Schöpfungsbericht war der Auseinandersetzung mit der Evolutionstheorie nicht auszuweichen. Ein zweiter Punkt: Von den Exegeten wurde die eschatologische Dimension der Botschaft und Gestalt Jesu neu erkannt,[7] eine Entdeckung, die das ziemlich statische Lehrgebäude und Lebensgefühl der katholischen Kirche in Frage stellte. Ferner verlangte die Dogmen- und Kirchengeschichtsschreibung des liberalen Protestantismus nach Antwort, denn sie hatte weithin die Leugnung der Göttlichkeit Jesu und der Kirchengründung durch ihn zur Konsequenz, sie relativierte die Dogmen und gab der eigenen religiösen Erfahrung einen übergewichtigen Stellenwert als Wahrheitskriterium. Das Lehramt hatte sowohl den Fideismus eines Bautain als auch den Rationalismus eines Hermes und Günther abgelehnt, aber eine positive Bewältigung der Anfragen war noch nicht in Sicht. Die Neuscholastik mit ihrer rationalistisch-spekulativen Tendenz und ihrer essentialistischen Denkweise bot keine Mittel, um die anstehenden theoretischen Probleme zu lösen, abgesehen davon, daß sie quer zur breiten philosophischen Strömung der Zeit stand. Der Modernismus war der Versuch, die katastrophalen Schlüsse aus der historisch-kritischen Exegese und Kirchengeschichte, wie sie der liberale Protestantismus zog, zu widerlegen, eine der Zeit angemessene Hermeneutik zu entwerfen, dem Subjekt und der Erfahrung einen Platz in der Theologie einzuräumen, die Theologie auf ein neues, nicht scholastisches Fundament zu bauen, sich die Impulse der Evolutionstheorie und des Fortschrittsgedankens zu eigen zu machen, die theologische Wissenschaft lebensnäher zu gestalten, Kirche und Neuzeit miteinander zu versöhnen.

*b) Fragestellungen*

Es ging in der Krise des Modernismus nicht um irgendein Teilgebiet der Theologie, sondern die Theologie insgesamt stand auf dem Spiel, ja, wir dürfen mit Harnacks Buch,[8] auf das Loisy mit »L'Evangile et l'Eglise«[9] reagierte, sagen: das Wesen des Christentums. Zentrale Begriffe wie Offenbarung,

---

[6] Vgl. M. J. LAGRANGE, *La méthode historique*, aaO. 128–130.
[7] Vgl. T. RAST, *Die Eschatologie in der Theologie des 20. Jahrhunderts*, in: H. VORGRIMLER/R. VANDER GUCHT (Hrsg.), *Bilanz der Theologie im 20. Jahrhundert III*, Freiburg u. a. 1970, 294–315.
[8] A. von HARNACK, *Das Wesen des Christentums*, Leipzig 1900.
[9] A. LOISY, *L'Evangile et l'Eglise*, Paris 1903.

Glaube, Tradition, Dogma, Wahrheit erhielten bei modernistischen Autoren einen bisher nicht gekannten Sinn, wurden psychologisiert und historisiert, neue Denkmuster wurden eingeführt, die neuzeitlichen geschichtlichen Methoden konsequent angewandt. Die Plausibilität und Kommunikabilität des Glaubens schien erschüttert, weil alles, worauf der Glaube bisher gebaut hatte, sich auflöste: Was als zeitlose, ewige Wahrheit galt – das Dogma –, wurde auf einmal in seiner geschichtlichen Bedingtheit ansichtig; was wie selbstverständlich als unmittelbar erreichbar erlebt wurde – die Gestalt Jesu, die Bibel –, rückte durch den historischen Angang in weite Ferne. Die dogmatische Denkform geriet in Gegensatz zur historischen Vernunft, der gesamte Glaubensinhalt schien einer mörderischen Relativierung unterworfen, die Kirche fühlte sich damit in ihrer Identität bedroht.

Die theologische Lage war komplex: Es begann mit Verunsicherungen durch die historische Bibelkritik, führte zu wissenschaftstheoretischen Schwierigkeiten und endete in grundsätzlichen dogmatischen und religiösen Zweifeln. Loisys Weg von exegetisch-historischen Studien über die Inspirationslehre bis hin zur Religionsphilosophie ist signifikant.[10]

In der Diskussion bildete sich ein umfangreicher Fragenkatalog heraus. Eine einfache Auflistung kann die Vielschichtigkeit und Tragweite des Modernismusstreites deutlich machen: Welche Konsequenzen hat es für den Glauben, wenn Ereignisse, von denen die Bibel erzählt, historisch nicht nachgeprüft werden können, ja wenn biblischen Erzählungen offensichtlich keine geschichtlich greifbare Wirklichkeit entspricht? Welche Glaubensrelevanz haben Texte, in die redaktionell eingegriffen wurde oder die sogar insgesamt als Gemeindebildung zu beurteilen sind? Wie ist das Verhältnis von Ereignis, Zeuge und textlicher Wiedergabe zu sehen? Gibt es überhaupt noch einen Zugang zum biblischen Geschehen oder nur noch zum Bewußtsein der Schriftsteller? Können wir den historischen Jesus erreichen? Ist die Entwicklung der Kirche und ihrer Lehre eine Verfälschung der ursprünglichen Intention Jesu? Worin besteht die Kontinuität, die die kirchliche Gegenwart mit der Zeit Jesu verbindet? Wie lassen sich legitime Entfaltungen der Kirche und der Theologie von entstellendem Wildwuchs unterscheiden? Besteht eine Norm, an der sich die Glaubensaussage, die ständig im Fluß ist, messen läßt, eine Norm, die sich als berechtigt ausweisen kann? Wie kann eine Wahrheit bleibend gültig sein, wenn die Worte, die sie ausdrücken, dem sprachlichen Wandel unterworfen sind? Gibt es einen Weg zwischen starrem Festhalten an Glaubensformeln und einem puren Symbolismus im Verständnis der Dogmen? Kann die Theologie ihren Wahrheitsanspruch vor der Vernunft, und in diesem Fall: vor der historischen Vernunft, begründen? Löst die historische

---

[10] Zu A. LOISY vgl. die in Anmerkung 1 genannten Werke von M.-J. LAGRANGE und E. POULAT.

Kritik jegliche metaphysische Denkform auf? Welche Rolle spielt das Subjekt, seine Erfahrung, sein Glaubensleben, seine Vorurteilsstruktur in der historischen und theologischen Erkenntnis? Wie kann angesichts der vielfältigen psychologischen, sozialen und historischen Bedingtheit der heutigen christlichen Glaubensgestalt ein absoluter Anspruch aufrecht erhalten werden? Ist das Christentum nicht einfach die gelungenste Konkretisierung von Religiosität?

Die Reihenfolge der Fragen zeigt an, daß die Probleme der Bibelkritik nicht ohne eine umfassende historische Hermeneutik zu lösen waren, daß diese wiederum geschichtstheoretische Implikationen enthielt und damit Ekklesiologie und Christologie in Mitleidenschaft zog, daß der Anspruch der Historie mit dem gängigen Theologieverständnis der Neuscholastik nicht zu vermitteln war und daß die Bestreitung normativer Ansprüche Auswirkungen auf die christologische Konzeption haben mußte. Der Zusammenhang der Themen, die Tatsache, daß eine Frage sich aus der anderen ergibt, läßt vermuten, daß eine Antwort nur dann schlüssig und umfassend genug sein wird, wenn sie aus einem Guß ist, d. h. wenn sie ein einziges Denkprinzip, das in allen Fällen angewandt werden kann, bereithält. Die angesprochenen Punkte: historische Hermeneutik, Geschichtstheorie, Zuordnung von Ekklesiologie und Christologie, Verhältnis zur Neuscholastik, Normativität, legen bei der Suche nach einem solchen Prinzip nahe, auch dem Traditionsbegriff Aufmerksamkeit zu schenken, da er alle genannten Sachverhalte berührt.

## 2. Kurze Charakteristik theologischer Richtungen

In grober Schematisierung könnte man von vier Parteien sprechen, die in der Diskussion der Jahrhundertwende bestanden oder sich herausbildeten.[11]

### a) Neuscholastische Systeme[12]

Ihre Vertreter halten in fortdauernder Absetzung gegen Protestantismus und Aufklärung – diese apologetische Haltung ist für ihr Verständnis konstitutiv – einen starren Dogmatismus, eine rationalistische Apologetik und einen unge-

---

[11] Vgl. vor allem: C. THEOBALD, *L'entrée de l'histoire dans l'univers religieux et théologique au moment de la »crise moderniste«*, in: J. GREISCH u. a., *La crise contemporaine*, aaO. 7–85, hier: 10–19; G. LARCHER, *Modernismus als theologischer Historismus*, aaO. 28–61.

[12] Vgl. G. LARCHER, *Modernismus als theologischer Historismus*, aaO. 23–25.28.110.113; G. ALBERIGO, M.-D. CHENU u. a., *Une école de théologie: le Saulchoir*, Paris 1985, 155–157. Es handelt sich um eine Neuherausgabe der Schrift Chenus von 1937 (Vgl. Anm. 1) mit einigen erklärenden und kommentierenden Aufsätzen von G. Alberigo, E. Fouilloux, J. Ladrière und J.-P. Jossua. Wegen der leichteren Zugänglichkeit zitieren wir Chenu nach dieser Ausgabe. Abkürzung: Le Saulchoir 2.

schichtlichen Supranaturalismus aufrecht. Das Fundament ihrer Theologie ist die Erkenntnismetaphysik, ihre Wissenschaftlichkeit besteht – überspitzt gesagt – im syllogistischen Schlußverfahren, ihr Denken bewegt sich in einem vorkritischen Horizont ewiger Wahrheiten, ihre Legitimität erblicken sie in der Bestätigung durch die Autorität des Lehramtes. Die Autoren dieser Richtung tendieren zu einem geschlossenen Systembau, in dem die Geschichte nur als Lieferant für Beweismaterial einen Platz gewinnen kann und fraglos dem Lehramt untergeordnet ist.[13]

*b) Theologischer Modernismus*[14]

Die modernistischen Theologen stellen sich gegen die sterilen und lebensfremden neuscholastischen Systeme, indem sie Kategorien wie Entwicklung, Geschichte und Subjektivität in die Theologie einbringen. Sie greifen drängende Anfragen der Exegese und des liberalen Protestantismus auf und wollen eine bewußt katholische Antwort geben. Es erweist sich dabei als fatal, daß die von ihnen eingeführten zentralen Begriffe nicht genügend reflektiert sind und die ihnen innewohnende methodische Brisanz in ihren Folgen unterschätzt wird. Die Historie hat bei den Modernisten die Neigung, zu einer Wissenschaft mit totalisierendem hermeneutischen Anspruch zu werden; der übernommene Evolutionsbegriff absorbiert bereits im Vorhinein die Denkbarkeit einer normativen geschichtlichen Größe und ist eigentlich selbst eine Art Metaphysik; das eigene Urteil erhebt sich über das Dogma, das lediglich als Ausdruck religiöser Bewußtseinsinhalte begriffen wird. Die Absicht einer rein historischen Apologie des Christentums – wie Loisy sie anstrebt – muß zwangsläufig zu einer religiösen Einebnung des Christentums führen und es seiner Eigenart und seines Anspruchs berauben.

*c) Progressive Vermittlung*[15]

Die dritte Gruppe von Diskussionsteilnehmern sucht zu vermitteln, um sowohl der Orthodoxie als auch der historischen Methode gerecht zu werden: P. Batiffol, M.J. Lagrange, L. de Grandmaison und A. Gardail gehören zu jener Avantgarde, die sich bemüht, die theologische Herausforderung anzunehmen, ohne das scholastische Denken insgesamt aufzugeben. Da Le Saulchoir sich in dieser Linie ansiedelt, seien zwei Autoren ausführlicher vorgestellt.

[13] Vgl. G. LARCHER, *Modernismus als theologischer Historismus,* aaO. 110 und 28.
[14] Vgl. *ebd.* 48–49.117–119.156; C. THEOBALD, *L'entrée de l'histoire dans l'univers religieux et théologique au moment de la »crise moderniste«,* aaO. 11–13.23–42 (im folgenden zitiert als: Théobald).
[15] Vgl. *ebd.* 28–29; THEOBALD, aaO. 13–18.

- P. Batiffol[16]

P. Batiffol, Professor (zeitweise auch Rektor) am Institut catholique in Toulouse, wie Loisy Schüler von Duchesne, tut sich durch kirchen- und dogmengeschichtliche Arbeiten hervor. Seine Absicht ist ein Weg zwischen blindem Glauben und zersetzender Kritik, zwischen Scholastik und Protestantismus. Die Einbeziehung der Geschichte in die Theologie scheint ihm möglich, wenn zwischen unveränderlichem Wesen des Dogmas und beweglicher Auslegung unterschieden wird.[17] Er wendet sich gegen evolutionistisches, positivistisches, pragmatisches und individualistisches Denken in der Theologie.[18]
In der Auseinandersetzung mit modernistischen Autoren ist besonders wichtig, daß Batiffol die Grenze der Geschichtswissenschaft aufweist, indem er die Mehrdimensionalität und letztlich den Geheimnischarakter von Tatsachen und die persönliche Involviertheit des Historikers darlegt. Er bezeichnet die Synthese des Historikers als »persönliche Annäherung«,[19] als »rekonstruktive Vorstellung«[20], in die durch das Urteil über vorliegende Zeugnisse eine ganze Moral und Philosophie und im Falle der Bibel auch eine Entscheidung über die Existenz des Übernatürlichen einfließe.
Batiffols Lösungsversuch des Verhältnisses von Historie und geschichtlicher Theologie, schlagwortartig in dem Satz zusammengefaßt: unsere Methode ist historisch, unser Objekt theologisch,[21] wird der Komplexität des Problems nicht gerecht, da die Historie auf diese Weise doch nicht an den Kern des Glaubens herangelassen bzw. die Dependenz zwischen Methode und Inhalt unterschätzt wird. Für die christliche Theologie ist aber das Forschungsobjekt der Theologie selbst eine Geschichte.[22]

- M. J. Lagrange op[23]

Lagrange, der Batiffol auch persönlich nahesteht, stellt die Probleme, die aus der Anwendung der historischen Kritik in der Theologie erwachsen, in den

---

[16] Vgl. E. POULAT, *Histoire, dogme et critique dans la crise moderniste*, aaO. 364–392; THEOBALD, aaO. 13–15. Batiffol bleibt für Congar bis in die siebziger Jahre eine wiederholt gebrauchte Referenz (vgl. z. B. die Verweise in: *Die Wesenseigenschaften der Kirche*, in: *MySal* IV/1, 357–502.535–594).
[17] Vgl. THEOBALD, aaO. 13–14.
[18] Vgl. E. POULAT, *Histoire, dogme et critique dans la crise moderniste*, aaO. 367–372.378.
[19] »approximation personnelle« (P. BATIFFOL, *A propos de Richard Simon*, in: *BLE* 1900, 261–263; zitiert nach der Textwiedergabe in: THEOBALD, aaO. 84–85, hier: 85).
[20] »imagination reconstructive« (ebd.).
[21] Vgl. E. POULAT, *Histoire, dogme et critique dans la crise moderniste*, aaO. 391.
[22] Vgl. das Urteil Virgoulays, Batiffol denke das Unveränderliche statisch und intellektualistisch (in: R. VIRGOULAY, *Blondel et le modernisme*, Paris 1980, 515).
[23] Vgl. zum folgenden seine Schrift: *La méthode historique*, Paris 1903.

Rahmen gesellschaftlicher und geistiger Umbrüche.[24] Bei aller Vorsicht, die bei Neuerungen zu obwalten habe, und unter Wahrung des selbstverständlichen Rechtes des Lehramtes, maßregelnd einzugreifen, warnt er vor zu schnellen Verurteilungen. Als geschichtliches Beispiel vorzeitiger und falscher Abqualifizierung, ein Beispiel, das zu denken gebe, führt er den Fall des Thomas von Aquin an, der zu seiner Zeit als Neuerer galt und später dann zum maßgeblichen Theologen, zum »doctor angelicus« wurde.[25] Der Vergleich zwischen dem Eindringen des Aristotelismus und dem der Historie ist signifikant: Lagrange ahnt, daß im Streit um Loisy verschiedene Geisteswelten und Arten der Wissenschaft aufeinanderprallen. Jedenfalls hält er es für wichtig, Theologie und Kirche für neue Erkenntnisse offen zu halten. Die Normiertheit der Entwicklung drückt Lagrange mit der Rede von einer unveränderlichen Substanz aus,[26] ein aus heutiger Sicht sicher unzureichender Versuch begrifflicher Unterscheidung, da die Geschichte so im Bereich des nur Akzidentellen verbleibt. In eine ähnliche Richtung geht seine Differenzierung zwischen der Unveränderlichkeit des Dogmas und dem Fortschritt in der Erkenntnis seitens der Theologen und Gläubigen.[27] Treffender dagegen ist seine Demonstration der Interpretations- und Ergänzungsbedürftigkeit der Heiligen Schrift,[28] die Herausstellung der gegenseitigen Verwiesenheit von Dogma und Heiliger Schrift, von Lehramt und Exegese,[29] von Heiliger Schrift und Kirche,[30] die Betonung des lebensweltlichen Kontextes der Bibel in ihrer Entstehung und in ihrer Deutung,[31] die Aufdeckung unreflektierter philosophischer Prämissen in der Exegese, die nicht historisch zu begründen sind.[32]

Als Kriterium der Auslegung der Heiligen Schrift nennt Lagrange den wörtlichen Sinn als Rahmen und Grundlage für alle weiteren Interpretationen,[33] den Konsens der Kirchenväter, die gemeinsame Auffassung der Theologen,[34] und immer wieder als leitend und verbindlich: Dogma und Lehramt.[35] Nicht unwichtig ist Lagranges Hinweis auf die unterschiedlichen Bezugspunkte der Geschichtswissenschaft, nämlich: historisches Faktum, Zeuge und Zeugnis, mit einer bewußten Veranschlagung der subjektiven Wahrnehmungsstruk-

---

[24] Vgl. *ebd.* 1–2.
[25] Vgl. *ebd.* 2–4.
[26] Vgl. *ebd.* 3.5.
[27] Vgl. *ebd.* 124.
[28] Vgl. *ebd.* 13–14.
[29] Vgl. *ebd.* 16–17.
[30] Vgl. *ebd.* 20.
[31] Vgl. *ebd.* 19.33.
[32] Vgl. *ebd.* 34.
[33] Vgl. *ebd.* 116
[34] Vgl. *ebd.* 121–122..
[35] Vgl. *ebd.* 10.12.13.16.17.19.33.

tur,³⁶ und die Erinnerung an die geschichtlichen Lücken der Heiligen Schrift, die allein dadurch der historischen Rekonstruktion von vornherein Grenzen setzt.³⁷

Trotz allen Wertes einzelner Richtigstellungen und weiterführender Erkenntnisse gelingt aber weder Batiffol noch Lagrange eine grundsätzliche, theoretische Überwindung des Bruches zwischen normativer Vergangenheit und gegenwärtiger Reflexion, wie er im Modernismus bewußt geworden ist.

*d) Maurice Blondel*

Die weitreichendste, scharfsinnigste und tragfähigste Antwort auf die inhaltlichen und methodischen Fragen des Modernismus gibt der katholische Philosoph Maurice Blondel.³⁹

Bereits seine Promotionsthese »L'Action« von 1893⁴⁰ hat in der katholischen Welt Aufsehen erregt und zu vielen Diskussionen Anlaß gegeben. Obwohl die Kritik überwiegt,⁴¹ führt sein Werk eine Trendwende im apologetischen Denken der Theologie herbei. Sogar bei seinen Gegnern hinterläßt er merkliche Spuren.⁴²

Blondels Beitrag im Streit um Loisys »L'Evangile et l'Eglise« bietet eine durchdringende Analyse der von Loisy, aber auch der von den neuscholastischen Theologen ungenügend bedachten methodischen Grundsatzentscheidungen.⁴³ Blondel situiert die Kontroverspunkte im geistesgeschichtlichen

---

³⁶ Vgl. *ebd.* 184–188.
³⁷ Vgl. *ebd.* 194.216.
³⁹ M. BLONDEL, *Histoire et Dogme. Les lacunes philosophiques de l'exégèse moderne*, in: La Quinzaine 56 (1904) 145–167, 349–373, 433–458. Wiederaufgenommen in: *Les Premiers Ecrits de Maurice Blondel II*, Paris 1956, 149–228. Deutsche Übersetzung von A. SCHLETTE, *Geschichte und Dogma*, Mainz 1963 (=GuD).
⁴⁰ M. BLONDEL, *L'Action. Essai d'une critique de la vie et d'une science de la pratique*, Paris 1893. Neu herausgegeben in: *Les Premiers Ecrits de Maurice Blondel I*, Paris 1950. Deutsche Übersetzung von R. SCHERER: *Die Aktion. Versuch einer Kritik des Lebens und einer Wissenschaft der Praktik*, Freiburg-München 1965.
⁴¹ Blondel werden Subjektivismus, Fideismus und Naturalismus vorgeworfen (vgl. A. DANSETTE, *Histoire religieuse de la France contemporaine*, aaO. 677).
⁴² Vgl. J. SCHMITZ, *Die Entwicklung der Fundamentaltheologie in der katholischen Theologie des 20. Jahrhunderts*, in: *Bilanz der Theologie im Theologie im 20. Jahrhundert II*, Freiburg 1969, 197–245, hier: 204–210.
⁴³ Zur Interpretation und Einordnung Blondels vgl. außer den in Anmerkung 1 genannten Werken von R. AUBERT, D. DUBARLE, G. LARCHER, C. THEOBALD folgende Schriften: H. BOUILLARD, *L'intention fondamentale de Maurice Blondel et la théologie*, in RSR 36 (1949) 321–402. DERS., *Maurice Blondel et la philosophie de la religion*, in: RSR 48 (1960) 291–330. DERS., *Blondel et le christianisme*, Paris 1961. Deutsche Übersetzung: *Blondel und das Christentum*, Mainz 1963. P. HENRICI, *Aufbrüche christlichen Denkens*, Einsiedeln 1978. DERS., *Zwischen Transzendentalphilosophie und christlicher Praxis*, in: PhJ 75 (1968) 332–346. A. RAFFELT, *Spiritualität und Philosophie. Zur Ver-*

und wissenschaftstheoretischen Horizont. Er diagnostiziert ein unvermitteltes Aufeinandertreffen von moderner kritischer Fragestellung und mittelalterlich geprägtem Wirklichkeitsverständnis, von Positivismus und Metaphysik, von geschichtlich-relativierendem und dogmatisch-essentialistischem Denken.[44] Er will die Verabsolutierung der Historie, jedoch genauso die Verbarrikadierung im neuscholastischen System destruieren, er kämpft gegen eine äußerlich gefaßte Beziehung von Glaube und Vernunft, von Geschichte und Theologie, aber ebenso gegen die irrige Vorstellung, den Glauben aus den geschichtlichen Ereignissen allein begründen zu können. Sein Anliegen ist es, ein »Prinzip der Entfaltung und der Bewegung«[45] zu finden, das zwischen Tatsachen und Glaubensaussagen vermitteln kann.

Weil die Theologie hinter dieses Reflexionsniveau nicht mehr zurück kann, weil ferner Blondels Entwurf bis heute fruchtbare und wegweisende Einsichten bereithält, weil er die französische Theologie stark beeinflußt hat – auch dort, wo er nicht explizit als Referenz angegeben ist – und weil seine Impulse spätestens in Congars Hauptwerk zum Traditionsthema breit aufgenommen sind, ist es vorteilhaft, seine Schrift »Histoire et Dogme« gesondert und ziemlich ausführlich darzustellen. Sie wird als Hintergrund und als hermeneutische Hilfe bei der Interpretation Congars dienen.

## 3. Maurice Blondels Beitrag in »Histoire et Dogme«

Blondel legt in seinem Eingriff in die Diskussion zunächst die zweifelhaften Prämissen der gegenüberstehenden Auffassungen, für deren Kennzeichnung er »barbarische sprachliche Neubildungen«[46], nämlich Extrinsezismus und Historizismus, verwendet, frei; dabei stellt er beide Richtungen ohne Bezugnahme auf konkrete Vertreter und in bewußt schematisierender Konturierung, sozusagen in abstrakter Reinkultur, dar.

---

*mittlung geistig-religiöser Erfahrung in Maurice Blondels »L'Action«* (1893), Freiburg 1978. H. VERWEYEN, *Die »Logik der Tat«. Ein Durchblick durch M. Blondels »L'Action«* (1893), in: *ZkTh* 108 (1986) 311–320. R. VIRGOULAY, *Une contribution de la philosophie à la théologie. Etude sur la Tradition d'après »Histoire et Dogme« de Maurice Blondel*, in: *RevSR* 39 (1965) 48–67. DERS., *La méthode d'immanence et l'encyclique Pascendi. Incidences de la crise moderniste sur la pensée blondélienne*, in: *RSR* 58 (1970) 429–454. DERS., *Blondel et le modernisme. La philosophie de l'action et les sciences religieuses* (1896–1913), Paris 1980.

[44] Vgl. G. LARCHER, *Modernismus als theologischer Historismus*, aaO. 61.112.
[45] M. BLONDEL, *Geschichte und Dogma*, Mainz 1963, 5. Im folgenden verwende ich für diese Schrift das Sigel: GuD.
[46] *GuD* 8.

*a) Der Extrinsezismus*

Am Extrinsezismus kritisiert Blondel die zu äußerliche Bestimmung des Verhältnisses von geschichtlichen Tatsachen und theologischem Denken, was zur Folge habe, »daß die historischen Fakten nur mehr ein Vehikel sind, welches lediglich im Hinblick auf einen möglichen apologetischen Gebrauch von Interesse ist«[47], so daß die Theologie selbst, ihr Inhalt und ihre Methode, nicht geschichtlich geprägt seien. Er überführt den Extrinsezismus »einer abstrakten und schulmäßigen Denkweise«[48], des Ausschlusses des Lebens und der Historie. Da es ihm zuallererst um den Beweis gehe, »*daß* Gott *überhaupt* gesprochen und gehandelt hat«[49], sei für ihn die kritische Prüfung und historische Untersuchung der Zeugnisse »wertlos oder gar frevelhaft«[50]. Die Historie werde unvermittelt der »dogmatischen Ideologie«[51] unterworfen. Dabei enthalte der Extrinsezismus kein selbstregulierendes Prinzip, das ihn von innen her steuern könne, sondern lasse sich nur durch »massiven äußeren Druck gegenseitiger historischer Evidenz«[52] korrigieren. Mit dem Aufkommen der Archäologie und Philologie habe der Extrinsezismus in eine schwere Krise geraten müssen, da er von seinen Grundlagen her unfähig sei, neue Einsichten und konkurrierende Interpretationen zu intregieren.[53]

*b) Der Historizismus*

Den Historizismus versteht Blondel als bewußte Absetzung vom Extrinsezismus, so daß seine Interpretation diese Konfrontation als durchgängigen Hintergrund ansetzt.[54]
Blondel akzeptiert den Historizismus als berechtigten Versuch, das für die Exegese, Theologie und Frömmigkeit wertvolle Potential eines geschichtlichen Studiums der Bibel und des Dogmas zu nutzen. Er würdigt seinen Wert als Gegenbewegung, die nicht mehr der Geschichte das dogmatische System überstülpe, sondern »die Geschichte und nur die Geschichte bis in das Dogma hinein«[55] verfolge. Blondel will die »relative Autonomie«[56] und die kritische Funktion der Historie gewahrt wissen.

---

[47] *GuD* 10.
[48] *GuD* 12.
[49] *GuD* 13.
[50] *GuD* 13.
[51] *GuD* 13.
[52] G. LARCHER, *Modernismus als theologischer Historismus,* aaO. 110.
[53] Vgl. *GuD* 14–15.
[54] Vgl. *GuD* 16.
[55] *GuD* 17.
[56] *GuD* 18.

Doch den legitimen Anliegen und guten Absichten des Historizismus stellt Blondel eine Reihe von Unzulänglichkeiten gegenüber. Zunächst macht er aufmerksam auf das ungeklärte Verhältnis der Historie zu den anderen Wissenschaften, auf die Gefahr eines unbewußten Absolutheitsanspruches, auf die mangelnde Reflexion über ihre eigenen Grenzen und Möglichkeiten.[57] »Jede Wissenschaft ist ... nur eine auf die anderen hin offene Perspektive, welche diese kontrolliert und zugleich von ihnen kontrolliert wird; ... ein wechselnder Rhythmus von Leben und Reflexion, Tat und Gedanke.«[58] Wenn aber keine Wissenschaft sich selbstgenügsam abkapseln und sich in ihrem System verschließen darf, dann kann auch die Historie nicht so tun, als erkläre sie das gesamte Leben. Blondel besteht auf der Selbstbeschränkung des Historikers, der bereit sein müsse, sich von anderen Wissenschaftlern etwas sagen zu lassen, »denn wenn auch der Historiker sozusagen in allem, was den Menschen angeht, ein Wort mitzureden hat, so hat er doch nirgends das letzte Wort«[59]. Blondel weist hin auf den Unterschied zwischen geschichtlicher Wirklichkeit, den greifbaren Dokumenten darüber und der Rekonstruktion des Historikers, die einen deterministischen Zusammenhang der Phänomene herstellt, aber die »geistige Realität«[60] der handelnden Subjekte gar nicht erfassen kann. Er spricht von der Verwechslung von »Wirklichkeits-Geschichte« und »Wissenschafts-Geschichte«[61]. Dieser unreflektierten Bestimmung dessen, was ein historisches Faktum ist, geselle sich im Historizismus eine Übergehung der Rolle des Historikers bei, eine Ausblendung seiner Vorurteilsstruktur. Blondel beharrt hingegen auf der Unmöglichkeit vorgeschobener Neutralität. »In Ermangelung einer ausdrücklichen Philosophie hat man für gewöhnlich eine unreflektierte Philosophie. Und was man für reine Feststellungen hält, ist oft nichts anderes als Konstruktion. Der Beobachter, der Erzähler ist immer mehr oder weniger ein Dichter; denn damit das Faktum einen Sinn erhalte, setzt der Zeuge hinter das Gesehene eine Tat und eine Seele; damit sie wirklich in die Geschichte eintreten, setzt der Kritiker hinter den Zeugen und das Zeugnis eine Deutung, eine Beziehung, eine Synthese; hinter diese kritischen Gegebenheiten setzt der Historiker eine Zusammenschau und weitgespannte menschliche Vorentscheidungen.«[62] Blondel vermißt im Historizismus »eine kritische Methodologie«[63], so daß zwei unvereinbare wissenschaftliche Betrachtungsweisen – Positivismus und Phänomenalismus – ständig ineinanderspielen und zu unüberwindbaren Mehr-

---

[57] Vgl. *GuD* 20.
[58] *GuD* 26.
[59] *GuD* 23.
[60] *GuD* 24.
[61] *GuD* 27.
[62] *GuD* 25.
[63] *GuD* 28.

deutigkeiten führen. »Man läßt das historisch Gegebene die Rolle tiefer Wirklichkeit spielen; einer Methodologie und Phänomenologie wird man eine Ontologie entnehmen ...; aus einem wissenschaftlichen Determinismus wird man eine Art dialektischen Evolutionismus folgern.«[64] Der Historizismus hat die Tendenz, die mit seinen wissenschaftlichen Mitteln eruierten Phänomene entweder für die Wirklichkeit selbst oder zumindest für den Rahmen wissenschaftlicher Erkennbarkeit überhaupt zu halten. Er ist immer in der Gefahr, den Gegenstand durch das Bild, »den Handelnden durch die Tat, den Zeugen durch das Zeugnis, den handelnden Menschen durch das Porträt zu ersetzen«[65]. Blondel moniert, daß der Historizismus damit nicht der Fülle der Beziehungen und Mitteilungsmöglichkeiten zwischen handelndem Subjekt und Beobachter gerecht werde. Ferner deckt Blondel den evolutionistischen Geschichtsbegriff des Historizismus auf, der in seiner Metaphysik des Werdens unfähig sei, eine »vorausgehende, begleitende und finale Ursache«[66] zu denken.

Blondel wendet sich dann dem konkreten Problem der Vermittlung zwischen historischem Jesus und kirchlicher Gegenwart und deren apologetischer Relevanz zu. Er beginnt wiederum mit einer Darlegung der Vorgangsweise. »Man kann das Ganze nur durch das Detail erkennen. Der Weg des menschlichen Geistes ist eine Analyse zwischen zwei Synthesen.«[67] D. h. Blondel verbindet das geschichtliche Erkennen mit der Notwendigkeit der gegenseitigen Korrektur von Synthese und Analyse, die jeweils aufeinander hin offen zu sein haben.

Blondel bestätigt zunächst die Berechtigung des Anliegens, mit historischen Methoden dem geschichtlichen Jesus auf die Spur zu kommen. Darüber hinaus jedoch muß sich der Historiker seines Erachtens nach der ungewöhnlichen Wirkung dieses Menschen über Jahrhunderte hinweg stellen und sich fragen, in welchem Verhältnis die Person Jesu mit ihrem Wollen und Handeln zur immensen Geschichte des Christentums stehe.[68] Bei der Beantwortung dieser Frage fälle der Historiker – ob bewußt oder unbewußt – eine Entscheidung, die weitreichende inhaltliche Folgen zeitige, da es sich um eine methodische Alternative grundlegender Art handle: Haben wir Zugang zu Jesus nur durch die gesammelten schriftlichen Zeugnisse der Urchristenheit, d. h. über das erste Bild, das sich Menschen von ihm gemacht haben, so daß wir ihn nur in der Retrospektive und nur in seinen Außenaspekten und nur durch das Bewußtsein der ersten Zeugen kennen, oder sind auch die zwischen Christus und unserem Heute liegenden Jahrhunderte christlichen Lebens und Denkens

---

[64] *GuD* 29.
[65] *GuD* 30.
[66] *GuD* 31.
[67] *GuD* 33.
[68] Vgl. *GuD* 35–36.

und die christologische Erfahrung der Gegenwart eine authentische Brücke und Erkenntnisquelle?[69] Blondel besteht darauf, daß von wissenschaftlich-historischer Seite aus die zweite Möglichkeit zumindest offen gehalten werden müsse; er führt ins Feld, daß die unmittelbare Wirkung eines Menschen auf sein Umfeld von literarischen Zeugnissen nicht adäquat wiedergegeben werden könne, ganz zu schweigen von der »Tradition der Hingabe und Anbetung«[70], die Jesus ausgelöst habe. Blondel rekurriert gegenüber den Texten auf »andere Fäden ..., die uns mit Christus verbinden«[71].

Dann demonstriert Blondel an einigen exemplarischen Nahtstellen christlicher Geschichte die Unzureichendheit historischer Erklärungsmodelle: die Überwindung des Karfreitagsbruches, die Bewältigung der Parusieverzögerung, die Einverleibung der griechischen und römischen Hochkultur samt Philosophie und Religion in den christlichen Glauben.[72] Er folgert daraus, daß ein determistisches Geschichtsmodell, das Ereignisse auf mechanistische Weise miteinander verbindet, nicht ausreicht, um für die Entwicklung des Christentums eine hinlängliche Verstehensbasis zu geben.

Zum Abschluß dieses Teils setzt sich Blondel mit der historischen Erklärung der Kontinuität zwischen Evangelium und Kirche als fortgesetzer Anpassung des Christentums an die Gesellschaft auseinander.[73] Er legt dar, daß der Historizismus über der vermeintlich objektiven, faktischen Feststellung der Kontinuität die Angabe eines Kriterums zur Verifizierung schuldig bleibe. Blondel vermißt im Historizismus eine »richtungsweisende Idee«[74], die es erlaube, ein evolutionistisches Geschichtsverständnis, das sich selbst Gesetz ist, von einer Theorie der lebendigen Entwicklung zu unterscheiden. Er sieht dadurch den übernatürlichen Charakter des Christentums gefährdet und den Gläubigen in den Fideismus getrieben,[75] vor die Alternative eines »mystischen Symbolismus« oder eines »Positivismus der Wissenschaft«[76] gestellt. Konsequent weiterbetrieben, führe der Historizismus zu einer abgründigen negativen Theologie, die eine Aussagbarkeit und Erkennbarkeit Gottes leugne und sich schließlich in eine Religionsphilosophie auflöse.[77]

---

[69] Vgl. *GuD* 36–37.
[70] *GuD* 39.
[71] *GuD* 41.
[72] Vgl. *GuD* 41–48.
[73] Vgl. *GuD* 50–64.
[74] *GuD* 52.
[75] Vgl. *GuD* 57.
[76] *GuD* 57.
[77] Vgl. *GuD* 58–61.

*c) Das Traditionsprinzip als Antwort*

Im Anschluß an die Darstellung, Analyse und Widerlegung von Extrinsezismus und Historizismus präsentiert Blondel seinen Lösungsvorschlag:[78] Er besteht ausgerechnet in der Reaktivierung und Vertiefung des Traditionsgedankens. In der Tradition erblickt Blondel das »synthetische Prinzip«[79], das zwischen historischen Tatsachen und heutiger Erkenntnis, zwischen kritischer Methode und dogmatischen Lehren, zwischen Heiliger Schrift und Kirche, zwischen Subjektivität und Objektivität, zwischen Geschichte und Wissenschaft vermitteln könne.

Damit der Traditionsbegriff diese Aufgabe leisten kann, muß Blondel ihn von Verengungen und Erstarrungen freimachen.[80] Er setzt sich daher ab von einer Theorie, die die Tradition vor allem als mündliche Überlieferung in materialer Ergänzung zu schriftlicher Weitergabe, als »vertrauliche Mitteilung« oder als »Anspruch der Gewohnheit«[81] begreift. Er charakterisiert sie vielmehr als Trägerin lebendiger Wirklichkeit, als »stets sich ereignende Erfahrung«[82], als das reflexiv bisher nicht Erfaßte »in den Tiefen des Glaubens und des Lebens«[83], als die Integration von bewahrender und schöpferischer, von weitergebender und entdeckender Kraft, von Treue zur Vergangenheit und zukunftsgerichteter Dynamik, von Retrospektive und Antizipation: »… sie hat uns stets Neues zu lehren, weil sie vom implizit Gelebten zum explizit Erkannten hinübergleitet«[84]. Sie ermögliche uns über die notwendig begrenzten Texte hinaus »den wirklichen Christus«[85] zu erreichen, »an seinem Leben teilzunehmen«[86]. In der Tradition besitze die Kirche ein inneres Kriterium der Wahrheit, das sich auszeichne und legitimiere durch die einzigartige Verbindung und gegenseitige Kontrolle von geschichtlichen Ereignissen, denkerischer Durchdringung und gläubiger Lebenserfahrung. Blondel versteht die Tradition der Kirche als ein organisches Wachstum mit innerer Finalität,[87] das sich durchaus nicht »blindlings«[88] vollziehe, sondern »rationalen Verfahrensregeln«[89] gehorche. Diese Rationalität gründe sich nicht allein auf die Wissenschaft, noch allein auf die Kunst einer philosophischen Dialektik, noch allein

---

[78] Vgl. *GuD* 65–100.
[79] *GuD* 65.
[80] Vgl. *GuD* 66–67.
[81] *GuD* 69.
[82] *GuD* 69.
[83] *GuD* 70.
[84] *GuD* 70.
[85] *GuD* 71.
[86] *GuD* 71.
[87] Vgl. *GuD* 74.
[88] *GuD* 73.
[89] *GuD* 73.

auf gläubige Erfahrung oder das Vertrauen in eine Autorität.[90] An dieser Stelle rekurriert Blondel auf seine Philosophie der Tat: »Was der Mensch nicht völlig begreifen kann, vermag er dennoch ganz und gar zu tun; und indem er es tut, erhält er das Bewußtsein von dieser Wirklichkeit, die für ihn noch halb im Dunkeln liegt, in sich lebendig.«[91] Blondel wendet sich damit gegen ein intellektualistisches Traditionsverständnis – Tradition als Mitteilung reflexiven, klar formulierten Gedankengutes – und situiert die eigenartige Leistung und den Wert der Tradition gerade in ihrer Fähigkeit, das Unterbewußte, das nicht in Worten Beschreibbare, die alle Aussagbarkeit überschreitende persönliche Faszination durch einen Menschen im »tätigen Gehorsam der Liebe«[92], im Handeln weiterzugeben. Die Umstände der Offenbarung selbst – die Beschränkung Jesu auf das mündliche Wort, seine Absicht, die Herzen der Hörer zu erreichen, die Begrenzung auf ein Volk, eine Kultur und eine bestimmte Zeit – nennt Blondel als Grund für eine notwendige Entwicklung: Nicht der Gedanke der Entwicklung sei heterodox, »vielmehr ist es gerade der »Fixismus«, der eine virtuelle Häresie darstellt«[93]; die Tradition habe hingegen eine öffnende und befreiende Wirkung, da sie weder Buchstaben noch Begriffen noch wissenschaftlichen Methoden völlig unterworfen sei.[94]

Zum Abschluß faßt Blondel die Überlegenheit seines Lösungsversuches im Vergleich mit dem Extrinsezismus und dem Historizismus zusammen:[95] Er vollbringt die Integration von Entwicklungsvorstellung und bleibender Normativität Jesu Christi, von geschichtlichem Verstehen und absolutem Wahrheitsanspruch, von kommunikabler Vernünftigkeit und Erfahrungs- und Praxisbezogenheit.

Blondel formuliert noch einmal die Alternativen, die sich in der Diskussion stellen, und bündelt sie in der Frage nach der »Beziehung des Menschen zu Gott in Christus«,[96] nach dem Verhältnis von Natur und Gnade. Das Traditionsthema erfährt zuletzt eine christologische Zentrierung und Zuspitzung.[97] Gegenüber dem Extrinsezismus und dem Historizismus müsse man »das Christentum zugleich konkreter und weiter, göttlicher und menschlicher sehen«.[98] Blondel schließt mit einem Plädoyer für eine Zuordnung der theologischen Disziplinen wie der Wissenschaften überhaupt – relative Autonomie bei notwendiger Offenheit und Durchlässigkeit –, für eine »Wissen-

---

[90] Vgl. *GuD* 74–75.87.
[91] *GuD* 79.
[92] *GuD* 79.
[93] *GuD* 81.
[94] Vgl. *GuD* 89–90.
[95] Vgl. *GuD* 87–92.
[96] *GuD* 94.
[97] Vgl. *GuD* 95–97.
[98] *GuD* 98.

schaft der Aktion, die fähig ist, die Lehren, die das Leben aus der Geschichte gezogen hat, zugunsten einer erfahrungsgemäßen und voranschreitenden Theologie wirksam werden zu lassen«[99].

Blondels wegweisender Eingriff in die Diskussion findet leider bei den streitenden Parteien nicht das verdiente Echo, ruft vielmehr Mißverständnisse hervor und kann den Eklat nicht verhindern. Obwohl Blondel nie offiziell verurteilt wird, steht er nach seinem Vorstoß gegen den Extrinsezismus bei amtlichen Stellen und bei den neuscholastischen Theologen vielerorts im Verdacht, ein verkappter Modernist zu sein. Nur zaghaft und zögernd wird er rezipiert – etwa bei L. de Grandmaison,[100] doch ohne daß dieser die wirkliche Tragweite der Blondelschen Analyse realisiert –, und die Fruchtbarkeit und Leistungskraft seines Entwurfes wird erst nach dem 2. Weltkrieg voll erkannt und gewürdigt.

*4. Die dominikanische Schule von Le Saulchoir*

Die Dominikanerfakultät Le Saulchoir wird im Verlauf des ersten Viertels des 20. Jahrhunderts zu einem theologischen Zentrum, das sich mit der Neuscholastik nicht zufrieden gibt, den ursprünglichen Thomas von Aquin freizulegen sucht und daran arbeitet, Methoden und Status der Theologie zu klären und ein geschichtliches Verständnis der Wahrheit einzuführen.[101]

*a) Ambroise Gardeil op*

Die entscheidende Weichenstellung für Le Saulchoir nimmt A. Gardeil[102] vor, der von 1894 bis 1911 Regens ist. Chenu sieht später Gardeils Leistung vor allem in einer neuen wissenschaftstheoretischen Grundlegung der Theologie, in der Verhältnisbestimmung von positiver und spekulativer Theologie

---

[99] *GuD* 99.
[100] L. DE GRANDMAISON, *Le dogme chrétien. Sa nature, ses formules, son développement*, Paris 1928, 146–157.
[101] Vgl. *Le Saulchoir* 2, 118–122; *J. Duchesne interroge le Père Chenu*, Paris 1975, 41–64; PUYO 28–47; *Herbstgespräche*, München 1988, 112–115.
[102] Vgl. zu A. GARDEIL op (1859–1931) außer den in Anmerkung 101 genannten Schriften: R. AUBERT, *Le problème de l'acte de foi*, aaO. 393–450. M.-D. CHENU, *Foi et Théologie d'après le P.A. Gardeil*, in: *RSPhTh* 40 (1956) 645–651 (wiederaufgenommen in: *La Parole de Dieu I. La Foi dans l'intelligence*, Paris 1964, 269–275). D. DUBARLE, *Modernisme et expérience religieuse. Réflexions sur un cas de traitement théologique*, in: D. DUBARLE u.a., *Le Modernisme*, Paris 1980, 181–270, hier: 213–244. C. FREY, *Mysterium der Kirche – Öffnung zur Welt. Zwei Aspekte der Erneuerung französischer katholischer Theologie*, Göttingen 1969, 15–16. 23. R. Aubert beurteilt Gardeil als »Meister, der trotz seiner Grenzen mehr und mehr als ein Vorläufer erscheint« (*Die Theologie während der ersten Hälfte des 20. Jahrhunderts*, aaO. 1,13) J. Daniélou nennt sein Werk das Wichtigste seiner Zeit (vgl. *La théologie*, in: *Cinquante ans de pensée*

und in der Begründung und Rechtfertigung der Dogmenentwicklung,[103] d. h. gerade in Gebieten, die in der Krise des Modernismus eine große Rolle spielen. Tatsächlich versteht Gardeil einen Teil seines Werkes als Antwort auf den Modernismus.

Aus der Nähe verfolgt Gardeil die Diskussionen um Brunetière, Newman und Blondel;[104] mehrere Artikel verraten als Hintergrund Blondels »L'Action«,[105] und wenn er auch später Blondel kaum mehr würdigt, sein Vokabular streng scholastisch bleibt[106] und er unbeirrbar an der Möglichkeit einer rigorosen, wissenschaftlichen Demonstration der natürlichen Glaubwürdigkeit des Christentums festhält,[107] so kann Aubert ihn dennoch in die breite Strömung derer einordnen, die die Neuscholastik mit den Anstößen Blondels zu versöhnen suchen.[108]

Der Schlüssel zu Gardeil besteht in seiner Konzeption von Theologie:[109] Er versteht sie – im Gefolge von Thomas von Aquin – als Teilnahme am Wissen Gottes und der Heiligen, eine Teilnahme, die nur durch den Glaubensakt ermöglicht wird. Dieser wiederum ist eine von Gott selbst im Menschen bewirkte Zustimmung zur »veritas prima«, die Gott selbst in Person ist. Da diese Sichtweise – keine Theologie ohne Glaube – sich später durchgesetzt hat, ist uns heute kaum begreiflich, daß das Bestehen Gardeils auf diesem Ausgangspunkt ein wichtiger Fortschritt ist.[110] Der Unterschied zur damals gängigen Meinung muß daher hier betont werden. Die Trennung von mystischer und spekulativer Theologie war der äußere Indikator für den Auseinanderfall von Glaubensleben und Wissenschaftlichkeit, von Frömmigkeit und rationaler Verantwortung. Die spekulative Theologie verstand sich als die eigentliche Theologie und erhob den Anspruch, daß bei einer Akzeptierung

---

*française*, Paris 1955, 106). M.-D. Chenu vergleicht ihn mit Melchior Cano (*Le Saulchoir* 2, 134) und bezeichnet ihn noch 1956 als bleibend wertvollen Lehrer (vgl. *Foi et Théologie d'après le P.A. Gardeil*, aaO. 645). Die Hauptwerke Gardeils: *La crédibilité et l'apologétique*, Paris 1907. *Le donné révélé et la théologie*, Paris 1909, Juvisy ²1932 (mit einem Vorwort von M.-D. Chenu). *La structure de l'âme et l'expérience mystique*, Paris 1927. Art. *Crédibilité*, in: *DThC* III/2, 2201–2310 (Paris 1923).

[103] Im Vorwort zur zweiten Auflage von A. GARDEIL, *Le donné révélé et la théologie*, aaO. VIII-XI.

[104] Vgl. R. AUBERT, *Le problème de l'acte de foi*, aaO. 395.

[105] Vgl. *Les exigences objectives de »l'Action«*, in: *RThom* 6 (1898) 125–294; *L'Action: ses ressources subjectives*, in: *RThom* 7 (1899) 23–39; *Les ressources du vouloir*, in: *RThom* 8 (1900) 377–399; *Ce qu'il y a de vrai dans le Néo-Scotisme*, in: Ebd. 531–550.648–665.

[106] Vgl. R. AUBERT, *Le problème de l'acte de foi*, aaO. 433: »vocabulaire ultrascolastique«.

[107] Vgl. *ebd.* 436.

[108] Vgl. *ebd.* 432–433.

[109] Vgl. M.-D CHENU, *La Parole de Dieu I*, aaO. 272.

[110] Vgl. *ebd.* 270.273.

ihrer Axiome wie in anderen Wissenschaften das weitere Gebäude der Theologie sich durch logische Operationen ergebe – im Extrem auch ohne Glaube. Der Glaube wurde reduziert auf Gehorsam gegenüber der lehramtlichen Autorität und auf Zustimmung zu offenbarten Wahrheiten.[111] Gardeils Entwurf will die Rationalität der Theologie und den Aspekt der Unterwerfung im Glaubensakt nicht aufheben, aber er setzt die Akzente anders.

Gardeil sieht die Notwendigkeit, die Voraussetzungen der Theologie und damit des Theologen zu erhellen[112] und beginnt daher – auf Thomas zurückgreifend – mit einer psychologischen Analyse des Glaubensaktes, den er in Parallele setzt zum psychologischen Ablauf jeglichen menschlichen Tuns. Durch die dabei aufgewiesene Entsprechung zwischen Glaubenserkenntnis und menschlicher Denkbewegung, zwischen offenbarter Wahrheit und Ausrichtung des menschlichen Lebens auf das letzte Ziel, will Gardeil den Extrinsezismus überwinden und die innere Vernünftigkeit des Glaubens herausstellen. Sein Ansatz bezieht bewußt die Willensstruktur und die moralische Dimension des menschlichen Lebens ein. Wegen der faktisch konstitutiven Bedeutung der subjektiv-affektiven Disposition im Glaubensakt – hier wirken Anregungen Blondels fort[113] – bejaht Gardeil das Vorhaben, entsprechend der jeweiligen Zielgruppe mehrere Arten von Apologetik auszuarbeiten.[114]

Gardeils mittlerer Weg zwischen Intellektualismus und Fideismus wird viel diskutiert:[115] Geht er den strengen Scholastikern zu weit, scheint er in den Augen der Anhänger Blondels auf halber Strecke inkonsequent stehenzubleiben. Als hauptsächlichster Einwand kann gelten das nur theoretische Festhalten an der Möglichkeit, rein rational die natürliche Glaubwürdigkeit des christlichen Glaubens zu zeigen, obwohl kaum ein konkreter Mensch in seinem Glaubensakt diese intellektuelle Stringenz verwirklicht.[116]

Gardeil setzt sich ferner mit dem Offenbarungsbegriff der Hauptvertreter des theologischen Modernismus – Loisy, Tyrrell, Le Roy – auseinander und gibt eine Antwort im Rückgriff auf Gedanken des hl. Thomas:[117] Er bejaht die subjektive, von persönlicher Erfahrung und Gefühl bestimmte Annahme der Offenbarung, besteht allerdings ebenso auf ihrem sozialen Charakter und ihrer inhaltlichen Bestimmtheit, die er auf die göttliche Urheberschaft und die Sendung der Offenbarungsträger zurückführt. Er widerspricht der Auflö-

---

[111] Vgl. *ebd.* 270.273. Chenu spricht von Semi-Rationalismus und Extrinsezismus.
[112] Ich folge in der Darstellung R. AUBERT, *Le problème de l'acte de foi,* aaO. 396–410.
[113] Vgl. *ebd.* 434.439.
[114] Vgl. *ebd.* 404–406. Die Immanenz*methode* wird von Gardeil akzeptiert; er wehrt sich indessen gegen einen Alleingültigkeitsanspruch (vgl. ebd. 407).
[115] Vgl. *ebd.* 407–422.
[116] Vgl. *ebd.* 409.
[117] Vgl. *Le donné révélé et la théologie,* Juvisy 1932, 41–74.

sung der Offenbarung in mystische Innerlichkeit und betont ihre Kommunikabilität durch menschliche Worte. Hinsichtlich des Verständnisses der Dogmen sucht Gardeil einen Mittelweg zwischen starrem Dogmatismus und reinem Transformismus.[118] Er situiert das Dogma im Leben der Kirche und betrachtet es als Hervorbringung des Wortes Gottes in kirchlicher Vermittlung.[119] Er legt dar, daß der Annahme oder Ablehnung von Dogmen eine bestimmte Einschätzung der menschlichen Urteilskraft vorausgeht,[120] d. h. daß die modernistischen Autoren einer unreflektierten, erkenntnistheoretischen Prämisse unterliegen. In der Wiederaufnahme der traditionellen Analogielehre kann er nicht nur von einer historischen, sondern sogar von der metaphysischen Relativität der Dogmen sprechen,[121] und er weist an historischen Beispielen nach, daß nicht nur die Formulierungen, sondern auch die Inhalte von Dogmen Veränderungen unterworfen sind.[122] Zur Frage der Dogmenentwicklung prüft er mehrere Modelle auf ihre Anwendbarkeit: Während er ein rein symbolisches Verständnis der dogmatischen Formulierungen ablehnt, erkennt er dem Modell des organischen Wachstums – mit klaren Einschränkungen – eine gewisse Brauchbarkeit zu, hält aber für besser den Vergleich mit der Entwicklung des menschlichen Geistes, die sich etwa im Fortschritt der Wissenschaft durch die Zusammenarbeit vieler über lange Jahre hinweg ausdrückt.[123] Gardeil sieht die entscheidende Wurzel der dogmatischen Entwicklung in der Struktur des menschlichen Geistes und der menschlichen Erkenntnis selbst: Sie beginne mit einer globalen, zwar reichhaltigen, aber unbestimmten Intuition, die sie immer genauer analysiere und tiefer erfasse, wobei sie sich schließlich in einer Rückkehr zum Ursprung als der eigenen Norm, hier: der gegebenen Offenbarung, der Kontinuität und Identität zu vergewissern habe.[124] Als Weg der Entfaltung der ursprünglichen Intuition betrachtet Gardeil die logische Schlußfolgerung[125] – ein Ansatz, den Marin-Sola aufgreifen und durchspielen wird –, als entscheidend für die Aufnahme theologischer Folgerungen ins Glaubensgut die breite Zustimmung der Kirche, die Rezeption, den Konsens, die sich im Spruch des Lehramtes artikulieren.[126] Gardeil distanziert sich damit deutlich vom extrinsezistischen Dogmatismus, von überzogener Lehramtstheologie und von purem Intellek-

---

[118] Vgl. *ebd.* 77–114.
[119] Vgl. *ebd.* 94–95.
[120] Vgl. *ebd.* 95.
[121] Vgl. *ebd.* 118–150.
[122] Vgl. *ebd.* 151–152.
[123] Vgl. *ebd.* 152–159.
[124] Vgl. *ebd.* 160–162. 164–168. »... intuition globale d'un donné, travail pour développer ce donné, retour vers le donné primitif pour y trouver la sanction des développements acquis« (162).
[125] Vgl. *ebd.* 168.
[126] Vgl. *ebd.* 175–179.

tualismus, ohne jedoch dem gefürchteten Subjektivismus oder der moralistischen Reduktion des Glaubens zu verfallen.

Ein abschließendes Urteil hat vor allem anzuerkennen, daß Gardeil wichtige Fortschritte in der Einbeziehung der Subjektivität, der Glaubenserfahrung und der kirchlichen Praxis in die Theologie macht und daß ihm das Verdienst zukommt, eine Entwicklung der Dogmen ohne Aufgabe ihres Wahrheitsanspruches als denkbar gezeigt zu haben. Doch ist einzuräumen, daß er noch sehr der Neuscholastik verhaftet bleibt und nicht zu einer konsequent geschichtlichen Betrachtungsweise findet. Die Vermittlung von historisch-kritischer Methode und Theologie – in Frankreich der konkrete Hauptanlaß der Modernismuskrise – wird von ihm nicht geleistet.

*b) Marie-Dominique Chenu op*

A. Gardeil hat Mitbrüder, die ähnliche Vorstellungen entwickeln, seine Anliegen aufnehmen und in seine Fußspuren treten: A. Lemonnyer, sein Nachfolger als Regens (1912–1928),[127] M. Jacquin,[128] P. Mandonnet,[129] F. Marin-Sola, der in seinem vielbeachteten Werk »L'évolution homogène du dogme catholique« Gardeils Anstöße fortführt,[130] G. Rabeau mit seinem

---

[127] Congar verweist bis in die 60er Jahre auf Schriften von A. LEMONNYER: *Théologie positive et théologie historique*, in: *RCF* 34 (1903) 5–18. *Comment s'organise la théologie catholique?* in: *RCF* 36 (1903) 225–242 (vgl. für beide Artikel CONGARS Lexikonbeitrag »*Théologie*«, in: *DThC* XV/1, 466.471; ferner *TTH* 295; *FTh* 137). *Les Apôtres comme docteurs de la foi d'après S. Thomas*, in: *Mélanges thomistes*, Le Saulchoir 1923, 153–173 (vgl. die Hinweise bei Congar: TTT 302; HK 201). *Le Rôle maternel du Saint-Esprit dans notre vie surnaturelle*, in: *VSAM* 3 (1921) 241–251 (vgl. bei CONGAR: *TTT* 307). Eine kurze Information über A. Lemonnyer bietet H.-M. FERET, *Le R.P. Antoine Lemonnyer op (1872-1932)*, in: *BThom* Bd. 3 (1933) 677–679.

[128] M. JACQUIN wird von Congar ebenfalls noch Jahrzehnte später erwähnt: *Question de mots: histoire des dogmes, histoire des doctrines, théologie positive*, in: *RSPhTh* 1 (1907) 99–104 (vgl. Congars Referenzen in: *DThC* XV/1, 466; *TTH* 266.295). *Le magistère ecclésiastique source et règle de la théologie*, in: *RSPhTh* 6 (1912) 253–278 (vgl. bei CONGAR: *DThC* XV/1, 472). E. Fouilloux weist M. Jacquin den Hauptanteil am Erfolg der neuen Zeitschrift RSPhTh zu. Vgl. E. FOUILLOUX, *Le Saulchoir en procès (1937–1942)*, in: *Le Saulchoir* 2, 37–59, hier: 42.

[129] Pierre Mandonnet, vor seiner Tätigkeit in Le Saulchoir Professor an der theologischen Fakultät in Fribourg, Kirchengeschichtler, Studien vor allem über das Mittelalter, speziell über Siger von Brabant und die Gründung des Dominikanerordens. E. Fouilloux urteilt: »L'étape Lemonnyer-Mandonnet peut se définir comme l'irruption de la critique historique au coeur même des études« (*Le Saulchoir* 2, 43).

[130] Zu Marin-Sola verfaßte Congar eine frühe Notiz (sie fehlt in der Bibliographie von P. Quattrochi): *Le R.P. Marin-Sola*, in: *BThom* Bd. 3 (1933) 679–681. Marin-Solas Hauptwerk findet sich oft in den Referenzen von FTh und HK.

Buch »Introduction à l'étude de la théologie«[131], vor allem aber M.-D. Chenu.[132]

Chenus Studien fallen in die Zeit der postmodernistischen Reaktion. Er macht sich die Gardeilsche Charakterisierung und Begründung der Theologie zu eigen, bestimmt sie als »fides in statu scientiae«[133] und arbeitet in dieser Linie viel über den Glaubensbegriff. Er wendet sich besonders der Analyse des Glaubenstraktates bei Thomas von Aquin zu, historische Studien, die aber einen systematischen Ertrag anstreben. Zu ihnen gehören zwei frühe Artikel, in denen er sich bemüht, Gardeils Erklärung der Dogmenentwicklung zu vertiefen.[134] Aus der Struktur der menschlichen Erkenntnis, die von der Glaubenserkenntnis nicht übersprungen wird, schließt er auf die Möglichkeit, ja sogar auf die Notwendigkeit der Dogmenentwicklung.[135] Er findet die Lösung des anscheinenden Widerspruchs zwischen Fortschritt und Unveränderlichkeit in der psychologischen Analyse des Glaubensaktes, dessen Streben nach Einsicht den Bedingungen menschlichen Wahrnehmens und Urteilens unterliegt, d.h. der Schwächen, Kompliziertheit, Präzisierungen, Begriffsentwicklungen kennt, so daß ein mühsames und geduldiges Analysieren und Konstruieren notwendig ist und die intellektuelle Durchdringung erst allmählich gelingt[136]. Das scholastische Axiom: »Cognita sunt in cogno-

---

[131] Paris 1926. Vgl. dazu Congars kurze Würdigung im Art. *Théologie*, in: *DThC* XV/1, 341–502, hier: 461. Weitere Verweise ebd. 466.468.

[132] M.-D. Chenu, geb. 1895, 1913 Eintritt in den Dominikanerorden, 1914–1920 Studien am Angelicum in Rom (Abschlußthese bei R. Garrigou-Lagrange über die Kontemplation), von 1920 bis 1942 Professor an Le Saulchoir für Dogmen- und Theologiegeschichte, von 1928 bis 1942 Regens; 1942 vom Lehrstuhl entfernt; nach dem 2. Weltkrieg zeitweise Vorlesungen an der Sorbonne und am Institut catholique von Paris; beeinflußt von Gardeil, Mandonnet, Lagrange, Lemonnyer; Studien zur Dogmengeschichte, zum Theologiebegriff, zur Theologie der Arbeit, zur Armutsbewegung des Mittelalters, zu aktuellen Fragen (Technik, Materie, soziale und wirtschaftliche Probleme); bedeutender Thomas-Interpret; Inspirator einer ganzen Generation französischer Theologen. Biographische Hinweise: C. FREY, *Mysterium der Kirche – Öffnung zur Welt*, aaO. 16–18; *Le Saulchoir* 2, 19–20; Y. CONGAR, in: *Bilanz der Theologie im 20. Jahrhundert. Bahnbrechende Theologen*, Freiburg 1970, 99–122; J. Duchesne *interroge le Père Chenu*, Paris 1975; Y. CONGAR, *The Brother I have known*, in: *The Thomist* 49 (1985) 495–503 (unveröffentlicher Artikel von 1964). Ausführliche Bibliographie in der Artikelsammlung: M.-D. CHENU, *La Parole de Dieu* I, aaO. 397–411, und in: *Mélanges offerts à M.-D. Chenu, Maître en théologie*, Paris 1967, 9–29. Zu Arbeiten über Chenu siehe: *Le Saulchoir* 2, 19.

[133] Vgl. *Le Saulchoir* 2, 31.

[134] Vgl. *Contribution à l'histoire du traité de la foi. Commentaire historique de IIa IIae q.1 a.2*, in: *Mélanges thomistes 1923*, 123–140 (aufgenommen in: *La Parole de Dieu* I, aaO. 31–50). *La raison psychologique du développement de dogme d'après S. Thomas*, in: *RSPhTh* 13 (1924) 44–51 (vgl. *La Parole de Dieu* I, aaO. 51–58).

[135] Vgl. *La Parole de Dieu* I, aaO. 56.

[136] Vgl. *ebd.* 48–49. 53. 56.

scente secundum modum cognoscentis«, wird ihm zum Ansatz, die alte These von der fortschreitenden Entfaltung des Impliziten in der Glaubensgeschichte erkenntnistheoretisch zu untermauern.[137]

Eine zweite thomasische Einsicht zieht Chenu dabei zu Hilfe: die Ausgerichtetheit des Glaubensaktes nicht auf eine sprachliche Aussage, sondern auf die gemeinte Wirklichkeit, eine Wirklichkeit, die erst in der himmlischen Schau einfach und ganz wahrgenommen werden kann. Die Einführung der eschatologischen Perspektive macht die Vorläufigkeit der menschlichen Formulierungen vollends deutlich. Hier findet sich übrigens erstmals bei Chenu ein Hinweis auf seine Kenntnis von Newmans »Essay on the development of dogme«.[138]

1931 schreibt Chenu einen Aufsatz, in dem er den Modernismus zu deuten versucht.[139] Er reagiert damit auf die Monographie von M.J. Rivière (Paris 1929). Aus der Distanz heraus betrachtet er den Modernismus optimistisch als Wachstumskrise, wie es sie mehrfach in der Theologiegeschichte gab, und zwar immer dann, wenn sich der Vernunft durch eine kulturelle Renaissance neuartige Probleme stellten, so mit dem Eindringen der Grammatik in die Theologie im 9. Jahrhundert, mit der Einführung der Dialektik durch Abélard und durch die Konfrontation mit dem Denken Aristoteles' im 12. und 13. Jahrhundert. »Nach der Grammatik, nach der Philosophie, die Geschichte. Die Vernunft untersucht nach der Analyse der *Worte* und nach der Kritik der *Ideen* die *Ereignisse*.«[140]«. Chenu anerkennt den Zugriff der Geschichtswissenschaft auf den Glauben, da in seinem Zentrum eine geschichtliche Gestalt steht, aber – und darin sieht er eine Parallele zur Krise des 13. Jahrhunderts – er wirft der Historie methodische Grenzüberschreitung vor. Er bestreitet ihren Anspruch auf völlige Erfassung der Wirklichkeit, der notwendigerweise zum Verlust und zur Leugnung der Transzendenz der Offenbarung und ihres übernatürlichen Charakters führen muß.[141] Historizismus und Theologismus scheiden für ihn gleichermaßen als Antwort auf die historische Frage aus. Sich selbst ordnet er in die Linie der gemäßigten, der »guten Theologen«[142] ein, die die Kunst der Unterscheidung verstehen, und er zählt zu ihnen Batiffol, Lagrange, de Grandmaison.[143] Als zentralen Schluß aus der Modernismuskrise stellt Chenu die Forderung auf, die gleichzeitige Unterscheidung und Bezogenheit von Natur und Übernatur festzuhalten,

---

[137] Chenu setzt sich dabei kritisch mit P. Schultes auseinander (vgl. *ebd.* 51.52.55.56).
[138] Vgl. *ebd.* 57–58 Anm. 3. Chenu wirft Schultes eben die Übergehung Newmans vor.
[139] *Le sens et les leçons d'une crise religieuse*, in: *Vie I* 4 (1931) 356–380.
[140] »Après la grammaire, après la philosohie, l'histoire. La raison, après l'analyse des *mots*, et la critique des *idées*, examine les *faits*« (*ebd.* 363–364).
[141] Vgl. *ebd.* 365.
[142] Vgl. *ebd.* 366: »les modérés, c'est-à-dire les bons théologiens«.
[143] Vgl. *ebd.* 366–367.

was sich in der Theologie in der Unterscheidung und Bezogenheit von positiver und spekulativer Theologie widerspiegele;[144] es gelte über die Verurteilung des Modernismus hinauszukommen und Nutzen aus dem Konflikt zu ziehen, da er nur der negative Aspekt eines Fortschritts sei, denn die historische Kritik ermögliche eine bessere Kenntnis der Offenbarung und des Dogmas. Chenu spricht sogar von der befreienden Wirkung der historischen Kritik. Als Grund der Fehlentwicklungen eines evolutionistischen Transformismus, aber auch eines starren Immobilismus, diagnostiziert Chenu ein falsches Traditionsverständnis.[145] Er verurteilt die undifferenzierten Polemiken bestimmter Antimodernisten, denen er eine ungenügende Kenntnis der positiven Quellen der Theologie vorwirft. Die Einseitigkeiten der postmodernistischen Phase, die den intellektuellen Wert der Dogmen überbetont und die religiös-lebensmäßige Komponente zurückdrängt, erklärt er aus der Tatsache der Reaktion. Er sieht dadurch wichtige und berechtigte Anstöße der Modernisten verdrängt und plädiert seinerseits für eine breitere Aufnahme der christlichen Erfahrung in die Theologie und für die Rückgewinnung der Dimension des Mysteriums.[146]

Die fruchtbarste und sachlichste Antwort auf den Modernismus erblickt Chenu in den Bemühungen um eine adäquate Methodenlehre und eine Neubestimmung des wissenschaftlichen Charakters der Theologie.[147] Er befürwortet eine Neufassung der theologischen Kriteriologie, da die bis dahin gebrauchte Methode noch die der nachtridentinischen Polemik der »barocken Theologie«[148] sei; solange nicht grundsätzlich eine Revision der theologischen Argumentationsweise erfolge, könne auch der Modernismus nicht wirklich überwunden werden. Chenu hält also die methodischen Anfragen des Modernismus für berechtigt.

Zwei weitere Artikel über den Glaubensbegriff verraten postmodernistische Hintergründe, einmal durch ein Loisy-Zitat zu Beginn,[149] das andere Mal durch die inhaltliche Stoßrichtung: die Aufwertung des religiösen Gefühls.[150]

---

[144] Vgl. *ebd.* 367.
[145] Vgl. *ebd.*
[146] Vgl. *ebd.* 377.
[147] Vgl. *ebd.* 375.
[148] Vorwort zu A. GARDEIL, *Le donné révélé et la théologie*, aaO. XIII (vgl. *La Parole de Dieu I*, aaO. 281). »Barocke Theologie« meint: antiprotestantische Polemik, Rationalismus, Theologie als logische Technik, Glaube als Unterwerfung, klerikale und pyramidale Ekklesiologie, stark juridisches Denken, ein gewisser Triumphalismus (vgl. PUYO 45–47).
[149] *Les yeux de la foi*, in: *Revue dominicaine (Montréal)* 38 (1932) 653–660 (aufgenommen in: *La Parole de Dieu I*, aaO. 21–27).
[150] *La psychologie de la foi dans la théologie du XIII$^e$ siècle. Genèse de la doctrine de S. Thomas IIa IIae q.2 a.1*, in: *Etudes d'histoire doctrinale et littéraire du Moyen Age* (1932) 163–191 (aufgenommen in: *La Parole de Dieu I*, aaO. 77–104).

Chenu wehrt sich gegen die Degenerierung des Glaubens zu Orthodoxie und Gehorsam, gegen eine juridische und konzeptualistische Auffassungsweise. Er bestimmt den Glauben vor allem als ein Wirken Gottes und als willentliche Antwort des Menschen darauf; zu ihm gehöre eine grundsätzlich unüberwindbare Unruhe und Unbefriedigtheit, die Sehnsucht des Menschen nach der seligmachenden Schau Gottes. In ihr liege der Antrieb auch der Theologie, d. h. sie entspringt letztlich dem affektiven Leben.

In einem mehrfach als meisterhaft gelobten Artikel systematisiert Chenu die Ergebnisse seiner historischen Forschungen.[151] Die wichtigsten Ergebnisse fließen in seine theologische Programmschrift »Une école de théologie: le Saulchoir«[152] ein.

In dieser lassen sich eine Reihe modernistischer Reminiszenzen feststellen: Verweise auf Tyrell, Loisy und Le Roy, die Aufnahme und Verfeinerung seiner Modernismus-Interpretation,[153] die Anknüpfung an die Arbeiten Gardeils, Lemonnyers und Mandonnets,[154] die ausdrückliche Hervorhebung des Wertes der historischen Methode.[155] Im theologischen Teil wird der Modernismus bzw. die Reaktion auf ihn mehrfach als verstärkender Anlaß des eigenen Entwurfs erwähnt.[156]

Chenu will mit seinem Vorstoß die Theologie aus ihrer permanenten Abwehrhaltung – contra Protestantismus, Aufklärung und Modernismus – herausführen, da sie in der Reaktion darauf in Einseitigkeiten verfallen sei: Intellektualismus, Dogmatismus, Autoritätsglaube, Trennung von Theologie und Spiritualität.[157] Als Heilmittel empfiehlt Chenu, der vorgegebenen Offenbarung den unangefochtenen Vorrang zu geben, da sie in sich mehr enthalte, als alle Theologie entfalten könne, und da sie deshalb die Theologie erneuern und verlebendigen könne.[158] An den Beginn der theologischen Arbeit setzt er daher das Studium der Quellen des Glaubens, das erst das Material für eine spekulative Druchdringung bereitstelle, denn das Christentum stamme aus der Geschichte, nicht aus der Metaphysik;[159] zuerst gelte es, die Geschichte kennenzulernen, sich die Vorgabe der Offenbarung anzueignen. Als »locus theologicus« betrachtet er dabei nicht nur die Texte, sondern »das ganze positive Leben der Kirche, ihre Sitten und ihre Gedanken, ihre

---

[151] *Position de la théologie*, in: RSPhTh 24 (1935) 232–257 (aufgenommen in: *La Parole de Dieu I*, aaO. 115–138). Lob von Alberigo in: *Le Saulchoir* 2, 21, und von Congar in: *Bilanz der Theologie im 20. Jahrhundert. Bahnbrechende Theologen*, aaO. 107.
[152] Vgl. *Anm.* 1 und 12.
[153] Vgl. *Le Saulchoir* 2, 115–118.
[154] Vgl. *ebd.* 118. 119. 121. 125.
[155] Vgl. *ebd.* 125. 137. 138.
[156] Vgl. *ebd.* 129. 138. 139. 140.
[157] Vgl. *ebd.* 129. 138. 139. 140.
[158] Vgl. *ebd.*
[159] Vgl. *ebd.* 132.

Frömmigkeitsformen und ihre Sakramente, ihre Spiritualitäten, Institutionen und Philosophien«[160], und zwar über alle zeitlichen und räumlichen Abstände hinweg.

Dann stellt sich Chenu dem Problem der historischen Kritik und dem damit verbundenen Relativismus. Als erstes betont er die Ausrichtung des Glaubens nicht auf dogmatische Sätze und Gedankensysteme, sondern auf die göttliche Wirklichkeit selbst, auf Den, »in dem ich das Ganze meines Lebens erkenne«[161], auf die glückselige Gemeinschaft mit Gott. Durch die Herausstellung der strengen Übernatürlichkeit und des Gnadencharakters des Glaubensaktes weist er die Grenze der historischen Methode auf. Der Glaube aber, der das Eintrittstor in die Theologie darstelle, könne uns zu »Zeitgenossen«[162] Christi machen. Nach dieser scharfen Trennung von Theologie und Geschichte, vor der die Theologie zur Zeit des Modernismus aus apologetischen Gründen Angst gehabt habe,[163] folgt dann eine Zuordnung: Der Mensch könne Gott nur auf menschliche Weise erkennen, und da Gott in menschlichen Worten und in einer menschlichen Gestalt gesprochen habe, gebe es keinen anderen Weg als die Erforschung dieser Geschichte. Die Voraussetzungen des Glaubens und damit des Theologen seien nicht Wesensbestimmungen und zeitlose Formen, sondern »Ereignisse, die einer *Ökonomie* entsprechen, deren Verwirklichung an die Zeit gebunden ist«[164]. Der Theologe trete durch den Glauben in diese Abfolge göttlicher Initiativen ein und könne Gott nur dadurch erkennen. In der Analyse der Prämissen des Historismus und in der genauen Bestimmung der Formalobjekte der jeweiligen Wissenschaft sieht Chenu das geeignete Mittel, der modernistischen Herausforderung zu begegnen.

Da er das Zentrum der Geschichte Gottes mit den Menschen in der Inkarnation seines Sohnes erblickt,[165] entlehnt er diesem Ereignis das Denkmuster für die Beschreibung der Heilsgeschichte: »das Gesetz der Inkarnation«[166], das darin besteht, daß sich eine uns unfaßbare und übersteigende göttliche Wirklichkeit entsprechend den menschlichen Bedingungen je neu geschichtlich inkarniert.[167]

---

[160] »... toute la vie positive de l'Eglise, ses moeurs et ses pensées, ses dévotions et ses sacrements, ses spiritualités, ses instituitions, ses philosophies« (*ebd.* 134).
[161] »Celui en qui je reconnais le tout de ma vie« (*ebd.* 135).
[162] »contemporains« (*ebd.* 136). Wahrscheinlich ein von Kierkegaard übernommener Gedanke (vgl. *La foi en chrétienté*, in: *La Parole de Dieu II*, aaO. 109–132, hier: 113)
[163] Vgl. *ebd.* 138.
[164] »... des événements, répondant à une *économie*, dont la réalisation est liée au temps« (*ebd.* 137).
[165] Vgl. *ebd.* 134–135.
[166] »*la loi de l'incarnation*« (ebd. 139). Derselbe Ausdruck bei CONGAR: *Le Verbe s'est fait chair*, in: *R Jeu* 28 (1937) 60–64, hier: 60.
[167] Vgl. *ebd.* 144–145.

Chenu unterzieht den Begriff der Evolution einer Kritik, insofern er von allem biologischen Transformismus oder hegelscher Metaphysik gereinigt werden müsse, aber er anerkennt eine gewisse – im übrigen durch die Tradition gesicherte – Berechtigung des Bildes vom biologischen Wachstum, verweist allerdings als Weiterführung besonders auf die Ansätze Newmans und Möhlers, ferner auf Gardeil und Marin-Sola.[168]

An dieser Stelle führt Chenu den Traditionsbegriff ein, in ausdrücklicher Anlehnung an Drey und Möhler. Für Chenu hat die Tradition die Funktion, den Primat des »donné« zu wahren. Er charakterisiert sie als »das fortdauernde christliche Bewußtsein in der Kirche«[169], als »Kriterium, um jede Innovation zu beurteilen«[170], als »Gegenwart des Geistes im sozialen Körper der Kirche«[171], als »schöpferisches Prinzip der Einsichtigkeit und unerschöpfliche Quelle neuen Lebens«[172], als »Prinzip einer organischen Kontinuität, deren unfehlbares Instrument das Lehramt ist«[173]. Er begreift das Traditionsprinzip als Gegengewicht zum abstrakten und ungeschichtlichen Intellektualismus der Aufklärung, der sich unglücklicherweise in der modernen Neuscholastik niedergeschlagen habe. Tradition bedeutet aber für Chenu nicht einfach Orientierung nach Rückwärts, sondern heißt »der offenbarten Vorgabe gegenwärtig sein im gegenwärtigen Leben der Kirche und in der aktuellen Erfahrung der Christenheit«[174]. Weil Tradition für Chenu die Gegenwart der Offenbarung im Glauben meint,[175] bezeichnet er auch die zeitgenössischen kirchlichen und weltlichen Bewegungen als theologische Orte.

Ein letzter Punkt aus Chenus bemerkenswertem Programm verdient unsere Beachtung: die prinzipielle Relativierung aller Systematisierungen des Glaubens, da sie nicht mit dem Dogma zusammenfallen, und die Rückführung der theologischen Systeme auf den gelebten Glauben. »Im letzten sind die theologischen Systeme nur Ausdruck von Spiritualitäten ... Man tritt in ein System nicht ein wegen der logischen Kohärenz seines Aufbaus oder der Wahrscheinlichkeit seiner Schlußfolgerungen; man findet sich darin wie von Geburt her durch die beherrschende Intuition, der sich unser spirituelles Leben – mit dem Gesetz von Einsichtigkeit, das es umfaßt – verpflichtet weiß. Eine Theologie, die dieses Namens würdig ist, ist eine Spiritualität, die ihrer religiösen Erfah-

---

[168] Vgl. *ebd.* 140.
[169] »la conscience chrétienne permanente dans l'Eglise« (*ebd.* 141).
[170] »critère pour juger toute innovation« (*ebd.*).
[171] »présence de l'Esprit dans le corps social de l'Eglise« (*ebd.*)
[172] »principe créateur d'intelligibilité et source inépuisable de vie nouvelle« (*ebd.*).
[173] »principe de continuité organique, dont le magistère est l'infallible instrument« (*ebd.*).
[174] »être présent au donné révélé dans la vie présente de l'Eglise et l'expérience actuelle de la chrétienté« (*ebd.* 142).
[175] Vgl. *ebd.* 144: »Or la Tradition, c'est, *dans la foi*, la présence même de la révélation«.

rung entsprechende rationale Ausdrucksmittel gefunden hat.«[176] Mit dieser Rückholung des gelebten Glaubens in die Theologie verwirklicht Chenu ein Desiderat des Modernismus.

Chenu gerät dann auch unter modernistischen Verdacht, der schließlich zu einer offiziellen Verurteilung führt. Ihm wird vorgeworfen: »Milde gegenüber dem Modernismus«[177], philosophischer und theologischer Relativismus, unzulässige Relativierung der dogmatischen Formulierungen, die Bestimmung der Theologie als begrifflich umgesetzte Spiritualität, die Übergewichtung des Lebens der Kirche und der Geschichte der Menschen als theologischer Ort.[178]

Sein römischer Mitbruder Garrigou-Lagrange, der an der Verurteilung anscheinend nicht unbeteiligt ist, zieht eine Linie von Möhler als Vorläufer des Modernismus über Blondel zu Chenu.[179] Während der Bezug Chenus zur katholischen Tübinger Schule offensichtlich ist,[180] handelt es sich bei der angenommenen bzw. unterstellten Nähe zu Blondel nicht um Abhängigkeit aus direkter Kenntnis seines Werkes, sondern um eine unbewußte Übereinstimmung.[181] Die Intention, Chenu in den Geruch des Modernisten zu bringen, ist hier spürbar. Die nicht völlig durchsichtige Entwicklung vom Erscheinen der programmatischen Schrift Chenus 1937 bis zur Indizierung 1942, die Hintergründe und Interessen, die dabei mitspielen, sind an anderer Stelle ausführlich analysiert.[182]

Wichtig für uns ist festzuhalten, daß Chenus Eingehen auf modernistische Anfragen, besonders die Befürwortung der historischen Methode und die Einbeziehung der Geschichte als theologischer Ort, und seine Ablehnung des neuscholastischen Systems ihn zu Fall bringt,[183] und daß mit der Verurteilung Chenus als Regens die gesamte Equipe von Le Saulchoir, vor allem noch Congar und Féret, getroffen werden soll.[184] Ein signifikantes Indiz für die damalige lehramtliche Linie sind die Schwierigkeiten, die mit der Wiederherausgabe von Möhlers »Die Einheit« in der von Congar herausgegebenen Reihe

---

[176] »C'est qu'en définitive les systèmes ne sont que l'expression des spiritualités ... On n'entre pas dans un système pour la cohérence logique de sa construction ou la vraisemblance de ses conclusions; on s'y trouve comme de naissance par l'intuition maîtresse sur laquelle s'est engagée notre vie spirituelle, avec le régime d'intelligibilité qu'elle comporte. Une théologie digne de ce nom, c'est une spiritualité qui a trouvé des instruments rationnels adéquats à son expérience« religieuse« (*ebd.* 148–149).
[177] »mansuétude face au modernisme« (*ebd.* 57).
[178] Vgl. *ebd.* 57–58.
[179] Vgl. *ebd.* 57.
[180] Vgl. *ebd.* 141.
[181] Vgl. *ebd.* 57.
[182] Vgl. *ebd.* 22–26. 48–59.
[183] Vgl. *ebd.* 47.
[184] Vgl. *ebd.* 46. 59.

»Unam Sanctam« verbunden sind.[185] Dies wirft ein Licht auf Congars prekäre und gefährdete Situation, denn er hat Ende der dreißiger Jahre mehrfach Artikel über Möhler veröffentlicht und ihn dabei überaus positiv herausgestellt.

*c) Die Prägung Congars durch Le Saulchoir*

Von A. Gardeil führt eine direkte Linie zu Congar, da er ihn noch persönlich gekannt und gehört hat und da Gardeils Werk zu seiner Studienzeit als Lehrbuch in Le Saulchoir verwendet wird.[186] In Congars Lexikonartikel »Théologie« findet sich im systematischen Teil die theologische Konzeption Gardeils voll und ganz wieder.[187]
Lemonnyer und Mandonnet kennt Congar ebenfalls aus persönlichem Umgang. Unter ihnen und durch sie bricht die historische Methode in die Mitte der Theologie ein.[188] Chenu setzt ihr Anliegen fort: die Rückkehr zu den mittelalterlichen Texten und die Anwendung der historischen Methode. Doch er pflegt nicht nur die Geschichtswissenschaft, sondern er öffnet die Fakultät der realen Geschichte, den gegenwärtigen kichlichen Bewegungen, vor allem der JOC.[189] Congar reiht sich voll in diese Strömung ein. Gemeinsam ist ihnen das Bemühen um Kontinuität bei gleichzeitiger Offenheit für neue Fragen. Treue zur Tradition heißt für sie als Theologen im Dominikanerorden zunächst Treue zur Theologie des hl. Thomas von Aquin, eine Treue, die sie aber nicht als buchstäblich-wörtliche Weitergabe und nicht einmal primär als Übernahme aller Lehren auffassen, sondern die sie erfüllen wollen, indem sie seine Art, Theologie zu treiben, fortführen. Die historische Thomas-Interpretation läßt sie den Sinn seiner Denkbewegung erfassen, der ihnen wichtiger ist als einzelne Inhalte.[190]
Von Chenu übernimmt Congar die Einbeziehung des geschichtlichen Denkens in die systematische Theologie, die Rückkehr zu den Quellen, den Kontakt zum Leben der Kirche, die Verbindung von Theologie und Spiritualität. In Chenu haben wir aber sogar ein explizites Bindeglied zwischen der Diskussion der Jahrhundertwende und dem Traditionsbegriff Congars, denn Chenu

---

[185] Vgl. *ebd.* 51. 57; PUYO 100–101.
[186] Vgl. PUYO 34. 47. Congar bezeichnet Gardeils Werk *»Le donné révélé et la théologie«* als »notre bréviaire« (PUYO 47). 1938 urteilt er: »Ce livre demeure ce qui a été écrit de plus fort et de plus éclairant sur les conditions de la connaissance religieuse, dogme et théologie« [*BThom* Bd. 5 (1938) 500 Anm.1].
[187] So das Urteil Chenus in: *La Parole de Dieu I*, aaO. 275 Anm.1.
[188] Vgl. *Le Saulchoir* 2, 43.
[189] Vgl. *ebd.* 44–45. »... ce n'est plus la méthode historique, mais l'Histoire à majuscule qui pénètre en force au Saulchoir« (*ebd.* 44). Vgl. M.-D. CHENU, *La JOC au Saulchoir*, in: *La Parole de Dieu II. L'Evangile dans le temps*, Paris 1964, 271–274; *J. Duchesne interroge le Père Chenu*, aaO. 57–59.
[190] Vgl. *Le Saulchoir* 2, 120. 125–126. 169.

erkennt, daß sowohl die unbeweglichen Neuscholastiker als auch die jede Norm abstreifenden Modernisten einem bedenklichen Traditionsbegriff verpflichtet sind; er entdeckt den Traditionsbegriff der katholischen Tübinger Schule als mögliche Antwort auf die bisherigen Aporien; er macht darauf aufmerksam, daß einem solchen Traditionsbegriff hohe Bedeutung zukommt, wenn es gilt, Faktoren wie Normativität, Leben, Vernunft und Spiritualität zu integrieren.[191]

### 5. Der Ort Congars im theologischen Umfeld

Die aufgewiesenen Hintergründe der kirchlichen und theologischen Situation in Frankreich vom Beginn des Jahrhunderts bis zum 2. Weltkrieg machen neugierig, ob denn in Congars Veröffentlichungen Spuren der Auseinandersetzungen zu finden sind.

*a) Indirekte Einwirkungen des Modernismus auf Congar*

Zunächst ist festzustellen: Congar reagiert nicht direkt auf den Modernismus, denn das Umfeld, in dem er studiert und dann lehrt, ist bereits ein anderes;[192] wir dürfen nicht vergessen, daß der 1. Weltkrieg mit seinen gravierenden Rückwirkungen auf Gesellschaft und Kirche zwischen den explosiven Konfliktjahren und Congar liegt.[193] Andererseits lassen sich eine Reihe unterschwelliger Verbindungslinien ausmachen, die Congar mit dem Geschehen der Jahrhundertwende in Kontakt bringen: einmal die Lehrer und Professoren von Le Saulchoir bzw. angesehene und gelesene Theologen des Ordens – Gardeil, Lemonnyer, Mandonnet, Jacquin, Lagrange, Chenu –, die einen Ausweg aus dem Dilemma suchen und durch die Art ihres Theologietreibens

---

[191] Vgl. *ebd.* 139–141.
[192] Vgl. *ebd.* 139-141.
[193] Der erste Weltkrieg veränderte merklich das geistige Klima: Das Vertrauen in die Institutionen wurde erschüttert, ein Bedürfnis nach Innerlichkeit wurde wach, das sich u. a. in einem neuen Interesse für Religion und in aufsehenerregenden Konversionen äußerte, die gemeinsame Erfahrung des Leidens und das enge Zusammenleben der Soldaten brachte die Angehörigen der verschiedenen Konfessionen und die verschiedenen Stände der Kirche einander näher (vgl. J. FRISQUE, *Die Ekklesiologie im 20. Jahrhundert*, in: *Bilanz der Theologie im 20. Jahrhundert III*, Freiburg 1970, 192–243, hier: 195–196). Die neue Religiosität machte sich auf die Suche nach den Quellen des christlichen Glaubens, so daß die Heilige Schrift, die Kirchenväter, die Liturgie, das Mittelalter und das Lehramt Gegenstand vieler Forschungen wurde (vgl. ebd. 196–197; R. AUBERT, *Die Theologie während der ersten Hälfte des 20. Jahrhunderts,* aaO. 18). Das Bedürfnis, Grenzen zu überschreiten, mündete in die ökumenische Bewegung. Die Erfahrungen des Krieges, der Wirtschaftskrise und totalitärer Systeme ließen die Einsicht reifen, daß es notwendig sei, das christliche Wertepotential in die Gestaltung der Gesellschaft und der zwischenstaatlichen Beziehungen einzubringen, so daß die indivi-

die Modernismus-Problematik präsent halten;[194] dann die fortbestehende antimodernistische Reaktion, die sich durch starren Dogmatismus auszeichnet und sich mit einer integralistischen und absolutistischen Mentalität verbindet; schließlich die Ausläufer des liberalen Protestantismus, der ja eine Reihe von Anstößen für die Entstehung des katholischen Modernismus gegeben hat, und die innerprotestantische Gegenbewegung, die dialektische Theologie, die durch die unbedingte Vorordnung von Offenbarung und Wort Gottes gegenüber aller theologischen Konstruktion den bedrohlichen Folgen liberal-protestantischer Hermeneutik entgehen will. Die nicht bewältigten Anfragen des Modernismus pflanzen sich fort, bisweilen auch durch ihre Wendung ins Gegenteil. Die Lösungen der modernistischen Autoren scheiden katholischerseits nach der Verurteilung aus, aber die Themen bleiben akut. Es ist wie bei einem Feuer, dessen Flammen niedergeschlagen sind, dessen Glut aber unter der Oberfläche weiterbrennt.

Wie Chenu geht Congar hinter den Modernismus zurück, um an die Wurzel des Problems zu gelangen und um durch die Aufarbeitung der vorangehenden Schwierigkeiten die Sackgasse der modernistischen Lösungen zu vermeiden. Anscheinend übernimmt er Chenus Analyse, die im Modernismus »nur« die historische Variante der Aufklärung, die transformierte und verschärfte Neuauflage nachhängender Grundsatzfragen sieht. Seine verborgene Art, die heißen Eisen anzupacken, besteht daher nicht in einer expliziten Bezugnahme – die Gefahr, sich zu verbrennen, ist wohl noch zu groß –, sondern im Vorgehen gegen das neuscholastische System, das sich in der Reaktion auf Protestantismus und Aufklärung ausgebildet hat und gegen das sich ja auch der Modernismus aufgelehnt hat. Congar reiht sich in jenes, für Le Saulchoir typische Bemühen ein, die progressiven Vermittlungen eines Batiffol, eines de Grandmaison und eines Lagrange fortzuführen[195] und gleichzeitig an zwei Fronten zu kämpfen: gegen die reine Spekulation für einen geschichtlichen Ansatz der Theologie und gegen den Dogmatismus für den Einbezug der kirchlichen Erfahrung.[196]

Der Hebel, der das überholte neuscholastische System aus den Angeln heben soll, hat drei Arme: der Rückgriff auf die Originaltexte des hl. Thomas, das Studium der Theologie- und Kirchengeschichte und die Aufnahme aktueller kirchlicher Bewegungen, Situationen und Erfahrungen in die theologische Überlegung. Im Quellenstudium aber, bei dem Congar die historische Methode benutzt, durch die Berücksichtigung geschichtlicher Entwicklun-

---

dualistische Verengung der Moral aufgesprengt wurde und ein neues Bewußtsein der gesellschaftlichen und kirchlichen Verantwortung der Laien sich Bahn brach (vgl. R. AUBERT, *Die Theologie während der ersten Hälfte des 20. Jahrhunderts,* aaO. 19).
[194] Vgl. *Le Saulchoir* 2, 16–17. 42–43.
[195] Vgl. *ebd.* 43
[196] Vgl. *ebd.* 47.

gen, etwa in der Darstellung ekklesiologischer Fragen, und im Aufgreifen der kirchlichen Gegenwart – z. B. Umfragen, Lesetrends, ökumenischer Aufbruch, patristische Erneuerung – führt Congar, ohne die Aufmerksamkeit darauf zu lenken, »modernistisches« Gedankengut in die Theologie ein, nämlich: historische Kritik, geschichtliche Relativierung und das Leben der Kirche als theologischer Ort. Das kryptogame Weiterschwelen modernistischer Glut bricht nur an einigen wenigen Stellen durch die Oberfläche hindurch.[197] In der Rückschau von 1975 blitzt die indirekte Prägung durch modernistische Fragestellungen noch einmal auf,[198] und Congar stimmt zu, daß diese in der Gegenwart teilweise neu aufgebrochen seien.[199] In Congars gesamten Werk finden sich hingegen nur zwei ausdrückliche, allerdings sehr kurze Darstellungen des Modernismus.[200]

*b) Von Blondel zu Congar*

In Le Saulchoir, das zwar eine starke innertheologische Innovationskraft hat, aber neuere philosophische Strömungen kaum aufgreift,[201] spielt Blondel lange keine Rolle. Nur über den rudimentären Niederschlag, den seine Grundoption bei Gardeil gefunden hat, ist er gegenwärtig. Von Chenu heißt es, er habe Blondel vor 1937 kaum gelesen[202] – immerhin erwähnt er Blondels »L'Action« unter den wichtigsten Veröffentlichungen um die Jahrhundertwende[203] –, und Congar erzählt, er sei Blondel nur einmal begegnet und habe ihn erst spät studiert.[204] An anderem Ort lehnt Congar es ab, Blondel als Quelle seines Denkens zu bezeichnen;[205] er verdanke ihm lediglich eine Erweiterung der eigenen Sicht und eine Hilfe bei der Formulierung der eigenen Gedanken, d.h. er situiert die Übereinstimmung mit ihm bereits vor der expliziten Kenntnisnahme seinerseits.

Congar verweist in seinen Veröffentlichungen erstmals in seinem Artikel »Théologie« für den »Dictionnaire de Théologie catholique« auf Blondel

---

[197] Vgl. *Faut-il des dogmes à la religion? A propos du centenaire de Schleiermacher*, in: *NV* 9 (1934) 113–130, hier: 119; *EME* 7; *Sacerdoce et laïcat dans l'Eglise*, in *VieI* 14 (1946) 6–39, hier 6–7; *Entwicklungen im religiösen Denken des heutigen Frankreich*, in: *Dokumente* 5 (1949) 120–132. 245–255, hier 255; *Mentalité »de droite« et intégrisme*, in: *VieI* 18 (1950) 644–666, hier 659; *VFR* 17.509; *AKH* 15.
[198] Vgl. PUYO 35–38.47.99–100.
[199] Vgl. *ebd.* 36.
[200] Vgl. *TTH* 264–267; *FTh* 55–59.96-98.
[201] Vgl. die Aussagen Chenus in: *Le Saulchoir 2,* 119. Die Heidegger-Lektüre von P. Roland-Gosselin bildet eher die Ausnahme (vgl. *Le Saulchoir 2*, 88).
[202] Vgl. *Le Saulchoir 2,* 57.
[203] Vgl. *ebd.* 115.
[204] Vgl. PUYO 72.
[205] Vgl. sein Vorwort zu C. MACDONALD, *Church and World in the Plan of God,* aaO. VIII.

(geschrieben vor dem 2. Weltkrieg),[206] bezeichnenderweise im Zusammenhang mit dem Traditionsbegriff, ohne daß sich jedoch ein merklicher Niederschlag spezifisch Blondelschen Gedankengutes ausmachen ließe. Ab dann taucht Blondels Name öfter auf,[207] bis Congar seine Überlegungen schließlich im historischen Teil des eigenen Traditionsbuches als entscheidensten Beitrag des zurückliegenden halben Jahrhunderts zur Diskussion um Tradition, Dogma und Geschichte, um Glaube und Vernunft, würdigt.[208] So kommt es, daß er Blondels Gedanken im systematischen Teil seines Traditionswerkes breiten Raum gibt.[209]

Die Übereinstimmung zwischen Blondel und Congar in wichtigen Positionen frappiert, weil beide sehr verschiedene Ausgangspunkte haben und keine direkte Abhängigkeit vorliegt. Dennoch ist es kein Zufall, wenn Congar nach langen Jahren parallelen Nebeneinanders schließlich keine Mühe hat, Blondels Konzeption zu integrieren. Eine Ursache dafür liegt in der beiden gemeinsamen Frontstellung gegenüber der Neuscholastik und gegenüber dem Totalanspruch der Historie und im beiden gemeinsamen Interesse an der Vermittlung von Geschichte, Erfahrung und Theologie. Vielleicht darf man sagen, daß Congar in mühsamer Detailarbeit und langjähriger eigener Entwicklung innertheologisch aufholt, was Blondel vom philosophischen Standpunkt aus bereits zu Beginn des Jahrhunderts genial entworfen hat. Die teilweise Kongruenz ihres Traditionsbegriffes hat also eine gemeinsame geschichtliche Wurzel, jedoch – und das ist zu unterscheiden – andere gedankliche Quellen. Steht bei Blondel im Hintergrund seine Philosophie der »Action«, seine Erkenntnisse über die Logik der Tat, und argumentiert er daher formal philosophisch, so läßt sich Congar von der katholischen Tübinger Schule, besonders Möhler,[210] inspirieren und präzisiert und artikuliert sein Traditionsverständnis im Dialog mit weiteren katholischen Theologen wie Newman,[211] Scheeben,[212] der Römischen Schule,[213] Thomas von Aquin,[214] den Kirchenvätern – besonders Irenäus von Lyon –, d. h. also in der

---

[206] *DThC XV/1*, 341–502, hier: 465.

[207] Vgl. *Entwicklungen im religiösen Denken des heutigen Frankreich*, aaO. 249; *VFR* 472 Anm. 309; L 406.

[208] Vgl. *TTH* 265.

[209] Vgl. *TTT* 122–129.

[210] Siehe unten Kapitel II, 5.

[211] Siehe unten Kapitel II, 3 und III, 1b u. 2a.

[212] Scheebens Name taucht im Zusammenhang mit dem Traditionsbegriff erstmals in L 405 auf.

[213] Sie erhält erst in »*La Tradition et les traditions*« einen breiteren Raum.

[214] Vgl. die Aufsätze: *Le sens de l'»économie« salutaire dans la »théologie« de S. Thomas d'Aquin*, in: *Festgabe Joseph Lortz*, hrsg. von E. ISERLOH u. P. MANNS, Bd. II: *Glaube und Geschichte*, Baden-Baden 1958, 73–122; »*Traditio*« und »*Sacra Doctrina*« bei Thomas von Aquin, in: J. Betz/H. Fries (Hrsg.), *Kirche und Überlieferung. FS J. R. Geiselmann*, Freiburg 1960, 170–210.

je tieferen Erfassung der Tradition selbst. Nicht zu vergessen, da die Tradition für ihn nicht zuerst Vergangenheit und formulierte Lehre ist: Congars Traditionsbegriff entwickelt sich im Kontakt mit lebendigen Erfahrungen und Bewegungen der Kirche (z. B. Antimodernismus, Ökumene, Reformbestrebungen), als Antwort auf innerkirchliche Konflikte (Verurteilungen, Arbeiterpriester) und im Umgang mit nicht-katholischen Traditionen.[215] Das Leben in der Tradition verleiht Congar die Intuition, die Tradition als Lebensvollzug zu denken, und die rationale Überprüfung bestätigt ihm den Primat gelebter Tradition. Sein Traditionsbegriff entspringt so der – von Blondel postulierten – Wechselwirkung von Erfahrung und Interpretation, von Handlung und Reflexion. Dürfen wir von einer gelebten, von einer inkarnierten Wissenschaftstheorie sprechen? Congar entspricht damit auch dem Kriterium Chenus für eine gute Theologie: Seine Theologie ist eine Spiritualität, die allmählich die Methoden und Begriffe gefunden hat, sich rational zu artikulieren. Daß am Schluß kein System herauskommt, gehört dazu, »denn die Vernunft ist nicht der ganze Mensch«[216], und Aufgabe der Wissenschaft ist nicht die Lösung des Lebens in der Spekulation, sondern die Kontrolle des Lebens und die Freisetzung von Handlungsimpulsen. Wie die Theologie dem Handeln der Gemeinschaft entspringt, so verweist sie am Ende wieder auf dieses Handeln.[217]

Die Verwandtschaft mit Blondel geht möglicherweise aber doch noch weiter, als bisher behauptet. Zunächst läßt sich eine theologische Gemeinsamkeit konstatieren, nämlich die Bevorzugung der johanneischen Theologie, und zwar des johanneischen Wahrheitsbegriffes[218] – die Wahrheit ist zu tun – und der johanneischen Pneumatologie.[219] Aber sogar zu Blondels Philosophie der Tat gibt es eine Entsprechung in der theologischen Linie, die zu Congars Traditionsbegriff führt. Hier ist an Chenus Analyse des Glaubensbegriffes zu erinnern: Der Glaube ist nicht nur eine rationale Zustimmung zu offenbarten Wahrheiten, sondern letztlich ein Akt des Willens, dessen Bedingung jenseits menschlichen Vermögens liegt und der nach einer menschlich nicht erreichbaren Vollendung strebt. Die Einsicht, daß der Glaubensakt die Gnade voraussetzt und dennoch in seinem Vollzug eine typisch menschliche Struktur behält, und der Aufweis, daß dem Glauben eine praktische Ausrichtung und

---

[215] Vgl. die Kapitel II, 3 u. 4; III, 1 u. 3.
[216] Ein Ausspruch von H. Lacordaire, den Congar zitiert in *VFR* 508: »la raison n'est pas tout l'homme«.
[217] Vgl. die Interpretation Blondels von Peter Henrici (siehe Anm. 44).
[218] Zu Blondel siehe: G. LARCHER, *Modernismus als theologischer Historismus*, aaO. 130; ders., *Maurice Blondels Traditionsverständnis als ein Antwortversuch auf geschichtstheoretische Grundprobleme im Modernismusstreit*, aaO. 36.
[219] Blondel zitiert in GuD 78–79 die beiden Stellen aus dem Johannes-Evangelium, die wir bei Congar immer wieder antreffen werden.

eine notwendigerweise geschichtlich unerfüllbare Dynamik eigen ist, kann aber als theologisches Pendant zum Resultat Blondels bei seiner Reflexion über die Tat verstanden werden: Das Verhältnis von Natur und Gnade ist ähnlich gedacht, nicht als streng geschiedenes Über- oder Nebeneinander, sondern als Bezogenheit in Verschiedenheit, als Miteinander und Zusammenwirken. Die eschatologisch bedingte Unabgeschlossenheit des Glaubensaktes spiegelt theologisch die philosophisch analysierte Offenheit der menschlichen Tat auf Offenbarung hin wider. Daß sich Blondels und Congars Traditionsbegriff treffen konnten, hätte dann als Basis die Nähe in der Anthropologie: Der Mensch ist gedacht als eine Geschichte in Gemeinschaft, die unabgeschlossen ist und über sich selbst und die jeweiligen Verwirklichungen hinausdrängt. Ist diese Anthropologie bei Congar die Folge seiner Ekklesiologie und Eschatologie, so bei Blondel Bestandteil seiner Reflexion über die transzendentale Voraussetzung der Tat.

Parallel zur Analyse der Tat in Blondels »L'Action«[220] lassen sich bei Chenu und Congar in der Analyse des Glaubensaktes folgende Schritte herausfiltern: 1) Der Glaube bewahrt die innere Struktur des menschlichen Geistes, der auf eine Wirklichkeit hindrängt, die er nie völlig hat. 2) Das rationale Begreifenwollen des Glaubens ist nicht etwas, was nachträglich und beliebig zum Glauben hinzukommt, sondern ein dem Glauben inhärenter Antrieb. 3) Der Glaube, der nach Einsicht verlangt, bezieht sich dennoch letztlich nicht auf Sätze, Begriffe und Theorien, sondern streckt sich gerade als vernünftiger Glaube nach der Wirklichkeit Gottes aus, so daß er in sich immer unbefriedigt bleibt. 4) Der Glaube bedarf der Objektivierung und ist notwendig gemeinschaftlich verfaßt. 5) Der Glaube, der sich auf Sätze fixiert, tötet den lebendigen Dynamismus, während der Glaube an die Wirklichkeit Gottes selbst stets offen, unabgeschlossen, überholbar bleibt und nur in der Übergabe an die Wirklichkeit zu sich kommt. Es fehlt in dieser Kette nur noch ein letzter Schritt, nämlich in der Offenbarung selbst diesen Glaubensbegriff zu verankern und vor allem den Glauben Jesu selbst als Norm zu nehmen.

---

[220] Vgl. H. VERWEYEN, Die »Logik der Tat«. Ein Durchblick durch M. Blondels »L'Action« (1893), in: ZkTh 108 (1986) 311–320, hier: 315–316: Daraus einige zentrale Sätze: »In einem ersten Schritt weist Blondel auf, daß selbst die unmittelbarste Affirmation eines ›Etwas‹, wie sie in der sinnlichen Anschauung in sich abgerundet und völlig einfach vorzuliegen scheint, über sich hinausdrängt« (315). »Die Vernunft insgesamt entwirft sich so auf das wirkliche Sein hin, daß sie in ihrem eigenen Treiben kein Genüge findet« (316). »… das notwendige Außer-sich-Gehen des Subjektes im Handeln« (316). »Aufweis der notwendig intersubjektiven Verfaßtheit der ›action‹« (316), »Konkretionsbereiche« (316; Familie, Nation, Menschheit). »Die erste ›option‹, die sich dem Menschen anbietet, ist, sich trotz der Evidenz, daß das Endliche seinem Streben nicht genügt, endgültig im Endlichen einzurichten ... zweite Möglichkeit einer ›option‹ ... ›offen, bereit, hellhörig zu bleiben für jede vollständige Wahrheit‹« (316–317).

*c) Grenzziehungen*

Die Zuordnung von Dogma und Erfahrung, von Wissen und Gefühl, von Glaubensinhalt und Glaubensvollzug, von objektiver Wahrheit und subjektiver Wahrnehmung – eine Thematik, die im Modernismusstreit hoch aktuell war – beschäftigt Congar in mehreren Aufsätzen der dreißiger Jahre.[221] Anlaß bietet ihm sowohl die fortdauernde Wirkung der liberal-protestantischen Impulse als auch die bei vielen jungen Christen faktisch vorherrschende Distanz, ja Abwehrhaltung gegenüber festgelegten Glaubenslehren, sowohl das Bemühen der Apologetik um eine neue Selbstbestimmung als auch die besorgniserregende Entfremdung zwischen Kirche und Lebenswelt.

Die unterschiedliche Zielrichtung der Artikel bestimmt den Argumentationsgang: Betont Congar gegenüber der Erfahrungstheologie den Wert und die Notwendigkeit der Dogmen, so unterstreicht er gegenüber der herkömmlichen Apologetik und dem kirchlichen Objektivismus die Bedeutung subjektiver und emotionaler Elemente für die Glaubensentscheidung und für ihre praktische Umsetzung. Congar kämpft an zwei Fronten: Einerseits lehnt er die Auflösung des christlichen Glaubens in ein schleiermachersches Gefühl der Abhängigkeit,[222] die Unterordnung der christlichen Lehre unter das Werturteil des Einzelnen, die Ausgrenzung von Seinsurteilen aus dem Glauben – eine Gefahr, die er bei Ritschl sieht[223] – und die Trennung von Glaubenswahrheiten und Herzensglaube bei A. Sabatier ab,[224] andererseits weist er genauso zurück eine Auffassung vom Glauben als rein passivem Gehorsam gegenüber der kirchlichen Autorität,[225] einen verkürzt instruktionstheoretischen Offenbarungs- und satzhaften Wahrheitsbegriff und eine extrinsezistische Apologetik.[226]

Wenden wir uns zunächst dem dogmatischen Indifferentismus zu. Congar geht seinen geschichtlichen Wurzeln nach und analysiert eine Reihe von theologischen, religiösen und philosophischen Einflüssen, angefangen vom Nominalismus über Reformation und Aufklärung bis hin zu Pietismus und liberalem Protestantismus.[227] Die historische Situierung macht die Tiefe und

---

[221] Vgl. *Dogme et vie spirituelle*, in: *La Revue des Jeunes* 25 (1934) 149–161.298–306.458–467; *Faut-il des dogmes à la religion? A propos du centenaire de Schleiermacher*, in: NV 9 (1934) 113–130; *Une conclusion théologique à l'Enquête sur les raisons actuelles de l'incroyance*, in: VieI 7 (1935) 214–249; *L'apologétique et l'initiative chrétienne*, in: VieI 10 (1938) 29–36.
[222] Vgl. *Faut-il des dogmes à la religion?*, aaO. 117.
[223] Vgl. *ebd.* 117–118.
[224] Vgl. *ebd.* 120–121.
[225] Vgl. *Dogme et vie spirituelle*, aaO. 458–461.
[226] Vgl. *L'apologétique et l'initiative chrétienne*, aaO.
[227] Vgl. *Faut-il des dogmes à la religion?*, aaO. 114–124; *Dogme et vie spirituelles*, aaO. 151–152. 155–156.

Tragweite der anstehenden Fragen bewußt und weist unausgesprochen die Richtung der intellektuellen Bewältigung, nämlich den Rückgang hinter den Nominalismus.
Congars Gegenargumentation setzt dann damit ein, daß er die fatalen inneren Konsequenzen dieser Entwicklung aufzeigt: die Reduktion des christlichen Glaubens auf Humanismus und Anthropologie, auf Seelenhygiene und psychologische Erfahrung, die Erniedrigung der Religion zum Gebrauchsgegenstand menschlicher Bedürfnisse,[228] der Verlust von Anbetung und Gottesdienst, das Aufgehen in Gefühl, Ästhetik und Selbstverwirklichung, die Anfälligkeit für gefährliche Absolutismen wie Rassismus, Revolution, Faschismus mangels inhaltlicher Urteilskriterien.[229]

Congars negative Einschätzung bestimmter Strömungen läßt seine eigene Position durchscheinen: Gegenüber dem Nominalismus beharrt er auf der Fähigkeit des Menschen, objektiv gültige Aussagen über Gott und transzendente Wirklichkeiten zu machen.[230] Gegenüber Luther liegt ihm daran, innerlichen Glauben und äußere Ausdrucksformen, Vertrauen und Lehre, Gnade und Werke unlöslich aneinander zu binden und die ontologischen Voraussetzungen der Soteriologie zu thematisieren.[231] Gegenüber Kant besteht er auf der Möglichkeit der Metaphysik.[232] Gegenüber Schleiermacher betont er die Existenz und die Notwendigkeit intersubjektiv mitteilbarer Wahrheitskriterien.[233] Gegenüber Sabatier stellt er die konsequente Zugehörigkeit und gegenseitige Verwiesenheit von Glaubensakt und Glaubensinhalt heraus.[234]
Congar sieht durch die Bestreitung der Dogmen, durch den Rückzug auf die Subjektivität und durch die Verabsolutierung des Erfahrungskriterums die Vernünftigkeit, den Realitätsbezug und die Handlungskraft des Glaubens bedroht. Gerade die Bindung an eine göttliche Vorgabe, an eine historisch ergangene und bezeugte Offenbarung sichert für Congar ineins die intellektuelle Zugänglichkeit, die sachliche Fundierung und die moralische Relevanz des christlichen Glaubens.[235] Intellektuelle Zugänglichkeit: Eine Religion bzw. Religiosität, die sich ausschließlich und primär auf Gefühl und Erfahrung beruft, erachtet Congar für nicht kommunikabel, nicht gemeinschaftsfä-

---

[228] Vgl. *Faut-il des dogmes à la religion?*, aaO. 121–124.
[229] Vgl. *Dogme et vie spirituelle*, aaO. 155–156.300.302–303.
[230] Vgl. *ebd.* 151. Vgl. *Faut-il des dogmes à la religion?*, aaO. 114.
[231] Vgl. *ebd.* 152. Vgl. *Faut-il des dogmes à la religion?*, aaO. 114–115.
[232] Vgl. *Faut-il des dogmes à la religion?*, aaO. 115–116.
[233] Vgl. *ebd.* 117.
[234] Vgl. *ebd.* 120–121.
[235] Vgl. *ebd.* 125. Die Betonung einer historischen, objektiven und gemeinschaftlichen Offenbarung gegenüber einem nur mystischen Offenbarungsbegriff auch in: *Le Verbe s'est fait chair*, aaO.

hig und damit für nicht überprüfbar.[236] Sachliche Fundierung: Die Religion steht neuzeitlich unter dem Verdacht, rein menschliches Konstrukt, Gemächte seiner Phantasie, seiner Interessen und Bedürfnisse zu sein; der Bezug auf geschichtliche Tatsachen, in denen Gott selbst begegnet, hält dagegen fest, daß das Christentum nicht Produkt natürlichen Strebens und menschlichen Verlangens ist, daß nicht wir es sind, die diese Religion erfunden haben, sondern daß Gott selbst sich uns zunächst eröffnet hat.[237] Moralische Relevanz: Eine Mystik ohne theoretische Stütze kann zwar eine bewundernswerte Wahrhaftigkeit und heldenhafte Selbsthingabe bewirken, aber sie bedarf der Einordnung in eine objektive Werteskala, um nicht pervertiert und gegen den Menschen gerichtet zu werden.[238]

Wenn wir Congars Argumentation etwas straffen und anspitzen, läuft sie auf die These hinaus: Die Forderungen nach Rationalität, Realitätsbezug und verantwortbarer praktischer Umsetzung des Glaubens lassen sich nur verwirklichen, wenn Gott eine Gemeinschaft ins Leben ruft, die die Offenbarung, aus der sie selbst entspringt, und die nicht an jeden persönlich ergeht, weitergibt. Das Dogma, das von der zuständigen Autorität dieser Gemeinschaft formuliert wird, hat bei dieser Übermittlung eine unverzichtbare Aufgabe. Es ist eine Hilfe, daß die Liebe des Menschen nicht blind wird, daß sein Einsatz dem Guten dient, daß seine Hingabe dem gilt, der der Hingabe wert ist. Es stellt den Kontakt zur Realität her, die auch vorgegebene Ziele und Ordnungen umfaßt.[239] Es verhindert die Irrationalität des Glaubens, es ermöglicht die Kontrollierbarkeit seiner Aussagen, es bewahrt die christliche Religion vor einer Verkehrung zum Glauben an sich selbst. Es zählt zu jenen objektiven Gegebenheiten, die die Einheit der Gläubigen und die Verbindung mit der Offenbarung sichern und auf diese Weise die Universalität der Kirche ermöglichen.[240]

In der Anstößigkeit, Begrenztheit und Strenge des Dogmas weist Congar damit eine tieferliegende Weisheit auf, der er den Namen «Plan Gottes» gibt,[241] eine Kategorie, die sich von nun an durch seine Schriften hindurchzieht. Er reiht das Dogma ein in die Logik dieses Planes, der darin besteht, der ganzen Menschheit das Heil zu bringen. Das Dogma erhält also bei Congar eine heilsgeschichtliche und soteriologische Funktion, die in der Konsequenz der Eigenart der Offenbarung liegt, die ja nicht an alle Menschen einzeln ergeht, sondern einigen für alle anvertraut worden ist. Die Partikularität der Offenbarungsgestalt hat laut Congar eine universale Ausrichtung und meint

---

[236] Vgl. *Dogme et vie spirituelle*, aaO. 159–160.
[237] Vgl. *Faut-il des dogmes à la religion?*, aaO. 125–126.
[238] Vgl. *Dogme et vie spirituelle*, aaO. 302–303.
[239] Vgl. *ebd.* 304.
[240] Vgl. *Faut-il des dogmes à la religion?*, aaO. 128–129.
[241] Vgl. *ebd.* 127.

weder eine elitäre noch eine engstirnige Abgeschlossenheit. Um die Mitteilung der ein für allemal offenbarten Wahrheit an die Menschen zu gewährleisten, hat Gott daher an einem Punkt der menschlichen Geschichte objektive Mittel bestimmt,[242] die eine historische, eine soziale, eine moralische und kognitive Dimension haben und so den Menschen in seiner Ganzheit entsprechend seiner Konstitution – bestimmt durch Geschichte, Gemeinschaft, Handeln und Verstand – erreichen können.

Das Wort »Tradition« fällt nicht ein einziges Mal. Es ist, als ob Congar seine Leistungsfähigkeit im aufgeworfenen Problemfeld noch nicht erkannt hat. Aber wir können das Experiment machen, alles, was über das Dogma, einen immerhin wesentlichen Bestandteil der Tradition, gesagt worden ist, auf die Tradition insgesamt zu übertragen, und gelangen so zu einigen bemerkenswerten Aussagen: Durch die historische, geographische und soziale Begrenzung der Offenbarung ergibt sich die Notwendigkeit der Mitteilung; um die Kommunikabilität der Offenbarung und die Authentizität der Weitergabe zu sichern, hat Gott selbst objektive Mittel bestimmt. Diese gehören zur Tradition der Kirche. Die Tradition gehört damit konstitutiv zum christlichen Glauben, weil nur so die Bindung an den historischen Ursprung und damit eine inhaltliche Normierung gewahrt werden kann. Ohne eine Tradition, die positiver Offenbarung entspringt, wird die menschliche Erfahrung und das philosophische Denken zum obersten Kriterium der Religion. Das Festhalten an der Tradition ist das einzige Mittel, um dem Subjektivismus und dem Rationalismus zu entgehen – ohne freilich Subjektivität und Rationalität aufzugeben. Ohne Tradition keine Gemeinschaft im Glauben, keine Möglichkeit vernünftiger Kommunikation, kein Kontakt mit den entscheidenden Vorgaben unseres Lebens, keine vermittelbare Grundlage des Handelns. Tradition überwindet in diesem Horizont den Geruch der rein historischen Kategorie und erhält eine eminente Bedeutung für die aktuelle Vernünftigkeit, Gemeinschaftsfähigkeit, Realitätsbezogenheit und Lebenswirklichkeit des Glaubens.

Das Schwergewicht der bisherigen Darlegungen im Vorfeld einer Traditionstheologie lag angesichts der in den Blick genommenen Herausforderung durch einen einseitig mystischen, ungeschichtlichen, gefühlsbetonten und anarchischen Glaubensbegriff begreiflicherweise auf den objektiven Vermittlungsstrukturen. Daher ist nun zu ergänzen, daß Congar durchaus auch das gegenteilige Extrem aufs Korn nimmt, nämlich eine überzogen juridisch-moralische Konzeption des Glaubens, die die Kirche und das Lehramt überbewertet,[243] und eine rationalistische Neuscholastik, die den Glauben meint,

---

[242] Vgl. *ebd.*: »la constitution d'un moyen collectif de salut, de moyens objectifs«.
[243] Vgl. *Dogme et vie spirituelle,* aaO. 458–461.

andemonstrieren zu können.[244] Congar greift die Vorarbeiten Gardeils und Chenus auf – vielleicht auch die P. Rousselots[245] – und stellt in ihrer Linie die affektiven Komponenten des Glaubens heraus. Er spricht vom Glauben als Liebe, Zärtlichkeit, Verweilen in der Gegenwart Gottes,[246] Ausdrücke, die für einen theologischen Artikel in den dreißiger Jahren nicht geläufig sind. Congar liegt an einer ganzheitlichen Sicht des Glaubens, die Mystik und Autorität, Innerlichkeit und Institution, Gefühl und Verstand, Person und Organisation, Liebe und Recht, Freiheit und Gesetz zusammenschaut.[247] Haben Gardeil und Chenu ihr theologisches Werk mit einer psychologischen Analyse des individuellen Glaubensaktes begonnen, so reflektiert Congar – von ihren Ergebnissen profitierend – von Beginn an mehr auf die sozialen Prämissen des Glaubens, auf seine Einsenkung in ein mitmenschliches Umfeld. In der Auswertung einer Umfrage über die Gründe des Unglaubens setzt Congar hier den Akzent: Weil Glaube und Leben, Religion und Kultur, Kirche und Welt getrennt seien, weil der Glaube auf den Innenraum des Menschen reduziert werde, weil er nicht mehr auf alle Lebensbereiche bis hin zu Kunst und Literatur ausstrahle, weil er zu einem Teilbereich des Lebens geworden sei, statt es in seiner Ganzheit zu prägen, weil er damit an Sichtbarkeit und Erlebbarkeit verloren habe, sei er im Schwinden.[248] Als nötigste Antwort darauf fordert Congar daher die Neubelebung des kirchlichen Lebens; er setzt auf die Überzeugungskraft authentisch christlichen Zeugnisses, das

---

[244] Vgl. *ebd.* 463; *L'apologétique et l'initiative chrétienne*, aaO. 29–36; *Une conclusion théologique à l'Enquête sur les raisons acutelles de l'incroyance*, aaO. 243.245.

[245] Congar nimmt nur einmal explizit zu Rousselot Stellung: *BThom* Bd.3 (1930) 46–47, innerhalb einer Rezension zu: H. LANG, *Die Lehre des hl. Thomas von Aquin von der Gewißheit des übernatürlichen Glaubens historisch untersucht und systematisch dargestellt*, Augsburg 1929. Er bezieht dabei die Position A. Gardeils und kritisiert an Rousselot, daß er auf der Ebene der Erkenntnisordnung Elemente einführe, die ihr fremd seien (ebd. 46). Sein Unbehagen methodisch-epistemologischer Art hindert ihn jedoch nicht, ohne jedwede Absetzung die Formulierung von den Augen des Glaubens aufzunehmen. Vgl. *En marge de quelques études sur l'Eglise*, in: *VieI* 4 (1932) 18–29, hier: 28; *EME* 98.100. Tatsächlich steht nämlich Congar Rousselots Auffassungen gar nicht fern, wenn er wie Rousselot den Glaubensakt nicht nur als ein Für-wahr-halten von Dogmen betrachtet, sondern affektive und handlungsorientierte Komponenten ebenso herausstellt, wenn er den Glaubensakt als Tun des ganzen Menschen beschreibt und die Totalität des Glaubensanspruches betont (vgl. *Dogme et vie spirituelle*, aaO. 463; *Une conclusion à l'Enquête sur les raisons actuelles de l'incroyance*, aaO. 243.245). Mit Rousselot lehnt Congar die rationalistische Tendenz der Neuscholastik ab (vgl. *L'apologétique et l'initiative chrétienne*, aaO). In späterer Rückschau stellt sich Congar bewußt in die apologetische Linie von Pascal, Gardeil, Rousselot und Blondel (vgl. PUYO 69–72).

[246] Vgl. *Dogme et vie spirituelle*, aaO. 463.

[247] Vgl. *ebd.* 462; *Pensée orthodoxe sur l'unité de l'Eglise*, in: *VieI* 6 (1934) 394–414, hier: 395–396.

[248] Vgl. *Une conclusion théologique à l'Enquête sur les raisons actuelles de l'incroyance*, aaO. 243.

sich in der Umwelt inkarniert und die tiefsten Bewegungen der Menschen integriert. Mehrfach taucht das Wort »Milieu« auf,[249] die Forderung nach der Durchtränkung der Lebenswelt mit dem Glauben, nach der Präsenz des Christentums in allen Bereichen menschlichen Denkens und Schaffens. Damit ist von der Fassung des Glaubensbegriffes und von der Überordnung gelebten Zeugnisses über die verstandesmäßige Apologetik her die Suche nach einer theologischen Kategorie eröffnet, die zwar apologetischen Wert hat, aber von Anfang an die unersetzbare Bedeutung gläubigen Handelns einbezieht. Es ist die Grundlage geschaffen, um von Tradition als lebensweltlicher Mitteilung des Glaubens sprechen zu können und sie zu einem zentralen theologischen Begriff zu machen.

Congar markiert deutlich die Grenzen der Vernunft in Sachen des Glaubens. Er verfolgt eine Apologetik, die die aktuellen Erfahrungen und den Lebensraum der angesprochenen Menschen ernst nimmt.[250] Congar akzeptiert nicht, daß Glauben ein Begreifen von Gegenständen aus der Distanz heraus sein kann, weil er den Anteil moralischer und sozialer Faktoren bei der religiösen Wahrheitssuche erkennt: »Zuallererst darf der Glaube selbst nicht wie eine Erkenntnis rationaler oder gar rein intellektueller Art aufgefaßt werden, wobei es einzig und allein um das Verstehen geht: Der Bereich jeder wahren Erkenntnis hat im Christentum als Grundlage die Gemeinschaft und die brüderliche Liebe, das lebendige Eingefügtsein in das Ganze.«[251] Diese strikte Verknüpfung von Glaubensleben und Glaubenserkenntnis erklärt Congars Vorliebe für die Kirchenväter, wie die Tatsache seines eigenen Standpunks wiederum von diesen – über Möhler – bedingt sein mag, denn sie waren Christen, »die *in der Kirche* lebten und in der lebendigen Gemeinschaft der Kirche, die die Tradition ist, dachten«[252].

---

[249] Vgl. *ebd.* 243. 247.
[250] Vgl. *L'apologétique et l'initiative chrétienne*, aaO.
[251] Ich glaube an die heilige Kirche ..., in: *HK* 9–14, hier: 13. Ursprünglich: *Je crois en la sainte Eglise*, in: *R Jeu* 29 (1938) 85–92.
[252] *Ebd.* 14.

II.

## SPUREN EINER THEOLOGIE DER TRADITION
## IM WERK CONGARS BIS ZUM 2. WELTKRIEG

Um bei Congar die ersten, für das Thema »Tradition« wichtigen Aussagen aufzuspüren, ist es angesichts des aufgerissenen Horizonts angeraten, unter Stichworten wie Dogma, Geschichte, Erfahrung, Interpretation, Glaube und Wissenschaft nachzuschauen. Dort sind die Weichenstellungen für das Traditionsthema zu vermuten.

*1. Ansätze zu einer geschichtlichen Hermeneutik*

Congar läßt in einigen Rezensionen[253] durchblicken, daß er sich mit dieser Thematik intensiv auseinandersetzt. Ohne die »Progressisten« zu nennen, vertritt er doch ihre Auffassung von der Bedeutung der Rolle des Historikers in der geschichtlichen Rekonstruktion. Die Glaubenserfahrung des Interpreten fließt nach Congars Ansicht in sein historisches Urteil konstitutiv und unabänderlich ein. Congar schaltet damit die vorkritische Vorstellung von einer allein die Fakten sprechenlassenden Neutralität, von einem ganz und gar unbefangenen und vorurteilsfreien Zugang zur Geschichte, von einer Annäherung ohne Vorentscheidungen aus. Dies wird erkennbar, wenn er beispielsweise angesichts einer für ihn unzureichenden Darstellung der klösterlichen Lebensphase Luthers behauptet, seine monastische Erfahrung könne nur von einem Katholiken und wahrscheinlich sogar nur von einem Ordensmann adä-

---

[253] Es gibt kaum einen modernen Theologen, der sich so regelmäßig und ausführlich den aktuellen Publikationen gestellt hat. Allein seine Rezensionen ergäben ein mehrbändiges Werk von mehr als tausend Seiten. Darin ist mehr zu sehen als ein Nebenprodukt seiner Arbeit und ein Dokument seines Fleißes, es drückt vielmehr den Stil seiner Theologie, ja sogar deren Prinzipien aus: 1. Congar sucht das Gespräch und bemüht sich auf dem Stand der Diskussion zu sein; seine eigene Position bildet sich in einem wissenschaftlichen Dialog. 2. Das breite Lesen und das Aufspüren von Tendenzen ist für ihn eine Form der Wahrnehmung der »Zeichen der Zeit«; die Stimme der Theologen hat für ihn bei der Wahrheitsfindung kriteriologisches Gewicht. 3. Die positive und historisch orientierte Theologie, die er betreiben will, benötigt eine Fülle von Informationen und Faktenwissen, die ein Mensch nie und nimmer durch eigene Forschung allein gewinnen kann; Congar weiß sich angewiesen auf das Studium anderer Theologen; sein oft ausführlicher Anmerkungsapparat belegt nicht nur seine Gewissenhaftigkeit, Redlichkeit und Gelehrtheit, sondern auch die Überzeugung von der Theologie als Werk der Gemeinschaft. Congars Rezensionen und Überblicke über Neuerscheinungen beziehen sich in den dreißiger Jahren vor allem auf drei Bereiche: mittelalterliche Philosophie und Theologie, Reformation, Ekklesiologie.

quat behandelt werden.[254] Die Reflexion auf die persönlichen Voraussetzungen der wissenschaftlichen Arbeit hält Congar allerdings auch in der Philosophie für angebracht. So bemerkt er zu E. Gilson, daß sein Christsein in die Art seines Denkens und in den Akt des Philosophierens miteinfließe.[255] Implizit ergibt sich aus diesen Aussagen, daß für Congar eine rein logische Theologie nicht denkbar ist und daß, gerade wer einen wissenschaftlichen Anspruch erhebt, sich über die subjektiven Bedingtheiten Rechenschaft ablegen muß. Die angestrebte Objektivität resultiert nicht aus dem behaupteten Ausschluß der Subjektivität, sondern aus ihrer bewußten und systematischen Veranschlagung.

In einem zweiten Punkt befindet sich Congar in Übereinstimmung mit der progressistischen Linie: Er problematisiert die Beziehung von Wirklichkeit, textlichem Zeugnis und Autor; da zwischen Realität und sprachlichem Ausdruck keine völlige Kongruenz besteht, muß zwischen dem Gemeinten und dem Gesagten, zwischen Absicht und Formulierung unterschieden werden.[256] Congar fordert ferner bei der Deutung die Berücksichtigung des Selbstverständnisses eines Autors,[257] und er besteht darauf, in der Interpretation eines Textes über eine rein »materielle Treue«[258] hinauszugehen, »denn es gibt nicht nur die Texte, wo eine Frage unmittelbar behandelt wird, sondern es gibt auch die allgemeinen Prinzipien, die diese Frage umschließen«,[259] d. h. einzelne Textpassagen sind aus dem Gesamt heraus zu verstehen, wozu auch die Leitgedanken, Hauptmotive und die Ausrichtung des Schriftstellers zählen. Nicht allein der Buchstabe gibt Aufschluß, sondern die Intention eines Textes, die Quellen, die Adressaten, der Ort im Gesamtzusammenhang des Lebens sind zu berücksichtigen. Congar macht damit die begrenzte Aussagekraft des Wortes allein bewußt. Für ihn erhellen sich Worte und Texte adäquat erst im Rahmen der dahinterstehenden Denkbewegung und des praktischen Umfeldes.[260] Modern ausgedrückt: Er verlangt über Semantik und Syntax hinaus den Einbezug der Sprachpragmatik.

Congar konkretisiert seine Hermeneutik in der Ekklesiologie. Er begreift die gängige Form der Ekklesiologie – juridisch erstarrt, militant, apologetisch, konzentriert auf die päpstliche Gewalt und die äußeren Phänomene der Kir-

---

[254] Vgl. *RSPhTh* 20 (1931) 611.
[255] Vgl. *RSPhTh* 22 (1933) 697.
[256] Vgl. *RSPhTh* 23 (1934) 478.
[257] Vgl. *RSPhTh* 20 (1931) 631–632.
[258] »fidélité matérielle«, in: *BThom* Bd. 4 (1934) 345 (Rezension zu: A. STOLZ, *Glaubensgnade und Glaubenslicht nach Thomas von Aquin*, Rom 1933).
[259] «... car il n'y a pas seulement les textes où une question est immédiatement traitée, il y a aussi les principes généraux qui enveloppent cette question« (ebd.).
[260] Vgl. sein Lob für ein Werk, das die Verflochtenheit von gesellschaftlich-politischen Voraussetzungen, konkreten Lebensbedingungen, neuen Bildungseinrichtungen und geistiger Entwicklung herausstellt [In: *RSPhTh* 23 (1934) 478].

chenorganisation – von ihren gesellschaftlichen und kirchlichen Entstehungsbedingungen her.[261] Die Kenntnis der Geschichte der Ekklesiologie hilft ihm zum Verstehen dieser momentanen Ausgestaltung und vermittelt ihm zugleich den Impuls zu ihrer Überwindung. Er kann durch die Erhellung der beteiligten Faktoren die geschichtliche Entwicklung in ihrer inneren Logik nachvollziehen und bejahen, aber dies berechtigt seiner Meinung nach nicht, den aktuellen Stand zur Norm zu erheben. Gerade das Bewußtwerden der teilweise unglückseligen Kausalkette versetzt ihn in die Lage, Einseitigkeit und Verarmung zu benennen und eine Korrektur zu fordern. Congar verweist daher auf die grundsätzliche Offenheit der Kirche, die intellektuelle Erkenntnis der Offenbarung zu vertiefen und dadurch bisherige Verwirklichungen zu überbieten.[262] Der unerschöpfliche Reichtum der Offenbarung, die prinzipielle Defizienz der Theologie und die Aufgabe der Kirche zu ständiger Selbstüberschreitung klingen an.

Eine zweite Argumentation für die Reform der Ekklesiologie deckt zunächst das innere Gesetz ihrer Geschichte auf: Es besteht in einer Schlagabfolge von Protest und Abwehr, in der Dialektik von Infragestellung, Reaktion und Gegenreaktion.[263] Congar erkennt in solchem gegenseitigen Sich-hochschaukeln zwar die Möglichkeit eines Fortschrittes, insofern Positionen deutlicher zutage treten und klarer abgegrenzt werden, aber er hält die »Gefahr eines einseitigen Fortschritts«[264] für groß. Die Abwehr einer Häresie, deren Eigenart Congar in der Isolierung und Verabsolutierung von Teilwahrheiten sieht, beinhaltet für ihn die Tendenz, gerade die geleugnete, also entgegengesetzte Position zu betonen und somit ebenfalls einen Aspekt der Wahrheit zu verlieren bzw. unterzubewerten. Congar geht so weit zu behaupten, daß die Abwehrhaltung, die den meisten feierlichen Dogmen zugrundeliegt, manchmal sogar dazu führe, nicht einmal den tiefsten oder treffendsten Gesichtspunkt der Wahrheit zu nennen.[265]

---

[261] Vgl. *RSPhTh* 21 (1932) 680; *Notes et réflexions. En marge de quelques études sur l'Eglise*, in: *VieI* 4 (1932) 18–29; *Pensée orthodoxe sur l'unité de l'Eglise*, in: *VieI* 6 (1934) 394–414, hier: 397–398.414. Als wichtigste Hintergründe der Ekklesiologie nennt Congar: die Gregorianische Reform in ihrer Frontstellung gegen die kaiserliche Macht und die Laieninvestitur, die Protestbewegungen des 14. Jahrhunderts und die Krise des Konziliarismus, die Reformation und Gegenreformation, Aufklärung und Gallikanismus; an ökonomischen und politischen Faktoren erwähnt er Kapitalismus, Industrialisierung, Zusammenbruch der Monarchien, Französische Revolution, Ereignisse, die die gesellschaftliche Stellung des Katholizismus erschütterten und allgemein zu Traditionsbrüchen und Autoritätsverlust führten.
[262] Vgl. *Notes et réflexions*, aaO. 20.
[263] Vgl. *Notes et réflexions*, aaO. 21.
[264] »danger d'un progrès unilatérale« (*Notes et réflexions*, aaO. 21).
[265] Vgl. *EME* 53. Bestärkt in *FTh* 70.

*2. Aufbruch zu den Quellen*

Um die Gefahr der Einseitigkeit zu überwinden, plädiert Congar für eine Rezentrierung der Ekklesiologie, d. h. für eine christologische Rückbindung, eine sakramentale Sicht und eine biblische Grundlegung, von denen er sich ein authentischeres Gleichgewicht der Teile im Ganzen erhofft.[266]
Ein wertvolles Mittel, den Ausweg aus der ekklesiologischen Sackgasse zu finden, ist für Congar die Rückkehr zu den Quellen. Ist er in seiner ersten Zeit hinter die neuscholastischen Systeme der nachtridentinischen Zeit bis zu Thomas von Aquin und in das Mittelalter zurückgegangen, so treibt es ihn Ende der dreißiger Jahre weiter: »Gehen wir zurück auf das, was für die Väter und das Mittelalter und zu allen Zeiten die Quelle war, nämlich auf die Schrift, dann überwältigen uns der Reichtum, die Tiefe, die Weite und zugleich die Einfachheit dessen, was uns dargeboten wird.«[267] Congar schreibt erstmals einen Artikel, in dem er fast nur die Heilige Schrift und einige Exegeten zitiert.[268] Die Heilige Schrift wird für Congar zum kritischen Maßstab aller nachträglichen theologischen Entfaltung.[269]
Vom Rückgang auf das Mittelalter, die Väter und die Schrift, von der Aneignung dieser Vorgaben, vom Studium der Überlieferung verspricht sich Congar eine Erneuerung der Kirche und der Theologie. Er sieht darin keine Eigenart der Kirche, sondern ein Gesetz menschlichen Lebens, wie wir es auch im Bereich der Kunst, der Literatur und des Gesundheitswesens finden.[270] Bemerkenswerterweise rechnet er zu den Quellen aber »auch die spontanen und einfachen Verhaltensweisen des christlichen Lebens, die ebenfalls einfachen Verhältnisse der brüderlichen Gemeinschaft in der Christenheit«.[271] Diese Erweiterung der Quellen der Theologie um die Äußerungen christlichen Lebens ist signifikant: Einmal wird damit die Unzulänglichkeit einer Theologie markiert, die rein retrospektiv und textfixiert ist, andererseits kommt die praktische Relevanz der Theologie in den Blick, der es darum zu tun ist, die Gegenwart der Kirche in reflektierter und wissenschaftlicher Weise zu verstehen und zu bewältigen: »Gesegnet sei die Generation, die auf den Anruf der Kirche antwortet und sich, um sie zu verstehen und ihr zu dienen, in die Schule der Vergangenheit und der beständigen Quellen des christlichen Lebens begibt«[272].

---

[266] Vgl. zur christologischen Grundlegung *EME* 18–30, zur sakramentalen Sicht *EME* 106–112, zur Erneuerung aus den Quellen *EME* 5.53–55. Zur Absicht insgesamt vgl. *Notes et réflexions*, aaO. 25.
[267] *HK* 10.
[268] *L'Eglise et son unité*, in: *EME* 11–57.
[269] Es ist Congars Anliegen, »à nous tenir aussi près que possible des sources révélées à quoi doit se référer toute théologie de l'Eglise« (*EME* 5).
[270] Vgl. *HK* 11.
[271] *Ebd.*
[272] *HK* 11.

Welche konkrete Sprengkraft der Rückbezug auf die Quellen hat, manifestiert sich beispielhaft in der Primatstheologie:[273] Der Blick zurück ermöglicht es, momentane Ausübungsformen des Papsttums als zeitlich und kulturell bedingt zu erkennen und den Inhalt des Dogmas über Primat und Infallibilität nicht mit variablen kirchlichen Praktiken zu verwechseln.[274] Ist es nicht bezeichnend, daß genau in diesem Rahmen die Betonung des Quellenstudiums, die Berufung auf Theologen wie P. Batiffol, A. Gardeil und M.D. Chenu, die Ablehnung einer rein deduktiven und ungeschichtlichen Theologie und die Relativierung von Amtsstrukturen zusammenkommen? Hier begegnen wir zusätzlich noch einem zentralen Leitmotiv der geschichtlichen Arbeiten Congars, das wir bereits im biographischen Teil angetroffen haben: Allein die Kenntnis der Vergangenheit erlaube es, »voll und ganz den absoluten Charakter dessen, was absolut ist, zu achten, indem sie die Relativität dessen, was relativ ist, erkennen läßt«[275]. Leider fügt Congar nicht hinzu, was denn nun in der Geschichte absolut ist, und es hat den Anschein, daß er weiter im Substanz-Akzidens-Schema, wie wir es bei Batiffol und Lagrange festgestellt haben, befangen ist.

Halten wir jedoch an diesem Punkt zunächst fest, daß Congar der Historie offensichtlich eine legitime kritische und befreiende Funktion zuschreibt: Sie bewahrt vor ungerechtfertigten Ansprüchen und bricht ideologische Erstarrungen auf, sie stellt gegenwärtige Plausibilitäten in Frage und enthüllt die Bedingtheit von anscheinend Normativem. Dadurch setzt sie einen enormen Handlungsimpuls frei und bleibt somit dem Leben verbunden, sie befähigt zu Mobilität und Reform.[276] Congar selbst erwirbt sich durch ihr Betreiben Wachheit nach allen Seiten: Er klopft nicht nur offizielle Engführungen auf ihre Berechtigung ab, sondern hält auch Abstand zu augenblicklichen theologischen Trends, die ihm das Gut der Vergangenheit nicht ausreichend genug zu berücksichtigen scheinen.[277]

---

[273] Vgl. die Rezension Congars zu P. Batiffol, *Cathedra Petri. Etudes d'Histoire ancienne de l'Eglise*, Paris 1938 (Unam Sanctam 4), in: *SE* 523–528.
[274] Vgl. *SE* 525–526.
[275] »... en faisant reconnaître la relativité de ce qui est relatif, de respecter pleinement le caractère absolu de ce qui est absolu« (*SE* 526).
[276] Daß Congar sich mit einer solchen Position weit vorwagt, wird erst bewußt, wenn man den Kontext beachtet: Im Jahre 1939 tritt Pius XII., der in exponierter Form noch einmal das zentralistische Papsttum verkörpern wird, sein Pontifikat an.
[277] Vgl. z. B. die Rezension Congars zu C. Feckes, *Das Mysterium der heiligen Kirche*, Paderborn 1934, in: *RSPhTh* 23 (1934) 681–682. Congar lobt Feckes sehr, fordert aber traditionelle Werte, die ihm zu kurz zu kommen scheinen, ein. Und bei aller Sympathie für eine Sicht der Kirche als mystischer Leib Christi wehrt Congar von Anfang an Einseitigkeiten ab. Vgl. die Rezension zu E. MERSCH in: *RSPhTh* 23 (1934) 684–685.

*3. Tradition als Erfahrung und Leben*

Für Congar führt gerade das Studium der Kirchengeschichte zur Einbeziehung der Erfahrungsdimension in die Theologie, denn Inhalt der Geschichte ist für ihn zunächst das Leben und Handeln von Menschen und Gottes in ihnen. Congar begreift die Kirche als von Gott geschaffenes und erhaltenes Leben,[278] das nur in diesem umfassenden Horizont verstehbar ist, das daher nicht allein aus Texten eruiert werden kann, sondern sich »in der brüderlichen Gemeinschaft der Liebe«[279] zeigt. Damit formuliert Congar klar den Primat des Lebens vor der Reflexion, der Tatsachen vor der Interpretation, der Gemeinschaft vor dem Einzelnen, des Ganzen vor dem Teil.
Der Geschichtsverlauf selbst erhält bei Congar die Funktion der Hermeneutik: »Indem die Kirche sich selbst als universale verwirklicht, ist sie sich ihrer Universalität bewußt geworden.«[280] Die Kirche entdeckt ihr inneres Gesetz, indem sie es lebt. Nicht die zunehmende Reflexion über Worte oder Texte der Vergangenheit bringt die Kirche in erster Linie voran, sondern die Erhellung vergangener Erfahrungen durch neue Fakten.[281] Als Beispiel bringt Congar aus der apostolischen Zeit die Heidenmission, die zuerst praktiziert und danach erst reflexiv begründet wurde. Ähnlich verhält es sich mit dem römischen Primat: Die Herausbildung der Institution ging der Theorie voraus; erst die faktische Ausübung ließ den vollen Sinn und die Tragweite der neutestamentlichen Petrustexte erkennen.[282] »Von einem Ende zum anderen erklärt sich die Kirche, indem sie sich verwirklicht, wird sie sich ihrer bewußt, indem sie sich ereignet.«[283] Mehr als das Studium der Texte nützt daher die Betrachtung ihres Lebens, um sie kennenzulernen. Die Tatsachen werfen eher Licht auf die Texte als umgekehrt. Genauso gilt für die Sakramente der Vorrang der Realität vor der rationalen Einholung; ihr Sinn wird daher auch nur verstanden, wenn sie vollzogen werden.[284]
Congar vergleicht den Zuwachs, den die Kirche im Lauf der Zeit erfährt, mit dem Übergang vom Unbewußten ins Bewußte, wie er sich beim Menschen ereignet, wenn er sich – durch Schock, Umstände, Infragestellung gedrängt – plötzlich äußern und entscheiden muß und dabei nur das und genau das tut,

---

[278] Vgl. *HK* 12.
[279] *HK* 13.
[280] »... c'est en se réalisant elle-même comme universelle que l'Eglise a pris conscience de son universalité« (*EME* 121).
[281] Vgl. *ebd.*
[282] Vgl. *ebd.* 124. Dieselbe Argumentation ist später aufgenommen in: *Du nouveau sur la question du Pierre? Le Saint Pierre de M. O. Cullmann*, in: VieI 25 (1953) 17–43, hier: 41.
[283] »D'un bout à l'autre, c'est en se réalisant que l'Eglise s'explique, c'est en advenant qu'elle prend conscience de soi« (*Ebd.* 123).
[284] Vgl. ebd. 125–127.

was innerlich bereits vorgebildet ist.[285] Augenscheinlich nimmt Congar hier eine Logik an, die der Handlungsfolge immanent ist, und wir sind wirklich nicht mehr weit von Blondels Logik der Tat entfernt. Jedoch wird nicht dieser, sondern Newman als Referenz angegeben.[286]

Im Vorwort zu »Esquisses du Mystère de l'Eglise« faßt Congar diese Sachverhalte prägnant zusammen: »Man muß zeigen, daß es nicht so sehr der Text ist, der die Wirklichkeit der Kirche erklärt, als vielmehr diese Wirklichkeit, die den Text erhellt und begreifen läßt; daß so das Leben der Kirche zu einem Teil die Offenbarung ihres Geheimnisses für uns vervollkommnet; daß die Kirche nur für den ganz verständlich ist, der sich in ihre innere Perspektive hineinversetzt, und schließlich nur für den, der in ihr lebt.«[287]

Hier fallen noch einmal komprimiert die Stichworte, die nach unseren einleitenden Studien aufhorchen lassen: Realität, Text, Kirche, Offenbarung, Geheimnis, Leben, inneres Verständnis. Bezeichnenderweise evoziert Congar genau im Anschluß daran die Erinnerung an den Modernismus, und er hat den Mut, sich bestimmte Anliegen des Modernismus zu eigen zu machen. Mit ihm fordert er, der Realität des kirchlichen Lebens, den Tatsachen und der Erfahrung der Gläubigen in ihrem Bemühen, Gott zu antworten, in der Theologie Raum zu schaffen, und zwar »unter den anregenden und regulierenden Quellen des christlichen Denkens.«[288] Kirchliche Vollzüge, Frömmigkeit und Handeln aus dem Glauben haben also nicht im Vorhof der Theologie zu bleiben, sondern gehören zu ihren motivierenden und erkenntnisleitenden Komponenten. Die Theologie steht im Dienst der Kirche, sie bezieht sich auf ihr Leben und bleibt ihm untrennbar verbunden, so sie christliche Theologie sein will. Offensichtlich teilt Congar damit zugleich einen Seitenhieb gegen eine rein doktrinäre, spekulativ abgehobene und sich nur nach den Gesetzen rationaler Logik richtende Theologie aus.

Dazu paßt, daß Congar danach die Aufmerksamkeit auf die subjektive Seite der Offenbarung lenkt, auf ihre Fortführung und Entwicklung durch die Aufnahme und Verwirklichung, die sie in der Kirche erfährt. Und abschließend bringt er einen Traditionsbegriff ins Gespräch, der nicht nur rückwärtsgewandt, sondern zukunftsgerichtet ist, eine Entwicklung einschließt und das aktuelle und lebendige Glaubensbewußtsein der Kirche, die stetig wächst, zum Inhalt hat, eine Konzeption von Tradition, die er als »authentischer, rei-

---

[285] Vgl. *ebd.* 126.
[286] Vgl. *ebd.* 124 Anm. 2 und 126 Anm. 2.
[287] »Il faut montrer que ce n'est pas tant le texte qui explique la réalité de l'Eglise, que cette réalité qui éclaire et fait comprendre le texte; qu'ainsi la vie de l'Eglise, pour une part, achève de nous faire la révélation de son mystère; que l'Eglise n'est pleinement compréhensible que pour qui se met dans sa perspective intérieure, et finalement pour qui vit en elle« (EME 7).
[288] »parmi les sources inspiratrices et régulatrices de la pensée chrétienne« (*EME* 7).

cher und ›traditioneller‹«[289] als gängige Auffassungen bezeichnet. Congars Taktik ist typisch: Er schlägt den Gegner, der sich auf die Tradition berufen will, mit seinem eigenen Argument. Das auf den ersten Blick die neuscholatische Theologie stabilisierende Traditionsargument entpuppt sich plötzlich als kontraproduktiv.

Mit dem Traditionsbegriff Congars ist unmittelbar verknüpft eine Vorstellung von der Kirche als »ein lebendiger Organismus, der, vom Heiligen Geist belebt und geleitet, sein Gesetz lebendig in sich trägt. Sie kann von außen nicht verstanden werden«[290]. Die Herkunft von Möhler ist unabweisbar. Haben wir es aber hier mit einer Art von Immunisierungsstrategie zu tun? Die Wirkung könnte so sein, aber die Absicht ist eine andere. Congar bestreitet nicht die Berechtigung und Fruchtbarkeit historischer und soziologischer Methoden, jedoch nimmt er eine deutliche Grenzziehung für die Möglichkeiten wissenschaftlichen und kritischen Begreifens vor: Leben ist letztlich nur durch Mit-Leben verstehbar. Congar deutet an, daß diese Einsicht eigentlich eine neue Konzeption für die Ekklesiologie zur Folge haben müßte, nämlich eine Wissenschaftstheorie, die die ethischen und lebensweltlichen Voraussetzungen wahrer Erkenntnis einbezieht.

*4. Die ökumenische Bedeutung der Tradition*

Entsprechend seiner Einsicht in die Einseitigkeiten nachtridentinischer katholischer Entwicklung, aber auch bereits scholastischer Theologie sucht Congar die verlorengegangenen Elemente der Wahrheit in den anderen christlichen Konfessionen aufzuspüren und zurückzugewinnen.[291] Wichtig ist seine Vorgangsweise: Zunächst stellt er die andere Position dar, dringt in ihre innere Struktur ein und läßt sich etwas sagen;[292] er streicht heraus, was

---

[289] »plus authentique, plus riche, plus ›traditionelle‹« (*EME* 8).
[290] »un organisme vivant animé et dirigé par le Saint-Esprit, qui contient, vitalement, sa loi au dedans de soi. Elle ne peut être comprise du dehors« (*EME* 8).
[291] Vgl. zum Folgenden die Artikel: *Actualité de Kierkegaard*, in: VieI 6 (1934) 9–36; *Pensée orthodoxe sur l'unité de l'Eglise*, in: VieI 6 (1934) 394–414; *D'abord comprendre*, in: VieI 7 (1935) 6–8; *Pour une étude de la sensibilité protestante*, in: VieI 10 (1938) 165–172.
[292] »Il faut d'abord se connaître« (*D'abord comprendre*, aaO. 6) sagt Congar und lehnt vorzeitige Klassifizierungen und Abqualifizierungen mittels abstrakter Kategorien ab (vgl. ebd. 6–7). Der biographische und darstellende Teil nimmt im Artikel über Kierkegaard mehr als zwei Drittel des Raumes ein. Congar würdigt dann seine Spiritualität, seine Sensibilität für Wahrhaftigkeit und Konkretion, seine Betonung der Absolutheit des göttlichen Anspruches, die Bestimmung des Glaubens als Skandal und Paradox (vgl. *Actualité de Kierkegaard*, aaO. 31–33). Kierkegaards Theologie kann laut Congar eine Hilfe sein, das Kreuz Christi zu verstehen. Für Priester und Verkünder sieht er eine besondere Aktualität Kierkegaards, insofern es in der Vermittlung der christlichen Botschaft nicht nur auf die objektive Lehre ankomme, sondern auf die Weckung des Gewis-

ihm gelungen erscheint, und ist so offen, katholische Defizite zuzugeben.[293] Dann erst folgt eine – durchaus zupackende – Kritik vom katholischen Standpunkt aus.[294] Da diese in der Gefahr ist, äußerlich zu bleiben und den anderen nicht zu erreichen, empfiehlt Congar dem Gegenüber die Neubefragung der eigenen Quellen, verweist er ihn an die von ihm selbst akzeptierte innere Norm, die Congar nicht genügend beachtet findet.[295] Von der je eigenen Tradition her stellt er kontroverstheologische Fronten in Frage. Die Rückkehr zu den Quellen ist für ihn nicht nur ein Weg für die Erneuerung der katholischen Kirche, sondern ein ökumenischer Weg, der zur Fülle der katholischen Wahrheit führen kann.

Eine zweite traditionstheologische Option Congars bringt ökumenische Frucht: Die Einsicht in den Vorrang des Lebens vor der Reflexion versetzt Congar in die Lage, die Streitpunkte zwischen Ost und West auf verschiedene Mentalitäten, Lebenswelten und praktische Einstellungen zurückzuführen;[296] zwei Spiritualitäten haben sich automatisch in unterschiedlichen Denkstilen und Begrifflichkeiten Ausdruck verschafft, eine Tatsache, die Congar bis hinein in die Divergenz der Trinitätslehre verfolgt. Konsequent dann, daß Congar vom Umsturz der gesellschaftlichen Verhältnisse in Rußland sich Auswirkungen auf die Ekklesiologie erwartet, z. B. eine neue Wertschätzung der sichtbar-äußeren Elemente der Kirche.

## 5. Kirche und Tradition im Anschluß an J. A. Möhler

In der zweiten Hälfte der dreißiger Jahre erscheinen mehrere Artikel Congars, die sich mit J. A. Möhler befassen.[297] Zitate und Verweise in anderen

---

sens, auf die persönliche Betroffenheit und Ergriffenheit, auf die »Autorität des Zeugen« (ebd. 34).
[293] So stimmt Congar dem Hauptanliegen Boulgakovs zu, nämlich die Kirche in ihrer tiefsten Realität als das Leben der Gnade in den Gläubigen zu sehen, und gesteht Verdunkelungen in der lateinischen Theologie zu (vgl. *Pensée orthodoxe sur l'unité de l'Eglise*, aaO. 406–407).
[294] Vgl. *Les protestants et nous*, in: VieI 7 (1935) 357–366, hier: 360; *Pensée orthodoxe sur l'unité de l'Eglise*, aaO. 408–411.
[295] Vgl. *Les protestants et nous*, aaO. 364–366; *Pensée orthodoxe sur l'unité de l'Eglise*, aaO. 395–396.
[296] Vgl. *Pensée orthodoxe sur l'unité de l'Eglise*, aaO. 411–413. Ähnliches gilt für die Protestanten: Vgl. *Pour une étude de la sensibilité protestante*, aaO.
[297] *La pensée de Möhler et l'ecclésiologie orthodoxe*, in: *Irén.* 12 (1935) 321–329; *La signification oecuménique de l'oeuvre de Möhler*, in: *Irén.* 15 (1938) 113–130; *Note sur l'évolution et l'interprétation de la pensée de Möhler*, in: *RSPhTh* 27 (1938) 205–212; *L'esprit des Pères d'après Möhler*, in: *VSAM* Suppl. 55 (1938) 1–25 (wiederaufgenommen in: *EME* 129–148); *L'hérésie, déchirement de l'unité*, in: *L'Eglise est une. Hommage à Möhler*, Paris 1939, 255–269 (= *EME* 149–165). Vgl. auch: *Ich glaube an die heilige Kirche ...*, in: *HK* 9–14 (Artikel von 1938).

Schriften sind Legion. Möhler darf als Congars ekklesiologischer Inspirator gelten. Bezeichnenderweise beabsichtigt Congar, Möhlers Werk »Die Einheit in der Kirche« in einer neuen Übersetzung als ersten Band der Reihe »Unam Sanctam« herauszugeben. Die Verzögerung der Übersetzungsarbeiten und der Einspruch offizieller Stellen verhindern dies, so daß Congars eigenes Werk »Chrétiens désunis« die Sammlung eröffnet.[298] Als Programm der Reihe nennt Congar eine Wiederbefragung der Quellen, eine Belebung der Ekklesiologie durch den Rückgriff auf die große Tradition, eine Erweiterung des Horizonts durch die Einbeziehung der Gesamtheit katholischer Überlieferung.[299] Möhler hat in Congars Augen diese Intention exemplarisch verwirklicht; seine Art zu denken, ist ihm Vorbild,[300] obwohl er bei aller Verehrung für Möhler auch seine Grenzen sieht. Congar begrüßt vor allem Möhlers typisch romantische Wendung gegen den aufklärerischen Rationalismus, durch die er »mit der Achtung vor gefühlsmäßigen, historischen und konkreten Werten den Sinn für das Gemeinschaftliche und Gemeinsame wiederherstellte«.[301] Die Ausprägung einer geschichtlichen, erfahrungs- und gemeinschaftsbezogenen Rationalität entsteht bei Möhler im Kontakt mit den Kirchenvätern.

Congar charakterisiert Möhler als einen Theologen, der die Kirchenväter nicht nur äußerlich heranzieht, um eigene Thesen durch ein Väterzitat zu untermauern und das Ritual des Traditionsbeweises zu erfüllen,[302] sondern der den Geist der Väter atmet, der mit ihnen lebt und denkt,[303] der die ganzheitliche Begegnung mit ihnen sucht. Möhlers Theologie besteht für ihn in einer Zusammenschau und Entfaltung der Kirchenväter. Was die Väter auszeichnet und ihre Maßgeblichkeit begründet, sind weniger einzelne Lehren und punktuelle Leistungen, obwohl auch diese beachtlich sind, vielmehr ihr Sinn für das Wesentliche und Entscheidende,[304] ihre Verbundenheit mit dem Leben der Kirche,[305] die Vorrangstellung des Lebendigen und der Tradition gegenüber theologischen Begrifflichkeiten und Gesetzen logischen Denkens,[306] ihr Gespür für das Ganze des christlichen Glaubens, ihre ständige Bezogenheit auf das Geheimnis Jesu Christi als der Mitte des Glaubens,[307] ihre Integration von intellektueller und spiritueller Theologie.[308]

---

[298] Vgl. *Une passion: L'unité,* Paris 1974, 47–48; PUYO 82.
[299] Vgl. *ebd.* 46.
[300] Vgl. *ebd.* 48.
[301] *HK* 11.
[302] Vgl. *L'esprit des Pères d'après Möhler,* aaO. 2.9.12.
[303] Vgl. *ebd.* 12.
[304] Vgl. *ebd.* 2.
[305] Vgl. *ebd.* 3.
[306] Vgl. *ebd.* 8–12.
[307] Vgl. *ebd.* 15–16.
[308] Vgl. *ebd.* 18–19. Congar spricht den Vätern eine besondere »Gnade der Autorität, der Zeugung und der Erziehung« (*HK* 11) zu.

Diese zentralen Anliegen der Kirchenväter macht sich Congar durch die Vermittlung Möhlers zu eigen: Die kirchliche Verwurzelung, der unabdingbare Bezug zu Vollzügen und Vorgängen kirchlichen Lebens, eine leichte Skepsis gegenüber der Philosophie und ihren Möglichkeiten, das Bemühen um eine synthetische Art des Denkens, die das Gesamt im Blick behält, die Anbindung aller spekulativen Entfaltung an die Mitte des Glaubensgeheimnisses, das Miteinander von wissenschaftlicher Theologie und Ausrichtung auf die Verkündigung, all dies werden Kennzeichen der Theologie Congars. Nicht zuletzt erfährt seine ökumenische Berufung Impulse von Möhlers Werk.
Congar übernimmt von Möhler die Auffassung von der Kirche als lebendigem Organismus und zunächst auch den Begriff der fortgesetzten Inkarnation Christi in der Kirche: »Leben *in der Kirche*, das meint, ein lebendiger Teil des organischen Ganzen sein, dessen inneres Prinzip der Heilige Geist ist, in dem sich die Inkarnation Christi fortsetzt und das sich selbst inkarniert oder »sich verkörpert« im Dogma, im Kult und in den sozialen und hierarchischen Institutionen. Wir haben die Kirche nicht zu schaffen; sie ist nicht das Ergebnis oder die Summe individuellen religiösen Lebens und Erfahrens: Weit davon entfernt, von ihren Teilen begründet und erklärt zu werden, ist die Kirche vielmehr ein lebendes Ganzes, das seine Teile begründet und erklärt.«[309] Die Kirche ist eine dem einzelnen Gläubigen vorgegebene Einrichtung, der der Christ seinen Glauben und sein Leben verdankt. Congar führt die Möhlersche Sicht auf die griechischen Väter zurück, denen er einen großen Einfluß auf Möhler zubilligt; er diagnostiziert bei Möhler allerdings einen Mangel an biblischer Grundlagung.[310] Insofern der Heilige Geist inneres Prinzip der Kirche ist, der den Glauben der Einzelnen weckt und die Gläubigen zur Übereinstimmung bringt, ist ihm auch die Kontinuität der Kirche durch die Zeiten hindurch, ihre Identität im historischen Wandel zuzuschreiben.[311] Congar beurteilt Möhlers frühe Vorstellung von der durch den Heiligen Geist bewirkten Einheit der Kirche allerdings als zu innerlich und beharrt stärker auf der Notwendigkeit von Strukturen und äußeren Gesetzen, wie Möhler sie in der »Symbolik« zum Ausdruck bringt. Er versteht die beiden Werke, die eine Akzentverschiebung von der Pneumatologie

---

[309] »Vivre *dans l'Eglise*, c'est être une partie vivante de ce tout organique dont le Saint-Esprit est le principe intérieur, en qui se continue l'Incarnation du Christ et qui s'incarne lui-même ou »se corporifie«, dans le dogme, le culte et les institutions sociales ou hiérarchiques. Nous n'avons pas à constituer l'Eglise; elle n'est pas la résultante ou la somme des vies ou des expériences religieuses individuelles: loin d'être constituée ou expliquée par ses parties, l'Eglise est un tout vivant qui constitue et explique ses parties« (ebd. 3). Vgl. HK 12–13; *Note sur l'évolution et l'interprétation de la pensée de Möhler*, aaO. 210.
[310] Vgl. *L'esprit des Pères d'après Möhler*, aaO. 4 Anm. 4.
[311] Vgl. *ebd.* 4–5.

zur Christologie markieren, als Ergänzung, möchte sie zusammensehen und weiterführen.[312]

Vom Kirchenbegriff Möhlers her folgt für sein Traditionsverständnis, daß die Entfaltung des christlichen Glaubens im Laufe der Kirchengeschichte nicht allein eine Sache »des reinen Denkens«[313] ist. Denn Gott kann nicht das Objekt einer menschlichen Wissenschaft sein wie andere Gegenstände, sondern Gott kann nur durch den Geist Gottes erkannt werden und Christus nur durch den Leib Christi, in dem sein Geist wirkt.[314] Ohne das Mitwirken des Heiligen Geistes gibt es kein Eindringen in den Glauben, d. h. auf die Reflexionsebene transportiert: Die Pneumatologie ist logische Voraussetzung der Theologie. Doch nicht nur die innere Bedingtheit des gläubigen Forschens stellt sich einem rein intellektuellen Zugang zum Glauben entgegen; ebenso verlangt die lebensmäßige Verwurzelung des Glaubens Berücksichtigung. Der Glaube besteht nicht zuerst aus Sätzen und Begriffen, sondern er meint auch eine Art zu leben. Die Häresie macht genau den Fehler, die rein intellektuelle Erkenntnis einseitig voranzutreiben und den Glauben der Erkenntnis unterzuordnen.[315] »Was die Väter kennzeichnet, ist ein effektiver und anerkannter Vorrang des Lebens gegenüber der Formel, der Mitteilung des Heiligen Geistes gegenüber einer rein logischen Entwicklung des Denkens.«[316] Wenn der Glaubenssinn, der Geist der Liebe, der Heiligkeit und der brüderlichen Gemeinschaft vorhanden sind, können die genauen Formulierungen fehlen. »Die Väter ... sind keine Philosophen, sondern Männer des Glaubens und der Tradition«[317], keine Gründer von Schulen, die aus spekulativer Lust und Neugier Systeme entwerfen, sondern »Zeugen und Diener der Tradition«[318] mit einem ausgesprochenen Sinn für den Geheimnischarakter der christlichen Botschaft, für die Transzendenz Gottes und für den Zusammenhang von Lebensführung und Erkenntnis.[319] Die Beziehung zum Ganzen, dessen Sinn – bewegt vom Heiligen Geist – durch das Leben in der Kirche und

---

[312] Vgl. *Note sur l'évolution et l'interprétation de la pensée de Möhler*, aaO. 209–211; *La pensée de Möhler et l'ecclésiologie orthodoxe*, aaO. 327.-328. Congar vollzieht in seinem Werk genau die umgekehrte Bewegung: von der Christologie zur Pneumatologie!

[313] »de la pensée pure« (*L'esprit des Pères d'après Möhler*, aaO. 6).

[314] Vgl. *ebd.* 6–7.

[315] Vgl. *ebd.* 7–8; ferner *HK* 13: »Die Häresie ist eben die Frucht eines Geistes, der das Gesetz der brüderlichen Gemeinschaft verraten hat und der in der gemeinschaftsfeindlichen Freiheit seines Verhaltens auf einer rein intellektuellen Ebene und über rein logische Wege die Elemente des Christentums weiterentwickelt.«

[316] »Ce qui caractérise les Pères, c'est une primauté effective et reconnue de la vie sur la formule, de la communion du Saint-Esprit sur le développement logique de la pensée« (*ebd.* 8).

[317] »Les Pères ... ne sont pas des philosophes, mais des hommes de la foi et de la tradition« (*ebd.* 9). Vgl. HK 14.

[318] »des témoins et des serviteurs de la tradition« (*ebd.* 12).

[319] Vgl. *ebd.* 9–10.

durch das Stehen in der Tradition vermittelt wird, hat mehr Gewicht als einzelne Aussagen und Begrifflichkeiten.[320]
Daß die Väter zur begrifflichen Präzisierung, zur systematischen Durchdringung und deutlichen Abgrenzung des Glaubensinhaltes beitragen, ist für Möhler – und Congar schließt sich ihm an – »eine Wirkung der Häresie«,[321] dergegenüber die Väter ihre Position klarstellen und begründen. Die Häresie ist ein Anlaß zur Entwicklung und Bestärkung der Glaubenswahrheit. Die Unterscheidung von Irrtum und Wahrheit geschieht jedoch wiederum in erster Linie »nicht so sehr durch Erkenntnis, Deduktion und analytisches Urteil«[322], sondern durch den Bezug zur Kirche, zum Ganzen und zur Mitte des Glaubens.[323] Während die Häresie Intellektualität und Spiritualität trennt, mehr die eigenen Gedanken als die Offenbarung Gottes in den Vordergrund stellt und die Übereinstimmung mit der Gesamtkirche aufgibt, zeichnet sich der wahre Glaube aus durch Unterordnung unter die Kirche und Bewahrung der Gemeinschaft.[324] Die Häresie führt zu Widerspruch, Inkonsequenz, Labilität, Spaltung, während die Väter den Geist der Sicherheit und Festigkeit,[325] der Synthese, der Einheit und der Gemeinschaft haben.[326] Die Tradition erhält somit für Congar im Gefolge Möhlers einen hohen Stellenwert für den Zusammenhalt der Kirche: Die Tradition eint, die Tradition stiftet Gemeinschaft, die Tradition vermittelt Halt.
Damit ist eine wichtige Eckposition für den ökumenischen Dialog gegeben: Das Christentum gründet sich nicht allein auf die Heilige Schrift; für die Konstituierung des Schriftkanons und für das Verstehen der Schrift ist der Gläubige angewiesen auf die Kirche, die Gemeinschaft der Liebe, und auf den Beistand des Heiligen Geistes. Den christlichen Glauben allein auf die Schrift bauen, hieße für Möhler, sich der Hermeneutik und damit der Unbeständigkeit ausliefern.[327] Die Methoden der Schriftauslegung richten sich nach dem Horizont der jeweiligen Zeit und sind entsprechend überholbar und revidierbar;[328] erst das Lesen der Schrift in der Kirche und mit der Kirche und d. h. auch: in und mit der Tradition, ist das Fundament der Kirche.[329]
Die Auseinandersetzung mit Möhler wird Congars Theologie sehr befruchten. Im Rahmen unseres Themas spiegeln sich Möhlers Gedanken wider in der Kennzeichnung der Tradition als Überlieferung von Lebenswirklichkeit,

---

[320] Vgl. *ebd.* 10–11.
[321] »un effet de l'hérésie« (*ebd.* 12).
[322] »non tant par connaissance, déduction et jugement analytique« (*ebd.* 16).
[323] Vgl. *ebd.* 12–18.
[324] Vgl. *ebd.* 18–19.
[325] Vgl. *ebd.* 14.
[326] Vgl. *ebd.* 19–20.
[327] Vgl. *ebd.* 21–22.
[328] Vgl. *ebd.* 22–23.
[329] Vgl. *ebd.* 24 Anm. 52.

in der Betonung der pneumatologischen und ekklesiologischen Dimension von Tradition, in der Hervorhebung des synthetischen Charakters der Tradition und in der Hochschätzung der Kirchenväter. Im Ausgang vom organologischen Denken Möhlers ist ferner angelegt die Vorstellung vom kontinuierlichen Wachstum der Tradition. In zwei Punkten jedoch wird Congar sich absetzen bzw. etwas hinzufügen: Er bemüht sich mehr als Möhler um eine biblische Grundlegung, und er bezieht später eine differenzierte Position gegenüber der Idee einer »incarnatio continua«[330]. Ein Drittes ist beachtenswert: Einer Betrachtung der Kirche als vorgegebener, von Christus eingesetzter und vom Heiligen Geist belebter Realität, die den Einzelnen konstituiert, wird er allmählich verstärkt den Aspekt des menschlichen Beitrags, die vom Menschen zu gestaltende Kirche, an die Seite stellen. Alle drei Korrekturen schaffen die Möglichkeit für ein höheres Maß an Traditionskritik: Wo die Heilige Schrift als innere Norm der Tradition betrachtet wird, die Differenz zwischen Christus und Kirche klar erkannt ist und mit der Menschlichkeit auch das Allzu-Menschliche, ja Sündige der Kirche realistisch wahrgenommen wird, da gelten nicht alle Traditionen als sakrosankt und ist ein Freiraum für Infragestellung und Änderung eröffnet.

*6. Theologie als Theologie der Tradition*

Die aufgewiesene wissenschaftstheoretische Dimension des Traditionsthemas legt es nahe, daß wir ihm bei Congar auch dort begegnen, wo Methode und Objekt der Theologie zur Diskussion stehen. Congars umfangreicher Lexikonbeitrag »Théologie«[331] bietet sich daher zur Untersuchung an. Der Zusammenhang, in dem hier das Traditionsthema behandelt wird, führt dazu, daß der kriteriologische und der intellektuelle Aspekt der Tradition in den Vordergrund treten.

Als erstes fällt auf: Über die Hälfte des Raumes widmet Congar einer gedrängten Skizze der Theologiegeschichte. Allein diese Tatsache hat epistemologisches Gewicht; sie drückt aus, daß die theologische Vernunft weder

---

[330] Vgl. *Dogme christologique et Ecclésiologie. Vérité et limites d'un parallèle,* in: *SE* 69–104.
[331] Art. *Théologie,* in: *DThC* XV/1, 341–502. Nach Congars Aussage umfaßt der gedruckte Artikel nur drei Fünftel des eingesandten Manuskriptes. Er wurde später in mehrere Sprachen übersetzt (vgl. *Situation et tâches présentes de la théologie,* Paris 1967, 147). Jossua nennt ihn in seinem Überblick über das Werk Congars berühmt, aber inzwischen veraltet (JOSSUA 25), Congar selbst hält ihn auch für überholungsbedürftig (vgl. das Zeugnis M.-J. Guillous in seinem Artikel über Congar in: *Bilanz der Theologie im 20. Jahrhundert. Bahnbrechende Theologen,* aaO., hier: 193). Im Hintergrund steht Ende der dreißiger Jahre eine verzweigte wissenschaftstheoretische Debatte, in die sich Congar in einer Besprechung mehrerer Werke einschaltet [vgl. *BThom* Bd. 5 (1938) 490–505].

individualistisch noch rein spekulativ oder illuminatorisch verstanden werden darf. Die Sache der Theologie erfordert es, daß sie ihre eigene Geschichte nachvollzieht, die unlöslich an die Gemeinschaft, in der sie entstanden ist, geknüpft ist.

Im systematischen Teil[332] lehnt Congar sich dann stark an A. Gardeil an, der sich wiederum als Thomasinterpret versteht, und stellt seinen aristotelisch-scholastischen Wissenschaftsbegriff dar. Betont werden die Kontinuität zwischen Offenbarung und Theologie, die methodische Rationalität der Theologie und ihr von daher begründeter Anspruch auf Wissenschaftlichkeit, die Gebundenheit der Theologie an die Offenbarungszeugnisse und an den Glauben der Kirche. Nur kurz streift Congar die Apologetik, die sich um rational-logische Beweisführung bemüht, da er ihre Tragweite gering einschätzt.[333] Für ihn besteht die Hauptaufgabe der Theologie im Aufweis der Kohärenz der Glaubensgeheimnisse untereinander, so daß er eine Argumentation der Konvergenz bevorzugt. Das erkenntnistheoretische Fundament seiner Theologie ist die Analogielehre. Im Entsprechungsverhältnis von Natur und Gnade und in der wechselseitigen Bezogenheit von Schöpfungs- und Erlösungsordnung sieht Congar die Originalität und Leistungskraft der theologischen Erkenntnis angelegt, die mehr ist als einfacher Glaube und mehr ist als reine Vernunft.[334]

Zur Kennzeichnung der Theologie zieht Congar mehrfach Verben mit der Vorsilbe »re« heran: »retrouver, reconstruire, reproduire, repenser«[335] Die Silbe »re« meint Rückbezug und erneuernde Aufnahme. In den genannten Zusammensetzungen ist ausgesagt, daß Theologie sich auf eine maßgebliche Vorgabe bezieht, von der sie sich nicht lösen kann, ohne sie jedoch nur stur zu wiederholen. Sie ist keine völlige Neuschöpfung, sondern ein rückgebundener Entwurf. Bereits Bekanntes wird in ihr variiert, anders kombiniert, erweitert, vertieft, angewandt. In diesem Verhältnis von Alt und Neu, von Vergangenheit und Gegenwart, von Rückgriff und Aktualität wird die Nähe von Theologie und Tradition offenbar.

Explizit wird die Tradition Gegenstand der Ausführungen, wo Congar den Status der positiven Theologie zu klären sucht.[336] Die bibliographischen Angaben zeigen, daß Congar hier die modernistische Diskussion vom Jahrhundertbeginn weiterführt. Uns begegnen vertraute Namen wie Batiffol, Blondel, Grandmaison, Gardeil, Jacquin, Lemonnyer.[337] Congar setzt in seiner Darstellung folgende Akzente: die Notwendigkeit der positiven Theolo-

---

[332] Vgl. *ebd.* ab Spalte 447.
[333] Vgl. *ebd.* 452.
[334] Vgl. *ebd.* 452–453.
[335] Vgl. *ebd.* 381.459 (reconstruire). 451 (reproduire). 460 (repenser). 468 (retrouver).
[336] Vgl. *ebd.* 463–471.
[337] Vgl. *ebd.* 465.466.471.472.

gie für die spekulative Theologie (die nicht allein Theologie im eigentlichen Sinn ist, vielmehr die positive Theologie als Voraussetzung hat und aus ihr ihre Prinzipien gewinnt), der spezifisch theologische Charakter der positiven Theologie, der unverzichtbare Beitrag der Historie für die theologische Rationalität, die Tradition der Kirche, die die Offenbarung aufnimmt, erkennend durchdringt und vermittelt, als Gegenstand der positiven Theologie, die Kirche als ihr genuiner Ort, der intellektuelle Charakter der Tradition, ihre Normiertheit, das Lehramt als wichtiges Kriterium bei der Urteilsfindung über Inhalt und Sinn der Tradition.

Congar lehnt die polemische Verengung des nachtridentinischen Traditionsbegriffes ab und versteht Tradition zunächst als Unterweisung bzw. Lehre. Dabei gewichtet er – im Anschluß an den ältesten Sinn des Wortes (u. a. bei Irenäus von Lyon) – stärker den objektiven Aspekt von Unterweisung, d. h. den Inhalt der Tradition, wie er von Christus und den Aposteln der Kirche übergeben wurde, gegenüber der Handlung der Weitergabe. Erst im engeren Sinn begreift er unter Tradition etwas Nicht-Schriftliches, und noch einmal untergeordnet sind die Zeugnisse und Dokumente der Tradition wie Kirchenväter, Konzilstexte, liturgische Bücher, päpstliche Verlautbarungen, Theologen.[338] Als Inhalt der Tradition bezeichnet Congar die fortschreitende Erkenntnis des Offenbarungsgutes. Mit Fortschritt meint er nicht die Hinzufügung von objektiv Neuem, sondern lediglich ein neues und tieferes Erfassen des Offenbarten, d. h. Congar weist den Fortschritt der Erkenntnisordnung und der Präzision sprachlicher Formulierung zu.[339] Deshalb unterscheidet er zwischen einer »traditio constitutiva«, die die geoffenbarte Lehre der Propheten, Christi und der Apostel umfaßt und deren Hauptbestandteil die Heilige Schrift festhält, und einer »traditio continuativa« bzw. »traditio explicativa«, die die Vorlage, Bewahrung, Entfaltung und Erklärung des Glaubensgutes durch die Kirche beinhaltet. Die »traditio continuativa« bzw. »traditio explicativa« – zwei Begriffe, die Congar nicht gegeneinander absetzt und die anscheinend synonym sind – geschieht in der und durch die Kirche, die, geleitet vom Geist Christi, Treue und Fortschritt miteinander verbindet. Die »traditio constitutiva« ist hingegen »die innere Regel«[340] aller anderen kirchlichen Überlieferung.

Congar hebt die positive Theologie ab von einer rein historischen Erforschung der Bibel bzw. der christlichen Lehren und beansprucht für sie einen theologischen Status, nicht nur wegen ihres Objektes – der Offenbarung Gottes und der Tradition der Kirche –, sondern auch wegen ihrer besonderen Art

---

[338] Vgl. *ebd.* 464.
[339] Vgl. *ebd.* 464–465.
[340] »la règle intérieure« (*ebd.* 465).

der Erkenntnis. Obwohl die positive Theologie sich wie die Historie auf geschichtliche Vorkommnisse bezieht, obwohl eine materielle Übereinstimmung mit der Geschichte der kirchlichen Lehre besteht, unterscheidet sie sich doch formal durch die theologischen Erkenntniskriterien, von denen sie sich leiten läßt: offenbarte Prinzipien, Konsens der Kirchenväter, Lehramt, die lebendige Wirklichkeit der Kirche.[341] Die Differenz zwischen theologischen und rein historischen Aussagen führt Congar auf diesen Unterschied der Erkenntniskriterien und -quellen zurück: Bei aller methodischen Strenge, zu der sie verpflichtet sei, werde die positive Theologie »bei ihrer Lektüre der Dokumente von einem gewissen Sinn und einer gewissen Erkenntnis dessen, was sie dort sucht, geleitet«[342]. Dieser gewisse Sinn und diese gewisse Erkenntnis ist das aktuelle Glaubensbewußtsein der Kirche. Die kirchliche Gegenwart fließt orientierend in das Forschen des Theologen ein. Bei der kirchlichen Verkündigung im Heute nimmt die positive Theologie ihren Ausgangspunkt, ihre Methode ist daher – wie Congar, Gardeil aufnehmend, sagt – regressiv.[343] Sie vertieft in einem geschichtlichen Dialog die Kenntnis, die sie grundsätzlich, wenn auch nur undifferenziert und global, schon hat. Durch die Vorgabe des gegenwärtigen kirchlichen Glaubens und die lebendige Beziehung zum Ausgesagten kann der Theologe aus alten Texten mehr herauslesen als der Historiker: das Implizite.[344] Die Geschichtswissenschaft hat also keinen normativen Charakter für die Theologie, sondern sie legitimiert und bereichert. Sie sichert den Kontakt zur Realität und bewahrt vor einem falschen »surnaturalisme«[345]. Die theologischen Faktoren hingegen haben hermeneutische und normierende Funktion. An erster Stelle rangieren für Congar die Kirchenväter und das Lehramt.[346] So hoch jedoch Congar Lehramt und Kirchenväter einschätzt, er vermeidet ihre Isolierung: Lehramt und Kirchenväter sind kirchliche Größen, die im Bezug zur gesamten Kirche stehen. Ferner stellt Congar neben sie als durchaus beachtenswertes Kriterium die Resultate des fachlichen Gesprächs der Theologen: Die wissenschaftliche Forschung könne durch Austausch und gegenseitige Korrektur zu einem hohen Maß an Sicherheit führen.[347] Ein rein amtliches oder klassizistisches Theologie- und Traditionsmodell scheidet damit aus. Theologie geschieht vielmehr für Congar im Zusammenspiel von ganzer Kirche und Lehramt, von hervorragenden Zeugen der Tradition und heutigen Theologen, von historischer Forschung und gläubiger Lektüre.

---

[341] Vgl. *ebd.* 466.
[342] »guidée dans sa lecture des documents par un certain sens et une certaine connaissance de ce qu'elle y cherche« (*ebd.* 467).
[343] Vgl. *ebd.* 468.
[344] Vgl. *ebd.*
[345] *Ebd.* 345.
[346] Vgl. *ebd.* 466–467.
[347] Vgl. *ebd.* 471.

In dem Traditionsteil des Lexikonartikels findet sich erstmalig bei Congar
M. Blondel mit seiner Schrift »Histoire et Dogme« erwähnt.[348] Eine Nähe, die
aber nach den bisher gemachten Beobachtungen keine Abhängigkeit bedeuten muß, läßt sich konstatieren in der Verhältnisbestimmung von Historiker,
aktuellem Glaubensbewußtsein der Kirche und christlicher Geschichte, in
der Wertschätzung der historischen Wissenschaft bei gleichzeitiger Begrenzung ihres Anspruchs, in der hermeneutischen Dialektik von Teil und Ganzheit.

Deutlich ist von Congar die Überlegenheit der Tradition gegenüber der
Historie artikuliert: Die Tradition der Kirche vermag Zeiten und Räume zu
überbrücken, über alle Abstände hinweg Zusammmenhänge zu knüpfen, sie
ordnet Fragmente in ein Ganzes ein und kann so eine sonst verborgene Kontinuität sichtbar machen, sie ist die Trägerin des Sinnes von Ereignissen und
Texten. Congar weist der kirchlichen Tradition damit vergegenwärtigende,
integrierende, gemeinschaftsstiftende und wertende Fähigkeiten und Funktionen zu.

Man hat den Eindruck, daß Congar in der wissenschaftstheoretischen Einordnung der Tradition teilweise hinter den vorher gewonnenen und bereits
referierten Erkenntnissen zurückbleibt. Er zieht nicht die volle Konsequenz
aus dem Vorrang des Lebens vor der Reflexion, aus der Geschichtlichkeit der
Theologie und ihrer Handlungsorientierung. Er müßte von diesen Einsichten
her eigentlich den thomasischen Wissenschaftsbegriff problematisieren, während er tendenziell nur der spekulativen Theologie eine positive mit anscheinend abgegrenztem Eigenbereich vorschaltet. Der systematische Ansatz
ergibt sich nicht organisch aus dem historischen Teil. Die Vorgaben seitens
des Lehramtes und des Ordens ließen Congar jedoch wahrscheinlich nur
wenig Manövrierraum. Zudem hält er in manchen Punkten sehr bewußt am
hl. Thomas fest und bemüht sich, die Werte und Vorteile seiner Theologie zu
bewahren. Aufmerksam registriert Congar den Ansatz von E. Mersch SJ, der
zur selben Zeit einen beachtlichen Einfluß ausübt.[349] Er vertritt ihm gegenüber indessen – im Grunde entgegen seiner eigenen Praxis – den Standpunkt,
die Ebene der geschichtlichen Ereignisse und der Lebenswirklichkeit und die
der intellektuellen Reflexion und Systematik auseinanderzuhalten und nicht
zu vermischen. Doch diese Stellungnahme bedeutet noch nicht das Schlußwort der Diskussion. Wir werden der Frage bald wieder begegnen.

---

[348] Vgl. *ebd.* 465.
[349] Vgl. die Rezension Congars zu E. Mersch in: *RSPhTh* 23 (1934) 684–685.

## III.

## ETAPPEN AUF DEM WEG ZU EINER
## THEOLOGIE DER TRADITION NACH DEM 2. WELTKRIEG

*1. Congars Theologie zwischen Aufbruch und Abblockung*

*a) Tendenzen der französischen Theologie im und nach dem 2. Weltkrieg*

Die Erfahrungen des 2. Weltkrieges beschleunigten noch einmal einige Entwicklungen in der Theologie, die bereits durch den 1. Weltkrieg ausgelöst worden waren.[350] Die hautnahe Begegnung mit anderen Konfessionen und Ungläubigen, der durch die Rüstungsanstrengungen mitbedingte Fortschritt von Naturwissenschaft und Technik, die zunehmende Säkularisierung des Denkens und der Lebenswelt, die nun nicht mehr geleugnet werden konnte, die Frage nach der Menschenwürde und nach der Zukunft des Menschen, das augenscheinliche Ende der christlich geprägten Gesellschaft und des Eurozentrismus, die Universalisierung des Horizonts, all dies schuf auch für die Theologie eine neue Situation, die Berücksichtigung verlangte.[351]

In Frankreich bedeutete die Veröffentlichung von Godins »La France – pays de mission« im Jahre 1943 einen Wendepunkt in Theologie und kirchlichem Bewußtsein. Der Ruf nach Reformen und missionarischer Pastoral kam auf, die Bewegung der Arbeiterpriester entstand.[352] Die »Abneigung gegenüber rein intellektueller Konstruktion«[353] führte zu neuen Versuchen, Theologie und Spiritualität zu verbinden.[354] Das Problem der Präsenz der Kirche in der modernen Welt wurde diskutiert, das Verhältnis Natur – Gnade in mehr augustinischer statt neuscholastischer Weise bestimmt, neue Kapitel der Theologie wurden entworfen, z. B. eine Theologie des Laien, der Geschichte

---

[350] Vgl. Anm. 193.
[351] Vgl. R. AUBERT, *Die Theologie während der ersten Hälfte des 20. Jahrhunderts*, in: *Bilanz der Theologie im 20. Jahrhundert II*, Freiburg 1969, 7–70. Y. CONGAR, *Entwicklungen im religiösen Denken des heutigen Frankreich*, in: *Dokumente* 5 (1949) 67–132.245–255, hier: 122.253 (Im folgenden zitiert als Entwicklungen). J. DANIELOU, *Les orientations présentes de la pensée religieuse*, in: *Etudes* 79 Jg. 249 Bd. (1946) 5–21, hier: 5. C. FREY, *Mysterium der Kirche – Öffnung zur Welt. Zwei Aspekte der Erneuerung französischer katholischer Theologie*, Göttingen 1969, 43–106. J. FRISQUE, *Die Ekklesiologie im 20. Jahrhundert*, in: *Bilanz der Theologie im 20. Jahrhundert III*, Freiburg 1970, 1942–243, hier: 208–210.
[352] Vgl. R. AUBERT, *Die Theologie während der ersten Hälfte des 20. Jahrhunderts*, aaO. 69; Y. CONGAR, *Entwicklungen*, 123–125; C. FREY, *Mysterium der Kirche – Öffnung zur Welt*, aaO. 45; J. FRISQUE, *Die Ekklesiologie im 20. Jahrhundert*, aaO. 208–210.
[353] Y. CONGAR, *Entwicklungen* 120.
[354] Vgl. J. DANIELOU, *Les orientations présentes de la pensée religieuse*, aaO. 17.

und der irdischen Wirklichkeiten.[355] Das allgemeine Verlangen nach Freiheit und die Ablehnung von Uniformität und Zentralismus äußerten sich auch kirchlicherseits im Begehren nach einer Überprüfung der Institutionen.[356] Die ziemlich strukturstärkende Sicht der Kirche als Leib Christi wurde ergänzt durch die Theologie des Volkes Gottes, die mehr als bis dahin üblich das Verhältnis der Kirche zur Welt, das Versagen der Kirche in ihrem Auftrag, die Sakramentalität und Katholizität der Kirche thematisierte. Der Sendung der Kirche zur Evangelisierung gesellte sich als integraler Bestandteil der Auftrag zur Humanisierung bei.[357]

Waren es einerseits die gesellschaftlichen, geistesgeschichtlichen und atmosphärischen Fakten, die auf einen Umbruch hinwirkten, so andererseits die fortgesetzte Rückbesinnung der Theologie auf ihre Quellen: die Bibel, die Kirchenväter, die Liturgie.[358] Möhler und Newman dienten als Inspiratoren. Das Ergebnis war ein immer stärkerer Durchbruch des geschichtlichen Denkens mit einer entsprechenden Gewichtung der Eschatologie.[359]

In der Ekklesiologie machte sich neben den Kirchenvätern vor allem die Begegnung mit der Gedankenwelt der orthodoxen Kirchen und des Protestantismus bemerkbar: Der Drang zu Ökumene war unaufhaltsam und setzte sich durch.[360] »Mysterium« avancierte zum zentralen Begriff der Ekklesiologie, worin sich orthodoxer und barthscher Einfluß, aber auch ein latentes und untergründiges Fortwirken der Anstöße O. Casels zeigte.[361]

In der Exegese, die im Gefolge der Enzyklika »Divino afflante spiritu« nach langer Bedrückung aufatmete, entdeckte man neu die Einheit von Altem und Neuem Testament und den christologischen Sinn des AT.[362]

Die Apologetik wagte es endlich, sich den neuzeitlichen philosophischen Strömungen zu stellen, rezipierte Kierkegaard, Bergson, Blondel, diskutierte Hegel, Marx, Nietzsche und Autoren des Existentialismus und übernahm immer mehr die Richtung P. Rousselots.[363] Die Subjektivität erhielt einen Platz in der Theologie.

---

[355] Vgl. R. AUBERT, *Die Theologie während der ersten Hälfte des 20. Jahrhunderts,* aaO. 39.
[356] Vgl. J. FRISQUE, *Die Ekklesiologie im 20. Jahrhundert,* aaO. 208–209.
[357] Vgl. *ebd.* 216–217; J. DANIELOU, *Les orientations présentes de la pensée religieuse,* aaO. 18.
[358] Vgl. Y. CONGAR, *Entwicklungen* 248–249. J. DANIELOU, *Les orientations présentes de la pensée religieuse,* aaO. 7–13; J. FRISQUE, *Die Ekklesiologie im 20. Jahrhundert,* aaO. 211–214.
[359] Vgl. Y. CONGAR, *Entwicklungen* 254–255; R. AUBERT, *Die Theologie während der ersten Hälfte des 20. Jahrhunderts,* aaO. 55.
[360] Vgl. Y. CONGAR, *Entwicklungen* 248.250–252.
[361] Vgl. C. FREY, *Mysterium der Kirche – Öffnung zur Welt,* aaO. 113. Y. CONGAR, in: *SE* 688.
[362] Vgl. Y. CONGAR, *Entwicklungen* 246.
[363] Vgl. *ebd.* 249–250; J. DANIELOU, *Les orientations présentes de la pensée religieuse,* aaO. 10. 13.

Halten wir vor allem fest die praktische Ausrichtung der Theologie bis hin zu gesellschaftlichen und politischen Fragen, die Öffnung für ein geschichtliches Denken, die Auseinandersetzung mit Atheismus und neuzeitlicher Philosophie, die neue Apologetik.

Die beschriebenen Entwicklungen stellten allein durch ihre Existenz die Neuscholastik, die nach wie vor beanspruchen konnte, die offizielle und maßgebliche Theologie zu sein, in Frage. Der Streit war unausweichlich. In ihm mußte – bewußt oder unbewußt – geklärt werden, ob die Neuscholastik als normative Tradition zu gelten hatte oder nicht. Die Neuorientierungen verlangten implizit nach einer Überprüfung des Traditionsverständnisses.

In gewisser Hinsicht läßt sich sogar von einer Neuauflage des Kampfes der Jahrhundertwende zwischen Neuscholastik und Moderne sprechen. Progressive Theologen wurden nicht zufällig mit dem Etikett des Modernismus versehen. Bezeichnenderweise nahm J. Daniélou in seinem Artikel von 1946 über die aktuelle Ausrichtung und Aufgabe der Theologie das Stichwort des Modernismus auf[364] und schnitt genau die Themen an, die seit der Verurteilung des Modernismus unerledigt waren: die historische Erforschung der Bibel, die Überwindung des Auseinanderfalls von Theologie und Spiritualität, von Kirche und Welt, von Dogmatik und Exegese, die Notwendigkeit, Subjektivität und Geschichtlichkeit in die Theologie einzubeziehen. Sein Aufsatz wurde daher als ein »Manifest«[365] der »Nouvelle Théologie« angesehen.

### b) Congar zwischen Thomismus und »Nouvelle Théologie«

Congar nahm persönlich am Paradigmenwechsel der Theologie seiner Zeit teil. Vieles war bei ihm in den dreißiger Jahren vorbereitet, doch die Konsequenzen waren noch nicht voll gezogen. Rekapitulieren wir kurz seine zentralen Optionen während der ersten Phase, um dann die Entwicklung, die er durchgemacht hat, zu skizzieren.

Congar bewegte sich am Anfang seiner theologischen Laufbahn stark im thomistischen Fahrwasser und operierte mit der entsprechenden Begrifflichkeit.[366] Seine Öffnung, die durch konkrete Begegnungen und zeitgenössische Ereignisse mitausgelöst wurde, hatte mehrere Stoßrichtungen: die christolo-

---

[364] Vgl. J. DANIELOU, *Les orientations présentes de la pensée religieuse,* aaO. 6–7.
[365] C. FREY, *Mysterium der Kirche – Öffnung zur Welt,* aaO. 50 Anm. 115. Vgl. *ebd.* 68–69.
[366] Zur Bedeutung des hl. Thomas in Congars Ausbildung vgl. C. MACDONALD, *Church and World in Plan of God,* aaO. 15–19; PUYO 38–40; JOSSUA 15–18.24; *Le Saulchoir* 2, 120–127.144–150; M.-J. LE GUILLOU, *P. Yves M.-J. Congar,* in: *Bilanz der Theologie im 20. Jahrhundert. Bahnbrechende Theologen,* aaO. 188. Congar urteilt im Rückblick über sich selbst: »J'étais alors trop proche encore d'un thomisme d'école« (*Une passion: l'unité,*, aaO. 48).

gische, ja immer mehr trinitarische Erneuerung der Ekklesiologie, eine historische und zunehmend eschatologische Sicht der Kirche, die Einbeziehung gegenwärtiger Fakten und Erfahrungen in die Theologie, ein ernsthaftes ökumenisches Gespräch.[367] Besonders folgenreich wirkten sich aus die Aufnahme möhlerschen und russisch-orthodoxen Gedankengutes: Von daher wurden »Leben« und »Gemeinschaft« zu Schlüsselbegriffen seines Denkens.[368] Typisch für Congars Ekklesiologie war in den dreißiger Jahren die inkarnationstheologische Prägung, das organologische Modell und die Bevorzugung des Bildes vom Leib Christi.[369] Diese Merkmale blieben auch später erhalten, doch traten vom Ende der dreißiger Jahre an zwei weitere Kategorien zunehmend ins Blickfeld: Mysterium und Katholizität.[370]

Neue Akzente ergaben sich nach dem 2. Weltkrieg durch die kritische Absetzung von der Idee der »incarnatio continua«[371], durch die Einführung der Unterscheidung von Struktur und Leben,[372] durch die fortschreitende Gewichtung des menschlich-aktiven Anteils an der Kirche,[373] durch die Durchsetzung der heilsgeschichtlichen Betrachtungsweise.[374]

Eine Reihe von Inhalten und Positionen verbanden Congar mit den oben aufgezählten Tendenzen der Erneuerung: Er schloß sich der Reformbewegung an und gab ihr mit »Vraie et fausse réforme dans l'Eglise« eine theoretische Grundlage; er bemühte sich um eine Theologie, die praktische Impulse aufgriff und selbst freisetzte; er stand auf der Seite der Arbeiterpriester,[375] er beteiligte sich an der Erarbeitung neuer theologischer Traktate, er trieb die Volk-Gottes-Ekklesiologie voran, er las Möhler und Newman,[376] er setzte –

---

[367] Vgl. JOSSUA 22–23.66–68.101.103–104.143–144.

[368] Zum Einfluß Möhlers und der Orthodoxie vgl. C. MACDONALD, *Church and World in the Plan of God*, aaO. 9–15; C. FREY, *Mysterium der Kirche – Öffnung zur Welt*, aaO. 120–123.

[369] Vgl. C. FREY, *Mysterium der Kirche – Öffnung zur Welt*, aaO. 123.126.127.

[370] Vgl. ebd. 113.116.119.157.

[371] Vgl. *Dogme christologique et Ecclésiologie. Vérité et limites d'un parallèle*, in: SE 69–104; C. FREY, *Mysterium der Kirche – Öffnung zur Welt*, aaO. 143.

[372] Vgl. u. a. *Sacerdoce et laïcat dans l'Eglise*, in: VieI 14 (1946) 6–39; VFR 15; »Dieu a besoin des hommes«. *Propos d'un théologien*, in: VieI 19 (1951) 4–22, hier: 20; *Die Eucharistie und die Kirche des Neuen Bundes*, in: *Wege des lebendigen Gottes*, Freiburg 1964, 161–183, hier: 183.

[373] Vgl. u. a. *Sacerdoce et laïcat dans l'Eglise*, aaO.; *Sainteté et péché dans l'Eglise*, in: VieI 15 (1947) 6–40; *Vraie et fausse réforme dans l'Eglise*, Paris 1950.

[374] Vgl. u. a. Art. *Apostolicité*, in: *Catholicisme* I, Paris 1948, 728–730 [Aufgenommen in: SE 181–185 (= HK 186–190)]; *L'Ancien Testament, témoin du Christ*, in: VieI 17 (1949) 335–343; *Die Eucharistie und die Kirche des Neuen Bundes*, aaO.

[375] Zu Congars Stellung zu den Arbeiterpriester vgl. PUYO 53–56.

[376] Während Newman in Congars Veröffentlichungen vor dem 2. Weltkrieg kaum erwähnt ist (mir sind nur die Referenzen in EME 124 und 126–127 bekannt), taucht sein Name in den 40er und 50er Jahren oft auf. Vgl. *Sainteté et péché dans l'Eglise*, aaO. 15.33.37; *Entwicklungen* 250.252.254.255; etwa zehn Mal in VFR; *Du nouveau sur la*

soweit es ihm möglich war – seine ökumenische Arbeit fort, er vertiefte seine Kenntnis der Quellen, er wandte sich den Themen Geschichte, Freiheit, Kirche-Welt-Verhältnis zu.

Die Vielzahl der Berührungspunkte und die zeitliche Übereinstimmung läßt auf eine wechselseitige Abhängigkeit schließen: Einerseits hat Congar aktuelle Bewegungen aufgenommen und theologisch reflektiert, andererseits hat er durch seine qualifizierten Arbeiten selbst entscheidende Anstöße gegeben, so daß bestimmte Themen und Thesen einfach im Raum standen und nicht übergangen werden konnten.

Für unser Traditionsthema haben vor allem seine Aussagen über Reform, theologische Wissenschaft und Geschichte Relevanz. Doch bevor wir uns ihnen zuwenden, ist es hilfreich, den kirchenpolitischen Rahmen auszuleuchten, der in manche Äußerung hineinspielt.

*c) Lehramtliche Bremsen*

Das Gewicht, das der nochmaligen Auseinandersetzung zwischen Neuscholastik und Moderne zukommt, wird offenbar durch zwei lehramtliche Eingriffe, die zweifellos u. a. gegen Neuansätze in der französischen Theologie gerichtet sind.

In der Enzyklika »Mystici corporis« (1943), die sich gegen eine Spiritualisierung der Kirche und gegen eine Überspannung des Gedankens der fortgesetzten Inkarnation wendet, findet sich die Ekklesiologie des römischen Theologen (niederländischer Herkunft) S. Tromp SJ wieder. Sie betont den hierarchischen, sichtbaren und juridisch verfaßten Charakter der Kirche und die Identität zwischen katholischer Kirche und mystischem Leib Christi.[377] Mit dieser dezidierten Stellungnahme ist auch Congar getroffen, denn er hatte versucht, die Kirche zunächst als Ausfluß des innertrinitarischen Lebens und als dessen Weitergabe zu denken, die Rolle der Hierarchie und der Strukturen zu relativieren und den Blick über die katholische Kirche hinaus zu weiten.[378] Congars christologisch-heilsgeschichtliche Sicht der Kirche, die auch der Eschatologie Raum gibt, ist in der Enzyklika nicht aufgenommen.

Congar stellt später fest, daß die Enzyklika ganz in der Linie gegenreformatorischer Ekklesiologie steht und die Ekklesiologie der Kirchenväter, aber auch die des hl. Thomas nicht in ihrer Breite aufnimmt.[379] Er deutet an, daß dies einen erheblichen Verlust bedeutet und fordert vorsichtig eine Einbeziehung

---

*question du Pierre? Le Saint Pierre de M. O. Cullmann*, in: *VieI* 25 (1953) 17–43, hier: 43; *SE* 558–559.567; *PL* 409; *AKH* 25.121.152. *Si vous êtes mes témoins*, Paris 1959, 50.60.

[377] Vgl. C. FREY, *Mysterium der Kirche – Öffnung zur Welt*, aaO. 133–135.
[378] Vgl. *ebd.* 136–138.
[379] Vgl. *SE 614–615.*

und Rückgewinnung der patristischen Konzeption.[380] Wir haben hier ein weiteres Beispiel für Congars bezeichnende Berufung auf die ältere und umfassendere Tradition gegen die augenblicklich herrschende, relativ neue und verengte Perspektive.

Einen noch stärkeren Dämpfer für die Neuorientierung der französischen Theologie bedeutet die Enzyklika »Humani generis« von 1950. Sie kann als ein Rundumschlag bezeichnet werden, der grundsätzliche Positionen des Vatikanum I, des Syllabus und des Antimodernisteneides – besonders die strikte Rationalität des Glaubens und die Maßgeblichkeit der thomistischen Philosophie – erneut einschärft. Theologische Versuche, den Entwicklungsgedanken zu integrieren, moderne Philosophien aufzugreifen, die Autorität des Lehramtes zu relativieren, ökumenische Gemeinsamkeiten herauszustellen und die scholastische Begriffstheologie durch die Rückkehr zu den Quellen zu überwinden, werden dadurch desavouiert.[381]

Der Enzyklika geht eine jahrelange Diskussion über das Theologieverständnis, über das Problem des Relativismus und über das Verhältnis von Natur und Gnade voraus.[382] Der Begriff der »Nouvelle Théologie« wird geprägt als Bezeichnung für Autoren, die eine methodische und inhaltliche Erneuerung der Theologie anzielen und die daher beschuldigt werden, den Modernismus heraufzubeschwören. Besonders die Jesuiten von Fourvière (Lyon) und die Dominikaner von Le Saulchoir werden verdächtigt, und bald taucht neben de Lubac, Daniélou, Bouillard, Teilhard de Chardin, Chenu auch Congars Name unter den Angegriffenen auf.[383]

Schon 1946 dringt der Begriff der »Nouvelle Théologie« – nicht zufällig in einer Ansprache an die Generalkongregation der Jesuiten und anschließend an das Generalkapitel der Dominikaner – in das päpstliche Vokabular ein, ohne jedoch inhaltlich auch nur ungefähr geklärt zu werden. Pius XII. fürchtet die Auflösung der feststehenden und unveränderlichen Wahrheit des katholischen Glaubens durch eine Theologie, die sich als je neue und überholbare Annäherung versteht, und beharrt deshalb auf der Gültigkeit und Notwendigkeit der »philosophia perennis«[384].

*d) Congar im Konflikt mit Rom*

Congars Betroffenheit durch die lehramtlichen Warnungen ist offensichtlich: Sein ökumenisches Engagement und seine Art, Theologie zu treiben, sind in

---

[380] Vgl. *Ecclesia ab Abel,* in: *Abhandlungen über Theologie und Kirche.* FS K. Adam, hrsg. v. M. REDING, Düsseldorf 1952, 79–108.
[381] Vgl. C. FREY, *Mysterium der Kirche – Öffnung zur Welt,* aaO. 95–97.
[382] Vgl. *ebd.* 56–90.
[383] Vgl. *ebd.* 56–61.
[384] Vgl. *ebd.* 57–58.

der Kritik eines falschen Irenismus und in der Herausstellung der Scholastik gegenüber Bibel, Kirchenvätern und historischer Methode mit gemeint.[385] Congar selbst nennt als Gründe für das Mißfallen, das er an der römischen Kurie erregt, seine Ekklesiologie, die das hierarchische und juridische System, wie es die Gegenreformation erzeugt hat, in Frage stellt, und seinen geschichtlichen Ansatz in der Theologie, der auf die je tiefere Tradition der Kirche rekurriert.[386]
Es ist nicht das erste Mal, daß Congar römischen Kreisen mißliebig ist. Eine Reihe von Anstößigkeiten hat sich im Laufe der Jahre summiert:[387] Congars Mitarbeit bei den als progressiv geltenden Zeitschriften »Sept« und »La vie intellectuelle«, seine Mitgliedschaft in der Equipe von Le Saulchoir, seine offenkundige Vorliebe für Möhler, der in Rom als Vorläufer des Modernismus gilt, seine Offenheit für die Religionssoziologie, seine zunehmende Bevorzugung der Kirchenväter gegenüber der Scholastik, seine ökumenische Ausrichtung. Die Veröffentlichung von »Chrétiens désunis« im Jahre 1937 hatte erste Unruhe ausgelöst, die Teilnahme an der ökumenischen Konferenz von Oxford 1937 wurde ihm untersagt, von der Indizierung Chenus, die die ganze Equipe von Le Saulchoir treffen sollte, war bereits die Rede.
Nach dem Krieg erfährt diese Serie von Einschränkungen eine Fortsetzung:[388] Verbot einer öffentlichen Stellungnahme zur ökumenischen Bewegung und der Teilnahme an der ökumenischen Konferenz von Amsterdam 1948, nebulöse Einwände gegen die Neuauflage von »Chrétiens désunis«, Unterbindung der Neuauflage und Übersetzung von »Vraie et fausse réforme dans l'Eglise«, obwohl dieses Werk nie auf den Index gesetzt wird, strenge Kontrolle aller Veröffentlichungen Congars durch die römische Zensur.
Congar spricht von einem Klima des Mißtrauens, der Denunziation und der Verdächtigung, das Rom vergiftet.[389] Die Maßnahmen erreichen ihren Höhepunkt im Jahre 1954, nachdem bereits 1953 erste Schritte gegen die Arbeiterpriester eingeleitet worden sind.[390] Die Provinziäle der drei französischen Dominikanerprovinzen werden abgesetzt, Chenu, Féret und Congar müssen ihre Lehrtätigkeit aufgeben und Paris verlassen. Congar verbringt einige Monate in Jerusalem, dann eine Zeit wieder in Frankreich, wird nach Rom gerufen und nach langem Warten unverrichteterdinge zurückgeschickt, schließlich 1956 nach Cambridge versetzt. Die Odyssee endet in Straßburg, dessen Bischof sich für Congar einsetzt. Die letzte große Schwierigkeit hin-

---

[385] Vgl. PUYO 106. Ein Gespräch mit dem Ordensmeister wenige Tage vor dem Erscheinen von »Humani generis« bestätigt, daß die Enzyklika auch Congar im Visier hat.
[386] Vgl. PUYO 102.
[387] Vgl. zum folgenden: JOSSUA 77–79; PUYO 80–81.98–101.
[388] Vgl. zum folgenden: JOSSUA 77–78; PUYO 106–107.
[389] Vgl. PUYO 99.107.
[390] Vgl. zum folgenden: PUYO 108–112.

sichtlich einer Publikation hat Congar mit seinem heilsgeschichtlichen Durchblick »Le Mystère du Temple«, den er während seines Jerusalemer Aufenthaltes verfaßt und der erst vier Jahre später 1958 erscheinen kann.
Diese Schilderung macht deutlich: Congars Aussagen zu Reform, Geschichte und Freiheit entspringen nicht realitätsferner Spekulation, sondern sind Überlegungen eines Betroffenen und Engagierten, der an der Starrheit der Kirchenleitung, an der statischen Denkweise der Neuscholastik und am kirchlichen Gehorsam leidet. Trotz der persönlichen Involviertheit verfaßt Congar aber keine emotionalen Pamphlete, sondern bemüht sich in Diskretion und ohne Polemik um eine sachliche Aufarbeitung, um eine grundsätzliche Überwindung der Konflikte durch eine vertiefte Reflexion.[391]

## 2. Historische Theologie

### a) Der Theologiebegriff Congars im Übergang von der Scholastik zur Moderne

Congars bereits in den dreißiger Jahren eingeschlagene Denkrichtung verstärkt sich: Belebung der Theologie durch die Rückkehr zu den Quellen, die Wahrung des Vorranges der Offenbarung und damit der Heiligen Schrift als gelungenstem Zeugnis vor allen weiteren Auslegungen, die Überwindung gegenreformatorischer Erstarrung und Engführung, der Blick über die Grenzen der katholischen Kirche hinaus, Lebenswelt, Mentalität und Gemeinschaft als hermeneutische Zugänge zu Ideen und Theorien, Primat des Lebenszeugnisses vor der rationalen Apologetik und dem Wort, das Studium der Geschichte als die angemessenste Methode zur Erkenntnis der Wahrheit.
Mit diesen Optionen kommt Congar an einer Auseinandersetzung mit der Scholastik bzw. Neuscholastik nicht vorbei. Seine Art des Theologietreibens steht unter Legitimationsdruck. Wie sehr dieser Konflikt hintergründig präsent ist, wird greifbar, wenn Congar mehrfach – wie zur Beschwichtigung – das Wertvolle und Gültige der Scholastik, das er keinesfalls aufgeben möchte, betont;[392] sogar der gegenreformatorischen und neuzeitfeindlichen theologischen Reflexion, deren Überwindung ja sein Programm ist, sucht er Positives abzugewinnen.[393]
Congar wehrt sich dagegen, die Scholastik und die Kirchenväter als einander ausschließende Alternative zu begreifen und versucht es mit einem Sowohl-als-auch. Einerseits äußert er sich zurückhaltend gegenüber der Forderung

---

[391] Vgl. JOSSUA 80.
[392] Vgl. SE 537.559; *Entwicklungen* 255.
[393] Vgl. *Sacerdoce et laïcat dans l'Eglise*, aaO. 8. Vergessen wir nicht, daß das kirchenpolitische Umfeld einem Angriff auf Scholastik und Neuscholastik enge Grenzen setzte.

nach einer »Überwindung der Scholastik«[394], da er damit »das Problem der Theologie selbst, ihrer Natur und ihrer Methode ..., eine sehr schwierige Frage«[395] gestellt sieht. Andererseits läßt er dann doch durchblicken, daß er selbst die Kirchenväter und damit einen »gewissen Stil des christlichen Denkens«[396] der Scholastik vorzieht. »Sie lehren nicht so viel und nicht so präzise wie die scholastischen Theologen ..., aber sie haben einen einzigartigen Spürsinn für den Zusammenhang der Dinge, für die Synthese der Geheimnisse und für das Ganze des göttlichen Heilsplanes. Man begegnet bei ihnen einer Form der Erkenntnis, die unmittelbarer, totaler ist als die analytische Erkenntnis der Dialektik. Zudem haben sie nicht abstrakt gedacht, rein philosophisch, sondern in dem wesentlich geschichtlichen Rahmen der Offenbarung und der Bibel.«[397] Congars Vorliebe für ein entwicklungsgeschichtliches Denken findet bei den Kirchenvätern Anhalt und Legitimation.

Von diesem Standpunkt aus formuliert er zwei grundsätzliche Schwächen der Scholastik: die Unterbewertung bzw. Ausblendung der Subjektivität und der Historizität in der Erkenntnistheorie, die zu einem objektivistischen und intellektualistischen Denken führen, das den modernen Einsichten in die vielfältige Bedingtheit von Erkenntnissen nicht gerecht wird. »Ich für mein Teil bin davon überzeugt, daß der Gesichtspunkt des Subjektes einer der beiden großen Bereiche ist, denen sich der Thomismus öffnen muß, wenn er unter uns seine Lehrmission, an die ich glaube, erfolgreich fortführen will. Der andere Bereich ist der Sinn für Geschichte und Entwicklung.«[398]

Gegenüber der Gefahr neuscholastischer Theologie,[399] die Heilige Schrift nicht als Quelle, sondern als Illustration zu benutzen und die Kirchenväter, die Liturgie und das kirchliche Leben kaum einzubeziehen, gegenüber spekulativer Einseitigkeit mit der Tendenz zu einem System der Schlußfolgerungen, gegenüber historischen und eschatologischen Defiziten insistiert Congar auf der Überordnung der Heiligen Schrift über alle theologische Konstruktion, auch über die des hl. Thomas, auf einer geschichtlichen Vergewisserung,

---

[394] *Entwicklungen* 252.
[395] *Ebd.*
[396] *Ebd.* 248.
[397] *Ebd.* 248–249.
[398] *Ebd.* 250. Congar stellt sich in die Reihe der neuen Apologetik, die diese Postulate berücksichtigt (z. B. Rousselot, de Lubac, Mouroux; vgl. *ebd.*), er spricht M. Blondel ein hohes Lob aus für seine Anstöße, die in der genannten Richtung Frucht getragen haben (vgl. *ebd.* 249), er weist auf Pascal und Newman als beispielhafte Verwirklichungen einer Theologie, die den subjektiven Bedingungen des Glaubensaktes gerecht wird, er hebt Möhler und Newmann als Vorreiter geschichtlichen Denkens hervor (vgl. *ebd.* 254).
[399] Die folgende Aufzählung von Kritiken und Gegenakzenten bezieht sich auf ausführliche Besprechungen zum Werk C. Journets (siehe *SE* 567–571.659–669, hier vor allem: 570.666) und E. Mersch' (siehe *SE* 530–534.544–548, hier: 534).

auf einer eschatologischen Ausrichtung, auf der Bedeutung der Kirchenväter und der Liturgie als theologische Quellen, auf der Rückbindung der Theologie an das kirchliche Leben und auf der Hereinnahme der gläubigen Erfahrung.
Angesichts der letztgenannten Punkte verwundert es dann, wenn Congar von thomasischer Warte aus bei E. Mersch abermals bemängelt, daß sein überstark vitalistischer Zug, der an die griechischen Kirchenväter erinnere, dem wissenschaftlichen Anspruch nicht genüge.[400] Es ist die Frage, ob Congars Einwand gegen Mersch konsequent ist. Denkt Congar nicht selbst ziemlich vitalistisch? Entspricht denn seine eigene Theologie noch dem klassischen Wissenschaftsbegriff? Und macht er nicht wie Mersch die Ekklesiologie zur Mitte der Theologie?[401] Es hat den Anschein, daß Congar seine eigene theologische Praxis noch nicht reflexiv eingeholt hat bzw. die systematische Relevanz der Geschichte unzureichend geklärt ist. Immerhin äußert Congar nur ein Jahr später Zweifel am aristotelisch-scholastischen Wissenschaftsbegriff, ohne jedoch für sich eine neue Ortsbestimmung vorzunehmen.[402] Erst in »La Foi et la Théologie« (1962) nimmt er die Fragestellung wieder auf, eine Entscheidung bleibt er aber auch dort schuldig.[403]
Eine Ursache für die wissenschaftstheoretische Unausgeglichenheit Congars dürfte in der Benutzung so unterschiedlicher Quellen wie Möhler und Thomas von Aquin liegen. Das eigentliche Problem aber könnte sachlicher Art sein: Wie ist es möglich, Theologie durch und durch geschichtlich zu betreiben, ohne in einen metaphysischen Relativismus zu verfallen? Wie kann vor der Vernunft eine absolute Norm in der Geschichte begründet werden? Wahrscheinlich liegt hier der Grund, warum Congar das Erbe der Scholastik bewahren will: Ihr metaphysischer und ontologischer Ansatz scheint ihm nicht durch geschichtliches Denken ersetzbar.
Congar will die Scholastik und die Neuscholastik nicht ersetzen, sondern ergänzen und erweitern. Dahinter steht sein Wahrheits- und sein Traditionsbegriff: Wahrheitssplitter sind überall zu suchen und zu finden, wie in anderen Konfessionen oder gar in Sozialismus und Marxismus[404] so auch in der Scholastik; die Scholastik bedarf der differenzierten Kritik, während eine

---

[400] Vgl. SE 533.545.
[401] Vgl. unsere Anfrage am Schluß unseres Kapitels II, 6. Für unser Thema ist an Congars Kritik gegenüber Mersch noch interessant, daß er ausdrücklich seine Konzeption von Theologie als Einsenkung in das Bewußtsein Christi zurückweist (vgl. SE 531–532). Die auffallende Nähe, die an diesem Punkt zwischen Mersch und Blondel besteht, und Congars merkliche Distanz stellen für den weiteren Untersuchungsgang die Frage, inwiefern Congar diesen Aspekt des Blondelschen Traditionsbegriffes später rezipiert.
[402] Rezension zu R. Guardinis »Der Herr«, in: SE 536–537.
[403] Vgl. FTh 132.
[404] Vgl. PL 426.

pauschale Verurteilung ihr nicht gerecht wird. Congar bemüht sich um Integration:[405] Er stellt gerade die Autoren heraus, die eine Synthese zwischen klassischer Theologie und modernen Ansätzen gefunden haben, die es verstanden, die Schätze der Tradition lebendig zu machen, z. B. Möhler, Newman, Scheeben, Khomiakov.[406] Mit Newman verweist er darauf, daß die Theologie nicht in einem Auswechseln von Paradigmen je nach Zeitgeist und Bedarf besteht, sondern in ihrer Sammlung.[407] Die Frage nach der kritischen Norm der ja doch unvermeidlichen Auswahl bleibt hier offen. An anderem Ort bringt Congar nochmals das »Schema einer Unterscheidung zwischen der bleibenden Substanz und dem geschichtlichen Modus«[408] als Hilfskonstruktion, doch bleibt unklar, wie er den Begriff einer »zeitlosen Wahrheit«[409] mit der Tatsache der unbestreitbaren Historizität unserer Erkenntnis vermittelt. Congar selbst spricht von einem »neuen Typ der Intelligibilität«[410], der für den Bestand und die Überzeugungskraft der Theologie lebensnotwendig ist. Er sieht im Denken des Christentums als Geschichte und Entwicklung *den* Lösungsansatz für die anstehenden theologischen Fragen. »Die eigentlichen Probleme unserer Generation ... führen alle dahin: die exakte Beziehung der Kirche zur Welt ... setzt eine Kritik an der Idee der sakralen Christenheit und das Gefühl für unterschiedliche geschichtliche Zustände voraus: das Problem der Beziehung der irdischen Werte zum Reich Gottes verlangt eine geschichtliche Sicht. Gegenüber dem Marxismus und seinen verlockenden Theorien, die deshalb so gefährlich sind, weil der Marxismus eine Erklärung der Dinge und sein praktisches revolutionäres Programm mit einer Gesamtschau der Entwicklung verknüpft, kann das Christentum nur dann eine wirksame Antwort geben, wenn es sich selbst besser dessen bewußt wird, was es in Wirklichkeit ist: die Verwirklichung eines Planes in der Geschichte, eine Bewegung, die von einem Anfang ausgeht und durch eine Entwicklung hindurch zu einer Vollendung führt.«[411]
Die augenblickliche Herausforderung für die Theologie, nämlich Säkularisierung und Marxismus, kann laut Congar gerade dann und nur dann bestanden werden, wenn die Theologie sich auf die Eigenart des Christentums besinnt. Die zeitgeschichtliche Infragestellung drängt dazu, das Christentum als Geschichte zu denken und damit eine verständliche und treffende Antwort zu geben.
Neben Säkularisierung und Marxismus nennt Congar drei weitere Gründe,

---

[405] Vgl. *SE* 559; *HK* 164; *Entwicklungen* 246.
[406] Vgl. *SE* 564–567.
[407] Vgl. *SE* 559.
[408] *Entwicklungen* 254; Vgl. *PL* 399.
[409] *Ebd.* 253.
[410] *Ebd.* 255.
[411] *Ebd.*

die die »Wiederentdeckung dieser Dimension der Geschichte im Herzen des christlichen Glaubens selbst«[412] veranlaßt haben: zunächst die beiden Weltkriege, die die Erfahrung der Schicksals-, Kampf- und Hoffnungsgemeinschaft bewirkt haben; dann die theologische Zuwendung zum Alten Testament, die erkennen ließ, daß Israel ein »Volk der Propheten und der Hoffnung war, daß es immer auf etwas wartete«[413], und daß es die Kategorie des Geschichtlichen hervorbrachte; schließlich die Rückkehr zu den Quellen, die in der Neubefragung des Ursprungs die eigene Mitte finden und dadurch den Problemen der Gegenwart beikommen wollte. Nicht allein die Theologie also, nicht einmal die Kirche zuerst, sondern die Geschichte selbst, die Weltgeschichte, hat dafür gesorgt, daß das geschichtliche Denken in die Theologie Eingang gefunden hat.

In der Wechselwirkung von Real- und Ideengeschichte erblickt Congar ein allgemeines Gesetz: »... die Entwicklung der Wahrheit ist bedingt durch die der Welt.«[414] Theorien haben jeweils sittliche, politisch-gesellschaftliche und ökonomische Bezüge,[415] rationale Konstruktion entsteht häufig aus einer bestimmten Mentalität.[416] Auch »die Kirche lernt im Kontakt mit den Tatsachen«[417], die Theologie empfängt Impulse für Problemstellung und Denkweise aus der Pastoral.[418] Deswegen ist ein spekulativ-rationalistischer Ansatz in der Theologie zum Scheitern verurteilt. Ebenso weist Congar allerdings eine empiristische Reduktion zurück: Die Kirche entzieht sich einer nur historischen oder soziologischen Methode, weil sie sich in einem Referenzsystem befindet, das Historie und Soziologie überschreitet.[419] Zugrunde liegt Congars theandrisches Kirchenmodell: Die Kirche ist gedacht als eine geschichtliche Bewegung, in der Gott und Mensch – durch Christus endgültig vereint – zusammenwirken.[420] Aus diesem Konzept folgt für die Theologie, daß sie als der Kirche immanente, an ihrer Dynamik teilhabende und ihre Sendung kritisch und stimulierend begleitende Reflexion nur von einer Ver-

---

[412] *PL* 277; vgl. zum folgenden *PL* 277–278.
[413] *PL* 278.
[414] »... le développement de la vérité est conditionné par celui du monde« (*Sainteté et péché dans l'Eglise*, aaO. 31).
[415] Vgl. *ebd.* 33.
[416] Vgl. *ebd.* 37–38; *PL* 398; *Mentalité »de droite« et intégrisme*, in: *VieI* 18 (1950) 644–666 (aufgenommen in der ersten Auflage von *VFR* 604–622). Mentalität ist ein Schlüsselwort der historischen Schule von M. Bloch und L. Febvre, die hier sichtlich Einfluß auf Congar genommen hat.
[417] *AKH* 113.
[418] Vgl. *Sacerdoce et laïcat dans l'Eglise*, aaO. 7–8.
[419] Vgl. *Sainteté et péché dans l'Eglise*, aaO. 37; *Das Mysterium des Tempels*, Salzburg 1960, 278.
[420] Vgl. *ebd.* 38–39. Congar verweist auf die scholastische Denkweise des Hylemorphismus, die er sich zu eigen macht.

nunft begriffen werden kann, die Leben und Denken der Kirche mitvollzieht und dadurch für das Wirken und Denken Gottes geöffnet ist.

Die Frage nach Inhalt und Methode der Theologie hat uns mit Congar in einen weiten Horizont hineingeführt: die gegenseitige Verwiesenheit und Bedingtheit von Theologie, Kirchengeschichte, Geistesgeschichte und Weltgeschichte. Erkenntnis- und Wissenschaftstheorie werden von Congar historisch und ekklesiologisch eingebunden. Mit dieser Situierung der Theologie in einer geschichtlichen Ekklesiologie wird Congar zugleich der zweiten neuzeitlichen Herausforderung – der nach angemessener Berücksichtigung des Subjekts – gerecht, denn »die Geschichte ... lebt nur vom Beitrag der Subjekte.«[421]

### b) Geschichte und Theologie

Wir haben gesehen: Congar versteht unter Geschichte mehr als »die Rekonstruktion von Begebenheiten der Vergangenheit und deren Abfolge«[422], sondern faßt sie auf als eine »Dimension in unserer Weltsicht«[423], d. h. er spricht ihr eine erkenntnistheoretische Bedeutung für die Gegenwart zu, aus der dann wiederum eine praxisleitende Relevanz für die Zukunft folgt. Die profane Zuwendung zur Geschichte hat in Congars Augen kirchlich eine glückliche Entsprechung gefunden, die dazu geführt hat, einen intellektualistischen Glaubensbegriff zu überwinden und die Eigenart des Christentums stärker zu profilieren, die genau darin besteht, den Glauben als eine zielgerichtete Geschichte mit innerer Normierung zu denken. Die christliche Existenz zeichnet sich eben durch ihre Polarität und Dynamik aus: »an ein Ereignis der Vergangenheit gebunden und auf eine Hoffnung ausgespannt«[424]. Diese Glaubenskonzeption hat Auswirkungen bis in das Gottesbild hinein: Eine deistische Gottesvorstellung vom höchsten Wesen und Weltenbaumeister ist nicht zu vereinbaren mit dem christlichen Gott, der eine Geschichte mit den Menschen hat.

Ein solch theologischer Zugriff auf die Geschichte begegnet jedoch großen Schwierigkeiten. Die christliche Deutung legt sich nicht zwingend auf, da »das Licht, das die Dinge erhellt, nicht in ihnen selbst«[425] zu finden ist und die christliche Geschichte »ganz wie die große profane Geschichte«[426] verläuft. Der Gang der Ereignisse erscheint daher »so oft dunkel, wechselhaft und vol-

---

[421] *Entwicklungen* 254.
[422] *PL* 277.
[423] *Ebd.*
[424] *Ebd.*
[425] *AKH* 61.
[426] *PL* 280.

ler Wirren«[427] und erweckt den Eindruck eines planlosen Durcheinanders gleich den kreuz und quer laufenden »Fäden auf der Rückseite eines Gewebes«[428]. Congar spricht von Spannung, Dialektik und Widerspruch, von Dramatik und Kampf.[429]

Zum hieroglyphenartigen Charakter der Geschichte tragen vor allem Nöte, Krankheiten, Leiden, Ungerechtigkeit und Krieg bei, die dem Menschen zum Ärgernis werden und eine »metaphysische Revolte«[430] hervorrufen können.[431] Die Frage nach Gott wird zur »Frage nach seiner Lenkung der Welt, nach seinen Absichten und seinem Willen, unser Menschenschicksal an sich zu ziehen«[432]. Im Wissen um das Ungenügen einer intellektuellen Erklärung angesichts existentieller Bedrängnis versucht Congar eine Antwort, indem er die Geschichte als Raum der Freiheit darstellt; Freiheit aber bedingt Mehrdeutigkeit, Offenheit, Wagnis, Geheimnis, Ungewißheit.[433] Die Unaufdringlichkeit und Verborgenheit Gottes, die Undurchsichtigkeit der Geschichte und das eigenartige Beieinander von Hell und Dunkel haben ihren Grund: Sie sichern die Freiheit der Glaubensentscheidung. »Die Freiheit unserer Wahl erfordert es, daß Gott eine Art Inkognito wahrt.«[434]

Eine Auflösung der vielen Fragen, Ungereimtheiten und Gegensätze, vor die uns die Geschichte stellt, ist laut Congar nur möglich in einer »Gesamtschau der Dinge«[435], die wiederum in Vollständigkeit dem Ende der Welt vorbehalten ist, wenn wir »die Dinge von ihrem tiefsten Inneren, d. h. von Gott her begreifen«[436]. Christus kann uns allerdings im Glauben jetzt schon lehren, »*in den Dingen ihren Ursprung und ihr Ziel gegenwärtig zu sehen*«[437].

Die Eigenart christlicher Geschichtsbetrachtung gegenüber allen anderen Geschichtstheorien liegt nun für Congar – er stützt sich bei dieser Charakterisierung vor allem auf die Offenbarung des Johannes – gerade in der Rolle, die Jesus Christus zukommt: Er ist »Mittelpunkt, Wurzel und Quelle«[438] der Geschichte, »das Alpha und das Omega, ... Ursprung und Ende, Anfang und

---

[427] *AKH* 64.
[428] *Ebd.*
[429] Vgl. *AKH* 57.206.
[430] *Das Problem des Übels*, in: J. DE BIVORT DE LA SAUDEE/J. HÜTTENBÜGEL (Hrsg.), *Gott-Mensch-Universum. Die Stellung des Menschen in Zeit und Welt*, Köln-Graz 1963, 712–759, hier: 717.
[431] Vgl. *ebd.* 714–719.
[432] *Ebd.* 754–755.
[433] Vgl. *ebd.* 718–719.757–759.
[434] *AKH* 99.
[435] *Das Problem des Übels*, aaO. 755.
[436] *AKH* 64.
[437] *AKH* 61.
[438] *Der christliche Begriff der Geschichte*, in: *PL* 277–284, hier: 278 (Artikel aus dem Jahre 1952).

Vollendung ..., Keim und Ernte«.[439] In Jesus Christus findet die geschichtliche Frage nach dem Anfang und nach dem Ziel und nach der treibenden Kraft des Geschichtsprozesses eine Antwort.

Die Geschichte der Kirche situiert Congar im Bereich zwischen Ostern und Parusie Christi; während Christus allein Alpha und Ursprung ist, wird er Ende und Omega mit uns sein. Im biomorphen Bild gesprochen heißt dies: In der Geschichte der Kirche geschieht das Wachsen des Korns zur Ähre, der Saat zur Ernte. Daher ist die Zeit der Kirche »nicht Leeres«,[440] sondern »eine erfüllte, dynamische, fruchtbare Dauer«,[441] eine Zeit, die uns zum Mitwirken mit Christus herausfordert und in der für uns die Entscheidung über das Gelingen unseres Lebens fällt.

Die christliche Geschichte besitzt nach Congars Darstellung eine innere Polarität. Sie ist unwiderruflich zurückbezogen auf das einmalige Ereignis Jesu Christi, und sie lebt in der Gegenwart stets neuer Aktualisierung seiner Menschwerdung, seiner Verkündigung und seines Kreuzes. Die Brücke zwischen Vergangenheit und Gegenwart schlägt die Nachfolge Christi, die uns – Congar greift Péguy auf – zu Zeitgenossen Christi macht. Die Heilige Schrift, die Überlieferung, das apostolische Amt und die Sakramente helfen, das Leben Christi heute zu leben und so Anteil an seiner Erlösung, am Heil gewinnen zu können. Die Zeit kann daher zum Raum des Heiles werden, das sich von Christus her »auf die ganze Geschichte erstreckt«[442]. Congar öffnet die Kirchengeschichte auf die Universalgeschichte, das individuelle Geschick auf die Schicksalsgemeinschaft, den Menschen auf den Kosmos hin. Er hält es für eine außerordentliche Leistung des christlichen Geschichtsdenkens, von Christus her das, was in vielen Theorien auseinanderfällt, zusammenzuhalten und keinen menschlich wichtigen Wert zu opfern: Mensch und Kosmos, Person und Kollektiv, Geist und Körper, Geschichte und Heil, Vergangenheit und Zukunft.[443]

Christus schafft dafür die Grundlage, indem er einen Ausweg aus drei zentralen Aporien weist, die sich jeglicher Geschichtstheorie stellen: der Tod, das Scheitern des Zusammenlebens, die Sünde. Christi Antwort besteht in der Auferstehung, in der Verkündigung und zeichenhaften Realisierung gelungener Gemeinschaft, in der Ermöglichung der Heiligkeit.[444] Durch Christus hat der Christ die begründete Hoffnung, die Begrenztheit der eigenen Geschichte zu transzendieren, Teil einer Gemeinschaft zu werden, die seine Individuali-

---

[439] *Ebd.* 279. Vgl. *AKH* 29.
[440] *Ebd.* 280.
[441] *Ebd.*
[442] *Ebd.* 282.
[443] Vgl. *ebd.* 282–283.
[444] Vgl. *ebd.* 283.

tät nicht zerstört, sondern seine Sehnsucht nach Überwindung der Einsamkeit erfüllt, und seine persönliche, ganzheitliche Verwirklichung zu finden. Der von Congar dargestellte Beitrag des christlichen Glaubens zur Geschichtstheorie liegt also im Erschließen von Sinn durch die Kenntnis des Zieles und des Gesamtzusammenhangs der Geschichte, in der Verbindung von personaler, kollektiver und kosmischer Hoffnung, in der Einführung einer Gemeinschaft, die Träger sinnvollen Handelns in der Geschichte ist, weil und insofern sie dem nachfolgt, der Ursprung, Ziel und Mitte der Geschichte ist, und in der Ermöglichung, gegenwärtiges Heil zu denken und zu erfahren durch die stets neue Vergegenwärtigung des heilen und heilbringenden Gott-Menschen Jesus Christus.

Die Plausibilität dieser christlichen Sicht der Geschichte hängt offensichtlich von der Einsichtigkeit der Christologie und von der Glaubwürdigkeit der Kirche ab. Ihre Überzeugungskraft steht und fällt mit dem Zugang, den der Adressat zur Gestalt Jesu Christi und zur Gemeinschaft der Kirche findet. Daher liegt Congar die Erneuerung der Kirche so am Herzen, daher bemüht er sich so sehr, ihre dunklen Seiten und Irrwege verständlich zu machen (nicht zu entschuldigen), daher arbeitet er so viel über die Geschichte der Kirche, denn sie ist es, die die Gegenwart mit Christus verbindet oder auch den Zugang zu ihm verstellt.

Congars theologiegeschichtliches Denken zieht nur dann, wenn eine Kontinuität zwischen Christus und Kirche aufzuweisen ist und wenn die Gestalt Christi selbst ebenfalls aus der Geschichte erschlossen werden kann. So läßt sich folgende Denkbewegung ablesen: Congar setzt ein beim feststellbaren, sichtbaren Leben der Kirche, die den Glauben an Jesus Christus verkündet und umzusetzen versucht; diese Gegenwart ist nur verständlich aus ihrem geschichtlichen Werden – auch den konfessionellen Spaltungen – heraus, das unlöslich mit Jesus Christus verknüpft ist; dieser wiederum ist nur zu begreifen vor dem Hintergrund der Geschichte Israels. Die augenblickliche Erfahrung wird also gedeutet im Rückgriff auf ihre Entstehungsgeschichte, die in sich bereits Leben und Denken vereint. Die Geschichte als Wechselverhältnis von Theorie und Praxis bietet für Congar die Möglichkeit, Erfahrung und Vernunft zu vermitteln und so die gegenwärtige Erfahrung adäquat zu erhellen. Erfahrung wird verstehbar im Horizont bereits interpretierter, anderer und früherer Erfahrung, und die Vernunft kommt zu sich selbst im Einholen ihrer eigenen Geschichte.

### c) Theologie der Heilsgeschichte

Die Ekklesiologie verweist auf die Historie, die Historie der Kirche gibt den Ball weiter an die Christologie, die Christologie verlangt nach einer alttestamentlichen Grundlegung. Congar stellt damit die Theologie in den Rahmen der gesamten Heilsgeschichte; es ist ihre Aufgabe, deren innere Gesetzmäßigkeit und Eigenart denkend nachzuvollziehen. Es ist dann nur konsequent, wenn die Theologie ihre Terminologie diesem Referenzsystem entlehnt, um das Spezifische und Charakteristische ihres Gegenstandes nicht zu verlieren. Congar betrachtet es eben als Gefahr der Anwendung philosophischer Kategorien, das Proprium und das Neue der jüdisch-christlichen Offenbarung gegenüber aller natürlichen Erfahrung nicht in den Blick zu bekommen.[445] Eine Theologie in heilsgeschichtlicher Begrifflichkeit und Denkweise macht dagegen bereits vom Instrumentarium her deutlich, daß der christliche Glaube nicht aus uns kommt, daß christliche Religion kein Produkt des Menschen ist. Sie wahrt den Vorrang der Vorgabe, die ein für allemal von außen und von oben gemacht worden ist.[446] Dadurch wird katholische Theologie in der Ökumene dialogfähig. So läßt Congar zunehmend thomistische Begriffe hinter sich und entfaltet seine Theologie in heilsgeschichtlichen Kategorien: Plan Gottes und Geheimnis (als Übersetzung von »ökonomia«), Bund, Berufung und Sendung, Gemeinschaft, Stellvertretung.

Heilsgeschichte wird von Congar definiert als »eine Verkettung von Ereignissen und göttlichen Heilstaten nach einem bestimmten Heilsplan, den Gott von Ewigkeit her in seiner Einheit sieht, der sich aber bruchstückhaft und allmählich in der Zeit verwirklicht«[447]. Dieser Plan Gottes, »seit der Schöpfung gegenwärtig, Abraham verkündigt, durch die Vermittlung des Moses ins Werk gesetzt, verfolgt das Ziel, aus den Menschen ein Volk, das Volk *Gottes* zu machen und die Menschheit am Leben Gottes, am Genuß seiner väterlichen Güter teilhaben zu lassen«[448]. Der Ursprung des Heilsplanes liegt in Gott, die Ursache seiner Verzögerung in der Langsamkeit und Freiheit des Menschen.[449] Da Gott nicht allein der Handelnde sein will, sondern den Menschen beteiligt, fließt dessen Verfaßtheit, sein der Natur verwandtes Lebensgesetz vom stufenweisen und bisweilen retardierten Fortschritt ein.[450] »Alles im Plan Gottes beginnt mit einem Keim, entwickelt sich in mehreren Stufen und geht seiner Vollendung entgegen.«[451] Die Heilsgeschichte intensiviert in ihrem Verlauf die Verbindung Gottes mit den Menschen: Schöpfung, Gnade, Inkarnation.[452] Sie zeigt als elementare Struktur die Aufeinanderfolge von Verheißungen und Erfüllungen, wobei die Erfüllung allerdings jeweils einen Überhang an Verheißung bestehen läßt.[453]

---

[445] Vgl. *SE* 537.
[446] Vgl. *»Dieu a besoin des hommes«*, aaO. 14–15.
[447] *AKH* 25.
[448] *Die Eucharistie und die Kirche des Neuen Bundes,* aaO. 162.
[449] Vgl. *Das Mysterium des Tempels,* aaO. 233.
[450] Vgl. *VFR* 127.
[451] »Tout, dans le plan de Dieu, commence par un germe, se développe en plusieurs étapes et va à sa consommation« (*VFR* 125).
[452] Vgl. *Das Mysterium des Tempels,* aaO. 226–227.
[453] Vgl. *VFR* 127; *Du nouveau sur la question de Pierre?,* aaO. 38–39.

Ein entscheidendes Ereignis der Heilsgeschichte ist die Erwählung Abrahams.[454] Mit ihr beginnt die Offenbarungsgeschichte. In der Berufung und Sendung Abrahams tritt ein zweiter Wesenszug der Geschichte Gottes mit den Menschen zutage, »das Gesetz des *Pars pro toto*«[455] oder die »biblische Logik der Erstlinge«[456]. Congar macht mehrfach auf die für ihn wichtig gewordene Studie von W. Vischer aufmerksam. Von ihm übernimmt er die Einsicht: »Sehr oft gibt Gott zuerst einem einzigen und legt in ihn hinein, was dann vielen mitgeteilt werden soll.«[457] Er spricht vom »biblischen Gedanken des Einschlusses und der stellvertretenden Darstellung des Ganzen im Teile«[458]. Die Heilsgeschichte zeichnet sich aus durch eine charakteristische Verbindung von Partikularität und Universalismus, die ihre Ursache hat in der göttlichen Erwählung eines Menschen bzw. eines Volkes im Hinblick auf das Heil aller.

Diese heilsgeschichtliche Konstante gilt auch für die Kirche: Sie ist »eine solche das Ganze darstellende und dynamische Minderheit«[459].

Mit Abraham schließt Gott einen Bund. Bund bestimmt Congar als »eine Vereinigung zweier Willen. Das ist ein geistiger Akt; aber er erfüllt sich durch einen bestimmten Ritus und vollendet sich in einem Zeichen, das in der Schrift *Zeugnis* genannt wird.«[460] Es geht also in der Heilsgeschichte um die intentionale Übereinkunft zwischen Gott und Mensch. Die menschlichen Kommunikationsstrukturen können dabei nicht übersprungen werden; unsere Mitteilungsfähigkeit ist an Gesten und Gegenstände gebunden. »In unserer Welt müssen das Streben nach Heil, die geistigen Bewegungen ... einen Körper annehmen, um vollkommen zu sein.«[461] Der äußere Ausdruck einer Haltung, eines Denkens und Wollens ist kein beliebiger Zusatz, sondern konstitutiver Bestandteil, in dem unsere Intention erst ganz zu sich selbst kommt. So entspricht Gott der menschlichen Verfaßtheit, wenn er sich schließlich einen Körper schafft, wenn er nicht nur in Riten und Zeichen, in Gaben, Worten und Taten seine Nähe bezeugt, sondern sich in einem Leib ganz und gar selbst ausdrückt. Bei aller Entsprechung behält Gottes Tun aber doch den Charakter des Überraschenden, des Nicht-Erfindbaren: Gott behandelt die Men-

---

[454] Vgl. *VFR* 126; »*Dimensions de la foi*«, in: *Viel* 25 (1953) 114–121, hier: 117–118 (Rezension des gleichnamigen Buches von M.-L. Guérard des Lauriers op, Paris 1952).
[455] »la loi de *Pars pro toto*« (*L* 98).
[456] *AKH* 30.
[457] »Très souvent, Dieu donne d'abord à un seul et met en un seul ce qui doit être ensuite communiqué à beaucoup« (*L* 98).
[458] *AKH* 23.
[459] *AKH* 23.
[460] »... une union de deux volontés. C'est un acte spirituel, mais elle s'accomplit par un certain rite et se consomme dans un signe qui, dans l'Ecriture, est appelé *témoin*« (»*Dieu a besoin des hommes*«, aaO. 7).
[461] *Das Mysterium des Tempels*, aaO. 228. Vgl. »*Dieu a besoin des hommes*«, aaO. 6.

schen gemäß ihrer Konstitution[462], und dennoch ist Jesus »viel mehr als das, was die Juden erwarteten«[463]. Congar liegt daran, zugleich zu zeigen, daß Gott durch sein Wirken den Menschen nicht übergeht und ihn schon gar nicht sich selbst entfremdet, vielmehr auf menschliche Weise handelt, und daß Gott andererseits die menschlichen Hoffnungen und Sehnsüchte doch noch überbietet[464], denn in der Menschwerdung wird die erflehte Nähe auf unvorstellbare Weise verwirklicht. In dieser anthropologischen Aufschließung der Offenbarung bei gleichzeitiger Betonung ihres Überschusses gegenüber allem menschlichen Denken und Streben darf ein Fortwirken Blondelscher Anstöße vermutet werden.

Während Gott in der Geschichte Israels wie von außen eingegriffen hat, wird er durch die Inkarnation zum inneren Prinzip der weiteren Geschichte.[465] »Der wesentliche Punkt ist, daß es bis zu Jesus Christus wohl Gaben Gottes gegeben hat, Gott selbst aber hatte sich noch nicht geschenkt.«[466] Gott teilt sich nun selbst mit und wird dadurch offenbar als Gemeinschaft von Personen, die *ein* Leben führen, er zeigt sich als »Mysterium der Mitteilung und der Gemeinschaft«,[467] als Geheimnis der Liebe. In dieser Aussage liegt für Congar der Beginn der spekulativen Theologie.

Wenn schon jedes wichtige alttestamentliche Ereignis den weiteren Verlauf der Heilsgeschichte geprägt, weil ein neues Element eingeführt hat und so von endgültigem Wert war,[467a] so gilt dies in unvergleichlichem Maß von Jesus Christus. In ihm ist ein Niveau erreicht, das irdisch nicht mehr überboten werden kann, eine Ordnung nicht mehr nur der Erwartung, sondern zugleich der Gegenwart und der Tatsächlichkeit des Heils.[468] Wenn Congar das Christusgeschehen als das Ziel der vorangehenden Geschichte qualifiziert, als Fluchtpunkt, auf den die Linien des Alten Bundes hinlaufen, als Erfüllung alttestamentlicher Verheißung und als Norm aller folgenden Geschichte, als Vorwegnahme der vollkommenen Beziehung zu Gott, dann trennen sich hier die Wege des Judentums und des Christentums, dann ist hier deshalb auch der Punkt, wo das Denken der Heilsgeschichte der Frage nach dem Ende und dem Ziel nicht länger ausweichen kann.

---

[462] Vgl. *»Dieu a besoin des hommes«*, aaO. 6.
[463] *Das Mysterium des Tempels,* aaO. 276.
[464] Vgl. *ebd.* 277.
[465] Vgl. *ebd.* 263.278.
[466] *Ebd.* 263.
[467] *Ebd.* 225.
[467a] Vgl. *Ebd.* 262.
[468] Vgl. *ebd.* 228.233.

*d) Die Eschatologie als Dimension der Geschichte*

Die Frage nach dem Ende wird durch die Botschaft und das Schicksal Jesu Christi verschärft, da er die vorangehende jüdische Eschatologie aufhebt und ein neues geschichtliches Denkmuster inauguriert.
Congar greift die Anregungen protestantischer Exegeten und Theologen auf und will die Eschatologie aus der Enge eines Traktates über die letzten Dinge (Himmel, Hölle, Fegfeuer) befreien.[469] Er stellt sich bewußt in die zeitgenössische theologische Strömung hinein, die ihm selbst Klarheit gebracht hat: »Die Neuentdeckung, die man seit etwa 15 Jahren gemacht hat, ist die, daß die letzten Ziele (das, was am Ende ist) all dem Vorherliegenden, der ganzen Bewegung, ihren Sinn geben; sie sind allem Vorangehenden gegenwärtig.«[470] Eschatologie treiben, heißt: »die Koordinaten der auf ihr Ende zulaufenden Bewegung zu definieren«[471]. Wie der Anfang mehr ist als eine chronologische Kategorie, vielmehr als Prinzip des Folgenden zu verstehen ist, so hat auch der Begriff des Endes nicht nur eine chronologische, sondern eine qualifizierende Funktion: Das Ende ist Vollendung und Ziel des Vorhergehenden.[472]
Die Eschatologie hat also eine gravierende Bedeutung für die Gegenwart; sie wird nicht erst an der Grenze unseres Lebens interessant, sondern betrifft seine Mitte, seine innere Ausrichtung, seinen Stellenwert. Von der Eschatologie her fällt Licht auf die Ereignisse der Geschichte, die sonst in ihrer Bedeutung dunkel bleiben. Sie enthüllt den Maßstab, mit dem wir Geschichte beurteilen können.
Hier ist darauf aufmerksam zu machen, daß Ende der dreißiger Jahre eine intensive theologische Diskussion über die Eschatologie eingesetzt hat. Congar nimmt keinen ausführlichen Bezug darauf, doch wenn er Namen wie O. Cullmann, J. Daniélou, C. H. Dodd, H. de Lubac, R. Grosche anführt,[473] darf daraus geschlossen werden, daß ihm die zeitgenössische Auseinandersetzung präsent ist und seine eigene Position diese als Hintergrund hat; und wenn Congar nur auf O. Cullmann öfter eingeht, so darf dabei nicht vergessen werden, daß in dessen Darstellung die wichtigsten anderen protestantischen Entwürfe (A. Schweitzer, K. Barth, R. Bultmann u. a.) einen Platz haben.[474]
Congar setzt sich mit seiner Konzeption ab von der konsequenten Eschatologie, die Jesu Naherwartung als enttäuscht und seinen Tod als endgültiges

---

[469] Vgl. *L* 95; *HK* 45–46.
[470] *HK* 46. Vgl. *SE* 535.600.667; *VFR* 127; *AKH* 64: »Am Ende der Geschichte der Welt ... werden wir die Dinge von ihrem tiefsten Inneren, d. h. von Gott her begreifen«.
[471] *HK* 46.
[472] Vgl. *L* 649.
[473] Vgl. *ebd.* 96; *HK* 48.
[474] Vgl. *Christus und die Zeit*, Zöllikon-Zürich 1946.

Scheitern betrachtet, von der existentialen Interpretation Bultmanns, die die Eschatologie aller zeitlichen Bezüge beraubt, von der realisierten Eschatologie eines C. H. Dodd, die die Bedeutung der Gegenwart zu entleeren droht, von der überzogen präsentischen Eschatologie eines Ch. Journet und E. Mersch, die dem provisorischen Charakter der Kirche nicht gerecht wird, von der pessimistischen Eschatologie eines L. Bouyer, von der rein futuristischen Eschatologie des Judentums und ihrer säkularen Wendung im Marxismus, die das Neuartige Jesu Christi und seiner Gegenwart nicht erfassen, von der vorweggenommenen Eschatologie O. Cullmanns, die die Zeit der Kirche zu gering bewertet.[475]

Congar kann mit J. Daniélou zu den Vertretern einer sich realisierenden Eschatologie gerechnet werden. Die Geschichte strebt hin auf ihre Vollendung im Reich Gottes, wenn Gott alles in allem sein wird, und ohne diese endzeitliche Ausrichtung bleibt der christliche Glaube unverständlich;[476] in dieser Hoffnung auf den von Gott allein bewirkbaren Umbruch und im Unterwegssein auf das Ziel der Geschichte lebt das jüdische Erbe im Christentum fort.[477] Andererseits ist in Jesus Christus nach christlichem Verständnis die Endzeit bereits angebrochen, denn »in einem Sinn ist Jesus selbst das Reich Gottes«,[478] so daß wir mit ihm »in die endgültige Ordnung der Dinge eingetreten sind, nach der es keine andere, wahrhaft neue mehr geben wird«;[479] der neue und ewige Bund ist unüberholbar. Congar spricht von der signifikanten »Dialektik zwischen dem bereits *Verwirklichten und Gegebenen* und dem *noch Versprochenen und Erwarteten*«,[480] von der Dualität, in Jesus erlöst zu sein und doch das Heil wirken zu müssen.[481] Auf der einen Seite kann Gott nicht mehr mitteilen, als er in seinem Sohn mitgeteilt hat, nämlich sich selbst,[482] so daß am Ende der christlichen Geschichte nicht mehr herauskommen kann, als in ihrem Anfang angelegt ist; die Parusie hat keinen anderen Inhalt als das Ostergeheimnis.[483] Auf der anderen Seite fügen die Christen doch etwas zu Jesus Christus hinzu, nämlich ihre freie Zustimmung und aktive Mitarbeit. Was in Jesus Christus prinzipiell und virtuell vorhanden

---

[475] Vgl. zur Kategorisierung: J. Daniélou, *Vom Geheimnis der Geschichte,* Stuttgart 1955, 310–312.
[476] Vgl. *L* 96.
[477] Vgl. *Sacerdoce et laïcat dans l'Eglise,* aaO. 12.
[478] »Jésus, en un sens, est lui-même le Royaume de Dieu« (*L* 97, mit Verweis auf Origines).
[479] *Die Eucharistie und die Kirche des Neuen Bundes,* aaO. 164.
[480] »dialectique entre le *déjà réalisé et donné* et le *encore promis et attendu*« (*Sacerdoce et laïcat dans l'Eglise,* aaO. 9; vgl. ähnliche Aussagen *ebd.* 10–11).
[481] Vgl. *HK* 45.
[482] Vgl. *Die Eucharistie und die Kirche des Neuen Bundes,* aaO. 164.
[483] Vgl. *L* 99.

ist, wird durch das freie Mittun der Menschen aktuell.[484] Die Logik dieses Vorgangs ergibt sich für Congar aus dem bereits genannten »Gesetz des *Pars pro toto*«[485]. Eine andere Verständnishilfe bietet die Unterscheidung von Ursache des Heiles (= Christus), Mitteln des Heiles (= Kirche, Sakramente, Glaube) und der Verwirklichung des Heiles in Fülle.[486]

Zur Illustrierung verwendet Congar häufig biomorphe Modelle (reifen, wachsen, Keim, Frucht, Ernte).[487] Von O. Cullmann übernimmt er einen militärischen Vergleich:[488] Der Sieg Christi über Sünde und Tod ist wie eine Entscheidungsschlacht, die die Wende bringt; ihre Bedeutung wird allerdings erst später – von rückwärts her – erkannt, und es finden nach wie vor Gefechte statt, denn den Endsieg wird erst Gott bringen, wenn er sein Reich errichtet. Der hl. Gregor liefert Congar das Bild vom Stehen auf der Schwelle einer schon geöffneten Tür,[489] und aus der Heiligen Schrift zieht er die Rede vom Angeld heran: »es ist weniger als das Erbe, aber mehr als eine Verheißung.«[490] Die Geschichte hat in christlicher Sicht also ihren Höhe- und Zielpunkt, auf den sie hinstrebt, nicht nur zukünftig vor sich, sondern trägt ihn in sich. Das christliche Geheimnis besteht im »Eintritt der Zeit in die Ewigkeit auf der Grundlage eines Herabstiegs der Ewigkeit in die Zeit«[491]. Congar nimmt das klassische exitus-reditus-Schema auf, das er mittels der Kategorie der liebenden Bewegung interpretiert. Er betont dabei im Hinblick auf die protestantische Theologie den absoluten Vorrang der Initiative und Gabe Gottes, der absteigenden Bewegung, die erst das Handeln des Menschen, die aufsteigende Bewegung, ermöglicht und zum Ziel führt. Die Eschatologie darf nicht mit der Apokalyptik verwechselt werden,[492] vielmehr ergründet sie den inneren Sinn der Zeit. Geschichte ist dann sinnvoll, weil von bleibender Bedeutung, wenn der Mensch seiner Berufung im Plan Gottes entspricht und das Reich Gottes sucht. Im Eingehen des Menschen auf das Handeln Gottes ist das Eschaton gegenwärtig und damit der Sinn der Zeit erfüllt.[493]

Für diese Konzeption der Eschatologie sind zwei Beweisführungen zu erbringen: einmal, daß Jesus sein Wirken als Einbruch der Endzeit verstanden hat, ein Sachverhalt, über den bei den Exegeten weithin Einigkeit besteht, und

---

[484] Vgl. *ebd*; »*Dieu a besoin des hommes*«, aaO. 16: »Tout est donné par Dieu en Jésus-Christ, mais tout est agi par l'homme«.
[485] »loi de *Pars pro toto*« (*ebd*. 98).
[486] Vgl. *HK* 47–48.
[487] Vgl. *HK* 49.51; *L* 98–99; *VFR* 125–126.
[488] Vgl. *HK* 49.
[489] Vgl. *HK* 51.
[490] *HK* 50.
[491] »l'entrée du temps dans l'éternité sur la base d'une descente de l'éternité dans le temps« (*L* 100).
[492] Vgl. *ebd*. 96.
[493] Vgl. *ebd*. 100; *HK* 53.

zum zweiten, daß Jesus einen Zeitraum zwischen seinem irdischen Leben und dem endzeitlichen Kommen des Reiches Gottes angesetzt hat. Die Annahme einer solchen Zwischenzeit widerspricht nicht nur der jüdischen Messiasvorstellung, sondern auch den Meinungen einer Reihe von protestantischen Exegeten. Congar geht etwas zu schnell – mit ein paar biblischen Referenzen[494] – über die Schwierigkeit hinweg. Genau in der Bewertung dieser Zwischenzeit, der Zeit der Kirche, liegt aber eine wichtige Differenz zur protestantischen Theologie, die den Akzent auf das Ausstehen des Eschatons und die Einmaligkeit des Christusereignisses setzt. Congar wirft der protestantischen Position ein Stehenbleiben auf alttestamentlichen Niveau vor.[495] Umgekehrt lautet der protestantische Einwand gegen die katholische Auffassung, daß in der starken Kontinuität, die sie zwischen Christus und der Kirche sieht, und in der Rolle, die dem menschlichen Tun zugeschrieben wird, die Unüberbietbarkeit und Einzigartigkeit Jesu Christi unterzugehen droht. Eine Antwort darauf sucht Congar in einer Ekklesiologie zu geben, die pneumatologisch und apostolisch justiert ist.

*e) Die Kirche als geschichtliche und transzendente Wirklichkeit*

Es ist bezeichnend, daß Congar die Lehre von der Apostolizität in den Rahmen der Heilsgeschichte plaziert und die christliche Sicht der Geschichte kurz resümiert, bevor er sich speziell der Apostolizität zuwendet.[496] Congar will einsichtig machen, daß die Apostolizität als inneres Moment der Kirchengeschichte kein zufälliges und willkürliches Merkmal ist, sondern daß sie der Verfaßtheit des Menschen und den bereits aufgewiesenen Strukturen der Heilgeschichte korrespondiert. »Tatsächlich hat Gott aber nicht zu den Menschen gesprochen und sie gerettet durch ein sofortiges, rein göttliches, unmittelbares, streng individuelles und geheimes Eingreifen in der Seele jedes einzelnen von ihnen. Er hat sich den Menschen geoffenbart und hat ihnen das Heil gebracht, indem er sie menschlich und sozial behandelte, gemäß der Art, die ihnen entspricht: indem er Mensch wurde und sich dann einige Menschen zugesellte zum Heil und zur Erleuchtung aller übrigen.«[497] Augenscheinlich geht es Congar um die Vermittlung von Anthropologie und Theologie, indem er zeigt, daß die Offenbarung die Bezogenheit des einzelnen Menschen auf die Gemeinschaft, die Angewiesenheit der Vernunft auf sichtbar-leibliche Ausdrücke und die durch und durch geschichtliche Prägung aufgreift. Die Sen-

---

[494] Vgl. *ebd.* 97 Anm. 27; *HK* 48–49.
[495] Vg. *HK* 51; *Das Mysterium des Tempels*, aaO. 274–œ275.
[496] Vgl. Art. *Apostolicité*, in: *Catholicisme* I (Paris 1948), 181–185 (aufgenommen in: *SE* 181–185, zitiert nach der deutschen Übersetzung in: *HK* 186–190). Dasselbe Vorgehen in Congars Artikel über das Priestertum in: *HK* 259–264.
[497] *HK* 187.

dung der Zwölf durch Christus, die sich fortsetzt im Amt der Kirche, in Mission und Zeugnis,[498] ist die geniale göttliche Lösung, in eins für die soziale, die intellektuelle und die historische Vermittlung seiner Offenbarung, seiner Selbstmitteilung in Jesus Christus, zu sorgen. Es handelt sich um eine »*apostolische* Logik der Weitergabe«[499], die die alttestamentliche »*prophetische* Logik von Voraussage und fallweise erfolgender Eingriffe«[500] überholt. Die Apostolizität drückt den Zusammenhang der geschichtlichen Ereignisse durch die Generationen hin aus, sie markiert den sichtbaren, roten Faden der Kirchengeschichte, sie sichert die Identität der Sendung der Kirche mit der Sendung Christi.[501] Man könnte von einer hermeneutisch-interpretativen, einer eschatologisch-repräsentativen und einer historisch-garantierenden Funktion der Apostolizität sprechen.

Neben die apostolische Linie, die die Bedeutung des kirchlichen Amtes und die historische Bindung an Jesus Christus betont, stellt Congar einen pneumatologischen Ansatz: »die Kirche ist die Schöpfung des Heiligen Geistes ... die Wirklichkeit des sich ausbreitenden und sich bis zu den Enden der Erde mitteilenden Pfingstereignisses«[502].

Von der Apostolizität her wird die Kirche bevorzugt konzipiert als Leib Christi, als geschichtliche Ausweitung der Zwölf, als Organisation und Gesellschaft mit Recht, Gesetz und Amtsträgern und steht damit in der Gefahr, mit hierarchischer und äußerer Struktur identifiziert zu werden. Das pneumatologische Denken hingegen versteht die Kirche als unmittelbares Werk Gottes, legt den Akzent auf den direkten, transzendenten Bezug, sieht die Kirche vorwiegend als Gemeinschaft voller Charismen und voll ansteckenden Lebens. Hier droht die soziale und rationale Unkontrollierbarkeit. Die Ergänzung durch die apostolische Rückbindung ist für Congar deshalb notwendig, damit zum einen das Spezifische des Neuen Bundes gegenüber dem Judentum gewahrt bleibt und damit zum anderen der Glaube nicht auf das Gefühl und den Eifer der Gläubigen reduziert wird.[503]

Daher insistiert Congar vehement und wiederholt auf der untrennbaren Verbundenheit der apostolischen und der pneumatologischen Linie: »1. Jesus hat zwei Vertreter vorbereitet und gesandt, um sein Werk zu tun: seinen Geist und seine Apostel; 2. diese beiden Kräfte sind miteinander verbunden, um zusammen den Leib Christi zu verwirklichen«.[504] Congar argumentiert mit

---

[498] Vgl. *HK* 188–189.
[499] *Christus-Maria-Kirche*, Mainz 1959, 14 (Franz. Original: *Le Christ, Marie et l'Eglise*, Bruges 1952).
[500] *Ebd.*
[501] Vgl. *HK* 188.
[502] *HK* 187.
[503] Vgl. *Die Eucharistie und die Kirche des Neuen Bundes*, aaO. 182–183.
[504] *Der heilige Geist in der Kirche*, in: *Wege des lebendigen Gottes*, aaO. 138–160, hier: 146 [Franz. Original in: *Lumière et Vie* 10 (1953) 51–74].

dem Hinweis auf die Abschiedsreden im Johannes-Evangelium und die ersten Kapitel der Apostelgeschichte. Aus ihnen liest er ab: »Die Kirche ist zugleich Werk des Heiligen Geistes und der Apostel. Ihm und ihnen wurde der Auftrag gegeben, nach der Himmelfahrt das Werk Jesu Christi zu verwirklichen ... Ihr vereintes Zeugnis wird die Kirche bilden ... Was jener im Inneren bewirkt, bewirken diese draußen. Beide zusammen jedoch verrichten das gleiche Werk, das der Konstitution der Kirche, des Gottesvolkes und des Leibes Christi.«[505]

In der Koppelung von Apostolizität und pneumatischer Erfülltheit verwirklicht sich eine heilsgeschichtliche Konstante: Gott und Mensch wirken im Plan Gottes zusammen, wie in der Geschichte Israels so in der Kirche. Dieses Miteinander hat seinen tiefen Grund: An ihm hängt sowohl die Vermittelbarkeit als auch die Transzendenz des christlichen Glaubens. Von der Apostolizität her als der geschichtlichen Vermittlung Jesu Christi leitet sich ab die Möglichkeit rationaler Vergewisserung, sozialer Stabilität und öffentlicher Verfaßtheit des Christentums; sie entspricht dem Typ historischer und soziologischer Intelligibilität, dem Congar verpflichtet ist. Das Leben des Geistes hingegen bewirkt die Innerlichkeit, die Spontaneität und die Gottunmittelbarkeit des Glaubens. Das Zueinander von Apostolizität und Pneumatologie entpuppt sich so als ein spezieller Fall der Zuordnung von Natur und Gnade, von Vernunft und Glaube.

Die Apostolizität ist aber nicht nur christologisch-historisch begründet, sondern hat zugleich eine pneumatologische Wurzel: Die Apostel sind zwar von Christus ausgewählt und gesandt, doch setzt ihr Tätigwerden nach der Auferstehung, d.h. die Aktivierung der geschichtlichen Dynamik ihres Auftrags, den Empfang des Geistes voraus. Die Pneumatologie umgreift also die Apostolizität.[506]

Die Pneumatologie ihrerseits besteht nicht jenseits aller historischen und somit kontrollierbaren Bezüge. Sie ist geknüpft an die Christologie. Der Heilige Geist ist von Christus abhängig, er ist der Geist Christi.[507] Die Bindung des Heiligen Geistes an die Gestalt Jesu läßt sich bis an den Anfang seines Lebens zurückverfolgen: Jesu Empfängnis ist gewirkt vom Heiligen Geist, und seine Taufe im Jordan ist mit der Herabkunft des Geistes verknüpft.[508] Ja,

---

[505] *HK* 187.
[506] Vgl. *Nun bitten wir den Heiligen Geist.* Zur Pfingstfeier und Firmung, Recklinghausen 1962, 57 (Franz. Original: Paris 1956).
[507] Vgl. *Le Saint-Esprit et le corps apostolique, réalisateurs de l'oeuvre du Christ* (Artikel von 1953), zitiert nach: *Esquisses du mystère de l'Eglise,* Paris ³1966, 97–148, hier: 100–103 (»il n'innove pas, il ne crée pas quelque chose d'inédit par rapport à l'oeuvre du Christ ... mais il porte tout à son accomplissement«, ebd. 102). Vgl. ferner: *Nun bitten wir den Heiligen Geist,* aaO. 27.
[508] Vgl. *ebd.* 119.

man kann noch weiter zurückgehen: Die Verwiesenheit des Geistes an Christus entspringt der innertrinitarischen Prozessionsordnung.[509] Von daher ist es verständlich, daß eine unterschiedliche Trinitätslehre, wie sie sich im Osten und im Westen ausgeprägt hat, Auswirkungen in der Ekklesiologie hat: Wo eine geringere Bindung des Geistes an den Sohn Gottes besteht, eröffnet sich eine größere Variationsbreite in der Gestaltung der Struktur der Kirche und wird die Autorität des Amtes möglicherweise nicht so hoch veranschlagt.[510] Wenn Christus und der Heilige Geist aber eine so enge Einheit bilden, ist es gar nicht anders möglich, als daß beide in der Konstituierung der Kirche zusammenwirken. Congar bestimmt nun ihren jeweiligen Anteil, indem er ihr Wirken chronologisch trennt und zwischen der Grundlegung der Kirche durch den historischen Jesus und der Aktualisierung, Verinnerlichung, Erkenntnis, Anwendung und Ausbreitung der objektiven Vorgaben durch den Geist unterscheidet.[511] Jesus Christus selbst, Christus im Fleische, verleiht der Kirche, was sie zum Leben braucht: das Wort Gottes, die Apostel und die Sakramente.[512] Offensichtlich geht Congar von kirchenstiftenden Akten Jesu zu seinen Lebzeiten aus. »Der Heilige Geist wird an Pfingsten auf eine bereits konstituierte Kirche herabgesandt; er kommt als Prinzip des Lebens und der Bewegung *in sie*, aber eingesetzt wurde die Kirche durch Jesus Christus.«[513] Die Sendung Christi und die Sendung des Geistes sind im Hinblick auf Inhalt und Ziel gleichartig, doch hat jeder eine ihm eigene Rolle zu spielen.

Congars scharfe Trennung von Zeitpunkt, Wirkbereich (Außen-Innen) und Funktion macht einen allzu schematischen Eindruck und kann nach den vorhergehenden Aussagen über das Miteinander von Sohn und Geist, über die Geisterfülltheit Jesu nicht recht befriedigen. Eine sorgfältige exegetische Begründung bleibt aus: Das Problem der Naherwartung Jesu, seiner Sendung zum Volk Israel und seines Scheiterns wird nicht erörtert; die kirchenrelevanten Aussagen und Akte vor Ostern werden überstrapaziert. Hat hier die gängige Apologetik auf Congar abgefärbt? Sie verteidigte die Absicht Jesu, eine eigene Gemeinschaft ins Leben zu rufen, und die ausdrückliche Kirchenstif-

---

[509] Vgl. *ebd.* 103.121.
[510] Vgl. *ebd.* 103.
[511] »Jésus a posé une réalité objective de grâce et de vérité, de salut et de révélation; le Saint-Esprit nous l'applique et nous l'intériorise. Jésus a réalisé une fois pour toutes, en lui-même, l'union de l'humanité à Dieu; le Saint-Esprit l'étend et l'appropie à un grand nombre. Le Christ a proposé la Parole de Dieu, le Saint-Esprit la rappelle au dedans et incline le coeur à la comprendre; le Christ a bâti la maison, le Saint-Esprit l'habite (*Eph.* 2, 22); le Christ donne la qualité de fils, le Saint-Esprit met dans nos coeurs la conscience de notre qualité de fils, il nous fait en accomplir les obligations et les actes« (*ebd.* 101).
[512] Vgl. *ebd.* 105.122.
[513] *Der heilige Geist in der Kirche.* aaO. 141. Vgl. *Nun bitten wir den Heiligen Geist,* aaO. 22.30.55–56.

tung durch den historischen Jesus gegen Angriffe liberal-protestantischer und modernistischer Theologen. Es darf nicht vergessen werden, daß zu Congars Zeit die Theologie-Professoren regelmäßig den Antimodernisteneid zu leisten hatten, in dem explizit festgehalten wird, »daß die Kirche ... durch den wahren und geschichtlichen Christus selbst, während seines Lebens unter uns, unmittelbar und direkt eingesetzt«[514] wurde. Von daher könnte Congars strikt jesuanische Begründung der Kirche verständlich werden.

Kehren wir noch einmal zum Verhältnis von Christus und Heiligem Geist zurück. Der Heilige Geist hat in bezug auf Christus eine doppelte Funktion, wie Congar im Anschluß an Joh 14, 25 f. und 16, 12–14 darlegt: die Erinnerung an das, was Jesus gesagt und getan hat, die Vergegenwärtigung des Ursprungs, die Verbindung zur normativen Quelle und die Einführung in die ganze Wahrheit, die progressive Entfaltung des Glaubens.[515]

Trotz der radikalen Christusbezogenheit des Geistes, wie Congar sie in katholischer Tradition vertritt, behauptet er aber: »der Geist jedoch verfügt über eine gewisse Freiheit oder Autonomie«[516]. Der Heilige Geist hat laut Congar nicht nur die Funktion eines Stellvertreters, eines Dieners und Instruments Jesu Christi.[517] Dies belegt er damit, daß sein Wirken nicht immer an die institutionellen Mittel, die auf Jesus Christus zurückgehen, gebunden ist: Die Eigenständigkeit des Geistes äußert sich in den Charismen, die unabhängig vom kirchlichen Amt verliehen werden,[518] und in unvorhersehbaren und plötzlichen Ereignissen.[519] Congar versucht damit anscheinend einen innerkirchlichen Bewegungsspielraum offenzuhalten. So sehr diese Absicht zu teilen ist, es muß doch gefragt werden, ob die theoretische Begründung schlüssig ist. Es ergeben sich vor allem zwei Probleme: Übersieht Congars Ansatz nicht die Christusbezogenheit auch der Charismen und der überraschenden Tatsachen der Geschichte? Und wird Christus nicht zu einseitig gesehen als der, der festlegt und einengt, statt als jemand, der einen Raum der Freiheit eröffnet? Später wird Congar an diesem Punkt eine Korrektur vornehmen.

Insgesamt zeichnet sich die Pneumatologie Congars durch eine charakteristische Spannung aus: »Der Heilige Geist ist ein Geist der Erfindung, der Erneuerung und der Anpassung«,[520] und er ist zugleich ein Geist der Beständigkeit,[521] der Kontinuität und der Treue.[522] Dieselbe Polarität finden wir in der Traditionstheologie Congars wieder.

---

[514] *Neuner-Roos* 63.
[515] Vgl. *Der heilige Geist in der Kirche*, aaO. 147.
[516] *Ebd.* 146. Vgl. *EM* 127.
[517] Vgl. *EM* 108.
[518] Vgl. *ebd.* 127.
[519] Vgl. *ebd.* 133.
[520] *Der heilige Geist in der Kirche*, aaO. 158.
[521] Vgl. *ebd*, 149.
[522] Vgl. *EM* 111.

*f) Elemente einer theologischen Anthropologie*

Im Weg von der Erkenntnistheorie über die Geschichtstheologie bis hin zur Ekklesiologie haben sich einige anthropologische Grunddaten Congars gezeigt: die Geschöpflichkeit des Menschen und seine dadurch gegebene Begrenztheit und Endlichkeit, die leibliche Konstitution, die ihn in den Zeitablauf hineinstellt und sich bis in den Erkenntnisprozeß hinein auswirkt, die Verwiesenheit des Einzelnen auf die Gemeinschaft, die geschichtliche Bedingtheit menschlichen Handelns und Erkennens, die Bezogenheit auf ein absolutes Ziel, von dem her erst endgültige Normen, Werte und Beurteilungskriterien zu gewinnen sind, die Erfüllung des Menschen in Christus, die verborgene Tiefenstruktur menschlichen Lebens, das daher vieldeutig erscheint.

Die Nahtstelle zwischen Anthropologie und Theologie bildet für Congar das Herz, im biblischen und pascalschen Sinn verstanden: »Es meint den Menschen, insofern er mit seinem ganzen Selbst und vorab mit seinem Geist eine Grundhaltung der Ablehnung oder Offenheit einnimmt.«[523] Öffnung oder Verschlossenheit entscheiden darüber, ob ein Mensch über sich hinausgeht oder ob er um das eigene Ich kreist.[524] Congar betrachtet den Menschen als Person, die eigentlich auf Selbstüberschreitung angelegt ist.[525] Diese Selbstüberschreitung ist die Voraussetzung dafür, daß ein Mensch Gott entdecken kann. Es gibt Grund genug, den Schritt auf Gott hin zu tun, aber da Gott sich nicht zwingend aufdrängt, kann der Mensch sich ihm genauso entziehen. Pascals Fragment 430 ist ein Schlüsseltext für Congars theologische Erkenntnislehre.[526] Das Ziel der Suche des Menschen und der Bewegung Gottes auf ihn zu umschreibt Congar mit dem Begriff »Heil«[527], ein Heil, das gerade in der Gemeinschaft von Gott und Mensch liegt. Congar wehrt mehrere Mißverständnisse ab: die völlige Verlagerung des Heils ins Jenseits genauso wie eine

---

[523] *Das Problem des Übels*, aaO. 757. Vgl. *AKH* 120.
[524] Vgl. *AKH* 125–126.
[525] Vgl. *AKH* 52.53.56.126.139.149.
[526] Vgl. z. B. *AKH* 121; *Das Problem des Übels*, aaO. 756; *FTh* 78; *TTH* 270; *JC* 134; Puyo 70. »Es wäre somit nicht richtig gewesen, wenn er in unverhüllt göttlicher Gestalt erschienen wäre, die alle Menschen restlos hätte überzeugen können; aber es wäre auch nicht richtig gewesen, wenn er, in einer so verborgenen Art zu kommen, daß er von denen, die ihn aufrichtig suchten, nicht hätte erkannt werden können. Diesen wollte er sich durchaus erkennbar machen. Gewillt somit, denen offen zu erscheinen, die ihn aus ganzem Herzen suchen, jenen aber verhüllt, die ihn aus ganzem Herzen fliehen, mäßigt er seine Erkennbarkeit, indem er Zeichen seiner selbst gab: denen sichtbar, die ihn suchen, denen aber dunkel, die ihn nicht suchen. Es gibt Licht genug für die, die nichts sehnlicher wünschen, als zu sehen, und Dunkel genug für die, die in entgegengesetzter Verfassung sind« (Fragment 430 nach Brunschvicg, Fragment 483 nach Chevalier; hier wiedergegeben nach der Übersetzung von Balthasars, Einsiedeln 1982).
[527] Vgl. zum folgenden: *AKH* 43–54.

immanentistische Auffassung, eine individualistische oder oligarchische Einengung, aber auch eine verharmlosende Allerlösungstheorie, die Spiritualisierung ebenso wie eine materialistische Konzeption. Das Heil umfaßt in seiner Sicht die Erlösung von der Sünde, die Befreiung vom Tod, die Rettung aus Elend und Not, die Herausführung aus der Einsamkeit, die Überwindung der Angst, den Sieg über alle zerstörerischen und bedrohenden Kräfte, die Befähigung zu Hingabe und Dienst, die Vollendung im ewigen Leben. Obwohl der Mensch sein Heil mit allen ihm zur Verfügung stehenden Mitteln, teilweise in widersprüchlichsten Handlungen, sucht, kann er es nach christlichem Verständnis doch nicht selbst machen.[528] In der Neuzeit aber erhebt der Mensch den Anspruch, sein Heil selbst zu wirken, und bestreitet daher seine Angewiesenheit auf Gott. Die »moderne metaphysische Revolte«[529], die Vorstellung, sich und seine Welt selbst zu schaffen,[530] eliminiert Gott und setzt den Menschen an seine Stelle. In Congars Augen erreicht damit das Drama der Weltgeschichte, der Kampf zwischen Gott und der Sünde, eine neue Intensität; der Ernst der menschlichen Entscheidung und Freiheit wird neu bewußt.[531]

Ein Mensch, der sich als Schöpfer seiner selbst versteht, richtet seine ganze Aufmerksamkeit folgerichtig auf seine Selbstverwirklichung und auf den innerweltlichen Fortschritt.[532] Die Idee einer absoluten Autonomie erweist sich so als Gegenstück zu einer Anthropologie, die – wie die Congars – theonom, eschatologisch und gemeinschaftsorientiert ist.[533] Congar ist sich im klaren darüber, daß das Ideal der völligen Selbstbestimmung nicht nur eine philosophische Konstruktion darstellt, sondern tief in der Gefühls- und Erlebniswelt des neuzeitlichen Menschen, auch des Gläubigen, verwurzelt ist: Ein Verlangen nach grenzenloser Freiheit und Autonomie stellt sich jeglicher Abhängigkeit und Bedingtheit – sei sie nun ontologisch, geschichtlich oder gesellschaftlich – entgegen; der Wunsch nach sofortiger und umfassender Erfüllung der eigenen Bedürfnisse lehnt sich auf gegen eine angeblich prinzipielle Bedürftigkeit, die durch eigenes Tun nicht zu beseitigen ist;[534] die negativen Erfahrungen mit anderen Menschen, die Schwierigkeiten im konkreten Zusammenleben untergraben die Hinordnung auf die Gemeinschaft und die Bereitschaft zum Einsatz für sie.[535] Wegen dieser gegensätzlichen

---

[528] Vgl. *AKH* 44.53.56–57.
[529] *Das Problem des Übels, aaO. 717.*
[530] Vgl. ebd. 718.720.
[531] Vgl. *AKH* 46.
[532] Vgl. *AKH* 33.
[533] Vgl. bereits *EME* 96: »Puisqu'il s'agit de faire vivre un autre en moi, il me faudra d'abord renoncer à mon autonomie absolue«.
[534] Vgl. *AKH* 126.
[535] Vgl. *AKH* 59.67.

Kräfte und Erfahrungen vollzieht sich das Leben des Menschen im Kampf und Widerspruch: mit der Natur, mit seinem Leib, mit inneren Antrieben, mit äußeren Hindernissen und Grenzen der Entfaltung, mit der Gemeinschaft und ihrer Autorität, mit dem nicht gewollten Lauf der Dinge.[536]
Diese dramatische und dialektische Anthropologie führt zur zentralen Frage nach dem Umfang und dem Stellenwert der menschlichen Freiheit. Eine Auseinandersetzung mit dem neuzeitlichen Freiheitsideal, einem Nerv modernen Selbstverständnisses, ist für Congar unausweichlich.
In den Artikeln, die Congar diesem Thema widmet,[537] registriert er einerseits eine Wiederaufnahme stoischen Gedankengutes und andererseits die Entstehung zweier – im Vergleich mit Antike und Mittelalter – neuartiger Freiheitsbegriffe, die er bei Rousseau (bzw. den Jakobinern) und im Marxismus findet. Bei Rousseau stößt er auf die »Idee einer absoluten Freiheit ..., die bedingungslos als höchster Wert gesetzt wird«[538] ohne Bezug auf Anderes. Sie wird verstanden als »unbeschränktes Recht des Menschen auf alles, was ihn reizt und was er erreichen kann«[539], als grenzenlose Spontaneität, als »Fortfall von Fessel, Zwang und Verpflichtung«[540]. Von daher ist ein Konflikt mit jeglicher Autorität programmiert; Freiheit und Autorität, Freiheit und Gehorsam können in einer solchen Konzeption nur als sich ausschließende Gegensätze begriffen werden.[541]
Während Rousseau und in seinem Gefolge der Liberalismus Freiheit sehr individuell und konkret operativ auffassen, zeichnet sich der marxistische Freiheitsbegriff durch seine kollektive und formale Struktur aus: Freiheit ist erst möglich am Ende eines gesellschaftlichen und persönlichen Befreiungsprozesses, der alle Entfremdung und alles Leid beseitigt.[542]
Das von der Stoa inspirierte Denken hingegen begreift Freiheit als »innere Unabhängigkeit im Hinblick auf all das, was uns moralisch zu Sklaven machen könnte«,[543] und sucht die Lösung im »Übereinfall unseres von seinen

---

[536] Vgl. *AKH* 56–59.
[537] *Bemerkungen zum katholischen Begriff der Freiheit*, in: PL 405–415 (Franz. Original: *Simples notes sur la notion catholique de liberté*, in: Cahiers de la Paroisse universitaire, Dezember 1945, 43–54). *Le christianisme, doctrine de la liberté*, in: L'Eglise et la liberté. Semaine des Intellectuels catholiques 1952, Paris 1952, 16–32. *Saint-Esprit et esprit de liberté*, in: Si vous êtes mes témoins ... Trois conférences sur Laïcat, Eglise et Monde, Paris 1959, 9–54.
[538] *PL* 406.
[539] *Ebd.*
[540] *Ebd.*
[541] Vgl. ebd. 409–410; *Le christianisme, doctrine de la liberté*, aaO. 24.
[542] Vgl. *Saint-Esprit et esprit de liberté*, aaO. 24.
[543] »indépendance intérieure à l'égard de tout ce qui pouvait faire de nous, moralement, des esclaves« (*ebd.* 24–25).

Leidenschaften geheilten Willens mit dem allgemeinen Willen der Natur«[544].
Um die theologische Explosivkraft dieser Freiheitsbegriffe deutlich zu machen, könnte man sie auch so qualifizieren: Freiheit als Willkür, als selbst gesetztes Eschaton; Verlegung der Freiheit ins rein zukünftig verstandene Eschaton und damit konkrete Entleerung; Gewinnung der Freiheit durch die Unterordnung unter das Schicksal, das den Platz eines sich innerweltlich-prozessual realisierenden Eschaton einnimmt.
Gegenüber dem emanzipatorischen Freiheitsbegriff Rousseaus betont Congar die Voraussetzung der Freiheit: Sie ist nicht absolut, sondern auf andere Werte bezogen. Christliche Freiheit ist theonom.[545] Die Freiheit ist »ein abgeleiteter Wert, weil sie in einem anderen Wert als sie selber gründet. *Über der Freiheit steht das Gute*«.[546] Zum christlichen Freiheitsbegriff gehört die Freiheit vom Bösen[547] und die »Freiheit für einen Dienst«[548]. Die »Idee des absoluten Guten«[549] und der selbstlose Einsatz für andere sind aber in der Person Jesu Christi verwirklicht. In seinem freiwilligen Gehorsam gegenüber dem Vater und in seiner Selbsthingabe kommt die Freiheit zu ihrer Vollendung: »Das Opfer ist das untrügliche Zeichen der Freiheit«[550], wie es selbst wiederum in die Freiheit einführt.[551] Abhängigkeit und Selbstübergabe an andere sind christlich kein Gegensatz zur Freiheit, denn »die Freiheit verwirklicht sich nur in der Liebe«[552]; sie ist »Freiheit zur Selbstbeherrschung, die in der Hingabe unseres Selbst an das absolute Gute gründet«[553]. Der Liebe gelingt es, die Spannung zwischen Selbstverwirklichung und Selbstüberschreitung, zwischen Ich und Gemeinschaft, zwischen Autonomiebestreben und unlöslicher Abhängigkeit zu überwinden.[554]
Damit ist auch eine Antwort gegeben auf den rein eschatologischen Freiheitsbegriff des Marxismus und auf die stoische Reduktion der Freiheit auf Innerlichkeit und passive Unterwerfung: Christlich ist Freiheit nicht erst in unab-

---

[544] »coïncidence de notre volonté, guérie de ses passions, avec la volonté générale de la nature« (*ebd.* 25).
[545] Vgl. *ebd.* 26.
[546] *PL* 411. Vgl. *Le christianisme, doctrine de la liberté*, aaO. 30.
[547] Vgl. *Saint-Esprit et esprit de liberté*, aaO. 25–26; *Le christianisme, doctrine de la liberté*, aaO. 26.
[548] *PL* 412.
[549] *Ebd.* 411.
[550] »Le sacrifice est la marque infaillible de la liberté« (*Le christianisme, doctrine de la liberté*, aaO. 30). Vgl. *AKH* 104.
[551] Vgl. *PL* 412.
[552] »La liberté ne se réalise que dans l'amour« (*Saint-Esprit et esprit de liberté*, aaO. 28).
[553] *PL* 412.
[554] Vgl. *AKH* 69–70.

sehbarer Zukunft und nicht nur innerlich oder passiv, sondern hier und jetzt, auch physisch und politisch und im aktiven Handeln zu realisieren.[555]
Wenn wir aber in Jesus Christus die wahre Freiheit finden, ja, wenn er uns gerade durch die Wahrheit frei macht,[556] dann ist es folgerichtig, daß wir uns auf unserem Weg zur Freiheit von ihm leiten lassen. Daher gibt es im Christentum feste Bestimmungen: verbindliche Lehre, Gesetze, Autorität, Sakramente, kirchliche Gemeinschaft.[557]
Der so entwickelte theonome und christologische Freiheitsbegriff ist Grundlage dafür, daß die christliche Tradition als eine dem Menschen zutiefst entsprechende Vorgabe verstanden werden kann, eine Vorgabe, die Freiheit nicht aufhebt, sondern durch eine adäquate Einordnung erst ermöglicht, eine Vorgabe, die selbst immer wieder freiwilliger Zustimmung bedarf und deren Vitalität, Reichtum, helfende Kraft und heilsame Wirkung sich nur dann voll entfaltet, wenn Menschen ihre Freiheit in sie einbringen.

*g) Tradition als Integration*

Es hat den Anschein, daß wir weit abgeschweift sind von unserem Thema. Von Wissenschaftstheorie, von Geschichte, Heilsgeschichte und Eschatologie, von Ekklesiologie und Anthropologie war die Rede. Doch wir sind damit nur dem hermeneutischen Prinzip Congars selbst treu geblieben, das Einzelne im Gesamt zu sehen, den Teil in das Ganze einzubetten. Die Entwicklung unserer Gedanken hat wie zwangsläufig von einem zum anderen Aspekt geführt. Erst mit diesem weiten Ausholen ist der Hintergrund gemalt, vor dem sich die Traditionstheologie Congars in ihrer Bedeutung und Tragweite abhebt. Eine Reihe von Themen sind notwendig in einer Theologie der Tradition gegenwärtig, und je bewußter die Verflechtungen und Abhängigkeiten sind, um so deutlicher tritt die Tiefenstruktur des behandelten Gegenstandes hervor. Dieses Vorgehen hat weiterhin den Vorteil, daß ein Teil der aktuellen Diskussionen, in denen Congar steht, angeklungen sind: die eschatologische Debatte mit ihren geschichtstheoretischen und hermeneutischen Konsequenzen, die Herausforderung der Theologie durch den Marxismus und den Existentialismus, die Ablösung der neuscholastischen Theologie durch die Öffnung für die neuzeitlichen Erkenntnisse über die Historizität und die Subjektivität der Wahrheit, die Ersetzung der rationalistischen Apologetik durch eine Fundamentaltheologie in heilsgeschichtlichen Kategorien, die Hintanstellung des ontologischen Denkens in der Erschließung des Glaubens durch den geschichtlichen Ansatz, der die Frage nach dem Ganzen der Welt, nach

---

[555] Vgl. *Le christianisme, doctrine de la liberté,* aaO. 26–27.
[556] Vgl. *Saint-Esprit et esprit de liberté,* aaO. 41.
[557] Vgl. *ebd.* 45.50–52.

dem Ziel ihrer Bewegung und nach dem Sinn als den ersten Zugang zum Glauben betrachtet, der verspätete innerkirchliche Übergang von der mittelalterlich geprägten Welt der unbefragten Tradition, der Autorität und der verpflichtenden Norm zur neuzeitlichen Welt des Subjektes, der Autonomie und der Freiheit.[558] Einer weiteren Auseinandersetzung, die für Congars Traditionsbegriff wichtig ist, reservieren wir ein eigenes Kapitel: Reformbewegung und Ökumene.

Handelt es sich aber nur um die Berührung von nebeneinanderliegenden Gebieten der Theologie oder besteht ein innerer Zusammenhang? Ist die Theologie der Tradition nur ein Kreuzungspunkt verschiedener Problemstellungen oder bildet sie das Bindeglied?

Wenn die theologische Vernunft, wie wir gesehen haben, in der Selbstreflexion verwiesen wird auf Geschichte und Gemeinschaft, auf den absoluten Anspruch Gottes in Jesus Christus und die persönliche Freiheit jedes Gläubigen, dann ist ja zu suchen nach einem rationalen Prinzip, das bereits in sich Geschichtlichkeit und Intersubjektivität, Normativität und Offenheit, objektive Vorgabe und subjektive Aneignung vereint, und das in sich Handeln und Denken, Individuum und Gemeinschaft vermittelt. Können wir sagen, daß die Tradition dieses gesuchte integrative Prinzip ist?

Tragen wir zusammen, was Congar in der besprochenen Zeitspanne explizit über die Tradition sagt. Sie ist keine Hinzufügung zur Offenbarung, wie sie in Jesus Christus ergangen und von den Aposteln überliefert ist,[559] enthält aber dennoch »einen Aspekt des Fortschritts«,[560] zeichnet sich also aus durch geschichtlichen Rückbezug bei gleichzeitiger Zukunftsdynamik. Ihre normative Regel ist die apostolische Predigt,[561] die in lehramtlichen Verurteilungen und Definitionen eine verbindliche Auslegung erfährt.[562] Sie besteht aus Wirklichkeiten und Aussagen, aus Gedanken und Lebensäußerungen, nicht zuerst aus Sätzen und verbalen Mitteilungen, sondern aus der Realität des gelebten Christentums selbst.[563] Congar spricht von einer »Tradition des Denkens und Betens einer Gemeinschaft«[564] und nennt die Liturgie die »heilige Arche der Tradition«.[565] Träger ist die Kirche in ihrer Gesamtheit,[566] eine

---

[558] Vgl. zum letztgenannten Punkt: *Irdische Ordnung und religiöse Wahrheit*, in: *PL* 415–426, hier: 424 (Franz. Original von 1950); *Sainteté et péché dans l'Eglise*, aaO. 6.
[559] Vgl. *Du nouveau sur la question de Pierre?*, aaO. 36.
[560] »un aspect de progrès« (*Notes théologiques à propos de l'Assomption*, in: *VDV* 219–226, hier: 221. Franz. Original von 1951).
[561] Vgl. *L* 413; *HK* 386.
[562] Vgl. *Du nouveau sur la question de Pierre?*, aaO. 31.36.40.
[563] Vgl. *L* 404–405. Hier steht offensichtlich Blondel im Hintergrund.
[564] »tradition de pensée et de prière d'une communauté« (*»Dieu a besoin des hommes«*, aaO. 5).
[565] Vgl. *AKH* 50.
[566] Vgl. *L* 405.

Kirche, die auf Universalität angelegt ist, die befähigt, ja beauftragt ist, sich selbst zu überschreiten (z. B. auf andere Konfessionen und fremde Kulturen hin) und eine unendliche Vielfalt zu integrieren.[567] Congar wirft der lateinischen Kirche eben vor, einen Teil der Tradition mit der Tradition selbst gleichzusetzen.[568] Die Tradition wird bewahrt und entwickelt im Leben der je eigenen Berufung entsprechend dem Willen Gottes, d. h. aber: Die freie und aktive, auf den Ruf Gottes in der Gegenwart antwortende Weitergabe, die einen unaustilgbaren Anteil subjektiver Brechung und schöpferischer Übernahme impliziert, ist für sie konstitutiv.[569] Unter inhaltlichem Gesichtspunkt betrachtet, geschieht in der Tradition und durch sie eine Systematisierung und Konzeptualisierung des Vorgegebenen[570] vergleichbar der Überführung des Unbewußten ins klare Bewußtsein.[571]
Tatsächlich sind zahlreiche Momente einer umfassenden Rationalität im Traditionsbegriff Congars vorhanden, aber zerstreut und ohne Bezug aufeinander. Das Traditionsthema als solches wird von Congar in den vierziger und fünfziger Jahren außerhalb seines Werkes über wahre und falsche Reform kaum angeschnitten. Und dennoch ist die Tradition überall präsent! Wir könnten sagen: Der Inhalt seiner Arbeiten liegt vor allem im Bereich der Ekklesiologie, aber sein Verständnis von Tradition bestimmt den Umgang mit dem Material, die Vorgangsweise, die Auswahl und die Auswertung. Die Tradition ist das Formalprinzip seiner Theologie, die in allen Themen geübte Denkfigur. Das Denken mit der Tradition und in der Tradition, der Nachvollzug des Traditionsprozesses und das Sich-Hineinstellen in die Bewegung der Tradition führen Congar zu einer Rationalität, die nicht abstrakt wird und nicht spekulativ abhebt, sondern konkret denkt, die intersubjektiv gewachsen ist und daher einen Anspruch auf Objektivität erheben darf, die ihre Norm in sich selbst trägt und doch eine große Freiheit gewährt, die die Erfahrung einbezieht und dennoch vermittelbar ist.

*3. Reform und Reformation als Herausforderung für den Traditionsbegriff*

Eine praktisch ausgerichtete Auseinandersetzung Congars mit dem Thema »Tradition« geschieht in seinem Werk »Vraie et fausse réforme dans l'Eglise«, das mit Ausnahme des dritten Teils bereits 1946 redigiert ist und von dem

---

[567] Vgl. *Art. Catholicité*, in: *Catholicisme* II, 722–725 (aufgenommen in: *HK* 159–165).
[568] Vgl. *Zerrissene Christenheit. Wo trennten sich Ost und West?*, Wien-München 1959, 57 (Franz. Original von 1954).
[569] Vgl. *L* 404.406. Congar spricht von »une sorte de recréation spontanée de l'Evangile« (*ebd.* 404).
[570] Vgl. *SE* 666.
[571] Vgl. *SE* 577.582.

Auszüge vorher als Artikel veröffentlicht werden.[572] Umfang und Bedeutung fordern eine breite Darstellung.

*a) Zur Einordnung*

Den unmittelbaren Anlaß zu seinem Buch bietet Congar die überall nach dem 2. Weltkrieg aufbrechende Suche nach pastoralen Neuanfängen, nach der Überwindung veralteter Formen und nach der Aufnahme aktueller Erfordernisse.[573] Konkrete Ziele dieses Aufbruchs sind: die Erneuerung der Liturgie, die zeitgemäße und verständliche Darlegung der christlichen Lehre, eine stärkere Einbeziehung des Laien, eine Priesterausbildung, die mit den konkreten Fragen der Menschen vertraut macht und zum Dialog befähigt, die Umgestaltung sozialer und administrativer Strukturen.[574]
Congar nimmt die Reformbewegung mehrfach in Schutz und wirbt für sie, indem er Sorgen um häretische, schismatische oder revolutionäre Auswüchse zerstreut: »Der vorgegebene Glaube, die apostolische Tradition, die hierarchische Struktur der Kirche sind in keiner Weise in Frage gestellt.«[575] Es ist signifikant, daß Congar ausdrücklich den Verdacht des Modernismus oder einer neuen Theologie zurückweist.[576] Er situiert die Erneuerungskräfte ganz auf der pastoralen, apostolischen und missionarischen Ebene, bescheinigt ihnen Konstruktivität und betont, daß sie die Überordnung der Gesamtkirche und die Kompetenz der Kirchenleitung anerkennen und berücksichtigen.[577] Darin sieht Congar Ende der sechziger Jahre einen Unterschied zu manchen Bewegungen nach dem Vatikanum II.[578]
Wie brenzlich Congar auch seine eigene Situation als Autor einschätzt, belegt das Vorwort,[579] in dem er sich vielfach absichert: Er hebt die positive und aufbauende Absicht seiner kritischen Ausführungen hervor, setzt sich ebenfalls ab von revolutionärem oder modernistischem Ansinnen, schafft Distanz zu populärem Tagesjournalismus, beruft sich auf Thomas von Aquin als Garanten seiner Orthodoxie, unterstreicht den Wert der klassischen Theologie, bemüht sich, Reform als ein normales, an sich unverdächtiges Phänomen des kirchlichen Lebens einzuführen, beteuert seine Kirchlichkeit, Traditionsver-

---

[572] Vgl. *VFR* 19–20.
[573] Vgl. *VFR* 7–8; 509. Zum ursächlichen Zusammenhang mit dem 2. Weltkrieg vgl. *VFR* 49; *Une passion: l'unité*, aaO. 60–61.
[574] Vgl. *VFR* 32.52–53.57–58.511. Es ist notwendig, Struktur im Singular und Strukturen im Plural zu unterscheiden (vgl. *VFR* 57 Anm. 50).
[575] »Le donné de la foi, la tradition apostolique, la structure hiérarchique de l'Eglise ne sont nullement mises en question« (*VFR* 509).
[576] Vgl. *VFR* 43.169.510.
[577] Vgl. *VFR* 511.
[578] Vgl. *VFR* 11–12.169–170.515–516.
[579] *VFR* 15–22.

bundenheit und Wissenschaftlichkeit, teilt mit, daß er sein Buch mehreren Zensoren, u. a. einem Prälaten und einem Bischof, zur Durchsicht gegeben hat. Dennoch: Über alle Rücksichtnahme und über alle Vorsicht stellt er seine Liebe zur Wahrheit, die sich ausdrückt in völliger Aufrichtigkeit, furchtloser Durchdringung der Sachverhalte und Einbeziehung aller Aspekte.
Wie bereits kurz erwähnt, ist Congars Sorge um die Aufnahme des Buches nicht unberechtigt. Seine mutige Offenheit, die im heutigen Umfeld kaum auffallen würde, wird von höheren Stellen nicht honoriert. Zwar kann die erste Auflage ohne Einschränkung verkauft werden, aber als Übersetzungen in Auftrag gegeben werden sollen und eine zweite Auflage ansteht, erreicht ihn ein Verbot der römischen Behörden.[580]

*b) Anliegen, Methode und Leitlinien*

Ziel des Buches ist nicht ein Reformprogramm, »sondern nur eine Studie über die Stellung des Sachverhalts ›Reformen‹ im Leben der Kirche«[581], eine Studie über Gründe, die Reformen notwendig machen, und über die Bedingungen gelungener Reformen. Um dieses Vorhaben zu verwirklichen, reicht es nicht, die Strukturen der Kirche zu untersuchen, die Kirche als Institution zu durchleuchten, sondern es bedarf einer Betrachtung des Lebens der Kirche, der Erfahrungen, die in ihr von lebendigen Menschen gemacht wurden und werden. Die Methode kann also nicht nur in einer Erfassung und Entfaltung der von der Offenbarung gedeckten Aussagen bestehen, sondern muß die Befragung der Geschichte und die Analyse der gegenwärtigen Situation hinzunehmen. Congar begründet die Neuauflage von 1968 u. a. gerade mit der Durchführung dieses methodischen Ansatzes, Geschichte und Denken, Erfahrung und Glaubenslehre zusammenzubringen.[582] Er ist sich dessen bewußt, daß ein solches Vorgehen nicht denselben Anspruch auf Objektivität erheben kann wie ein Christologie- oder Trinitätstraktat, daß stärker als dort persönliche Auffassungen einfließen. Die Sachlichkeit und Wissenschaftlichkeit sieht er aber dennoch gewährleistet, und zwar durch die ekklesiologische Grundlage und durch die ausführliche historische Dokumentation.[583]
Entsprechend der Aufgabenstellung enthält Congars Werk keinen geschlossenen Traditionstraktat, aber immerhin wichtige Ansätze, denn wer etwas über Möglichkeiten und Grenzen von Reformen sagen will, muß sein Ver-

---

[580] Vgl. *Une passion: l'unité*, aaO. 74–75.
[581] »... mais seulement une étude de la place du fait ›réformes‹ dans la vie de l'Eglise« (*VFR* 15).
[582] Vgl. *VFR* 12.
[583] Vgl. *VFR* 18.

hältnis zum Bestehenden und seine Zielvorstellung klären und wird damit zumindest implizit seine Auffassung von Tradition und Fortschritt und von der normativen Geltung der Überlieferung offenbaren. Ebenso aufschlußreich wie die theoretische Bearbeitung aber ist der praktische Umgang mit Tradition, wie er sich in diesem Werk niederschlägt.

Im Mittelpunkt der Argumentation Congars stehen immer wieder zwei Gedanken, um die sich das ganze Buch dreht:

1. Zum einen legt er Wert darauf, die Kirche nicht nur als Institution göttlichen Rechts mit unveränderlicher Struktur zu betrachten, sondern ebenso als Gemeinschaft, die sich in einer Geschichte entwickelt und die von unten her jeweils neu gestaltet werden muß,[584] weil sie immer eine Kirche sündiger Menschen, eine mit Fehlern behaftete Kirche ist.[585] Congar ist einer der ersten, der das Versagen der Kirche ausführlich thematisiert und einen Platz für die Geschichte kirchlicher Fehler, Versäumnisse und Skandale in der Ekklesiologie fordert.[586] Er bringt die Geschichtlichkeit und die Freiheit der Menschen, die die Kirche bilden, in Anschlag gegen eine rein juridische, starre Betrachtungsweise und gegen eine allzu mystifizierende Sicht, die den Beitrag des Menschen untergewichtet und einseitig das Wirken Gottes betont.[587] Von einer biblischen Anthropologie aus wird es ihm möglich, gegenwärtige, bedingte Verwirklichungen von Kirche zu befragen.

2. Der zweite Hebel, den er ansetzt, ist die Erforschung der kirchlichen Tradition, deren Ursprung, Alter und Verbindlichkeit er untersucht. Dabei kommt an den Tag, daß viele aktuelle kirchliche Zustände sich nicht auf ein biblisches oder apostolisches Fundament zurückführen lassen, sondern teilweise ziemlich neuer Herkunft sind. Congar spricht von einer Verwechslung zwischen Gewohnheiten und überkommmenen Gedanken bzw. Formulierungen mit der Tradition.[588] Er will die Berechtigung zeitgemäßer Umsetzungen an den Grundlagen des Glaubens messen und plädiert deshalb für eine »Neubefragung der Quellen: Bibel, altes Christentum, Geist der Liturgie, bedeutende Dokumente des Lehramtes«[589]. Die Lösung der anstehenden Fragen sucht er »nicht neben oder gegen die Tradition der Kirche«, vielmehr

---

[584] Vgl. *VFR* 15.48.,91.
[585] Vgl. das ganze Kapitel: *L'Eglise: sa sainteté et nos défaillances* (*VFR* 63–124).
[586] Vgl. *Sainteté et péché dans l'Eglise*, aaO. 26.30. Siehe auch die Kritik an H. de LUBACS »*Méditation sur l'Eglise*«, Paris 1953: »dans cette Eglise toute mystique, tout est beau et parfait« (*SE* 619). Etwa zur gleichen Zeit wie Congar veröffentlicht K. RAHNER sein Buch: *Die Kirche der Sünder* (Wien 1948).
[587] Vgl. *VFR* 125–127.
[588] Vgl. *VFR* 164.
[589] »réinterrogation des sources: Bible, christianisme ancien, esprit de la liturgie, documents majeurs du magistère« (*VFR* 58; vgl. *VFR* 441–442).

»gerade in der Tiefe dieser Tradition«[590]. Die Rückkehr zu den Quellen wird zum zweiten Leitmotiv des Werkes.

*c) Grundlegung des Traditionsbegriffes*

Congar entwickelt seinen Traditionsbegriff aus dem Nachvollzug der Heilsgeschichte. Da wir seine heilsgeschichtliche Konzeption bereits im letzten Kapitel dargestellt haben, genügt hier eine komprimierte Wiedergabe der Bezüge und Resultate.

Die Tradition entspringt letztlich dem Plan Gottes, seinem Heilswillen. Tradition ist das Gesetz allen Lebens: Adam und Eva erhalten den Auftrag, sich zu vermehren, das Leben weiterzugeben, die ganze Erde zu bevölkern; Abraham wird erwählt, um zum Segen für alle Völker zu werden; das neutestamentliche Pendant ist der Missionsauftrag Jesu.[591]

Aus den Offenbarungszeugnissen in ihrer Gesamtheit[592] gewinnt Congar einen teleologischen Geschichtsbegriff, den Gedanken des organischen Wachstums, die heilsgeschichtliche Konstante der universalen Dynamik des Teils bzw. des Einzelnen, das Überbietungsschema von Verheißung, Erfüllung und bleibender Verheißung, die eschatologische Qualifizierung der Person Jesu Christi und das Gesetz der Typologie in der Deutung von Ereignissen. Die Tradition wird von Congar begriffen als die Fortführung der Heilsgeschichte, bedingt durch das Ausstehen des Eschaton, das allerdings in Jesus Christus schon vorweggenommen wurde. Sie ermöglicht es, im Licht der vergangenen Erfahrungen mit Gott die Gegenwart zu deuten.

Für die Entwicklung der Tradition spielt die Begegnung mit anderen Traditionen eine wichtige Rolle. Aus der Schöpfungstheologie resultiert für Congar zum einen die Berechtigung, die Weitergabe des Lebens und die Reifungsprozesse in der Natur als Analogie zur kirchlichen Vermittlung des göttlichen Lebens zu nehmen, und zum anderen die Notwendigkeit, Vorgänge und Gegebenheiten der außerchristlichen Menschheit zu beobachten, zu prüfen, wenn möglich aufzugreifen und zu integrieren, was ein Wachstum impliziert.[593] Da es der Kirche aufgetragen ist, allen Menschen, ja aller Kreatur das Evangelium zu verkünden, muß sie »der Menschheit in ihrer Ausdehnung und Bewegung folgen und so auch selbst eine Bewegung kennen«[594]. Aus der Eigenständigkeit und dem Eigenwert der Welt und des Menschen ergibt sich

---

[590] »pas à côté ou contre la tradition de l'Eglise ... dans la profondeur même de cette tradition« (*VFR* 59).
[591] Vgl. *VFR* 126.
[592] Vgl. zum ganzen Abschnitt *VFR* 126–136.
[593] Vgl. VFR 138–139.
[594] »... suivre l'humanité dans son expansion et son mouvement, et donc connaître elle aussi un mouvement« (*VFR* 138).

in den Augen Congars für die Kirche das Postulat, sich selbst zu überschreiten; die Welt birgt einen Reichtum an Werten, Ideen und Materialien, von dem die Kirche profitieren kann. Im Dialog empfängt sie weiterführende Fragen – durch die bisweilen Gott selbst sein Volk anzusprechen versucht[595] – und sogar Beiträge zu Antworten: »... ein Teil des Fortschritts der christlichen Dinge geschieht durch Nicht-Christen«[596].

*d) Tradition zwischen normativer Vergangenheit und aktuellem Anspruch*

Congar setzt die christliche Tradition ab von einer bloßen Verlängerung der Vergangenheit, von Routine und von Buchstabentreue:[597] Zwar beinhalte sie natürlich Texte und Wirklichkeiten aus der Vergangenheit der Kirche, aber sie gehe darüber hinaus, denn ihr sei es um den Geist zu tun, der alle Formen und Konkretisierungen des Glaubens durchlebe und doch in keiner ganz aufgehe. Die Tradition umfaßt sowohl Konstanz als auch Fortschritt; Konstanz, insofern das anfänglich Gegebene bewahrt wird, Fortschritt, insofern der Glaube sich stets neue Ausdrucksformen schafft. Die Tradition leistet für Congar ineins die Sicherung der Kontinuität, die Ermöglichung von Aktualität und die Integration unterschiedlicher Verwirklichungen des Glaubens. Congar formuliert hier erstmals einen Satz, dem wir noch mehrmals begegnen werden, wenn er die Tradition zusammenfassend kennzeichnen will: »Sie ist die Gegenwart des Prinzips in allen Stadien seiner Entwicklung.«[598] An einzelnen Bestandteilen zählt er auf: Heilige Schrift, Kirchenväter, Liturgie, Schriften der Kirchenlehrer und der geistlichen Schriftsteller, Frömmigkeitsgeschichte, Dogmenentwicklung, Gedankengut, Bewegung, Handeln der konkreten heutigen Kirche. Die Tradition schlägt in Congars Sicht einen großen Bogen von Jesus Christus (ja sogar von Abraham) bis heute und eben nicht nur bis gestern; ihr geht es nicht um eine Konservierung früherer Zustände, um eine Darbietung archäologischer Funde oder um eine verklärend-romantische Rückkehr zur Vergangenheit als der angeblich so guten alten Zeit, vielmehr um eine Erhellung der Gegenwart »im Lichte und im Geiste all dessen, was uns eine umfassende Tradition über den Sinn der Kirche lehrt«[599]. Und so hohen Stellenwert in ihr die Wiederbefragung der normativen Ursprungszeugnisse hat, die Tradition geht auch darüber noch hinaus: Sie

---

[595] Vgl. VFR 141.
[596] »... une partie du progrès des choses chrétiennes, se fait par des non-chrétiens« (VFR 140).
[597] Vgl. zum folgenden: VFR 303–304.
[598] »Elle est la présence du principe à toutes les étapes de son développement« (VFR 303).
[599] »à la lumière et dans l'esprit de tout ce qu'une tradition intégrale nous apprend du sens de l'Eglise« (VFR 305).

bezieht sich zentral auf das österliche Geheimnis Jesu Christi, das zuerst gelebt werden will.[600] Der Traditionsbegriff erhält damit eine innere christologische Normierung; alle kirchlichen Lebensäußerungen und Glaubensaussagen werden ausgerichtet auf den Dienst der Weitergabe der Offenbarung in Jesus Christus und sind dieser kritischen Instanz unterworfen.
Nur eine Tradition, die sich christologisch begründen läßt, darf daher für Congar »absolute Achtung«[601] beanspruchen. Als »streng normative Elemente«[602] betrachtet Congar die Heilige Schrift, dogmatische Definitionen und einmütig bezeugte Lehren, die Sakramente, die Vollmachten des Amtes. Oft wiederholt Congar – wie um sich im Vorhinein zu verteidigen –, daß es unveränderliche Bestandteile der Tradition gibt, unveränderlich, weil sie auf göttlicher Einsetzung beruhen, aber dennoch hat er den Mut zur Relativierung: »... sogar die wesentlichen Elemente, an die niemand rühren darf, haben im Lauf der Geschichte Modalitäten und Formen angenommen, die kontingent, geschichtlich und dem Wandel unterworfen sind«[603]. Congars Bemühen ist ersichtlich, das Feld der Traditionskritik möglichst weit zu stecken.
Von den unbedingt verpflichtenden Vorgaben unterscheidet Congar Traditionsinhalte mit außergewöhnlicher Autorität, etwa die Liturgie oder gewichtige Lehraussagen, die einen hohen Grad an Berücksichtigung, Respekt und Loyalität verlangen.[604] Darüberhinaus gibt es eine Vielzahl von Riten, Handlungsweisen, Vorschriften und Formulierungen, die zeitbedingt und korrigierbar sind. Congar warnt allerdings vor einer Veränderung um der Veränderung willen und vor einer totalen Relativierung,[605] da auch kirchliche Traditionen, die nicht unmittelbar auf Christus zurückgeführt werden können, einen »Schatz an Wahrheit, Weisheit, an Führungen Gottes«[606] beinhalten. Er macht darauf aufmerksam, daß die Einführung von Neuem und das Aufgeben von Altem an sich noch keine Werte sind. Sogar Gewohnheiten verdienen nach seiner Meinung Achtung. Ferner gibt Congar zu bedenken, daß eine permanente Transformation, Diskussion und Infragestellung den Menschen frustrieren können.[607] So steht die Tradition in einer unaufhebbaren Spannung zwischen Treue, Verwurzelung, Kontinuität und Achtung vor dem

---

[600] Vgl. *VFR* 305: »le ressourcement ... est recentrement sur le Christ en son mystère pascal«.
[601] »respect absolu« (*VFR* 304).
[602] »des éléments rigoureusement normatifs« (*VFR* 304).
[603] »... même les éléments essentiels, auxquels nul ne peut toucher, ont pris au cours de l'histoire des modalités et des formes qui, elles, sont contingentes, historiques et sujettes à changement« (*VFR* 163).
[604] Vgl. *VFR* 304.
[605] Vgl. *VFR* 163.
[606] »trésor de vérité, de sagesse, de conduites de Dieu« (*VFR* 161).
[607] Vgl. *VFR* 161–162.

Bestehenden einerseits und Bewegung, Wachstum, Anpassung und Entwicklung andererseits.[608] Wo einer der beiden Pole aufgegeben wird, drohen gefährliche Auswirkungen.

*e) Verkehrungen der Tradition*

Congar analysiert zwei gegensätzliche, nicht akzeptierbare Extreme, mit Tradition umzugehen; er nennt sie Pharisäismus bzw. Judaismus[609] und innovatorisch-mechanische Anpassung.[610]
Die Versuchung des Pharisäismus ergibt sich nach Congars Ansicht aus der Notwendigkeit, daß eine geistige Wirklichkeit in unserer Welt eine bestimmte Form annehmen, sich in eine Gewohnheit oder Institution kleiden muß, um bestehen und wirken zu können. Der Mensch aber steht in der Gefahr, die äußeren Formen ohne den innewohnenden Geist weiterzugeben, sich auf das greifbar Materielle zu beschränken und den Dienstcharakter des Äußeren, die Hinordnung auf das innere Ziel, zu vergessen.[611] Das Mittel wird zum Zweck, der Rahmen ersetzt den Inhalt.
Unter Judaismus versteht Congar eine Haltung der Unbeweglichkeit und Starrheit, die sich an bestimmte Formen festklammert, sie verabsolutiert, ihnen Ewigkeitswert zuspricht und jede Entwicklung ablehnt; er geht auf neue Fragestellungen, auf veränderte Umstände nicht ein und argumentiert mit dem Wert »Treue«, mit durchaus edlem Motiv also, um sich jedem Fortschritt zu verweigern.[612] Treue zur Tradition wird mit Buchstabentreue verwechselt,[613] so daß sich das von Jesus Christus gegebene Potential nicht entfalten kann. Als profangeschichtliche Beispiele erwähnt Congar die Weigerung der feudalen Gesellschaft, das aufkommende Bürgertum, die Freiheit der Städte zu akzeptieren, und die Frontstellung des Bürgertums gegen eine wirkliche Demokratie im Jahre 1848.[614]
Das Gegenteil der Fixierung auf vergangene Formen besteht für Congar in einer allzu sorglosen und eiligen Aufnahme von neuen Ideen ohne genaue Prüfung und Unterscheidung, ob die Inhalte wirklich mit dem christlichen Glauben zu vereinbaren sind. Er nennt dies eine mechanische Anpassung, eine äußerliche und deshalb verfremdende Neuerung – im Gegensatz zu einer inneren Entwicklung, die etwas aufgreift, reinigt, sich einverleibt und sich anverwandelt –, ein Ablösen und Wechseln ohne die Wahrung eines organi-

---

[608] Vgl. *VFR* 163.
[609] Vgl. zum Pharisäismus *VFR* 143–157 und zum Judaismus *VFR* 157–168.
[610] Vgl. *VFR* 308–309.
[611] Vgl. *VFR* 144.
[612] Vgl. *VFR* 142.158–159.
[613] Vgl. *VFR* 167 und der Anhang II »Les deux plans de la fidélité« (*VFR* 539–544).
[614] Vgl. *VFR* 159.

schen Zusammmenhangs, das einfache Ersetzen des Bisherigen durch Neues, ohne das Alte zu integrieren.[615] Als Beispiele zählt er auf: Markionismus, Josephinismus, Rationalismus, Liberalismus, die Fälle Lammenais und Sillon, Modernismus.[616] Sie gleichen sich in folgenden Merkmalen: rein rationale Vorgangsweise, eigensinnige Hartnäckigkeit „in der Überzeugung, recht zu haben gegen die gemeinsame Tradition der Kirche«,[617] Ungeduld, mangelhafte Vertiefung in die Quellen des Christentums, verkopftes und künstliches Programm, das den Kontakt zur lebendigen und konkreten Tradition vermissen läßt.[618]

Eine wirkliche Weiterentwicklung der Tradition hin zu größerer Weite und Fülle kann laut Congar dagegen nur gelingen, wenn sie die Ganzheitlichkeit des Menschen berücksichtigt, wenn sie mit Geduld vorgeht, Verzögerungen in Kauf nimmt, sich Reifungsprozessen unterwirft, die Quellen ausschöpft und in Verbindung mit der Gemeinschaft der ganzen Kirche geschieht.[619]

Im Anhang[620] nimmt Congar zu einer konkreten Form des Traditionalismus, dem Integralismus, Stellung, dessen Wurzeln bis zur Französischen Revolution zurückreichen und der nach der Modernismuskrise und in der Reaktion auf sie seine Blütezeit erlebte.[621] Im Integralismus mischen sich politische, philosophische und religiöse Elemente. Congar charakterisiert ihn vor aller inhaltlichen Bestimmung als eine Haltung, Mentalität und Empfindungsweise,[622] die sich stets mit der politischen Rechten verbindet.[623] Diese Affinität ergibt sich aus der hierarchischen Verfaßtheit und Traditionsgebundenheit der Kirche und der Sorge der Rechten um Ordnung, die nach ihrer Auffassung durch Autorität und Gesetz herbeigeführt werden soll.[624] Als Kennzei-

---

[615] Vgl. *VFR* 306–308.
[616] Vgl. *VFR* 309–313. Congar gibt eine kurze Definition des Modernismus: »Le modernisme a été une crise d'application de méthodes critiques nouvelles aux connaissances religieuses, et une tentative d'introduire dans le catholicisme une philosophie issue du courant subjectiviste moderne. Sur ces deux points, qui le caractérisent essentiellement, il représente un effort hâtive d'adaptation mécanique, d'adaptation-innovation« (*VFR* 312).
[617] »dans la conviction d'avoir raison contre la tradition commune de l'Eglise« (*VFR* 308).
[618] Vgl. *VFR* 308–309.
[619] Vgl. *VFR* 313–314.
[620] *VFR* ¹1950, 604–622 (in der 2. Auflage weggelassen). Ich zitiere nach der gesonderten Publikation: *Mentalité »de droite« et intégrisme*, in: *Viel* 18 (1950) 644–666.
[621] Vgl. *ebd.* 647–649.
[622] Vgl. *ebd.* 646; ferner: *Einheit in der Transzendenz des Glaubens*, in: *PL* 398–400, hier 398–399. »Die Menschen unterscheiden sich weniger durch Ideen als durch ihre Mentalität voneinander, das heißt also durch die Art, wie sie an die Dinge und auch an die Ideen selber herangehen« (*ebd.* 398).
[623] Vgl. *ebd.* 652.
[624] Vgl. *ebd.* 655–656.

chen des Integralismus zählt Congar weiter auf: Paternalismus, Mißtrauen gegenüber allen spontanen, selbständigen, nicht von oben geleiteten Bewegungen, Ablehnung neuer Initiativen,[625] eine pessimistische Anthropologie, die kategorische Verwerfung evolutionärer Gedanken, ein intellektualistischer Glaubensbegriff, großes Vertrauen in die rationale Beweisbarkeit des Glaubens, Amtsfixiertheit, eine Ekklesiologie ohne Gestaltungsspielraum, eine individualistische und moralistische Reduktion des Reformgedankens,[626] die Neigung zum Schisma, zur Kirche in der Kirche, zur Abstempelung anderer Meinungen als Häresie.[627] Erkennt Congar im Modernismus den Versuch, das Moment der Subjektivität in den Glauben zu integrieren und sich der modernen Welt zu öffnen, sieht er daher bei ihm die Gefahr des Subjektivismus und der Unterbewertung der inhaltlichen und strukturellen Vorgaben,[628] so qualifiziert er den Integralismus genau als das gegenteilige Extrem, in dem die Vielfalt und der Reichtum des Lebens erstickt werden.[629] Wie so oft erhofft sich Congar auch hier eine Überwindung der Engführung und des Konflikts durch die Rückkehr zu den tieferen Quellen, die über die »oft mehr menschlichen als christlichen Sonderhaltungen«[630] hinaus und zu einer Einheit in Verschiedenheit hinführen können.

*f) Auseinandersetzung mit der Reformation*

– Die ekklesiologische Grunddifferenz[631]
Im dritten Teil des Buches unterzieht Congar die Reformation als folgenreichstem Beispiel fehlgeschlagener Reform einer eindringlichen Analyse und teilweise scharfer Kritik, ohne dabei jedoch ihre positiven Impulse zu leugnen. Im Vorwort von 1967 räumt er ein, daß diese Diskussion zu äußerlich und leicht polemisch ausgefallen sei, die konfessionellen Gegensätze stark akzentuiere und dem jetzigen Stand nicht mehr entspreche.[632]
Die beiden Hauptkritikpunkte Congars lauten: 1. eine (nominalistische) Sicht der Kirche nur als »congregatio fidelium«, die sich selbst aus den Individuen konstituiert, unter Vernachlässigung der vorgegebenen Struktur durch die göttliche Einsetzung, der Beziehung also zum historischen Jesus Christus;[633] 2. eine Trennung von sichtbarer und unsichtbarer Kirche in der guten

---

[625] Vgl. *ebd.* 656.
[626] Vgl. *ebd.* 661–663.
[627] Vgl. *ebd.* 665–666.
[628] Vgl. *ebd.* 658–659.665.
[629] Vgl. *ebd.* 664–665.
[630] *Einheit in der Transzendenz des Glaubens*, aaO. 400.
[631] Vgl. *VFR* 319–479.
[632] Vgl. *VFR* 13.
[633] Vgl. *VFR* 397–405.

Absicht, wirklich Göttliches und nur Menschliches auseinanderzuhalten, dabei jedoch verkennend, daß Gott und Mensch nicht schlechthin als sich ausschließende Konkurrenten betrachtet werden können, sondern daß Gott auch durch den Menschen und im Menschen, durch die Kirche und in der Kirche handeln kann.[634] Dahinter erblickt Congar ein Stehenbleiben auf dem alttestamentlichen Niveau der prophetischen Ankündigung und Erwartung, eine Position, die vergißt, daß es bereits eine Antizipation der endgültigen Beziehung zu Gott in dieser Zeit und Welt, nämlich in Jesus von Nazareth, gegeben hat, und daß durch den Geist Jesu Christi eine wirkliche Gemeinschaft mit Gott in der Vermittlung durch sichtbar-körperliche Zeichen, die in Jesus Christus ihren Ursprung haben, möglich ist.[635] Als Wurzel der ekklesiologischen Differenz diagnostiziert Congar einen christologischen Mangel im Protestantismus.[636] Er konzentriert seine Kritik letztendlich in der Feststellung einer gewissen »Unfähigkeit des protestantischen Denkens, den wahren Status von Transzendenz und Immanenz zu erfassen«[637], was sich konkret in einer anderen Zuordnung von historischem und auferstandenem Christus auswirkt.[638]

– Schrift und Tradition
In der reformatorischen Gegenüberstellung von Heiliger Schrift und Tradition erblickt Congar ein Relikt der mittelalterlichen Frage nach der höchsten Autorität in einer »juridisch-intellektualistischen Perspektive«[639], die außer acht läßt, daß die Tradition eine Wirklichkeit vermitteln will, die auf Jesus Christus zurückgeht und von der die Heilige Schrift »nur« Zeugnis[640] gibt, wenn auch sicherlich ein ganz entscheidendes und wichtiges Zeugnis. »... die Autorität der Kirche und des Papstes kommt nicht von der Schrift, sondern vom Herrn, der sie eingesetzt hat und ihr die Ausübung durch seinen Geist versichert«[641]. Congar lehnt es ab, Tradition im Sinne von nicht-schriftlichen Traditionen zu verstehen, wie es bedauerlicherweise in der kontroverstheologischen Polemik allzu lange geschah; vielmehr begreift er als Inhalt der Tradi-

---

[634] Vgl. *VFR* 407–411.
[635] Vgl. *VFR* 420–425.
[636] Vgl. *VFR* 406–407.
[637] »impuissance de l'esprit protestante à saisir le vrai statut de la transcendance et de l'immanence« (*VFR* 407).
[638] Vgl. *VFR* 425. Eine ähnliche Aussage macht Congar in: *Christus-Maria-Kirche*, aaO. 8–15. An anderem Ort (*SE* 536) stellt Congar sich in eine Linie mit Lagrange, de Grandmaison und K. Adam gegen ein Auseinanderreißen von historischem Jesus und Christus des Glaubens.
[639] »perspective juridico-intellectualiste« (*VFR* 436).
[640] Vgl. *VFR* 440.443.
[641] »... l'autorité de l'Eglise et du pape ne vient pas de l'Ecriture, mais du Seigneur qui l'a instituée et qui en assure l'exercice par son esprit« (*VFR* 436).

tion all das, was von Jesus Christus den Aposteln und der Kirche übergeben wurde. Die Tradition erschöpft sich deshalb nicht in einer Sammlung von Wahrheiten oder Sätzen, sondern sie ist »auch und sogar zuerst ein Gesamt von Wirklichkeiten, ... die Gesamtheit der Mittel, die geeignet sind, das Leben in Christus hervorzurufen und zu nähren«[642]. Ihr innerer Motor ist der Heilige Geist, gleichsam »die Seele der Tradition«[643], der sowohl die Kontinuität als auch die Vitalität gewährleistet und eine Verinnerlichung und Anwendung je nach der Zeit und den Möglichkeiten des Einzelnen bewirkt. Die Heilige Schrift ist nur ein Teil der ursprünglichen Tradition, ein prinzipiell nicht einmal notwendiger Teil,[644] wenn wir auch froh sein können, sie zu haben, da unsere Tradition sonst unsicher wäre.[645] Die Feier der Sakramente, der Vollzug des Gebetes, die Beauftragung mit Diensten stellen jedoch laut Congar Wirklichkeiten dar, die eine textliche Fixierung überschreiten.[646] Daher hält Congar fest: »Die wahre Glaubensregel der Kirche ist ihre Tradition.«[647] Doch diese Einordnung der Heiligen Schrift in das Ganze darf nicht zu einer Unterbewertung führen: Sie gehört nach dem Plan Gottes zur »traditio constitutiva«[648], zur nunmehr unabänderlichen Struktur der Kirche, zur Glaubens- und Lebensregel, der jede kirchliche Autorität unterworfen ist. Das Zeugnis der Apostel, das in ihr seinen Niederschlag gefunden hat, bildet den Abschluß der Offenbarung, der nichts wesentlich Neues hinzugefügt werden darf, sondern die zu bewahren und zu interpretieren ist: »das Lehramt der Kirche urteilt nicht über die Schrift, sondern wird von ihr beurteilt«[649].

In praktischer Hinsicht überführt Congar den Protestantismus der Inkonsequenz, denn in Wirklichkeit lebe auch er von einer Tradition, genauer: von seinen Traditionen.[650] So sehr er theoretisch auf der »scriptura sola« bestehe, so könne er doch nicht leugnen, daß die Schrift jeweils in einer bestimmten Tradition verstanden werde.[651] Das bezeugen für Congar plastisch die vielen protestantischen Abspaltungen, die sich alle auf die Schrift berufen.[652] Ferner gebe es im Protestantismus zwar keine verbindliche Auslegung durch ein bischöfliches Lehramt, aber an dessen Stelle sei de facto ein Lehramt der Theologen, der Gelehrten, der Spezialisten, der Professoren getreten.[653]

---

[642] »aussi et même d'abord un ensemble de réalités, ... l'ensemble des moyens aptes à susciter et à nourrir la vie dans le Christ« (*VFR* 437).
[643] »l'âme de la tradition« (*VFR* 437).   [644] Vgl. *VFR* 443.
[645] Vgl. *VFR* 438.
[646] Vgl. *VFR* 437.441.
[647] »La vraie règle de foi de l'Eglise, c'est sa tradition« (*VFR* 436).
[648] Vgl. *VFR* 439.
[649] »le magistère de l'Eglise ne juge pas l'Ecriture, mais il est jugé par elle« (*VFR* 440).
[650] Vgl. *VFR* 417.
[651] Vgl. *VFR* 453.
[652] Vgl. *VFR* 464.
[653] Vgl. *VFR* 455–465.

– Die katholische Position

Als charakteristisch für das katholische Traditionsverständnis stellt Congar eine bestimmte Konstellation von Christologie und Pneumatologie heraus:[654] Jesus hat in seinem irdischen Leben ein bleibendes Fundament gelegt, nämlich seine Lehre, die Sakramente und das apostolische Amt, an das die Kirche für immer gebunden bleibt. Auf diesem Fundament errichtet die Kirche ihr Haus, bewegt vom Heiligen Geist, der in ihr lebt, und geleitet von Amtsträgern, die die Bindung an den historischen Ursprung, Christus im Fleische, sichern. Im Gang durch die Jahrhunderte und in der dadurch bedingten Konfrontation mit je neuen Ereignissen erhält die Kirche wechselnde Fassaden, finden manche Umbauten statt, aber das Fundament bleibt dasselbe. Die verbindliche, authentische Tradition besteht nicht so sehr in den einzelnen Baustadien und geschichtlichen Verwirklichungen, wie wir sie den Monumenten der Tradition entnehmen können, sondern in der Weitergabe und konstanten Gegenwart der Grundlagen und des ihr innewohnenden Prinzips, des Heiligen Geistes.[655]

## g) Zusammenfassung

In Congars Werk über wahre und falsche Reform in der Kirche ist der Grundstock für die spätere systematische Darstellung des Traditionsthemas gelegt. Einige Linien brauchen nur noch ausgezogen zu werden. Die Unterscheidung von Tradition und Traditionen ist noch nicht auf den Begriff gebracht, aber von der Idee her vorhanden: Die konstitutiven und verbindlichen Elemente der Tradition sind benannt, davon getrennt Gewohnheiten, Bräuche, zeitbedingt Angenommenes, so daß die Traditionskritik in einem bestimmten Rahmen eine Legitimation erhält. Erste Abgrenzungen eines ganzheitlichen Traditionsbegriffes gegenüber einem rein historischen oder soziologischen Traditionsverständnis, aber auch gegenüber theologischen Einseitigkeiten und Fehldeutungen sind vorgenommen. Die Konzeption der Tradition als Überlieferung von Lebenswirklichkeit, die textlich nicht voll wiedergegeben werden kann, weitet den Blick über die kontroverstheologische Engführung hinaus und schafft die Grundlage für eine Theorie, die in die eigene Glaubensmitte vorstößt, die auch der Rolle der Subjekte im Überlieferungsprozeß gerecht wird und die die kirchliche Praxis mit einbezieht. Durch die biblisch fundierte Geschichtstheologie wird es möglich, Tradition und Entwicklung zusammenzuschauen, Tradition als dynamischen Geschehens- und Deutungszusammenhang zu verstehen, der die Zeiten übergreift. Von der Schöpfungstheologie her wird es denkbar, der eigenständigen Realität und dem Ein-

[654] Vgl. *VFR* 431.
[655] Vgl. *VFR* 468.

fluß nicht-christlicher Ideen und Handlungen den Wert einer Bereicherung für die christliche Tradition zuzuerkennen. Die Eigenart christlicher und kirchlicher Tradition schließlich ist auf den Punkt gebracht: Sie ist begründet im Miteinander und Zueinander von Christologie und Pneumatologie.

# B

# DIE SYSTEMATISCHE ENTFALTUNG DES TRADITIONSTHEMAS BEI CONGAR

Unsere bisherigen Studien liefen indirekt auf Congars systematisches Werk über die Tradition zu. In ihm haben wir eine konzentrierte Zusammenfassung, aber auch Vertiefung und Ergänzung der vorhergehenden Beiträge. Der erste, historische Teil wurde im wesentlichen 1958 fertiggestellt, erschien aber erst 1960.[1] Den zweiten, systematischen Teil beendete Congar 1961, also vor Beginn des Konzils, jedoch verzögerte sich die Publikation bis 1963.[2] Immerhin veröffentlichte er einige Teile im voraus als Artikel.[3]
Unmittelbarer Anlaß für das Werk war die Bitte J. Daniélous an Congar, für die Reihe »Je sais, je crois« einen Abriß über das Thema »Tradition« zu schreiben.[4] Durch Congars Sorgfalt und Gelehrtheit entstanden statt einer übersichtlichen, allgemeinverständlichen Grundinformation zwei umfangreiche Bände mit insgesamt mehr als 600 Seiten und einem detaillierten Anmerkungsapparat. Die gewünschte Kleinschrift reichte er dann nach; sie erlebte übrigens vor kurzem in Italien und Frankreich eine Zweitauflage mit Congars bemerkenswerter Empfehlung, dieses Buch drücke ihn ziemlich gut aus, und er liebe es.[5] Einer verlegerischen Initiative verdanken wir also ein wichtiges Werk Congars. Ein reiner Glücksfall? In gewisser Weise ja. Andererseits hatte sowohl der Wunsch nach einer Darstellung des Traditionsthemas als auch das Herantragen der Bitte an Congar seine Bedeutsamkeit. Hier kamen zwei Linien zusammen: Zum einen war das Thema »Tradition« in den fünfziger Jahren »in« und blieb es bis zum Ende des Vatikanum II, zum anderen konnte Congar geradezu als prädestiniert gelten, darüber zu arbeiten. Zwischen den beiden Teilen des Traditionswerkes erschien Congars Einführung in die Theologie »La Foi et la Théologie« (Tournai 1962), ein etwas tech-

---

[1] *La Tradition et les traditions. Essai historique*, Paris 1960, 8. Sigel: *TTH*. Deutsche Übersetzung: *Die Tradition und die Traditionen I*, Mainz 1965 (Der zweite Band ist nie übersetzt worden).
[2] *La Tradition et les traditions. Essai théologique*, Paris 1963, 8–9. Sigel: *TTT*.
[3] *Tradition et vie ecclésiale*, in: *Ist.* 9 (1962) 411–436. *Essai de clarification de la notion de Tradition*, in: *Verbum Caro* 64 (1962) 284–294. *Les saints Pères, organes privilégiés de la Tradition*, in: *Iren.* 35 (1962) 479–498. *L'Evangile, source de la Tradition apostolique*, in: *POC* 12 (1962) 305–318.
[4] Vgl. *TTH* 7.
[5] *La Tradition et la vie de l'Eglise*, Paris 1963, ²1984. *La Tradizione e la vita della chiesa,* Rom ²1983. Deutsche Übersetzung: *Tradition und Kirche*, Aschaffenburg 1964 (Reihe: *Der Christ in der Welt IV/1b*). Congars persönliche Anmerkung findet sich im Vorwort zur zweiten französischen Auflage auf Seite 5.

nischer Abriß der theologischen Erkenntnislehre. Wegen der zeitlichen Überschneidung, vor allem aber wegen der bei ihm bereits aufgewiesenen Interdepenz von Theologie- und Traditionsverständnis und der damit gegebenen gegenseitigen Ergänzung interpretiere ich beide Schriften zusammen. Ferner sind einige Artikel zu berücksichtigen, die im Vorfeld und im Verlauf des Konzils spezielle Fragen des Traditionsthemas behandeln.[6]

---

[6] *Traditions apostoliques non écrites et suffisance de l'Ecriture*, in: *Ist.* 6 (1959) 279–306. *La conversion. Etude théologique et psychologique*, in: *ParMiss* 3 (1960) 493–523. *L'apostolicité de l'Eglise selon S. Thomas d'Aquin*, in: *RSPhTh* 44 (1960) 209–224. *Sainte Ecriture et Sainte Eglise*, in: *RSPhTh* 44 (1960) 81–88. *»Traditio« und »Sacra Doctrina« bei Thomas von Aquin*, in: J. Betz/H. Fries (Hrsg.), *Kirche und Überlieferung*. FS J. R. Geiselmann, Freiburg 1960, 170–210. *Comment l'Eglise sainte doit se renouveler sans cesse*, in: *Irén.* 34 (1961) 322–345. Wiederaufgenommen in: *SE* 131–154 (Deutsche Übersetzung: *Wie sich die heilige Kirche unaufhörlich erneuern soll*, in: *HK* 133–158). *Inspiration des Ecritures canoniques et apostolicité de l'Eglise*, in: *RSPhTh* 45 (1961) 32–42. Wiederaufgenommen in: *SE* 187–200 (Deutsche Übersetzung: *Inspiration der kanonischen Schriften und Apostolizität der Kirche*, in: *HK* 191–205) Art. *Histoire*, in: *Catholicisme* V, 767–783 (verfaßt 1962). *Die heiligen Schriften*, in: *Wege des lebendigen Gottes*, Freiburg 1964, 11–46. *Jésus-Christ, notre Médiateur, notre Seigneur*, Paris 1965 (Foi Vivante 1). Ich zitiere nach der Auflage von 1969 nach eigener Übersetzung.

I.

HERMENEUTISCHE LEITLINIEN

*1. Hauptanliegen der Theologie Congars*

Charles MacDonald[7] hat vier konstante Züge in Congars Theologie festgestellt, die auch hier anzutreffen sind: eine ökumenische, theologische, historische und pastorale Ausrichtung.

Congar weist selbst auf die ökumenische Aktualität des Traditionsthemas hin.[8] Seit im Jahre 1950 das Dogma von der leiblichen Aufnahme Mariens in den Himmel verkündet ist, entbrennt der alte Streit zwischen den Konfessionen über das Verhältnis von Heiliger Schrift und Tradition von neuem. Darf eine im Neuen Testament so wenig verankerte Lehre zum festen und verpflichtenden Glaubensgut der Kirche gerechnet werden? In den fünfziger Jahren entsteht eine heftige Diskussion über die Frage der materialen Vollständigkeit der Heiligen Schrift.[9] Congar bemüht sich in seiner Darstellung,

---

[7] Vgl. C. MACDONALD, *Church and World in the Plan of God. Aspects of History and Eschatologie in the Thought of Père Yves Congar op*, Frankfurt-Bern 1982, 22.
[8] Vgl. *TTH* 8; *TTT* 7.9.
[9] Wichtigste Veröffentlichungen, die Congar berücksichtigt: G. BIEMER, *Überlieferung und Offenbarung. Die Lehre von der Tradition nach John Henry Newman*, Freiburg 1961. J. BEUMER, *Glaubenssinn der Kirche?*, in: *TThZ* 61 (1952) 129–142. – *Katholisches und protestantisches Schriftprinzip im Urteil des Trienter Konzils*, in: *Scholastik* 34 (1959) 249–258. – *Das katholische Schriftprinzip in seiner heute neu erkannten Problematik*, in: *Scholastik* 36 (1961) 217–240. – *Die Frage nach Schrift und Tradition bei Robert Bellarmin*, in: *Scholastik* 34 (1959) 1–22. – *Die Opposition gegen das lutherische Schriftprinzip in der Assertio septem sacramentorum Heinrichs VIII. von England*, in: *Gr.* 42 (1961) 97–106. O. CULLMANN, *La Tradition. Problème exégétique, historique et théologique (Cahiers théologiques 33)*, Paris-Neuchâtel 1953. C. DILLENSCHNEIDER, *Le Sens de la foi et le progrès dogmatique du mystère marial*, Rom 1954. E. FLESSEMAN-VAN LEER, *Tradition and Scripture in the Early Church*, Assen 1954. J. R. GEISELMANN, *Die lebendige Überlieferung als Norm des christlichen Glaubens dargestellt im Geiste der Traditionslehre Johannes Ev. Kuhns*, Freiburg 1959. – *Das Konzil von Trient über das Verhältnis der Hl. Schrift und der nicht geschriebenen Traditionen*, in: *Die mündliche Überlieferung*, hrsg. von M. SCHMAUS, München 1957, 123–206. – *Das Mißverständnis über das Verhältnis von Schrift und Tradition und seine Überwindung in der kath. Theologie*, in: *Una Sancta* 11 (1956) 131–150. – *Die Tradition*, in: *Fragen der Theologie heute*, hrsg. von J. FEINER/J. TRÜTSCH/F. BÖCKLE, Einsiedeln 1958, 69–108. H. HOLSTEIN, *La Tradition dans l'Eglise*, Paris 1960. U. HORST, *Das Verhältnis von Schrift und Tradition nach Melchior Cano*, in: *TThZ* 69 (1960) 207–223. M. D. KOSTER, *Volk Gottes im Wachstum. Himmelfahrt Mariens und Glaubenssinn*, Heidelberg 1950. P. LENGSFELD, *Überlieferung, Tradition und Schrift in der evangelischen und katholischen Theologie der Gegenwart*, Paderborn 1960. P. H. LENNERZ, *Scriptura sola?*, in: *Gr.* 40

die Ergebnisse zusammenzutragen, auszuwerten und zugleich die Engführung auf dieses Problem aufzusprengen.[10]
Die ökumenische Brisanz bildet für Congar zwar einen Anlaß, sich mit der Traditionsproblematik auseinanderzusetzen, aber er überschreitet die kontroverstheologische Fragestellung. Ihm geht es nicht nur darum, eine diplomatische Lösung des Konflikts vorzubereiten, sondern er holt das Thema aus der Exponiertheit des Zankapfels in die eigene Mitte der katholischen Theologie zurück. Sein Weg, zwischen den Fronten zu vermitteln, besteht darin, zunächst jenseits der strittigen Positionen die Tradition als Wesensbestandteil kirchlichen Lebens, als elementare Komponente gemeinsamen Glaubens und Betens zu thematisieren, die gesamttheologische Relevanz aufzuzeigen und den Traditionstraktat aus der polemischen Apologetik herauszuführen und ihm einen Platz in der Dogmatik zu geben.[11] Die Ökumene wird zum Anstoß, die eigene Theologie zu vertiefen.
Seinem genuin theologischen Anliegen stellt Congar schroff andere Betrachtungsweisen gegenüber. Er will weder soziologische noch psychologische Hinführungen unternehmen, »nicht aus Unkenntnis oder Verachtung der möglichen Beiträge«,[12] sondern weil er von einer fundamentalen Verschiedenheit ausgeht: Tradition im theologischen Sinn meine etwas anderes als ein moralisches Erbe oder heimatliches Milieu, sei mehr als ein Vehikel sozialen Zusammenhalts oder eine Entsprechung zum Bedürfnis nach Sicherheit, Verwurzelung und bergender Umwelt.[13] »Sie entspringt der Eigenart einer Religion, die nicht nur Kult, sondern Glaube ist, und die ganz und gar aus einer Offenbarung hervorgeht, die zu einem gegebenen Zeitpunkt geschah.«[14]

---

(1959) 38–53. – *Sine scripto traditiones*, in: *Gr.* 40 (1959) 624–635. E. ORTIGUES, *Ecritures et Traditions apostoliques au concile de Trente*, in: *RSR* 36 (1949) 271–299. J. RATZINGER, *Offenbarung, Schrift und Überlieferung. Ein Text des hl. Bonaventura und seine Bedeutung für die gegenwärtige Theologie*, in: *TThZ* (1958) 13–27. M. SCHMAUS (Hrsg.), *Die mündliche Überlieferung. Beiträge zum Begriff der Tradition*, München 1957. W. SCHWEITZER, *Schrift und Dogma in der Ökumene. Einige Typen des heutigen dogmatischen Schriftgebrauchs dargestellt als Beitrag zur Diskussion über das Problem der biblischen Hermeneutik*, Gütersloh 1953.
P. SMULDERS, *Le mot et le concept de tradition chez les Pères grecs*, in: RSR 40 (1952) 41–62. G. H. TAVARD, *Holy Writ or Holy Church. The Crisis of the Protestant Reformation*, London 1959. L. VEIGA COUTINHO, *Tradition et Histoire dans la controverse moderniste* (1898–1910), Rom 1954 (Anal. Gregor.73). P. de VOOGHT, *Les sources de la doctrine chrétienne d'après les théologiens du XIV<sup>e</sup> siècle et du début du XV<sup>e</sup>*, Paris 1954. – *Ecriture et Tradition d'après les études catholiques récentes*, in: *Istina* 5 (1958) 183–196.
[10] Vgl. *TTT* 8–10.
[11] Vgl. *TTT* 9–10.
[12] »non par ignorance ou mépris des apports éventuels« (*TTT* 8).
[13] Vgl. *TTT* 7–8.
[14] »Elle relève du statut propre d'une religion qui n'est pas seulement un culte, mais une foi, et qui procède tout entière d'une révélation faite à un moment donné« (*TTT* 8).

Damit ist gesagt, daß der Zugang zur Tradition im theologischen Sinn eine spezifische Voraussetzung hat – den Glauben –, und daß die christliche Tradition einen mit nichts zu vergleichenden, einmaligen Bezugspunkt besitzt.
Um das dezidert theologische Interesse sachgemäß befriedigen zu können, untersucht Congar zunächst die geschichtliche Entwicklung des Traditionsthemas, ein Vorgehen, das uns nach den schon gemachten Beobachtungen über den Zusammmenhang von Theologie und Geschichte nicht überrascht. Congar versucht, einen Überblick zu geben vom Alten Testament bis hin zur Gegenwart. Die Hälfte seines Werkes widmet er diesem theologiegeschichtlichen Abriß, ein eindrucksvoller Beleg dafür, wie hoch er den Beitrag der Geschichte für die theologische Erkenntnis einschätzt. Die Historie ist für Congar augenscheinlich die erste Hilfswissenschaft der Theologie.
Der vierte, der handlungsorientierte Grundzug hängt in diesem Fall mit dem ökumenischen zusammen, insofern eine Bereinigung des konfessionellen Konflikts kirchenpolitische Auswirkungen haben kann. Eine pastorale Relevanz des Traditionsthemas liegt zum zweiten darin, daß es mit Lebensgemeinschaft, mit der Feier des Gottesdienstes und mit den atmosphärischen Bedingungen des Glaubens und der Erziehung im Glauben zu tun hat.[15]
Wichtiger aber als dieser Aspekt ist für Congar das Anliegen der Kirchenreform. Er konstatiert eine breite Bewegung innerhalb der Kirche, die »die Notwendigkeit von Änderungen, Erneuerungen und Verbesserungen in der Kirche«[16] sieht, die das Bedürfnis hat, mehr auf die »Forderungen der Zeit«[17] einzugehen. Die neue Situation der Kirche in einer politisch, ökonomisch, kulturell, geistig und religiös weithin veränderten Welt verlangt nach Antwort. Congar plädiert für Offenheit gegenüber Fragen und Bewegungen, für missionarische Initiativen und eigene Erneuerung von den Quellen her,[18] und er tritt dafür ein, die Kritik an Fehlern und Versäumnissen, ja Sünden der Kirche ernstzunehmen.[19] Congar sucht einen Weg zwischen einem Traditionalismus, der das Prinzip der Tradition mit geschichtlichen Formen oder mit einem bestimmten katholischen System identifiziert, und einem Progressismus, der sich vom normativen Prinzip löst,[20] zwischen den »fanatischen Integristen der Reinheit des aufrechtzuerhaltenden Systems und den ... Parteigängern einer bedingten Offenheit.«[21] Sich selbst ordnet Congar ein als »ernsthaften Reformator aus Treue und in der Treue, auf der Grundlage einer wahren Rückkehr zu den Quellen des Evangeliums«, vom Willen erfüllt, »das

---

[15] Vgl. *TTT* 9–10.
[16] *HK* 133.
[17] *HK* 134.
[18] Vgl. *HK* 153.
[19] Vgl. *HK* 135–137.
[20] Vgl. *HK* 157.
[21] *HK* 158.

Evangelium Jesu Christi in die Formen zu übertragen, die der Zeit angepaßt sind.«[22]

Congars befreiender und schöpferischer Umgang mit der Tradition, wie er ihn mehrfach unter Beweis gestellt hat, mußte es seinerzeit als vielversprechend erscheinen lassen, ihn um ein Werk über die Tradition anzugehen.

## 2. Wirkungen eines weitgespannten Gesprächs

In die Bücher und Artikel, die wir interpretieren wollen, fließen wichtigste theologische Diskussionen des ganzen vorhergehenden Jahrhunderts ein, die wir von unseren Vorstudien her kennen: vom Glaubens- über den Offenbarungs- bis hin zum Wahrheitsbegriff, die Neuorientierung in der Apologetik, die Frage der Dogmenentwicklung, die Auseinandersetzung zwischen Neuscholastik und Modernismus, zwischen Antimodernismus und »Nouvelle Théologie«, die Spannung zwischen geschichtlichem, speziell heilsgeschichtlichem Denken und traditioneller Ontologie, der eschatologische und hermeneutische Aufbruch, die biblische, liturgische, patristische und ökumenische Erneuerung, die Wiederentdeckung der katholischen Tübinger Schule und Newmans, die Suche nach einer Verbindung von Spiritualität und Theologie, die Überwindung der gegenreformatorischen Ekklesiologie, das Gespräch mit der dialektischen Theologie, der Streit um das Dogma von 1950. Wir haben es mit einem Kondensat der neueren französischen und teilweise auch deutschen Theologiegeschichte zu tun. Die Namen und Referenzen, denen wir begegnen, belegen dies, ein Großteil ist uns bereits aus früheren Werken vertraut.[23]

---

[22] *HK* 159.
[23] Wir finden A. Gardeil, M. J. Lagrange, P. Batiffol und L. de Grandmaison aus der progressiven Linie zu Beginn des 20. Jahrhunderts wieder und A. Lemonnyer, M. Jacquin und M. D. Chenu aus Le Saulchoir. M. Blondel erhält nun breiten Raum, ebenso die anthropologische Richtung, die von ihm inspiriert ist (z. B. J. Mouroux). Die »Nouvelle Théologie« ist vertreten mit J. Daniélou und H. de Lubac. Die Neuscholastik nimmt durch L. Billot, J. Bainvel, R. Gagnebet, R. Garrigou-Lagrange und Ch. Journet am Gespräch teil. L. Beauduin, O. Casel, P. Guéranger, A.-J. Jungmann, A.-G. Martimort repräsentieren die liturgische Bewegung. In der Exegese dominiert die »Ecole biblique« der Dominikaner von Jerusalem (E. B. Allo, M. J. Lagrange, P. Benoit), aber auch L. Cerfaux, A. Feuillet, X. Léon-Dufour, I. de la Potterie sind berücksichtigt (daneben eine Reihe von Einzelstudien). Die historischen Studien sind präsent mit B. Botte, J. Beumer, E. Flesseman-van-Leer, J. de Ghellinck, H. de Lubac, H. Rahner, P. Smulders. Der hl. Thomas wird von Congar wie gewöhnlich stark herangezogen, noch mehr allerdings die Kirchenväter, wobei Irenäus von Lyon, Augustinus und Origines an der Spitze liegen. Unter den protestantischen Gesprächspartnern ragen neben den Reformatoren selbst heraus O. Cullmann und K. Barth; außerdem sind zu erwähnen: A. Benoit, G. Ebeling, E. Kinder, J. L. Leuba, W. Schweitzer, K. E. Skydsgaard, M. Thurian. Von orthodoxer Seite werden konsultiert G. Florovski, V. Lossky und

Einige Fakten der fünfziger Jahre sind jedoch noch nachzutragen. Da ist einmal die Wirkung der Veröffentlichungen Oscar Cullmanns.[24] Seine heilsgeschichtliche Theologie findet rasche Verbreitung und seitens der katholischen Theologen ein reges Interesse.[25] Congar bezieht sich erstmals 1947 auf Cullmanns 1946 erschienenes, epochemachendes Werk »Christus und die Zeit«[26], und zwar in bezug auf die Einmaligkeit und Unüberholbarkeit Jesu Christi und der Apostel und hinsichtlich der missionarischen Dimension des Apostolats. Cullmanns Petrusbuch wird von Congar ausführlich besprochen,[28] und Cullmanns Schrift über die Tradition,[29] die u. a. aus der Auseinandersetzung mit dem Dogma von 1950 entsteht, in sich bereits eine Debatte mit J. Daniélou einschließt und noch weitere auslöst, darf ebenfalls als Hintergrund der Arbeit Congars gelten. Vor allem in der Kanonfrage geht Congar explizit auf Cullmann ein.[30] Über solche bewußte Referenzen hinaus muß Cullmann ein Einfluß auf Congars Gesamtkonzeption zugestanden werden. Da Übereinstimmungen nicht immer Abhängigkeiten sein müssen, ist dies im Einzelnen

---

natürlich die Slawophilen. Bemerkenswert im Vergleich zu früheren Studien ist der Platz, den Congar der römischen Schule (J. B. Franzelin, C. Passaglia, G. Perrone, C. Schrader) und besonders M. J. Scheeben einräumt. Der häufige Verweis auf Möhler und Newman ist uns schon selbstverständlich. Der Modernismus ist einbezogen vor allem durch die Monographie von L. da Veiga Coutinho, bisweilen mit seinen originalen Vertretern. Daß Congars eigene Anliegen präsent sind, etwa das der Kirchenreform, wird deutlich durch mehrfache Bezüge auf VFR und L. An zeitgenössischen katholischen Systematikern sind vertreten L. Bouyer, J. R. Geiselmann, H. de Lubac, K. Rahner, J. Ratzinger und speziell zum Thema Tradition die Werke von H. Holstein, W. Kasper, P. Lengsfeld und G. H. Tavard.
[24] *Christus und die Zeit. Die urchristliche Zeit- und Geschichtsauffassung*, Zollikon-Zürich 1946. *Petrus. Jünger – Apostel – Märtyrer*, Zürich 1952. *La Tradition. Problème exégétique, historique et théologique*, Paris-Neuchatel 1953. Vgl. zu O. Cullmann die Arbeiten von J. Frisque (Oscar Cullmann. *Une théologie de l'histoire du salut*, Tournai 1960) und H. G. Hermesmann (*Zeit und Heil. Oscar Cullmanns Theologie der Heilsgeschichte*, Paderborn 1979). Ferner der Aufsatz von K. Fröhlich, *Die Mitte des Neuen Testaments. Oscar Cullmanns Beitrag zur Theologie der Gegenwart*, in: Oikonomia, Hamburg 1967, 203–219.
[25] Vgl. die zahlreichen Rezensionen, die J. Frisque in seiner Literaturliste aufführt.
[26] Vgl. *VDV* 112.126. Vgl. ferner die Bezüge in: *HK* 186 und 189 (aus dem Jahre 1948) und *HK* 48–49 (aus dem Jahre 1952).
[28] *Du nouveau sur la question de Pierre? Le Saint Pierre de M. O. Cullmann*, in: Vie I 25 (1953) 17–43. Aus den Vorlesungsmitschriften von fr. H. D. Roqueplo, die sich in der Konventsbibliothek von S. Jacques in Paris befinden (Titel: *Apologétique I–III*; Code: 112 A 56 a–c) und deren erster Teil aus den Monaten Oktober bis Dezember 1952 datiert, geht hervor, daß Congar sich intensiv mit diesem Buch beschäftigt (Erwähnungen: Ebd. 14.17.25.27.29.30.41).
[29] Deutsche Übersetzung: *Die Tradition als exegetisches, historisches und theologisches Problem*, Zürich 1954. Vgl. zur Diskussion: H. Bacht, *Tradition und Sakrament. Zum Gespräch um Oscar Cullmanns Schrift »Tradition«*, in: Scholastik 30 (1955) 1–32.
[30] Siehe *TTH* 53–57. Vgl. unseren Abschnitt 3 im Kapitel VI.

schwer nachweisbar. Jedoch fällt auf, daß Congar eine Reihe grundsätzlicher Optionen Cullmanns teilt.[31]
Cullmann ist nur einer – wenn auch ein hervorragender – derjenigen protestantischen Theologen, die in den vierziger und fünfziger Jahren die Bedeutung der Tradition ganz neu entdecken. Congar geht in seinem systematischen Teil auf sie ein und freut sich über die Annäherungen.[32] Es ist bezeichnend, daß das Traditionsthema in die Vorarbeiten zur 4. Weltkonferenz für Glaube und Kirchenverfassung (Montreal 1963), die ab Mitte der fünfziger Jahre laufen, aufgenommen wird.[33]
Von der explosiven Wirkung des Assumpta-Dogmas war bereits die Rede. Die kontroverstheologische Frage nach der Suffizienz der Heiligen Schrift hat dann einen innerkatholischen Reflex: In der Notwendigkeit, sich der katholischen Lehre über die Tradition zu vergewissern, stößt man auf die diesbezüglichen Kanones des Trienter Konzils, und es entsteht eine intensive Debatte über ihre Interpretation.[34] Es bilden sich zwei Parteien, die sich scharf bekämpfen: Die eine verficht die These, daß Schrift und Tradition als zwei Offenbarungsquellen mit verschiedenem Inhalt zu betrachten sind, die andere versteht Schrift und Tradition als zwei Formen der Mitteilung des einen Evangeliums Jesu Christi. Congar geht auf die Diskussion ein und bezieht Stellung.[35]
Sogar die orthodoxe Kirche ist in den fünfziger Jahren in Bewegung geraten. Die Themen, die auf einer inter-orthodoxen Konferenz 1961 auf Rhodos besprochen werden, sind – so stellt Congar fest – denen des Konzils »erstaunlich ähnlich«[36]. Trotz der orthodoxen Neigung zu einem archaisierenden Traditionsbegriff wird über notwendige Anpassungen nachgedacht.
Das Stichwort »Konzil« ist gefallen. Die Ankündigung des Konzils durch Papst Johannes XXIII. gibt einen letzten wichtigen Impuls, der zumindest noch für Congars zweiten Teilband gilt. Es werden Kommissionen gebildet

---

[31] Vgl. *TTT* 225.242.
[32] Vgl. *TTT* 223–243; *HK* 144.147.
[33] Vgl. zu Montreal: P. C. RODGER/L. VISCHER (Hrsg.), *Vierte Weltkonferenz für Glauben und Kirchenverfassung. Montreal 1963*, Zürich 1963. K. E. SKYDSGAARD/ L. VISCHER (Hrsg.), *Schrift und Tradition. Untersuchung einer theologischen Kommission*, Zürich 1963 (mit Beiträgen von J. L. Leuba, E. Flesseman-van-Leer, G. Ebeling und K. E. Skydsgaard). Ebelings wichtiger Beitrag ist wiederaufgenommen in: *Wort Gottes und Tradition*, Göttingen ²1966, 91–143. M. LEDWITH, *The Theology of Tradition in the World Council of Churches*, in: *IThQ* 43 (1976) 104–1223 (leider ziemlich polemisch).
[34] Vgl. Anm. 9 die Veröffentlichungen von Beumer, Geiselmann, Lennerz und Ortigues. Ausführliche (allerdings einseitige) Darstellung und Literaturangaben bei: R. BOECKLER, *Der moderne römisch-katholische Traditionsbegriff*, Göttingen 1967.
[35] Vgl. vor allem *TTH* 214–218.
[36] *HK* 137.

und mit der Erarbeitung von Konzilsvorlagen beauftragt. Eine Thematik lautet: die Quellen der Offenbarung.[37] Aber auch andere genannte Sachbereiche fordern Congar heraus. Zentrale Inhalte seiner theologischen Arbeit stehen auf der Tagesordnung und damit auf dem Spiel.
Die Entwicklungen und Auseinandersetzungen in Protestantismus, Orthodoxie und Katholizismus der fünfziger Jahre zeigen, wie nötig eine weitere Klärung des Traditionsbegriffes ist. H. Bacht urteilt 1955: »Wir sind noch immer nicht so weit, daß wir ... von einem einheitlichen katholischen Traditionsbegriff reden könnten. Vor allem fehlt eine umfassende Aufarbeitung des biblischen Fundaments.«[38] Congars Werk reiht sich in das Bemühen um ein besseres Verständnis der Tradition ein. In seiner letzten Phase ist es ein Beitrag, um die Linie des Konzils zu beeinflussen.

*3. Fragestellungen*

Versuchen wir zusammenfassend den damaligen Fragestand zu umreißen, um Congars Antwort besser zu verstehen. Beginnen wir vom ökumenischen Gespräch mit der Reformation her: Gibt es nicht-schriftliche apostolische Traditionen, und wenn ja: welcher Art (z. B. mündlich oder institutionell) und mit welchem Stellenwert? Es ergibt sich die Notwendigkeit, die Kategorie des Apostolischen genauer zu bestimmten, da sie anscheinend nicht rein historisch gemeint ist. Ein erstes Mal reiben sich Theologie und Historie. Eine dogmatische Bestimmung der Tradition ruft protestantischen Widerstand hervor: Wie kann eine Verbindlichkeit der Tradition behauptet werden, ohne die Priorität der historischen Offenbarung, das Ein-für-alle-mal Christi, die Einzigartigkeit der Apostel und der Inspiration auszuhöhlen? Es gilt also, das Verhältnis von Offenbarung und Tradition, von apostolischer und kirchlicher Tradition, von Heiliger Schrift und Tradition zu bestimmen. Der letzte Punkt wird weit entfaltet: Welchen Sinn hat das »sola scriptura« der Reformation? Was bedeutet die Festlegung des Schriftkanons? Welche Funktion hat die Tradition im Bezug auf die Heilige Schrift? Kommt der Tradition ein von der Heiligen Schrift unabhängiger normativer Wert zu? Wodurch wird die Tradition normiert? Zum Problemkreis der Normativität gehört dann unvermeidlich die Stellung des Lehramtes: Die Protestanten wollen erfahren, ob es unter, neben oder über der Heiligen Schrift steht, während die Katholiken sich parallel dazu streiten, ob es über oder unter der Tradition steht oder ob es die Tradition selbst ist. Mit dem Lehramt kommen die Träger der Tradition in den Blick: Ist die ganze Kirche, das Lehramt, die Theologen, der Heilige Geist Träger der Tradition? Für eine Antwort ist es nötig zu wis-

---

[37] Vgl. zum Traditionsthema auf dem Vatikanum II unseren Teil C.
[38] *Tradition und Sakrament*, aaO. 22.

sen, wie denn Tradition überhaupt geschieht: mündlich oder schriftlich oder liturgisch oder noch anders? Gibt es Gesetzmäßigkeiten, die nachvollziehbar sind? In welchem Verhältnis stehen Traditionsinhalt und Traditionsprozeß und damit Traditionssubjekte? Wie ist das Traditionssubjekt »Kirche« zu verstehen: kongregational oder hierarchisch, göttlich oder nur menschlich? Mit der Kirche kommt aber ihre ganze Geschichte ins Spiel: Ist sie Fortschritt oder Abfall vom Ursprung oder Wiederholung? Hat die Kirche für immer die Kirche der Väter zu bleiben bzw. in welchem Sinn hat diese Sicht eine Berechtigung? Darf es Innovationen geben? Welche Anpassungen an die Zeit sind legitim? Welche Traditionen können kritisiert und korrigiert werden – und weshalb? Wiederum das Problem: Welche Beziehung besteht zwischen Geschichte und Tradition? Worin besteht die Eigenart und Eigenständigkeit des theologischen Traditionsbegriffes gegenüber dem der Historie und der Soziologie? So gelangen wir schließlich in den Bereich der theologischen Methode: Woher gewinnen wir den theologischen Traditionsbegriff? Ist er rational vermittelbar? In welchem Gesamtrahmen ist sinnvollerweise von der Tradition zu handeln?

Die Auflistung vergegenwärtigt die Weite des Feldes: Das Thema Tradition reicht in die Bereiche Offenbarungstheologie, Ekklesiologie, Pneumatologie, Amtstheologie, Anthropologie, Hermeneutik, Historie, Kriteriologie hinein. Systematisierend lassen sich drei Fragekreise unterscheiden, die ineinanderspielen: Was gehört inhaltlich zur Tradition? Wie geschieht Tradition? Welchen kriteriologischen Status hat die Tradition? Daraus folgt ein materialer, ein formaler und ein normativer bzw. reflexiver Traditionsbegriff.

## II.

## EINE BIBLISCHE SKIZZE ZUM THEMA TRADITION

Congar beginnt sein Doppelwerk mit einer biblischen Grundlegung. Er weist selbst darauf hin, daß ein solcher Versuch durch das Fehlen eigener exegetischer Kompetenz und angesichts der Fülle des zu behandelnden Stoffes nur rudimentär sein kann.[39] Daß er dennoch nicht darauf verzichtet, hat sicherlich methodische Gründe: Die Heilige Schrift ist ja für ihn – wie wir im vorhergehenden Teil gesehen haben – Basis und Norm der Theologie, so daß bei jedem Thema der exegetische Befund einzuholen ist. Als Leitfaden seiner Systematisierung der Heiligen Schrift nennt Congar das explizite Traditionsvokabular. Damit setzt er sich der Gefahr aus, den hintergründigen Traditionsprozeß, den die Schriften als ganze in ihrer zeitlichen Reihenfolge und sprachlichen Verschiedenheit widerspiegeln, zu vernachlässigen. Er versucht, die drohende Einseitigkeit auszugleichen, indem er zunächst die grundsätzlichen Erkenntnisse der formgeschichtlichen Exegese, aber auch ihre Kritik und die ersten Ansätze der redaktionsgeschichtlichen Methode auswertet und die Aufmerksamkeit auf das Phänomen der nicht-schriftlichen Tradition lenkt.[40]

*1. Im Anfang war die Tradition*

Zunächst untersucht Congar die Wirklichkeit »Tradition« im Volk Israel. Er analysiert drei Ebenen von Tradition:
a) Die mündliche Weitergabe der Tora, das Leben des Volkes nach deren Regeln, das Erzählen der Geschichten, das Beten der Psalmen: Der gelebte, erzählte und durchbetete Glaube geht aller schriftlichen Fixierung voraus.[41]
b) Die redaktionelle Erweiterung alter Texte im Lichte neuer Erfahrungen und die Interpretation der Gegenwart von vergleichbaren Ereignissen früherer Offenbarung her, die gegenseitige Erhellung von Altem und Neuem durch eine »re-lecture«, all das aber noch innerhalb der maßgeblichen biblischen Wiedergabe des Offenbarungsgeschehens. In den Zeugnissen von der Offenbarung findet sich ein wachsendes Verständnis des Sinnes der Offenbarung, die Tradition als Auslegungsvorgang ist also ein inneres Gesetz der Offenbarung selbst. Als hervorragende Beispiele nennt Congar die Anwendung des Exodus auf verschiedene spätere Situationen des Volkes Israel, vor allem auf

---
[39] Vgl. *TTH* 13.
[40] Vgl. *TTH* 13–17.
[41] Vgl. *TTH* 13–15.

die Rückkehr aus dem Exil, und die griechische Übersetzung des Alten Testaments, die Septuaginta, die eine Reihe von Interpretationen enthält.[42]
c) Die Deutung der Bibel durch Rabbinen und ihre Schüler, die sich in Midrasch und Talmud niederschlägt. Im Unterschied zu den beiden erstgenannten Traditionsebenen handelt es sich hier nicht mehr um die Konstituierung des Glaubensgutes, sondern um die Erläuterung, die sich allerdings organisch aus der Tatsache der Tradition innerhalb der Offenbarung ergibt. Während Midrasch und Talmud ursprünglich ganz auf die Heiligen Schriften bezogen sind, erhalten sie später »einen autonomen Wert«[43]: Sie werden mit der Schrift auf eine Stufe gestellt.[44]
In der frühen Kirche findet Congar genaue Entsprechungen zu den genannten jüdischen Phänomenen:[45]
a) Das Evangelium wird zunächst gepredigt und mündlich weitererzählt. Diese Tatsache gehört zu den bleibend gültigen Erkenntnissen der formgeschichtlichen Exegese.
b) In der christlichen Gemeinde vollzieht sich bereits in der apostolischen Zeit eine fortschreitende Einsicht in die Geschehnisse und Worte der Offenbarung, die in die endgültige Gestalt der christlichen Botschaft, wie sie uns heute vorliegt, eingeht.
c) In der Kirche wird durch die Zeiten hindurch unter der Leitung des Heiligen Geistes die Bibel gelesen und erklärt. Die gesammelten Interpretationen bilden einen wesentlichen Teil der Tradition im christlichen Sinn.
Die Wirklichkeit »Tradition« gehört demnach zu den fundamentalen Voraussetzungen jüdischen und christlichen Glaubens, die ohne Tradition nicht zu denken sind. Tradition begegnet bereits am Beginn der Kirche in dreierlei Bedeutung: mündliche und lebensmäßige Weitergabe der Offenbarung, verbindliche Mitteilung des Sinnes der Offenbarung, reflexiv-systematische Deutungen der Offenbarung.

*2. Das Verhältnis Jesu zur Tradition*[46]

Nach Congars Auffassung – und er schließt sich darin H. Riesenfeld, L. Cerfaux und der Schule von Uppsala an[47] – hat Jesus Techniken und Methoden jüdischer Traditionsvermittlung verwendet, etwa den Parallelismus und rhythmisierte Sätze, um so das Behalten seiner Worte und ihre Weitergabe zu

---

[42] Vgl. *TTH* 15–16.
[43] »une valeur autonome« (*TTH* 16).
[44] Vgl. *TTH* 16–17.
[45] Vgl. *TTH* 17–18.
[46] Vgl. *TTH* 18–20.
[47] Vgl. *TTH* 34 Anm. 2 und *TTH* 36 Anm. 13.

erleichtern.⁴⁸ Man darf daher auf einen Traditionswillen Jesu schließen. Der formalen Entsprechung zum Judentum steht aber eine inhaltliche Verschiebung bzw. Differenzierung gegenüber, denn Jesus wendet sich gegen kasuistische Auslegungen der Tora, widersetzt sich der Verabsolutierung menschlicher Interpretation und ersetzt »das Lehramt der Schriftgelehrten und Gesetzeslehrer durch eine andere Macht, zu binden und zu lösen«⁴⁹. Congar wertet Jesu Vorgehen als eine Reaktion auf den Mißbrauch, menschliche Tradition über göttliche Weisung zu stellen, eine Gefahr, die Congar auch in der Urkirche beobachtet und die bis heute virulent ist. Er betont jedoch gegenüber der Tendenz, Jesu traditionskritische Aussagen isoliert zu behandeln und durch sie die protestantische Polemik gegen den Katholizismus zu stützen: »Jesus verurteilt nicht das Traditionsprinzip.«⁵⁰ Die Traditionskritik Jesu betrifft in Congars Sicht nur die Art und Weise, wie Menschen der Offenbarung Gottes ihre eigenen Gedanken gleich- oder oder sogar überordnen.

Eine Rechtfertigung des christlichen Traditionsgedankens durch Jesus selbst erblickt Congar im Missionsauftrag, wie Matthäus ihn überliefert (Mt 28,19f). Dem matthäischen Missionsbefehl entnimmt Congar zudem zentrale Inhalte christlicher Tradition: die Offenbarung des Vaters, die Weisungen Jesu – auch hinsichtlich der Sakramente und des Gebetes –, der christologische Sinn der Schriften.⁵¹

Jesu Einstellung zur Tradition läßt sich mit Congar in etwa so zusammenfassen: Alle menschlichen Traditionen sind am ursprünglichen Willen Gottes zu messen. Das jüdische Traditionsprinzip bleibt zwar grundsätzlich in Geltung, allerdings wird es modifiziert, insofern dem Judentum als heilig geltende Tradition außer Kraft gesetzt oder befragt wird. In die christliche Idee der Tradition ist daher von vornherein die Traditionskritik als immanenter Bestandteil der Tradition selbst aufzunehmen.

---

⁴⁸ Eine übersichtliche und knappe Wiedergabe dieser Position findet sich bei B. Gerhardsson, *Die Anfänge der Evangelientradition,* Wuppertal 1977 (Konzentrat früherer Veröffentlichungen). Ganz anders hingegen urteilt H. Conzelmann, *Das Selbstbewußtsein Jesu,* in: *Theologie als Schriftauslegung,* München 1974, 30–41, hier: 35. Ebenso K. H. Rengstorf, Art. *mathetes,* in: *ThWNT* IV, 417–464, hier besonders: 457–460.
⁴⁹ »... le magistère des scribes et des maîtres de la Loi par un autre pouvoir de lier et de délier« (*TTH* 19).
⁵⁰ »Jésus ne condamne pas le principe de tradition« (*TTH* 19). Vgl. *TTH* 20.
⁵¹ Vgl. *TTH* 20.

*3. Paulus als Theologe der Tradition*[52]

Bei Paulus finden wir – bedingt durch seine Bildung in pharisäischer Schule – »das ganze Vokabular des jüdischen Traditionsprinzips«[53]. Übergeben und Empfangen, Halten und Bewahren sind bei ihm zentrale Glaubenshandlungen, durch die die Gemeinde aufgebaut wird.[54] Freilich behält er nur den Rahmen bei und wechselt den Inhalt: Tradition ist für Paulus die Weitergabe des Evangeliums, das in Jesus Christus seinen Ursprung und seinen Gegenstand hat und das durch das Wirken des Heiligen Geistes von den Gläubigen erkannt wird. Paulus konzentriert das Evangelium auf das Ostergeheimnis, das für ihn »die Mitte und der Sinn der ganzen Heilsgeschichte«[55] ist. Der Inhalt der Tradition bestimmt sich also nach Paulus vom Evangelium, und das meint: von Christus her, im Traditionsgeschehen hingegen wirken Heiliger Geist und Kirche zusammen. Liegt inhaltlich eine streng christologische Fassung des Traditionsbegriffes vor, so versteht Paulus den Überlieferungsvorgang pneumatologisch und ekklesiologisch.

Zur Tradition gehören für Paulus auch Verhaltensregeln, die sich zusammensetzen aus Geboten des Herrn, kirchlichen Regeln und eigenen Weisungen. Congar wendet sich gegen ein Auseinanderreißen von Glaubensbotschaft und ethischen bzw. disziplinarischen Normen, betont aber bei letzteren – entsprechend ihrer Herkunft – den sehr unterschiedlichen Verbindlichkeitsanspruch: Apostolische Gemeinderegeln haben nicht denselben »absoluten und unveränderlichen Charakter«[56] wie Sachverhalte der Christusbotschaft. Den Inhalt der paulinischen Tradition faßt Congar zusammen als »das wahre religiöse Verhältnis«[57], das eben kognitive Inhalte und Handlungsweisen umfaßt, eine oft wiederholte Kurzformel, die den Leser durch das ganze zweibändige Werk begleitet.

Als ein Paradigma paulinischen Traditionsbezuges führt Congar den eucharistischen Einsetzungsbericht aus dem 1. Korintherbrief an:[58] In ihm verbindet

---

[52] Vgl. *TTH* 20–24.
[53] »tout le vocabulaire du principe juif de tradition« (*TTH* 21). Congar bezieht sich auf Studien von G. Söhngen, O. Cullmann, J. R. Geiselmann, L. Cerfaux, L. Goppelt, J. L. Leuba (vgl. *TTH* 36 Anm. 17). Ich habe darüberhinaus hinzugezogen: J. Cambier, *Paulus und die Tradition*, in: *Conc* (D) (1966) 793–800; H. Conzelmann, *Zur Analyse der Bekenntnisformel 1 Kor 15,3–5*, in: *Theologie als Schriftauslegung*, aaO. 131–141; H. J. van der Minde, *Schrift und Tradition bei Paulus*, München u. a. 1976; P. G. Müller, *Der Traditionsprozeß im Neuen Testament*, Freiburg 1982; K. Wegenast, *Das Verständnis der Tradition bei Paulus und in den Deuteropaulinen* (WMANT 8), Neukirchen 1962; K. Wengst, *Der Apostel und die Tradition*, in: ZThK 69 (1972) 145–162.
[54] Siehe *TTH* 36 Anm. 20.
[55] »le centre et le sens de toute l'histoire du salut« (*TTH* 21).
[56] »caractère absolu et immuable« (*TTH* 22).
[57] »le vrai rapport religieux« (*TTH* 22).
[58] Vgl. *TTH* 23.

sich das typische Traditionsvokabular mit einem ausdrücklichen Hinweis auf Jesus Christus selbst als Quelle und Ursprung der durch die Apostel weitergegebenen Tradition. Neben den historischen Ursprung einer Tradition tritt allerdings in der paulinischen Konzeption als ebenso bedeutsam das aktuelle Wirken des erhöhten Herrn und seines Geistes. Paulus beruft sich ja für sein Amt und für seine Verkündigung auf unmittelbare Offenbarung. Laut Congar gehört es zur Problematik modernen theologischen Denkens, historische Herkunft und aktuelle Urheberschaft, d. h. den irdischen und den verherrlichten Christus, zu scharf zu trennen.

*4. Tradition durch Zeugnis und als Weiterführung der Heilsgeschichte*

Zeugnis heißt das zentrale lukanische Stichwort für Tradition.[59] Bereits die Anlage des lukanischen Doppelwerkes zeigt, daß der Evangelist zwischen dem historischen Jesus und dem verherrlichten Christus einen Einschnitt setzt: »es gibt für ihn eine ›Tradition‹, deren Inhalt die *acta, dicta et passa Christi in carne* sind, die durch die Zwölf bezeugt werden«[60]. Die Zwölf sind die unverzichtbaren Augen- und Ohrenzeugen des historischen Jesus; ihre Aufgabe ist es, das Gesehene und Gehörte weiterzuerzählen, wobei sie mehr als neutrale Berichterstatter sind. Der Inhalt ihrer Verkündigung besteht in ihrem Zeugnis, das einen persönlichen Anteil – ihr eigenes Verständnis und Engagement – einschließt. Die Zwölf stehen somit zugleich für die subjektive Vermitteltheit und die amtliche Sicherung der christlichen Tradition. Die Kirche, wie sie in der Apostelgeschichte geschildert wird, »… baut sich auf durch den Glauben, der das, was die ersten, dafür ausgewählten und *gesandten Zeugen überliefert* haben, empfängt, dann bewahrt. Tradition, Zeugnis und Mission sind verbunden«[61]. Ziel der Überlieferung ist die Neugewinnung von Gläubigen, die dem bisherigen Kreis hinzugefügt werden. Zwischen Auftrag und Ausführung situiert Lukas das Pfingstereignis, dem entscheidende hermeneutische, ekklesiale und vitale Bedeutung zukommt: Es bewirkt ein Begreifen des Lebens und Sterbens Jesu und seiner Verkündigung und ein engagiertes Eintreten für ihn.

Eine besonders ausführliche Behandlung findet bei Congar die Emmausgeschichte.[62] In ihr und in der Erzählung von der Erscheinung Jesu in Jerusalem entdeckt Congar einen bleibenden Zug christlicher Tradition: Jesus erklärt

---

[59] Congar behandelt das lukanische und das johanneische Schrifttum gemeinsam, eine problematische Vorgangsweise, der ich nicht folge.
[60] »il y a, pour lui, une ›tradition‹ dont le contenu est les *acta, dicta et passa Christi in carne* attestés par les Douze« (*TTH* 24).
[61] »… se construit par la foi qui reçoit, puis garde, ce qu'ont *transmis* les premiers *témoins*, choisis et *envoyés* pour cela. Tradition, témoignage et mission sont liés« (*TTH* 25).
[62] Vgl. *TTH* 28–29.

den Jüngern die Schriften des AT in bezug auf das Geschehen von Kreuz und Auferstehung, er eröffnet ihnen den Sinn der Schrift (Lk 24,32.45), er führt die Jünger zum Verständnis des Ostergeheimnisses als des Mittelpunktes der Heilsgeschichte, als der Erfüllung des Alten Bundes und damit des Heilsplanes Gottes. Diese typologische Deutung der alttestamentlichen Schriften auf Christus hin bewirkt nicht nur ein besseres Erfassen der Vergangenheit und der Gegenwart, sondern berechtigt die Kirche nach Congars Auffassung, die Ereignisse der Offenbarung immer wieder neu auf ihre Situation zu beziehen. Congar spricht – mit Bezug auf R. Asting[63] – von der Vorwärtsgerichtetheit und dem dynamischen Charakter des biblischen Wortes. Das innerbiblische Gesetz der Typologie, das auf einem immer neuen Ankommen Gottes in der Zeit beruht und die gegenseitige Erhellung von vergangener Ankündigung und aktuellem Ereignis beinhaltet, gilt bis zur endgültigen Erfüllung aller Verheißung.

Dies hat zur Konsequenz für das Traditionsverständnis: Tradition ist nie ein für allemal abgeschlossen, sondern auf Zukunft hin geöffnet. Allerdings geschieht sie in einer typischen Art, wie sie in der Heiligen Schrift exemplarisch belegt ist: Ankündigung und Eintreffen eines Geschehens, Vorbildung und Verwirklichung, vorausdeutendes Wort und tatsächliches Ereignis erklären sich gegenseitig.[64] Diese Reziprozität reicht bis zur Makroebene, dem Verhältnis der drei großen Perioden, in die Congar mit Lukas die Geschichte einteilt: die Zeit der Verheißung und des Gesetzes, die Zeit der Ankunft des Messias, in der der neue und ewige Bund grundgelegt wird, und die endzeitliche Vollendung. Zwischen ihnen besteht Einheit und Kontinuität, weil Gott durch sie hindurch den einen Heilsplan verfolgt. Die eine göttliche Absicht legitimiert uns, sie miteinander in Beziehung zu setzen und so zu einem tieferen Verständnis einer jeden Etappe zu gelangen. Aus dieser weitgespannten Perspektive kann Congar dann sagen, daß die Kirche »unter einem Gesetz des Midrasch«[65] lebt, d.h. sich fortschreitend um die Aneignung und Vertiefung in der Erfassung des gesamten göttlichen Planes bemüht. Der Gebrauch des Wortes »Midrasch« drückt aus, wie hoch Congar die Verwandtschaft der Kirche mit dem Judentum einschätzt.

Neben den Aposteln gibt es noch eine Gestalt im Lukas-Evangelium, die in Congars biblischer Traditionsbegründung eine Rolle spielt, wenn er sie auch

---

[63] R. Asting, *Die Verkündigung des Wortes im Urchristentum dargestellt an den Begriffen ›Wort Gottes‹, ›Evangelium‹ und ›Zeugnis‹*, Stuttgart 1939. Von Congar wird dieses Buch mehrfach herangezogen.
[64] Vgl. *TTH* 30.
[65] »sous un régime de Midrash« (*TTH* 30). Die Analogie zwischen Tradition und Midrasch erwähnt Congar bis in die 80er Jahre hinein (vgl. *La Tradition et la vie de l'Eglise*, Paris ²1984, 6).

erst im zweiten Band nennt: Maria.[66] An ihr ist zu beobachten, wie das Wort Gottes zunächst einmal empfangen, aufgenommen werden muß. Der Beitrag des menschlichen Subjektes beim Traditionsvorgang kommt verstärkt in den Blick. Maria ist für Congar das sprechendste Beispiel lebendiger Treue, einer Treue, die den Menschen in seinem Innersten und in seiner Ganzheit, biblisch gesprochen: in seinem Herzen, beansprucht, und die mehr ist als Gedächtnisleistung, vielmehr ein Nachdenken über die Bedeutung des Wortes Gottes und ein Eingehenlassen des Wortes in das eigene Leben. Congar zitiert ausführlich eine Predigt Newmans.

Als wichtigste Sachverhalte des lukanischen Traditionsverständnisses lassen sich mit Congar festhalten: die Rolle des Subjekts im Traditionsprozeß, die missionarische Dimension, die hermeneutische Funktion der Tradition, die Gestalt Christi als kritische Norm des AT, das Gesetz der Typologie, der heilsgeschichtliche Rahmen.

## 5. Sendung, Sinn und Geist – Tradition im johanneischen Schrifttum[67]

Im Johannes-Evangelium findet Congar drei Sachverhalte, die für das Traditionsthema wichtig sind.

Zum einen die Sendung der Jünger durch Jesus, die Jesus als Fortführung seiner Sendung durch den Vater (Joh 17, 16; 20, 21) und ebenso als eine Weitergabe der Liebe des Vaters (Joh 15, 9) versteht. Congar leitet von diesem wasserfallartigen Erguß die soziale und sogar juridische Struktur der Überlieferung ab, die „wie das Sakramment der geheimnisvollsten und innerlichsten Wirklichkeit"[68] ist. In solchen Folgerungen ist die katholische Hermeneutik Congars besonders greifbar.

Zum zweiten bezeugt das Johannes-Evangelium für die Zeit nach der Auferstehung Jesu mehrfach eine wachsende Einsicht der Jünger in den Sinn bestimmter Geschehen im Leben Jesu (Joh 2, 19–22; 12, 16; 13, 7; 20, 9). Hier sieht Congar die Berechtigung einer weiteren geistlichen Vertiefung des Evangeliums im Leben der Kirche angelegt.

Als dritten Beitrag des Johannes-Evangeliums zum Traditionsthema wertet Congar die Aussagen über den Heiligen Geist. Die Verse 14, 26 und 16, 12–14 gehören zum Fundament der Congarschen Traditionstheologie: Sie werden immer wieder aufgegriffen und angewandt. Congar exegetisiert wie folgt: Der Heilige Geist ist von Jesus der Kirche verheißen als Erinnerer und Ausleger, der der Kirche den Sinn der Worte und Taten Jesu Christi erschließt.[69] Es

---

[66] Vgl. *TTT* 28–29.
[67] Vgl. *TTH* 24–31.
[68] »comme le sacrement de la réalité la plus mystique et la plus intérieure« (*TTH* 26).
[69] Vgl. *TTH* 27–28.

besteht zwar eine personale Differenz, [70] aber keine inhaltliche Autonomie. Congar greift zur Charakterisierung der je eigenen und doch aufeinander bezogenen Rollen auf die bereits bekannten (und kritisierten) Schemata von Außen und Innen, von Vorher und Nachher, von historischer Gestalt und jeweiliger Aktualität, von Grundlegung und Vollendung zurück.[71]

## 6. Die apostolische Tradition[72]

Am Ende der apostolischen Zeit stellt Congar in späten Texten des NT »eine neue Idee«[73] fest, die der apostolischen Tradition. Sie entsteht in der Abwehr von Häresien und Spaltungen und ist verbunden mit dem Fortleben apostolischer Vollmachten in Presbytern und Episkopen.[74] »Die Zeit der Fundamentlegung ist zu Ende. Man kann, man muß darauf bauen; der Plan selbst kann nicht mehr verändert werden«[75]. Die Vorstellung von einem objektiv festgelegten, invariablen und abgeschlossenen Glaubensgut entsteht. Daher sieht Congar im NT selbst angelegt, was die katholische Lehre vom Abschluß der Offenbarung mit dem Tod des letzten Apostels sagen will. Dennoch widerspricht Congar einer rein mechanischen und juridischen Auffassung von Tradition, »als ob die apostolische Offenbarung aus einer Liste von Sätzen gemacht wäre, deren Buchstaben nur bewahrt und deren geistiger Inhalt nur ausgeschöpft werden müßte«[76]. Es geht in der Tradierung des christlichen Glaubens nicht um eine buchstäbliche Konservierung und logische Verknüpfung von Sätzen, sondern um eine personale Beziehung, eine gott-menschliche Verbindung, um die Person Jesu Christi, genauso um Tatsachen und Realitäten wie um Wahrheiten von Aussagen.

---

[70] Vgl. *TTH* 30.
[71] Wahrscheinlich würde Congar den folgenden Satz heute so nicht mehr schreiben: »Le Saint-Esprit oeuvre dans la tradition, mais il n'en est pas l'origine« (*TTT* 30). Mit Ursprung ist hier augenscheinlich historisierend der vorösterliche Jesus gemeint. Es ist nicht beachtet, daß der Heilige Geist insofern zum Ursprung der Tradition zu rechnen ist, als er bereits in Jesus wirkt und er die Zeugen zum Glauben und Verstehen disponiert. Congar bemerkt anschließend treffend, daß die apostolische Tradition »à la fois historique et pneumatique ou charismatique« ist (*TTT* 31). Wiederum ist zu fragen: Ist Jesus etwa nur historisch und nicht pneumatisch und charismatisch?
[72] Vgl. *TTH* 31–33.
[73] »une nouvelle idée« (*TTH 31).*
[74] Verweis auf: Jud 3; 17f.; 1 Tim 1, 3–4.10; 4; 6, 2f. 20; 2 Tim 1, 12–14; 2, 1f.; 4, 1–8; Tit 1, 1.9.; 2, 1; 3, 9–11; 1 Joh 2, 18f.; 4, 1–6; 2 Joh 7; 2 Petr 2, 1f.; Eph 4, 11–13; Apg 20, 28–
31; 22, 18–19 (*TTH* 38, Anm. 42.44.46).
[75] »l'ere de pose des fondements est finie. On peut, on doit construire dessus; le plan lui-même ne peut plus être modifié« (*TTH* 32).
[76] »... comme si la révélation apostolique était faite d'une liste de propositions dont il n'y aurait plus qu'à garder la lettre et à exploiter le contenu intelligible« (*TTH* 33).

Congar verweist auf den griechischen Terminus hypotyposis in 2 Tim 1, 13:[77] Er kann einerseits mit Skizze, Entwurf übersetzt werden und evoziert so die Notwendigkeit der Ausführung und Vervollständigung; andererseits kann er den Sinn von Modell oder Vorbild haben, was ebenfalls einen Spielraum für freie Verwirklichung und Anwendung läßt. In einem Bild gesprochen ist Tradition dann das Behauen des rohen Blockes Offenbarung nach einer in ihr selbst vorgegebenen Skizze. Die Traditionsgemeinschaft »Kirche« lebt in einer wirklichen Geschichte mit deren menschlichen Eigenheiten: Sie ist Aktualisierung, Auslegung und Vollendung des Anfangs, vor allem in gelebter Vergegenwärtigung.

*7. Auswertung*

Angesichts des begrenzten Vorhabens und Rahmens und unter Berücksichtigung der exegetischen Studien, auf die Congar Ende der fünfziger Jahre zurückgreifen kann, ist es ihm gelungen, in den großen Linien eine sachgemäße und treffende Darstellung des Traditionsthemas in der Heiligen Schrift zu geben. Die wichtigsten Schriftzeugnisse sind behandelt, die Erkenntnisse über den dahinterstehenden Traditionsprozeß beachtet, die vorliegenden wissenschaftlichen Untersuchungen eingearbeitet. Zudem begegnet der Leser im biblischen Teil erstmals den Problemkreisen, die in der Systematik weiter zu erörtern sind, so daß es sich wirklich um eine Einführung handelt. Direkt angesprochen oder angeklungen sind das Verhältnis von mündlicher, gelebter und schriftlicher Tradition, die Tradition als inneres Moment der Offenbarung und als Auslegung von Offenbarung, so daß die Notwendigkeit einer Zuordnung zum Offenbarungs- und Evangeliumsbegriff deutlich wird, die Frage nach der Norm der Tradition, die Möglichkeit und Gefordertheit der Traditionskritik, die Unterscheidung verschiedener Verbindlichkeitsgrade von Tradition entsprechend ihrer Herkunft, die Funktion von Glaube, Kirche und besonders autorisierten Tradenten im Überlieferungsgeschehen, die universale, weil missionarische Ausrichtung der Tradition, die subjektive und zeitgeschichtliche Beeinflussung der Tradition im Akt der Übernahme und Weitergabe, das spezifisch christliche Zeit- und Geschichtsverständnis, die Bedeutung fester Sätze und Bekenntnisformeln für die Weitergabe des Glaubens, die Beziehung von Historie (besonders der Jesus-Geschichte) und Pneumatologie.

Vom heutigen Erkenntnisstand aus[78] könnten einige Ergänzungen im Detail

---

[77] Vgl. *TTH* 33.
[78] Vgl. außer den in Anm. 48 u. 53 bereits genannten Studien: P. BONNARD, *La tradition selon le Nouveau Testament*, in: *RHPhR* 40 (1960) 20–30; P. GRELOT, *Die Tradition – Quelle und Milieu der Schrift*, in: *Conc* (D) 2 (1966) 745–756; F. J. SCHIERSE, *Tradition und Traditionen im Neuen Testament*, in: *StZ* 103 (1978) 95–107.

angebracht werden,[79] die jedoch keine Auswirkung auf das Endergebnis haben. Nach wie vor strittig und nicht ausdiskutiert ist die genaue Bestimmung des Verhältnisses Jesu zur jüdischen Tradition, so daß hier kein abschließendes Urteil möglich ist und Congars Position legitimerweise stehen bleiben kann. Will man eine Schwäche benennen, dann ist es die aller synthetischen Darstellungen: punktuelle Unschärfen, eine gewisse Tendenz zur Harmonisierung.[80] Von protestantischer Seite aus ließe sich bisweilen die typisch katholische Lektüre der Schrift monieren. Aus der gegenwärtigen Perspektive könnte es ferner verwunderlich erscheinen, daß Congar dem Begriff der Erinnerung und des Gedächtnisses keine Aufmerksamkeit schenkt und so die Chance einer weiteren biblischen Fundierung der Tradition nicht nutzt. Diese Bemerkungen zeigen: Es handelt sich weniger um Korrektur als vielmehr um Komplementierung. Congars bibeltheologische Skizze behält ihren Wert und ihre Brauchbarkeit.

---

[79] Von P. G. Müllers umfassender Untersuchung her sind beispielsweise folgende Beobachtungen nachzutragen: Bei Matthäus ist ein anthropologisches Kriterium für echte Tradition gegeben: Nur die Tradition ist authentisch und bindend, die dem Heil des Menschen dient (vgl. *Der Traditionsprozeß im Neuen Testament*, aaO. 167). Müller wird der Bedeutung des Präskriptes bei Lukas besser gerecht: Aus seiner Analyse erkennt er die Gründe, die den Evangelisten zur Tradierung bewegen, und kann so Kontext und Adressaten angemessener zur Geltung kommen lassen (vgl. *ebd.* 175–190). Nach Müller zeugt das Lukas-Evangelium von der in der damaligen Situation empfundenen Notwendigkeit, die vorliegende Jesus-Überlieferung kritisch zu überprüfen, von dem Willen, allein die apostolisch gesicherte Tradition als echt anzunehmen, von dem Versuch, Spaltungen und Unsicherheiten zu überwinden und Einheit und Identität zu finden im Rückgriff auf den geschichtlichen Anfang. Hinsichtlich des Johannes-Evangeliums ergänzt Müller: die Häufigkeit und Bedeutung der Termini »bewahren« und »bleiben«, die einen expliziten Traditionswillen dokumentieren (vgl. *ebd.* 279.284), ferner die aufsehenerregende Neuheit der johanneischen Ausdrucksweise, schließlich der »Rekurs zum ›Anfang‹ als hermeneutisches Prinzip neuer Versprachlichung« (*ebd.* 285). Congar geht dagegen nur kurz auf das wichtige Präskript des 1. Johannesbriefes ein (*TTH* 25). Vgl. dazu auch: H. CONZELMANN, »*Was von Anfang war*«, in: *Theologie der Schriftauslegung*, aaO. 207–214.

[80] Ein wichtiges Beispiel ist die einfache Behauptung der Kontinuität zwischen Jesus und Paulus. Congar problematisiert nicht die Beziehung Pauli zum historischen Jesus, die sprachlichen Differenzen zwischen den Evangelien und den Paulusbriefen, das fast völlige Fehlen der Evangelien-Überlieferung bei Paulus, das Verhältnis Pauli zu den Zwölfen (vgl. dazu die Überlegungen bei P. G. MÜLLER, *Der Traditionsprozeß im Neuen Testament*, aaO. 204–216). Ferner ist zu fragen, ob Congar aus der Verwendung vorgefundenen und geprägten Traditionsgutes (z. B. Bekenntnisformeln) nicht vorschnell auf die Unterordnung Pauli unter die Tradition schließt (vgl. die Diskussion bei K. WENGST, *Der Apostel und die Tradition*, aaO. 146–147).

III.

## DIE GESCHICHTE DES TRADITIONSVERSTÄNDNISSES

*1. Congar als Historiker mit theologischer Absicht*

Nach der Erhebung des biblischen Befundes setzt Congar seine Studien mit einer Befragung der Theologiegeschichte fort. Wegen des Stellenwertes der Historie in Congars theologischem Ansatz kommen wir nun nicht umhin, seinen Umgang mit Geschichte genauer unter die Lupe zu nehmen. Weil Congar ein Historiker mit systematischer Absicht ist, ist es für uns wichtig zu wissen, welche Auffassung er von der Historie als Wissenschaft hat, wie er sie betreibt und wie er sie auswertet.

Congar reflektiert seine historische Methode nicht in der Entwicklung einer expliziten Wissenschaftstheorie. Wir müssen seinen Standpunkt größtenteils aus seiner Praxis erschließen. Allerdings gibt es einen Lexikonartikel zum Stichwort »Histoire«[81], in dem einige Positionen zum Vorschein kommen. Er umfaßt drei Teile: die Geschichte der Geschichtswissenschaft, wobei Congar die Geschichtsphilosophien gesondert behandelt, das Verhältnis der (christlichen) Theologie zur Geschichte und die Beziehung von Historie und katholischer Kultur.

Bezeichnend ist wiederum der Anfang: Congar gibt einen Überblick über die entscheidenden Faktoren für die Entstehung unseres heutigen Geschichtsbegriffes, von der Bibel bis zu Marxismus, Romantik und Historismus,[82] sozusagen eine geschichtliche Hermeneutik der Geschichtsschreibung. Er charakterisiert damit das geschichtliche Wissen, das Interesse an Geschichte, die Geschichtstheorie und sein eigenes Denken darüber als selbst nochmals geschichtlich vermittelt.

Als zweiter Punkt ist für uns interessant, welche Verbindungen Congar zwischen dem historischen und dem theologischen Teil herstellt. Die Verknüpfung geschieht auf zweierlei Weise. Zum einen schreibt Congar mit N. Berdiaeff Israel die »Erfindung« eines theologischen Geschichtsdenkens zu[83] und führt die »Idee, daß die menschliche Geschichte als Ganzheit einen Sinn hat«[84], auf die Bibel zurück. Diese Zuordnung bedeutet aber: Die Historie und die Geschichtsphilosophie sind je schon vom christlichen Geschichtsbe-

---

[81] Art. *Histoire*, in: *Catholicisme* V, 767–783. Sigel: Hist.
[82] Vgl. *Hist* 771–772.
[83] Vgl. *Hist* 775. Eine These, die wohl der Ergänzung bedarf (vgl. R. SCHAEFFLER *Einführung in die Geschichtsphilosophie*, Darmstadt 1980, 15–18).
[84] »L'idée que l'histoire humaine a un sens comme totalité« (*Hist* 771).

griff beeinflußt, sind ohne ihn – zumindest in ihrer heutigen und europäisch-amerikanischen Gestalt – gar nicht denkbar. Diese historische Argumentation zeigt die Bedingtheit der Historie auf und soll vielleicht veranschaulichen, daß sich die Theologie in der Historie auf ureigenstem Boden bewegt und ein Wort mitzureden hat. Könnte man diese Brücke historisch und epistemologisch nennen, so liegt der andere Übergang auf der Ebene der Werte. Congar ordnet die Weltgeschichte auf die jüdisch-christliche Geschichte als dem Mittel ihrer Zielfindung hin. Durch die Frage des Menschen nach der Zukunft, nach seinem Schicksal, nach der Einheit und dem Ende der Geschichte öffnet sich die Profangeschichte auf die biblische Geschichte hin, denn diese erhebt den Anspruch, eine Antwort geben zu können: »die Geschichte der Offenbarung ist Offenbarung des Sinnes der Geschichte«[85]. Bei aller Eingebundenheit des Christentums in die Geschichte wird also zugleich seine Überlegenheit behauptet.

Der Inhalt des theologischen Teils ist uns vertraut[86] bzw. soll uns erst später beschäftigen: Congar entfaltet – mit Bezug vor allem auf Cullmann, Daniélou und einige Exegeten – eine heilsgeschichtliche Konzeption.[87] So können wir zum Schluß weitergehen, wo Congar vom Nutzen der Historie für die Theologie spricht:[88] Zuallererst verdanke der Theologe der Historie eine genauere und bessere Kenntnis seiner Vorgabe, seiner Quellen; dann könne er von ihr Objektivität, Redlichkeit und einen gesunden Relativismus lernen; ferner biete sie ihm eine apologetische Dokumentation und befähige ihn, Probleme und Fragen aus ihrem Kontext heraus zu verstehen; schließlich vermittle die Kenntnis der Geschichte eine Sensibilität für gegenwärtige Möglichkeiten oder Unmöglichkeiten, so daß sie auch in Katechese und Pastoral fruchtbar eingesetzt werden könne. Die Historie hat demgemäß für Congar eine dogmatische, eine kritische, eine hermeneutische und eine praktische Funktion. Leider fast nur bibliographischer Art sind die Bezüge zur Theoriediskussion der Historiker, die seit den zwanziger Jahren und noch einmal verstärkt nach dem 2. Weltkrieg im deutschen, englischen, italienischen und französischen Sprachraum geführt wird. Es begegnen uns die für die französische Geschichtswissenschaft so bedeutenden Namen von A. Thierry, F. de Coulanges, G. Monod, V. Langlois, Ch. Seignobos, H. Berr, R. Aron, M. Bloch, L. Febvre, F. Braudel, aber auch bekannte ausländische Historiker wie B. Croce und R. G. Collingwood.[89] Am vertrautesten scheint Congar mit

---

[85] »l'histoire de la révélation est révélation du sens de l'histoire« (*Hist* 775, mit Bezug auf J. Bernhart).
[86] Vgl. Teil A/III/2c.
[87] Vgl. *Hist* 775–778.
[88] Vgl. *Hist* 782–783.
[89] Vgl. *Hist* 773–774. Zur Diskussion im französischen Bereich vgl. die Artikel von M. de Certeau, *Faire de l'histoire*, in: *RSR* 58 (1970) 481–520; *L'opération historique*,

H. I. Marrou zu sein, was aufgrund seines Forschungsgebietes und seines theologischen Interesses nicht verwunderlich ist. Marrou seinerseits setzt sich in seinem vielbeachteten Werk »De la connaissance historique«[90] mit einem Großteil der aufgezählten Geschichtswissenschaftler auseinander, so daß Congar sie zumindest durch diese Vermittlung in ihren entscheidenden Positionen kennt. Insgesamt referiert er aber nur, ohne ein Urteil zu fällen. Obwohl direkte Abhängigkeiten schwer nachgewiesen werden können, darf eine mittelbare Beeinflussung Congars durch die Ideen, die Aron,[91] Bloch,[92] Febvre[93] und Marrou in Umlauf gesetzt haben, angenommen werden; bestimmte Erkenntnisse und Denkweisen liegen ja, wenn sie einmal in die Debatte geworfen sind und Aufsehen erregt haben, losgelöst von ihren geistigen Vätern wie in der Luft. Für eine solche Beziehung spricht die zeitliche Überschneidung der wichtigsten Veröffentlichungen dieser Autoren mit der Vertiefung des geschichtlichen Denkens bei Congar und die Entsprechung in einigen fundamentalen Orientierungen. Die theoretischen Gemeinsamkeiten

---

in: J. LE GOFF/P. NORA (Hrsg.), *Faire de l'histoire I. Nouveaux problèmes*, Gallimard 1974, 19–68.

[90] H. I. MARROU, *De la connaissance historique*, Paris 1954. Deutsche Übersetzung: *Über die historische Erkenntnis. Welches ist der richtige Gebrauch der Vernunft, wenn sie sich historisch betätigt?*, Darmstadt 1973. Außer den genannten Werken von H. I. Marrou, R. Schaeffler und M. de Certeau haben wir zur Geschichtstheorie herangezogen: U. Anacker/H. M. Baumgartner, *Art. Geschichte*, in: *HPhG* 2 (Studienausgabe) 547–557; H. M. Baumgartner, *Kontinuität als Paradigma historischer Konstruktion*, in: *PhJ* 79 (1972) 254–268; A. Darlap/J. Splett, *Art. Geschichte und Geschichtlichkeit*, in: *HTTL* 3, 33–45; A. Darlap, *Art. Geschichtlichkeit*, in: *LThK* IV, 780–783; K. Gründer/R. Spaemann, *Art. Geschichtsphilosophie*, in: *LThK* IV, 783–791; A. Halder/H. Vorgrimler, *Art. Geschichtstheologie*, in: *LThK* IV, 793–799; P. Hünermann, *Art. Geschichtsphilosophie*, in: *HTTL* 3, 45–49; W. Kasper, *Art. Geschichtstheologie*, in: *HTTL* 3, 49–54; O. Köhler, *Art. Geschichte*, in: *LThK* IV, 777–780; M. Lutz-Bachmann, *Das philosophische Problem der Geschichte und der Theologie*, in: W. Löser/K. Lehmann/M. Lutz-Bachmann, *Dogmengeschichte und katholische Theologie*, Würzburg 1985, 19–36; J. Mehlhausen, *Art. Geschichte/Geschichtsschreibung/Geschichtsphilosophie. VII/2. 19.–20. Jahrhundert*, in: *TRE* XII 643–658; H.-L. Ollig, *Perspektiven des Historismusproblems*, in: W. Löser/K. Lehmann/M. Lutz-Bachmann, *Dogmengeschichte und katholische Theologie*, Würzburg 1985, 37–77; W. Pannenberg, *Art. Geschichte/Geschichtsschreibung/Geschichtsphilosophie. VIII. Systematisch-theologisch*, in: *TRE* XII 658–674; H. R. Seeliger, *Kirchengeschichte-Geschichtstheologie-Geschichtswissenschaft*, Düsseldorf 1981.

[91] R. ARON, *Introduction à la philosophie de l'histoire. Essai sur les limites de l'objectivité historique*, Paris 1938. *La philosophie critique de l'histoire*, Paris 1938, ³1964.

[92] M. BLOCH, *Apologie pour l'histoire ou métier d'historien*, Paris 1948.

[93] L FEBVRE, *Combats pour l'histoire*, Paris 1953. Congar bemerkt später, daß er Febvres berühmtes Luther-Buch Anfang der dreißiger Jahre gelesen hat (vgl. PUYO 59). Ferner darf Chenu als Bindeglied zwischen Bloch/Febvre und Congar angesehen werden,

sind am besten in negativer Form zu formulieren: Ablehnung eines positivistischen Verständnisses der Geschichtswissenschaft, einer Geschichtsschreibung, die sich in der Darstellung der »großen« politischen Ereignisse erschöpft, und idealistischer Geschichtssysteme. Über diese grundsätzlichen Optionen hinaus Verbindungen aufzuzeigen, erscheint zu gewagt, außer im Falle Marrous, der Congar sicherlich am nächsten steht. Marrous Haltung der realistischen Selbstbeschränkung[94] (von Aron beeinflußt), seine Auffassung vom Überhang der Wirklichkeit gegenüber jeder Theorie,[95] seine Betonung der aktuellen Verantwortung des Historikers und der konstitutiven Funktion seines Interesses,[96] seine Warnung vor Skeptizismus und Hyperkritik,[97] seine dialogische Hermeneutik,[98] sein Unbehagen an der Überhandnahme von Spezialgebieten[99] entsprechen der Denkweise Congars.
Im Vergleich mit Aron oder der Annales-Schule von Bloch und Febvre finden sich hingegen auch ziemliche Distanzen oder sogar gegensätzliche Einschätzungen. Obwohl Congar den von Aron so unterstrichenen subjektiven und konstruktiven Charakter der Historie wohl anerkennt, hat man doch den Eindruck, daß er ein höheres Maß an Objektivität für möglich hält – allein weil er die eigene Bedingtheit kaum problematisiert. Vom Strukturalismus mag er zwar zu einer größeren Beachtung sozialgeschichtlicher Aspekte angeregt worden sein, aber die Vernachlässigung individueller und politischer Faktoren akzeptiert er nicht, und erst recht steht er zu ihm in Widerspruch, wenn er auf der universalen Sinngebung und Theologie der Geschichte besteht.
Von früher ist uns bereits Congars Gespür für die wechselseitige Interdependenz von Individuum und Gemeinschaft, von kirchlichen und politischgesellschaftlichen Prozessen, von geistes- und theologiegeschichtlichen Entwicklungen, von Idee- und Realgeschichte bekannt. Nimmt man seine Ausrichtung auf eine »communio«-Ekklesiologie hinzu, so ist begreifbar, daß in seinen Schriften eine kollektivgeschichtliche Linie dominiert im Unterschied zu einer Kirchengeschichte, die sich auf Päpste und Konzilien konzentriert. Congar bleibt zwar an der Geschichte der herausragenden Ereignisse und Gestalten als Leitfaden orientiert, aber er betrachtet sie nicht isoliert und punktuell. Er führt die Komplexität von Tatsachen und Personen vor Augen: ihre Verwicklung in kulturelle und ökonomische, in politische und spiritu-

---

da er beider Veröffentlichungen verfolgte (vgl. J. DUQUESNE *interroge le Père Chenu*, Paris 1975, 51).
[94] Vgl. *Über die historische Erkenntnis*, aaO. 69–72.
[95] Vgl. ebd. 224.
[96] Vgl. ebd. 244–246 325f.
[97] Vgl. ebd. 167.
[98] Vgl. ebd. 316.
[99] Vgl. ebd. 76.

elle, in soziale und psychologische Vorgänge. Diese Einsicht in die vielfältige Bedingtheit von Menschen und Fakten hat zur Folge, daß Congar in seinen geschichtlichen Arbeiten Einzelpersönlichkeiten, Institutionen, Bewegungen, Theorien und Ereignissen Raum gibt und sich nicht auf nur ein Genus der Geschichtsschreibung festlegt.

Congar bezieht sich in seinen historischen Studien vor allem (nicht nur) auf Texte. Folglich schenkt er der Begriffsgeschichte besondere Aufmerksamkeit.[100] Da sein bevorzugtes Objekt die Theologiegeschichte ist, hat dieser Schwerpunkt seine Berechtigung. Aber Congar untersucht Texte nicht nur in sich, sondern bemüht sich, den Kontext zu berücksichtigen. Dadurch bringt er Texte zum Sprechen über das wortwörtlich Gesagte hinaus. Er fragt nicht nur nach dem explizit im Text Ausgesagten, sondern auch: Warum hat der Verfasser diesen Text geschrieben? Welche Absicht verfolgt er damit? Welche Beziehung besteht zwischen Texten und Fakten, zwischen Texten und der Gemeinschaft, in der sie entstanden?

Congar selbst trägt bewußt bestimmte inhaltliche Interessen an alte Texte heran: Sie interessieren ihn nicht an und für sich, sondern im Hinblick auf eine heutige Fragestellung. Jedoch bemüht er sich, die Voreingenommenheit durch momentane Diskussionen erst einmal zurückzustellen und den Sachverhalt möglichst breit in sich zu untersuchen, d. h. in unserem Fall, daß er an die Heilige Schrift, die Kirchenväter, das Mittelalter und das Konzil von Trient nicht sofort und nicht nur die ganz gezielten Fragen stellt, ob die Heilige Schrift allein als Grundlage des Glaubens ausreicht und in welchem Verhältnis Schrift und Tradition stehen, sondern daß er zunächst zu verstehen sucht, was sie über Schrift und Tradition insgesamt und je für sich genommen sagen und in welchem Rahmen sie darüber sprechen. So preßt er frühere Aussagen nicht gleich in unseren aktuellen Fragehorizont hinein und kann etwa feststellen, daß vergangene Epochen unser Problem gar nicht kannten[101] bzw. unter ganz anderen Gesichtspunkten angingen. Bereits dieses Resultat ist in mehrfacher Hinsicht produktiv: Es relativiert den akuten Streit, es öffnet eine weitere Perspektive, und es setzt uns auf die Suche nach den Gründen, die unsere spezielle Problematik hervorgebracht haben. Die Historie bewirkt also Relativierung, Öffnung und Präzisierung der Fragestellung. Ist die Relativierung besonders dem Gesprächsklima zuträglich, so dienen Horizonterweiterung und genetische Betrachtung der inhaltlichen Klärung. Sie geben Mittel an die Hand, um das Gespräch sachlich voranzutreiben. Die speziellen Fragen der Gegenwart werden, um ideologischem Mißbrauch und tendenziösem Eklektizismus vorzubeugen, erst im Anschluß an die möglichst umfas-

---

[100] Eine deutliche Parallele zu M.D. Chenu. Vgl. dessen Aussagen in: J. DUQUESNE *interroge le Père Chenu*, Paris 1975, 74.106.185.199.
[101] Vgl. *TTT* 138.

sende und zeitinterne Darstellung der Quellen behandelt.[102] Congar vollzieht also den Dreischritt: aktuelle Fragen (es gibt einen Anlaß, der mich bewegt, ein Thema zu bearbeiten), Untersuchung möglichst vieler Quellentexte (Bemühen um Objektivität), Betrachtung unter heutigem und d. h. auch persönlichem Gesichtspunkt (Auswertung).

## 2. Der Ertrag der geschichtlichen Untersuchung

Tragen wir die für unser Thema wichtigsten historischen Erkenntnisse tabellarisch zusammen:
a) Der älteste Sinn des Traditionsbegriffes in der Theologie ist der von objektiv vorgegebenem Inhalt.[103]
b) Die Reflexion über Tradition ist von Anfang an verknüpft mit dem Rekurs auf Apostolizität,[104] d. h. das Interesse an Tradition beinhaltet eine kriteriologische Frage.
c) Das Traditionsverständnis ist notwendigerweise durch den Offenbarungsbegriff und die Konzeption des Verhältnisses von Gott und Mensch bedingt.[105]
d) Die Frage nach Autorität und Amt stellt sich zwar unausweichlich in der Besinnung auf Art und Geltung der Tradition, aber sie ist ursprünglich nicht dominierend.[106]
e) Schrift und Tradition gehören zusammen. Ihre Gegenüberstellung bzw. ihre Trennung ist eine in der Kirchengeschichte späte Erscheinung, die durch kirchliche Mißstände hervorgerufen wird: Das Ausufern von sekundären Traditionen hat das Verlangen nach einer kritischen Kontrolle geweckt.[107]
f) Für das Mittelalter ist der Begriff der Tradition nicht zentral. Die Tradition gehört mit der Heiligen Schrift, mit Kirchenvätern, Konzilien und päpstlichen Verlautbarungen zur »sacra doctrina«[108]. Dies hat seine Ursache darin,

---

[102] Vgl. in *TTH* den Ort von II/C; III/Excursus A; VI/Excursus C.
[103] Vgl. *TTH* 42. Zum altkirchlichen Traditionsbegriff vgl. außer den von Congar selbst herangezogenen Studien: J. B. BAUER, *Das Verständnis der Tradition in der Patristik*, in: *Kairos* 20 (1978) 193–208; A. BENOIT, *Die Überlieferung des Evangeliums in den ersten Jahrhunderten*, in: V. VAJTA (Hrsg.), *Evangelium als Geschichte*, Göttingen 1974, 161–186; A. BENOIT, *Ecriture et Tradition chez Saint Irénée*, in: *RHPhR* 40 (1960) 32–43; G. G. BLUM, *Tradition und Sukzession. Studien zum Normbegriff des Apostolischen von Paulus bis Irenäus,* Berlin-Hamburg 1963; G. G. BLUM, *Offenbarung und Überlieferung*, Göttingen 1971, 86–130; W. RORDORF/A. SCHNEIDER, *Die Entwicklung des Traditionsbegriffs in der alten Kirche*, Bern-Frankfurt 1983.
[104] Vgl. *TTH* 42.
[105] Vgl. *TTH* 43.90.126.164.
[106] Vgl. *TTH* 43.51.
[107] Vgl. *TTH* 52.58.132–134.183–184.
[108] Vgl. *TTH* 125–127.

daß das Mittelalter sowenig wie die Kirchenväter nicht scharf zwischen Inspiration und Assistenz, zwischen konstitutiver Offenbarung und explizierender Tradition unterscheidet,[109] da ein großes Vertrauen auf das Wirken des Heiligen Geistes in der Kirche besteht.[110]

g) Unter intellektuellem Aspekt ist die Tradition vor allem Auslegung der Heiligen Schrift und bleibt untrennbar auf sie bezogen.[111]

h) Die Tatsache ungeschriebener apostolischer Traditionen im liturgischen und disziplinären Bereich kann nicht geleugnet werden.[112]

i) Die Exegese der Väter und der mittelalterlichen Theologen ist christus- und kirchenbezogen.[113] Die typologische Auslegung führt, indem sie Bezüge zu gegenwärtigen Situationen herstellt, über den wörtlichen Sinn der Heiligen Schrift hinaus. Es wird Antwort gesucht auf die Frage, was hier und heute in der Kirche zu tun ist.[114] Das in der Heiligen Schrift Gesagte ist Modell und Beispiel für die augenblickliche Lage.

j) Ein entscheidender Wendepunkt der Kirchen- und Theologiegeschichte, auf den eine Reihe von Krisen zurückzuführen sind, ist die Gregorianische Reform.[115] Sie markiert den Übergang von einer Denkweise, die als pneumatologisch-gottunmittelbar, epiphanisch und symphonisch bezeichnet werden kann, zu einem Typ stark juridischen und kausallogischen Denkens, das sich im Feld der amtlichen Geltung und der Ontologie bewegt, zur Verobjektivierung neigt und über begrifflichen Unterscheidungen das Ganze aus dem Auge verliert.

k) Die Heilige Schrift enthält alle Wahrheit, die zur Erlangung des Heils notwendig ist.[116]

l) Die Reformation macht die Heilige Schrift zum obersten Formalprinzip der Theologie und des christlichen Lebens.[117] Sie reagiert damit auf einen ekklesiologischen Positivismus[118] und beabsichtigt, die überstarke Rolle der Kirche zurückzudrängen, um wirklich Christus bzw. Gott in den Mittelpunkt zu stellen.[119] Sie hat die Tendenz, die apostolische Tradition, ja überhaupt das Übernatürliche auf die Heilige Schrift, das Handeln Gottes auf sein

---

[109] Vgl. *TTH* 127–128.
[110] Vgl. *TTH* 131.
[111] Vgl. *TTH* 47–48.52.59.63.
[112] Vgl. *TTH* 75–76.
[113] Vgl. *TTH* 86–91.
[114] Vgl. *TTH* 88.
[115] Vgl. *TTH* 164. Eine Beobachtung, die von Congar in vielen Publikationen hervorgehoben wird.
[116] Vgl. *TTH* 148–149.
[117] Vgl. *TTH* 185.
[118] Vgl. *TTH* 239.
[119] Vgl. *TTH* 183.185.

Wort zu beschränken,[120] und beachtet nicht die eigentümliche und originale Mitteilungsform der Sakramente.[121] Ihre Gefahr besteht in der Intellektualisierung, Individualisierung und Spiritualisierung des Glaubens.[122]

m) Das Trienter Konzil, das nur in seinem Gegenüber zur Reformation richtig verstanden werden kann, ordnet die Tradition dem Evangelium unter und handelt nur von apostolischen Traditionen.[123]

n) Die zunehmende Betonung des Lehramtes bis hin zur Identifizierung von Tradition und Lehramt hat konkrete geschichtliche Ursachen: Sie geschieht in der Abwehr politischer, philosophischer und innerkirchlicher (teilweise häretischer) Bedrohungen, als Folge des Übergewichtes juridischen Denkens (Gregorianische Reform, Renaissance des römischen Rechtes) und der Entwicklung kriteriologischer Traktate in der Theologie.[124]

o) Die Formulierung von der lebendigen Tradition entsteht im Anschluß an den Jansenismus-Streit als Verteidigung der lehramtlichen Verurteilung und gelangt über Fenélon und Sailer zur katholischen Tübinger Schule.[125] Sie verbindet sich mit der Erkenntnis des 18. Jahrhunderts über die grundsätzliche Historizität des Menschen, nimmt das gemeinschaftsorientierte und organische Denken der Romantik auf und führt die Reflexion über Tradition auf eine neue Ebene. Die Tradition wird nun begriffen als »die lebendige Geschichte der Kirche, die durch ihren eigenen Genius oder Geist bewegt wird«.[126]

p) Im Rückgriff auf die Kirchenväter, aber auch unter dem Einfluß der Romantik und des deutschen Idealismus entwirft Möhler eine pneumatologisch-ekklesiologische und organologische Konzeption der Tradition. Er tritt heraus aus dem Konkurrenzschema »Schrift und Tradition« und begreift die Tradition wieder ganzheitlich: »Die Tradition ist für ihn eine Weise der Mitteilung, die sich auf die Ganzheit des Christentums erstreckt und die Schrift einschließt«[127], sie ist »das in der Kirche lebendige Evangelium«[128].

q) Newman integriert den Begriff der Entwicklung in das Traditionsverständnis.[129]

r) Scheeben entfaltet den Zusammenhang von Tradition und Autorität. Er unterscheidet zwischen dem Traditionsvorgang, der von allen Christen getra-

---

[120] Vgl. *TTH* 191.
[121] Vgl. *TTH* 190.
[122] Vgl. *TTH* 191–195.
[123] Vgl. *TTH* 208–212.
[124] Vgl. *TTH* 235–237.
[125] Vgl. *TTH* 245–246.
[126] »l'histoire vivante de l'Eglise animée par son génie ou son esprit propre« (*TTH* 247).
[127] »La tradition est pour lui un mode de communication qui s'étend à la totalité du christianisme et qui englobe l'Ecriture« (*ebd.*).
[128] »l'Evangile vivant dans l'Eglise« (*ebd.*).
[129] Vgl. *TTH* 261.

gen wird, und der Beurteilung des Traditionsinhaltes, die dem Lehramt vorbehalten ist.[130]

s) M. Blondel entzieht sowohl einer rein spekulativen Betrachtung des Dogmas als auch einer Verkürzung des Glaubens auf seine geschichtlichen Dokumente den Boden und stellt die Tradition als synthetisches Prinzip dar, in dem sich im wechselseitigen Hin und Her der Übergang zwischen Geschichte und Dogma vollzieht.[131]

t) Im Gefolge des Modernismus bildet sich die Unterscheidung von historischer und dogmatischer Tradition, die die Verschiedenheit der Ebenen von Historie und Theologie festhält.[132]

u) Die orthodoxe Kirche hat sich selbst lange – und bisweilen noch heute – »als eine Kirche der Tradition, als eine Kirche der Väter«[133] verstanden. Die Tradition wird weniger mit kriteriologischem Interesse angegangen, vielmehr epiphanisch aufgefaßt als Ausdruck der Mitteilung des Geheimnisses Gottes.[134] Die slawophile Theologie ergänzt allerdings diese Sicht, die zur Unbeweglichkeit neigt, durch einen weiteren und dynamischeren Traditionsbegriff[135], der »eine lebendige Kontinuität«[136] fordert.

## 3. Systematische Konsequenzen aus der Geschichte

Der Durchgang Congars durch die Kirchen-, Dogmen- und Theologiegeschichte vermittelt ihm ein Koordinatensystem, in dem sich seine eigene Überlegungen bewegen können. Congar macht sich eine Anzahl von Auffassungen zu eigen, d. h. er zieht systematische Konsequenzen. Wir wollen sie in Parallele zu den historischen Resultaten auflisten.

a) Congar führt den objektiv-inhaltlichen Sinn des Traditionsbegriffes gegen die neuzeitliche Überbewertung der amtlichen Traditionsträger ins Feld.[137]
b) Er greift die Verbindung von Traditionstheologie und Apostolizität auf und gibt damit der normativen Fragestellung Raum.
c) Er situiert im systematischen Teil die Traditionsproblematik im Horizont des Verhältnisses von Offenbarungstheologie und Anthropologie.
d) Er lehnt die lehramtliche Zentrierung des Traditionsverständnisses ab.
e) Er wendet sich gegen die Gegenüberstellung oder das Auseinanderreißen von Schrift und Tradition.

---

[130] Vgl. *TTH* 261.
[131] Vgl. *TTH* 265.
[132] Vgl. *TTH* 267-268.
[133] Vgl. »comme une Eglise de la tradition, comme une Eglise des Pères« (*TTH* 134).
[134] Vgl. *TTH* 134.
[135] Vgl. *TTH* 136.
[136] »une continuité vivante« (*TTH* 137).
[137] Vgl. *TTH* 257.

f) Er plädiert für eine präzisere Unterscheidung von Inspiration und Beistand, von apostolischer und nachapostolischer Zeit.
g) Er spricht sich gegen eine Verselbständigung der Tradition gegenüber der Heiligen Schrift aus.
h) Die Kirche lebt zwar nicht nur von schriftlichen Traditionen, aber diese unbestreitbare Tatsache rechtfertigt in Congars Augen noch lange nicht die Theorie von zwei inhaltlich verschiedenen Quellen.[138]
i) Der historische und philologische Zugang zur Schrift und zur Tradition ist nicht der einzig mögliche und nicht der einzig legitime.
j) Der Reichtum der patristischen Denkweise ist zurückzugewinnen.
k) Man kann von einer materiellen Suffizienz der Heiligen Schrift sprechen.[139]
l) Der katholische Traditionsbegriff ist geknüpft an eine sakramentale Ekklesiologie.[140] Es ist dabei – und hier bleibt die Reformation ständige Mahnung – der Gefahr zu begegnen, Christus in die Kirche hinein aufzulösen und die Kontinuität zu einer undifferenzierten Identität zu überziehen.
m) Das Konzil von Trient hat die spätere Engführung des katholischen Traditionsbegriffes nicht beabsichtigt.
n) Die vielfältige geschichtliche Bedingtheit der Zuspitzung der Traditionstheologie auf das Lehramt erlaubt es, unter anderen zeitgeschichtlichen Umständen die Akzente anders zu setzen. Die veränderte Situation und der theologische Paradigmenwechsel ermöglichen eine umfassendere Sicht, ohne daß die gültigen Erkenntnisse verlorengehen.
o) Historisierende oder intellektualistische Vorstellungen von der Tradition sind einseitig. Sie bedürfen des Ausgleichs durch eine Rationalität, die erfahrungsbezogen ist und geschichtlich-prozeßhaft denkt.
p–s) Die Bedeutung, die Congar Möhler, Newman, Scheeben und Blondel beimißt, wird deutlich am Platz, den er ihnen einräumt, an der Bezeichnung als »Große Synthesen«[141], an der fehlenden oder geringen Kritik, am ausdrücklichen Lob. Er wird ihre Erkenntnisse weithin übernehmen. Wegen der Vielzahl von Referenzen kann hier keine kurze Bestandsaufnahme geschehen.
t) Die wissenschaftstheoretische Grenzziehung zwischen Historie und Theologie ist laut Congar notwendig.[142] Sie durchzieht das ganze Werk.
u) Die orthodoxe Kirche weist nach Congars Urteil trotz aller Statik Entwicklungen in Disziplin und Lehre auf, d. h. ihre Praxis stimmt nicht völlig

---

[138] Vgl. *TTH* 76; *TTT* 139.
[139] Vgl. *TTH* 148–149.
[140] Vgl. *TTH* 186.220.
[141] »Grandes synthèses« (*TTH* 260).
[142] Vgl. *TTH* 268.

mit ihrer Theorie überein.[143] Die slawophile Schule steht dem katholischen Traditionsverständnis »sehr nahe«[144]. Congar hält es für unabdingbar, das Wertvolle »in der sehr tiefen Idee der *sobornost'* «[145] aufzunehmen, während er hinsichtlich der unterentwickelten Theologie des Lehramts eine klare Korrektur anbringt.[146]

*4. Prinzipien der historischen Theologie Congars*

Unvermeidlich fließen Stellungnahmen und Wertungen in Congars historische Darstellung ein, und er ist sich dessen bewußt.[147] So stellt sich die Frage, nach welchem Maßstab Congar Positionen und Entwicklungen beurteilt, sie ablehnt, ihnen zustimmt oder sie abwandelt, und aufgrund welcher Maßstäbe er seine systematischen Folgerungen zieht. Congar reflektiert dies selbst nicht, doch lassen sich implizit vorhandene Prinzipien freilegen.
a) Bei den Punkten a–e, g und i reicht Congar die Eindeutigkeit des patristischen Befundes, um die Position der Kirchenväter zu übernehmen. Sie verkörpern für Congar die erste theologische Synthese von Glaube und Kultur und haben daher normativen Wert.[148] Was die Schrift für den Glauben, das sind die Kirchenväter für die Reflexion des Glaubens. Es gilt dasselbe Prinzip: die normative Bedeutung des Ursprünglichen. Dabei können und dürfen die Kirchenväter jedoch nicht von der Heiligen Schrift getrennt werden, als deren Kommentatoren sie sich ja verstehen. Gerade sie haben die Heilige Schrift als oberste Richtlinie des Glaubens und der Theologie anerkannt.[149] Die Berufung auf die Kirchenväter führt daher zur Heiligen Schrift als letzter Instanz. Diese wiederum gewinnt ihre verpflichtende Autorität durch die Tatsache, daß sie das authentische, weil apostolische Zeugnis der absoluten Norm Jesus Christus ist.[150] Das formale Prinzip der Normativität des Anfangs gilt nur mit und wegen dieser materiellen Bestimmung: Weil der Anfang Christus ist, ist er normativ. Diese Verkettung von christologischem und historischem Ursprungsprinzip hat ihre letzte Begründung in der kosmischen Christologie und Präexistenztheologie des Kolosser- und Epheserbriefes und des Johannes-Evangeliums:[151] Weil Christus Ursprung und Anfang der Schöpfung ist

---

[143] Vgl. *TTH* 136.
[144] »très proche« (*TTH* 137).
[145] »dans l'idée très profonde de *sobornost'* « (*ebd.*).
[146] Vgl. *TTH* 138.
[147] Vgl. *TTH* 8.
[148] Vgl. *TTT* 199–200.
[149] Vgl. *TTT* 142.
[150] Vgl. *Kapitel VI*.
[151] Vgl. zur Christologie C. MacDonald, *Church and World in the Plan of God*, aaO. 75–88.

und weil er eine unvergleichliche Nähe zum Ursprung ohne Ursprung hat, kann er absolute Norm aller (auch der vor- und außerchristlichen) Tradition sein. Das Ursprungsprinzip darf also in Congars Theologie nicht einfach historisierend gedeutet werden, als ob das Ältere in sich schon wertvoller, besser und vollkommener sei, sondern es ist theologisch gefaßt: Die je größere Nähe zum absoluten Ursprung, dem Vater, ist Maßstab der Tradition. Es nimmt dann allerdings auch historischen Sinn an, insofern das Wort Gottes zu einem bestimmten Zeitpunkt und in einem konkreten Land und Volk Mensch geworden ist und so die zeitliche, räumliche und kulturell-geistige Nähe zu ihm eine priviligierte Erkenntnis ermöglichen kann (nicht muß). Den Augen- und Ohrenzeugen Jesu kommt daher eine einzigartige Autorität zu. Da wir das Ursprungsprinzip von der Christologie her begründet haben, müssen wir es auch unter dem Blickwinkel der Eschatologie betrachten, denn Christus ist für Congar die angebrochene Endzeit, vorweggenommene Erfüllung. Nur die zugleich protologische und eschatologische Qualität Christi als des Ursprungs christlicher Tradition macht den Anfang des Christentums zur absoluten Norm.

b) Ein zweites Kriterium für die Urteilsfindung ist die Akzeptanz bzw. die Umstrittenheit einer Aussage. Die breite Übereinstimmung der Theologen ist für Congar ein kriteriologisches Indiz.[152] Hier kommt dem Konsens der Kirchenväter nochmals eine Sonderstellung zu.[153] Das Konsensprinzip ist allerdings bei Congar nicht durch eine philosophische oder sozialwissenschaftliche Theorie fundiert, sondern pneumatologisch: Die Einmütigkeit gilt seit der Zeit der Apostel als Zeichen des Geistes Gottes.[154]

c) Ein drittes Kriterium, das Congar anwendet, wollen wir Kontinuitätsprinzip nennen. Demnach ist die Aussage oder die Tat wahr, die sich im Zusammenhang mit dem Ursprung befindet und diese Verbundenheit ausweisen kann, die Vorhergehendes nicht pauschal verwirft oder abstößt, sondern zwischen Vergangenheit und Gegenwart durchgehende Züge und bleibende Elemente aufweist. Das Kontinuitätsprinzip hängt damit vom Ursprungsprinzip ab, es ist seine Verlängerung. Es geht von der Annahme aus, daß die größte Wahrscheinlichkeit, eine zuverlässige Tradition zu besitzen, dann gegeben ist, wenn eine ununterbrochene Kette zwischen dem Ursprung – jetzt im geschichtlichen Sinn – und der Gegenwart besteht (Bedeutung der amtlichen Sukzession). Geschichtliche Brüche bergen die Gefahr, Wichtiges zu verlieren. Der Kontinuität den Vorrang vor dialektischen Sprüngen zu geben, kann bereits die begründete Entscheidung des Historikers sein. Auch hier existiert jedoch eine theologische Grundlage, nämlich die bleibende Präsenz Jesu

---

[152] Vgl. *TTH* 51.
[153] Vgl. *TTT* 154–157.
[154] Vgl. *TTT* 155.

Christi durch seinen Heiligen Geist, den er der Kirche zugesagt hat. Beispiele für einen gefährlichen Verlust der Kontinuität sind die Gregorianische Reform,[155] die neuzeitliche Isolierung des Lehramtes[156] und natürlich die Reformation.

d) Die vierte Leitidee ist die der Integration. Nach ihr ist die Theologie zu bevorzugen, die möglichst viele Aspekte vereint, die einer Breite historischer und aktueller Positionen gerecht wird, die ihr Ziel nicht in der Ausgrenzung von anderen Theorien, sondern – so weit möglich – in ihrer Synthese sieht. Für Congar liegt die Wahrheit im je Größeren und Umfassenderen. Im Integrationsprinzip sind also Dialogbereitschaft und Gesprächsfähigkeit einbegriffen. Es zeigt sich durchgehend im Umgang Congars mit anderen Meinungen.

e) Das Integrationsprinzip verweist auf den Gedanken der Totalität: Das Einzelne ist vom Ganzen her zu verstehen, so wie dieses wiederum nur durch das Partikulare erkannt werden kann. Die darin vorausgesetzte Idee eines universalen Sinnzusammenhangs ist »Gemeingut der idealistischen Tradition«[157]. Congar benutzt sie allerdings nicht nur als regulative Idee, der kein aussagbarer Gegenstand entspricht, sondern konkretisiert die Vorstellung von einem Allumfassenden in der Rede vom Plan Gottes. Dieser Plan ist uns »durch die Offenbarung in seinen großen Linien, aber nicht im Detail seiner Ausführung bekannt«[158]. Er weist jedoch Konstanten auf[159], die erforscht werden können. Kriterium einer Urteilsfindung kann also sein, ob eine Auffassung oder ein Tun diesen Konstanten entsprechen, ob sie in den Heilsplan eingeordnet werden können. Eine Argumentation von diesen Konstanten her liegt vor, wenn Congar gegenüber der Reformation die menschliche (geschichtliche, leibliche) Vermitteltheit des Wortes Gottes und den sozialen und öffentlichen Charakter der Offenbarung und damit die Bedeutung der Kirche betont.

f) Bei der Bewertung von Theorien und Handlungsweisen hat auch die aktuelle Fruchtbarkeit eine Bedeutung. Ihr Stellenwert bemißt sich u. a. daran, ob sie fähig sind, auf augenblickliche Probleme zu antworten, ob sie verschiedenen Situationen gerecht zu werden vermögen, ob sie zukunftsträchtig sind. Dieses Kriterium spielt eine Rolle bei den Punkten 3 h–k. Es beinhaltet die Idee, daß Wahrheit nie ein für allemal fertig ist, sondern sich immer wieder neu ereignet. Mag in diesem Punkt der Existentialismus seine Spuren hinter-

---

[155] Vgl. Punkt j in Abschnitt 2 und 3.
[156] Vgl. Punkt n in Abschnitt 2 und 3.
[157] H. M. BAUMGARTNER, *Kontinuität als Paradigma historischer Konstruktion*, aaO. 265.
[158] »... connu, par la révélation, dans ses grandes lignes, mais non dans le détail de son exécution« (*Hist* 775).
[159] Vgl. *Hist* 778.

lassen haben, so entscheidet bei Congar doch der theologische Bezug: das biblische Gesetz der Typologie und damit verbunden ein eschatologischer Wahrheitsbegriff.[160]

g) Aus dem eschatologischen Wahrheitsbegriff folgt die prinzipielle Unvollkommenheit menschlicher Erkenntnis. Daher ist die Theorie verdächtig, die sich als Lösung aller Probleme ausgibt; das Eingeständnis von Aporien hingegen ist ein Zeichen der Wahrhaftigkeit. Die Wahrheit im theologischen Sinn kann nach Congars Ansicht nicht in ein schlüssiges System gebracht werden. Das fordert für den Historiker und Theologen die Tugend der Demut und die Bereitschaft zu ständiger Korrektur. Als theologischer Hintergrund findet sich bei Congar das heilsgeschichtliche Gesetz der Kenose, die von sich aus Dunkelheiten und Unsicherheiten beinhaltet,[161] und die unaufhebbare Differenz von menschlicher Sprache und göttlicher Wirklichkeit.[162]

h) Methodische Plausibilität. Die Entsprechung von Methode und Inhalt droht seit dem Mittelalter in der Theologie verlorenzugehen, insofern fremde, dem Recht, der Naturphilosophie und der Metaphysik entnommene Kategorien zu dominanten Elementen werden.[163] Congar ruft daher stetig das johanneische und paulinische Prinzip in Erinnerung: Gott kann nur durch Gott, mittels seiner Hilfe, seines Geistes, erkannt werden. Das bedeutet für die Neuzeit: Ein Alleinerklärungsanspruch der Historie, der Philologie, der Psychologie oder der Soziologie in bezug auf religiöse Texte und Ereignisse ist abzulehnen.[164] Die Theologie hat ihre eigene Logik. Allerdings haben die anderen Wissenschaften eine berechtigte kritische Funktion aufgrund der ihnen eigenen Sachkompetenz: Die Theologie kann nicht ohne Rücksicht auf sie Inhalte verhandeln, die in ihren Bereich hineinragen. Als praktische Konsequenz ist für den Theologen zu fordern die Bereitschaft zur interdisziplinären Vermittlung bei gleichzeitiger Bewußtmachung der Grenzen einer jeden Wissenschaft.

i) Innere Konsistenz. Sie fehlt beispielsweise einer Gegenüberstellung oder Trennung von Schrift und Tradition. Diese haben sich nicht aus der Sache selbst ergeben, sondern sind durch Fehler und Versagen der Kirche provoziert. Statt die gute Theorie zu ändern, müssen die Ursachen des problematischen Konkurrenzdenkens beseitigt werden.

j) Praktische Bewährung. Hier sind die Punkte f, g, n bis r der Abschnitte 2 und 3 heranzuziehen. Nicht bewährt hat sich im kirchlichen Leben eine unkritische Identifizierung des kirchlichen Lebens mit dem Wirken des Hei-

---

[160] Vgl. *TTH* 79–80; *TTT* 128.
[161] Vgl. *TTH* 270 (Bezug auf Pascal).
[162] Vgl. *FTh* 70–71.
[163] Vgl. die Punkte i und j in Abschnitt 2 und 3.
[164] Vgl. Punkt t in Abschnitt 2 und 3.

ligen Geistes (ekklesiologischer Positivismus, der alles rechtfertigt und jeder Kritik die Basis entzieht), die Verselbständigung der Tradition gegenüber der Schrift (Konflikte, die die Einheit gefährden oder zerbrechen), die einseitige Hervorhebung des Lehramtes als Traditionsträger (Vernachlässigung des Subjektseins und der aktiven Beteiligung der Laien; Tradition als juridischer statt als geistlicher Prozeß), eine abstrakte und individualistische Vernunft (Entfremdung von der Realität, Zerstörung der Gemeinschaft), ein essentialistisches Denken (Inkommensurabilität mit anderen Wissenschaften; Unfähigkeit, geschichtliche Veränderungen positiv aufzuarbeiten und auf neue Situationen einzugehen). Wegen des praktischen Scheiterns plädiert Congar für eine jeweilige Korrektur.

Aus den dargelegten Prinzipien läßt sich Congars Wahrheitsbegriff ablesen: Er ist zuallererst christologisch-trinitarisch;[165] Christus *ist die* Wahrheit, weil er das einzig völlig adäquate Wort Gottes ist. Diese Wahrheit ist präsent in der Kirche (nicht nur in ihr, aber sicher in ihr), die wiederum geschichtlichem Wandel unterliegt. Die Kirche kann nur dann den Anspruch erheben, die Wahrheit zu erkennen und zu vermitteln, wenn sie einerseits die Kontinuität mit Christus bewahrt und sich andererseits auf das je Größere und je Neue der Zukunft Christi hin öffnet. Ihre Wahrheit hat eine spezifisch theologische Qualität, so daß sie nicht ohne weiteres von außen erkannt werden kann. Sie hat sich jedoch Anfragen anderer Wissenschaften zu stellen und muß sich auf ihre Plausibilität hin methodisch und inhaltlich prüfen lassen, wobei die Grenzen der Kompetenz einer jeden Wissenschaft zu beachten sind. Auch die Wahrheit der Theologie bleibt überholbar. Sie zeigt sich vor allem in der praktischen Bewährung: Die Wahrheit ist zu tun.

---

[165] Vgl. *TTT* 112.

## IV.

## DER SYSTEMATISCHE ANSATZ

*1. Der Einstieg*

Das Phänomen der Tradition steht im Zusammenhang mit dem »Ganzen der Mitteilung des göttlichen Mysteriums an die Menschen«[166]. Mit dieser, die systematische Studie einleitenden Feststellung, zu der sich Congar von Thomas inspirieren läßt, macht er deutlich, in welchem Horizont er sich dem Sachverhalt zu nähern gedenkt. Weder begriffliche Unterscheidungen oder aktuelle Anknüpfungspunkte noch einzelne Traditionsinhalte oder methodische Überlegungen stehen am Anfang, sondern der Aufriß des theologischen Kontextes. Der hier genannte Kontext ist weiter als der, mit dem uns der biblische und historische Teil vertraut gemacht haben. Congar will damit augenscheinlich einer Isolierung und Engführung des Traditionstraktates entgegentreten. Er will verhindern, daß das Traditionsthema zum Kapitel einer Methodenlehre degeneriert oder in den Anhang der Theologie abgeschoben wird. Seine Absicht tritt hervor, die Traditon als ein Grunddatum des religiösen Lebens und der theologischen Reflexion einzuführen. Die gewählten Worte sind bezeichnend: Gesamtheit, Kommunikation, Geheimnis, Verbindung von Gott und Mensch, Worte, die soweit als möglich von einer technischen Fachsprache entfernt sind. Da dieses Wortfeld die ganze Untersuchung dominieren wird, dürfen wir – das folgende Buch in den ersten Satz hineinsend – eine erste Charakterisierung der Tradition wagen: Tradition ist innerhalb einer umfassenden Bewegung Gottes auf den Menschen zu und in innerer Übereinstimmung mit ihr (in »l'ensemble« steckt auch der Sinn von Harmonie und Zusammenspiel) ein Kommunikationsgeschehen, das dem Menschen Anteil an Gott gibt, ohne daß der Mensch jedoch jemals ganz ausloten wird, wer oder was ihm da gegeben wird (»Geheimnis«).

Eine zweite Beobachtung zum Anfang: Es manifestiert sich unübersehbar der spezifisch theologische Ansatz. Congar stellt sich in eine theologische Denktradition und beginnt sofort mit einer theologischen These. Darin zeigt sich die Absicht, daß der Gegenstand selbst unverfälscht und unverfremdet das Wort haben soll. Es könnte sein, daß die Auseinandersetzung mit Barth und Cullmann hermeneutisch auf Congar abgefärbt hat.[167] Congars Methode wird dann sein, den Gegenstand allmählich einzukreisen, vom weitesten und

---

[166] »ensemble de la communication du mystère divin aux hommes« (*TTT* 15).
[167] Vgl. zur Charakterisierung dieser beiden: R. MARLÉ, *Das Problem der Hermeneutik*, in: *Bilanz der Theologie im 20. Jahrhundert II*, Freiburg 1969, 264–274.

allgemeinsten Horizont zum bestimmten und konkreten Objekt voranzuschreiten. Er leuchtet das Thema Tradition von innen her aus, zeigt die Stimmigkeit der Aspekte, setzt auf die innere Plausibilität.
Wer das in zweifachem Sinn aufgewiesene, pointiert theologische Interesse Congars wahrnimmt, den verwundert es dann nicht mehr so sehr, daß Congar fortfahrend den Schöpfungsakt, die seinsmäßige Abhängigkeit des Menschen von Gott, die göttliche Führung und die Angewiesenheit auf Gott zur Findung des eigenen Ziels und der eigenen Verwirklichung als Voraussetzungen der Traditionstheologie anspricht.[168] Die Knappheit und Kürze, mit der dies geschieht, läßt fast übersehen, daß hier wie im Handstreich theo-ontologische Aprioris gesetzt werden. Die Direktheit und Selbstverständlichkeit, mit der Congar von Sein, göttlicher Lenkung und Abhängigkeit spricht, weckt die Frage, ob er denn vergißt, wie sehr solche Inhalte dem neuzeitlichen Denken suspekt geworden sind. Die Schwierigkeit des Einstiegs besteht darin, daß Congar den Leser zunächst nicht seinen eigenen Denkprozeß nachvollziehen läßt, indem er sich von der Gegenwart durch die Geschichte bis zum Anfang hin durchfragt, sondern daß er ihm summarisch, thesenhaft und fast apodiktisch das Ergebnis vorlegt: Er setzt ein mit dem theologischen Grunddatum der Schöpfung, das er als alles weitere bestimmend erkannt hat, und verfolgt von dort die Geschichte bis zur Gegenwart. Eine philosophisch-anthropologische Hinführung hätte sicherlich unserem Denkstil nach der anthropologischen Wende mehr entsprochen. Möglicherweise ist es aber eine gezielte Maßnahme Congars, bei diesem kontroverstheologischen Thema einen eher protestantischen Ansatz zu wählen.
In der für einen breiteren, auch nicht-theologischen Leserkreis geschriebenen Darstellung fängt Congar bezeichnenderweise anders an: mit der alltäglichen Bedeutung der Tradition, mit dem Vorkommen von Tradition in Wissenschaft, Gesellschaft, Dichtung und Kultur, schließlich mit einer systematischen Begriffsanalyse. Der methodische Wechsel hat sicher mit dem Adressatenkreis zu tun. Daß er ohne weiteres möglich ist, zeigt aber nur, daß Congar nicht ohne anthropologische Basis auskommt.

## 2. Tradition zwischen Anthropologie und Theologie

Trotz des betont theologischen Charakters lassen sich auch in Congars systematischem Werk verborgene Spuren eines anthropologischen Traditionsbegriffes ausmachen. Soweit ersichtlich entsteht diese Anthropologie nicht aus der Beschäftigung mit einer bestimmten Philosophie, sondern ist eine Anthropologie des gesunden Menschenverstandes.[169]

---

[168] Vgl. *TTT* 15.
[169] Vgl. *TTT* 19. Allerdings verweist Congar schon mal auf M. Buber.

Die Tradition wird von Congar im weitesten Sinn als ein besonderer Fall kommunikativer Handlung definiert.[170] Ihr Kennzeichen ist die Tat des Weitergebens, die sich zwischen freien, lebendigen Personen vollzieht[171] und Vertrauen voraussetzt.[172] Der Inhalt wird von den beteiligten Personen festgelegt.
Insofern beim Traditionsvorgang eine Person etwas übergibt und eine andere Person etwas empfängt, enthält der Begriff Tradition die Konnotation »Abhängigkeit«: »Die Tradition ... ist ein Fall, der bedeutendste Fall, des ganz und gar allgemeinen Gesetzes, demgemäß die Menschen voneinander abhängig sind.«[173] Tradition ist also für Congar ein Bestandteil der sozialen Verfaßtheit, der interpersonalen Verwiesenheit des Menschen, die vom Lebensbeginn an offensichtlich ist: So wenig der Einzelne sich sein Leben selbst geben kann, so wenig kann er es allein aus sich verwirklichen.[174]
Zusammen mit der gemeinschaftlichen Dimension ist der Zeitfaktor für die Tradition konstitutiv. Zwar treffen wir die Phänomene der Vergänglichkeit und der Generationenfolge auch im Tierreich, doch kommt beim Menschen das Bewußtsein von seiner Geschichtlichkeit hinzu.[175] Der Mensch lebt nicht nur in der Geschichte, sondern »*er hat eine Geschichte*«.[176] Indem der Mensch sich aber über die Zeit erhebt, schaut er aus nach einem Sinn und Ziel, stellt sich die Frage nach der Einheit der Geschichte.[177] In diesem Umfeld ist das Traditionsphänomen zu situieren.
Diese Erörterung im Vorfeld hat für die theologische Behandlung des Themas Tradition eine große Bedeutung. Wenn Tradition so aufgefaßt wird, dann erhält der Traktat über die Tradition einen Platz im Zentrum der Theologie, denn dieser geht es ja um eine Beziehung, eine Geschichte und das Leben. Das Traditionsproblem stellt sich daher theologisch zunächst innerhalb grundsätzlicher Überlegungen über die Beziehung Gottes zu den Menschen,[178] nicht als kontroverstheologischer Streitpunkt. Es muß also zuerst von den beiden Handlungspartnern die Rede sein. Geht man den Weg ihrer Interaktion zurück, gelangt man konsequenterweise zur Schöpfung. Die erste Kommmunikation zwischen Gott und Mensch besteht in der Erschaffung des Menschen durch Gott. Der aktive Teil liegt in diesem Fall ganz und gar bei

---

[170] Vgl. *TTT* 111.
[171] Vgl. *TTT* 65.
[172] Vgl. *TTT* 111.
[173] »La tradition ... est un cas, le cas majeur, de la loi tout à fait générale selon laquelle les hommes sont dépendents les uns des autres« (*TTT* 19).
[174] Vgl. *ebd.*
[175] Vgl. *TTT* 30–31.
[176] »*il a une histoire*« (*TTT* 31).
[177] Vgl. *TTT* 31.
[178] Vgl. *TTT* 15.

Gott: Es ist eine Mitteilung, die den Menschen als Partner im Traditionsprozeß erst setzt. Der Inhalt wird von Gott festgelegt: Er übergibt dem Menschen Leben von seinem Leben und die infrahumane Welt. Der Hauptgegenstand menschlicher Tradition ist damit ein für allemal gegeben: die Weitergabe geschaffenen Lebens. Auf diesen Rahmen der Tradition hat der Mensch keinen Einfluß, weil diese Gabe von Gott her der Grund seiner Existenz ist und seine eigene Fähigkeit zur Tradition erst konstituiert. Der Mensch bewegt sich aller Reflexion voraus je schon in Tradition. Tradition im theologischen Sinn hat sich dieser Voraussetzung bewußt zu sein: Alle menschliche Tradition basiert auf der Schöpfung durch Gott und ist somit Teilhabe an den Gaben Gottes. Tradition bedeutet bereits im weitesten Sinn nicht nur Abhängigkeit der Menschen untereinander, sondern auch Abhängigkeit von Gott. Das Annehmen des Traditionsprinzips fordert daher notwendig einen differenziert-kritischen Umgang mit dem Freiheits- und Emanzipationsideal der Moderne.

*3. Begriffliche Unterscheidungen*

»Traditio« und »tradere« waren ursprünglich Begriffe des römischen Rechts. Dort bedeuteten sie: »einen Gegenstand übergeben – auf der einen Seite mit der Absicht, ihn zu veräußern, auf der anderen Seite mit der, ihn zu erwerben«.[179] So gab es beispielsweise bei der Abtretung eines Hauses oder eines Geschäftes die »traditio clavium«, die Übergabe der Schlüssel, oder beim Landverkauf die Übergabe eines Erdklumpens. Die germanische Kultur vervielfachte die symbolischen Handlungen, so daß wir im Mittelalter eine »traditio instrumentorum« bei den Weihen, eine »traditio puellae« bei der Hochzeit, eine »traditio vestitura« bei der Bischofsinstallierung finden.[180]
»Tradere« heißt im allgemeinsten Sinn: jemandem etwas aushändigen. Congar erinnert in diesem Zusammenhang an den Staffellauf, bei dem ein Stab oder eine Fackel in regelmäßigem Abstand an einen anderen Läufer weitergegeben wird.[181] Bei der Übergabe eines Gegenstandes an eine andere Person sind zu unterscheiden: der Akt des Übergebens (traditio activa) und der Inhalt, der übergeben wird (traditio passiva).
In einem engeren Sinn bezeichnet Tradition die »Übergabe durch ein anderes Mittel als die Schrift«,[182] ein Gegensatz, der in der kontroverstheologischen Diuskussion große Bedeutung gewann. Dabei läßt sich noch einmal differenzieren: Entweder wird die Tradition verstanden als eine andere Art und Weise

---

[179] *Tradition und Kirche,* aaO. 12. Sigel: *TK.*
[180] Vgl. *TTT* 22.
[181] Vgl. *TK* 13.
[182] *TK* 17.

als die Schrift, denselben Inhalt weiterzugeben, oder sie definiert sich gerade als ein nicht-schriftlich fixierter Inhalt.[183]
Insofern die Tradition eine eigene Form der Mitteilung ist, rückt Congar sie in die Nähe der Erziehung im Unterschied zum Unterricht. Während der Unterricht mittels der Verstandestätigkeit belehrt, prägt die Erziehung ganzheitlich »durch die tägliche Berührung und das mitreißende Beispiel«[184]. Erziehung vollzieht sich im Mitlebenlassen, in der Darbietung eines Ideals, im vorbildlichen Benehmen, in »tausend vertrauten Gesten«[185], in die sich die theoretischen Grundsätze kleiden »wie der Geist in den Körper, den er formt und der ihn ausdrückt«.[186] Die Aufnahme geschieht »fast ohne Anstrengung und ohne sich dessen bewußt zu sein.«[187] Congar zitiert Max Scheler, der die Tradition »zwischen Vererbung und verstehender Aufnahme«[188] ansiedelt, der sie als »Ansteckung, unwillkürliche Nachahmung der Lebensäußerungen der Umwelt«[189] charakterisiert.
Congar entdeckt in dieser ganzheitlichen Sicht der Tradition eine »weibliche oder mütterliche Nuance«[190], da Tradition Heimat, Geborgenheit und Wärme vermittle. Er wendet allerdings eine stark schablonenhafte und heute psychologisch wohl überholte Auffassung der Geschlechterdifferenz an. Die Tradition ist von diesem Gesichtspunkt her zu vergleichen mit einer vertrauten Umwelt, die Halt und Sicherheit gibt, weil sie in den unzähligen und unvermeidbaren Veränderungen die tragende Konstante bildet, von der aus ein weiteres Ausschreiten erst möglich wird.
Ist schließlich von Traditionen im Plural die Rede, so gerät der Begriff in die Nähe von Gewohnheiten, Bräuchen und Riten. Es handelt sich dann in der Regel um abgeleitete Sachverhalte, um »Dinge zweiter Ordnung ..., die auf irgendeine grundlegende Wirklichkeit ... hinbezogen sind«[191], um praktische Anwendungen.[192]

---

[183] Vgl. *TK* 17–18.
[184] *TK* 25.
[185] *Ebd.*
[186] *Ebd.*
[187] *Ebd.*
[188] *Ebd.*
[189] *Ebd.*
[190] *TK* 26.
[191] *TK* 38.
[192] Weitere Unterscheidungen: Von der Urheberschaft her sind auseinanderzuhalten die »traditio apostolica« und die »traditiones ecclesiasticae«. Die apostolische Tradition kann göttlicher oder apostolischer Herkunft sein (vgl. *TTT* 74). Bisweilen spricht Congar auch von göttlicher Tradition, doch muß gefragt werden, ob dieser Sprachgebrauch nicht unscharf ist, da göttliche Tradition im strengen Sinn ja wohl mit dem übereinfällt, was wir Offenbarung nennen. Der Inhalt der Tradition kann sich beziehen auf das Dogma oder auf die Sitten, wozu Congar neben Verhaltensformen auch kultische und disziplinäre Regeln rechnet (vgl. *TK* 46).

Die Tradition ist materiell greifbar in einer Reihe von Dokumenten bzw. Zeugnissen.[193] Diese dürfen aber nicht einfach mit der Tradition identifiziert werden.[194]

## 4. Grundsätzliche Orientierung

Innerhalb des referierten begrifflichen Instrumentars und vor dem aufgezeigten anthropologischen Hintergrund läßt sich Congars Ausrichtung so kennzeichnen: Er will eine überwiegend juridische Auffassung der Tradition überwinden und begreift Tradition zunächst als einen grundlegenden Vorgang des menschlichen Lebens. Er bemüht sich gegenüber objektivierenden Engführungen, dem Traditionsprozeß und d.h. den handelnden Subjekten das entsprechende Gewicht zu geben. Den Akzent setzt er daher nicht auf einen möglicherweise exklusiven Inhalt der Tradition gegenüber der schriftlichen Mitteilung, sondern auf die spezifische Leistung der Tradition in der Art der Weitergabe. Die eigentümliche und unersetzliche Fähigkeit der Tradition erblickt Congar in ihrer Ganzheitlichkeit, Lebensnähe und unmittelbar eingängigen und ansprechenden Mitteilungsweise. Congar liegt primär daran, die Tradition wieder als Grundform von Kommunikation und als Lebensgesetz des Menschen und des Christen darzustellen, die Gesetzmäßigkeiten menschlicher und göttlicher Tradition bewußt zu machen, so daß konkrete Traditionen mehr illustrierenden Charakter haben, als selbst Mittelpunkt der Untersuchung werden. Daher widmet er den kirchlichen Traditionen verhältnismäßig wenig Raum und konzentriert sich auf das prinzipielle Problem, wie Gott sich in menschlicher Tradition mitteilt und wie diese gott-menschliche Tradition geprüft und kontrolliert werden kann. Die Zeugnisse der Tradition dienen dabei als materielle Medien der Tradition und als regulative Bezugspunkte des Nachdenkens über Tradition.

Was den Verpflichtungsgrad betrifft, kann eine Tradition konstitutiver Bestandteil des Glaubens sein (»traditio constitutiva«) oder lediglich erläuternde Funktion haben (»traditio explicativa«). Congar greift auf das früher bereits benutzte Vokabular zurück (vgl. Teil A/II.6). Ferner macht er sich die im Vorfeld von Montreal üblich gewordene, aber auch im katholischen Raum längst weit verbreitete Unterscheidung von Tradition (Singular, im Französischen zudem durch Großschreibung gekennzeichnet) und Traditionen (Plural, im französischen klein geschrieben) zu eigen (vgl. *TTT* 55–56). Während die Tradition im Singular unverzichtbar und deshalb fortwährend und überall gültig ist, können die Traditionen (Plural!) zeitlich oder regional begrenzt sein (vgl. *TK* 46). Obwohl Congar die Formulierung »Die Tradition und die Traditionen« als Titel seines Werkes gewählt hat, ist damit nur ein Aspekt seiner Absicht und des Inhalts erfaßt.

[193] Die wichtigsten sind: die Kirchenväter, die Liturgie, die Konzilsentscheidungen, die Kirchenlehrer, das Kirchenrecht, die Verlautbarungen des Lehramtes, künstlerische Gestaltgebungen des Glaubens, das Leben der Heiligen, die Schriften der Theologen, feste Gewohnheiten der Gläubigen (vgl. *TTT* 182).

[194] Vgl. *TK* 122.141.

## V.

## TRADITION UND OFFENBARUNG

*1. Gemeinsamer Ursprung*

»In ihrem Ursprungspunkt fällt die Tradition mit der Offenbarung zusammen.«[195] Den Anfängen der Tradition nachgehen, bedeutet also, den Anfängen der Offenbarung nachgehen. Mit der Offenbarung kommt aber unvermeidlich der Gottesbegriff ins Spiel. Das christliche Traditionsverständnis kann nicht erläutert werden, ohne von der christlichen Gottesvorstellung zu sprechen. In Gott selbst liegt der letzte Grund für die Art, die Bedeutung und den Inhalt christlicher Tradition. Congar zieht damit die Linie aus, die er bei den Vätern in der Interpretation von Joh 20, 21 vorgefunden hat.[196] Der dreifaltige Gott ist in sich und in seinem Wirken der Ursprung, das Paradigma und der Maßstab christlicher Tradition.

In Gott selbst gibt es die Verwiesenheit an einen Ursprung, den Vater, »den absoluten Ursprung, den Urgrund ohne Grund«.[197] Ursprung aller Tradition ist der Vater in mehrfacher Hinsicht:[198] Einmal ist er die Quelle der Hervorgänge von Sohn und Geist, Prinzip des innergöttlichen Lebens, Urheber aller Göttlichkeit, Geber, der nicht zuerst (im zeitlichen und logischen Sinn) empfangen hat. Sodann ist er der Schöpfer der Welt und des Menschen, aller sichtbaren und unsichtbaren Dinge, von dem alles Leben abhängt. Niemand kann sich selbst das Leben geben,[199] sondern jeder empfängt es vom Schöpfer. Weiterhin ist der Vater Initiator einer Reihe von geschichtlichen Ereignissen, in denen er sich – freiwillig, ungezwungen, aus Gnade – bestimmten Menschen und einem bestimmten Volke zuwendet in dem, was wir die Offenbarung des Alten Bundes nennen, wie sie uns in den Schriften des AT überliefert ist. Schließlich gilt der Vater als Urheber der Tradition, weil er seinen Sohn der Welt dahingegeben, ausgeliefert, übergeben hat. Die Übergabe des Sohnes an die Menschen begründet christliche Tradition im Unterschied zu jüdischer Tradition. »Das letzte Fundament des Realismus der Tradition ist die Tatsache, daß Gott Jesus Christus, seinen Sohn (vgl. Röm 8, 31–32), ›ausgeliefert‹

---

[195] »En son point d'origine, la Tradition s'identifie avec la Révélation« (*TTT* 76).
[196] Vgl. *TK* 122.141.
[197] *TK* 13. Vgl. *TTT* 78.
[198] Vgl. *TK* 13.
[199] Vgl. TTT 78.

hat und daß Jesus Christus sich selbst uns ›ausgeliefert‹ hat (Gal 2, 20; Eph 5, 2. 25).«[200]

Durch die Heranziehung der genannten Bibelstellen (das dort gebrauchte »Traditionsvokabular« berechtigt dazu) erhält das Wort Tradition einen bisher noch nicht erwähnten und zunächst unvermuteten Sinn: Es gibt nicht nur einzelne Überlieferungen, die auf Jesus zurückgehen, sondern sein ganzes Leben, zugespitzt in Leiden und Kreuz, ist eine einzige »traditio«, Auslieferung und Hingabe an die Menschen. Damit wird der Inhalt christlicher Tradition auf grundlegende Weise bestimmt: Nicht ein Gegenstand, nicht ein Gedanke oder eine Idee, nicht ein verbalisiertes Wissen, sondern eine Person, der menschgewordene Sohn Gottes, wird überliefert. Der Sohn setzt die »traditio« des Vaters fort, indem er sich selbst hingibt und indem er am Kreuz seinen Geist der Kirche, dargestellt in Maria und Johannes, übergibt (Joh 19, 30; 20, 22). »Die Sendung Christi und die Sendung des Geistes begründen die Kirche und rufen sie ins Dasein, um sich selbst in ihr fortzusetzen.«[201]

Herausragende Gestalten der Kirche aber, ihre Gründer, sind die Apostel, deren Sendung Jesus in Parallele setzt zu seiner Sendung durch den Vater: »Wie mich der Vater gesandt hat, so sende ich euch« (Joh 20, 21).

Congar vergleicht diese Abfolge von Sendungen mit einem Wasserfall, der sich aus der erhabenen Quelle, dem Vater, bis in die Niedrigkeit der Menschen ergießt.[202] Er liebt das Wort des Clemens von Rom: »Die Apostel wurden uns als Künder der frohen Botschaft vom Herrn Jesus Christus gesandt. Jesus Christus war von Gott gesandt. Christus kommt also von Gott, und die Apostel kommen von Christus: Diese beiden Dinge gehen wohlgeordnet aus Gottes Willen hervor.«[203] Die Apostel aber, so dürfen wir die Reihe fortsetzen, geben das Empfangene weiter an die Kirche. So spiegelt sich im kirchlichen Leben, in der Weitergabe der Heilsbotschaft, in der gegenseitigen Verwiesenheit und Abhängigkeit, in der menschlichen Vermittlung göttlicher Gaben das innertrinitarische Geschehen wider. Der kirchliche Traditionsprozeß hat sein höchstes Vorbild im innergöttlichen Geben und Empfangen.

Damit wird dem Thema »Tradition« ein Platz in der Mitte des christlichen Glaubens zugewiesen. Tradition ist kein sekundärer Sachverhalt, sondern in einem weitesten Sinn christliches Lebensgesetz, ja göttliches Lebensgesetz. Die Tradition bildet »das innerste Prinzip der gesamten Heilsökonomie«[204].

---

[200] »Le fondement dernier du réalisme de la Tradition est le fait que Dieu a ›livré‹ Jésus-Christ, son Fils (ccf. Rm, 8, 31–32) et que Jésus Christ s'est ›livré‹ lui-même à nous (Ga, 2, 20; Ep, 5, 2, 25)« (*TTT* 113).
[201] *TK* 13.
[202] Vgl. *TK* 14.
[203] Zitiert nach: *Die Tradition und die Traditionen I,* Mainz 1965, 42. Vgl. *TK* 13–14. Das Original ist zu finden bei Clemens von Rom, 1 Kor 42, 1–2.
[204] *TK* 13.

In einem ersten allgemeinen Sinn definiert Congar die theologische Tradition deshalb als »eine Auslieferung, durch die sich die Gabe des Vaters einer großen Zahl über den Raum hinweg und durch die Folge der Geschlechter hindurch in der Weise mitteilt, daß eine Vielheit von Menschen, die untereinander durch die Entfernung und durch die Jahre materiell getrennt sind, von einer selben, einzigen und sich gleichbleibenden Wirklichkeit lebt, das heißt von der Gabe des Vaters, und zwar an erster Stelle von der Heilswahrheit, der in Jesus Christus vollendeten göttlichen Offenbarung«[205]. Dieser Satz faßt zusammen, was Congar in der Behandlung des Traditionsthemas wichtig ist: Die Tradition ist ein personales Geschehen, das vom Vater initiiert ist und auf menschliche Weise fortgeführt wird, das sich in der menschlichen Geschichte vollzieht und dieser Einheit gibt, das die Menschen über alle Verschiedenheiten und Distanzen hinweg miteinander verbindet und so Identität ermöglicht, das der Mensch braucht, um die Wahrheit zu erkennen und sein Heil zu finden, und das seine größte Tiefe und Verwirklichung in Jesus Christus hat.

*2. Offenbarung in der Geschichte*

Die christliche Tradition bezieht sich auf die Offenbarung, in der Gott sich dem Menschen über das Geschenk des Lebens durch die Erschaffung hinaus »durch eine neue und gnadenhafte Initiative«[206] eröffnet und kundgetan hat, sei es in Ereignissen, Wirklichkeiten, Gesten und Worten, immer jedoch in einer der menschlichen Verfaßtheit entsprechenden und d.h. seine Freiheit respektierenden und für seine Vernunft verstehbaren Weise. »Gott hat uns sein Geheimnis offenbart in menschlichen Worten und in einer Geschichte von Menschen«[207], konkret in den Worten der Propheten,[208] wie sie die Schriften des AT aufgezeichnet haben, und in der Geschichte des Volkes Israel, schließlich indem er in die Geschichte der Menschen als Mensch einging und die Sprache der Menschen sprach in Jesus Christus.
Congar geht vom epiphanischen Offenbarungsbegriff der Bibel aus. Ihr entnimmt er, daß Gott ein Gott-mit-uns ist, unser Fels, unser Halt, unser Befreier, unser Erzieher, unsere Zukunft: »die Offenbarung enthüllt uns zuerst und vor allem, was Gott für uns tut und für uns sein will«[209]. Offenbarung meint Zuwendung Gottes zum Menschen, göttliches Handeln in der Geschichte, Gottes Präsenz in Menschen und Ereignissen. Dadurch wird

---

[205] *TK* 15.
[206] »... par une initiative nouvelle et gracieuse« (*TTT* 15).
[207] »Dieu nous a révélé son mystère en termes humains et dans une histoire d'hommes« (*TTT* 16).
[208] Mit Propheten sind alle inspirierten Schriftsteller gemeint.
[209] »... la Révélation nous dévoile surtout et d'abord ce que Dieu fait et veut être pour nous« (*FTh* 31).

zugleich die Situation des Menschen beleuchtet, seine Erlösungsbedürftigkeit, seine Ohnmacht, seine Schuldverstricktheit, sein Angewiesensein auf Barmherzigkeit.[210]

Mit diesen Ausführungen verfolgt Congar zwei Ziele. Zum ersten erteilt er damit einem philosophisch-metaphysisch überfrachteten Gottesbegriff, der zu blasser Abstraktion neigt, eine Absage. Er gibt der plastischen, biblischen Sprache und Denkweise den Vorrang. Der Weg der Theologie geht durch die Ökonomie zur Ontologie. Nur weil Gott an uns gehandelt hat, wissen wir, wer er ist. Das Wesen Gottes ist für uns nur durch sein Tun und die damit konstituierte Beziehung zu uns erkennbar. Zum zweiten liegt Congar daran, die Korrespondenz von göttlicher Offenbarung und Selbsterkenntnis des Menschen aufzuweisen. Von Gott zu reden, heißt für ihn immer auch, vom Menschen und seinem Heil zu reden. Die Offenbarung enthält eine soteriologische Dimension und hat eine anthropologische Ausrichtung.

Wenn Offenbarung so als geschichtliches Zugehen Gottes auf den Menschen zu seinem Heil verstanden wird, dann kulminiert sie darin, daß der Mensch diese Chance ergreift. Das Eingehen des Menschen auf die göttliche Initiative führt zu einem wechselseitigen Verhältnis, das Congar bevorzugt als Bund bezeichnet.[211]

Dieser Bund Gottes mit den Menschen hat zunächst eine partikuläre Gestalt, im Gegensatz zur grundsätzlichen Beziehung aller Menschen zu Gott, wie sie durch die Schöpfung konstituiert ist. Gott hat sich in der Geschichte an bestimmte Personen – Abraham, Isaak, Jakob, Josef, Mose, die Propheten – und an ein bestimmtes Volk gebunden, so daß seine Offenbarung nicht als Neutrum betrachtet werden kann, sondern nur durch diese historischen, geographischen, ethnischen, kulturellen und sprachlichen Bedingtheiten zugänglich ist.[212]

Congars Offenbarungsbegriff gewinnt zunehmend Gestalt: Er ist personal-dialogisch, geschichtlich, soteriologisch und gemeinschaftsbezogen. Wort und intellektuelle Erkenntnis haben darin ihren Platz, aber sie machen nicht das Gesamt aus. Die Offenbarung ist ein umfassendes Kommunikationsgeschehen, das den ganzen Menschen in seiner geistigen, körperlichen und sozialen Verfaßtheit anspricht und in Anspruch nimmt. Gott teilt primär nicht Sachinhalte mit, sondern er gewährt zunächst die Nähe seiner Person. In der Offenbarung Gottes in der Geschichte Israels gibt es eine Reihe von Etappen und Formen, die alle zusammmengefaßt, vollendet und überboten werden in der Sendung seines Sohnes.[213] In Jesus von Nazareth geschieht eine

---

[210] Vgl. *FTh* 32.
[211] Einführung dieser Kategorie in *TTT* 16 und *FTh* 23.
[212] Vgl. *FTh* 12–13.27.
[213] Vgl. *FTh* 13 mit Bezug auf Hebr 1,1; *TTT* 17.

Konzentrierung der Offenbarung,[214] beginnt eine neue Wegstrecke im Verhältnis des Menschen zu Gott, wird ein bisher unvorstellbares, alles überbietendes Element eingeführt. Er bringt einen neuen und ewigen Bund,[215] er zeigt uns den Vater in vollkommmener Weise,[216] er offenbart den Gesamtplan der Heilsökonomie, Gott als Gemeinschaft von Personen, die Teilhabe am Geheimnis Gottes als Ziel des Menschen.[217] »In Beziehung zu diesem Zentrum muß das Gesamt der Offenbarung, also auch die Heilige Schrift, interpretiert werden.«[218] Christus ist der Kanon im Kanon, könnte man in fast lutherischer Formel sagen. Wie bei der Schöpfung, wie bei Abraham, wie bei Mose liegt die überraschende und nicht kalkulierbare Initiative wieder bei Gott. Der Zielpunkt der Offenbarungsgeschichte kann Jesus indessen nur sein, weil er wirklich von Gott kommt: Er ist das Wort Gottes in reinster und vollster Gestalt.[219] Dieses vollkommene Wort Gottes hat zwar seine Ankündigung und Vorbereitung gehabt im Gesetz und in den Propheten, aber in Jesus spricht Gott sich in unüberbietbarer und einzigartiger Weise aus. Das heilsgeschichtliche Offenbarungsverständnis wird damit christologisch zentriert.

Wie aber der Vater nur durch Jesus Christus erkannt wird, kennen wir Jesus selbst wiederum nur durch die Apostel.[220] Die Zuspitzung der Offenbarung in Christus hat zur Konsequenz, daß wir an die Zeugen dieser Offenbarung verwiesen sind. Ein christologischer Offenbarungsbegriff führt zu einem apostolischen Traditionsbegriff. Aus der Verankerung der Tradition in der Offenbarungsgeschichte ergeben sich also drei entscheidende historische Quellen: die Geschichte Israels, angefangen mit Abraham, Jesus von Nazareth, die Apostel. Diese historischen Gegebenheiten bleiben konstanter Bezugspunkt aller nachapostolischen Tradition.

### 3. Der Offenbarungsbegriff

Den Inhalt der Offenbarung bezeichnet Congar als Geheimnis im paulinischen Sinn.[221] Er unterscheidet einen noetischen und einen liturgischen Gebrauch des Begriffs,[222] denen jedoch gemeinsam ist »der Gedanke einer

---

[214] Vgl. *FTh* 13.
[215] Vgl. *TTT* 32.
[216] Vgl. *FTh* 15; Congar zitiert Joh 7, 15–16 und Joh 14, 8: »Meine Lehre ist nicht von mir, sondern von dem, der mich gesandt hat ... Wer mich sieht, sieht den Vater«.
[217] Vgl. *FTh* 14.
[218] »C'est par rapport à ce centre qu'on doit interpréter tout l'ensemble de la Révélation et donc la sainte Ecriture« (*TTT* 17).
[219] Vgl. *FTh* 14–15.
[220] Vgl. *TTT* 20.
[221] Vgl. *TTT* 16.
[222] Vgl. *FTh* 20–21.

*verborgenen* Wirklichkeit, die handelt und sich enthüllt, wobei sie dennoch verborgen bleibt.«[223] Die Offenbarung des Geheimnisses beinhaltet paradoxerweise zugleich neues Licht und weiteres Dunkel, Aufdeckung und Entzogenheit.
Die Unbegreiflichkeit des Geheimnisses darf allerdings nicht »im Sinne des Absurden oder des Uneinsichtigen und Undenkbaren«[224] verstanden werden, sondern sie meint eine Unausschöpflichkeit, die nicht nur aus der Begrenztheit unserer Erkenntnisfähigkeit folgt, sondern auch aus der alles übersteigenden Größe der absoluten Wirklichkeit. Hinsichtlich Gottes versagen die normalen Erkenntniswege der Begriffsanalyse oder der Bestimmung durch Angabe von Genus und spezifischer Differenz. Superlative oder Paradoxe werden gebraucht, um seine Transzendenz anzudeuten. Von daher ergibt sich die Berechtigung, ja die Notwendigkeit einer negativen bzw. apophatischen und einer dialektischen Theologie.[225]
Congar bejaht zwar eine Offenbarung Gottes in der Schöpfung, sogar eine »Präsenz des Logos«[226] im Geschaffenen, dementsprechend eine »natürliche Theologie«[227], die grundsätzliche Fähigkeit der menschlichen Vernunft, Gott durch die geschaffenen Dinge zu erkennen, – die Herkunft von Thomas und A. Gardeil ist spürbar –, aber ein solch kosmologischer Zugang zu Gott kann weder etwas über sein inneres, trinitarisches Leben noch über seinen Heilsplan aussagen, sondern eigentlich nur das Verlangen des Menschen nach einer Selbstkundgabe und Selbstäußerung Gottes artikulieren. Ferner mangelt es dem kosmologischen Denken an Stringenz und Sicherheit, so daß ein Großteil der Menschen auf diesem Weg nicht zu Gott findet. Congar schließt sich deshalb der mittelalterlichen Auffassung an, daß das Buch der Natur nur durch das Buch der Schrift richtig verstanden wird. Der Mensch hätte nicht aus sich selbst die Inhalte der Offenbarung erschließen können,[228] sondern er bedarf der Unterweisung, der Anregung und der Lenkung durch den Geist Gottes, um zur Einsicht in das Geheimnis zu kommen.
Den bereits dargelegten Durchgang durch die Offenbarungsgeschichte systematisiert Congar in vier Kurzformeln: Die Offenbarung hat als Inhalt die

---

[223] »… l'idée d'une réalité *cachée* qui agit et se dévoile, mais tout en demeurant cachée« (*FTh* 21). An anderer Stelle nennt er außerdem eine patristische Bedeutung, die er mit der paulinischen identifiziert: Plan Gottes (vgl. *Das Mysterium des Tempels*, aaO. 223).
[224] »Ce n'est pas l'incompréhensible au sens d'absurde ou d'inintelligible et impensable« (*FTh* 21).
[225] Vgl. *FTh* 21–23.
[226] »Il y a une présence du Logos au monde créationnel« (*FTh* 10).
[227] Vgl. zum folgenden *FTh* 11–12.18.
[228] Vgl. *TTT* 15.17.

wahre religiöse Beziehung,[229] die Bundesgemeinschaft mit Gott,[230] die »doctrina salutaris« bzw. »id per quod homo beatus efficitur«[231]. Von diesen vier Kurzformeln, von denen Congar die zwei letzteren bei Thomas entleiht, bevorzugt Congar die erste. Wenn wir sie genau analysieren, stellen wir eine intellektuelle, eine ethische und eine personale Komponente fest.

Das Adjektiv »wahr« weist darauf hin, daß die Offenbarung einen noetischen Aspekt beinhaltet, ja noch mehr: In der Offenbarung geht es um *die* Wahrheit; die Offenbarung erhebt einen kognitiven Anspruch. Aber die Wahrheit der Offenbarung besteht nicht in einem gedanklichen System. Sie ist nicht mittels des menschlichen Verstandes und erst recht nicht allein zu finden. Es handelt sich vielmehr um eine Wahrheit, die sich zwischen Gott und Mensch ereignet, die gerade im Vollzug eines Verhältnisses liegt.

Das Substantiv »Beziehung« soll zum Ausdruck bringen, daß die Offenbarung einem Vorgang zwischen Partnern gleicht, daß sie personale Struktur hat, daß sie ein Freiheitsgeschehen ist. Über das Intellektuelle hinaus wird in der Offenbarung Leben und Kraft mitgeteilt.[232]

Das Eigenschaftswort »religiös« muß bei Congar vor dem Hintergrund des thomasischen Wortgebrauchs gedeutet werden. Mit »religio«, die in der »Summa theologica« innerhalb der Moral unter der Tugend der Gerechtigkeit eingeordnet ist,[233] meint Thomas die Gott gebührende Haltung, das Gott entsprechende Verhalten. Die Offenbarung hat als Ziel die richtige Gottesverehrung, die im Christentum nicht nur im Kult, sondern wesentlich im Dienst am Menschen besteht. Die wahre religiöse Beziehung beinhaltet also das angemessene Verhältnis zum Mitmenschen. Die Offenbarung ist nicht nur Offenbarung Gottes, sondern ebenso Offenbarung des Menschen, Offenbarung Gottes für den Menschen und über den Menschen, Offenbarung der irreversiblen Bezogenheit von Gott und Mensch.

Die Kurzformel »doctrina salutaris« erweckt zunächst den Eindruck, als ob Congar von einem personalen wieder in einen instruktionstheoretischen Offenbarungsbegriff zurückfällt. Tatsächlich hebt diese Formulierung den kognitiven und den ethischen Charakter der Offenbarung hervor. Für Thomas von Aquin, auf den Congar hier zurückgeht,[234] ist die Offenbarung »die Manifestation der ›Ersten Wahrheit‹«[235] in durch Gott verbürgten Zeichen. Entsprechend trägt die »doctrina« einen stark intellektuellen Akzent. Es ist

---

[229] Vgl. *TTT* 16 und *FTh* 23. Unzählige Male begegnet der Ausdruck »le vrai rapport religieux« oder Äquivalente dazu.
[230] Vgl. *TTT* 17.
[231] *Ebd.* Vgl. *FTh* 26.
[232] Vgl. *TTT* 16.
[233] S. Th. II–II q. 81–100.
[234] Vgl. *TTT* 17.
[235] *»Traditio« und »Sacra Doctrina« bei Thomas von Aquin,* aaO. 174.

jedoch wichtig, die ganze Breite des thomasischen Begriffes »doctrina« zu berücksichtigen.

»Doctrina« ist nicht nur eine inhaltliche Lehre, sondern zunächst der »Akt der Unterweisung«[236]. Das Wort »doctrina« hat auch einen aktiven Sinn: Sie ist »der Akt, durch den ein Geist ... auf einen anderen Geist einwirkt, um ihn zum Wissen zu führen«[237]. Congar ortet sie in der Philosophie der Bewegung, die Thomas von Aristoteles übernimmt, als »Sonderfall des Einflusses, den die Menschen ... aufeinander ausüben«[238]. Die Einwirkung von Menschen aufeinander besteht auf körperlicher Ebene zuhöchst in der Zeugung, auf geistiger Ebene in der Unterweisung. »Doctrina« enthält also ansatzweise die Vorstellung von personaler Begegnung. Ferner wird angedeutet, daß die »doctrina« dem Leben dient, denn sie ist keine lebensfremde Spekulation, sondern pastoral ausgerichtet.[239] Zum unerwartet aktiven Sinn, den man dem Begriff auf den ersten Blick nicht ansieht, tritt also eine praktische Konnotation hinzu.

Das Adjektiv »salutaris« fügt einen weiteren Aspekt hinzu: Die »doctrina« steht im Zusammenhang mit dem Heil, mit dem ewigen Leben.[240] Die Offenbarung beinhaltet ein Wissen, ohne das es dem Menschen nicht möglich ist, sein Ziel zu erlangen, sie hat soteriologische Relevanz und Wirkung. Der Erwerb dieses Wissens ist aber laut Thomas wiederum an das Handeln von Personen, vor allem an das Wirken Gottes selbst geknüpft,[241] so daß bei ihm keine rein sachlich-gedankliche Lehr- und Lernvorstellung vorliegt. Bei genauem Betrachten erweist sich also die Nebeneinanderstellung von »die wahre religiöse Beziehung« und »doctrina salutaris« nicht als Fehlgriff oder Zusammenfügung von Unvereinbarem, jedoch ist eine Akzentverschiebung nicht zu übersehen. Daß auch der Inhalt der »doctrina« wesentlich in einer Person besteht, geht in der Bezeichnung »Veritas Prima« unter. Das Miteinander beider Formulierungen zeigt, daß Congar den Wahrheitsgehalt der thomasischen Offenbarungstheologie nicht aufgeben will, daß er am intellektuellen Charakter der Offenbarung festhält. Die Bevorzugung der Formulierung »die wahre religiöse Beziehung« macht allerdings deutlich, daß Congar die Offenbarung in erster Linie als Realgeschehen betrachtet, dem die reflexivformulierte Erkenntnis unterzuordnen ist.

Die beiden anderen Kurzformeln bewegen sich innerhalb der bereits dargestellten Koordinaten: Die Rede von der Bundesgemeinschaft mit Gott hebt die partnerschaftlich-dialogische und die verpflichtende, auch das Handeln

---

[236] *Ebd.* 176.
[237] *Ebd.*
[238] *Ebd.* 177.
[239] Vgl. *ebd.* 184–185.
[240] Vgl. *ebd.* 184.
[241] Vgl. *ebd.* 187–188.

beanspruchende Dimension der Offenbarung hervor; die Bestimmung »id per quod homo beatus efficitur« unterstreicht nochmals die eschatologische Perspektive, das endgültige Heil des Menschen steht auf dem Spiel. Die endzeitliche Ausrichtung der Offenbarung eröffnet einen Raum, der über das ein für allemal in der Geschichte Israels und in Jesus Christus Geschehene hinausreicht, den Raum der Tradition.

Fassen wir die bisherigen Überlegungen zusammen, so läßt sich Congars Offenbarungsbegriff so klassifizieren:[242] Er ist trinitarisch, heilsgeschichtlich mit christologischer Zentrierung, kommunial, vital, personal, soteriologisch und eschatologisch. Congar steht damit in der breiten Bewegung der Theologen, die ein instruktionstheoretisches, konzeptualistisches, intellektualistisches Offenbarungsmodell, wie es sich vom Mittelalter an zunehmend durchsetzte, überwinden wollen und die in der dogmatischen Konstitution »Dei Verbum« des Vatikanum II offizielle Bestätigung finden.

*4. Die Unabgeschlossenheit der Offenbarungsgeschichte*

Insofern Jesus von Nazareth die vollkommene Offenbarung Gottes ist, muß in gewisser Hinsicht von einer abgeschlossenen Offenbarung gesprochen werden: Über Jesus Christus hinaus kann nichts entscheidend Neues mehr von Gott gesagt werden.[243] Und dennoch bezeugt die Schrift ein Ausstehen, eine Vorläufigkeit des Bisherigen, eine Defizienz, die erst mit der endzeitlichen Offenbarung beseitigt wird, mit einer Enthüllung nicht mehr in Worten und Zeichen, sondern der Herrlichkeit der göttlichen Wirklichkeit selbst, der unmittelbaren Schau Gottes von Angesicht zu Angesicht, so wie er ist, einer Enthüllung, die auch das Wesen des Menschen und der Schöpfung endgültig zutage treten läßt.[244]

Bis hin zu dieser endzeitlichen Vollendung und vollkommenen Erkenntnis hat der Mensch Zugang zu Gott nur durch den Glauben, der über die Generationen hinweg durch die Kirche vermittelt wird. Es gehört zur Struktur des Heilsplanes Gottes, daß er sich nicht jedem direkt und persönlich offenbart, sondern die einmal ergangene, öffentliche und gemeinschaftsbildende Offenbarung durch Zeugen weitergeben läßt.[245] Die Tradition wird so zu einer not-

---

[242] Vgl. zur Geschichte und zur Klassifizierung des Offenbarungsbegriffes: J. SCHMITZ, *Das Christentum als Offenbarungsreligion im kirchlichen Bekenntnis*, in: *Handbuch der Fundamentaltheologie 2*, Freiburg 1987, 15–26; M. SECKLER, *Der Begriff der Offenbarung*, in: *Ebd.* 60–83.
[243] Congar zitiert mehrfach die prägnante Formulierung des Johannes vom Kreuz: »Dieu n'a plus rien à nous dire puisque ce qu'il disait jadis en déclarations séparées par les prophètes, il l'a dit maintenant de façon complète en nous donnant le tout dans le Fils« (vgl. *FTh* 13 Anm. 2).
[244] Vgl. *FTh* 15–16.
[245] Vgl. *TTT* 32.92.

wendigen Fortführung der Offenbarung. Eine geschichtliche Offenbarung fordert von ihrer zeitlichen Begrenzung her die Entstehung von Tradition, von Weitergabe und Mission.[246]

Weil aber die Offenbarung nur weitervermittelt werden kann, wenn die Menschen zustimmen, glauben, antworten, geschieht in einem gewissen Sinn weiterhin Offenbarung, auch nach Jesus Christus und den Aposteln.[247] Congar spricht mit Bezug auf Eph 1, 17 und 1 Kor 2, 10 von einem »Geist der Offenbarung«[248], der nötig ist, damit der einzelne Mensch das Wort Gottes hört, aufnimmt und sich ergreifen läßt. »Die Geschichte ist genau die Zeitdauer, die den Menschen gegeben ist, um das Wort aufzunehmen, sich zu bekehren, in den Plan Gottes einzutreten und daran mitzuarbeiten.«[249]

Da der Mensch frei ist, kann das Eingehen auf die Offenbarung, die sich nicht aufdrängt, nicht als selbstverständlich betrachtet werden. Congar verweist auf das biblische Motiv der Herzensverhärtung und Blindheit. Deshalb hören der erhöhte Herr und der Heilige Geist nicht auf zu wirken, um die Herzen der Menschen zu bereiten, um Augen und Ohren zu öffnen. Hier ist die traditionelle Lehre vom inneren Lehrer bzw. die biblische Rede von der Salbung durch den Heiligen Geist anzusiedeln.[250]

Offenbarung ereignet sich immer dann, wenn ein Mensch von sich aus, in Freiheit, und doch bewegt vom Geist Gottes, das Geheimnis Gottes bejaht, den überlieferten Zeugnissen von der Offenbarung Glauben schenkt, sich in die Beziehung der Kirche zu Gott hineingibt und den Anruf Gottes beantwortet. Die Reaktion des Menschen gehört zur Offenbarung dazu, denn erst das Ankommen der Offenbarung beim Menschen läßt die Offenbarung an ihr Ziel gelangen.[251] »Die religiöse Beziehung, die die Offenbarung begründet, hat eine dialogische Struktur.«[252] Die Offenbarung vollzieht sich zwischen zwei Polen, und wenn auch der Anteil Gottes ungleich größer ist, weil er den ersten Schritt tut und im Menschen den Boden zur Wahrnehmung und zur Erwiderung bereitet, so bleibt sie doch unvollständig, wenn der Mensch nicht mitwirkt. In dieser Perspektive ist die Offenbarung nicht abgeschlossen, solange die Geschichte währt. Tradition meint dann nicht nur Weitergabe der einmal ergangenen Offenbarung, sondern ist Ermöglichung je neuer Offen-

---

[246] Vgl. *TTT* 17–18.
[247] Vgl. *FTh* 16–17.
[248] »esprit de révélation« *(FTh 16; TTT 40)*.
[249] »L'histoire est précisément la durée donnée aux hommes pour accueillir la Parole, se convertir, entrer dans le plan de Dieu et y collaborer« *(FTh 17)*.
[250] Vgl. *FTh* 16–17.
[251] Vgl. *TTT* 158.
[252] »Le rapport religieux que fonde la Révélation a une structure dialogante« *(FTh 18)*. Fast gleichlautende Formulierungen finden sich in: *TTT* 28; *La conversion*, aaO. 514; *JC* 127.133.

barung. Die gesamte weitere Geschichte kann Ort der Offenbarung werden.[253] Damit stellt Congar bisher nur gestreifte Momente des Offenbarungsbegriffes heraus: Offenbarung als aktuelle Erfahrung – z. B. der Konversion oder der Erkenntnis –, Offenbarung als Freiheitsgeschehen, das herausfordert, Offenbarung als Eröffnung eines Handlungsraumes.

Diese Hineinnahme von religiöser Erfahrung und praktischer Orientierung in den Offenbarungsbegriff darf jedoch nicht verdecken, daß es immer um die Offenbarung desselben Gottes in Jesus Christus geht, die durch die Tradition über die Jahrhunderte hinweg vermittelt wird. Jesus Christus war, ist und bleibt das Zentrum der Offenbarung. Das Neue, das die Tradition hinzufügt, ist zum einen auf der Erkenntnisebene zu situieren: »die Offenbarung schließt als ihre Ausstrahlung in der menschlichen Geschichte die Gesamtheit der Offenbarung Gottes in der Vernunft ein«[254]. Zum anderen besteht das Neue im Ereignischarakter des Glaubens, während der Inhalt als formal identisch gelten kann.[255] Die Neuheit begründet sich aus der Tatsache, daß jeder Christ neben der historisch-sozialen, sozusagen horizontalen Verbindung zur geschichtlich ergangenen Offenbarung auch eine vertikale, unmittelbare Verbindung zu Gott im Bewußtsein, im Gewissen hat, eine Verbindung, die je persönlich geprägt ist. Im Glauben ereignet sich nun gerade ein Zusammenkommen dieser beiden Dimensionen.[256]

---

[253] Vgl. *TTT* 158.
[254] »la Révélation inclut, comme son rayonnement dans l'histoire humaine, la totalité de la manifestation de Dieu dans l'intelligence« (*TTT* 40).
[255] Vgl. *TTT* 17.
[256] Vgl. *TTT* 18.

## VI.

## DIE GESCHICHTLICHE OFFENBARUNG ALS NORMATIVER BEZUGSPUNKT CHRISTLICHER TRADITION

*1. Die Person Jesu Christi*

Jesus Christus ist Urheber und Inhalt, Subjekt und Objekt der christlichen Tradition, weil er die vollkommene Offenbarung des Vaters ist, den Heilsplan Gottes verkündet, die Beziehung zu Gott in unübertrefflicher Weise verwirklicht und den Bund zwischen Gott und Mensch zum Ziel führt.[257] Gott kann nur durch Jesus Christus voll und ganz erkannt, seine Mitteilung nur durch Jesus Christus empfangen werden.[258] Jesus Christus ist deshalb die Mitte der Offenbarung: Auf ihn ist alles zu beziehen, auch die vorhergehende Geschichte Israels, die durch ihn nicht hinfällig wird,[259] sogar die Schöpfung.[260] In ihm wird der Mensch des Geheimnisses Gottes ansichtig, das sein eigenes Geheimnis umschließt; er vereinigt in sich die Offenbarung Gottes und die der Bestimmung des Menschen.[261]

Diese Christozentrik führt jedoch nicht zu einem Christomonismus: Congar betont die Herkunft Christi vom Vater und seine Orientierung auf ihn hin; die Christologie mündet in trinitarische Theologie. Daß Christus der »Brennpunkt«[262] der Heilsgeschichte ist, das Prinzip und das Ziel der Bundesbeziehung Gottes zum Menschen, mindert nicht die bleibende Hinordnung allen Lebens auf den Vater. Jesus Christus offenbart nicht sich selbst, sondern den Vater, von dem er ausgeht, von dem er gesandt ist, von dem her er sich selbst versteht, dessen wirkendes Wort und getreues Bild er ist.[263]

---

[257] Vgl. *TTT 17.32; FTh* 13–14.
[258] Vgl. *TTT* 20.
[259] Vgl. *TTT* 32.51; *FTh* 23–24.
[260] Vgl. *FTh* 10.
[261] Vgl. *FTh* 13–14.23.
[262] »point focal« (*FTh* 25).
[263] Vgl. *FTh* 14.

*a) Umriß einer Christologie*

Congars Christologie[264] bewegt sich im Rahmen der Lehre von Chalcedon: Sie bekennt Jesus Christus als wahren Gott und wahren Menschen,[265] bemüht sich um eine Hinführung zu dieser Aussage und um ihre Auslegung und mündet wieder in dieses Bekenntnis ein.[266]

Congar entwickelt eine heilsgeschichtliche Annäherung: Er beginnt mit einer Theologie des Wortes Gottes und begreift Jesus zunächst in der Linie der alttestamentlichen Propheten.[267] Die Kontinuität besteht darin, daß Jesus wie sie das Wort Gottes verkündet und daß sein Reden und Tun wie das ihre offenbarende Qualität besitzt. Aber im Unterschied zu ihnen teilt er nicht nur einen Aspekt des göttlichen Heilsplanes mit oder stellt nicht nur einzelne Ereignisse in das Licht Gottes, sondern er deutet das Gesamt von Welt und Mensch in ihrer Hinordnung auf Gott, er erhellt die ganze menschliche Geschichte, er enthüllt Gottes universale Absicht.[268] Congar operiert mit den Begriffen der Ganzheit und Totalität, er denkt Christus als »universale concretum«.

Der Anspruch Jesu bedarf der Legitimation. Das Zeugnis der Schrift sieht Jesu Fähigkeit und Recht zur umfassenden Offenbarung darin begründet, daß er sich in einer einzigartigen, unmittelbaren Nähe zu Gott befindet, daß er Gott auf unvergleichliche Weise kennt. Sie drückt dies aus, indem sie Jesus Sohn Gottes nennt.[269] Congar wechselt nun die Perspektive: Nachdem er versucht hat, Jesus aus alttestamentlicher Sicht als Lehrer, Propheten, Poeten[270] und Offenbarer zu verstehen und auf einen Überhang gestoßen ist, der mit diesen Kategorien nicht erfaßt werden kann, wendet er sich der neutestamentlichen Deutung zu, wobei er die vertiefte Reflexion des Johannes-Evangeliums bevorzugt.[271] Jesus verkündet nicht nur Gottes Wort, sondern er *ist* das Wort Gottes in Person. In Jesus spricht Gott sich selbst aus, und zwar nicht nur, ja vielleicht nicht einmal zuerst, in einer Lehre, sondern in Taten, Wundern, Lebensweise, Dienst und Liebe eines leibhaftigen Menschen. Jesus ist

---

[264] Wir beziehen uns im folgenden besonders auf die Aufsatzsammlung: *Jésus-Christ, notre Médiateur, notre Seigneur,* Paris 1965 (Foi Vivante 1). Sigel: *JC.* Wir zitieren nach der Auflage von 1969. Es ist nicht beabsichtigt, Congars Christologie im ganzen Umfang darzustellen. Zur Ergänzung siehe: C. MACDONALD, *Church and World in the Plan of God,* aaO. 70–87; M. OSNER, *L'action du Saint-Esprit dans la communion ecclésiale. Etude sur l'oeuvre d'Yves Congar,* Straßburg 1980 (unveröffentlichte Dissertation), 49–96.
[265] Vgl. *JC* 12–13.50
[266] Vgl. *JC* 28.65.
[267] Vgl. *FTh* 13–14; *JC* 9–10.21.
[268] Vgl. *FTh* 13–14.
[269] Vgl. *JC* 8.
[270] Zu Jesus als Poet im vollsten Sinn des Wortes vgl. *JC* 60.128.
[271] Vgl. zum folgenden *FTh* 14–15; *JC* 8–11.

inhaltlicher Offenbarer und personale Offenbarung in einem. Übereinstimmung und Differenz der beiden Betrachtungsweisen manifestieren sich in den entsprechenden Jesus-Titeln: Aus alttestamentlicher Sicht ist er der vollkommene Prophet,[272] in trinitarischer Logik das fleischgewordene Wort.[273]
Einen zweiten Weg beschreitet Congar, um den Bogen vom AT zu Christus zu schlagen: Er versucht, Christus als die plausible Bewährung des alttestamentlichen Gottesbegriffes zu erklären.[274] In Christus erst wird es möglich – so lassen sich Congars Überlegungen zusammenfassen – das Paradox von gleichzeitiger Nähe Gottes zum Menschen und unendlicher Überlegenheit Gottes, von Berührung und Distanz, von Ähnlichkeit und Verschiedenheit, von geschichtlichem Eingreifen und überzeitlichem Sein zu verstehen. Die Verheißung des alttestamentlichen Gottesnamens – Congar übersetzt: Ich werde sein, der ich sein werde, der kommt, für dich, für euch[275] – findet für ihn in Jesus Christus seine überbietende Erfüllung: Gott zeigt sich in Jesus Christus als sich selbst mitteilende Liebe.[276] Wiederum läßt sich bei Congar der Vorrang der johanneischen Theologie feststellen.
Machen wir uns Vorgehensweise und Schlußfolgerung bewußt: Über eine heilsgeschichtliche Hinführung gelangt Congar zu einer ontologischen Aussage, von gott-menschlicher Geschichte zu einer göttlichen Ontologie, die sich in der Ontologie der Welt und des Menschen niederzuschlagen hat.[277] Congar schließt sich L. Laberthonnière an, der eine christliche Ontologie der Liebe postuliert hat, ohne daß Congar diese jedoch gegen die klassische Seinslehre ausspielen will. Er betrachtet vielmehr in Anlehnung an Augustinus und dessen Aufbereitung durch M. Blondel die theologische Ontologie der Liebe als Vollendung einer philosophischen Analyse der Stufen des Seins, die ihre eigene Berechtigung und Geltung hat.[278] Congars altes Anliegen tritt hervor, frühere Erkenntnisse nicht auszuschließen, sondern zu integrieren, insbesondere auch der Scholastik gerecht zu werden, und andere Wissenschaften nicht zu überfremden und vorzeitig zu vereinnahmen, sondern in ihrem Eigenstand zu belassen.[279]

---

[272] Vgl. *JC* 63.65.
[273] »Le verbe incarné« ist nach »Christus« und »Herr« die von Congar bevorzugte Bezeichnung.
[274] Vgl. *JC* 21–30.
[275] Vgl. *JC* 30–31.
[276] Vgl. *JC* 32–35.
[277] Vgl. *JC* 33.
[278] Vgl. *JC* 33–34.
[279] Darin stimmt er wiederum mit M. D. Chenu überein. Vgl. zu diesem Punkt: C. MacDonald, *Church and World in the Plan of God*, aaO. 17–18; A. Auer, *Yves J.-M. Congar*, in: H. J. Schultz (Hrsg.) *Tendenzen der Theologie im 20. Jahrhundert. Eine Geschichte in Porträts*, Stuttgart-Olten 1966, 519–523, hier: 521–522.

Als Bindeglied zwischen alttestamentlicher Hinführung und nachösterlichem neutestamentlichen Zeugnis, als Scharnier zwischen aszendenter und deszendenter Christologie betrachtet Congar offenbar das Bewußtsein Jesu selbst: Der irdische Jesus besitzt »eine menschlich vollkommene Kenntnis Gottes«[280] und seines Heilsplanes.[281] Mit einer Reihe zeitgenössischer Theologen setzt sich Congar allerdings von der klassischen Theorie ab, laut der Jesu religiöses Wissen keine Entwicklung kennt und er immer in der seligmachenden Schau Gottes lebt.[282] Für Congar ist Jesus zunächst gläubiger Jude und als solcher einem normalen Lernprozeß unterworfen, in dem Erziehung, menschliche Begegnung, Erfahrung und Denken ihr Gewicht haben.[283] Die menschliche Bedingtheit seiner Gotteserkenntnis ist sogar Voraussetzung dafür, daß sie in verständlicher und treffender Weise mitteilen kann.[284] Die Sicherheit aber, mit der er von Gott spricht, und die Vollmacht, mit der er auftritt, deuten auf eine Art von Wissen hin, die menschliches Maß überschreitet, so daß wir sie nicht genau bestimmen können.[285] Wir haben es mit einem analogielosen Einbruch göttlichen Lichtes in menschliches Denken zu tun.

Das Bewußtsein Jesu setzt Congar dreimal explizit in Beziehung zur Tradition, wobei er sich den früher kritisierten Standpunkt von E. Mersch zu eigen macht und damit einen für Blondel wichtigen Gedanken aufnimmt:[286] Die Tradition kann auf der Ebene der Erkenntnis verstanden werden als ein immer tieferes Hineinwachsen in das Bewußtsein Jesu und als die Entfaltung seines Glaubens.[287]

*b) Das Evangelium Jesu Christi*

Leben, Taten und Reden Jesu Christi faßt Congar in dem einen Wort »Evangelium« zusammen.[288] Er knüpft damit an das Konzil von Trient an, gibt jedoch dem Begriff eine umfassendere Bedeutung. »Das Evangelium erfüllt

---

[280] »une parfaite connaissance humaine de Dieu« (*FTh* 15)
[281] Vgl. *TTT* 41.
[282] Vgl. *JC* 50.54.61.113 Anm.21.
[283] Vgl. *JC* 50.54–55.58–59.61–63.
[284] Vgl. *JC* 65.
[285] Vgl. *JC* 64.
[286] Vgl. die Referenzen in: *FTh* 15 Anm. 2; *TTT* 275 Anm. 106; *JC* 67 Anm. 11. Vgl. die spätere Aussage: »unsere ganze Gotteserkenntnis ist eine Teilhabe an der Erkenntnis, die Christus besessen hat und besitzt, am vollkommenen Wissen, das er als Mensch vom Plane Gottes, von dem, was Paulus ›das Mysterium‹ nennt, gehabt hat und hat« (Die Wesenseigenschaften der Kirche, in: *MySal* IV/1, 380; Verweise dort auf Blondel, Mersch und Mouroux).
[287] Vgl. *TTT* 41.81; *JC* 62
[288] Vgl. auch: Art. *Evangile en théologie catholique*, in: *Vocabulaire oecuménique*, Paris 1970, 60–69 (Artikel von 1966).

die drei historischen Phasen der Existenz des Volkes Gottes«:[289] Von den Propheten in den Heiligen Schriften des Alten Bundes verheißen, von Jesus mit eigenem Mund verkündet und in ihm als Realität angekommen, wird es von der Kirche in der Nachfolge der Apostel weitergetragen. Im Anschluß an viele Vätertexte vergleicht Congar das Evangelium mit einem Fluß, der Christus als Quelle hat, der der geöffneten Seite Christi entspringt.[290] Das Evangelium ist sodann selbst Quelle, insofern es alle Heilswahrheit und die wichtigsten christlichen Verhaltensregeln enthält. Congar unterstreicht, daß es auch die Bereiche der Handlung und des Kultes umfaßt. Dem Evangelium geht es nicht nur um Erkenntnis, sondern um das neue Leben in Jesus Christus. »Seine Mitteilung als Erkenntnis und als Gesetz vollendete sich in einer Gabe des Lebens.«[291] Die zweifache Dimension des Begriffes »Evangelium« als inhaltlich-kognitive Offenbarung und als operative Kraft sieht Congar im hebräischen Ausdruck »dabar« begründet.[292] »Die Wurzel des Wortes ›dabar‹ beinhaltet die Vorstellung, daß verborgen in Gott eine Energie existiert, die sich kundgeben will. Sie tut es genauso gut in Handlungen wie in Worten. Das Wort Gottes selbst ist immer aktiv, von dynamischer Kraft erfüllt.«[293]

Wenn das Evangelium demnach alle Mittel umfaßt, die das fleischgewordene Wort Gottes gegenwärtig werden lassen, nämlich Schrift, mündliche Verkündigung und Sakramente, wenn es die »Quelle des ganzen christlichen Lebens ist«,[294] wenn es mit Jesus Christus selbst gleichgesetzt werden kann,[295] wenn das Evangelium in dieser Bedeutung der Inhalt der christlichen Tradition ist, dann meint Tradition die Vermittlung Christi[296], der ganzen Wirklichkeit des Christentums,[297] dann ist Tradition im Vollsinn personale, lebendige und reale Tradition.[298] Congar geht damit bewußt und absichtlich über den Traditionsbegriff des Trienter Konzils hinaus, der einseitig noetisch gefaßt ist und der das Evangelium nur als Quelle von Wahrheiten und Regeln betrachtet.[299]

---

[289] »l'Evangile remplit les trois moments historiques de l'existence du Peuple de Dieu« (*TTT* 44).
[290] Vgl. *TTT* 47–49
[291] »Sa communication comme connaissance et comme loi s'achevait dans un don de la vie« (*TTT* 50).
[292] *TTT* 51.
[293] »La racine du mot *dabar* implique l'idée qu'il existe, cachée, en Dieu, une énergie qui veut se manifester. Elle le fait aussi bien en actions qu'en paroles. La parole de Dieu est elle-même toujours active, pénétrée de valeur dynamique« (*FTh* 5). Vgl. *TTT* 51. Congar verweist als neutestamentliche Stützen auf 1 Thess 2, 13 und Röm 1, 16.
[294] »source de toute la vie chrétienne« (*TTT* 52).
[295] Vgl. *TTT* 45.49
[296] »il est la Tradition« (*JC* 95).
[297] Vgl. *TTT* 53: »transmission de la totalité du christianisme«.
[298] Vgl. *TTT* 50: »tradition du salut, de la vie chrétienne, de la réalité de l'alliance«.
[299] Vgl. *TTT* 53

Congar wendet sich damit auch gegen nachtridentische, innerkatholische Verengungen, die »das Dogma als eine Kette von Sätzen oder Kapiteln«[300] auffassen und die Tradition rein intellektuell bestimmen. Gegen ein solch instruktionstheoretisches und konzeptualistisches Verständnis setzt Congar seinen personalen und ganzheitlichen Traditionsbegriff, den er von der normativen Tradition selbst ableiten kann: Die reale Tradition steht am Beginn der christlichen Tradition, denn Jesus selbst hat nichts Schriftliches hinterlassen. Wir wissen von ihm nur durch die Apostel, die sein Reden, Beten und Handeln erlebt haben und die selbst wiederum in Worten und Taten, »durch die Predigt und durch das Beispiel, durch die Ausübung der Autorität und durch die Organisation«,[301] zunächst jedoch nicht durch die Schrift, das christliche Geheimnis weitergegeben haben. Die christliche Tradition hat also von Anfang an sakramentalen und verbalen, praktischen und kognitiven, schriftlichen und mündlichen, exemplarischen und institutionellen Charakter.

*c) Materiale Präzisierung*

Wenn wir die Person Jesu Christi selbst oder das Evangelium als Inhalt der Tradition bezeichnet haben, so sind wir damit weithin noch im formalen Bereich geblieben. Versuchen wir zumindest skizzenhaft eine materiale Auffächerung.
Zur Predigt Jesu gehören für Congar zentral:
– die Offenbarung Gottes als Vater, der sich in Güte und Barmherzigkeit zum Menschen herabneigt und sich um ihn sorgt;[302]
– die Aufdeckung der Situation des Menschen;[303]
– die Einladung in das Reich Gottes bzw. der Ruf zur partnerschaftlichen Mitarbeit am Reich Gottes als der endgültig gelungenen Beziehung der Menschen untereinander und mit Gott;[304]
– der Aufruf zur Entscheidung für oder gegen Gott;
– die Berücksichtigung der menschlichen Freiheit durch eine Offenbarung in Gleichnissen und Zeichen;[305]
– die Ankündigung des göttlichen Gerichts;[306]
– die Deutung der Schriften des AT auf sich selbst hin;[307]

---

[300] *TK* 101.
[301] »... par la prédication et par l'exemple, par l'exercice de l'autorité et par l'organisation« (*TTT* 53).
[302] Vgl. *JC* 10–12.56.119.
[303] Vgl. *JC* 59.119.123–127.
[304] Vgl. *JC* 119–120.
[305] Vgl. *JC* 120–121.125.132–133.195.
[306] Vgl. *JC* 122.
[307] Vgl. *JC* 62. Jesus begreift sich als Leidensknecht und Menschensohn (vgl. *JC* 85).

- das Vater unser;[308]
- die Seligpreisungen;[309]
- das neue Gebot.[310]

Jesu Tun verdichtet sich in den Zeichen,[311] in seinem Beten,[312] in der Sündenvergebung,[313] in der Vorliebe für die Armen und die Kleinen,[314] im Teilen des menschlichen Elends,[315] in einer armen, ungesicherten Lebensform,[316] in der Sammlung von Jüngern,[317] in der Auswahl, Unterrichtung und Beauftragung der Zwölf,[318] in der Keuschheit,[319] in der Eucharistie,[320] in Leiden, Tod und Auferstehung.[321]

*d) Historische und transzendente Norm der Tradition*

Für das Traditionsthema sind in der modernen Diskussion im Hinblick auf eine Kontrollierbarkeit normativer Ansprüche zwei Fragen vorrangig: Kann die Christologie in Ansätzen auf den vorösterlichen Jesus zurückgeführt werden, so daß sie unabhängig von der Wertung der Auferstehung von daher bereits dem Verdacht entgeht, allein späterer Reflexion und womöglich nur menschlicher Konstruktion zu entspringen? Hat Jesus die Kirche gewollt und in konkreten Handlungen und Aussagen initiiert, so daß sie sich rechtmäßig als seine Erbin fühlen, ja sogar bestimmte Strukturen von ihm herleiten darf? Die Wortwahl Congars läßt in diesen umstrittenen Sachverhalten oft – und wahrscheinlich absichtlich – offen, ob er Aussagen oder Handlungen dem vorösterlichen oder dem auferstandenen Jesus Christus zuschreibt. Als vorösterlich – Congar spricht dann in der Regel von »Jesus« ohne zusätzliches Attribut – veranschlagt Congar: die Anfänge einer typologischen Deutung des AT auf sich selbst hin, das Selbstverständnis Jesu als Menschensohn und

---

[308] Vgl. *JC* 97–102.
[309] Vgl. *JC* 71.77.
[310] Vgl. *JC* 78.
[311] Vgl. *JC* 125–126.132–133.195.
[312] Vgl. *JC* 91–114.
[313] Vgl. *JC* 200.
[314] Vgl. *JC* 70.79.
[315] Vgl. *JC* 83–85.
[316] Vgl. *JC* 71.
[317] Vgl. *JC* 100.
[318] Vgl. *TTT* 25.32.41.53.105.
[319] Vgl. *TTT* 134; *TK* 21.
[320] Vgl. *JC* 96; *TTH* 23; *TTT* 113.
[321] Vgl. *JC* 85.96. Man könnte noch die Mysterien des Lebens Jesu anführen (vgl. zur Ausdrucksweise *JC* 15.91), die Congar besonders entfaltet: die Geburt (*JK* 13–15), das verborgene Leben in Nazareth (*JC* 54–55), die Taufe, die Verklärung (*JC* 8; *TK* 48), das Abendmahl, Leiden und Tod, der Abstieg zur Unterwelt (*JC* 86), die Auferstehung und Himmelfahrt.

Leidensknecht,[322] die Berufung und Beauftragung der Zwölf, die Eucharistie.[323]

Daraus läßt sich folgern, daß er bei der Genese der übrigen christologischen und kirchenrelevanten Aussagen eine konstitutive Rolle des Paschageschehens in Betracht zieht, d. h. eine historische Ableitung vom vorösterlichen Jesus für zumindest kurzschlüssig erachtet. Dieser Schluß bedeutet nicht, daß für die aufgezählten vorösterlichen Beispiele das Osterereignis keine Rolle mehr spielt – die typologische Lektüre des AT auf Christus hin gewinnt erst mit der Auferstehung ihre Plausibilität –, sondern nur daß sie bereits im irdischen Leben Jesu vorhanden sind, daß es also durchgehende Züge gibt, die den Jesus der Historie und den Christus des Glaubens, den Juden Jesus und die Kirche Christi verbinden. Wie bereits mehrfach dargestellt, schätzt Congar die Trennung von verkündigendem Jesus und verkündigtem Christus ganz und gar nicht. Er hält sich an den ganzen Christus, so daß die Unterschiedlichkeit der Jesus-Überlieferungen für ihn nur eine untergeordnete Bedeutung hat; er fängt die verfängliche Suche nach den »ipsissima verba« gar nicht erst an und problematisiert die Redaktion der Evangelien kaum. Er setzt demnach eine dem Sinn nach getreue und trotz aller Vielfalt und Spannung in Einklang zu bringende Wiedergabe voraus. Die apostolisch-urkirchliche Brechung des Evangeliums Jesu Christi ist für Congar kein Grund zum Mißtrauen, und eine erst nachösterlich nachzuweisende Tatsache oder Aussage hat nicht per se den Beigeschmack des Dubiosen und Minderwertigen. Congar hat eine weitreichende Vorentscheidung getroffen, nämlich der Authentizität des Zeugnisses der Apostel und der Urkirche in ihrer Gesamtheit zu vertrauen. Zwar ist »der Ursprung der Tradition und also die erste Festlegung ihres Inhalts ... immer *historisch*«[324], doch bürgt erst die Verbindung von historischer Herkunft und je aktuellem Handeln des auferstandenen Christus bzw. seines Geistes für höchste Autorität. Er schafft damit eine Synthese zwischen dem Begriff der Urheberschaft, wie er für die Neuzeit charakteristisch ist, und der patristischen und mittelalterlichen Sicht theologischer »auctoritas« als jeweiliger transzendenter Letztverantwortung.[325] Man könnte auch sagen: Er harmonisiert die lukanische und die paulinische Konzeption. Unterscheidet Lukas zwischen historischem Jesus und verherrlichtem Christus, so daß es eine selbständige Tradition der »acta, dicta et passa Christi in carne«[326] gibt, so rekurriert Paulus für die Gültigkeit seiner Tradition allein

---

[322] Vgl. *TTH* 78.
[323] Vgl. Anm. 336 und 338.
[324] »L'origine de la tradition, et donc la détermination première de son contenu, est toujours *historique*« (*TTH* 30).
[325] Vgl. *TTH* 24.43; *TTT* 27.
[326] *TTH* 24, dort kursiv gedruckt.

auf das unmittelbare Wirken Jesu durch seinen Geist.[327] In Congars Zusammenfügung wird wiederum sein Bemühen ersichtlich, sowohl eine historistische Reduktion von Fakten aufzubrechen als auch einer unmittelbaren (unkontrollierbaren) Berufung auf den erhöhten Herrn und seinen Geist Grenzen zu setzen.


2. Die Apostel

*a) Begrifflichkeit*

Congars Theologie der Apostolizität sieht sich zwei Extremen gegenüber: nur das als apostolisch gelten zu lassen, was historisch auf die Apostel zurückgeführt werden kann, oder Apostolizität einfachhin mit juridisch korrekter, bischöflicher Sukzession zu identifizieren. Congar versucht, das historische und das juridische Kriterium aufzunehmen, aber in eine weitere theologische Sicht hineinzustellen und damit auch zu relativieren.
Für seine Bestimmung des Apostelbegriffs stützt sich Congar besonders auf eine Studie von L. Cerfaux.[328] Er ist sich bewußt, daß der Begriff »Apostel« im NT nicht präzis gefaßt ist, da er sowohl die Zwölf als auch andere Zeugen des Auferstandenen oder entscheidende Gestalten der Urkirche bezeichnen kann. Diesen Befund faßt er zu folgender Definition zusammen: »es handelt sich um Männer, deren Wirken als Gründer von Kirchen Gegenstand einer Sendung ist, die mit der Sendung Christi, des Ersten Gesandten, verknüpft ist und eine Autorität in bezug auf die Kirche beinhaltet.«[329] Congar macht allerdings einen Unterschied zwischen den eigentlichen Aposteln bzw. den Aposteln im engeren Sinn – nämlich den Zwölfen und Paulus – und den übrigen, die unter deren Kontrolle stehen.[330] Hierin zeigt sich sein Wunsch nach möglichst großer historischer Nähe zu Jesus, die – so ist zu vermuten – ihm einerseits für größere Authentizität bürgt und andererseits die Priorität Jesu Christi vor der Kirche klarer bewahrt. In den beiden Bänden des Traditionswerkes werden die Apostel in der Regel stillschweigend mit den Zwölf gleichgesetzt.[331]

---

[327] Vgl. *TTH* 24 und *TTT* 104–105.
[328] Vgl. *HK* 205; *TTT* 286 Anm. 4.
[329] *HK* 205.
[330] Vgl. *HK* 205; *TTT* 286 Anm. 4.
[331] Vgl. den Wechsel zwischen »die Zwölf« und »die Apostel« in *TTH* 25–26 oder *TTT* 41.

*b) Historischer Bezug*

Grundlage für Congars Theologie der Apostolizität ist das geschichtliche Auftreten der Apostel, ihre Beziehung zu Jesus von seinem öffentlichen Auftreten an und ihre Bedeutung für die Entstehung und den Aufbau der Kirche. Congar spricht den Aposteln eine unersetzliche Vermittlungsqualität zu. Sie spielen in seinen Augen im Hinblick auf Jesus Christus eine analoge Rolle zu der Jesu gegenüber dem Vater. Es ist für Congar eine heilsgeschichtliche Logik, daß »man Gott nicht kennt und seine Gabe nicht empfängt als nur durch Jesus Christus; Jesus Christus aber kennt und empfängt man nur durch die Apostel«.[332] Aus dieser unlöslichen, von der Sache her geforderten Verbundenheit, die sich bei Congar darin manifestiert, daß er mehrfach Jesus Christus und die Apostel in einem Zug als Ursprung der Tradition nennt,[333] folgt, daß sie für die Kirche einen maßgeblichen Wert haben, ja, »alles, was von den Aposteln in ihrer Eigenschaft als Apostel kommt, ist normativ, weil es von Gott kommt, kraft der schon erwähnten Aufeinanderfolge: der Vater – Christus – die Apostel«[334]. Ihre Legitimität beziehen sie vom Herrn selbst. Er hat sie zu Lebzeiten ausgewählt und unterrichtet,[335] sie waren »die ersten Gläubigen, Gefährten und Zeugen Jesu«[336]. Eine erst nachösterliche Konstituierung des Zwölferkreises, wie sie manche Exegeten erwägen, wird von Congar gar nicht diskutiert.

*c) Apostolische Tradition*

»Jesus hat seinen Aposteln alles mitgeteilt«[337], und diese wiederum haben alles weitergegeben. Sowohl die Kommunikation Jesu mit den Aposteln als auch die Weitergabe des Evangeliums durch die Apostel geschahen auf zwei Wegen: durch das gesprochene Wort und durch das Zusammenleben; die schriftliche Fixierung kam als dritter Weg erst nach Jahren hinzu. Inhalt der apostolischen Tradition ist demnach einerseits – unter verbal-intellektuellem Aspekt – der christologische und ekklesiologische Sinn der alttestamentlichen Schriften[338] und die Botschaft, die Jesus mündlich verkündet hat, und andererseits – in ganzheitlicher Perspektive – noch viel mehr, nämlich »alles, was die Kirchen von den Aposteln an Unterweisung, Verhaltensregeln, diszipli-

---

[332] »Le régime de ›tradition‹ correspond à cette loi de communication selon laquelle on ne connait Dieu et on ne reçoit son don que par Jésus-Christ; on ne connait Jésus-Christ et on ne reçoit son don que par les Apôtres« (*TTT* 20).
[333] Vgl. z. B. *TTT* 21.25
[334] *HK* 203.
[335] Vgl. *TTT* 32.
[336] »les premiers fidèles, compagnons et témoins de Jésus« (*TTT* 41).
[337] »Jésus a tout communiqué à ses Apôtres« (*TTT* 53).
[338] Vgl. *TTT* 55.

nären Normen, kultischen Wirklichkeiten, Sinn des christlichen Geheimnisses und der prophetischen Schriften, Organisationen etc. empfangen haben«[339]. Die Eucharistie wird von Congar als eklatantes Beispiel mehrfach hervorgehoben.[340] Congar spricht mit Nautin von einem sakramentalen Depositum der Apostel.[341] Während die inhaltlich-dogmatische Tradition uns im wesentlichen in den Schriften des NT enthalten ist, besteht die nichtschriftliche apostolische Tradition vor allem aus kultischen und disziplinären Verfügungen, die allerdings durchaus wichtige Konsequenzen für die Lehre haben können.[342] Nicht unterschätzt werden darf das Vorbild der Apostel: Die Väter betrachten sie als geistgeleitete Männer, die Jesus »in ihrem Zeugnis, in ihren Leiden und schließlich in ihrem Tod«[343] angeglichen waren.

*d) Das Verhältnis der Apostel zur Kirche*

Der ekklesiologische Bezug der Apostel hat zwei Seiten: Einerseits sind sie Gründer von Kirchen,[344] geben ihnen eine Ordnung und Verfassung, ja Congar geht im Anschluß an die Apostelgeschichte so weit, die Kirche als Hinzufügung zu den Aposteln zu verstehen;[345] andererseits entstammen die Apostel einem bestimmten Milieu, das sie geprägt hat, dem jüdischen Volk, der Synagoge, der »Kirche vor der Kirche«[346] und richten sich in ihrer Predigt und später in ihren Schriften an ganz bestimmte Kreise, was auf Inhalt und Ausdrucksweise rückwirkt. »Einige wurden auserwählt, aber nicht isoliert von allen anderen«;[347] die nationale, soziale und religiöse Herkunft der Apostel, ihre konkreten Gemeinden, die Aufnahme bzw. Ablehnung ihrer Botschaft fließen in die apostolische Tradition ein. Wir können daraus folgern: Apostolische Tradition ist nie rein apostolische Tradition im Sinne eines deskriptiven Augenzeugenberichtes oder einer im luftleeren Raum entwickelten Lehre, sondern immer schon (ur-)kirchliche Tradition.
Congar setzt sich allerdings gegen Rahner ab, der ihm die Apostel zu sehr in die Urkirche einbettet.[348] Ihm gegenüber besteht Congar mehr auf der Ein-

---

[339] »... tout ce que les Eglises ont reçu des Apôtres comme enseignement, règles de conduite et de discipline, réalités de culte, sens du mystère chrétien et des Ecritures prophétiques, organisations, etc.« (*TTT* 69).
[340] Vgl. *TTT* 55.113
[341] Vgl. *TTT* 118.
[342] Vgl. *TTT* 70.
[343] »les hommes charismatiques, unis à Jésus-Christ par son Esprit, assimilés à Lui dans leur témoignage, leurs souffrances et finalement leur mort« (*TTT* 114).
[344] Vgl. *TTT* 172–173.
[345] Vgl. *TTT* 19–20.
[346] »Eglise d'avant l'Eglise« (*TTT* 77). Insgesamt vgl. *TTT* 76–77.
[347] »Quelques-uns ont été choisis, mais pas isolés de tous les autres« (*TTT* 77).
[348] Vgl. *HK* 196; *TTT* 77.

zigartigkeit ihrer persönlichen Erwählung und Sendung, auf ihrem charismatischen Profil und auf ihrer Autorität.[349] Die christologische Herleitung des Apostelamtes durch eine pneumatologische ergänzend, begreift Congar die Apostel als Empfänger besonderer Charismen,[350] als Adressaten außerordentlicher Verheißung,[351] die sich einer mit anderen unvergleichbaren »Gnade der Offenbarung oder der Gründung«[352] erfreuen. Gemeint ist wohl die Gabe der Inspiration für die Verfassung der Heiligen Schriften (wobei Congar nicht ausschließt, daß ein großer Teil des NT nicht von den Aposteln im engeren Sinn stammt, sie aber als Gewährsleute im Hintergrund postuliert)[353] und ein außergewöhnlicher Beistand Gottes für alles, was die Gründung der Kirche betrifft.[354] Die Apostel sind für Congar daher nicht nur »inneres determinierendes Formalprinzip«[355] der Kirche, sondern als »Träger und Übermittler des Einwirkens Gottes ... instrumentale Wirkursache der Kirche«,[356] so daß ihnen außer einer »Autorität in der Kirche« auch eine »Autorität über die Kirche«[357] zukommt. Er spricht von einem logischen und formalen Vorrang der Apostel gegenüber der Kirche.[358]

*e) Das Problem der nicht-schriftlichen apostolischen Traditionen*

In der Reformation gerieten die nicht-schriftlichen apostolischen Traditionen unter Beschuß. Die Diskussion um das Dogma von 1950 belebte die alte Problematik. Congar nimmt Bezug auf eine Reihe von aktuellen Veröffentlichungen.[359] Dokumentarische Basis seiner Argumentation ist eine Inventur dessen, was von den Kirchenvätern bis zu den Theologen der Gegenreformation als nicht-schriftliche apostolische Tradition gegolten hat.[360] Die umfangreiche Liste – je nach Zählweise ca. 60 Punkte – gibt einen eindrucksvollen Beleg dafür, wie sehr die Kirche seit jeher aus der lebendigen, realen Tradition gelebt hat, die über die Inhalte der Heiligen Schrift hinausgeht. Die Zusammenstellung, die keinen Anspruch auf Vollkommenheit erhebt, vereinigt kul-

---

[349] Vgl. *HK* 198.
[350] Vgl. *TTT* 69.77.79.
[351] Vgl. *TTT* 103–104.
[352] »grâce de révélation et de fondation« (*TTT* 59; vgl. *ebd.* 68).
[353] Vgl. *TTT* 286 Anm. 4.
[354] Vgl. *TTT* 79.
[355] *HK* 200.
[356] *HK* 197
[357] *HK* 204.
[358] Vgl. *HK* 205.
[359] Vor allem: J. Beumer, J. R. Geiselmann, U. Horst, H. Lennerz, J. L. Murphy, E. Ortigues, J. Ratzinger, De Vooght.
[360] Vgl. *TTH* 64–73. Ich gebe im folgenden eine Zusammenfassung (ohne originale Fundstellen): 1. Osterfasten. 2. Dreimaliges Untertauchen bei der Taufe, die Absage an

tische Regeln, disziplinäre Vorschriften und dogmatische Lehren unterschiedlichsten Stellenwertes. Als authentischste und auffälligste Beispiele führt Congar die Riten der Eucharistie und der Taufe an, z. B. die Verbindung von Taufe und Glaubensbekenntnis, die er als zweifellos apostolische Praxis einstuft.[361] Doch nur einem Teil der aufgezählten Inhalte kann man die Apostolizität im historischen Sinn einer explizit-materialen Herkunft zuerkennen.[362] Eine Anzahl von Punkten darf man aufgrund unserer heutigen historischen Kenntnisse als sicher nachapostolisch qualifizieren, z. B. die Ohrenbeichte oder den Zölibat der Priester. Bei vielen Praktiken oder Lehren wird sich die apostolische Herkunft nie endgültig klären lassen. Congar hält es mit einigen zeitgenössischen Studien immerhin für wahrscheinlich, daß die liturgischen und disziplinären Handlungsweisen der Alten Kirche auf die

---

Satan und die Rezitierung des Vaterunser nach der Taufe. 3. Katechumenat in mehreren Stufen. 4. Austeilen der Hostien nur durch die Vorsteher. 5. Totengedächtnis, Gebet für die Verstorbenen. 6. Märtyrerverehrung. 7. Kreuzzeichen. 8. Kein Fasten und kein Knien am Sonntag und von Ostern bis Pfingsten. 9. Kindertaufe. 10. Gebet in Richtung Osten. 11. Ritus der Eucharistie: Lesung des Evangeliums, Verbindung mit Gebetsgottesdienst, feierliche Orationen, Friedenskuß, Rolle des Diakons, Amen des Volkes, Sendung zu den Abwesenden. 12. Feier des Sonntags. 13. Gültigkeit der Häretiker-Taufe, keine Wiedertaufe. 14. Beimischung von etwas Wasser zum Wein bei der Eucharistiefeier. 15. Wahl eines Bischofs in Anwesenheit des Volkes und in der Versammlung der Bischöfe einer Kirchenprovinz. 16. Epiklese im Hochgebet. 17. Segnung des Taufwassers, des Salböls und des Getauften. 18. Salbung des Täuflings mit Öl bzw. Chrisam. 19. Verbot der Heirat nach dem Gelübde der Jungfräulichkeit. 20. Fasten am Mittwoch und Freitag. 21. Auflegung der Hände und Herabrufung des Heiligen Geistes nach der Taufe. 22. Alleluja-Gesang während der Osterzeit. 23. Liturgische Feste: Kreuzigung, Auferstehung, Himmelfahrt, Pfingsten. 24. Katholizität, Konsens und Alter als Kriterien der Apostolizität. 25. Unfehlbarkeit der Kirche als ganzer. 26. Kindertaufe nur an Ostern und Pfingsten. 27. Priester nur mit einer Frau verheiratet. 28. Weihe von Bischöfen am Freitag. 29. Liturgischer Gruß: »Domininus vobiscum«, Antwort: »et cum spiritu tuo«. 30. Bilderverehrung. 31. Verehrung von Golgotha und heiligem Grab. 32. Einsetzung der Sakramente. 33. Verehrung des Kreuzes. 34. Das Leben nach den evangelischen Räten. 35. Glaubensbekenntnis. 36. Lehre von der Befreiung Adams aus der Hölle durch den Abstieg Christi in die Unterwelt. 37. Lehre von der Jungfräulichkeit Mariens ante, in, post partum. 38. Lehre vom Opfercharakter der Messe. 39. Glaube an die Realpräsenz Christi in der Eucharistie. 40. Die Anrufung der Heiligen. 41. Lehre vom Fegfeuer. 42. Lehre von der Unauflöslichkeit der Ehe. 43. Knien bei bestimmten Gebeten. 44. Bischofsweihe durch mindestens drei Bischöfe. 45. Die kanonischen Horen. 46. Die eucharistische Nüchternheit. 47. Ohrenbeichte. 48. Die Stufen des Ordo. 49. Altarweihe. 50. Wachen in der Osternacht. 51. Die hl. Schrift. 52. Lehre vom Abstieg Christi zur Hölle. 53. Lehre vom verdienstvollen Charakter der Werke. 54. Der Primat des Papstes. 55. Detailliertes Sündenbekenntnis als Pflicht. 56. Der Zölibat der Priester. 57. Kommunion der Laien unter nur einer Gestalt. 58. Lehre von der leiblichen Aufnahme Mariens in den Himmel.

[361] Vgl. *TTT* 22.
[362] Vgl. *TTH* 75.

Apostel zurückgehen.³⁶³ Mag man sich auch über den Umfang und die Präzisierung nicht-schriftlicher apostolischer Traditionen streiten, ihre Existenz ist für Congar unabweisbar. Darin weiß er sich mit den Orthodoxen einig, und er wundert sich über die zögernde Zurkenntnisnahme dieser Tatsache durch die Protestanten.³⁶⁴

Ist der Sachverhalt selbst nicht zu leugnen, so gehen über die Art der Überlieferung die Meinungen bereits auseinander. Congar macht zumindest eine eindeutige negative Aussage, die den ökumenischen Dialog entlastet: Er weist die Vorstellung von einer geheim von Mund zu Mund durch die Jahrhunderte weitergegebenen Glaubenswahrheit klar zurück, ja er bezeichnet diese Theorie als Hirngespinst.³⁶⁵ Gegen sie spricht die historische Unwahrscheinlichkeit eines solchen Vorgangs und die ausdrückliche Ablehnung einer esoterischen Tradition bei den ältesten Kirchenvätern.³⁶⁶ Zur positiven Charakterisierung können wir auf das bereits Gesagte verweisen.³⁶⁷

Weit schwieriger stellt sich die Frage nach der Normativität dar. Congars Katalog nicht-schriftlicher apostolischer Traditionen weist auf beträchtliche Schwankungen im Laufe der Jahrhunderte hin. Wenn manche Traditionen, die einer bestimmten Zeit oder bestimmten Theologen als apostolisch galten, später nicht beibehalten wurden oder wenn neue hinzugefügt wurden, dann sind mehrere Erklärungen möglich: willkürliche bzw. ideologische Handhabung, Unsicherheit über die Authentizität, Differenzen über den verpflichtenden Charakter auch apostolischer Tradition.³⁶⁸ Dahinter steht als grundsätzliche Schwierigkeit, daß es nicht nur über die Inhalte der apostolischen Tradition unterschiedliche Auffassungen gab (und gibt), sondern daß der Begriff der Apostolizität selbst Veränderungen durchgemacht hat. Damit kehren wir zum Ausgangspunkt unserer Überlegungen zurück, den es nun zu vertiefen gilt.

Congar knüpft in seiner Theorie der Apostolizität besonders an Leo den Großen an, dem es für die Zuerkennung apostolischen Wertes ausreicht, wenn sich die allgemeinen Prinzipien von Traditionen bis zu den Aposteln im historischen Sinne zurückverfolgen lassen.³⁶⁹ Ferner macht er sich noch einmal das antike und mittelalterliche Verständnis von »auctor« zunutze.³⁷⁰

---

³⁶³ Vgl. *ebd.*
³⁶⁴ Vgl. *TTT* 170.
³⁶⁵ *TTT* 69: »chimérique«.
³⁶⁶ Vgl. *TTH* 75.
³⁶⁷ Siehe 2 c.
³⁶⁸ Vgl. *TTT* 68; *TTH* 72.
³⁶⁹ Vgl. *TTH* 68; *TTT* 58.
³⁷⁰ Vgl. *HK* 192: »Der *auctor* ist derjenige, der die Verantwortung für eine Sache trägt, weil er sich an ihrem ersten und entscheidenden Ausgangspunkt befindet«. Außerdem macht Congar auf die analoge Verwendung des Begriffs der Ursächlichkeit aufmerk-

Mit dieser Rückendeckung überwindet er eine rein historische und materielle Betrachtungsweise und definiert die apostolische Tradition von der Intention der Apostel her: Von ihr kann gesprochen werden, »wenn die Idee, die sich in einer Institution ausdrückt, sich an den Aposteln festmacht. Die Identität ist weniger die einer äußeren Form als die der Anregung oder der Absicht ...«.[371] Diese offene Bestimmung enthält bewußt einen Bereich der Unschärfe. Sie spiegelt Congars historischen Realismus: Nicht-schriftliche apostolische Traditionen sind uns nur in patristischer Brechung zugänglich. Augustinus nimmt deshalb bereits das Prinzip der Verbreitung, der universalen Rezeption, als zweites Kriterium neben dem Alter hinzu.[372] Für die Frage ihrer Verbindlichkit hat dies zur Folge, daß sie nicht unabhängig von der Beurteilung der Zuverlässigkeit und Normativität der Kirchenväter beantwortet werden kann. Aufgrund der weiten Definition, die auf den Willen der Apostel rekurriert, können das Glaubensbekenntnis, die Sakramente, der römische Primat und der Schriftkanon als apostolische Tradition gelten.[373] Mit dieser Lösung tritt allerdings eine bisher noch nicht beachtete Größe ins Blickfeld, die für die Tragweite konstitutiv ist: das Selbstverständnis der Apostel. Aus ihrer hervorragenden Stellung in der Urkirche, die sich in ihren richtungsweisenden Entscheidungen und in ihren besonderen Charismen manifestiert, und aus ihrer Anerkennung durch die Gemeinden schließt Congar auf ihr Bewußtsein, normierende Bedeutung zu haben.[374] Wegen seiner Wichtigkeit hätte dieser Punkt – parallel zum Bewußtsein Jesu – eine ausführlichere Analyse verdient.

*3. Der Kanon der Heiligen Schriften*

Die Überlegungen Congars zu diesem Thema können als ein Kommentar zu den Entwürfen von O. Cullmann und K. Rahner gelesen werden. Daher müssen wir auf ihre Positionen und auf Congars Stellungnahme eingehen.
Für Cullmann[375] bedeutet die Bildung des neutestamentlichen Kanons die freiwillige und demütige Unterwerfung der Kirche unter ihre apostolische Norm. Dieser Schritt zeige das Bewußtsein der Kirche, einer Kontrollierung

---

sam: »Die göttliche Kausalität ist weder von der Art noch vom Niveau der menschlichen Kausalitäten« (*HK* 191).
[371] »Il y a ›tradition apostolique‹ quand l'idée qui s'exprime dans une institution se rattache aux Apôtres. L'identité est moins celle de la forme extérieure que celle de l'inspiration ou de la visée ...« (*TTT* 58).
[372] Vgl. *TTH* 67.
[373] Congar bringt zumindest diese mittelalterliche Auffassung, ohne sie zu kritisieren oder zu ergänzen (Vgl. *TTT* 59.173).
[374] Vgl. *TTT* 172–173.
[375] Vgl. O. CULLMANN, *Die Tradition als exegetisches, historisches und theologisches Problem*, aaO. 42–54.

der Tradition zu bedürfen, und enthalte den Verzicht, »die andern, von den Aposteln nicht aufgeschriebenen Traditionen als Normen anzuerkennen«;[376] nach der Einführung des Kanonprinzips habe die Tradition keinen kriteriologischen Wert mehr bei der Bestimmung der Wahrheit. Cullmann will mit seiner These zwei Betrachtungsweisen versöhnen: die katholische, die – geschichtlich begründet – »die zeitliche Priorität der Tradition gegenüber der Schrift«[377] und die Festlegung des Kanons durch die Kirche betont,[378] und die protestantische, daß die Heilige Schrift die alleinige und ausreichende Glaubensregel ist.[379] Der Kunstgriff seiner Konstruktion liegt in der Bedeutung, die er der Festlegung des Kanons beimißt: Er sieht darin die Absicht der Kirche, die apostolische Tradition zu begrenzen und sich eine bleibende, objektive Norm zu geben.

Congar stimmt Cullmann darin zu, daß die Heilige Schrift oberste Norm der Kirche ist, daß ihr Wert nicht erst von der Kirche geschaffen wird, sondern ihr von ihrer apostolischen Herkunft her zukommt,[380] und daß der zeitliche Vorrang der Tradition im Vergleich mit der Heiligen Schrift noch kein Urteil über die Geltung beinhaltet.[381] Ja, er ist sogar noch sorgsamer als Cullmann: Spricht dieser davon, daß sich die Kirche im Kanon eine Norm schafft,[382] so formuliert Congar genauer, daß die Kirche nur bestimmte Schriften als apostolisch anerkennt.[383] Inspiration und Kanonbildung begreift Congar als logische Fortsetzung bzw. Konkretisierung des Prinzips der Apostolizität. Er unterscheidet im Anschluß an F. Vigouroux und M. J. Lagrange zwischen der normativen Geltung einer apostolischen Schrift aus sich und der offiziellen Festlegung des Kanons, die ja erst spät erfolgte.[384] Congar argumentiert historisch mit der Praxis der Alten Kirche: »die Kirche hat von Anfang an jeden Text, der von einem Apostel stammt, den Wert einer Regel zuerkannt«[385]. Die amtliche Fixierung des verpflichtenden Charakters ist eine »Folgeerscheinung«.[386]

Congar folgt Cullmann jedoch nicht, wenn dieser die völlige Kongruenz von apostolischer Norm und apostolischen Schriften behauptet und wenn er aus

---

[376] *Ebd.* 46.
[377] *Ebd.* 42.
[378] Vgl. *ebd.* 44.
[379] Vgl. *ebd.* 46–48.
[380] Vgl. *TTH* 53–54.
[381] Vgl. *TTT* 337 Anm. 65.
[382] Vgl. O. CULLMANN, *Die Tradition als exegetisches, historisches und theologisches Problem*, aaO. 44.
[383] Vgl. *TTH* 54.
[384] Vgl. *TTH* 53–54; *TTT* 172; *HK* 202.
[385] »... l'Eglise, dès le début, a reconnu valeur de règle à tout texte provenant d'un Apôtre« (*TTT* 173).
[386] *HK* 202.

der höchsten eine ausschließliche Norm macht.[387] Vor allem kann er Cullmanns zentrale These nicht teilen, daß die Kirche mit der Etablierung des Kanons jegliche andere Norm ausgeschlossen habe.[388] Seine Gegenargumentation ist historisch und systematisch:[389] a) Viele kirchliche Texte des 2. bis 5. Jahrhunderts bezeugen die Auffassung, daß es nicht-schriftliche Normen gibt, die auf die Apostel zurückgeführt werden. b) Die Heilige Schrift wurde bis zur Reformation nie als exklusive Regel der Wahrheit angesehen. c) Die Kirche verleiht zwar einem apostolischen Erbe nicht erst seinen Wert und seine Autorität, aber die Aufnahme und Interpretation in der Kirche und durch die Kirche kann von der Apostolizität nicht lupenrein getrennt werden. Apostolizität und Inspiration haben einen Kontext, der beachtet sein will: die Urkirche, ein Hinweis, der von K. Rahner beeinflußt ist. So sehr die Einmaligkeit der Inspiration zu gewichten ist, so darf darüber nicht vergessen werden, daß der Heilige Geist auch nachher in der Kirche wirkt. Congar wehrt sich gegen eine zu starke Zäsur zwischen apostolischer und kirchlicher Tradition. d) Die Heilige Schrift bedarf einer Hermeneutik, die in der kirchlichen Tradition gegeben ist. e) Die Apostolizität der Kirche wird nicht nur durch die Heilige Schrift gewährleistet, sondern auch durch die Sukzession der Priester oder Bischöfe. f) Die Aversion Cullmanns und der Protestanten allgemein gegen eine Norm außer der Schrift erklärt Congar mit ihrer irrigen Annahme, daß nicht-schriftliche apostolische Traditionen auf mündliche und damit auf die Dauer tatsächlich unzuverlässige Weise weitergegeben werden.[390] Congar vermutet insgesamt eine zu rational und zu noetisch gefaßte Vorstellung von Tradition[391] und verweist im Gegenzug auf die viel umfassendere Konzeption einer sakramentalen und institutionellen Tradition.[392]

---

[387] Vgl. *TTH* 55.
[388] Vgl. *TTH* 53–54; *TK* 22.36–37.
Auch im protestantischen Raum erfuhr Cullmanns Theorie Widerspruch und teilweise bissige Kritik, z. B. von E. Käsemann (vgl. zum folgenden: E. KÄSEMANN, *Das Neue Testament als Kanon. Dokumentation und kritische Analyse zur gegenwärtigen Diskussion*, Göttingen 1971, 350–352). Seine Kritik bewegt sich einerseits in der historischen Linie Congars: Von einer historischen Fiktion ausgehend, habe Cullmann unhaltbare systematische Konsequenzen gezogen (*ebd.* 350); Käsemann kann Cullmann weder hinsichtlich des Sinnes der Kanonfestlegung zustimmen noch seine Bewertung der Apostel teilen (*ebd.* 352). Von exegetischer Warte aus wird sein Angriff noch grundsätzlicher: Er bestreitet das Recht, apostolische Tradition und Evangelium zu identifizieren, er besteht auf der inneren Kritik im apostolischen Traditionsgut selbst, er verwirft die Idee einer einheitlichen, auf einen Nenner zu bringenden apostolischen Tradition (*ebd.* 351). Um überhaupt eine Verbindlichkeit zu retten, muß er dann einen Kanon im Kanon einführen: die Rechtfertigung des Gottlosen (*ebd.* 405).
[389] Vgl. zu den folgenden Punkten a – e: *TTH* 54–57.
[390] Vgl. *TK* 22; O. CULLMANN, *Die Tradition ...*, aaO. 44.45.53.
[391] Vgl. *T* 155.
[392] Vgl. *TK* 22–24.

Während Cullmann den Akzent auf die Apostolizität der Heiligen Schrift setzt, unterstreicht K. Rahner demgegenüber die Rolle der Urkirche als ihres Entstehungsmilieus.[393] Er situiert die Inspiration innerhalb der kirchlichen Realität und versteht die Schrift als »konstitutives Moment der Stiftung der Urkirche«,[394] ein Element neben anderen wohlgemerkt.

Congar stimmt mit K. Rahner darin überein, »die Schrift als ein formales und konstitutives Element der Kirche zu sehen, als solches von Gott gewollt und bewirkt. Die Schrift ist ein der Kirche innerliches Element und zugleich normativ für die Kirche«[395]. Congar befürwortet die zentrale Intention Rahners, Kirche, Schrift und Tradition bzw. Lehramt als zusammengehörig zu erweisen.[396] Ihm geht es lediglich um eine andere Gewichtung im Verhältnis dieser Größen zueinander.

Stärker als Rahner leitet Congar die Normativität der Heiligen Schrift von der historischen Verbindung zu den Aposteln bzw. Apostelschülern ab.[397] Er stützt sich dabei auf die »Zeugen des Frühchristentums und der großen theologischen Tradition«[398], die dafür halten, daß die Anerkennung der Inspiration einer Schrift und die Aufnahme in den Kanon davon abhängig war, ob ein apostolischer Ursprung im historischen Sinn angenommen wurde.[399] Dem Kriterium der »Übereinstimmung mit der Lehre oder der Predigt der Kirche«[400] mißt Congar eine nur sekundäre Bedeutung bei, und erst recht setzt seiner Meinung nach der liturgische Gebrauch einer Schrift ihre Kanonizität voraus.[401] Sind also für Rahner Inspiration und Kanonizität primär ekklesiologische Realitäten,[402] so knüpft Congar sie unmittelbarer an die konkreten Persönlichkeiten der Apostel in ihrer Eigenschaft als bevorzugte Zeugen der Offenbarung, deren Handeln und Reden offenbarende Qualität zukommt.[403] Die Ableitung der Kanonizität von der Apostolizität, gipfelnd im Schluß, daß das *Prinzip* der Kanonizität als geoffenbart gelten könne,[404] ermöglicht sicher eine direktere Rückführung des normativen Anspruchs der Heiligen Schrift auf Jesus Christus selbst. Congar nimmt dadurch mehr auf protestantische Anliegen Rücksicht. Bei Rahners Konzeption könnte der Eindruck entstehen, die Kirche sei der Heiligen Schrift übergeordnet; er sieht den neutesta-

---

[393] K. RAHNER, *Über die Schriftinspiration*, Freiburg 1958 (QD 1), 56–57.
[394] *Ebd.* 63.
[395] *HK* 195.
[396] Vgl. *HK* 195.193.
[397] Vgl. *HK* 195–204.
[398] *HK* 198.
[399] Vgl. *HK* 203; *TTT* 174.
[400] »critère de l'accord avec la doctrine ou la prédication de l'Eglise« (*TTT* 174).
[401] Vgl. *TTT* 173.
[402] Vgl. Congars Urteil *HK* 193.
[403] Vgl. *HK* 203; *TTT* 173.
[404] Vgl. *TTT* 173.

mentlichen Kanon mehr als »ein internes, bestimmendes Element«[405]. Congar hingegen will jeden Anschein vermeiden, als ob die Kirche Macht über den Kanon habe. Er versteht die Urkirche nicht nur als treibende Kraft, die die Sammlung der neutestamentlichen Schriften initiiert, sondern auch als sich den Aposteln unterordnende Empfängerin.[406] Congar bemüht sich – und man meint, Cullmanns Stimme im Hintergrund zu hören – um »eine bessere Wertung der historischen Kausalitäten und des Bezuges auf eine erste historische Gegebenheit, auf das apostolische *Depositum*, und das *ephapax* der Inkarnation und der Apostel«[407].

Die Betonung der apostolisch-christologischen Linie hat – ohne die Schrift gegen die Kirche auszuspielen – den Vorteil, das von den Protestanten im Gefolge von K. Barth immer wieder geforderte Gegenüber der Schrift zur Kirche bereits im Ansatz einzubeziehen und nicht erst nachträglich durch einen Akt der Unterwerfung der nachapostolischen Kirche unter die Urkirche zu konstituieren. Die Überordnung der Heiligen Schrift über die Kirche ergibt sich bei Congar im Vergleich mit Rahner schlüssiger und im Vergleich mit Cullmann der Geschichte entsprechender.

---

[405] *HK* 194.
[406] Vgl. *HK* 204.
[407] »une meilleure valorisation des causalités historiques et de la référence à un donné historique premier, au *dépôt* apostolique, à l'*ephapax* de l'Incarnation et des apôtres« [*Sainte Ecriture et Sainte Eglise*, in: *RSPhTh* 44 (1060) 91–88, hier: 87].

## VII.

## DIE VERMITTLUNG UND ANEIGNUNG
## DER OFFENBARUNG DURCH DIE TRADITION

*1. Der Glaube als Zugang zur Offenbarung und Tradition*

Der Glaube ist der menschliche Anteil am Offenbarungsgeschehen, die menschliche Wahrnehmung der Offenbarung, »die Aufnahme der göttlichen Initiative«[408] und die Antwort darauf. Congar nimmt das traditionell fundamentaltheologische Thema der »analysis fidei« auf. Dabei vermeidet er neuscholastische und existentialistische Engführungen und versucht rationalen und spirituellen Anliegen gerecht zu werden. Im Glauben verbindet sich für ihn das durch die Tradition gestalthaft Vorgegebene mit einem inneren Ereignis, trifft sich die historisch durch die Apostel vermittelte Predigt Jesu Christi mit dem aktuellen Wirken des Heiligen Geistes, der inneren Gnade, eint sich eine Objektivität beanspruchende Aussage mit einer wirksamen Realität.[409] Der Glaube umfaßt eine noetische Ebene »der gemeinschaftlichen, objektivierbaren und mitteilbaren Wirklichkeit«[410] und einen existenziell-persönlichen Akt der Offenheit,[411] der Bekehrung,[412] der Unterwerfung und des Gehorsams.[413] Die Untersuchung des entsprechenden griechischen und hebräischen Wortfeldes bestätigt diese Verknüpfung: Vertrauen und Wahrheit bedingen sich gegenseitig;[414] bestimmte Erkenntnisse sind nur zu gewinnen, wenn man jemandem und den Aussagen, die er macht, Vertrauen schenkt. Offenbarung, Tradition und Glaube haben als gemeinsame Struktur das unlösliche Miteinander von geistig-intellektuellem Anspruch und ganzheitlich-personalem Engagement.[415] Die gegenseitige Verwiesenheit der beiden Pole betont Congar gegenüber einer einseitig intellektualistisch-dogmatischen Verengung des Glaubens, wie sie tendenziell in der katholischen Kirche drohte als Reaktion auf den Fiduzialglauben der Reformation, auf den Rationalismus und auf den Modernismus.[416]

---

[408] »l'accueil de l'initiative divine« (*TTT* 17).
[409] Vgl. *TTT* 18.24.20. 106.
[410] »de la réalité collective, objectivable et communicable« (*FTh* 73).
[411] Vgl. *FTh* 78.
[412] Vgl. *FTh* 73.
[413] Vgl. *FTh* 90.
[414] Vgl. *FTh* 75.
[415] Vgl. *FTh* 91.
[416] Vgl. *FTh* 74.

Der Glaube lebt von der Verkündigung, geht aus ihr hervor.[417] Er setzt insofern die Tradierung der Offenbarung durch Menschen und damit die Kirche voraus. Er ist »ein empfangenes Erbe«[418], zeichnet sich gerade dadurch aus, daß die menschliche Verstandestätigkeit ihn nicht kreiert, daß nicht jeder einzelne ihn erfindet.[419] Jedoch begibt er sich nicht außerhalb jeder Rationalität. Vielmehr gehören gegenseitige Abhängigkeit, Interpersonalität und historisch-gemeinschaftliche Vermittlung zur allgemeinen Verfaßtheit des Menschen, so daß der Zugang zum Glauben durch Tradition der menschlichen Konstitution entspricht.[420] Die Plausibilität des Glaubens besteht nicht zuerst in der Kongruenz mit einem abstrakten Vernunftideal – das ist die Tendenz der Aufklärung –, sondern liegt in der geschichtlichen und kommunitären Bindung und Verwirklichung. Der geschichtliche und soziale Raum des Glaubens gehört für Congar in eine adäquate theologische Erkenntistheorie hinein. Er vertritt eine Rationalität historischen und kommunialen Typs. Innerhalb eines solchen Rationalitätsbegriffes kommt dann der Tradition als Aktualisierung diachroner Gemeinschaft ein hoher Stellenwert zu. Congar erinnert an die Beziehungen von Kindern und Eltern, von Schülern und Lehrern, von Bürgern und Staat, in denen Offenheit, Unterordnung und Annahme eine ähnliche Rolle spielen wie im Glauben.[421] Im Unterschied zu diesen Analogien kann der Glaube allerdings sein Objekt – wenn wir Gott einmal so nennen dürfen – nicht sehen, sondern er verläßt sich auf die Augen anderer, die von ihren Erfahrungen berichten;[422] er stützt sich auf ihr bezeugendes Wort und auf Zeichen, die die Glaubwürdigkeit bestätigen. Congar nennt entsprechend seinem Ansatz als hervorragendes Zeichen die Heiligkeit der Kirche.[423] Diese Aussagen sind als Absage an die neuscholastische Apologetik zu lesen. Congar setzt nicht auf rein denkerische Beweisführungen, sondern auf die Überzeugungskraft der Sache selbst, auf die Wirkkraft des Wortes Gottes, auf die Glaubwürdigkeit der Kirche. Die Reflexion kann nicht von der Erfahrung abgekoppelt werden, die Theologie bleibt verwiesen auf die Epiphanie.

Der Glaube ist – so haben wir gesehen – vernünftig, weil er elementare Strukturen menschlicher Erkenntnis berücksichtigt: subjektive Disposition und Erfahrung, persönliche Entscheidung, geschichtliche Vergewisserung, sprachliche Objektivierung, gemeinschaftliche Bewährung, interpersonale Abhängigkeit. Daraus ergibt sich ein letzter wesentlicher Zug der Glaubens-

---

[417] Vgl. *TTT* 18–19 mit Verweis auf Röm 10, 13–17; *FTh* 74.
[418] »un héritage reçu« (*TTT* 20).
[419] Vgl. *TTT* 82.
[420] Vgl. *TTT* 19.
[421] Vgl. *FTh* 78.
[422] Vgl. *FTh* 81.
[423] Vgl. *FTh* 82.

erkenntnis: Sie legt sich nicht automatisch ohne eigenes Dazutun auf. Diese Freiheit des Glaubensaktes ist nochmals ein Argument für seine Vernünftigkeit.[424] Sie rührt her einerseits von der bleibenden Verborgenheit Gottes, der sich nicht aufdrängt,[425] und andererseits von dem Maß der Aufmerksamkeit, das der Mensch willentlich dem Inhalt der Offenbarung und den Zeichen der Glaubwürdigkeit schenkt.[426] Der Mensch hat auch die Möglichkeit, sich zu verschließen, die Offenbarung zu verdrängen und abzulehnen.[427] Die Offenbarung ruft an, aber sie zwingt nicht.

Freiheit und Vernünftigkeit des Glaubensaktes unterliegen jedoch nochmals einem göttlichen Einfluß.[428] Ohne die Freiheit des Menschen zu schmälern, ohne seine Rationalität zu untergraben, wirkt Gott im Glaubensakt mit, indem er anzieht, bewegt, erleuchtet.[429] Gott ist nicht nur Glaubensinhalt, sondern als erste Wahrheit auch Motivation zum Glaubensentscheid.[430] Die Logik des Glaubens ist eine theologale. Der Glaube ist nicht nur Tat des Menschen allein, sondern Glaubenkönnen ist selbst schon Gnade, »der Beginn des Heiles«[431], Prinzip ewigen Lebens.

## 2. Die Bedeutung der Taufe im Traditionsgeschehen

Das Eintreten in die christliche Tradition, verbunden mit einer Ratifizierung des Glaubensentscheides, geschieht in verdichteter und zentraler Weise in der Taufe, dem Sakrament des Glaubens,[432] der ersten Überlieferung, wie Gregor von Nyssa sie nennt.[433] Der Gläubige ist wesentlich ein Getaufter. Congar geht den Zusammenhängen von Taufe, Glaube, Unterricht, Erkenntnis, Lebensvollzug und Glaubensbekenntnis nach.[434] Seine Darlegungen beziehen sich auf die Kirchenväter und auf liturgische Quellen. Im Sakrament findet er dieselbe Vielschichtigkeit wieder, auf die er in der Analyse des Glaubensbegriffes gestoßen ist. Für das Thema »Tradition« ist besonders wichtig die enge Verknüpfung von Taufe und Glaubensbekenntnis, die von Anfang an praktiziert wurde.[435] Mit Basilius bezeichnet Congar das Glaubensbe-

---

[424] Vgl. *ebd.*
[425] Vgl. *FTh* 78 mit Bezug auf Pascal.
[426] Vgl. *FTh* 82.
[427] Vgl. *FTh* 78.
[428] Vgl. *FTh* 79.82.
[429] Vgl. *FTh* 88.
[430] Vgl. *TTT* 95–96.
[431] »le commencement du salut« (*TTT* 24).
[432] Vgl. *TTT* 25.
[433] Vgl. *TTT* 21.
[434] Vgl. *TTT* 21–27.
[435] Vgl. *TTT* 22.

kenntnis als das Eigentliche der Taufe.[436] Das als Regel der Wahrheit empfangene und während der Tauffeier rezitierte Glaubensbekenntnis macht für Irenäus beispielsweise den Inhalt der Tradition aus.[437]

Parallel zum juristischen Gebrauch des Wortes »traditio«, oder besser gesagt: in Analogie dazu, sprach man in der alten Kirche ab dem 4. Jahrhundert von einer »traditio symboli«, die während der Vorbereitungszeit auf die Taufe – am Passionssonntag – erfolgte und das Wesentliche des trinitarischen Glaubens umfaßte. Im 6. Jahrhundert entwickelten sich vereinzelt und nur regional und vorübergehend weitere Übergaberiten, so in Rom eine »traditio Evangeliorum« und in Neapel eine »traditio psalmorum«, in Mailand eine »traditio legis«.[438] All diese Übergaberiten bei der Taufe bezeugen, daß der Glaube wesentlich als etwas Empfangenes verstanden wurde, das in unlöslichem Zusammenhang mit einer Glaubensregel und einem sakramentalen Vollzug stand, die bis auf die Apostel und auf Jesus Christus selbst zurückgeführt wurden. Taufe bedeutete Eintritt in die Gemeinschaft der apostolischen Kirche Jesu Christi durch den von ihr empfangenen Glauben.[439]

Im Unterschied zur juristischen Verwendung des Begriffes »traditio« ist festzuhalten, daß derjenige, der den Glauben im Unterricht und in der Spendung der Taufe weitergibt, dadurch nichts verliert, sondern Anteil gibt an einem Gut, das er behält. »Der Glaube ... kann von einer unbegrenzten Menge von Menschen besessen werden, ohne daß irgendjemand etwas verliert: im Gegenteil, jeder wird mit allen und durch alle bereichert.«[440] Dies ist das Paradox christlicher Tradition: Weitergeben, Abgeben, Weggeben bedeutet nicht Verarmung, sondern Gewinn, nicht Minderung, sondern Zuwachs, nicht Subtraktion, sondern Multiplikation.

Aus der frühen Verwendung des Begriffes »traditio« an zentraler Stelle im Initiationsritus und aus der engen Verzahnung mit Sakrament und Glaubensbekenntnis lassen sich mehrere Schlüsse für den christlichen Traditionsbegriff ziehen: 1. Christliche Tradition kann nur weitergegeben werden, wenn die Glaubensentscheidung getroffen wird. 2. Der christliche Glaube kann nur in einer Gemeinschaft vollzogen werden, weil er einen historischen Bezug hat und der Vermittlung durch die Zeiten über Generationen hinweg bedarf. 3. Der christliche Glaube hat von Anfang an eine inhaltliche Regel, die fixiert und weitergegeben wird und deren Anerkennung konstitutive Bedingung des Christwerdens ist. Im Kontext der Taufe begegnen wir damit einem Traditionsbegriff, der den Keim für den späteren Gebrauch enthält: Tradition als

---

[436] Vgl. *TTT* 24.
[437] Vgl. *TTT* 23.
[438] Vgl. zu diesen Riten *TTT* 22–26.
[439] Vgl. *TTT* 24. 26–27.
[440] »La foi ... peut etre possédée par une infinité d'hommes sans qu'aucun perde rien: au contraire, chacun s'enrichit avec tous et de tous« (*TTT* 22).

synthetische und präzisierende Darlegung des Glaubensinhaltes. 4. Traditionsvermittlung ereignet sich in unübertreffbar dichter Weise in der Feier der Liturgie.

### 3. Die Kirche als Ort lebendiger Tradition

*a) Glaube, Tradition und Kirche*

»Der Glaube, zeugendes Element der religiösen Beziehung, wird in der Kirche, in ihrer konkreten und historischen Realität, empfangen, dann gelebt.«[441] Gerade weil der Glaube ein Erbe ist, das weitergegeben wird, impliziert er als Bedingung seiner Möglichkeit eine Gemeinschaft.[442] Das gilt bereits von der jüdischen Glaubensgemeinschaft, von der strenggenommen zuerst zu handeln wäre, da sie das sozial-religiöse Milieu Jesu Christi, der Apostel und der Urgemeinde ist.[443] »Der Glaube des Christen ist immer umgeben von der konkreten Realität der Kirche gleichsam als der Sphäre seines Lebens.«[444] Der Christ rennt nicht einer selbstgemachten Idee nach, er bekennt seinen Glauben weder als erster noch in völliger Autonomie, sondern er übernimmt den Glauben der Apostel und der Kirche.[445] Von daher läßt sich sagen: ohne Tradition keine Kirche. Diese Situiertheit des Gläubigen kann an den exponierten Gründergestalten abgelesen werden: Die Propheten und Apostel können vom Judentum nicht getrennt werden, genauso wenig lassen sich die Apostel und Paulus von der Kirche isolieren.[446] Die Aufnahme ihrer synagogen- bzw. kirchengründenden Akte durch die Gläubigen ist Bestandteil der Tradition selbst geworden. Die Bücher der Bibel belegen eindrücklich den Einfluß der Adressaten auf die Verfasser, so daß die kanonischen Schriften in gewisser Hinsicht auch als Produkte der Gemeinden bezeichnet werden können. Es gilt also nicht nur: ohne Tradition keine Kirche, sondern auch: ohne Kirche keine Tradition. Beim Verhältnis von Kirche und Tradition muß von einer wechselseitigen Bedingtheit gesprochen werden: Einerseits ist die Kirche für die Tradition konstitutiv, denn die Kirche ist beispielsweise für die Unterscheidung, Bewahrung, Weitergabe und Interpretation der kanoni-

---

[441] »La foi, élément générateur du rapport religieux, est reçue, puis vecue, dans l'Eglise, en sa réalité concrète et historique« (*TTT* 30).
[442] Vgl. *TTT* 27.
[443] Vgl. *TTT* 77.
[444] »La Foi du chrétien est toujours entouré, comme de sa sphère de vie, par la réalité concrète de l'Eglise« (*TTT* 30).
[445] Vgl. *TTT* 81.
[446] Vgl. *TTT* 76–77.

schen Schriften verantwortlich;[447] andererseits setzt die Kirche ein Traditionsgeschehen voraus.[448] Der Tradition wird damit von Congar eine glaubensvergewissernde und -begründende, eine gemeinschaftsstiftende und eine Identität vermittelnde Kraft und Funktion zugesprochen.
Die gegenseitige Verwiesenheit von Kirche und Tradition findet sich bereits bei den Aposteln: Ihre eigene Gemeinschaft entspringt der Beauftragung durch Jesus Christus, und sie geben nur weiter, was sie von ihm empfangen haben. Man kann mit Congar nochmals einen Schritt zurückgehen: Jesus Christus ist vom Vater gesandt, und er verkündet seinerseits auch nur, was er vom Vater gehört hat.[449] In Gott bereits sind Gemeinschaft und Weitergabe aneinander gekoppelt, ohne daß ein Erstes benannt werden könnte. Die kirchliche Tradition ist eine Ausdehnung des innergöttlichen Geschehens.
Wir können in Parallele zum Offenbarungsbegriff von einem kommunitären, geschichtlichen, intellektuellen und lebensweltlichen Traditionsbegriff sprechen. Congar wehrt damit konzeptualistische Verengungen oder die Reduktion der Tradition auf schriftliche Mitteilung ab.
Durch die Sendung, die eine Gegenwart des Sendenden im Gesandten beinhaltet, übernimmt Gott selbst die Urheberschaft der Tradition in der Kirche.[450] Aber die Bindung Gottes an das Traditionssubjekt »Kirche« ist nicht immer und bei allen von gleicher Art und Intensität.[451] Daher gilt es einen normativen Traditionsbegriff zu entwickeln. Congar legt Wert auf die Abhebung der Gründerzeit von der späteren Kirchengeschichte; die Apostel hinterlassen ein konstitutives Gut, während die Kirche nur weitergibt.[452] Läßt sich bei Jesus Christus von einer absoluten Präsenz Gottes sprechen, so muß bereits bei den Aposteln differenziert werden: Im Hinblick auf sie übernimmt Gott nur für das die völlige Garantie, was kirchengründende Bedeutung hat; eine ungewöhnlich starke Bindung besteht auch hinsichtlich der Heiligen Schrift. In der Kirche nach den Aposteln wirkt zwar der Heilige Geist weiter, aber Congar betont den Unterschied zwischen Inspiration und Beistand, zwischen Inkarnation und Bund. Nur in endgültigen Entscheidungen, die die Wirklichkeit des Bundes selbst berühren,[453] darf ein absolutes Engagement Gottes in der Kirche als sicher gelten. Deshalb hält Congar den Begriff »Unfehlbarkeit« für unzulässig überstrapaziert und bevorzugt für die Kenn-

---

[447] Vgl. *TTT* 77.
[448] Vgl. *TTT* 82.
[449] Vgl. *TTT* 78.
[450] Vgl. *ebd.*
[451] Vgl. *TTT* 79.
[452] Vgl. *TTT* 77.
[453] Vgl. *TTT* 79: »… indéfectibilité en ce qui intéresse, précisément, la substance de l'alliance, et donc les actes décisifs touchant la conservation und l'interprétation du dépôt«.

zeichnung der Bindung Gottes an die Kirche den Terminus »Indefektibilität«. Die Rede von der Kirche als Leib Christi und als Fortführung der Inkarnation beinhaltet Congars Meinung nach die Gefahr, die Grenzen der Garantie Gottes für die Handlungen der Kirche zu verwischen und eine übertriebene Identifikation zu fördern; sie bedarf daher der Ergänzung durch das Bild der Kirche als Braut Christi, die in Freiheit und Eigenverantwortung, in Schwäche und Mühseligkeit Christus gegenübersteht.[454] Mit einer solch pointiert christologischen Bestimmung des normativen Traditionsbegriffes – nicht einmal die apostolischen Traditionen sind uneingeschränkt gültig – eröffnet Congar der Traditionskritik einen weiten Raum.

*b) Tradition als Glaubenssinn und als Bewußtsein der Kirche*

Die Gläubigen bilden eine Gemeinschaft, eine Kirche, weil sie einen Glauben haben, weil es einen, allen gemeinsamen Inhalt des christlichen Glaubens gibt, der den Einzelnen vorausgeht und an dem sie teilhaben, und weil jeder existenziell seinen Glauben zu leben versucht.[455] Die Tradition sichert die Authentizität des Glaubensvollzuges, indem sie durch eine historische Kette mit dem Ursprung des Glaubens – Jesus Christus und den Aposteln – verbindet.
Die zwei Aspekte des Glaubens, subjektiver Vollzug und objektiver Inhalt, finden sich logischerweise auch in der Deutung des Glaubens, wie die Tradition sie leistet und die klassischerweise unter dem Namen »sensus ecclesiae« begegnet. Während die Kirchenväter und das Mittelalter bis hin zum Konzil von Trient den »sensus ecclesiae« in erster Linie als die kirchliche Interpretation der Glaubensquellen verstehen,[456] interessiert sich die Neuzeit mehr für die subjektive und psychologische Dimension der Glaubenserkenntnis, sie spricht daher lieber vom »sensus fidelium« oder »sensus fidei«. Congar sieht damit anscheinend die Gefahr des Subjektivismus und der Psychologisierung auf den Glauben zukommen, denn er weist im Rückgriff auf Möhler darauf hin, daß der Glaubenssinn einer transzendenten Garantie und eines objektiven, dem Menschen nicht verfügbaren Bezuges bedarf.[457] Er wendet sich gegen eine Überbewertung der kreativen Möglichkeiten persönlicher oder gemeinschaftlicher Glaubensinterpretation: Der Glaubenssinn erfindet nichts Neues, sondern er dringt tiefer in den Glauben ein; er ist eine Gabe der Unterscheidung und der Wahrnehmung, eher der Aufdeckung und des Wiederfindens als des Erfindens und der Entdeckung. Daher lehnt Congar die

---

[454] Vgl. *TTT* 79; *HK* 143.
[455] Vgl. *TTT* 81–82.
[456] Vgl. *TTT* 82.
[457] Vgl. *TTT* 83.

Gleichsetzung des Glaubenssinnes mit dem »illative sense« Newmans ab. Ist dieser im Vorfeld des Glaubens, in seiner Erschließung von außen her anzusiedeln, so handelt es sich beim Glaubenssinn um eine Qualität bereits vollzogenen Glaubens: »Der *sensus fidei* der Kirche ist eine Fähigkeit, die noch nicht erhellten Implikationen einer *schon besessenen* Wirklichkeit zu verstehen.«[458] Was der »sensus fidei« ist, wird vom 19. Jahrhundert an häufig durch die Rede von der Tradition als dem Bewußtsein der Kirche wiedergegeben, eine Auffassung, die sich auf die Väter berufen kann.[459] Das Bewußtsein bestimmt Congar als »die Eingebung oder das Gefühl, die – mehr oder weniger klar – ein Geist von seiner Befindlichkeit und seinen Handlungen hat ... Es setzt einen Inhalt voraus, der nicht nur reiner Beitrag der Gegenwart ist, sondern Gesamtschau und Erinnerung.«[460] Wenn das Bewußtsein demgemäß je schon Vergangenheit und Gegenwart, objektive Vorgaben und subjektive Wahrnehmung, Erfahrung und Reflexion vermittelt und eine Synthese bildet, es also für die einzelne Person das leistet, was für die Kirche als Gemeinschaft die Tradition erbringen soll, ist der Begriff gut geeignet, um auf die Tradition angewandt zu werden.

Dennoch ist laut Congar eine Korrektur und Präzisierung nötig: Die Tradition der Kirche ist mehr als Selbstbewußtsein, denn sie bewahrt und vergegenwärtigt ein von außen empfangenes Gut. Ferner aktualisiert die Kirche den Inhalt ihrer Tradition nicht immer im gleichen Maße. Problematisch ist die Vorstellung von der Tradition als dem Bewußtsein der Kirche auch, insofern sie ein einziges Bewußtsein der Person Kirche suggeriert. Die Kirche jedoch besteht aus Personen mit je eigenem Bewußtsein: »Die Einheit der Personen in der Kirche ist nicht vom Typ ›Verschmelzung‹, sondern vom Typ ›Gemeinschaft‹: Eine große Anzahl von Personen besitzt gemeinsam dieselben Wirklichkeiten.«[461] Aufgrund dieser Sachlage ergibt sich als ein entscheidender Grundzug des kirchlichen Lebens die Konziliarität[462]: die Kommunikation zwischen Menschen, deren Bewußtsein je persönlich die Gaben, die der Herr der Kirche hinterlassen hat, erinnert und die dadurch dem Ganzen des Glaubens Ausdruck geben können.

---

[458] »Le *sensus fidei* de l'Eglise est une faculté d'entendre les implications, non encore élucidés, d'une réalité *déjà possédée*« (*TTT* 83–84).
[459] Vgl. *TTT* 85.
[460] »l'intuition ou le sentiment plus ou moins clairs qu'a un esprit de ses états ou de ses actes ... Elle suppose un contenu qui n'est pas pur apport du présent, mais totalisation et mémoire« (*TTT* 85).
[461] »L'unité des personnes dans l'Eglise n'est pas du type ›fusion‹, mais du type ›communion‹: un grand nombre de personnes possèdent en commun les mêmes réalités« (*TTT* 85).
[462] Vgl. *TTT* 86.

Die Konziliarität bedeutet Zusammenwirken, aber nicht Gleichschaltung. Im kirchlichen Traditionsprozeß spielen mehrere Gruppen je eigene Rollen. Von ihnen soll nun gehandelt werden, und zwar zunächst von den Laien. Bereits die Reihenfolge, in der Congar vorgeht, hat programmatische Bedeutung. Die grundlegende Kategorie ist die des Getauften. Alle weiteren Unterscheidungen sind vor diesem gemeinsamen Hintergrund zu sehen. Spezielle Funktionen haben keinen Stand in sich, sondern bleiben auf die Gesamtheit der Gläubigen bezogen. Damit will Congar eine Isolierung des Amtes, aber auch der Theologie überwinden.

*c) Die Laien als Träger der Tradition*

Alle Glieder des Leibes Christi tragen Verantwortung für das im Glauben Empfangene, aber in unterschiedlicher Weise. Congar differenziert zwischen der Tradition als Lebensvollzug im Zusammenleben, im brüderlichen Dienst und im Martyrium und der Traditionsvermittlung als öffentlich-rechtlichem Geschehen:[463] Während Ersteres von allen Christen geleistet werden kann und soll, ist Letzteres besonders Beauftragten vorbehalten. Das normale Bewahren und Weitergeben der christlichen Lehre weist Congar mit M. J. Scheeben dem ganzen Leib Christi zu, die Definition und Erhebung zum verpflichtenden Gesetz hingegen ist Sache der Bischöfe.[464] Regeln, Normen, Gesetze und Dogmen fallen unter die alleinige Zuständigkeit des Lehramtes.[465] Die Laien haben keine öffentlich-verpflichtende Autorität in Glaubensfragen; ihre Aufgabe besteht in der Glaubenserziehung der Kinder, in Katechese, Religionsunterricht und wissenschaftlicher Forschung, sodann in der Weitergabe des Glaubens durch Bekenntnis und Zeugnis, die ein »theologischer Ort« sind,[466] und in der Schaffung eines Milieus, in dem sich der Glaube entfalten kann.[467] Congar versäumt nicht, darauf hinzuweisen, daß die Laien die Tradition bisweilen treuer bewahrt haben als die Bischöfe, ja daß der Glaube in bestimmten Situationen lange Zeit ohne Amtsträger weitergegeben wurde.[468] Er greift das treffende Beispiel Newmans, die arianische Krise, auf.[469] Congar wendet sich damit gegen Autoren, z. B. A. Deneffe, die das Traditionsgeschehen auf das Lehramt reduzieren wollen. Gemäß den Aussagen des NT (z. B. 1 Joh 2, 20–27) empfangen alle Gläubigen den Heiligen Geist, so daß sie einen eigenständigen Beitrag im Traditionsprozeß leisten

---

[463] Vgl. *ebd.*
[464] Vgl. *TTT* 87.
[465] Vgl. *TTT* 90.
[466] »lieu théologique« (*TTT* 92).
[467] Vgl. *TTT* 131–136.
[468] Vgl. *TTT* 91–92.
[469] Vgl. *TTT* 89.91.

können. Congar schätzt die Formulierung Newmans, nach der normalerweise eine »conspiratio fidelium et pastorum« stattfindet, ein Wort, das Eingang in die Bulle »Ineffabilis Deus« gefunden hat, mit der Pius IX. die unbefleckte Empfängnis Mariens zum Dogma erhob.[470]

*d) Das Lehramt das verbindlicher Interpret der Tradition*

»Daß die ganze ›ecclesia‹ Subjekt der Tradition ist, haben wir genügend gesagt. Aber in ihr sind die ordinierten Amtsträger in der Fortsetzung und Nachfolge des apostolischen Amtes Subjekt der Tradition auf bedeutendere und besonderes qualifizierte Weise.«[471] Congar verankert seine Behauptung im NT, wo er eingesetzte Dienste vorfindet, die auf Jesus Christus und die Apostel zurückgehen und die wesentlich mit der Unterrichtung in der Wahrheit beauftragt sind. Authentizität der Lehre und Sukzession im Amt legitimieren gleichermaßen ihre Autorität. Es gehört zur vom Herrn selbst gegebenen Struktur der Kirche, daß sie Gemeinschaft in Bürderlichkeit und Hierarchie verbindet.

Selbstverständlich leben zunächst auch die Priester und Bischöfe von der Tradition: Im Studium und in der Feier der Geheimnisse werden sie damit vertraut. Aber »sie überliefern nicht nur, sie erklären authentisch den Sinn des Hinterlassenen, sie interpretieren es«[472], sie treffen eine autoritative Auswahl aus der Fülle der Deutungen, die die Geschichte bietet. Was ihre Rolle von der der Laien im Traditionsprozeß unterscheidet, ist ihre öffentliche Beauftragung mit der Verkündigung, ihre Autorität durch Sukzession und Weihe und ihre daraus resultierende Möglichkeit, verbindliche Entscheidungen zu fällen.

Congar betont jedoch die Bindung des Lehramtes an die Glaubensregel, die nach ursprünglichem Verständnis »den objektiven und normativen Inhalt des Glaubens«[473] meint. Das Lehramt hat normierende Funktion nur, wenn es den Glaubensinhalt weitergibt. »Wenn auch das Lehramt die Tradition bewertet und beurteilt, so ist es doch selbst von ihr abhängig, da es ein Amt in der Kirche, nicht über oder außerhalb ihrer ist, und da es den Beistand nur hat, um den Glauben *der Kirche* zu bewahren und festzulegen.«[474] Das Lehramt dient der Tradition und steht nicht über ihr. Wie die Kirche »nicht *objek-*

---

[470] Vgl. *TTT* 91.
[471] »Que toute l'*ecclesia* soit sujet de la Tradition, nous l'avons assez dit. Mais, en elle, les ministres ordonnés dans la suite et la succession du ministère apostolique en sont le sujet d'une manière majeure et particulièrement qualifiée« (*TTT* 93–94).
[472] »ils ne transmettent pas seulement, ils expliquent authentiquement le sens du dépôt, ils l'interprètent« (*TTT* 94).
[473] »le contenu objectif et normatif de la foi« (*TTH* 253).
[474] *TK* 68. Vgl. insgesamt *TTT* 95–97.

*tive Regel* unseres Glaubens, sondern Kriterium (dem Objekt äußerlich, obwohl ihm homogen, da es vom selben Urheber ausgeht) unserer Interpretation dieses Objektes«[475] ist, so auch das Lehramt. Von daher lehnt Congar die neuzeitliche Redeweise vom Lehramt als »regula proxima fidei« ab und bezeichnet das Lehramt als »sekundäre Regel«:[476] Ihm obliegt es, das Depositum zu interpretieren und kirchliche Auslegungen zu beurteilen; es macht eine Tradition, eine Lehre nicht erst wahr, sondern fügt lediglich einen gesetzlichen und kanonischen Wert hinzu. Nur im Hinblick auf rein kirchliche Gesetze, Riten und Gebräuche ist die Kirche selbst Quelle, Herrin und Maßstab. Hinsichtlich des Offenbarungsschatzes gilt: Die materielle Tradition, »die alles umfaßt, was ein Geschlecht dem anderen übergibt«[477], erhält durch die Tätigkeit des Lehramtes »den Charakter formeller Tradition«, d. h. das Lehramt verleiht bestimmten Inhalten der materiellen Tradition »die Form und die Geltung einer Glaubensregel für die Kirche«[478]. Es gehört zur Problematik der nachtridentinischen Kirchengeschichte, daß zunehmend »die gesetzliche oder rechtliche Seite der dogmatisierten Tradition«[479] in den Vordergrund trat. Ganz in dieser Linie befindet sich die Sammlung lehramtlicher Texte von Denzinger, die Congar für nützlich, aber auch für gefährlich hält.[480]

Das Lehramt unterliegt also gewissen Bedingungen.[481] Es besitzt keine Autonomie gegenüber der Kirche noch gegenüber Schrift und Tradition, sondern

---

[475] »l'Eglise n'est pas *règle objective* de notre foi, mais critère (extérieur à l'objet, bien qu'homogène à lui, puisqu'il procède du même auteur) de notre interprétation de cet objet« (*TTT* 96).
[476] »règle secondaire« (*TTT* 97).
[477] *TK* 66.
[478] *Ebd.*
[479] *Ebd.*
[480] Vgl. *TK* 66.124; *FTh* 70 Anm. 3; *Über den rechten Gebrauch des »Denzinger«*, in: *Situation und Aufgabe der Theologie heute*, Paderborn 1971, 125–150. Congar kritisiert das völlige Fehlen von Partikularsynoden und des ordentlichen Lehramts der Bischöfe (vgl. *TK* 124), die Beschränkung auf das päpstliche Lehramt (vgl. *Über den rechten Gebrauch des »Denzinger«*, aaO. 132), das Übergewicht der letzten Päpste (vgl. *ebd.* 133), die Tendenz, »das zu verschweigen, was eine Abhängigkeit des römischen Lehramtes von einer objektiven Tradition ausdrückt« (*ebd.* 138), die undifferenzierte Nebeneinanderstellung von Erklärungen sehr unterschiedlichen Gewichtes (z. B. Konzilstext, Erklärung der Bibelkommission; vgl. *ebd.* 140), die Vernachlässigung des philologischen und historischen Kontextes (vgl. *ebd.* 141; *TK* 124), die Ausklammerung der »lex orandi« (*ebd.* 142), die »Isolierung des Lehramtes gegenüber der gesamten lebendigen Tradition« (*ebd.* 143), die Engführung des Lehramtes auf Definitionen, die von ihrer Eigenart als Reaktion her in Gefahr sind, wichtigste Sachverhalte nicht im Blick zu halten (vgl. *ebd.* 143–144), den mangelnden Bezug zum Glaubensleben der Kirche und zur doxologischen Dimension der Dogmen (vgl. *ebd.* 146). »Der Denzinger gibt ... leider Anlaß zu der beklagenswerten Verkürzung und erbärmlichen Ausdörrung der Glaubenslehre zu Rechtssätzen« (*TK* 125).
[481] Vgl. *TTT* 98–101.211–214.

hat Dienstcharakter. Seine erste Aufgabe ist das treue Zeugnis für das Evangelium, dem die Ausübung seiner Autorität in der Festlegung der Lehre nachgeordnet ist. »Das Wesentliche liegt nicht darin zu definieren, sondern darin, den Offenbarungsschatz getreu zu bewahren, von seiner Gesamtheit Zeugnis abzulegen und dabei das Gleichgewicht seiner Teile zu beachten.«[482] Das Lehramt bewegt sich zwischen Reinheit und Fülle, d. h. es hat einerseits die Tradition kritisch zu prüfen, ob sie noch dem Ursprung entspricht, und andererseits leistet es einen Beitrag zum Wachstum der Tradition, indem es das Evangelium zeitgemäß auslegt. Congar unterstreicht die Zeitbedingtheit lehramtlicher Äußerungen, ihre Kontextualität und beschränkte Reichweite und führt einige treffende Beispiele an, ja er scheut sich nicht, von Verdunkelungen (z. B. Reordinationen) und offensichtlichen Einseitigkeiten (z. B. die Betonung des Privateigentums in der Neuzeit) zu sprechen.[483]

Gegenüber der seit der Gregorianischen Reform sich verstärkenden Tendenz, die Kirche selbst als Quelle zu begreifen und das Lehramt mit der Tradition zu identifizieren, einer Tendenz, die durch das Unfehlbarkeitsdogma von 1870 starken Auftrieb erfuhr, insistiert Congar mehrfach auf der Abhängigkeit des Lehramtes von der Offenbarung und der Tradition, ja auf seiner eindeutigen Unterordnung:[484] Das Lehramt ist keine Quelle der Offenbarung, sondern kann nur definieren, was in der Offenbarung enthalten ist; es hat ein »funktionales Charisma ..., eine Gabe vorbeugenden, gleichsam negativen Beistandes«[485], der die Garantie gewährt, daß eine Entscheidung des Lehramtes, zu der es nach entsprechender menschlicher Vorarbeit gelangt, nicht falsch ist. Das Lehramt ist damit immer an die Theologie verwiesen, und Congar hebt besonders die Exegese hervor. Er spricht sogar von der Verpflichtung des Lehramtes, das Fachurteil der Theologen einzuholen, und begründet dies mit der Art des verheißenen göttlichen Beistandes, der nicht mit der Gnade der Eingebung (Inspiration) verwechselt werden darf: »Das Lehramt hat kein eingegossenes Wissen.«[486] Deshalb muß es mit den menschlich möglichen Mitteln die Quellen des Glaubens und die Zeugnisse der Tradition erforschen, eine Aufgabe, für die es Fachleute braucht. Diese Fachleute sind beratend tätig, so daß ihr Urteil »weder Gebot noch einengende Begrenzung«[487] ist, aber gleichzeitig stellt Congar fest, daß Offenbarung und Wissenschaft kein Gegensatz sein dürfen.

---

[482] *TK* 63; vgl. *TTH* 256.
[483] Vgl. *TTT* 98.
[484] Vgl. *TTH* 256–257; *TTT* 43.100; *TK* 62–69.
[485] »charisme fonctionnel ..., un don d'assistance préservatrice, quasi négative« (*TTT* 43).
[486] *TK* 69. Vgl. *TTT* 43.
[487] *Ebd.*

*e) Die Theologen als Erinnerer und Kritiker der Tradition*

»Die Theologen gehören nicht zur *lehrenden Kirche* im dogmatischen Sinn des Wortes, aber sie haben einen bedeutenden Platz in der lehrenden Funktion der Kirche inne«.[488] Sie sind nützliche Mitarbeiter des Lehramtes, wie etwa das Konzil von Trient beweist. Ihre Kenntnis der Tradition, die sie durch das Studium erlangen, befähigt sie, eine systematische Dogmatik zu entfalten, Aussagen des Lehramtes von der Tradition her zu stützen, aber auch kritische Anfragen an den Gebrauch der Tradition und an die zeitgenössische Praxis der Kirche und des Lehramtes zu stellen. Die Theologie hat zwei Bezugspunkte, denen beiden gerecht zu werden, nicht immer leicht ist: die Geschichte und das Dogma; »sie ist ein Mittel, sich der Authentizität von Entwicklungen zu vergewissern und zu unterscheiden, was in der Fülle historischer Formen zum Inhalt der Tradition gehören kann«.[489] Die Theologie bewegt sich also in der Dialektik von Weiterentwicklung der Tradition und kritischer Prüfung der Tradition, von Zuarbeit für das Lehramt und historisch-kritischer Distanz zum aktuellen Geschehen. Leider fehlen hier Ausführungen über die Beziehung der Theologen zum Leben und Handeln der Laien.

---

[488] »Les théologiens n'appartiennent pas à *l'Eglise enseignante* au sens dogmatique du mot, mais ils occupent une place importante dans la fonction enseignante de l'Eglise« (*TTT* 99). Vgl. diese Seite auch zum folgenden.
[489] »elle est un moyen d'assurer l'authenticité des développements et de discerner ce qui, dans la luxuriance des formes historiques, peut appartenir au *contenu* de la tradition« (*TTT* 43).

VIII.

KIRCHLICHE TRADITION ALS BEWAHRUNG
UND ENTWICKLUNG

*1. Kirchliche Tradition im Rahmen der Heilsgeschichte*

Die kirchliche Tradition kann in Congars Theologie nicht von der Offenbarungsgeschichte, von jüdischer, christologischer, apostolischer und neutestamentlicher Tradition getrennt werden. Zwar handelt es sich in normativer Hinsicht um verschiedene Ebenen, aber es besteht ein organischer Zusammenhang: Die Kirche ist Frucht des Wirkens Jesu Christi, seines Geistes und der Apostel. Die Konzeption der Verbindung zwischen geschichtlich einzigartigem Offenbarungsgeschehen und kirchlicher Vermittlung betrachtet Congar als zentralen Dissens zwischen Protestanten und Katholiken.[490] Hier kann er auch Cullmann, der die Rolle der Kirche für protestantische Maßstäbe bereits hoch veranschlagt, nicht folgen: Er beanstandet die überstarke Zäsur, die er zwischen apostolischer und kirchlicher Tradition, zwischen Offenbarungs- und Kirchengeschichte macht.[491] Congar bewertet – in breiter katholischer Tradition stehend – die Kontinuität zwischen Christus und Kirche höher. Er sieht sie gewährleistet durch das Wirken des Heiligen Geistes, durch das apostolische Amt, durch die authentisch neutestamentliche Lehre vom Leib Christi.[492]

Den Differenzen liegen jedoch breite Übereinstimmungen voraus: Mit Cullmann stellt Congar die Tradition in das Gesamt der Heilsgeschichte hinein; er folgt ihm in seiner als genuin biblisch präsentierten »linearen Konzeption der Zeit, die einem Plan antwortet und auf ein (eschatologisches) Ziel ausgerichtet ist«[493]; mit ihm unterstreicht er die bleibende und konstitutive Bezogenheit aller kirchlichen Tradition auf das geschichtliche Offenbarungsgeschehen, das in Jesus Christus seinen Höhepunkt und seine Zusammenfassung gefunden hat; mit ihm charakterisiert er die Zeit der Kirche als »schon und noch nicht«, als Ausgespanntsein zwischen vergangener einmaliger Offenbarung und endzeitlicher Erfüllung, zwischen Synagoge und Reich Gottes, zwischen Inkarnations- bzw. Paschamysterium und Parusie.[494] Das heilsgeschichtliche Denken wird von Congar in Kontrast gesetzt zu einem Modell der Wieder-

---

[490] Vgl. *TTT* 241–242.
[491] Vgl. *TTT* 55–56.
[492] Vgl. *ebd.*; *TTT* 222.241–243.
[493] »conception linéaire du temps, qui répond à un dessein et est finalisé par un terme (eschatologique)« (*Hist* 775).
[494] Vgl. *TTT* 32–33.37; *Hist* 776–777.

kehr des Gleichen, zu einem zeitlosen Essentialismus und zu einer anthropozentrisch-rationalistischen Ideologie des Fortschritts. Zwar räumt er ein, daß die Kirche im zyklischen Zeitablauf der Natur steht, wie er durch die Rotation der Erde um die Sonne und um sich selbst bedingt ist,[495] ferner daß sie verquickt ist mit der politischen, wirtschaftlichen und kulturellen Geschichte der Menschheit und dementsprechend von deren Fortschritten profitiert, aber die Kirche hat seiner Meinung nach dennoch eine ihr eigene Zeit, »die Zeit der heiligen Geschichte«[496], »die Geschichte dessen, was Gott getan hat, um sein Volk zu retten«,[497] und »der Zeitraum, in den sich die freien Antworten der Menschen, die zum Glauben gekommen sind, einschreiben«.[498]
Der Begriff der Heilsgeschichte ist zweifellos ein Schlüssel zu Congars Traditionsverständnis. Vielleicht darf man sagen, daß er den Platz einnimmt, den bei den Modernisten der Terminus »Evolution« hatte. Der Evolutionsbegriff weckt die Vorstellung des sich selbst steuernden Prozesses, der geschichtlich im Werden begriffenen Selbstverwirklichung eines noch unbestimmten Subjektes, der ausschließlichen Orientierung an einer sich selbst hervorbringenden Zukunftsgestalt. Das Eschaton wird zum Produkt innerweltlicher Kräfte, zum Endzustand, den die Geschichte selbst herbeiführt. Bei der Anwendung dieser Kategorie in der Theologie droht daher – protestantisch gesprochen – das »extra nos« unseres Heiles, die Priorität Christi und die Andersheit Gottes gegenüber dem Menschen verlorenzugehen. So sehr Congar eine dynamische, entwicklungsgeschichtliche Sicht der Tradition befürwortet, so hält er doch fest, daß es nicht um »irgendeine Entwicklung«[499] geht, sondern um die Entwicklung Christi, so daß man »die Evolutionsideen nur mit beträchtlichen Korrekturen auf die Kirche anwenden«[500] kann. Wie präsent der modernistische Irrweg noch ist, wird am vorsichtigen Wortgebrauch Congars deutlich: Er spricht vom Wachstum der Tradition, von ihrer Entwicklung, Fortführung und Entfaltung, aber die Begriffe »Evolution« und »Innovation« sind nicht zu finden. Mit Vorsicht verwendet er das Substantiv »Fortschritt«[501], und nur mit Einschränkung anerkennt er eine schöpferische Kraft der Tradition.[502] Die heilsgeschichtliche Sicht indessen ermöglicht Congar, die Bindung an normative Tatsachen der Vergangenheit zu

---

[495] Vgl. *TTT* 31.
[496] »le temps de l'Histoire sainte« (*TTT* 31).
[497] »l'histoire de ce que Dieu a fait pour sauver son peuple« (*Hist* 775).
[498] »la durée dans laquelle s'inscrivent les libres réponses des hommes venus à la foi« (*TTT* 35).
[499] *HK* 155.
[500] *Ebd.*
[501] Das Adjektiv »progressif« hat eine breitere Bedeutung und taucht öfter auf (vgl. z. B. *TTT* 31–32).
[502] Vgl. *TK* 114. In seiner Kritik an Blondel hatte Congar vorher den Begriff »créatrice« ganz abgelehnt (*TTT* 128).

wahren, ohne sich Entwicklungen zu verschließen, denn zur Heilsgeschichte gehören ja überraschende Initiativen Gottes und unvorhersehbare Reaktionen der Menschen, so daß sie stets ein Element des Neuartigen beinhaltet. In ihrer grobrastigen Einteilung – Schöpfung, Erwählung, Inkarnation, Geistsendung, Vollendung – weist sie eine fortschrittsähnliche Abfolge auf, ohne jedoch der Illusion einer beständig aufsteigenden Linie zu verfallen,[503] denn die vorantreibenden Eingriffe Gottes antworten ja häufig auf tiefe Rückschläge seitens der Menschen. Von der Einordnung dieser Unheilsgeschichte soll später die Rede sein.

## 2. Sakramentale Tradition

So geeignet und hilfreich die heilsgeschichtliche Konzeption für das kirchliche Geschichtsverständnis ist, sie genügt Congar nicht. Ist sie unzureichend, weil sie bevorzugt im Blick hat, was Altem und Neuem Bund gemeinsam ist, so daß der spezifisch neutestamentliche und christliche Sinn von Tradition in dieser Perspektive zurücktritt? Congar läßt sich darüber nicht aus. Tatsache ist, daß er einen anderen Begriff hinzunimmt, ja einen neuen Begriff prägt, dem wir bisher noch nicht begegnet sind, den der sakramentalen Zeit, die er als Teil einer sakramentalen Ontologie auffaßt.[504] Mit der Kategorie der sakramentalen Zeit, die eine chronologische Zeitvorstellung sprengt, will Congar die klassische Lehre zum Ausdruck bringen, daß die Kirche in der Feier der Sakramente ihre weiterwirkende Ursache vergegenwärtigt, sich aktuell verwirklicht und die endzeitliche Vollendung der Bundesbeziehung vorwegnimmt. Inspiriert von O. Casels Mysterientheologie und den Konsens einer Reihe zeitgenössischer Theologen resümierend, schreibt Congar es der originalen und analogielosen Leistung der Sakramente zu, dieses Ineinander von Vergangenheit, Gegenwart und Zukunft nicht nur gedanklich zu bewerkstelligen – dies vermag in gewisser Weise auch die Philosophie –, sondern einen realen Kontakt herzustellen.[505]
Diese Fähigkeit der Kommunikation über Räume und Zeiten hinweg und der Teilnahme an vergangenem oder zukünftigem Geschehen besitzt die Kirche jedoch nicht aus sich selbst, sondern sie ist zurückzuführen auf das Wirken des Heiligen Geistes. Er allein vermag die verschiedenen Welten, Sphären, Ordnungen (Zeit – Ewigkeit, Himmel – Erde, Vergangenheit – Zukunft, Individuum – Gemeinschaft der Heiligen) zu vermitteln, die Zugehörigkeit zur menschlichen Geschichte und die Überschreitung irdischer Bedingtheiten

---

[503] Vgl. *FTh* 112: »le progrès n'est pas linéaire, mais plus ou moins sinueux«.
[504] Vgl. *TTT* 33–34: »Il y a une ontologie propre de l'Histoire sainte, qui est apparentée à l'ontologie sacramentelle. Celle-ci est, en effet, originale«.
[505] Vgl. *TTT* 34. 273 Anm. 90.

zu verbinden.[506] Die Kirchengeschichte führt damit zum Denken der transzendenten Immanenz. Wird die Tradition sakramental (und infolgedessen pneumatologisch) verstanden, so hat dies gegenüber dem »nur« heilsgeschichtlichen Angang den Vorteil, stärker von der Person Jesu Christi und der Besonderheit des Neuen Bundes her gedacht zu sein und über eine gedankliche Brücke oder eine geschichtliche Wirkungskette hinaus eine tatsächliche Präsenz der Heilstat Christi in ihr begreifbar zu machen. Die aktuelle Kraft der Tradition, ihr Hineinragen in die Gegenwart, ihre reale Bedeutung für das Heute, ihre zeitübergreifende und zeitverwandelnde Fähigkeit kommt erst in einer sakramentalen Sicht voll zum Ausdruck. Eine zweite zusätzliche Leistung sei angemerkt: In der Durchbrechung der Chronologie und durch die Wertschätzung der Wiederholung integriert eine sakramental aufgefaßte Tradition bestimmte Elemente des zyklischen Zeitmodells.

*3. Die Kirchengeschichte als Ort der Tradition*

Die innergeschichtliche Entsprechung zur Transzendenz der Kirche sind Mission und Apostolat, die »Ausbreitung des Evangeliums, die ... die Grenzen des Raumes, der Zeit und der Menschheit erreichen soll«[507]. Die kirchliche Tradition ist das Medium, das Gott zur Verwirklichung seines universalen Planes gebraucht. Sie hat Anteil an der Überwindung des chronologischen Zeitparameters, indem sie die Vergangenheit in die Gegenwart hineinnimmt, an die Zukunft weitergibt und dabei der Phantasie und der Freiheit des Menschen Raum läßt: »sie ist ständige Erneuerung und Fruchtbarkeit gemäß der vorgegebenen Form, gesichert durch ein lebendiges und absolutes Prinzip der Identität«[508].

Weil die Zeit der Kirche sich aus einer objektiven, historischen Quelle speist, auf das Eschaton hinsteuert und Wirkungsfeld der menschlichen Freiheit ist, entsteht in ihr eine Dialektik zwischen Altem und Neuem: Einerseits kann es in ihr nichts mehr grundsätzlich Neues geben, da die Fülle bereits in Jesus Christus, ihrem Prinzip, vorweggenommen ist; andererseits geschieht in der Geschichte der Kirche mehr als das ständige Abspielen einer Platte, die die apostolischen Schriften als Inhalt hat.[509] Die Kirchengeschichte ist keine leere Zeit, wo eigentlich nichts Wichtiges mehr passiert, vielmehr »Wachstum und

---

[506] Vgl. *TTT* 34f.
[507] »expansion de l'Evangile qui ... doit atteindre les confins de l'espace, du temps et de l'humanité« (*Hist* 778).
[508] »elle est perpétuels renouvellement et fécondité selon la forme donnée, assurés par un principe vivant et absolu d'identité« (*TTT* 38).
[509] Vgl. *TTT* 30.

Reifung dessen, was durch die Inkarnation und das Ostern Jesu Christi gegeben worden ist.«[510]

Congar argumentiert augenscheinlich gegen ein protestantisches Extrem, das die Geschichte nach Jesus Christus entleert. Aus der Unterbewertung der dem Menschen durch Schöpfung und Offenbarung verliehenen Fähigkeiten neigt die protestantische Theologie dazu, »den Glauben der Kirche als die einfache *Wiederholung* des (geschriebenen) Wortes zu begreifen und ihre Geschichte als eine Reihe von Rückwendungen zu diesem Wort nach einer Versuchung des Synkretismus«.[511] Ein solches Repetitionsmodell wird nach Congars Urteil dem Anteil menschlicher Handlung bei der Weitergabe und damit dem Eigenwert des Traditionsprozesses und der beteiligten Personen nicht gerecht. »In der nachpfingstlichen und nachapostolischen Heilsgeschichte gibt es keinen konstitutiv neuen Beitrag mehr in dem Sinn, daß alles gegeben ist, alles sich virtuell in Jesus Christus findet. Und dennoch, alles ist neu in jedem Augenblick, wo die Freiheit eines Menschen, bewegt von der Gnade Gottes, ins Spiel kommt«.[512] Indem die protestantische Theologie die Unverfälschtheit der christologischen Tradition und ihren absoluten Anspruch durch die Verwerfung normativer kirchlicher Tradition sichern will, vergißt sie, daß Gott sich auf menschliche Weise mitteilt und den Menschen nicht überspringt. Der anthropologischen Reduktion der kirchlichen Tradition begegnet Congar mit seinem theandrischen Traditionsbegriff.

*4. Kirchliche Tradition als gott-menschliche Tradition*

In der Kirche wirken Gott und Mensch zusammen: Sie »wird von oben und von unten her geschaffen, aus dem von Gott Gegebenen und aus dem von Menschen Bewirkten«.[513] Die Geschichte der Kirche konstituiert sich also im Zusammenspiel von ein für allemal gesetzter unüberholbarer Norm und aktuellen Anforderungen, von vergangener Offenbarung und gegenwärtiger Erfahrung, von Christus und Gläubigen. Wie die Geschichte insgesamt ist sie Betätigungsfeld der menschlichen Freiheit.[514] Sie besteht aus der »Folge der

---

[510] »croissance et maturation de ce qui a été donné par l'incarnation et la Pâque de J.-C.« (*Hist* 777).
[511] »elle tend à concevoir la foi de l'Eglise comme la simple *répétition* de la Parole (écrite), et son histoire comme une série de retours à cette Parole après une tentation de syncrétisme« (*FTh* 104 mit Verweis auf A. Nygren).
[512] »Dans l'Histoire sainte postpentecostale et postapostolique, il n'y a plus d'apport constitutif nouveau, en ce sens que tout a été donné, tout se trouve virtuellement en Jésus-Christ. Et pourtant, tout est nouveau en chaque instant où joue la liberté d'un homme mue par la grâce de Dieu« (*TTT* 33; vgl. *Hist* 777).
[513] *HK* 151
[514] Vgl. *TTT* 35.

Antworten, die von den Menschen gegenüber Gott oder den Anfragen der Zeit gegeben werden, ausgehend von der Gabe, die Gott ihnen für immer in Jesus Christus gewährt hat und von der die Propheten und die Apostel uns die Normen überliefert haben«[515]. Der freie Beitrag der Christen besteht in der denkerischen Durchdringung des Glaubens, in Bekenntnis und Zeugnis, in Dienst und Engagement, im Teilen, in missionarischen Unternehmungen, Ordensgründungen, Konversionen, in der Kontemplation, im Lob Gottes, im Kampf gegen Irrtümer, in der Abgrenzung der Wahrheit etc.[516] Wo dies gelingt, kann die Geschichte der Kirche als Geschichte fortschreitender Erkenntnis und als »Geschichte der Heiligkeit«[517] betrachtet werden. Congar kritisiert die protestantische Linie, die auf eine *Allein*wirksamkeit Gottes hinausläuft.[518] Er besteht auf der Bedeutung des menschlichen Subjektes, das nicht nur passiv empfängt, sondern aufgrund der von Gott geschenkten Gnade, die nicht nur erhofft wird, sondern tatsächlich als bleibendes Gut gegeben ist, einen eigenen Teil beitragen kann. Die Differenzen in der Ekklesiologie reichen also bis in Gnadenlehre und Anthropologie hinein.

Droht bei den Protestanten die kirchliche Tradition zur nur menschlichen und daher unverbindlichen Tradition zu werden, so findet sich in der Orthodoxie fast die gegenteilige Gefahr. Sie hat – zumindest in ihrer klassischen Gestalt – ein mystisches, ein epiphanisches Traditionskonzept.[519] Die Kanten und Risse der Geschichte werden von einer stark präsentischen Eschatologie geglättet bzw. aufgefüllt. Auch damit kann Congar sich nicht identifizieren. Bereits am Ende seines historischen Werkes wendet sich Congar sowohl gegen einen »Monophysitismus der Tradition ..., der ihre Geschichtlichkeit leugnet« als auch gegen einen »Nestorianismus der Tradition, der das Göttliche in ihr verkennt«[520]. Damit die oft allzu menschliche Realität der Kirchengeschichte nicht übersprungen wird, stellt er heraus, daß die Kirche an den Umwegen und Verzögerungen menschlicher Entwicklung teilnimmt. Sie lebt »im Labyrinth der Zeitlichkeit und der menschlichen Geschichte«[521]. Es gibt »Fristen, die man sich nicht ersparen kann«[522], z. B. die Zeit, die der Mensch braucht, um räumliche Entfernungen zu überwinden, um eine Überzeugung innerlich zu festigen, um andere Ideen, Kulturen und Religionen zu verste-

---

[515] »C'est la suite des réponses faites par les hommes à Dieu et aux requêtes du temps à partir du don que Dieu leur a fait à jamais en Jésus-Christ, dont les prophètes et les Apôtres nous ont livré les normes« (*TTT* 36).
[516] Vgl. *TTT* 35.37.39.40
[517] »histoire de la sainteté« (*TTT* 36).
[518] Vgl. *HK* 144.146
[519] Vgl. *TTH* 134.
[520] *Die Tradition und die Traditionen I*, aaO. 272.
[521] *HK* 152
[522] *Ebd.*

hen, zu kritisieren und zu integrieren, um die eigene Tiefenstruktur zu entdecken, um sich mit neuen Anforderungen auseinanderzusetzen. Congar erinnert daran, daß die Herausbildung bestimmter sozialer und gesellschaftlicher Werte aus dem Evangelium Jahrhunderte gebraucht hat, und er fragt, ob im Hinblick auf die Friedensproblematik und das Zusammenleben das Evangelium wirklich schon erschöpfend ausgelegt sei.[523]

Aber die Kirchengeschichte weist nicht nur Umwege auf, sondern sogar Verdunklungen, negative Entwicklungen, Untreue, Sünden.[524] Sie unterliegt der »Gefahr des Synkretismus und der Verweltlichung«[525]. Congar sieht sie daher als »kämpferische Geschichte«[526].

## 5. Kirchengeschichte zwischen Versagen und Treue

Die Frage nach der Sündigkeit der Kirche hat Congar seit 1947 mehrfach thematisiert.[527] Gerade weil er eine Apologetik der Heiligkeit und eine ekklesiozentrische Fundamentaltheologie vertritt, hat Congar sich diesem Problem unausweichlich zu stellen. Oft setzt er sich dabei mit einer These auseinander, die Ch. Journet formulierte: Die Kirche ist nicht ohne Sünder, aber sie selbst ist ohne Sünde.[528] Auf der Suche nach Orientierung anhand der Tradition muß er feststellen, daß es »keine vollständig ausgearbeitete und auch keine einheitliche Antwort auf die Frage nach der Sünde, den Versäumnissen und der Vervollkommnungsfähigkeit der Kirche«[529] gibt. Der Ansatz seiner Lösung liegt in der Unterscheidung von »Sünden im moralischen und eigentlichen Sinn des Wortes«, die »nur eine individuelle Person zum Subjekt haben«[530], und Fehlern, Grenzen, Versäumnissen, Mittelmäßigkeiten, Erbärmlichkeiten, Rückständigkeiten, die einer Gemeinschaft, einer Gesellschaft zugeschrieben werden können. Als Beispiel nennt er Deutschland im Dritten Reich und Frankreich im Indochinakrieg oder in der Algerienkrise.[531] Congar lehnt also die Rede von einer Kollektivschuld ab. Er verweist vielmehr auf die persönlichen Sünden der Führungskräfte einer Nation, einer Gesellschaft und auch der Kirche.[532] Aller-

---

[523] Vgl. *HK* 152–153.
[524] Vgl. *TTT* 98; *HK* 145–146.
[525] *HK* 154.
[526] *HK* 153.
[527] Vgl. *Sainteté et péché dans l'Eglise*, in: VieI 15 (1947) 6–40; *Culpabilité et responsabilité collectives*, in: VieI 18 (1950) 259–284 und 387–407; VFR 63–124; *Comment l'Eglise sainte doit se renouveler sans cesse*, aaO.; *L'Eglise est sainte*, in: Angelicum 42(1965), 273–298.
[528] Vgl. *HK* 148–150; SE 622.667; *L'Eglise est sainte*, in: Angelicum 42 (1965) 286–290.
[529] *HK* 145.
[530] *HK* 149.
[531] Vgl. VieI 18 (1950) 259–260; *HK* 149.
[532] Vgl. *HK* 149–150.

dings gesteht er zu, daß die Summe persönlicher Sünden das Gesamtbild der Kirche so in Mitleidenschaft ziehen kann, daß dieser Faktor nicht aus der Ekklesiologie ausgeklammert werden darf. Wenn Congar auch prinzipiell mit Journets Position übereinstimmt, so bleibt er ihm doch zu formal – über den historischen Realitäten schwebend. Nach Congars Ansicht müssen die konkreten Verunstaltungen einbezogen werden, wenn die Ekklesiologie wirklich auf die Fragen, die heute an die Kirche gestellt werden, antworten will.[533]
Die realistische Wahrnehmung der Schatten, Verfallserscheinungen und historischen Fehler der Kirche bringt Congar jedoch nicht von seinem organologischen Traditionsverständnis ab. Implizit ist damit ausgedrückt: Congar schätzt die Kontinuität in der Heiligkeit höher ein als die Brüche der Sünde. Naiver Optimismus? Naiv auf keinen Fall, denn Congar weiß sehr genau, wovon er spricht. Optimismus – allein für sich genommen eine falsche Kategorie, denn es ist keine bloß subjektive Gestimmtheit, die ihn zu dieser Einstellung führt, sondern der Glaube an Gottes Treue, der Glaube, daß Gott seine Verheißung an die Kirche einlöst. Die Alternative wäre, die Geschichte der Kirche als Geschichte zunehmender Entfernung vom Ideal oder als Rhythmus von Niedergängen und Reformen – gemessen jeweils am Ideal der Urkirche – aufzufassen. Congar sind diese Modelle aus der protestantischen Literatur geläufig. Gegen die Theorie der Verfallsgeschichte sprechen theologisch die Verheißung des Herrn und die Aussagen der Heiligen Schrift über die Kirche und historisch die vielen, vom Geist des Evangeliums genährten Aufbrüche und Erneuerungsbewegungen. Die Vorstellung eines Wechsels von »Synkretismen und Reformationen«[534] enthält laut Congar »gewiß manches Wahre«[535], aber es ist in der Linie seines Denkens zu fragen, ob die Brüche nicht zu grundsätzlich veranschlagt, die Fortdauer authentisch christlichen Lebens und Verkündigens auch in eher dunklen Zeiten und die geschichtliche Vermitteltheit der Reformen selbst nicht unterschätzt werden. Congar schließt nicht die Augen vor den Gefahren eines dynamisch verstandenen Traditionsprozesses, als da sind: Verlust der ursprünglichen Reinheit, Hinzukommen von Äußerlichkeiten und Zeiterscheinungen, die mehr verdecken als getreu auslegen, Aufnahme von ambivalenten Begriffen und Gedanken, von kulturell und mentalitätsmäßig bedingten und damit begrenzt gültigen Ausdrucksformen. Deshalb hält er es für unverzichtbar, die erreichte Fülle immer wieder am maßgeblichen Ursprung zu messen, von dem »die Heiligen Schriften das unwandelbarste, das unversehrteste, das unwiderleglichste Zeugnis enthalten. Darum ist die Heilige Schrift für jegliche Entwicklung oder jegliches Wachstum der Tradition ein notwendiger kritischer

---

[533] Vgl. *HK* 150; *SE* 622.667.
[534] *HK* 154.
[535] *HK* 155.

Bezugspunkt«.[536] Das bedeutet: Die Kritik kirchlicher Tradition gehört zum Traditionsgeschehen unabdingbar dazu. Kirchliche Tradition ist generell überholbar, verbesserbar und daher immer wieder zu überprüfen. Die erste und mit Abstand wichtigste Kontrollinstanz ist die Heilige Schrift.

## 6. Tradition zwischen Historie und Theologie

So sehr Congar jedoch die Verwiesenheit der kirchlichen Tradition an ihren normativen Anfang betont, so ist er doch nicht bereit, einen Archaismus zu akzeptieren. Ein katholischer Klassiker der Traditionstheologie, Vinzenz von Lerin, bleibt daher von Congars Kritik nicht verschont. Seine Regel: »Man muß das halten, was überall, was immer, was von allen geglaubt worden ist«[537], erfährt nur eine bedingte Zustimmung Congars. Zwar anerkennt er ihren positiven Wert, weil »das, was überall, immer und von allen gehalten worden ist, mit Sicherheit zur Tradition der Kirche gehört«[538]. Er beanstandet aber »ihren allzu statischen, wenn nicht sogar zur Altertumskunde neigenden Charakter«[539]. Ein solcher minimalistischer Traditionsbegriff ist nicht in der Lage, den tatsächlich geschehenen Entwicklungen und konfliktträchtigen lehramtlichen Entscheidungen gerecht zu werden.
Einem vergleichbaren Mißverständnis unterliegen die Jansenisten, die Gallikaner, der Historismus und die Alt-Katholiken[540]. Tradition ist bei ihnen »etwas Dokumentarisches, Historisches, Festliegendes«[541]. Die Identifizierung von Tradition mit einem Text, mit Systemen und Wirklichkeiten reiner Vergangenheit kann Congar aufgrund seines ekklesiologisch-pneumatologischen Horizonts nicht aufnehmen.
Congar greift eine Unterscheidung auf, die sich im Gefolge des Modernismus gebildet hat, die Unterscheidung zwischen historischer und theologischer Tradition.[542] Zur historischen Tradition zählen alle Verwirklichungen des christlichen Glaubens in der Zeit, alle Dokumente, in denen er sich niederschlägt. Sie ist dem Geschichtswissenschaftler zugänglich. Die theologische Tradition hingegen ist die Aufnahme vergangener Ereignisse und Zeugnisse im Heiligen Geist, im Glauben, in der Kirche. Dadurch werden eigene, nicht historisch zu erfassende Inhalte und Urteilskriterien eingeführt.
Damit kommen wir zu einer letzten Klärung. Bisher haben wir Kirchengeschichte und kirchliche Tradition fast synonym nebeneinander gestellt. Die

---

[536] *TK* 149.
[537] *Commonitorium* 2, in: *PL* 50,639; Übersetzung nach *TK* 69.
[538] *TK* 69.
[539] *Ebd.*
[540] Vgl. *TTH* 240–242; *TK* 111–112.142.
[541] *TK* 112.
[542] Vgl. *TTT* 127; *TK* 28–29.144.

Ausführungen über die Fehler und Mängel der Kirche ließen jedoch bereits deutlich werden, daß nicht alles, was die Kirche hervorbringt, überliefernswert ist. Auch die durchaus positiven Entfaltungen der Tradition haben nicht schon an sich Anspruch auf weitere Geltung. Ein rein akkumulatives Traditionsverständnis – die Tradition »ist wie ein Fluß, der von allem etwas mit sich führt«[543] – bedarf daher der Ergänzung durch einen normativen Traditionsbegriff. Dazu können wir auf die Aussagen über Jesus Christus, die Apostel, die Heilige Schrift, die Kirchenväter und das Lehramt verweisen.[544]

## 7. Der expansive Charakter der Tradition

Angesichts der bereits mehrfach beobachteten Gefahr der Verfälschung der ursprünglichen Offenbarung durch spätere Deutungen, des Überwucherns von Hinzufügungen, der Verdunkelung und Einseitigkeit in der Auslegung ist zunächst die Frage zu stellen, warum es denn überhaupt nötig ist, über das Normative des Anfangs hinauszugehen. Congar führt offenbarungstheologische, anthropologische, ekklesiologische, erkenntnistheoretische und praktisch-handlungsorientierte Gründe an:
– Insofern die Offenbarung ein dialogisches Geschehen ist, gehört die Antwort des Menschen dazu;[545] der Mensch aber ist der Geschichtlichkeit unterworfen, d.h. je neuen Erfahrungen, die auch neue Glaubensantworten herausfordern.[546] Wo ein Mensch in Freiheit den Glauben annimmt, aus ihm lebt und danach handelt, entsteht ein Beitrag, der in Christus nicht enthalten sein und der in die Tradition eingehen kann.
– Das aktuelle Wirken Gottes in dieser Welt und im Menschen, durch Welt und Menschen hört nicht mit den Aposteln auf. Es gibt auch nach der konstitutiven Offenbarung göttliches Eingreifen in die Geschichte.[547] Dazu rechnet Congar die göttliche Lenkung des einzelnen Christen, besonders der Heiligen, und wichtige Ereignisse in der Kirche: missionarische Bewegungen, Ordensgründungen, bedeutsame Entscheidungen der Hierarchie, vor allem der Konzilien, die verbindlichen Definitionen dogmatischer Lehre.
– Die Offenbarung ist ein Geheimnis, das unerschöpflich ist,[548] dessen Wirklichkeit unser Denken übersteigt. Dies hat seine Auswirkung auf die textlichen Zeugnisse der Offenbarung und der Tradition: Sie können nicht alles einfangen, es gibt einen Überhang der Wirklichkeit über die Texte.[549] Deshalb

---

[543] TK 63.
[544] Vgl. TTT 42–43.71; TK 63–65.
[545] Vgl. FTh 17–18. 103–104; TTT 28–30.
[546] Vgl. FTh 105; TTT 30–31.
[547] Vgl. FTh 106.
[548] Vgl. FTh 21–22.
[549] Vgl. TK 97.119.128–131; FTh 70.

sind je neue Anläufe und viele Wege legitim, um in das Geheimnis einzudringen. Jeder Mensch und jede Zeit haben ihre Aufnahmefähigkeit und Wahrnehmungsgrenze. Die Tradition sammelt die verschiedenen Zugänge zum Geheimnis und die verschiedenen Deutungen der Offenbarungszeugnisse.
– Die sprachliche Verfaßtheit der geschichtlich ergangenen Offenbarung bedeutet eine kulturelle und mentalitätsmäßige Begrenzung und stellt deshalb an die nachfolgenden Generationen zwei Aufgaben:[550]
1. Die schriftlichen Zeugnisse der Offenbarung müssen in andere Sprachen übersetzt werden. Jede Übersetzung aber bedeutet auch schon Interpretation: Es finden Begriffsverschiebungen statt, und biblische Worte werden mit Ausdrücken wiedergegeben, die eigene Inhalte transportieren, die andere Nebenbedeutungen haben, die eventuell einem bestimmten philosophischen System, einer nicht-christlichen denkerischen Kultur angehören, so daß Abgrenzungen und Erläuterungen nötig werden (Bsp.: hesed, agape, philia, amicitia).
2. Die Bibel liebt es, in Bildern zu sprechen, die eine gewisse Breite an Deutungen zulassen. Der Übergang von dieser bildlichen Sprache zur begrifflich-systematischen Festlegung des Sinns kann ein notwendiger Vorgang sein, um Mißverständnisse zu vermeiden, um etwas deutlich zu machen. Die Tradition besteht zu einem Teil in der Überführung narrativer in systematische Aussagen unter Verwendung bestimmter philosophischer Hilfsmittel. Ein solches Geschehen impliziert aber eine Hinzufügung zum Vorhandenen.
– Jede Gemeinschaft hat das Bedürfnis nach gemeinsamen Symbolen,[551] nach Ausdrucksformen, in denen sich das Gemeinsame kristallisiert, nach einer Basis, die für alle verbindlich ist. So finden wir auch in der Kirche von Anfang an Kurzformeln des Glaubens, die alles Wesentliche zusammenfassen. Diese Konzentration aber ist eine Deutung der Offenbarung, die die Offenbarung selbst noch nicht bietet.
– In der Kirche wirkt der Heilige Geist. Seine Sendung ist mehr als eine Kopie der Sendung Christi. Christus hat den Vater offenbart, den neuen und endgültigen Bund geschlossen, die Sakramente und das apostolische Amt eingesetzt, die Kirche initiiert, aber damit ist noch nicht alles getan: Es braucht die Weitergabe des ein für allemal Grundgelegten an die Menschen aller Zeiten. Dies ist die Aufgabe des Heiligen Geistes: die Belebung des Rahmens, die Universalisierung über Zeit und Raum hinweg, die Verinnerlichung des Gegebenen in den Gläubigen, die jeweilige Aktualisierung.[552] Congar beruft sich auf die Verse Joh 14,25–26 und 16,13–14, um seine Auffassung vom Wachstum der Tradition zu begründen: Der Heilige Geist führt im Laufe der

---

[550] Vgl. *FTh* 27–32.
[551] Vgl. *FTh* 61.
[552] Vgl. *TTT* 38.

Kirchengeschichte in die ganze Wahrheit ein; das Lob Gottes, die Kontemplation, der Kampf gegen Irrtümer, missionarische Unternehmungen, die Antworten auf aktuelle Fragen, all dies wirkt der Heilige Geist und bereichert dadurch die Tradition.[553]

– Die Entwicklung der Tradition ergibt sich als logische Notwendigkeit, wenn man den biblischen Wahrheitsbegriff beachtet: »Die biblische Ontologie ist eine eschatologische Ontologie; die Wahrheit steht am Ende; die Dinge sind in ihrer Tiefe das, wozu sie von Gott berufen sind, vom lebendigen Gott, der einen Entwurf gemacht hat, der ihn durch sein Wort zu erkennen gibt und seine Verwirklichung verfolgt. In diesem Sinne ... *ereignet sich* die Wahrheit der Dinge«.[554] Die Geschichte ist die Zeit des Wachstums auf die Wahrheit hin. Die Auseinandersetzung mit neuem Wissen, z. B. der Geographie, der Geschichte, der Philosophie, mit veränderten Situationen, mit gesellschaftlichen Umwälzungen, mit bisher unbekannten Kulturen treibt auch die theologische Erkenntnis voran. Nur vor diesem Hintergrund ist etwa die Entwicklung des römischen Primats oder der katholischen Soziallehre verstehbar.[555] Weil die endzeitliche Vollendung noch aussteht, gibt es die Möglichkeit des tieferen Eindringens in die Wahrheit. Genau das will die Tradition leisten. Als unzureichend beurteilt Congar daher die Position von Perrone und Franzelin, die einen wirklichen Fortschritt »nur in den Formulierungen, nicht in der Erkenntnis selbst«[556] sehen.

Wenn auch der hegelsche Dreischritt – These, Antithese, Synthese – nicht einfach auf das Wachstum der Tradition übertragen werden kann, so »bleibt wahr, daß man zu einem Großteil seiner selbst bewußt wird durch die Begegnung mit dem Gegenteil«[557]. Gewisse Positionsklärungen in der Kirche sind erst erfolgt, weil das Gegenteil behauptet wurde oder unzulässige Vermischungen und Verengungen stattfanden. In der Regel sind es Häresien und Irrtümer, die eine dogmatische Definition herausfordern.[558] Die frühe Kirche war sich dabei bewußt, zu einem gefährlichen Schritt gezwungen zu werden: »Wir sind durch die gotteslästerlichen Irrtümer der Häretiker genötigt, das zu tun, was zu tun nicht erlaubt ist: die Gipfel zu erklimmen, das Unaussprechliche auszusprechen, zu wagen, das Unberührbare zu berühren ... Wir sind genötigt, unerzählbare

---

[553] Vgl. *TTT* 39–40.
[554] »L'ontologie biblique est une ontologie eschatologique: la vérité est à la fin; les choses sont, en profondeur, ce qu'elles sont appelées à être par le Dieu vivant qui a formé un dessein, l'a fait connaître par sa Parole et en poursuit la réalisation. En ce sens ... la vérité des choses *se fait*« (*TTT* 39).
[555] Vgl. *FTh* 110–111.
[556] »Perrone et Franzelin .... ne voient de véritable progrès que dans les formules, non dans la connaissance elle-même« (*FTh* 96).
[557] »Il reste vrai qu'on prend conscience de soi, en grande partie, par l'opposition rencontrée« (*FTh* 108). Vgl. *HK* 153.
[558] Vgl. *FTh* 24.48.61.91.

Dinge in die Schwachheit unserer Sprache zu fassen ... und was in der Anbetung unserer Herzen zurückbehalten werden müßte, durch unser Aussprechen den Gefahren eines menschlichen Wortes auszuliefern.«[559] Congar wendet sich deshalb gegen alle, die den Fortschritt der Tradition in immer neuen lehramtlichen Definitionen sehen und die Aufgabe der Theologie in ihrer Vorbereitung.[560]

– Congar konkretisiert die Entwicklung, die die Tradition bedeutet und in der die kirchliche Tradition über die Zeugnisse der Offenbarung hinausgeht, an einigen Beispielen. Die wichtigsten verdienen es, genannt zu werden: die Glaubensbekenntnisse, die christliche Kunst, die Liturgie in ihren Gesten und in ihrer zeitlichen Entfaltung über das Jahr hinweg, die Sakramentenpraxis, die Katechese, das Beispiel der Heiligen,[561] der Ablaß, die Bilder- und Reliquienverehrung, die Vorstellung vom Fegfeuer, die Lehre vom sakramentalen Charakter,[562] die Märtyrer- und Heiligenerehrung, das Bußsakrament, die marianische Lehre, die Theologie des Laien, der Ehe und der Ortskirche, der Primat und das Lehramt, die Heilsnotwendigkeit der Kirche, die Beziehung der Kirche zur Welt,[563] die Soziallehre der Kirche, der Begriff des Naturrechts, die Theologie des Krieges, der Begriff der Entwicklung.[564] Die Tradition der Kirche beinhaltet also eine Entfaltung zur Offenbarung auf den Ebenen der Reflexion, der Liturgie, des kirchlichen Lebens und des Glaubenszeugnisses in Kunst, Frömmigkeit und praktischem Einsatz.

*8. Faktoren und Gesetze des Traditionsprozesses*

Die Tradition hat für Congar keine Eigenständigkeit gegenüber der Offenbarung, aber sie ist mehr als eine Wiederholung des ein für allemal Gegebenen. Am häufigsten kennzeichnet Congar den Fortschritt, den die Tradition bringt, als eine Entfaltung des Impliziten zum Expliziten.[565] Wie früher benutzt er zur Erläuterung des Gemeinten das Bild von Keim und Frucht:[566]

---

[559] HILARIUS VON POITIERS, *De Trinitate II*, 2, in: *PL* 10, 51; zitiert nach *TK* 65.
[560] Vgl. *TK* 63; *FTh* 48 Anm. 1.
[561] Vgl. *FTh* 53.
[562] Vgl. *FTh* 108.
[563] Vgl. *FTh* 110.
[564] Vgl. *FTh* 111.
[565] Vgl. z. B. *TTT* 40–42; *TK* 29.113; *FTh* 99–103.
[566] Vgl. z. B. *TTT* 32. M.-J. Le Guillou urteilt in seinem Porträt (*Bilanz der Theologie im 20. Jahrhundert. Bahnbrechende Theologen*, a. a. O. 185): »Das Bild des Samenkorns spielt im Denken Congars eine wesentliche Rolle: ... es erinnert uns zugleich an die Gebrechlichkeit des Lebens wie an seine erstaunliche Macht ... Im Bild des Samenkorns sieht Congar einen Hinweis darauf, daß die Vollbringung großer Dinge lange Zeiten des Reifens erfordert«.

Virtuell ist bereits alles in Jesus Christus enthalten, aber erst das Nachdenken, der Vergleich mit anderem und die Begegnung mit neuen Ereignissen und Umständen hebt allmählich die in ihm verborgenen Schätze. Jede Zeit und jeder Gläubige kann ein neues Licht auf die Offenbarung werfen, bisher vernachlässigten Inhalten einen anderen Stellenwert abgewinnen, Unbeachtetes und Vergessenes entdecken und an die Öffentlichkeit bringen, Mißverstandenes klären. Die Frage ist nur: Gibt es begründete, intersubjektiv vermittelbare und nachvollziehbare Wege des Übergangs vom Impliziten zum Expliziten? Wodurch kann ein Fortschritt seine Übereinstimmung mit der bisherigen Tradition ausweisen und sich von willkürlicher und häretischer Veränderung absetzen? Existieren anerkannte Gesetzmäßigkeiten, nach denen sich die Entwicklung der Tradition vollzieht?

a) Als ein bewährtes und zuverlässiges Mittel der Traditionsentfaltung präsentiert und benutzt Congar die »Analogie des Glaubens«[567]. Dieser aus dem Römerbrief (12,6) entnommene und von den Vätern bis zum Vatikanum I immer wieder herangezogene Terminus meint die Bezogenheit und Verbundenheit der verschiedenen Teile der Offenbarung und der unterschiedlichen Aspekte des Glaubens aufeinander bzw. das Verhältnis zwischen allen Teilen und ihrem gemeinsamen Zentrum, dem Geheimnis Jesu Christi, das unser Verhältnis zum Vater und unsere menschliche Bestimmung umfaßt. Es ist ein hermeneutisches Prinzip, das auf der Einheit des Wortes Gottes, der Einheit des Planes Gottes im Hinblick auf den Bund mit uns und der daraus resultierenden Einheit der Heiligen Schrift beruht. »Daraus folgt nicht nur, daß ein Abschnitt nicht wirklich einem anderen widersprechen kann, sondern auch daß man einen Text nicht isoliert von den anderen und vom Ganzen behandeln kann, was die Sekten und Fundamentalisten unaufhörlich tun.«[568] Die Erklärung eines Aspektes der Heiligen Schrift durch einen anderen kann dazu führen, daß man über das wortwörtlich-materiell im Text Bezeugte hinausgelangt, »etwa so, wie Leverrier auf Grund einfacher Berechnung und ohne Gewißheit durch einen experimentellen Tatsachenbeweis das Bestehen eines Planeten, des Saturn, aussagen konnte«[569]. Die Analogie des Glaubens leistet eine Synthese, die für die Tradition charakteristisch ist. Ohne sie »hätte man nur eine Sammlung mehr oder weniger disparater Zeugnisse: einen Paulinismus, eine ›primitive Christologie‹, einen Johannismus, eine Eschatologie der Synoptiker, eine des Paulus, eine des Johannes, etc., und keine Offenbarung

---

[567] Vgl. *TTT* 163–164. Darüber hinaus vielmals genannt.
[568] »Il s'ensuit, non seulement qu'un passage ne peut pas être réellement contraire à un autre passage, mais qu'on ne peut traiter un texte en l'isolant des autres et de l'ensemble, ce que ne cessent de faire les sectes et les fondamentalistes« (*TTT* 163).
[569] *TK* 114. Vgl. *FTh* 25.

als Einheit oder Ganzheit«.[570] Mittels des Prinzips der Analogie des Glaubens hält Congar die marianischen Dogmen der Neuzeit, aber auch Ordensleben, Sakramente und Heiligenverehrung für biblisch begründbar.[571]
b) Eine Spielart der Analogie ist die Typologie.[572] Setzt erstere Texte zueinander in Beziehung, so meint letztere die Lektüre von Texten aufgrund aktueller Erfahrungen oder Hoffnungen. Die typologische Lesart der Schrift nimmt heilsgeschichtliche Vorgänge als Modelle und Beispiele für die Gegenwart und die Zukunft. Dadurch findet eine wechselseitige Erhellung von Texten und Ereignissen, von Vergangenheit, Gegenwart und Zukunft statt. Die Typologie ist die der Heiligen Schrift selbst eigene Weise der Auslegung. Wir finden sie bereits innerhalb des AT (klassisches Beispiel: Exodus aus Ägypten – Heimkehr aus dem Exil), dann in der Deutung alttestamentlicher Vorbilder auf Christus im NT,[573] und die Kirchenväter setzen die typologische Schrifterklärung wie selbstverständlich fort, z.B. in der Taufkatechese[574] oder in der Theologie des Ordo.[575]
Congar bezeichnet das Gesetz der Typologie als »die innere Regel des Gesamtplanes«[576], als die Tiefenstruktur der Offenbarung, und sieht sie durch Christus selbst, in seinem Umgang mit dem AT, legitimiert.[577] Er setzt sie ab von Allegorie oder literarisch-phantasievollem Spiel mit Symbolen.[578] Während diese eine oft künstlich und willkürlich gewählte Ähnlichkeit zwischen Tatsachen oder Worten in einem Detail entfalten, bewegt sich die Typologie in der Spur des Gesamtsinnes der Heilsgeschichte.[579] Sie liest das AT christologisch und das NT ekklesiologisch. Sie ist zurückzuführen auf den dynamischen Charakter des Werkes und des Wortes Gottes, die über das je Erreichte hinausdrängen, so daß sie einen eschatologischen Wahrheitsbegriff implizieren.[580] Die Typologie steht im Dienste des Heutigwerdens, der Anwendung und Aktualisierung des Evangeliums.[581] Durch sie werden das kirchliche Leben, die Erfahrung und das Handeln zu treibenden Faktoren des

---

[570] »... on n'aurait qu'une collection de témoignages plus ou moins disparates: un paulinisme, une ‚christologie primitive', un johannisme, une eschatologie des Synoptiques, une de Paul, une de Jean, etc., et pas la Révélation comme unité ou totalité« (*TTT* 164).
[571] Vgl. *TTT* 165; *TK* 113.
[572] Vgl. zum folgenden vor allem: *TTH* 15.29–30.79–80.
[573] Vgl. *TTH* 81.116 Anm.15.
[574] Vgl. *TTT* 47.
[575] Vgl. *TTH* 88–89.
[576] »Le statut interne du Dessein total ...« (*TTH* 79).
[577] Vgl. *TTH* 78.81.85.
[578] Vgl. *TTH* 79.
[579] Vgl. *FTh* 170 Anm. 1.
[580] Vgl. *TTH* 79–80.
[581] Vgl. *TTH* 84–85.

Traditionsprozesses, in ihr sind also uns altbekannte Anliegen Congars aufgehoben.

c) Die Typologie hat bereits den Übergang geebnet zum Leben des Glaubens und der Frömmigkeit in der Kirche, das auf entscheidende Weise die Tradition bereichert.[582] Mehr als analytischer Verstand und intellektuelle Konstruktion tragen laut Congar lebendige Nachfolge und geistliche Erfahrung zur vertieften Erkenntnis der Tradition bei.[583]

Wenn die Glaubenspraxis auch keine Autonomie gegenüber dem Dogma besitzt und dem Glaubensinhalt nicht übergeordnet ist, im Gegenteil von der Lehre korrigiert werden muß, um nicht auszuufern oder abzugleiten, so bereichern Gebet und gläubiges Handeln doch die Glaubenserkenntnis. »In Wahrheit besteht zwischen dem Glauben in seinem dogmatischen Wert und dem christlichen Leben, sei es liturgisch oder moralisch, ein ständiges Kommen und Gehen«[584] Congar zitiert ausführlich eine entscheidende Passage M. Blondels: »Was der Mensch nicht völlig begreifen kann, kann er ganz und gar tun, und indem er es tut, hält er in sich das Bewußtsein dieser für ihn noch halbdunklen Wirklichkeit lebendig.«[585] Das Bewahren der Tradition ist unlöslich an ein Handeln, an die gelebte Treue geknüpft. Dieser praktisch-lebensmäßigen Tradition entspringen etwa die Märtyrer- und Heiligenverehrung, das Bußsakrament und die Mariologie.

d) Der Glaube sucht nach einem Verstehen und bemüht sich um die Durchdringung des Glaubens.[586] So kann es zu logischen Schlußfolgerungen kommen, die über das in der Offenbarung unmittelbar Gesagte hinausgehen. Ein Beispiel ist die Trinitätstheologie. Marin-Sola versuchte die gesamte Dogmenentwicklung so zu begründen. Congar schränkt die Gültigkeit dieses Erklärungsmodells ziemlich radikal ein, weil kaum eine Lehre der Tradition auf diesem Weg entstanden sei, weil es die psychologischen, soziologischen und historischen Bedingungen des Traditionsträgers außer acht lasse, weil es den Unterschied zwischen Theologie und Dogma nivelliere.

e) Ein Zuwachs an Tradition unter dogmatisch-inhaltlichem Gesichtspunkt kann geschehen durch lehramtliche Aussagen, Klarstellungen und Definitionen, die allerdings für Congar weder von der Heiligen Schrift noch vom Leben der Kirche getrennt werden dürfen. Das Lehramt entscheidet kraft der Sendung durch Jesus Christus und des Beistandes des Heiligen Geistes über

---

[582] Vgl. *FTh* 108.
[583] Vgl. *TK* 30.
[584] »En vérité, il existe, entre la foi, en sa valeur dogmatique, et la vie chrétienne, liturgique ou morale, un va et vient constant« (*FTh* 109).
[585] »Ce que l'homme ne peut comprendre totalement, il peut le faire pleinement, et c'est en le faisant qu'il entretiendra vivante en lui la conscience de cette réalité encore à demi obscure pour lui« (*FTh* 109; vgl. *TK* 28–30).
[586] Vgl. zu diesem Punkt *FTh* 108.113–144.

den Sinn der Offenbarung und über die Authentizität und den Sinn von Traditionsinhalten.[587] Die grundsätzliche Unangemessenheit der menschlichen Sprache angesichts des Geheimnisses Gottes (nicht zu verwechseln mit untauglicher, nur hinweisender oder rein symbolischer Ausdrucksweise) und die begrenzte Erkenntnis, die der Mensch von Gott hat, führen dazu, daß die dogmatischen Formulierungen – obwohl sie wahr sind – immer noch verbessert werden können. Außerdem stellen sie in ihrer Opposition gegen Irrtümer und Gefahren in der Regel nur den umstrittenen Sachverhalt heraus, so daß sie die Mitte des Glaubensgeheimnisses nicht unbedingt in den Blick bekommen.[588]

---

[587] Vgl. *FTh* 47; *TTT* 42–43.
[588] Vgl. *FTh* 70.

## IX.

## DER HEILIGE GEIST ALS TREIBENDE UND EINENDE KRAFT DER TRADITION

Ob es um den Ursprung oder um die Vermittlung der Offenbarung und der Tradition geht, um Jesus Christus, die Apostel oder die Kirche, um Glaube, Erkenntnis und Theologie oder um Geschichte und Entwicklung, immer ist uns der Heilige Geist begegnet als konstitutiver transzendenter Hintergrund. Er ist das verbindende Element, der die verschiedenen Vollzüge und Inhalte der Tradition zusammenhält, er ist die Person, die durch ihr Wirken die vielen unterschiedlichen Traditionsträger eint, er ist als die Seele der Kirche auch die Seele der Tradition.[589]

Congar stützt sich in seiner Pneumatologie insbesondere auf die Apostelgeschichte und das Johannes-Evangelium sowie auf die Briefe des hl. Paulus. Hauptbezugspunkte sind immer wieder die einschlägigen johanneischen Verse.[590]

Ansätze zu einer Lehre vom Heiligen Geist[591] als innerem Prinzip der Tradition finden sich bereits bei den Kirchenvätern (Congar führt Irenäus, Hippolyth, Tertullian, Cyprian, Novatian an), aber ihr Traditionsverständnis stellt mehr die historische Kontinuität heraus. Erst um die Übereinstimmung zwischen apostolischer Hinterlassenschaft und aktueller kirchlicher Lehre zu verteidigen, wird die Pneumatologie entfaltet. Congar unterscheidet drei Stufen: 1. Die Überzeugung, daß der Heilige Geist ständig in der Kirche wirkt, ist seit alters her bis zur modernen Theologie allgemein verbreitet und anerkannt. 2. In der Reaktion auf die Reformation wird der Überschuß der Tradition und der aktuellen Lehre gegenüber der Heiligen Schrift mit dem Hinweis auf das Wohnen des Heiligen Geistes in der Kirche begründet und besonders der Beistand des Heiligen Geistes bei entscheidenden und zentralen kirchlichen Akten (z. B. Konzilien) betont. 3. Die Tübinger Schule, vor allem J. A. Möhler, versteht den Heiligen Geist als die Kraft, die die Wahrheit, die Jesus Christus gelehrt hat, verinnerlicht und die einzelnen Gläubigen zur Gemeinschaft der Liebe zusammenführt. »Der Nerv all dieser Theologien ist die Identität des Prinzips, das während der Zeit der Kirche und in den Handlungen, durch die sie sich aufbaut, wirkt, und des Prinzips, das am Anfang in der

---

[589] Vgl. *TTT* 101–103; *TK* 50.
[590] Vgl. *TTT* 103–104; *TK* 51–52. Joh 14,26 wird zitiert in: *TTH* 27–28.31; *TTT* 39–40.104; *Hist* 778; *HK* 385; *WG* 147; *FTh* 108; *TK* 52. Joh 16,12f. wird zitiert in: *TTH* 28.31; *TTT* 40.104.128; *Hist* 778; *HK* 385; *WG* 147; *FTh* 108; *TK* 52
[591] Vgl. zum folgenden Überblick: *TTT* 101–103.

Offenbarung der Propheten und Apostel, im heilbringenden Tun des fleischgewordenen Wortes am Werk war«.[592]

Die Kontinuität zwischen Offenbarung und Tradition wird durch den Heiligen Geist gesichert, weil er sowohl die Offenbarung ermöglicht als auch das Leben der Kirche leitet. Die Pneumatologie hat eine offenbarungstheologische und eine ekklesiologische Seite. Daß dem Heiligen Geist jeweils die Fähigkeit der Vermittlung zugewiesen wird – sei es geschichtlich, intellektuell oder interpersonal –, ist kein Zufall, sondern hat eine trinitarische Begründung: Als »das Band der Liebe zwischen dem Vater und dem Sohne« ist er auch »das innerste Band dessen, was Gott nach außen tut, um die Gemeinschaft der Menschen mit ihm zu schaffen«[593]; innertrinitarische und ökonomische Rolle entsprechen einander.

Um die Übereinstimmung zwischen der Offenbarung in Jesus Christus und der Entfaltung in der Tradition zu gewährleisten, reicht es nicht aus, die Sendung des Geistes als Fortführung der Sendung Christi in einem strikten zeitlichen Nacheinander zu begreifen. Congar zieht nun die von uns vorher angemahnte Konsequenz aus der Identität des Prinzips von Offenbarung und Tradition: Er weist die Richtung zu einer pneumatologischen Christologie. Gestützt auf Lk 3,21–22; 4,14; Hebr 9,14 und Röm 1,4 verankert er die Pneumatologie im Leben Jesu selbst: Jesus ist der vom Heiligen Geist Erfüllte und Bewegte.[594] Der Heilige Geist ist also bereits im Spiel, als die Offenbarung geschieht, er ist dann der Motor der Vermittlung und Aneignung der Offenbarung, und er ist das Angeld ihrer Vollendung. Er hat eine illuminative, eine kommunikative und eine vital-bewegende Funktion. Sein Operationsfeld ist sowohl die Vernunft als auch die Gemeinschaft und die Geschichte. Durch ihn werden die Räume und Zeiten, die zwischen der geschichtlich einmaligen Offenbarung und dem heutigen Menschen liegen, überbrückt, er schlägt einen Bogen über alle subjektiv-individuellen, geographischen und temporalen Distanzen hinweg.[595] So ist er nicht Geist eines abgeschlossenen, in sich gekehrten Sozialbildes oder Geist nur einer Epoche oder Geist nur eines Volkes, sondern ein Geist, der Grenzen sprengt, der öffnet und weitet, der das je Erreichte überschreitet. Sein Ziel liegt in der Zukunft einer universalen Gemeinschaft.

Um dieses Ziel der Universalität zu erreichen, befähigt der Heilige Geist Menschen zum ansteckenden Glaubenszeugnis. Congar geht auf die biblische

---

[592] »Le nerf de toutes ces théologies est l'identité du principe qui agit dans la durée de l'Eglise et dans les activités par lesquelles elle se construit, et du principe qui était à l'oeuvre à l'origine, dans la Révélation des prophètes et des Apôtres, dans l'activité salutaire du Verbe incarné« (*TTT* 103).
[593] *TK* 50.
[594] Vgl. *ebd.*
[595] Vgl. *TTT* 34.

Bedeutung von »Zeugnis« zurück: Aus der Wurzel »wiederholen« kommend, meint Zeugnis zunächst die Willensbekundungen und Gebote Gottes, die wiederholt werden, um sie dem Gedächtnis einzuprägen, so wie man viele Hammerschläge braucht, um einen Nagel einzuschlagen. Zeugnis hat »den Sinn nachdrücklicher Bekundung, die sich trotz der angetroffenen Widerstände verbindlich auferlegt. Der Zeuge ist derjenige, der trotz der Widersprüche nicht aufhört, den Heilswillen und Heilsplan Gottes zu bekunden, einen Willen und Plan, dessen beherrschende Mitte Jesus Christus ist ..., nicht allein als vergangene Tatsache und als geschehene Wirklichkeit, sondern als Sinn der Gegenwart durch alle Zeiten hindurch, heute, morgen und bis ans Ende.«[596]

Die Erfüllung mit der Kraft zum Bekenntnis und zur Verkündigung ist zugleich Beauftragung; die Begabung verpflichtet, nimmt in Dienst. Zeugnis hat zu tun mit Apostolat und Sendung: »Der Heilige Geist ist die Lebenskraft, die in diesen tätig ist, um daraus die Mittel zur Verwirklichung der Heilsgeschichte zu machen.«[597]

Der Heilige Geist ist Prinzip der Einheit und Gemeinschaft und Urheber von Zeugnis, Apostolat und Sendung zunächst nicht durch äußere Struktur und Form, sondern durch seine Gegenwart im Inneren des Menschen. Er ist ein Geist der Innerlichkeit und der Verinnerlichung. »Als *Geist* handelt er im Innersten der Personen, ohne ihnen Gewalt anzutun.«[598] Congar zieht die biblischen Bilder der Einwohnung, der Salbung und der inneren Eingebung heran. Jeden führt der Heilige Geist entsprechend seiner Berufung und seinen Fähigkeiten, so daß er vom menschlichen Geist kaum zu unterscheiden ist, »und dennoch ist er in allen derselbe«[599]. Gerade durch das Beieinander und Miteinander von personalisierender und gemeinschaftsstiftender Kraft gelingt es ihm, die Kirche aufzubauen, indem er die Gaben des Einzelnen auf das Gesamt des Leibes Christi hinordnet.

»In all dem verwirklicht der Heilige Geist nicht ein persönliches Werk, in dem Sinne, daß es neu und vom Werke Christi verschieden wäre: er setzt das gegenwärtig und verinnerlicht es, was ein für allemal von Christus gesagt und gewirkt worden ist, nämlich das Evangelium.«[600] Der Heilige Geist ist ein Geist der Aktualisierung. Einerseits darf von einem neuen Eingreifen Gottes selbst gesprochen werden, das über Jesus Christus hinausgeht, andererseits lehnt es Congar ab, dem Heiligen Geist ein »autonomes Werk«[601] zuzuschrei-

---

[596] *TK* 51.
[597] *Ebd.*
[598] »*Esprit*, il agit dans l'intime des personnes sans leur faire violence« (*TTT* 105).
[599] »Et pourtant, il est le même en tous« (*TTT* 105).
[600] *TK* 52.
[601] »oeuvre autonome« (*TTT* 105).

ben. Congar bindet den Heiligen Geist untrennbar an das Werk und die Person Jesu Christi: Der Heilige Geist ist der Geist, in dem wir sagen: Jesus ist der Herr.[602] »Der Heilige Geist und Christus tun dasselbe Werk«[603], aber jeder hat eine ihm eigene Rolle: Während Jesus den Vater offenbart, den Neuen und ewigen Bund konstituiert, Sakramente und apostolisches Amt begründet, den geschichtlich greifbaren Anfang der Kirche setzt, der Akzent seines Tuns auf der historischen Einmaligkeit bei allerdings fortdauernder Wirkung liegt, übernimmt es der Heilige Geist, die Vorgaben Christi zu konkretisieren, sie auf die jeweilige Zeit und Situation und auf die einzelnen Christen hin zu applizieren, sie im Laufe der Geschichte je neu mit Leben zu erfüllen. Er verleiht dem vergangenen Heilsgeschehen kraftvolle Frische und lebendige Gegenwart. Die Pneumatologie ruht auf der Chistologie auf, und es ist Congars Anliegen, diese Verwiesenheit als konstitutiven Bezug herauszustellen. Gehören zur christologischen Grundlegung der Ekklesiologie für Congar Stichworte wie Struktur, Institution, Norm, historische Einmaligkeit, Form, »le donné«, so bewegt sich seine Pneumatologie im Wortfeld Leben, Kraft, fortdauernde Präsenz, Aktualität, Ereignis, Innerlichkeit. Die Pneumatologie mündet sowohl in die Anthropologie als auch in die Ekklesiologie.

Congar warnt allerdings davor, alle Vorgänge in der Kirche mit dem Wirken des Heiligen Geistes zu legitimieren.[604] Der Beistand des Heiligen Geistes ist nur gewiß, wenn die Bundesstruktur eingehalten wird, und das heißt auch: wenn der Mensch seinen Beitrag an Anstrengung leistet. Wo der Mensch den Bund verletzt, wo er gegen ihn handelt, wo er sündigt, kann er sich nicht auf den Heiligen Geist berufen. Daß und wie Congar Versagen und Schwäche der Kirche thematisiert, haben wir bereits behandelt.

Congar insistiert auf dem Unterschied zwischen Inkarnation und Bund: »Christus ist wahrhaft Gott, auch wenn er wahrhaft Mensch ist. Bei ihm sind die Gottheit und Menschheit in substantieller Einheit im Sein selbst vereinigt. Anders ist die Sache sowohl für jeden einzelnen von uns wie für die Kirche, wenn diese sich auch noch gewisser Verheißungen erfreut, die keinem einzelnen von uns zugesichert sind«.[605] Die Kirche ist keine Inkarnation des Heiligen Geistes, sondern zwischen ihnen besteht »nur ein Band des Bundes«[606]. Der Heilige Geist belebt die Kirche, wohnt in ihr, steht ihr bei, aber der Grad der Bindung ist – aufgrund der Freiheit und Sündigkeit des Menschen – nicht

---

[602] Vgl. *TTT* 102 mit Bezug auf 1 Kor 12,3.
[603] »Le Saint-Esprit et le Christ font la même oeuvre« (*TTT* 38).
[604] Vgl. *TTT* 106.
[605] *TK* 54.
[606] »Eglise et Esprit ne sont unis que par un lien d'alliance« (*TTT* 108).

bei jeder kirchlichen Handlung absolut;[607] es besteht keine »substantielle und konkret-dingliche Einheit«[608]. Congar wehrt sich damit gegen mißverständliche Deutungen der Möhlerschen Idee von der Kirche als fortgesetzter Inkarnation.[609]
Zusammenfassend ließe sich die Eigenart der Sendung des Heiligen Geistes so kennzeichnen: Universalisierung, Verinnerlichung, Aktualisierung, Dynamisierung und Vollendung der Sendung Jesu Christi. Damit ist zugleich gesagt, worum es der Tradition zu tun ist: Sie universalisiert, verinnerlicht, appliziert, belebt und vollendet die Offenbarung. Die Offenbarung verhält sich zur Tradition wie die Christologie zur Pneumatologie.

---

[607] Vgl. *TTT* 79.
[608] *TK* 54.
[609] Vgl. *TTT* 107.

## X.

## DAS VERHÄLTNIS VON TRADITION UND HEILIGER SCHRIFT

Es gehört laut Congar zu den Engführungen der Theologie nach der Reformation und dem Konzil von Trient, daß die Frage nach dem Verhältnis von Schrift und Tradition weitgehend nur unter dem Gesichtspunkt behandelt wurde, ob es nicht-schriftliche apostolische Traditionen gibt, die verbindlicher Bezugspunkt und Inhalt der Lehre der Kirche sind.[610] Die Frage nach der materiellen Suffizienz bzw. Insuffizienz der Heiligen Schrift beherrschte die theologischen Diskussionen bis ins Vatikanum II hinein.[611] Congar möchte dieser Verengung entgehen. Es gelingt ihm zum einen dadurch, daß er die Kirchenväter und die mittelalterlichen Theologen, also die Theologie vor der Glaubensspaltung, intensiv studiert, zum anderen indem er Schrift und Tradition in Offenbarungstheologie und Ekklesiologie einbettet. »Die Kirche ist der Ort und das Mittel, durch die das offenbarende und heilbringende Handeln Gottes, das seinen Höhepunkt in Jesus Christus hat, die Menschen erreicht. Schrift, Tradition, Kirche sind drei untrennbare Begriffe.«[612] Congar betrachtet es als eine Hauptproblematik der Kirchen aus der Reformation, daß sie diese drei Wirklichkeiten voneinander scheiden bzw. einseitig gewichten.[613]

*1. Die Beziehung von Offenbarung, Sprache und Text*

Die Heilige Schrift könnte nur dann den Anspruch erheben, alleinige Regel des Glaubens zu sein, wenn die ganze Offenbarung in sie eingegangen ist. Dies ist aber – so läßt sich aus Congars Darlegungen schließen – weder formal möglich noch materiell wahrscheinlich.
Die formale Unmöglichkeit der Kongruenz liegt darin begründet, daß die Offenbarung ein Vorgang zwischen freien Personen ist, der trotz aller Deutungen Geheimnis bleibt und letztlich nicht völlig ausgewortet werden kann, und daß im Offenbarungsgeschehen der Glaube eine konstitutive Rolle spielt, den ich aber einem Text nur dann schenken kann, wenn er von einer bestimmten Person garantiert ist. Der Versprachlichung der Offenbarung sind damit

---

[610] Vgl. *TTT* 137.
[611] Vgl. unseren Teil C.
[612] »L'Eglise est le lieu et le moyen par lesquels l'action révélatrice et salvifique de Dieu, qui a son moment suprême en Jésus-Christ, atteint les hommes. Ecriture, Tradition et Eglise sont trois termes inséparables« (*TTT* 139).
[613] Vgl. *TTT* 178.

Grenzen gesetzt. »Im Grunde ist die Schrift nur ein Zeugnis der geschehenen Offenbarung«[614], sicher ein normatives und unersetzliches Zeugnis, das aber der Aufnahme durch eine lebendige, von Gott nochmals bewegte Person bedarf, um seinen Sinn zu erfüllen. Zur völligen Verwirklichung der Offenbarung gehört dieser Vorgang des Hörens und Annehmens dazu.[615] Eine Reduktion des Wirkens Gottes auf die Schriftinspiration widerspricht der christlichen Offenbarungsstruktur.

Congar greift ferner Überlegungen des hl. Thomas von Aquin auf, der darüber nachdenkt, warum Jesus nichts Schriftliches hinterlassen hat.[616] Seine Argumentation führt vor allem die Zielrichtung der Worte Jesu ins Feld: Sie wollen das Herz und das Gewissen der Zuhörer erreichen. Weil Jesus aber »ein absolut vollkommener Meister« ist, wählt er »jene Form der Lehre ..., die am unmittelbarsten und am vollkommensten den eigentlichen Zweck aller Lehre verwirklicht«[617]. Herz und Gewissen werden nicht allein durch das Wort geprägt und bewegt; sie umfassen emotionale und atmosphärische Werte, die anderer Mitteilungskanäle bedürfen. Damit ist die Richtung gewiesen zu einer noch grundsätzlicheren Argumentation auf sprachphilosophisch-kommunikationstheoretischer Ebene. Congar deutet sie kurz an: Es gibt prinzipiell einen Überhang und Vorrang des Lebens und der Wirklichkeit gegenüber der Sprache in ihrer verbalen Form.[618] Gesten, Zeichen, Symbole teilen bisweilen Inhalte mit, die nur unzulänglich in Worte gefaßt werden können. Diese Linie läßt sich noch ausziehen: Die Reduktion der Offenbarung auf ein verbales Geschehen bedeutet eine einseitige Intellektualisierung und mißachtet den Stellenwert der non-verbalen Kommunikation. Ein Gott, der wirklich Mensch geworden ist, kann an der leiblichen Verfaßtheit des Menschen, und das meint auch: an der Sprache der Körper und Symbole, nicht vorbeigehen.

Diese Überlegung fließt bei Congar wahrscheinlich hintergründig ein, wenn er immer wieder auf die Eucharistie hinweist, die in den Texten des NT nur partiell ausgeleuchtet ist. Die Eucharistie darf als das treffendste Beispiel für die Tatsache gelten, daß etwas von Jesus Christus der Kirche gegeben ist, das nur unzureichend in Texten festgehalten ist: Es ist »unendlich mehr in der Realität der Eucharistie, die Jesus gefeiert hat, als in den Zeugnissen, die vom Neuen Testament über diese Realität und sogar über die Einsetzung des

---

[614] »Au fond, l'Ecriture n'est qu'un témoignage de la révélation faite« (*TTT* 158).
[615] Vgl. *TTT* 158.
[616] Vgl. *TK* 25–26.
[617] *TK* 26.
[618] Vgl. *TTT* 116.

Sakramentes beigebracht werden«[619]. Die Lehre der Kirche über die Eucharistie schöpft mehr aus der realen Weitergabe durch den Vollzug der Feier, die über die Apostel auf Jesus selbst zurückgeht und neben Worten auch Riten, Gesten und Zeichen beinhaltet, als aus den 30 oder 40 Versen der Schrift.[620] Etwa 30 Jahre wurde die Eucharistie gefeiert, ohne daß ein Text vorlag, der Ablauf und Bedeutung vorschrieb.[621] Es ist bestimmten, nicht gerade rühmlichen Umständen in der Gemeinde von Korinth zu verdanken, daß Paulus den ältesten uns erhaltenen Einsetzungsbericht und einige deutende Verse schrieb. Für den Fall, daß dies nicht nötig gewesen wäre, stellt Congar die etwas polemische, aber zutreffende Hypothese auf: »Die Kritiker hätten nicht versäumt, aus dem Schweigen des Paulus die Schlußfolgerung zu ziehen, die Eucharistie sei eine, zweifellos späte, Erfindung der palästinensischen Gemeinden.«[622] Paulus selbst charakterisiert die Eucharistie als Gegenstand der Tradition, den er selbst nur empfangen hat und weitergibt.

Zur formalen Defizienz aus theologischen und anthropologischen Gründen kommt die materielle Inkongruenz zwischen Offenbarung und Schrift dazu. Congar verweist auf die Verse Joh 20,30 und 21,25: Trotz einer gewissen Übertreibung hält Congar ihre Aussage für richtig, daß die Evangelien nicht alles festgehalten haben, was Jesus gesagt und getan hat. Offensichtlicher noch ist die Diskrepanz zwischen Wirklichkeit und Text bei den Briefen des NT, bei denen es sich um Gelegenheitsschriften handelt, »die ziemlich stark durch die besonderen Probleme dieser oder jener Gemeinde bedingt sind. Als gelegentliche und bruchstückhafte Texte setzen die Briefe des Paulus die Darlegung und den Erwerb des Glaubens durch die unmittelbare Tätigkeit des Predigers voraus.«[623] Congar hält es für »wenig wahrscheinlich«[624], daß die Apostel in ihren Briefen alles schriftlich niedergelegt haben, was sie der Kirche mitteilen wollten. Er kann dafür mehrere Hinweise aus paulinischen Briefen anführen.[625] Wie Jesus selbst nichts geschrieben hat, so haben auch die Apostel das Evangelium zunächst nur mündlich und handelnd verkündigt; die Kirche ist mehrere Jahrzehnte ohne das Neue Testament in Buchform ausgekommen.[626] Kirche und Tradition gehen der Schrift voraus. Congar warnt allerdings vor einer Überbewertung dieses Arguments, das sehr gern gegen

---

[619] »infiniment plus dans la réalité de l'eucharistie que Jésus a célébrée, que dans les témoignages portés par le Nouveau Testament sur cette réalité et sur l'institution même du sacrement« (*TTT* 113).
[620] Vgl. *TK* 23.
[621] Vgl. *TTT* 114.
[622] *TK* 98.
[623] *TK* 97–98.
[624] »peu vraisemblable« (*TTT* 171).
[625] Vgl. *TK* 35–36.
[626] Vgl. *TTT* 171.

die Protestanten gebraucht wird. Der historische Ablauf, die Vorzeitigkeit der mündlichen Weitergabe gegenüber der textlichen Niederlegung, spricht allein noch nicht gegen die Schrift als alleinige Glaubensregel, da die Präsenz der Apostel in der Urkirche und die Gründe, die zu einer schriftlichen Fixierung geführt haben – nämlich gerade die Bewahrung der apostolischen Predigt und die Sicherung der Reinheit des Evangeliums –, berücksichtigt werden müssen.

## 2. Die Tradition als eigene Weise der Mitteilung der Offenbarung

Congar liegt daran, die Theorie, nach der Tradition und Schrift zwei inhaltlich verschiedene Quellen des Glaubens sind, zu überwinden. Er sieht den Unterschied zwischen Tradition und Schrift nur teilweise im transportierten Inhalt, primär aber in der Art und Weise, etwas weiterzugeben. »Tradition beinhaltet die Vorstellung, jemandem etwas anzuvertrauen.«[627] Dieses Vertrauen aber übersteigt, was ein Text ausdrücken kann. »Das in die Herzen geschriebene Evangelium geht über den abgefaßten Text hinaus, der dennoch unerschöpflich ist.«[628] Von daher stimmt Congar der Feststellung O. Casels zu, daß die Tradition »Nicht-Schrift-sein« bedeutet, daß sie »wesenshaft ungeschrieben« ist.[629] Selbst wenn es also Inhalte geben sollte, die nur in der Tradition, nicht aber in der Schrift zu finden sind, so muß die Tradition zunächst als eine andere Art der Erkenntnis und der Mitteilung desselben Inhaltes begriffen werden.[630]

Jesus hat sicherlich seinen Jüngern eine Reihe von mündlichen Weisungen gegeben, aber ebenso wichtig für sie war sein Beispiel. Die Tradition umfaßt »die Nachahmung des Lebens des Meisters und seiner Handlungsweisen«[631]; der Jünger Jesu »ging bei ihm in die Schule hinsichtlich der äußeren Verhaltensweisen und der inneren Lebenshaltungen«[632]. Die Apostel erlebten Jesu Gebet, seinen freundlichen Umgang mit Menschen, seine Heilungen, die Feier des Abendmahls, seine Art, das Brot zu brechen, seine Keuschheit, seinen Tod am Kreuz, und all dies ging wiederum in ihre Unterweisung ein, ohne daß es immer ausführlichen Niederschlag in den Schriften gefunden hat. Neben der Eucharistie nennt Congar als hervorragendes Beispiel die Lehre von der Kirche und ihren Dienstämtern. Die in der Schrift enthaltenen Aussagen zu diesem Thema sind »ganz gewiß beachtlich und unendlich kostbar,

---

[627] »Tradition comporte l'idée de confier quelque chose à quelqu'un« (*TTT* 111).
[628] »L'Evangile écrit dans les coeurs déborde le texte rédigé, qui est pourtant inépuisable« (*TTT* 111).
[629] *TTT* 111, dort kursiv gedruckt.
[630] Vgl. *TTT* 111–112.169.
[631] *TK* 20.
[632] *Ebd.* Vgl. zum folgenden *TK* 20–21.23.

aber gleichfalls bruchstückhaft und zufällig«[633]; »die Eigenart der Zeugnisse ist so, daß man ohne Ende diskutieren könnte«[634]. Die Organisation der Gemeinden jedoch und die Bestellung von Amtsträgern erfolgte von Beginn an – auch ohne schriftliche Regeln. Die Kirche »lebte ihre eigene Wirklichkeit, die ihr vor den Texten und mit ihnen, in den Texten und über sie hinausgehend, unabhängig von ihnen als solche übergeben worden war«[635], eine Wirklichkeit, die mitgeteilt wird »zugleich durch das lehrende Wort, durch die Anleitung in der Lebensführung, durch die Angleichung an das Beispiel, durch den Eintritt in eine Gemeinschaft, deren Verhaltensregeln man befolgte, durch die wirkliche Feier und die Wirksamkeit des Sakramentes«[636]. Um diese nicht-schriftliche Art der Mitteilung zu charakterisieren, vergleicht Congar sie mit der Erziehung im Unterschied zum Unterricht,[637] mit dem Einfluß, den eine Umwelt auf einen Menschen ausübt,[638] mit der gefühlsmäßigen Wärme einer Frau, die sich etwa in der Gestaltung des Zuhause ausdrückt, mit der Weise, wie eine Kultur den Einzelnen prägt.[639] Congar nimmt zwei Philosophen zu Hilfe, um die Eigenart der Tradition zu beschreiben: Max Scheler[640] und Maurice Blondel.[641] Beide verstehen die Tradition als ein Handeln und als eine Erfahrung, die sich nicht völlig in Worte fassen lassen. Indem Congar die Tradition bewußt von einer inhaltlichen Konkurrenz zur Schrift fernhält und ihren Wert mehr in der kommunikativ-praktischen Ergänzung sieht, hofft er anscheinend, für die Protestanten gesprächsfähig zu werden. Zumindest nimmt er ihnen die wirklich problematische Vorstellung, von der sie meinen, sie sei katholisch, daß nämlich die nicht-schriftliche apostolische Tradition mit einer mündlichen Weitergabe von Lehren gleichzusetzen sei.[642]

*3. Die Notwendigkeit der Schrift*

Congars Haltung gegenüber der Heiligen Schrift zeichnet sich durch eine gewisse Dialektik aus. Einerseits kann er impulsiv ausrufen: »Wie armselig wäre unser Glaube, wie ungewiß wäre er, wenn wir wirklich allein dem biblischen Texte gegenüberstünden!«[643], andererseits singt er ein hohes Lob auf

---

[633] *TK* 23.
[634] *TK* 24.
[635] *Ebd.*
[636] *TK* 32.
[637] Vgl. *TKK* 24–25.
[638] Vgl. *TK* 26.
[639] Vgl. *TK* 27–28.
[640] Vgl. *TTT* 132–133; *TK* 25.
[641] Vgl. *TTT* 122–129; *TK* 28–30.
[642] Vgl. *TK* 22.
[643] *TK* 27.

die Bibel.⁶⁴⁴ Congar schließt sich der Auffassung des Irenäus und Augustinus an, daß es sicher möglich ist, ohne die Kenntnis der Bibel zu glauben und den Glauben zu bewahren.⁶⁴⁵ Die Historie erbringt den Beweis: Die frühe Kirche lebte von der Verkündigung, nicht von der Schrift. Insofern könnte die Tradition allein genügen. Allerdings brächte die Beschränkung auf die Tradition das Problem mit sich, daß die Vermittler und Zwischeninstanzen sich ins Uferlose vermehrten und deshalb eine getreue Weitergabe sehr schwierig würde. Congar lobt die Differenzierung Newmans, »daß die Kirche im Grunde durch die Tradition verkündigt und lehrt; durch die Heilige Schrift hingegen prüft sie die Richtigkeit der Tradition, bestätigt, beweist oder tadelt sie gegebenenfalls diese Tradition«⁶⁴⁶. Er stimmt Newman zu, daß die apostolischen Schriften notwendig sind, um die Lehre der Kirche zu rechtfertigen, um sie zu nähren, »um kritisch die Reinheit des apostolischen Erbes zu sichern«⁶⁴⁷. Bereits Irenäus hat eine ähnliche Auffassung: Er begreift die Schriften als »das Mittel, durch das man den Häretikern beweisen kann, daß die Verkündigung der Kirche mit der von den Aposteln empfangenen Tradition übereinstimmt«⁶⁴⁸. Es gehört deshalb zur weisen Voraussicht des göttlichen Heilsplanes, uns die Heilige Schrift als »Grundlage und Säule unseres Glaubens«⁶⁴⁹ gegeben zu haben.

Die Schrift ist für Congar ein unersetzbarer Bezugspunkt der aktuellen Verkündigung, weil sie durch ihre materielle Unveränderlichkeit eine Objektivität und Unbestechlichkeit besitzt, die der mündlichen Tradition und den Traditionsträgern abgeht, »denn das (gesprochene) Wort verwischt, verwandelt, fügt hinzu, während wir durch die Schriften der Apostel in Berührung mit ihrer Lehre kommen, wie sie, bis in den Wortlaut hinein, von ihnen ausgegangen ist«⁶⁵⁰. An der Schrift ist die Bewegung der Kirche ablesbar, mit ihr ist ein Standort gegeben, von dem aus die geschichtliche Entwicklung beurteilt werden kann.⁶⁵¹

Diese Überordnung besagt aber keine Autonomie der Schrift gegenüber der Tradition und der Kirche. Die Schrift steht in einem unauflöslichen Beziehungsgeflecht. Von daher kommt es, daß die Kirche »keine Wahrheit allein aufgrund der Schrift, keine allein aufgrund der Tradition ohne die Schrif-

---

⁶⁴⁴ Vgl. *TTT* 141.
⁶⁴⁵ Vgl. *TTT* 171.
⁶⁴⁶ *TK* 95.
⁶⁴⁷ »... pour assurer critiquement la pureté de l'héritage apostolique« (*TTT* 172).
⁶⁴⁸ »le moyen par lequel on peut prouver aux hérétiques que la prédication de l'Eglise est conforme à la Tradition reçue des Apôtres« (*TTT* 139).
⁶⁴⁹ *TK* 22; Zitat von Irenäus von Lyon, *Adversus haereses* III,1,1 (*PG* 7, 844).
⁶⁵⁰ *TK* 22 (Ergänzung in der Klammer von mir).
⁶⁵¹ Vgl. *TK* 95–96.

ten«[652] lehrt. Ein Glaubensartikel bedarf für Congar der Anknüpfungspunkte in der Schrift, sonst fehlt ihm der Bezug zur Mitte der Offenbarung, und die Kirche und das Lehramt würden sich ein Charisma der Offenbarung zugute halten.[653]

## 4. Die Suffizienz der Heiligen Schrift

Obwohl die Tradition nicht durch die Schrift ersetzt werden kann und ein unaufgebbares Band sie aneinander verweist, darf in einem bestimmten Sinn doch gesagt werden, daß die Heilige Schrift ausreicht, denn »in ihr hat Gott uns alles mitgeteilt, was zur Führung dieses Lebens notwendig oder nützlich ist«[654]. Dabei ist die Schrift nicht nur Quelle spekulativer Erkenntnis; sie hat nicht nur informierenden Charakter, sondern ihr ist auch eine operative Kraft eigen. Einerseits gilt sie als »die Regel des Glaubens und der Wahrheit«[655], andererseits zeitigt sie geistliche Früchte. Ihre Wahrheit umschließt eine Werterkenntnis, sie hat eine praktische Dimension, so daß sie zugleich wahre Philosophie und lebensdienliche Weisheit ist. Im Anschluß an 2 Tim 3, 15–17 und die Kirchenväter nennt Congar die Schrift »Prinzip des Heils und der Vollendung, kurz, der christlichen Existenz«[656]; er spricht von ihr als Heilmittel, als Lebensprinzip, als Prinzip der Gemeinschaft mit Gott, als Präsenz Christi. Congar behauptet von daher – und um sich abzusichern, beruft er sich extensiv auf die Kirchenväter – die materielle Suffizienz der Heiligen Schrift, die ein Bestehen nicht-schriftlicher apostolischer Traditionen nicht ausschließe. Die Heilige Schrift genügt, insofern »alles, was man über Gott, Jesus Christus, das Heil wissen muß, auf irgendeine Weise in den Heiligen Schriften enthalten ist«[657].
Congar geht hier auf eine aktuelle Diskussion ein:[658] J. R. Geiselmann und E. Ortigues hatten das Trienter Dekret über Schrift und Tradition dahingehend interpretiert, daß es die These der materiellen Suffizienz zulasse, und damit eine hitzige Debatte ausgelöst, die bis ins Vatikanum II hineinwirkt. Interessant ist, daß Congar den Kritikern Recht gibt, insofern sie nachweisen, daß historisch gesehen die Väter des Konzils durchaus die Position der zwei mate-

---

[652] »... l'Eglise ne tient aucune vérité de l'Ecriture seule, aucune par tradition seule, sans les Ecritures« (*TTT* 169). Diesen Grundsatz wiederholt Congar an vielen Stellen.
[653] Vgl. *TTT* 170.
[654] »en elle, Dieu nous a communiqué tout ce qui est nécessaire ou utile à la conduite de cette vie« (*TTT* 141).
[655] »la règle de la foi et de la vérité« (*TTT* 142).
[656] »principe du salut et de la perfection, bref, de l'existence chrétienne« (*TTT* 141).
[657] »tout ce qu'il faut savoir sur Dieu, sur Jésus-Christ, sur le salut, est contenu de quelque manière dans les saintes Ecritures« (*TTT* 139).
[658] Vgl. *TTT* 167–168. Vgl. unsere Anm. 9.

riellen Quellen (Schrift und Tradition) vertraten. Congars Dogmenhermeneutik berücksichtigt jedoch die konziliare Praxis, der jeweiligen Minderheit entgegenzukommen – gerade das Trienter Konzil bemühte sich jeweils um die breitest mögliche Basis – und eine weitere Formulierung zu finden; in der Ersetzung des »partim – partim« durch ein einfaches »et« sei dem Rechnung getragen und unbewußt ein Freiraum der Interpretation eröffnet worden. Congar spricht der – von historischer Warte aus betrachtet – bedeutungslosen Änderung einen prophetischen Sinn zu, der über die Absicht der Väter hinausgeht: die theologische Deutung könne die historisch-kritische überschreiten, wobei in diesem Fall gerade der buchstäbliche Wortlaut mehrdeutig sei und als Grundlage der theologischen Interpretation dienen könne. »Die volle Geschichtlichkeit der Konzilien verhindert nicht die Verwirklichung der Absichten einer transzendenten Führung.«[659] Congar greift zur weiteren Stützung das Argument J. Beumers auf, daß das Konzil von Trient ja nicht auf unsere Fragestellung Antwort geben wollte. Das Trienter Konzil hatte zunächst angesichts der Reformation nur vor, zu bestätigen, daß es normative Vorgaben gibt, die nicht explizit in der Schrift enthalten sind. Um das Konzil zu verstehen, muß seine Abwehrhaltung beachtet werden. Mit seiner Stellungnahme schaltet sich Congar aktiv in die Konzilsdebatte über Schrift und Tradition ein.[660]

## 5. Die Insuffizienz der Heiligen Schrift

Trotz der hohen Wertschätzung der Schrift durch Congar und trotz des sakramentalen Charakters, den er ihr bescheinigt, bedarf die Heilige Schrift für ihn der Ergänzung. Was über den Buchstaben der Schrift hinaus notwendig ist, damit die Schrift ihre Funktion erfüllen kann, sind Glaube und Verstehen.[661] Ohne den Glauben des Lesers hat die Schrift nur den Wert eines historisch und literarisch interessanten Dokumentes; ohne ein Verständnis, das über den Buchstaben hinausgeht, bleibt sie ein disparates Buch voller Rätsel. Weder die Zusammenstellung der Heiligen Schrift noch ihr Sinn finden eine Erklärung in ihr selbst,[662] beide werden erst durch die Kirche einsichtig. »Es gibt zumindest einen Artikel ausgezeichneter dogmatischer Tragweite, der sich nicht in den Schriften findet, nämlich der Schriftkanon.«[663] Kein Wun-

---

[659] »La pleine historicité humaine des conciles n'empêche pas la réalisation des intentions d'un gouvernement transcendant« (*TTH* 217). Vgl. zum folgenden ebd.
[660] Vgl. unseren Teil C.
[661] Vgl. *TTT* 140.
[662] Vgl. *TTT* 144.
[663] »Il est au moins un article d'immense portée dogmatique qui ne se trouve pas dans les Ecritures, c'est le Canon scripturaire« (*TTT* 172).

der, daß protestantische Theologen – Congar führt K. Barth an –[664] den Kanon prinzipiell für revidierbar halten, ohne jedoch praktisch einen eigenen Kanon zu entwerfen. Congar bezeichnet dies als inkonsequent und unlogisch: Wer die Konsequenzen der Alten Kirche übernehme – in diesem Fall die konkrete Kanonliste –, der dürfe nicht gleichzeitig die Prinzipien und Wege, die zu dieser Festlegung geführt haben, zurückweisen.[665] Jedenfalls ist nicht zu leugnen: »Man hält die Liste der inspirierten Schriften durch etwas anderes als die Schrift.«[666] Ohne die Kirche könnten viele Schriften aus der Entstehungszeit des Neuen Testaments nicht aus dem Kanon ausgeschlossen werden.

Bereits die Kirchenväter argumentieren zugunsten der Kirche und der Tradition mit dem Hinweis auf die Häretiker, die alle gegen die Kirche beanspruchen, die Schrift richtig zu interpretieren, die teilweise einen eigenen Kanon erstellen und die untereinander nochmals uneins sind.[667] Wo die Schrift nicht in der apostolischen Kirche gelesen wird, wird sie zum Buch des Streites und der Spaltung.

Damit kommen wir zum zweiten Haupteinwand gegen die formale Suffizienz der Heiligen Schrift: »was Gott gesagt hat, kann Gott allein verstehen, kann Gott allein uns begreiflich machen: die Schrift muß durch ... denselben Geist gelesen werden, der den Text inspiriert hat.«[668] Die Offenbarung ist mit der Komposition der neutestamentlichen Schriften nicht fertig, sondern um den Text zu verstehen, braucht es ein je neues Eingreifen Gottes, einen Akt, »durch den Gott uns die Kenntnis dessen, was er denkt und will, mitteilt«[669]. Gerade wer eine Gesamtschau anstrebt, wer einen Zugang zur Mitte der Schrift sucht, wer die Zusammenhänge erfassen will, erfährt die Grenzen des Textes für sich genommen und sieht sich auf die Kirche und die Tradition verwiesen.[670] Der Text ist zwar unverzichtbare Basis jedes weiteren Verstehens, bietet aber nicht aus sich selbst die Gewähr, die dahinter stehende Absicht Gottes zu erfassen. »Einmütig haben die Väter und das Mittelalter angenom-

---

[664] Vgl. *TTT* 176. Dieselbe Position z. B. auch bei G. EBELING, *»Sola scriptura« und das Problem der Tradition*, in: *Wort Gottes und Tradition*, Göttingen ²1966, 91–143, hier: 110–111.

[665] Vgl. *Ebd.*

[666] »On tient la liste des écrits inspirés par autre chose que par l'Ecriture elle-même« (*TTT* 175).

[667] Vgl. *TTT* 142–143.

[668] »ce que Dieu a dit, Dieu seul est capable de le comprendre, Dieu seul peut nous le faire comprendre: l'Ecriture doit être lue par le (don du) même Esprit qui en a inspiré le texte« (*TTT* 146).

[669] un acte, par lequel Dieu nous communique la connaissance de ce qu'il pense ou veut« (*TTT* 146).

[670] Vgl. *TTT* 148–149.

men, daß der tiefe Sinn des Textes jenseits seines Buchstabens war, obwohl er allerdings nur durch diesen Buchstaben erreicht werden könnte.«[671] Congar setzt sich mit der Position Luthers auseinander, dergemäß die Schrift sich selbst ausreichend auf Christus als ihre Mitte hin deutet durch die Analogie des Glaubens.[672] So sehr Congar dem Kriterium der Analogie des Glaubens zustimmt, hält er es doch allein für unzureichend, da mit ihm beispielsweise nicht geklärt werden könne, ob die Lehren der Kirche über die Sakramente und Maria in das Geheimnis Christi hineingehören. Luther hat seiner Meinung nach die Tiefe des Problems unterschätzt: »Der Inhalt selbst, den Luther als Kriterium nehmen will, steht in Frage.«[673] Ein zweiter Einwand Congars gegen das christologische Kriterium Luthers bezieht sich nochmals auf die Kanonfrage: Die Zugehörigkeit von Texten zur Heiligen Schrift ergibt sich nicht zwingend daraus, ob ein Text von Christus redet, denn im AT, das zum Kanon zählt, kommt Christus explizit nicht vor, und viele Texte von Theologen, die nicht in den Kanon aufgenommen sind, sprechen ausgiebig und treffend von Christus.[674]

## 6. Die sakramentale Struktur des Wortes Gottes

Einen noch tiefergehenden Grund für die Insuffizienz der Heiligen Schrift entwickelt Congar in einer Theologie des Wortes Gottes. Er begreift die menschlichen Worte, in denen uns das Wort Gottes erreicht, als wirkende Zeichen.[675] Im Anschluß an die klassische Sakramententheologie unterscheidet er zwischen »sacramentum« und »res«: Als »sacramentum« gelten im Fall der Heiligen Schrift die Buchstaben, unter »res et sacramentum« ist zu verstehen »die geistliche Wirklichkeit, die das Sakrament durch sich selbst hervorbringt«[676], hier also in etwa die Präsenz der Heilsbotschaft Jesu Christi, und als »res tantum« ist die geistliche Wirkung zu betrachten, die beim Leser durch das Lesen der Heiligen Schrift erzielt wird, die jedoch nicht in ihr selbst enthalten ist, sondern ein nochmaliges göttliches Eingreifen erfordert (daher die Epiklese bei allen Sakramenten). Der Weg zur angestrebten Wirklichkeit führt nur über das Zeichen, aber das Zeichen allein vermag die Wirklichkeit

---

[671] »Unanimement, les Pères et le moyen âge ont pensé que le sens profond du texte était au-delà de sa lettre, alors même qu'il ne pouvait être atteint que par cette lettre« (*TTT* 147). Vgl. *TTT* 176: »L'Ecriture ... ne suffit pas à procurer elle-même son vrai sens, elle doit être lue dans l'Eglise et dans la Tradition«.
[672] Vgl. *TTT* 144–145.
[673] »Le contenu même, que Luther veut prendre pour critère, est en question« (*TTT* 145).
[674] Vgl. *TTT* 176.
[675] Vgl. *TTT* 176.
[676] »la réalité spirituelle que le sacrement produit par lui-même« (*TTT* 161).

nicht hervorzubringen: »Es ist nicht das Geschriebene selbst, das in uns das Verständnis und das Heil wirkt.«[677] Nach Congars Ansicht hat die Theologie K. Barths diesem Sachverhalt im protestantischen Raum neue Geltung verschafft: Nicht das Buch, sondern der lebendige und gegenwärtige Christus wirkt das Heil. Congar zieht als traditionelle Stütze den Gedanken vom inneren Lehrer, der Ohren und Herz öffnet, heran. Wenn der Schrift eine sakramentale Struktur zu eigen ist, bedeutet dies einschränkend, daß sie »(nur) ein Zeichen der aktiven Gegenwart des ungeschaffenen Wortes ist, ein Ruf nach seinem Kommen, eine Art institutionalisiertes Wort, das das Ereignis fordert.«[678] Positiv hingegen ist die Sakramentalität mit einer göttlichen Herkunft verbunden, so daß eine Garantie göttlicher Präsenz besteht. Laut Congar entspringt das Zeichen der Schrift, »selbst in seiner sinnlichen Form, der Einsetzung Gottes, vollkommener als die Sakramente mit Ausnahme der Taufe und der Eucharistie«[679]. Aus dem sakramentalen Charakter der Schrift ergibt sich also sowohl ihr hoher Stellenwert als auch die Berechtigung und Notwendigkeit, über den Buchstaben hinauszugehen.

## 7. Die Heilige Schrift als Buch der Kirche

Der Schriftkanon und die christologische Interpretation der Schrift setzen, wie wir gesehen haben, die Existenz der Kirche voraus. Die Schrift ist ein Buch der Kirche und kann nur in der Kirche richtig verstanden werden. Congar gibt damit nur das einmütige Urteil der Kirchenväter und der Theologen aller Zeiten wieder.[680] Nicht die Schrift allein, sondern die gesamte Unterweisung der Kirche – und das beinhaltet die Tradition – hat laut Congar den Stellenwert der Glaubensregel. »Wenn die Tradition in ihrem dogmatischen Kern vorzüglich aus der ganzheitlichen Interpretation der Heiligen Schriften unter christologischem, soteriologischem, ekklesiologischem und eschatologischem Gesichtspunkt besteht, dann drückt diese Tradition sich in der Unterweisung der Kirche aus.«[681] Die Verbundenheit von Heiliger Schrift und Kirche hat ihren Grund bereits in der Eigenart der Offenbarung: »Unser Glaube ist konkret bedingt durch die Strukturen, denen Gott seine Offenbarung

---

[677] »Ce n'est pas l'écrit lui-même, qui opère en nous l'intelligence et le salut« (*TTT* 162).
[678] L'Ecriture »(n') est (qu')un signe de la présence active de la Parole incréé, un appel à sa venue, une sorte de Parole institutionalisée demandant l'Evénement« (*TTT* 162).
[679] »... en sa forme sensible même, de l'institution de Dieu, plus complètement que les sacrements, à l'exception du baptême et de l'eucharistie« (*TTT* 162).
[680] Vgl. *TTT* 149.
[681] »Si la Tradition, en son fond dogmatique, consiste principalement dans l'interprétation intégrale des saintes Ecritures au point due vue christologique, sotériologique, ecclésiologique et eschatologique, cette Tradition s'exprime dans l'enseignement de l'Eglise« (*TTT* 150).

anvertraut und die er seinem Bund gegeben hat.«[682] Gottes Wirken bindet sich an eine Gemeinschaft von Menschen, und diese Gemeinschaft gehört zur Offenbarung dazu.
Läßt sich die Heilige Schrift als eine Art »Realpräsenz« der Offenbarung begreifen,[683] so sieht Congar die Kirche zunächst als ein Geheimnis, das sich ausspannt zwischen menschlicher Sünde und göttlicher Heiligkeit.[684] Um die Schrift zu verstehen, ist die Bekehrung zu Christus nötig, d. h. es gibt einen nicht zu ersetzenden Anteil praktischen Tuns, der in die Erkenntnis einfließt. Zur biblischen Hermeneutik gehört ein bestimmtes Handeln aus dem Glauben, die Exegese Christi schließt die Nachfolge Christi ein. Congar wendet sich gegen die Trennung von Theologie und Spiritualität, er insistiert auf den geistlich-existenziellen Bedingungen der wissenschaftlichen Theologie. Der Einbindung der Schrift in die Tradition und in die Kirche folgt bei ihm als zweiter Schritt die Einbettung von Traditionslehre und Ekklesiologie in eine geistliche Anthropologie bzw. in eine spirituelle Ontologie,[685] eine Dimension, die in den Diskussionen nach der Reformation verlorenging. Congar legt Wert darauf, daß die Tradition nicht nur »als eine quasi mechanische Übergabe eines ganz und gar konstituierten Depositums«[686] betrachtet wird, sondern als ein Prozeß, der im Heiligen Geist sein lebendiges Prinzip hat und für den die Heiligkeit der beteiligten menschlichen Personen eine große Rolle spielt. Tradition ist ein Vorgang von geistlicher Relevanz, ein Geschehen mit spiritueller Tiefendimension.

### 8. Das inhaltliche Plus der Tradition

Congar nennt vier Punkte, in denen die Tradition die Schrift überschreitet: 1. Sie enthält das Verständnis des Sinnes der Schrift. 2. Sie bedeutet ein Bewußtwerden der Implikationen. 3. Sie besteht in einer zeitgemäßen Umsetzung und Anwendung des christlichen Glaubens in der Geschichte, wie sie durch neue Fragen oder Irrtümer notwendig ist. 4. Sie bereichert durch die Erfahrung, die die Kirche im praktischen Handeln nach dem Plan Gottes sammelt.[687]
Die protestantischen Kirchen melden gegen eine solche Perspektive Bedenken an, weil sie besorgt sind, die Tradition könne sich vom Wort Gottes, wie

---

[682] »Notre foi est concrètement conditionnée par les structures auxquelles Dieu a confié sa Révélation et qu'il a données à son Alliance« (*TTT* 150–151).
[683] Vgl. *TTT* 151.
[684] Vgl. *TTT* 152.
[685] Vgl. *TTT* 153.
[686] »comme une transmission quasi mécanique d'un dépôt tout constitué« (*TTT* 154).
[687] Vgl. *TTT* 163.

es die Heilige Schrift unverfälscht bewahrt, lösen; sie beargwöhnen die Tradition als unzulässige Neuerung und Neuschöpfung, die in der Gefahr stehe, eine selbständige Existenz neben dem Wort Gottes zu führen, sich dadurch auf eine Stufe mit der Offenbarung zu stellen und sich quasi als neue Offenbarung zu präsentieren. Deshalb beschränken sie nach Congar das Wirken Gottes in der Geschichte der Kirche nach der Erstellung des Schriftkanons auf den individuellen Beistand des Heiligen Geistes beim gläubigen Lesen und Deuten der Schrift.[688] Congar gesteht ein, daß in der katholischen Kirche die Tendenz droht, die Tradition von der Schrift abzukoppeln und die Kirche – und in ihr besonders das Lehramt – der Schrift überzuordnen. Daher betont er: »Wenn das Lehramt die Schrift erklärt, unterwirft es sich ihr zuerst und immer wieder, es muß stets von ihr empfangen.«[689]

Im Hinblick auf die Sakramente, das Ordensleben und die Heiligenverehrung und auch hinsichtlich der marianischen Dogmen von der unbefleckten Empfängnis und von der leiblichen Aufnahme in den Himmel beharrt Congar auf der Vorhandenheit biblischer Anhaltspunkte, Bezüge und Stützen, deren Zusammenschau nach dem hermeneutischen Prinzip der Analogie des Glaubens und nach dem Vorbild der Kirchenväter und der Liturgie zu den umstrittenen Aussagen geführt habe.[690] Der protestantischen Position wirft er vor, sie unterschlage den Aspekt der Entwicklung bzw. der Weiterführung in der Offenbarung, anders gesagt: sie klammere die Wirklichkeit der Kirche aus ihrer Sicht aus.[691] Er überführt die reformatorischen Kirchen der Inkonsequenz, wenn sie trotzdem die Lehren der ersten vier Konzilien beibehalten und verbindliche Glaubensbekenntnisse verfassen.[692] »Niemand hält sich wirklich an das Prinzip des *Textes* allein.«[693] Congar weist darauf hin, wie sehr jede Lektüre der Heiligen Schrift bereits von einer Tradition geprägt ist, auch die protestantische. Vieles, was uns heute als selbstverständlich erscheint und was wir in der Schrift selbst zu finden meinen, war lange Zeit heiß umstritten; die ersten Konzilien liefern genügend Beispiele dafür.[694] Es gehört gerade zur Eigenart der Tradition, daß sie oft unbewußt in uns eingeht. Die Argumentation gegenüber den protestantischen Kirchen wird deshalb teilweise uneingestandene Traditionen, die unreflektiert mitlaufen, als solche bewußt machen müssen.

---

[688] Vgl. *TTT* 158–159.
[689] »Si le magistère explique l'Ecriture, il s'y soumet d'abord et sans cesse, il doit toujours recevoir d'elle« (*TTT* 160).
[690] Vgl. *TTT* 149.165.169.
[691] Vgl. *TTT* 159.
[692] Vgl. *TTT* 164.177.
[693] »Personne ne tient vraiment le principe du *Texte* seul« (*TTT* 166).
[694] Vgl. *TTT* 164.

Congar situiert aufgrund dieser Beobachtungen den Grunddissens zwischen reformatorischen Kirchen und katholischer Kirche eher auf der Ebene der Ekklesiologie als auf der der Hermeneutik: Das protestantische Denken trenne zu sehr Christus von seinem Leib, die Einmaligkeit des historischen Wirkens Jesu von der fortdauernden Aktualität durch das Wirken des Heiligen Geistes.[695] Noch einmal anders formuliert: Der Unterschied liegt »auf der Ebene der Auffassung von der religiösen Beziehung«[696]; die Reformation neigt zu einer individualistischen und innerlichen Sichtweise der Offenbarung und des Bundes, während die katholische Kirche die religiöse Beziehung des Einzelnen in einen öffentlichen und gemeinschaftlichen Rahmen einbettet.

## 9. Zusammenfassung

Wir haben eine Reihe von Gesichtspunkten zusammengetragen, die das protestantische Prinzip der »sola scriptura« erschüttern: der Überhang der Wirklichkeit »Offenbarung« gegenüber allen textlichen Fixierungen, der Charakter der neutestamentlichen Briefe als Gelegenheitsschriften, der zeitliche Vorrang der Kirche und der Tradition gegenüber der Heiligen Schrift, die wahre Menschheit Jesu Christi, die einen Gebrauch aller Kommunikationsmittel – nicht nur des Wortes und der Schrift – einschließt, die Existenz des Schriftkanons, die Notwendigkeit der Auslegung der Schrift, die Angewiesenheit der Schrift auf den Glauben des Lesers, das Wirken des erhöhten Christus bzw. des Heiligen Geistes in der Kirche, die faktische Praxis der protestantischen Kirchen. Bleibt noch hinzuzufügen, daß die Schrift selbst nichts von ihrer Alleingenügsamkeit mitteilt: »Sie selbst ... gibt sich nicht als exklusive Regel.«[697]

Congar bemüht sich jedoch, dem Anliegen des protestantischen »sola scriptura« gerecht zu werden: Er bejaht die materielle Suffizienz der Heiligen Schrift, insofern in ihr alle heilsnotwendigen Wahrheiten enthalten sind, er schließt eine Verselbständigung der Tradition und der Kirche gegenüber der Schrift aus, er unterstreicht die Bindung des Lehramtes an die Offenbarungszeugnisse, er anerkennt die Schrift als oberstes Kriterium der Verkündigung der Kirche, er verehrt die Schrift als Sakrament des Wortes Gottes, er schätzt sie als Niederschlag der apostolischen und damit maßgeblichen Predigt, er wendet sich gegen die Theorie zweier unabhängiger Quellen der Offenbarung. Der hohe Wert der Heiligen Schrift hebt allerdings in den Augen Con-

---

[695] Vgl. *TTT* 165–166.
[696] »au plan de la conception de rapport religieux« (*TTT* 166).
[697] »Elle-même .. ne se donne pas comme règle exclusive« (*TTT* 176).

gars die Notwendigkeit der Tradition nicht auf: »die Schrift ruft nach der Tradition und der Kirche«[698].

Nach allen Differenzierungen und Erläuterungen sei es erlaubt, die Position Congars noch einmal ganz einfach zusammenzufassen, so wie er selbst es im Anschluß an J. Ev. Kuhn tut, als dessen Kommentator er sich in diesem Kapitel versteht: »die Schrift enthält alle Wahrheiten, die zu glauben nötig ist; aber man kann die Schrift nur in und mit der Tradition der Kirche lesen und richtig verstehen. Diese Tradition besteht im authentischen Verständnis der Schrift. Ferner gibt es nicht-schriftliche Traditionen.«[699]

---

[698] »l'Ecriture appelle la Tradition et l'Eglise« (*TTT* 175).
[699] »l'Ecriture contient toutes les vérités qu'il est nécessaire de croire; mais on ne peut la lire et la bien entendre que dans et avec la Tradition de l'Eglise. Cette Tradition consiste dans l'intelligence authentique de l'Ecriture. Il existe de plus des traditions non écrites« (*TTT* 138).

XI.

DIE ZEUGNISSE DER TRADITION

Die Tradition der Kirche findet Niederschlag in verschiedenartigen Zeugnissen, die auch Denkmäler oder Dokumente genannt werden, ohne daß jedoch die Tradition mit diesen Zeugnissen deckungsgleich ist.[700] Als wichtigste Denkmäler der Tradition nennt Congar in der Reihenfolge ihrer Bedeutung als Glaubensregel: die lehramtlichen Dokumente, die Liturgie, die Kirchenväter und Kirchenlehrer, disziplinäre Richtlinien des Kirchenrechts, Tatsachen des kirchlichen Lebens, das Leben der Heiligen, Gewohnheiten, Theologen.[701]
In seinem Werk über die Tradition behandelt Congar nur die Liturgie, die Kirchenväter und die gelebten Ausdrucksformen des Christentums. Er setzt sich dort ab von einem Traktat über die »loci theologici« mit juristischer und kasuistischer Differenzierung,[702] so daß wir wiederum – um beiden Gesichtspunkten Rechnung zu tragen – seine Einführung in die Theologie hinzuziehen, wo er der Kriteriologie mehr Raum gibt.[703]

*1. Die Liturgie*

Congar betrachtet die Liturgie in erster Linie »als Ausdruck der Kirche im Lebensvollzug, im Lob Gottes und in der Verwirklichung einer heiligen Gemeinschaft mit ihm«[704], als Handlung der Liebe, in der sich die Kirche Gott anbetend hingibt. Der Liturgie können in gewissem Sinne zugeordnet werden Architektur und Kunst: Der Kirchenbau, die Anordnung der Plätze und die Ausschmückung der Kirchen geben in einer der Liturgie verwandten Art Aufschluß über bestimmte Glaubensinhalte.[705]
Congar hebt sechs Hauptzüge der Liturgie hervor:

---

[700] Vgl. *TTT* 181.
[701] Vgl. *TTT* 182; *FTh* 144–145; *TK* 117.
[702] Vgl. *TTT* 181.
[703] Vgl. *FTh* 142–168.
[704] »comme expression de l'Eglise en acte de vivre, en louange de Dieu et en réalisation d'une communion sainte avec lui« (*TTT* 183–184).
[705] Vgl. *FTh* 147; *TK* 133.

*a) Die Liturgie als Zusammenschau im Symbol*

Die Liturgie ist »*eine* heilige *Handlung*«[706], die eine Synthese des Christlichen enthält. Als Ausdruck und Mitteilung eines Inhaltes nicht durch Definitionen und Begriffe, sondern durch Gebet, Gesten, Zeichen und Tun spricht sie den Menschen in seiner Ganzheit, in seiner leib-seelischen Verfaßtheit an. Da bestimmte Riten vorgegeben sind und immer wiederholt werden, droht zwar die »Gefahr des leeren Formalismus«[707], aber andererseits gewährt die Wiederholung der Riten »die Kraft der Bewahrung«[708], die Möglichkeit der Treue. Congar erinnert daran, welche theologischen Wechselbäder die letzten Jahrhunderte gebracht haben und wie kostbar das durch die Liturgie erhaltene Erbe ist: »der Ritus erscheint als ein mächtiges Mittel der Gemeinschaft«[709] über Zeiten und Räume hinweg. Die Liturgie bewahrt mehr, als wir verstehen, mehr als wir konzeptuell ausdrücken können. So befähigt sie zu einer besseren »Erkenntnis selbst dessen, was ich auf eine gewisse Weise anbete und liebe, ohne es zu kennen«[710]. Aber die Liturgie hat nicht nur bewahrenden Charakter, sondern sie leistet auch einen Beitrag zur Entwicklung: Das Gebet bereichert und verstärkt die Wahrnehmungsfähigkeit; die Zusammenstellung von Texten in der Liturgie hat Anlaß zu theologischem Weiterdenken gegeben. »Deshalb ist die Liturgie der bevorzugte Ort der Tradition«[711], »die Bundeslade und der innerste Brennpunkte der heiligen Tradition«[712].

*b) Die Liturgie als Vergegenwärtigung des Ostergeheimnisses*

Die Liturgie zeichnet sich aus durch ein eigenes Verhältnis zur Zeit und durch eine Zusammenfassung des christlichen Glaubens. Sie greift die natürlichen Vorgaben des Sonnenjahres und des menschlichen Lebensrhythmusses auf und pflanzt in sie das Geheimnis Christi, das »Prinzip des Heils und der Heiligkeit für die Menschen und die Welt«[713], ein. Sie umfaßt Theologie, Soteriologie, Anthropologie und Kosmologie. Indem sie das ein für allemal gewirkte Heil nicht nur ankündigt und lehrt, sondern lebendig erinnert und auf wirksame Weise darstellt, ist sie »das Mittel, um im Menschen die neue Schöpfung

---

[706] »*une action* sainte« (*TTT* 184).
[707] »danger de formalisme vide« (*TTT* 184).
[708] »la puissance de conservation« (*TTT* 184).
[709] »le rite apparaît comme un puisant moyen de communion« (*TTT* 185).
[710] »connaissance de cela même que, d'une certaine facon, j'adore et j'aime sans le connaître« (*TTT* 185).
[711] »Aussi la liturgie est-elle le lieu privilégié de la Tradition« (*TTT* 186).
[712] *TK* 134.
[713] »principe du salut et de sainteté pour les hommes et le monde« (*TTT* 186).

zu vollenden«[714]. Mehr als die Heilige Schrift, die die Geschichte Gottes mit den Menschen in ihrer ganzen Breite erzählt, ist die Liturgie, die keinen anderen Inhalt als die Schrift hat, auf die Mitte der Heilsgeschichte, auf das österliche Heilsgeschehen in Christus, ausgerichtet. Ihre sakramentale Struktur ermöglicht nicht nur ein Erzählen vergangener Ereignisse, sondern eine Vergegenwärtigung in der Feier,[715] eine lebendige Teilnahme und Gemeinschaft.

*c) Die biblische Grundlage der Liturgie*

Die Liturgie lebt aus der Heiligen Schrift: Ihre Texte, ihre Gebete, ihre Verkündigung sind aus biblischem Stoff gewoben, viele Zeichen der Liturgie aus der Bibel übernommen.[716] Die Deutung der Welt, die Haltung des Menschen vor Gott und die Sicht der Geschichte, die die Liturgie enthält, entlehnt sie der Bibel. Die Liturgie darf »ein lebender Kommentar«[717] zur Bibel genannt werden, insofern die Kombination der Texte und ihre Hinordnung auf das österliche Geheimnis Christi eine Einsicht in Zusammenhänge gewährt, die sonst leicht entgehen, und ein ungewöhnliches Licht auf Sachverhalte wirft, die sonst dunkel bleiben. Die Liturgie versetzt die Teilnehmer nach Emmaus oder Jerusalem am Ostertag: Sie erklärt uns die Schrift, so wie Christus seinen Jüngern das AT auf seinen christologischen Gehalt hin auslegte.[718] Ihre Interpretation der Bibel ist streng christologisch.

*d) Christus als Mitte der Liturgie*

Die christologische Zentrierung ergibt sich aus der Stellung der Eucharistie, der Feier des Todes und der Auferstehung Jesu Christi, als Herz der Liturgie und aus der christologischen Lektüre der Heiligen Schrift.

*e) Der katholische bzw. kirchliche Charakter der Liturgie*

Die Liturgie macht deutlich, »daß die Christen immer eingeschlossen sind in das, was die Liturgie ankündigt, feiert und verwirklicht«[719]. In ihr besteht eine untrennbare Verbindung zwischen Christus und Christen, eine gegenseitige Verwiesenheit auch in dem weniger herausgestellten Sinn, daß Christus

---

[714] »le moyen d'accomplir en l'homme la nouvelle création« (*TTT* 186).
[715] Vgl. *TTT* 187.
[716] Vgl. *TTT* 187.
[717] »un commentaire vivant« (*TTT* 187).
[718] Vgl. *TTT* 188.
[719] »que les chrétiens sont toujours inclus dans ce que la liturgie annonce, célèbre et réalise« (*TTT* 188). Vgl. ebd. auch zum folgenden.

ohne Christen nicht vorstellbar ist. Christus wird gefeiert als der, der sich ein heiliges Volk erwählt hat. Die Heiligen-, Reliquien- und Bilderverehrung bringen diesen Sachverhalt konkret zum Ausdruck. Einen besonderen Stellenwert nimmt die Marienverehrung ein: Hier war die Liturgie Vorreiter für dogmatische Lehren, indem sie Maria in die Mitte des Gesamtplanes Gottes hineinstellte und dunkle Texte der Heiligen Schrift zu ihr in Beziehung setzte. Christologie und Ekklesiologie erhielten dadurch wesentliche Bereicherung. Beispiele für den Einfluß der Liturgie auf Lehrinhalte und auf die Praxis der Kirche sind ferner: die Kindertaufe, das Gebet für die Verstorbenen, der Ablaß, die Ordination konvertierter anglikanischer Amtsträger.[720]

*f) Die Liturgie als Verwirklichung und Synthese der wahren religiösen Beziehung*

Durch ihre reale Kommunikation in Handlung, Symbol und Ritus hat die Liturgie die Fähigkeit zur Synthese. »Wie die Milch für das Neugeborene, so ist sie eine vollständige, vollkommene und gleichzeitig verdauliche Nahrung. Nicht nur verschiedene, sondern gegensätzliche Aspekte verbindet sie, versöhnt sie und hebt sie auf in der Einfachheit einer sehr hohen Synthese.«[721] In ihr haben Person und Gemeinschaft, Form und Spontaneität, Sinnlichkeit und Denken, Hierarchie und Volk ihren Platz.[722] Congar vergleicht ihre Leistung mit der einer Familie, die ebenso eine Reihe widerstrebender Tendenzen unter einen Hut bringt; sie hat einen hohen erzieherischen Wert. »Die Liturgie gibt der Kirche die Fülle ihres familiären Klimas.«[723] Die Liturgie atmet denselben Geist wie die Tradition, sie hat dieselbe Begabung, und insofern gilt sie Congar als der bedeutendste Kanal der Tradition.

*g) Der kriteriologische Wert der Liturgie*[724]

Hinsichtlich der dogmatischen Relevanz der Liturgie kann Congar auf die verbreitete Praxis der Väter, des Lehramts und der Theologen verweisen. Sie ergibt sich aus dem Wesen der Liturgie als Glaubensbekenntnis, aus ihrer Aufnahme lehrhafter Texte und häufig sogar aus einer dezidiert inhaltlichen Absicht liturgischer Feiern. Weil die Kirche im Gebet das ausdrückt, was sie glaubt, weil Gebet und Lehre sich im Leben der Kirche wechselseitig beein-

---

[720] Vgl. *FTh* 147–148.
[721] »Comme le lait pour le nouveau-né, elle est un aliment complet, parfait, en même temps qu'assimilable. Elle allie, réconcilie et résout dans la simplicité d'une très haute synthèse, des aspects non seulement divers, mais antinomiques« (*TTT* 190).
[722] Vgl. *TK* 129.
[723] »La liturgie donne à l'Eglise la plénitude de son climat familial« (*TTT* 191).
[724] Vgl. zu diesem Punkt *FTh* 146.

flussen, weil bestimmte liturgische Formulierungen und Feste (z. B. Fronleichnam, Herz-Jesu, Christkönig) im Hinblick auf einen Inhalt von dogmatischem Rang entstanden sind, kann im Gegenzug versucht werden, die Liturgie in die theologische Diskussion einzubeziehen. Für eine strikte Beweisführung mittels der Liturgie stellt Congar jedoch drei Bedingungen: »ein inneres und notwendiges Band mit dem Dogma«[725], Verbreitung in der ganzen Kirche, klarer Sinn. Selbst wenn diese Konditionen erfüllt sind, erachtet Congar allerdings eine Beurteilung im Rückgriff auf die sichere Lehre und die Analogie des Glaubens für notwendig. Hier wie überall lehnt er also die Isolierung und Verabsolutierung einer einzigen Glaubensquelle ab und besteht auf dem Zusammenspiel mehrerer Kriterien, die sich ergänzen und erst zusammengenommen Sicherheit geben. Entsprechend sieht sein eigener Gebrauch aus: Er verweist oft auf liturgische Riten, ohne jedoch allein von ihnen her zu argumentieren.

## 2. Die Kirchenväter

Congars leitende Frage heißt: »Was macht die Väter zu bevorzugten Zeugen der Tradition und als solche zu einem ursprünglichen und hochwertigen ›theologischen Ort‹?«[726] Wiederum liegt ihm nicht an einer juristisch-exakten Festlegung ihrer Autorität, sondern er bewegt sich auf der Ebene einer »christlichen Ontologie«[727].

### a) Begriffsbestimmung

Als klassische Kriterien zählt Congar auf: »Orthodoxie der Lehre, Zugehörigkeit zur Antike, Heiligkeit des Lebens, Anerkennung durch die Kirche und vor allem durch die römische Kirche.«[728] Congar hält diese Definition für ungenügend, weil sie »ziemlich äußerlich, beschreibend«[729] vorgeht, die historische Rolle der Väter nicht einbezieht und die zeitliche bzw. kulturelle Umschreibung »Antike« ungenau ist.[730]
Mittels einer historischen Untersuchung des Wortgebrauchs bemüht sich Congar um eine befriedigendere Begriffsbestimmung;[731] Väter heißen

---

[725] »un lien interne et nécessaire avec le dogme« (*FTh* 146).
[726] »Qu'est-ce qui fait, des Pères, des témoins privilégiés de la Tradition et, à ce titre, un ›lieu théologique‹ original et de grand prix?« (*TTT* 192).
[727] »ontologie chrétienne« (*TTT* 192).
[728] »orthodoxie de la doctrine, antiquité, sainteté de vie, approbation par l'Eglise et surtout par l'Eglise romaine« (*TTT* 192). Vgl. *FTh* 149.
[729] »assez extérieure, descriptive« (*TTT* 192).
[730] Vgl. *TTT* 192–193. Zu Congars Bestimmung von »Antike« vgl. *FTh* 149; *TK* 136.
[731] Vgl. *TTT* 193–194.

1. im jüdischen und neutestamentlichen Sprachgebrauch die Zeugen der großen heilsgeschichtlichen Ereignisse und die herausragenden Gestalten wie Abraham (Jahwe ist der Gott der Väter);
2. Bischöfe und Hirten;
3. die Teilnehmer an Konzilien;
4. ausgezeichnete Lehrer und Zeugen des Glaubens, in der Regel Bischöfe;
5. die Päpste (besonders seit der Gregorianischen Reform);
6. die »Anreger, Vorbilder und Gesetzgeber des monastischen Lebens«[732].

Aus diesem knappen historischen Aufriß schließt Congar: »Man hat den Namen ›Väter‹ denen gegeben, *die etwas im Leben der Kirche bestimmt haben*, sei es hinsichtlich des Glaubens, sei es hinsichtlich der Disziplin oder des Verhaltens.«[733] Congar bezieht in seine Definition also wesentlich die Wirkungsgeschichte mit ein.

Die Würdigung der geschichtlichen Funktion und Leistung ist Congars erste Ergänzung der klassischen Merkmale. Die zweite besteht in der Koppelung und Konkretisierung der Kriterien »hervorragende Lehre und Heiligkeit« in drei Punkten:[734] die Ausrichtung der Lehre auf die Bedürfnisse der Kirche, die lebensmäßige Verwurzelung der Lehre, die synthetische Kraft.

– Die Väter sind zunächst Hirten, in der Mehrzahl Bischöfe, d. h. mit konkreten Aufgaben in der Kirchenleitung betraut. Ihre Schriften haben deshalb immer pastorale Anliegen: Es sind »entweder Katechesen und Predigten oder Zurückweisungen von aktuellen Irrtümern und Häresien oder Antworten auf Anfragen oder Ermahnungen oder Handbücher, die zur Unterweisung der Christen bestimmt sind«.[735]

– »Die Väter widmen sich der Mitteilung, der Erläuterung und der Verteidigung des christlichen Geheimnisses«[736], das sie leben, feiern und durchbeten, das sie empfangen und dem sie sich angleichen. Ihre Erkenntnisse fußen nicht nur auf der Anstrengung des menschlichen Verstandes, sondern entspringen auch einem geistlichen Leben, das durch den Heiligen Geist dem Leben Christi verbunden ist und bestimmten Werten Geltung verschafft. Congar spricht von einer »Art Unmittelbarkeit des Kontaktes mit den Wirklichkeiten des Glaubens«.[737]

---

[732] Les »initiateurs, modèles et législateurs de la vie monastique« (*TTT* 194).
[733] »On a donné le nom de ›Pères‹ à *ceux qui ont déterminé quelque chose dans la vie de l'Eglise*, soit quant à sa foi, soit quant à sa discipline ou son comportement« (*TTT* 194).
[734] Vgl. *TTT* 203–205.
[735] »ou des catéchèses et des sermons, ou des réfutations des erreurs et des hérésies du jour, ou des réponses à des consultations, ou des exhortations, ou des manuels destinés à l'instruction des chrétiens« (*TTT* 203).
[736] »les Pères sont voués à la communication, l'illustration et la défense du mystère chrétien« (*TTT* 204).
[737] »sorte d'immédiateté du contact avec les réalités de la foi« (*TTT* 204).

– Die Väter haben die Gabe, den Inhalt des Glaubens zusammenzuschauen, die verschiedenen Teile miteinander in Einheit zu bringen, immer den Bezug zum Ganzen im Blick zu behalten.[738] Sie erklären das Detail vom Gesamt her, so daß von einer Präsenz des Ganzen im Teil gesprochen werden kann. Da Congar bereits der Tradition die Leistung der Synthese zuerkannt hat, kann er nun sagen: Die Väter sind der Tradition »innerlich kongenial«[739].

*b) Einzigartigkeit und Begrenztheit der Väter*

Congar trägt der kulturellen, sprachlichen und philosophischen Bedingtheit der Väter Rechnung, er sieht sie auch im Horizont zeitgenössischer Häresien, er diagnostiziert die Schwächen ihrer allegorisch-naiven, ungeschichtlichen und philologisch mangelhaften Exegese. Einer schwärmerischen Überbewertung der Väter, als ob nur sie Maßstab wären, kann Congar nicht zustimmen.[740] Die Väter bedeuten für Congar eine entscheidende Umsetzung des Evangeliums, aber der Geist wirkt auch nach ihnen in der Kirche. Ganz in ihrem Sinn plädiert Congar also für eine Einbettung der Väter ins Ganze der Kirchengeschichte. Die patristische Begeisterung darf nicht zur Festschreibung und romantischen Verklärung einer bestimmten historischen Epoche führen, weil sie den Ursprüngen näher steht, sondern sie hat als Ziel die lebendige Aneignung der Väter in jedem Stadium der Kirchengeschichte. Congar schließt sich dem Urteil des orthodoxen Patristikers Georges Florovsky an, daß die Apostolizität uns immer nur durch die Väter vermittelt ist,[741] diese Vermittlung aber in der und durch die Kirche geschieht, die die Kontinuität mit der Frühzeit bewahrt.

Congar analysiert eine Reihe zweifelhafter und unzureichender Motivationen der Rückkehr zu den Vätern:[742] Antiintellektualismus, mangelndes Vertrauen in die eigenen Kräfte, eine historisierende und einseitig dokumentarische, statische und akademische Auffassung von Tradition (z. B. bei Jansenisten, Gallikanern, Alt-Katholiken), Vernachlässigung des gegenwärtigen kirchlichen Lebens. Die Kirche ist für Congar mehr als die Wiederholung der Vergangenheit, sie muß den Kinderschuhen entwachsen, sonst wird sie ihrem missionarischen Auftrag, den Glauben allen Zeiten und allen Kulturen zu verkünden, nicht gerecht. Eine überzogene Repristinierung der Väter hätte eine Schwächung und Einengung der Verkündigung zur Folge.

---

[738] Vgl. *TTT* 203.
[739] »intérieurement congéniaux« (*TTT* 205). Congar schließt sich der Kennzeichnung O. Casels an: Die Väter denken theozentrisch, christozentrisch, ekklesiozentrisch und mysteriozentrisch (vgl. *TTT* 205).
[740] Vgl. *TTT* 196.
[741] Vgl. *TTT* 197.
[742] Vgl. *TTT* 199.

Trotz all dieser Einschränkungen »behält die Periode der Väter etwas Besonderes und Bevorzugtes«.[743] Der Grund dafür liegt in ihrer historischen Leistung, den Glauben gegen Häresien beschützt, ihn in eine vorgegebene Kultur übersetzt und erstmalig rational mit den zur Verfügung stehenden Mitteln durchdacht zu haben. Congar gesteht mit den Vätern den vier ersten ökumenischen Konzilien einen Vorrang zu, weil sie die Grundlage des Glaubens, das trinitarische und christologische Bekenntnis, formuliert haben. Die Väter haben eine wichtige sprachinnovatorische Funktion: »sie hatten *die katholische Sprache* zu erfinden.«[744]
Hinzu kommt ihre Bedeutung für die Entwicklung des Kirchenrechts, für die Festlegung der Liturgie, für die Exegese und die Spiritualität.[745] Die Väter haben aufgrund einer besonderen Gnade und Sendung das Leben der Kirche in dem entscheidenden historischen Augenblick geprägt, in dem die Weichenstellung für die Zukunft erfolgte, in dem der Charakter der Kirche sich ausbildete, so daß unser Glaube zugleich biblisch und patristisch ist, ohne daß eine saubere Trennung möglich wäre; wir können nicht mehr hinter die Väter zurück, die vollzogene Entwicklung ist unumkehrbar.
Natürlich begannen auch die Väter nicht beim Punkt Null, sie hatten durchaus ihre Vorgaben: Sie orientierten sich an den Heiligen Schriften, und sie bezogen die Erfahrung des christlichen Lebens in ihr Denken ein; vor allem: »Sie lebten, dachten und sprachen wirklich ›in medio Ecclesiae‹.«[746] Deshalb »waren die Väter zugleich die Söhne der Kirche und ihre Väter«[747]. Dabei versteht Congar ihre Vaterschaft weniger als individuelles Charisma, sondern als eine gemeinsame Sendung in einer wichtigen kirchengeschichtlichen Situation. Das Eigenartige und Unwiederbringliche der Kirche ihrer Zeit sieht er in einer jugendlichen Frische und in einer »Art Unmittelbarkeit zwischen ihr und ihren Quellen«[748]. Die Vergangenheit der Kirche bestand lediglich aus den Aposteln, ihren Schülern und den Märtyrern; die Kirche war noch keine Symbiose mit der Welt, der Kultur, der Politik und der Philosophie eingegangen; die Verkündigung trug einen stark und fast nur biblischen Charakter. Letzteren Zug betont auch Thomas von Aquin: die Demut der Väter vor dem Geheimnis Gottes, ihr Wille, nur Kommentatoren der Schrift zu sein und nur in der Verteidigung gegen Irrtümer darüber hinauszugehen. »Ihre Theologie ist ganz auf das Wesentliche zentriert«[749], urteilt Congar mit einem Seitenhieb

---

[743] Pourtant »l'époque des Pères garde quelque chose de particulier et de privilégié« (*TTT* 199).
[744] »Ils ont eu à inventer *la langue catholique*« (*TTT* 200).
[745] Vgl. *TTT* 200.
[746] »Ils ont vraiment vécu, pensé et parlé *in medio Ecclesiae*« (*TTT* 201).
[747] Au fond, »les Pères ont été à la fois les fils de l'Eglise et ses pères« (*TTT* 201).
[748] »espèce d'immédiateté entre elle et ses sources« (*TTT* 202).
[749] »Leur théologie est toute centrée sur l'essentiel« (*TTT* 202).

auf die Scholastik, die sich in Details und Randfragen verliere und den biblischen Bezug vernachlässige. Congar legt allerdings Wert darauf, daß sich die Rückkehr zu den Vätern nicht verselbständigt, sondern mit einer biblischen Erneuerung einhergeht.
Aufgrund der dargelegten Vorzüge sieht Congar in den Kirchenvätern »eine ganz untergeordnete und zweitrangige, aber reale Fortführung der Rolle, die die Heiligen Schriften auf der Ebene der ersten Grundlagen spielen«[750]. Er vergleicht ihre Zeit mit der Klassik in einer Kultur und mit dem Übergang vom Kindsein zur geistigen und sittlichen Reife in der persönlichen Biographie.[751]

*c) Der Konsens der Väter als theologisches Wahrheitskriterium*[752]

Die Übereinstimmung aller als sicheres Kriterium der Wahrheit entspringt nicht einer Philosophie, sondern dem Evangelium: Die Einmütigkeit erscheint in der Heiligen Schrift als Zeichen des Wirkens des Heiligen Geistes. Dies gilt zunächst allgemein für alle Gläubigen, im besonderen dann für die Väter als Lehrer des Glaubens. Vom 4. Jahrhundert an wurde das Heranziehen der Väter zur Stützung einer Position üblich, wobei oft nur einige Väter oder gar nur ein Zeugnis ausreichten. Das »Entscheidende war nicht die Menge als solche, sondern die Repräsentativität«[753]. Genau darin liegt der Haken: Das Prinzip scheint klar und ist klassisch, mehrfach vom Lehramt theoretisch und durch Gebrauch bestätigt, aber die Anwendung bereitet Schwierigkeiten: »Der völlige Konsens der Väter ist selten.«[754] Ferner gibt es Fälle, in denen auch eine weit verbreitete Meinung der Väter korrigiert wurde; Congar nennt die Interpretation von Mt 16,16–19, die Auffassung vom tausendjährigen Reich, die Lehre von der Körperlichkeit der Engel.[755] Daraus schließt Congar, »daß die Väter nicht von der Kirche und ihrem Leben getrennt werden dürfen«[756]; die Kirchenväter bedürfen der Anerkennung durch die Kirche. Congar ordnet die Kirche aufgrund ihrer reichen Erfahrung im Laufe der Jahrhunderte den Vätern über: Über dem Konsens der Väter steht die einmütige Überzeugung der Kirche, die auf ihren Herrn hört. Ferner sieht er die Leistung der Väter nicht so sehr in einzelnen Lehren, in der Auslegung einzelner Schriftverse, sondern ihre Normativität besteht im

---

[750] »une prolongation, toute subordonnée et seconde, mais réelle, du rôle que joue, au niveau des fondements premiers, les saintes Ecritures« (*TTT* 195).
[751] Vgl. *FTh* 150; *TK* 138.
[752] Vgl. zu diesem Punkt *TTT* 154–157.
[753] Le »décisif n'était pas la quantité comme telle, mais la représentativité« (*TTT* 155).
[754] »Le consensus total des Pères est rare« (*TTT* 155).
[755] Vgl. *FTh* 151.
[756] »que les Pères ne peuvent être isolés de l'Eglise et de sa vie« (*TTT* 155).

Gesamtentwurf, in der Zusammenfügung, in der Richtungsangabe, in der Integration von Wissen und Weisheit, von Theologie und Spiritualität, von Exegese und Lebenszeugnis, in der Anwendung des hermeneutischen Prinzips der Analogie des Glaubens. Congar betrachtet die Väter »weniger als einen materiellen Bezugspunkt, der mit einem juristisch festgelegten Autoritätswert versehen ist, sondern als diejenigen, die das Milieu des historischen Wachstums der Kirche gebildet haben«.[757]

*3. Die dogmatische Tradition*

»Unter dem Wort ›Dogma‹ versteht man die Behauptung einer Wahrheit, die im Wort Gottes – schriftlich oder überliefert – enthalten ist und die die Kirche als göttlich offenbart zu glauben in authentischer Formulierung vorlegt, sei es durch ein feierliches Urteil, sei es zumindest durch ihr ordentliches und universelles Lehramt.«[758] Diese These stellt Congar über seine Ausführungen zu Dogma und dogmatischen Formulierungen. Damit ist ausgedrückt: Das Dogma bewegt sich auf der Ebene eines Sachurteils und erhebt einen Wahrheitsanspruch; es ist notwendig auf die göttliche Offenbarung in Heiliger Schrift und Tradition bezogen; es ist Bekenntnis des Glaubens der Kirche; es bedarf der ausdrücklichen Bezeugung durch das Lehramt.

Für die Anerkennung des normativen Wertes der Dogmen ist vorausgesetzt, daß es ein verbindliches Lehramt gibt, daß man gültige Aussagen über metaempirische Sachverhalte machen kann und daß eine kontinuierliche Verbindung besteht zwischen den Ereignissen der Offenbarung, ihrer Bezeugung, der Deutung der Zeugnisse durch die Kirche und der Festlegung des Sinnes in bstimmten Worten und Sätzen.[759] Diese Prämissen sind in der Neuzeit aufeinanderfolgend in Zweifel gezogen worden: Die Reformation lehnt das Lehramt ab, die kritische Philosophie erklärt rational einlösbare Behauptungen über die Welt der Phänomene hinaus für unmöglich, und der protestantische Liberalismus und der katholische Modernismus zerreißen das Band zwischen Offenbarung, Offenbarungszeugnissen, kirchlicher Vermittlung und dogmatischen Formulierungen.[760] Innerhalb des Modernismus unterscheidet Congar zwischen einer rein symbolistischen Auffassung, die die Dogmen als

---

[757] »moins comme une référence matérielle affectée d'un coefficient d'autorité juridiquement déterminé, mais comme ceux qui ont formé le milieu de croissance historique de l'Eglise« (*TTT* 156).
[758] »Par le mot ›dogme‹ on entend l'énoncé d'une vérité contenue dans la parole de Dieu, écrite ou transmise, et que l'Eglise propose à croire comme divinement révélée en une formulation authentique soit par un jugement solennel, soit du moins par son magistère ordinaire et universel« (*FTh* 54).
[759] Vgl. *FTh* 55.
[760] Vgl. *FTh* 55–59.

stets revidierbares Produkt des religiösen Bewußtseins einordnet, und einem rein pragmatischen Verständnis, das die Dogmen zwar als berechtigte Weisungen der Kirche, aber als nur negative Regel begreift.[761]

Die dargestellten Irrtümer und Mißverständnisse beruhen in Congars Sicht auf Einseitigkeiten. Er nimmt die darin enthaltenen Werte bzw. Problemanzeigen auf, indem er die Offenbarungs-, Geschichts- und Lebensbezogenheit der Dogmen gleichermaßen positiv herausstellt. Das Übel liegt für Congar darin, jeweils einen Aspekt der Dogmen zu verabsolutieren, ihre Geltung auf einen juridisch-philologischen, historischen oder pragmatisch-existentiellen Sinn zu verkürzen.[762]

Relativität und Wahrheitsanspruch dogmatischer Aussagen versucht Congar zu verdeutlichen, indem er drei Ebenen unterscheidet: das Geheimnis Gottes in sich, die einmalige geschichtliche Offenbarung Gottes in menschlichen Worten und in einer dem menschlichen Geist erfaßbaren Weise, das Nachdenken der Kirche darüber und ihre Ausdrucksweise.[763]

Auf der ersten Ebene, dem Gebiet der innergöttlichen Ontologie, besteht eine prinzipielle Inadäquatheit der menschlichen Sprache, die nicht auszuräumen ist. Sie beruht auf der unaussprechlichen Größe Gottes und der Begrenztheit menschlicher Erkenntnis. Defizienz heißt für Congar aber nicht völlige Untauglichkeit oder purer Symbolismus, als ob keine wahre und gültige Aussage über Gott gemacht werden könnte. Unter der Berücksichtigung der genannten Bedingungen haben die Worte über Gottes inneres Geheimnis durchaus einen positiven Wert.[764] Dies hat seinen Grund letztlich in der seinshaften Analogie zwischen Gott und Mensch.[765]

Auf der zweiten Stufe, der der geschichtlichen Offenbarung Gottes, steigt die Kompetenz der menschlichen Sprache in Sachen Gott erheblich, ja das Ansinnen, Gott in menschlichen Worten »einzufangen«, wird erst recht eigentlich legitimiert, denn Gott selbst benutzt nun eine menschliche Sprache, teilt sich durch sie mit und bestätigt damit ihre Leistungsfähigkeit.[766] Gott übernimmt die Garantie, die Verantwortung für bestimmte Worte, so daß wir sicher sein dürfen, durch sie Anteil an seiner eigenen Selbsterkenntnis zu haben. Nur so ist es erklärbar, daß wir Begriffe und Bilder verwenden, die wir von uns aus nicht zu benutzen wagen dürften (z. B. Zeugung). Bei anderen Worten ist es so, daß sie, indem sie von Gott verwendet werden, einen volleren Sinn erhalten (z. B. Vaterschaft).

---

[761] Die erstgenannte Position verbindet er mit Loisy (vgl. *FTh* 57), die zweite mit Ed. le Roy (vgl. *FTh* 58–59).
[762] Vgl. *FTh* 60.
[763] Vgl. *FTh* 60 und 6.
[764] Vgl. *FTh* 70.
[765] Vgl. *FTh* 33–34.37–38.
[766] Vgl. *FTh* 33.37–38.

Da Gott unsere Worte durch seine eigene Initiative und Praxis als wahrheitsfähig erwiesen hat, ist es rechtmäßig und angemessen, das Zeugnis der Offenbarung zu übersetzen, seine Bedeutung in immer neuen Worten zu erschließen, unser Verständnis entsprechend den uns zur Verfügung stehenden sprachlichen Mitteln zu artikulieren. Die dogmatischen Formulierungen situiert Congar zwischen dem zweiten und dem dritten Niveau. Ihren Überschuß gegenüber dem Depositum der Offenbarung erklärt er mit der psychologischen Analogie der zunehmenden Bewußtwerdung.[767]
Zur Entstehung, Funktion und Kontrollierbarkeit der Dogmen sei auf vorherige Passagen verwiesen.[768] Uns interessiert jetzt noch der Wert der Formulierungen. Congar hält für entscheidend und verpflichtend die Absicht der Kirche, wenn sie eine Glaubensaussage macht.[769] Damit verwirft er eine buchstäbliche Fixierung und öffnet den Raum für ständige Verbesserungen. Die theologische Sprache bedarf fortwährend kritischer Überprüfung, Verfeinerung, sogar der Neubildung, wenn sie sowohl dem Anliegen der treuen Bewahrung als auch dem der Mission und Verkündigung gerecht werden will.[770] Nicht die Worte selbst sind Ziel einer Dogmatisierung, sondern die Einheit der Kirche im Glauben und das Bekenntnis der Wahrheit Gottes, d. h. die Worte dienen als Instrument, als Hilfsmittel, um sich der Wirklichkeit zu nähern.[771] Gefordert ist daher zwischen den normativen Zeugnissen des Anfangs und den kirchlichen Erklärungen keine wortwörtliche Übereinstimmung, vielmehr die »*Identität des Sinnes*«.[772] »Das Bedeutsame, das Unveränderliche, das Absolute ist der *Sinn* der Kirche.«[773] Der kulturelle, historische oder philosophische Zusammenhang, dem Kategorien entnommen sind, wird deshalb in eine dogmatische Aussage nicht als verbindlich mit aufgenommen, sondern es zählt die Intention, die die Kirche bei der Wahl bestimmter Worte hat.[774] Congar beruft sich für diesen Umgang mit Begriffen auf die Heilige Schrift selbst und verweist auf die klassischen dogmengeschichtlichen Beispiele »omoousios« und »transsubstantiatio«. Zwar kann das Studium des ursprünglichen Sprachfeldes helfen, zu verstehen, was gemeint ist, so daß Congar eine »gewisse« (in dieser vagen Qualifizierung liegt die Schwierigkeit!) materielle Kontinuität zwischen philologischer, historischer und dogmatischer Interpretation fordert, aber er erinnert daran,

---

[767] Vgl. *FTh* 60.
[768] Vgl. Kap. VIII die Abschnitte 7 und 8.
[769] Vgl. *FTh* 61.64.
[770] Vgl. *FTh* 61.69.
[771] Vgl. *FTh* 63.65.71.
[772] »*identité de sens*« (*FTh* 61).
[773] »L'important, l'invariant, l'absolu, c'est le *sens* de l'Eglise« (*FTh* 66).
[774] Vgl. *FTh* 63–66.

daß zwischen ihnen »auch eine formale Diskontinuität«[775] besteht, insofern ein Übergang stattfindet »von einem menschlichen Bemühen zum Zeugnis des apostolischen Glaubens«[776], bei dem Gott selbst mittels der Kirche engagiert ist. Wieder haben wir die sorgsame Absteckung der Kompetenzbereiche, diesmal mit einer zusätzlichen sprachlogischen Argumentation: Das Dogma hat »eine kultische, doxologische Funktion«[777]. Die Sprache des Lobes aber – so dürfen wir fortfahren – hat ihre eigenen Gesetze, sie darf nicht wie eine technische oder deskriptive Sprache behandelt werden.

Trotz aller Möglichkeit und Notwendigkeit sprachlicher Weiterentwicklung in der Formulierung des Glaubens vertritt Congar nicht nur eine negative Irreversibilität, sondern auch eine positive Prägekraft und Normativität. Einmal gibt er selbst in seiner Praxis wenn möglich der biblischen Sprache den Vorrang, zum anderen schreibt er den Kirchenvätern – wir erwähnten es bereits – die Bildung der katholischen Sprache und den Wert einer klassischen Periode zu.[778] Hinter sie, und d.h. auch: hinter die Termini der griechisch-römischen Kultur, gibt es kein Zurück mehr. Ihre Formulierungen drücken einen Reflexions- und Erfahrungsstand aus, der nicht mehr verloren gehen darf.

*4. Die gelebten Ausdrucksformen des Christentums*[779]

Darunter versteht Congar »zunächst die Gesten und Gebräuche, in denen sich der christliche Geist ausdrückt«,[780] und die den Lebensrhythmus, die alltäglichen Vollzüge und die Höhe-, Tief- und Wendepunkte des Lebens gestalten. Der Glaube wirkt sich im Leben der Gemeinschaft aus. Eine besondere Bedeutung im Leben der Kirche mißt Congar dem Leben der Heiligen bei: »Die Kirche lebt vor allem in den Heiligen und auch durch die Heiligen.«[781] Ihr Lebenszeugnis hilft, in den Sinn der Schriften einzudringen; in ihrem Leben enthüllt sich die wahre religiöse Beziehung auf anschauliche Weise, so daß sie uns die Offenbarung besser begreifen lassen. Als drittes Beispiel erwähnt Congar die christliche Kunst, die uns auf ihre, der Liturgie ähnliche Weise in das christliche Geheimnis einführen kann.

---

[775] »aussi une discontinuité formelle« (*FTh* 67).
[776] »d'un effort humain au témoignage de la foi apostolique« (*FTh* 67).
[777] »une fonction cultuelle, doxologique« (*FTh* 71).
[778] Vgl. *TTT* 200; *FTh* 68–69.
[779] Vgl. zu diesem Punkt *TTT* 206–207.
[780] »d'abord les gestes et les coutumes dans lesquels s'exprime l'esprit chrétien« (*TTT* 206).
[781] »L'Eglise vit surtout dans les saints, et aussi par les saints« (*TTT* 206).

## 5. Das Verhältnis der Tradition zu ihren Zeugnissen[782]

Congar liegt daran, Tradition und Traditionszeugnisse auseinanderzuhalten: »Zwischen den beiden besteht keine Identität.«[783] Seine Argumentation bewegt sich auf wissenschaftstheoretischer Ebene: Während die Zeugnisse dem Geschichtswissenschaftler zugänglich sind, kann die Tradition nur von einem Theologen erfaßt werden, der das Wirken des Heiligen Geistes in der Kirche einbezieht. Diese Differenzierung war im Grunde immer bekannt, ist aber erst durch die Entstehung der selbständigen Geschichtswissenschaft mit ihren historisch-kritischen Methoden entfaltet worden. Congar erinnert an den protestantischen Liberalismus und an die Krise des Modernismus. Er hält die Diskussion zwischen Historie und Theologie noch nicht für abgeschlossen, da etwa die Ergebnisse der historisch-kritischen Bibelforschung, die Trennung des historischen Jesus vom Christus des Glaubens und das Bultmannsche Programm der Entmythologisierung weiterhin virulent seien.

Wenn Congar eine historische und eine theologische Tradition unterscheidet, greift er eine Idee auf, die bei Perrone und Passaglia ansatzweise begegnet, von Franzelin weitergetragen und von Scheeben übernommen ist.[784] Congar faßt den Sachverhalt in zwei Ecksätze, die in dialektischem Verhältnis zueinander stehen: 1. Zur Tradition gehören nicht nur die Dokumente, sondern ebenso konstitutiv die lebendigen Traditionsträger: der Heilige Geist und die Kirche in ihrer gestuften Verfaßtheit. 2. »Die Kirche und das Lehramt haben *keine* Autonomie im Hinblick auf das Depositum. Aber das Depositum geht nicht in den Dokumenten oder Denkmälern auf«.[785]

Congar bringt vier Beispiele, um den Unterschied zwischen historischer und theologischer Sicht deutlich zu machen, eines aus der Psychologie bzw. Anthropologie und drei aus der Theologie:[786]

1. Unser Bewußtsein ist nicht völlig in dem enthalten, was als Artikulation des Bewußtseins nach außen tritt.
2. Die Bibel kann als Geschichtsbuch eines Volkes oder als Dokument der Heilsgeschichte verstanden werden.
3. Die Geschichte der Kirche kann als ein Ausschnitt der Weltgeschichte begriffen werden oder als besondere Geschichte, die vom Heiligen Geist durchdrungen ist, eigenen Gesetzen unterliegt und eine eigene Zeitauffassung hat.
4. Es ist möglich, die Katholizität der Kirche numerisch bzw. statistisch oder theologisch zu deuten.

---

[782] Vgl. zu diesem Punkt *TTT* 207–213.
[783] »Entre les deux, il n'y a pas identité« (*TTT* 207).
[784] Vgl. *TTT* 328 Anm. 80.
[785] »L'Eglise et le magistère n'ont *aucune* autonomie par rapport au dépôt. Mais le dépôt ne s'identifie pas avec les documents ou monuments« (*TTT* 209).
[786] Vgl. *TTT* 209–210.

Unter historischem Gesichtspunkt gibt es bei vielen Glaubensartikeln Unsicherheiten, Zweifel und Widersprüche, weil die biblischen Bezüge und die Zeugnisse der Tradition nicht eindeutig klar sind: »die menschlichen Stützen des Glaubens haben immer etwas Diskutables, Zweideutiges und Ungenügendes; sie sind so beschaffen, daß die negative These nicht völlig der Gründe entbehrt«[787]. Die Tradition bedeutet eine Lektüre der historischen Zeugnisse in der Kirche unter der Führung des Heiligen Geistes. Sie bewegt sich auf einer anderen Ebene, die ihre eigene Schlüssigkeit und Beweiskraft hat. Congar verweist auf Pascals Theorie der drei Ordnungen.

Natürlich darf daraus nicht eine Trennung von Geschichte und Theologie hergeleitet werden, als ob die Theologie auf historische Belege verzichten könnte. Congar wehrt sich sowohl gegen eine Reduktion der Theologie auf menschliche Wissenschaft – sei es Philosophie, Historie oder Philologie – als auch gegen eine Abkoppelung der Theologie von menschlichen Wissenschaften. Er räumt die Gefahr der katholischen Kirche ein, im Bewußtsein der lebendigen Wirksamkeit des Heiligen Geistes und des Reichtums der in ihr gemachten Erfahrungen die historisch ergangene Offenbarung abzuwerten und sich von den Zeugnissen der Tradition zu lösen: Eine Überbetonung der Kompetenzen des Lehramtes, eine Konzentration auf die aktuelle Verkündigung der Kirche, eine Immunisierung gegen Kritik durch die uneingeschränkte Ausdehnung der göttlichen Beistandsverheißung laufen in diese Richtung. Congar setzt dagegen die Bedingtheit der Kirche, die Abhängigkeit auch des Lehramtes von Offenbarung und Tradition, die Gebundenheit der Verkündigung an die Quellen, den Rückbezug jeder Pneumatologie auf die Christologie. Er beschreibt eine negative Grenze für die geistgeleitete Interpretation der historischen Zeugnisse: Sie darf zwar über den Buchstaben hinausgehen, aber nicht so weit, daß sie keinen Anhaltspunkt in den Dokumenten hat.[788] Der Theologe muß sich dem Gespräch mit dem Historiker stellen, genauso wie er sich in der Gotteslehre dem Philosophen stellen muß. Der Dialog ist möglich, wenn auch spannungsreich, da die Theologie eine Geschichte als Inhalt hat, aber nicht in Geschichte aufgeht, sondern eine Dimension besitzt, die die Dokumente für sich genommen überschreitet. Es ist im Grunde die Anwendung desselben Prinzips, das uns bereits beim Verhältnis von Offenbarung und Sprache, Tradition und Schrift begegnet ist: der Vorrang und Überhang des Lebens und der Ereignisse gegenüber der verbalen und textlichen Bezeugung.

---

[787] »les appuis humains de la foi ont toujours quelque chose de discutable, d'ambigu et d'insuffisant; ils sont tels que la thèse négative ne manque pas tout à fait de raisons« (*TTT* 210).
[788] Vgl. *TTT* 212.

## XII.

## AUSEINANDERSETZUNG MIT DER REFORMATION

*1. Positionsbeschreibung*

Aus seiner Kenntnis der Quellen und der Kirchengeschichte schließt Congar, daß zur Zeit der Reformation das Problem der Tradition ungenügend erfaßt war: Die Reformatoren reagierten allergisch und polemisch gegen die kirchlichen Traditionen (Plural!), verengten die Fragestellung auf das Verhältnis von Schrift und Tradition, die in Konkurrenz einander gegenüber gestellt wurden, und vertraten einen zu einseitig intellektuellen und individuellen Ansatz.[789] Die Tradition als eigenständige Weise der Mitteilung oder als kirchliche Lektüre der Heiligen Schrift fiel aus dem Blickfeld. So stark jedoch die theoretische Ablehnung der Tradition war, in der Praxis wurde nicht alles verworfen: Das Prinzip der Apostolizität, der Schriftkanon und die christologische Deutung der Bibel blieben erhalten, so daß sich trotz der formalen Absetzung ein weites Feld materieller Übereinstimmung eröffnete.

Die Wurzel der Trennung lokalisiert Congar in einer unterschiedlichen Auffassung von der religiösen Beziehung.[790] Diese Differenz äußert sich in einem »Ausschluß der Wirklichkeit ›Kirche‹ als konstitutivem Bestandteil der religiösen Beziehung«[791], in der Vernachlässigung und Verdrängung des Faktors Autorität und Lehramt, in der Einengung der göttlichen Gnade auf das Wort Gottes, das faktisch mit der Schrift gleichgesetzt wird.[792]

Congar kennzeichnet die protestantische Sicht als mittleren Weg zwischen katholischer Kirche und spiritualistisch-schwärmerischen Bewegungen:[793] Indem der Heilige Geist und die Schrift aneinander gebunden werden, gibt es die Möglichkeit, aktuelle kirchliche Verwirklichungen mittels des Maßstabes Schrift zu kontrollieren und andererseits die Schrift einem Zugriff rein menschlicher Wissenschaft zu entziehen. Die Lehre vom inneren Zeugnis des Heiligen Geistes hat für Congar die Funktion einer Art Ersatz für die Traditionstheologie. Selbstverständlich wendet er sich nicht gegen die Verknüpfung von Schrift und Heiligem Geist, sondern gegen die Begrenzung des Heiligen Geistes auf die Schriftinspiration und auf den Beistand beim Lesen der

---

[789] Vgl. *TTT* 130.215–216.
[790] Vgl. *TTT* 217.243.
[791] »Elimination de la réalité ›Eglise‹ comme élément constitutif du rapport religieux« (*TTT* 217–218).
[792] Vgl. *TTT* 218–219.
[793] Vgl. zum folgenden *TTT* 219.

Schrift. Der protestantischen Lehre geht nach Congars Analyse völlig verloren der Bezug zwischen apostolischem Amt und Sendung des Heiligen Geistes und die Perspektive einer Entwicklung im Verständnis der Heiligen Schrift, die über den Buchstaben hinaus – nicht gegen ihn – verläuft.

Congar bemüht sich, die protestantische Kritik am Katholizismus ernst zu nehmen.[794] Er anerkennt das protestantische Anliegen, in der Heiligen Schrift ein objektives Gegenüber zu haben, dem Kirche und Lehramt untergeordnet sind, so daß die Kirche nicht ihre eigene und damit leicht manipulierbare, dem Zeitgeist ausgesetzte Norm wird. Er bejaht die strikte Bindung der Kirche an die Offenbarungszeugnisse, die Abhebung der einmaligen Offenbarung in Christus von der Kirchengeschichte, die Unterscheidung von Kirche und Reich Gottes. Seine Anfrage aber lautet immer wieder: Vernachlässigt das protestantische Denken nicht das bleibende Wirken des Heiligen Geistes in der Kirche, und verkennt es nicht die Bedeutung, Berechtigung und Aufgabe des apostolischen Amtes?

## 2. Annäherungen und bleibende Divergenzen

Congar entdeckt in der neueren theologischen Landschaft wichtige Bewegungen auf protestantischer Seite, z. B. »eine Wiederentdeckung der kirchlichen Dimension«,[795] eine zunehmende Skepsis gegen den Individualismus, das Bewußtwerden der eigenen Tradition, in der die protestantischen Kirchen bisher unreflektiert gelebt und die Schrift gelesen haben, die Erkenntnis, daß für eine engstens mit der Geschichte verbundene Offenbarungsreligion das Element Tradition unentbehrlich ist, die Verstärkung der patristischen Studien,[796] das Zugeständnis früherer Vereinfachungen und Engführungen, wenn Schrift und Tradition nur als Opposition begriffen wurden. Congar meint, eine Anerkennung der Bedeutung der Tradition auf der Ebene des Faktischen feststellen zu können: Das christliche Leben wird nicht nur von der Schrift, sondern weithin von Traditionen geprägt; die Kirche ist der Ort der angemessenen Deutung der Schrift;[797] die kirchlichen Erfahrungen haben Einfluß auf die Interpretation der Bibel;[798] die Glaubensbekenntnisse bedeuten eine bestimmte Lektüre der Heiligen Schrift,[799] vergleichbar unseren Dogmen und Traditionszeugnissen. Congar beanstandet indessen eine mangelnde Reflexion dieser Tatsachen.

---

[794] Vgl. *TTT* 220–222.
[795] »une redécouverte de la dimension ecclésiale« (*TTT* 223).
[796] Vgl. *TTT* 224–225.
[797] Vgl. *TTT* 228.
[798] Vgl. *TTT* 229.
[799] Vgl. *TTT* 231.

Er fragt:[800] Ist die Kirche im protestantischen Denken nur ein Zusammenschluß unabhängiger Individuen oder eine auf Christus zurückzuführende und vom Heiligen Geist beseelte Realität, die den Einzelnen vorausgeht? Gibt es in der Kirche außer der Heiligen Schrift eine andere, wenn auch nicht autonome Autorität? Hat die Kirche einen eigenen Wert, der nicht auf die Schrift reduziert werden kann? »... in welchem Sinn ist es wahr, daß die Kirche durch das Wort Gottes geschaffen wird?«[801] Kann die Kirche durch das Wort Gottes ersetzt werden? Darf die Apostolizität der Lehre von der Apostolizität des Amtes getrennt werden? »... gibt es als göttlich eingesetztes Mittel, um uns mit Gott zu verbinden, *nur* die Schrift?«[802]

Congars Hauptkritik der protestantischen Position liegt auf ekklesiologischer Ebene. Die Erfahrung der Kirche, die sich auch einer Entwicklung öffnet, die Existenz eines Amtes, das sich als Fortführung des von Christus zu Lebzeiten eingesetzten Apostolates versteht, und die Gegenwart des Heiligen Geistes außerhalb der Schrift sind laut Congar die Wirklichkeiten, die im protestantischen Denken zu wenig oder gar nicht bedacht werden.[803] Bei einzelnen Autoren nimmt Congar zwar ein bemerkenswertes Entgegenkommen – sogar in der Amtsfrage – wahr,[804] aber es sind die Meinungen einzelner Theologen, denen keine offizielle Verbindlichkeit zukommt.

Der Grund der protestantischen Ausblendungen besteht nach Congars Ansicht in der Tatsache, daß die protestantische Theologie einen zu starken Einschnitt zwischen dem historischen Jesus und der Kirche setzt, die Bedeutung dessen, was Jesus in seinem Leben vor Tod und Auferstehung verfügt hat, unterschlägt und den Wert der Entwicklung der Kirche in der Zeit unterschätzt. Daraus folgt für Congar eine zu äußerliche Beziehung von Christus und Kirche, die dem Ineinander der beiden und der Einheit des Geheimnisses nicht gerecht wird.[805] Congar weiß um die Grenzen einer Sicht der Kirche als fortgesetzter Inkarnation, aber er gesteht ihr auch eine Berechtigung und Fruchtbarkeit zu, denn die Kirche ist der Leib Christi, der in innerer Kontinuität zur Offenbarung in Jesus Christus steht. Eine Annäherung scheint ihm nur möglich, wenn die Protestanten den Sinn für die sakramentale Dimension der Kirche, für die Kirche als Geheimnis weiter bedenken.[806] Damit ist deutlich, daß der Unterschied in der Ekklesiologie christologische und pneumato-

---

[800] Zu den Anfragen vgl. *TTT* 230–234.
[801] »... en quel sens est-il vrai que l'Eglise est créée par la Parole de Dieu?« (*TTT* 232).
[802] »... n'existe-t-il, comme moyen divinement institué pour nous relier à Dieu, *que* l'Ecriture?« (*TTT* 234).
[803] Vgl. *TTT* 234–237.
[804] Congar nennt namentlich: M. Thurian (vgl. *TTT* 227.229), J. J. von Allmen, J. L. Leuba, Fr. J. Leenhardt, P. Y. Emery (vgl. *TTT* 238–239).
[805] Vgl. *TTT* 240–241.
[806] Vgl. *TTT* 242–243.

logische Wurzeln hat. Handelt es sich in der protestantischen Christologie eher um eine Akzentverschiebung gegenüber der katholischen Lehre, so bedarf die Pneumatologie weitgehend erst noch der Ausarbeitung in Richtung auf eine pneumatologische Ekklesiologie.

# XIII.

# AUSWERTUNG

*1. Hauptlinien*

– Congars Werk über die Tradition entsteht im engen Kontakt mit den Quellen des Glaubens und der Theologie. Es ist angeregt durch zeitgenössische Fragen der Theologie und des kirchlichen Lebens, stellt sich aktuellen Diskussionen und versteht sich als ein Beitrag zu deren Lösung. Congars eigener theologischer Werdegang und seine persönlichen Optionen sind präsent.
– Indem Congar mit einer bibeltheologischen Skizze beginnt, demonstriert er bereits zu Anfang den Stellenwert der Heiligen Schrift in seinem Denken. Sie ist unverzichtbarer Bezugspunkt und oberste kritische Norm – wie der eigenen Gedanken so auch der Tradition.
– Congar gehört zu jener Strömung der Historiker, die den Historismus, aber auch jegliche Form von Geschichtssystemen ablehnen. Diese kritische Haltung wirkt sich auf sein Traditionsverständnis aus, insofern er die Tradition nicht positivistisch verkürzt oder ideologisch immunisiert. Die Historie hilft ihm zu einem Realismus, der der Traditionskritik Raum läßt, ohne jedoch die Fähigkeit der Tradition zu verläßlicher Bewahrung prinzipiell zu bestreiten.
– Congars Methode und inhaltliche Darlegung ist zwar der Historie verpflichtet, ohne sich jedoch ihr zu unterwerfen. Er verfolgt eine gezielt theologische Absicht, untersucht theologische Quellen, geht in theologisch begründeter Weise vor und urteilt nach theologischen Kriterien. Die christliche Tradition ist ein spezifisch theologischer Sachverhalt, dem man mit den Mitteln der Historie (oder der Philologie oder der Philosophie) nicht gerecht werden kann.
– Die dezidiert theologische Konzentration führt bei Congar nicht zu einer Verarmung oder Kurzsichtigkeit, sondern erweist sich gerade als ein geeignetes Mittel, um bisherige konfessionelle Engführungen aufzubrechen und juridische, historische und philosophische Überfremdungen zu überwinden. Congars Theologie zeichnet sich durch eine innere Weite aus: Sie ist trinitarisch, heilsgeschichtlich und anthropologisch in gegenseitiger Durchdringung.
– Durch die vielmals hervorgehobene, unlösliche Bindung der Tradition an die einmalige geschichtliche Offenbarung und an die sie bezeugenden Texte will Congar die Befürchtungen der Protestanten gegenüber dem katholischen Traditionsbegriff entkräften. Hinsichtlich des lehrmäßig-inhaltlichen Über-

schusses der Tradition vertritt er daher eine möglichst einschränkende Position, die die Tradition primär nicht als dogmatische Hinzufügung zur christologisch-apostolischen Norm – dem Evangelium Jesu Christi, wie es uns durch die Apostel vermittelt ist –, sondern als ihre Hermeneutik begreift. Die Tradition ist unter doktrinärem Aspekt Übersetzung, Systematisierung, Auslegung und Anwendung der Offenbarung.

– Congar überholt die Diskussion der fünfziger Jahre über die Interpretation des Konzils von Trient und die Debatte des Vatikanum II über die materielle Suffizienz der Heiligen Schrift, aber auch das protestantische Prinzip der »sola scriptura«, indem er die Tradition als originale, durch keine mündliche oder schriftliche Wiedergabe ersetzbare Weise der Mitteilung versteht. Congars Traditionsbegriff hat eine anthropologische, eine kommunikationstheoretische Grundlage: Der Mensch drückt sich ganzheitlich im Handeln, in körperlichen Gesten und in gegenständlichen Zeichen aus, die nie ganz auszuworten sind. Dies schlägt sich nieder in einer Vorrangstellung der Liturgie und der alltäglich-praktischen Christusnachfolge im Traditionsprozeß. Die Tradition wird gedacht als sakramentale und lebendige, als heilige Tradition. Zu ihr gehören nicht nur Lehren, Bekenntnisse, Dokumente, sondern auch, ja zuerst Kult, Verhaltensweisen, Institutionen.

– In der Kriteriologie setzt Congar zwei Akzente. Der erste ist relativierender Art: Die Frage nach dem normativen Wert der Tradition bzw. der Traditionen ist nur ein Aspekt der Traditionstheologie – und nicht einmal ihr wichtigster. Sie verliert zu leicht aus dem Blick, daß der Traditionsprozeß ein geistlicher Vorgang ist, der von Personen, von ihren gelebten Werten und Haltungen getragen wird. In moraltheologischer Terminologie könnte man sagen: Congar wendet sich gegen eine exzessive Normdiskussion und plädiert für eine stärkere Gewichtung der Spiritualität und damit der Tugenden.

Aber er weicht der kriteriologischen Fragestellung nicht einfach aus. In klarer Abstufung und Unterordnung folgen auf die Heilige Schrift das Lehramt, die Liturgie, die Kirchenväter als normative Bezugspunkte. Dabei wehrt sich Congar gegen Vereinfachungen und Exklusivitätsansprüche. Sein entscheidender Grundsatz heißt: Es genügt niemals nur ein Kriterium für die Behauptung der Wahrheit (und sei es die Heilige Schrift), vielmehr spielen immer mehrere Kriterien ineinander. Diese Position ist als ein wissenschaftstheoretischer Reflex des »communio«-Gedankens zu betrachten.

– Das katholische Traditionsverständnis hat in Congars Sicht drei entscheidende Säulen, die im Protestantismus umstritten sind: die sakramentale Struktur der Tradition, die intentionale und institutionell-amtliche Kontinuität zwischen Christus und seiner Kirche, der sichere Beistand des Heiligen Geistes bei zentralen kirchlichen, vom Lehramt gefällten Entscheidungen, die von daher Normativität beanspruchen dürfen.

– Das Referenzsystem der Tradition ist in Congars Konzeption phänomenologisch die Heilsgeschichte und ontologisch die Trinitätslehre. Diese Situierung macht zugleich die Grenze einer Theologie der Tradition deutlich: Die Heilsereignisse, der Heilsplan, der dahintersteht, und die Dreifaltigkeit als handelnder Ursprung sind Geheimnisse, die erst eschatologisch in ihrer ganzen Fülle und Tiefe offenbar werden.

## 2. Bewährung im Dialog

Congars Traditionsbegriff antwortet auf eine Reihe von theologiegeschichtlichen und zeitgenössischen Mißverständnissen oder einseitigen Auffassungen der Tradition. Sein Profil klärt sich im Gegenüber, sein Reichtum erwächst aus dem Gespräch.

Den Gefahren evolutionistischen Denkens sucht Congar durch seine heilsgeschichtlich-christozentrische Konzeption zu entgehen, die aber bewußt fortschrittsähnliche Elemente in sich birgt. Der historischen Usurpierung tritt er mit einem spezifisch theologischen Traditionsbegriff entgegen, der allerdings die Kompetenz der Historie achtet. Einer anthropologischen Reduktion kirchlicher Tradition, die ihre Verbindlichkeit auflöst, stellt er sein theandrisches Modell gegenüber, das ein normatives Traditionsverständnis impliziert, ohne sich jedoch gegen Anfragen und Kritik zu immunisieren. Klassizismus, Archaismus und damit eine statische Auffassungsweise überwindet Congar durch sein entwicklungsgeschichtliches, organologisches und pneumatologisches Denken, das aber die herausragende und maßgebliche Bedeutung der Ursprünge wahrt. Traditionalistischer Erstarrung arbeitet er mit der eschatologischen Ausrichtung und der Forderung nach Gegenwartsbezug entgegen. Mystifizierende und harmonisierende Einseitigkeiten gleicht Congar durch seine realistische, kritische und reformfreudige Sicht aus. Eine Einengung der Tradition auf das Lehramt weitet er durch eine gesamtkirchliche Perspektive, die indessen die besondere und unverzichtbare Rolle des Lehramtes nicht unterschlägt. Die juridischen Elemente ordnet er dem geistlichen Vollzug, die Dokumente dem Leben der Kirche unter, ohne jedoch Recht und Texte gering zu achten. Der objektivistischen Verkürzung begegnet er mit seiner geschichtlich-dialogischen Hermeneutik und fügt dementsprechend dem materialen einen reflexiven Traditionsbegriff hinzu, gewichtet den Traditionsprozeß stärker und weist eine mechanisch-repetive Vorstellung von Tradition zurück. Ein verbales, intellektuelles und lehrhaftes Verständnis stellt er in den umfassenderen Horizont einer real, ganzheitlich und lebensweltlich geschehenden Tradition, die zuerst durch Zeugnis, Beispiel, Institution und durch die Feier der Sakramente vermittelt wird.

Die Vielfalt der Hinsichten und Aspekte macht es begreiflich, daß in Congars Traditionsverständnis Spannungen enthalten sind, Spannungen, die Congar selbst bemerkt, aber eben nicht auflösen will, weil er sie als konstitutiv betrachtet. Er selbst spricht ja – wie uns schon mehrfach aufgefallen ist – von der Dialektik in der Theologie, die nicht aufzuheben ist. In der Traditionstheologie finden wir eine Dialektik von Reinheit und Fülle, von Normativität und Kumulation, von apostolischer Bindung und universaler Dynamik, von historischer Festlegung und aktuellem Wirken des Geistes, von verpflichtendem Dogma und zeitgemäßer Hermeneutik, von textlicher Grundlage und lebendigem Zeugnis, von erreichter Synthese und bleibender Vorläufigkeit, von konfessioneller Besonderheit und heilsgeschichtlicher Gemeinsamkeit, von intellektueller Kriteriologie und erfahrungsbezogenem Urteil. Die Lösung der Dialektik bringt nicht die Theologie, auch nicht das Leben des Einzelnen, sondern nur die »communio«, in der die diversen und konträren Kräfte in die höhere Einheit des dreifaltig-dreieinigen göttlichen Lebens hineingeführt werden.

### 3. Die Aufnahme Blondels durch Congar

Wiederum ist im Laufe unserer Untersuchung der Name Maurice Blondel mehrfach gefallen. Congar stuft Blondels Beitrag für die Erarbeitung eines angemessenen Traditionsbegriffes hoch ein, er lobt die »anregende und tiefe Konzeption«[807], die seinen eigenen Ansätzen entspricht. Acht Seiten des systematischen Teils sind der Darstellung und Interpretation Blondels gewidmet.[808] In »Tradition und Kirche« finden sich Verweise auf Blondel in allen Kapiteln.[809]

Die Gemeinsamkeiten gehen weit und sind sehr grundsätzlicher Art: Beide denken die Tradition als lebendige Synthese, die in sich Intellektualität und Erfahrung, Tatsachen und Interpretation, Handlung und Reflexion, Glaube und historischen Bezug, Vergangenheit und Gegenwart vermittelt, als eigene, von der Schrift unabhängige und durch sie gar nicht ersetzbare Weise der Kommunikation, als praktische Nachfolge Christi, die mehr enthält, als sich je verbalisieren läßt, als Kraft der Treue und der Entwicklung, als geschichtlich und transzendent zugleich.

So weit der Konsens reicht, Congar bringt zum Schluß doch einige Kritiken an. Ihm mißfällt der Ausdruck »créatrice« in seiner Anwendung auf den Glauben der Kirche, da er die Gebundenheit an feste textliche Zeugnisse verwischt.[810] Generell bemängelt Congar, daß Blondel – bedingt durch seine Reaktion auf Historizismus und Extrinsezismus – die Rolle der Dokumente

---

[807] »conception suggestive et profonde« (*TTH* 266).
[808] *TTT* 122–129.
[809] Vgl. *TK* 28–30.71.87.108.114.143.
[810] Vgl. *TTT* 128.

und der Historie zu gering einschätzt.[811] Der zweite Einwand Congars richtet sich gegen die Vernachlässigung der verbal-kognitiven Elemente in der Tradition.[812] Congar weist darauf hin, daß die apostolische Tradition bereits eine theologische Interpretation enthält, daß sie Bekenntnisaussagen umfaßt, die in ihrer Formulierung einen Wahrheitsanspruch erheben, daß sie teilweise dogmatischen Charakter hat. Significant, daß Congar meint, Newman habe »die bereits intellektuelle Natur des Impliziten«[813] schärfer herausgearbeitet. Drittens setzt Congar an Blondel aus, daß er die Funktion des Lehramtes innerhalb des Traditionsprozesses nur ungenügend dargestellt habe.[814]

Diese Grenzen des Blondelschen Traditionsbegriffes rühren insgesamt daher, daß er ihn aus philosophischer Perspektive (wenn auch als Christ, ja als Katholik) entwickelt hat.[815] Congar muß und kann präzisieren, weil er Historiker und Theologe ist. Als Historiker hat er mehr als Blondel die konstitutive Rolle geschichtlicher Tatsachen für Offenbarung, Tradition und Glaube im Blick, registriert aufmerksamer die Schwachstellen der geschichtlichen Brücke zwischen Christus und der kirchlichen Gegenwart, arbeitet Fehler und Einseitigkeiten des Traditionsprozesses auf und stellt sich konkret der Aufgabe der Traditionskritik. Als Theologe mit kriteriologischem Interesse, mit ökumenischer Orientierung und mit dem begrifflichen Erbe der Scholastik und Neuscholastik spricht er vorsichtiger und differenzierter vom realen Christus als innerer Norm der Tradition, bindet vielmehr die Präsenz Christi stärker an die kontrollierbare Form der Heiligen Schrift und – auf anderer Ebene – der lehramtlichen Zeugnisse. Congar setzt die philologische und historische Überprüfbarkeit des christlichen Glaubens bzw. das Recht ihrer Einforderung höher an als Blondel. Und schließlich ist zu bemerken, daß Congar infolge seiner spezifisch theologischen Absicht und Kompetenz weit breiter als der Philosoph Blondel die Trinitätstheologie als das Proprium des christlichen Glaubens in die Traditionstheologie einbringt.[816]

---

[811] Vgl. Larchers Anfrage an Blondel hinsichtlich er Überziehung der »Differenz zwischen historisch-kritisch zu bearbeitendem Datum und wirklichem geschichtlichem Sachverhalt« (in: *Modernismus als theologischer Historismus*, aaO. 118).
[812] Vgl. *TTT* 129.
[813] »la nature déjà intellectuelle de l'implicite« (*TTT* 127).
[814] Vgl. *TTT* 129.
[815] Vgl. Congars Einschätzung *TTT* 129.
[816] Vgl. zur durchaus vorhandenen Trinitätstheologie bei M. Blondel: G. LARCHER, *Modernismus als theologischer Historismus*, aaO. 239.

## 4. Eine Kurzformel

Eine Zusammenfassung der Traditionstheologie Congars läßt sich geben in der von ihm selbst bevorzugten Kurzformel: »la présence d'un principe à tous les moments (étapes) de son développement (de son histoire)«[817].

Das erste Wort signalisiert: Die Tradition ist nicht mit Vergangenheit zu verwechseln, ihre Erforschung nicht mit Archäologie, ihre Hochschätzung nicht mit Nostalgie, die für ein früheres goldenes Zeitalter schwärmt. Das Anliegen der Tradition ist gerade die Gegenwart, die sie nicht der Willkür, dem Zufall, der Beliebigkeit, der Atomisierung, der Verarmung, der Unvernunft, der Ideologie, dem Identitätsverlust, der Wurzellosigkeit preisgeben will. Gerade wegen ihres Interesses an der Gestaltung der Gegenwart knüpft die Tradition das Heute und sogar das Morgen an ein Prinzip, ein Prinzip, dessen erste Erscheinung zwar unwiderruflich einer zurückliegenden Epoche angehört, dessen Präsenz aber dennoch mehr ist als die eines kunstvoll konservierten, musealen Reliktes, anders als die einer geistigen Renaissance, mehr als die Wirkung einer besonders gelungenen, genialen, klassischen Realisation menschlicher Geschichte, die Maßstäbe setzt und für alle Nachfolgenden eine Herausforderung darstellt. Das christliche Prinzip initiiert nicht nur und ist nicht nur eine Stufe, hinter die es kein Zurück mehr gibt, sondern es wirkt und bestimmt aktuell weiter, nicht nur mittels des menschlichen Gedächtnisses und der Weiterexistenz in Texten und Gegenständen, sondern in realer Vergegenwärtigung und in lebendiger Anwesenheit. Es bewegt sich durch die Jahrhunderte, wechselt sein Aussehen, bewährt sich in immer neuen Situationen und Umfeldern, setzt sich mit Andersartigem auseinander, kritisiert und integriert, es entwickelt sich und bleibt doch auf geheimnisvolle Weise mit sich selbst eins. Identität und zeitgemäße Veränderung, Konstanz und Geschichtlichkeit sind in der Tradition kein Gegensatz. Ihre universale Dynamik mindert nicht ihre bewahrende Kraft, ihre Sorge um die Erhaltung des Erreichten führt nicht zur Sperrung gegen neuartige Erkenntnisse und Realitäten. Paradox, möchte man meinen,[818] und in der Tat: welche menschliche Tradition könnte diese Leistungen erbringen? Das Prinzip, das dies alles vermag, ist folgerichtig nicht nur menschlich, sondern auch göttlich: Jesus Christus, das Evangelium, und seine Vergegenwärtigung verdankt der Mensch nicht eigener Kraft, sondern dem Geist Jesu Christi, der alle zeitlichen und räumlichen, alle sozialen und psychologischen Grenzen überwin-

---

[817] Vgl. *TTT* 37–38. Erstmalig begegnet uns diese Formulierung in *VFR* 303. Sie spielt zwar in *TTH* und *TTT* keine große Rolle, aber ihre Bedeutung zeigt sich darin, daß Congar sie später mehrfach aufgreift – bis in die 80er Jahre hinein. Vgl. *FL* 74; PUYO 239; Art. *Tradition*, in: *Dictionnaire des Religions*, hrsg. von P. POUPARD, Paris 1984, 1714–1718, hier: 1717.
[818] Vgl. *TK* 147.

det. Die Kurzformel heißt also gefüllt: Die Tradition im christlichen Sinn ist die lebendige Gegenwart Christi, der durch seinen Geist in geschichtlicher und d.h. kirchlicher Vermitteltheit und stets neuer Aktualisierung in realer Weise allen Epochen gleichzeitig wird.

## 5. Würdigung und Kritik

Congar beeindruckt und überzeugt durch sein stupendes Wissen, durch seine profunde Kenntnis der Quellen und ihre souveräne Handhabung, durch seine Ausgewogenheit im Urteil, durch seine inhaltliche Weite und die methodische Anlage. Die Stärke seines Traditionsverständnisses liegt in der ökumenischen Sensibilität, in der Verantwortung gegenüber der Historie, in der trinitarischen Perspektive, im Gegenwarts-, Handlungs- und Kirchenbezug, in der real-ganzheitlichen Sicht der Tradition, in der Offenheit für Reform und Kritik. Überall spürbar ist seine Absicht, keinen Wert und keine Einsicht, wo und in welcher Entstellung sie auch immer zu finden sein mögen, verlorengehen zu lassen. Das breite diachrone und synchrone Gespräch bewahrt vor Simplifizierungen, die zu apologetischer Vereinnahmung oder Ideologisierung Anlaß geben könnten; Schwierigkeiten und Widersprüche werden nicht verdeckt. So ist eine Grundlage geschaffen für eine ehrliche und offene Auseinandersetzung sowohl mit der Reformation und der Orthodoxie als auch mit den problematischen Tatsachen katholischer Vergangenheit und Gegenwart. Trotz aller Verzweigtheit verzichtet Congar indessen nicht auf eine Synthese, die allerdings nicht aus einem stringenten Gedankensystem besteht, sondern im mühsamen Nachvollzug vielfältiger kirchlicher Lebens- und Denkwege den Sinn der Bewegung zu erfassen sucht.

Auch aus geschichtstheoretischer Sicht hat Congars Traditionsbegriff seine Vorzüge: eine differenzierte Wahrnehmung und Benennung der Träger der Geschichte, eine klare Vorstellung von Kontinuität, die sinnstiftende Zuordnung von Partikularität und Universalität, die deutliche Zurückweisung quasi metaphysischer Ansprüche der Historie oder der Geschichtsphilosophie, eine teleologische Konzeption, die die menschliche Freiheit nicht erdrückt. Eine Ergänzung wäre allerdings vorstellbar hinsichtlich der philosophischen Auseinandersetzung.[819] Congars Geschichtstheologie könnte an Reiz gewinnen durch eine detailliertere Konfrontation mit geschichtsphilosophischen Strömungen. Insgesamt ist zu fragen, ob er nicht die Leistungskraft einer

---

[819] Von mehreren Seiten ist darauf hingewiesen worden, daß es Congar an philosophischer Reflexivität fehle: Vgl. JOSSUA, aaO. 47.53–54; C. MACDONALD, *Church and World in the Plan of God*, aaO. 16.146; M.-J. LE GUILLOU, *P. Yves M.-J. Congar op*, in: *Bilanz der Theologie im 20. Jahrhundert. Bahnbrechende Theologen*, Freiburg 1970, 181–199, hier: 198. Congar selbst räumt seine philosophischen Mängel ein: Vgl. PUYO 223.

Plausibilität der Sache aus sich selbst überschätzt. Für die Vermittlung der Theologie mit neuzeitlicher Rationalität böte eine breitere Diskussion nichttheologischer Konzeptionen eine Hilfe. Sicherlich lassen sich für Congars Vorgehen gute Grüne beibringen – methodisch und inhaltlich –, aber auch wenn man Congars Skepsis in Bezug auf die Stichhaltigkeit einer philosophischen Hinführung teilt, muß man ja nicht von vornherein auf die Chance verzichten, die darin liegt, die Geschichtstheorie als »praeambula fidei« zu denken. Sollten nicht zumindest die Aporien anderer Geschichtsmodelle aufgewiesen werden, um die Tragweite der eigenen Theorie angemessener, ja überzeugender darstellen zu können? Der Einwand gilt analog für Congars Anthropologie: Sie speist sich vorwiegend aus theologischen Quellen und bewährt sich nicht in der Diskussion mit philosophischen Konzepten.[820] Ferner verdiente die mitlaufende Ontologie eine Entfaltung. Congar spricht von sakramentaler, eschatologischer, spiritueller, intersubjektiver Ontologie,[821] doch bleiben nähere Ausführungen leider aus. Congar ist Thomist und will es sein; die thomasische Ontologie ist für ihn der feste, Sicherheit gebende Rahmen für seine geschichtliche Theologie. Die Konfliktträchtigkeit dieser beiden Größen zueinander wird indessen nur ansatzweise thematisiert.

Da diese Anfragen einen sehr weiten Horizont aufreißen, ist gerechterweise anzumerken, daß ein einziger Theologe nicht alles leisten kann und daß Congar sich bewußt beschränkt; der von ihm bewältigte Stoff hat ohnehin schon ein riesiges Ausmaß. So wird man im Blick auf das Gesamt sagen dürfen, daß Congar uns mit seinen zwei Bänden über die Tradition ein Meisterwerk hinterlassen hat, das in beispielhafter Weise die Quellen erschließt und geschichtliches Wissen systematisch fruchtbar macht, das von daher die zentrale Bedeutung der Tradition für den Glauben in seiner erkenntnistheoretischen und praktischen Dimension nahe bringt und das nach wie vor reiche Einsichten und Impulse bereithält.

---

[820] Es gibt allerdings einige positive Bemerkungen über die Phänomenologie, den Existentialismus und die personalistische Anthropologie. Congar sieht eine Nähe zu biblischen Vorstellungen in Bezug auf den Person- und Wahrheitsbegriff und hält es sogar für möglich, daß die Existenzphilosophie [Congar denkt wahrscheinlich an G. Marcel, S. Kierkegaard, M. Heidegger, F. Jaspers. Vgl. *Hist* 774 und die Erwähnungen in: »*Dimensions de la foi*«, in: *VieI* 25(1953) 114–121, hier: 120] für die Theologie heute »un rôle analogue« (*FTh* 179) zu der Platos in früherer Zeit spielen könne. Vgl. ferner *HK* 175 (Verweis auf J. Mouroux) und *TTT* 28 (Verweis auf M. Buber).
[821] »ontologie sacramentelle« (*TTT* 34), »ontologie eschatologique« (*TTT* 39), »ontologie spirituelle« (*TTT* 153), »ontologie intersubjective« *FTh* 179; vgl. *HK* 175; *Dimensions de la foi,* in: *VieI* 25 (1953) 114–121, hier: 120.

# C

# DER EINFLUSS CONGARS AUF DIE KONZILSKONSTITUTION »DEI VERBUM«

*1. Einleitung*

J. Ratzinger, der ja selbst als Berater am Konzil teilnahm und viele Entwicklungen daher hautnah mitverfolgen konnte, erwähnt in seinem Kommentar zur dogmatischen Konstitution »Dei Verbum«[1] ausdrücklich den Einfluß Congars auf das Kapitel II, das von der Weitergabe der Offenbarung handelt. In der Interpretation des Artikel 8 urteilt er: »man kann unschwer (wie schon in den Zufügungen, mit denen Artikel 7 über Trient hinausgeht) die Feder von Y. Congar in dem Text wiedererkennen und dahinter die Anregungen der katholischen Tübinger Schule des 19. Jahrhunderts wirken finden, ihren dynamisch-organischen Traditionsbegriff, der seinerseits vom Geist der deutschen Romantik wesentliche Befruchtungen empfangen hat«.[2] Als zweiten Punkt hebt Ratzinger das Mitverdienst Congars hervor, die vorgeschlagenen Schemata über die zu spezielle Fragestellung nach der materialen Suffizienz der Schrift hinausgeführt zu haben.[3] C. Moeller ist, was die Rückführung konkreter Passagen der Konstitution auf Congar betrifft, vorsichtiger.[4] A. Dulles schließlich betrachtet Congar als Bindeglied zwischen Blondels Traditionsbegriff und der Lehre des Vatikanum II.[5] Tatsächlich kann oft nur eine grundsätzliche Übereinstimmung in der Intention festgestellt werden, während der Nachweis einer präzisen Autorschaft sich schwierig gestaltet. Es darf nicht vergessen werden, daß einige andere Theologen, die an der Konstitution mitarbeiten, in etwa die gleiche Linie wie Congar vertreten. Weder ihre Arbeitspapiere noch der Wortlaut der Textstadien liegen vollständig vor. Immerhin gibt es im Hinblick auf Congar einige Hilfsmittel, die es doch erlauben, detaillierter als bisher seine Einflußnahme zu markieren. Wir können zurückgreifen auf drei Textentwürfe Congars zu »Dei Verbum«, auf

---

[1] J. RATZINGER, *Kommentar zur dogmatischen Konstitution über die göttliche Offenbarung*, in: *LThK. Das Zweite Vatikanische Konzil II*, 498–528. Im folgenden zitiert als Ratzinger.
[2] RATZINGER 519.
[3] *Ebd.* 499.
[4] C. MOELLER, *Le texte du chapitre II dans la seconde période du Concile*, in: B.-D. DUPUY (Hrsg.), *La révélation divine I*, Paris 1968, 305–344, hier besonders: 313–315. Im folgenden zitiert als Moeller.
[5] A. DULLES, *Das II. Vatikanum und die Wiedergewinnung der Tradition*, in: E. KLINGER/K. WITTSTADT (Hrsg.), *Glaube im Prozeß. Christsein nach dem II. Vatikanum*. FS K. Rahner, Freiburg 1984, 546–562, hier 560–561.

mehrere Stellungnahmen seinerseits während des Konzils und auf sein persönliches Konzilstagebuch. Unsere Darstellung situiert die Beiträge Congars im verwickelten Entstehungsprozeß der Offenbarungskonstitution, wobei seine persönlichen Bemerkungen zum Diskussionsverlauf aufgenommen werden, vergleicht zwei seiner Textentwürfe mit den zeitlich entsprechenden Stadien der Konzilsvorlagen, zieht einen ausführlichen Kommentar Congars zur letzten Vorform der Konstitution heran und versucht schließlich ein Urteil.

## 2. Das vorbereitete Schema »De fontibus Revelationis«

Als am 5.6.1960 die vorbereitenden Kommissionen für das II. Vatikanum gebildet werden und die Theologische Kommission mit Kardinal Ottaviani als Präsident und S. Tromp SJ als Sekretär am 2.7.1960 vom Papst den Auftrag erhält, einen Entwurf über »De Fontibus Revelationis« zu erstellen,[6] ist Congar mitten in seiner Arbeit am theologischen Teil seines Traditionswerkes, während der historische Teil sich bereits im Druck befindet (Imprimatur: 11.5.1960). Das Thema stellt sich dem Konzil unausweichlich, weil das Mariendogma von 1950 eine heftige Diskussion über Fragen der Dogmenentwicklung und des Glaubenssinnes ausgelöst hat, weil die Aussagen des Trienter Konzils zur Heiligen Schrift und zur Tradition neu interpretiert werden, weil die historisch-kritische Exegese der Heiligen Schrift Unsicherheit verbreitet und eine Klärung ihres Verhältnisses zur Lehre von der Inspiration und von der Irrtumslosigkeit und zur kirchlich-dogmatischen Auslegung verlangt, weil schließlich die Bibelbewegung eine offizielle Anerkennung und dogmatische Verankerung anstrebt.[7]

Das Zusammentreffen der Absicht des Konzils mit den Forschungen Congars kann als eine glückliche Fügung betrachtet werden, denn mit seinen Veröffentlichungen kann Congar in die Diskussion eingreifen, und wegen seiner wissenschaftlichen Beiträge gilt er als kompetent, um als Berater berufen zu werden. Bereits vor Beginn der ersten Konzilsdiskussion über das Offenba-

---

[6] Vgl. zum Ablauf des Konzils und der Arbeiten an der Offenbarungskonstitution folgende Standardwerke: B.-D. DUPUY (Hrsg.), *La révélation divine II*, Paris 1968, 569–572. K. RAHNER/ H. VORGRIMLER, *Kleines Konzilskompendium*, Freiburg [11]1976, 34–36. Ratzinger 498–503. E. STAKEMEIER, *Die Konzilskonstitution über die göttliche Offenbarung. Werden, Inhalt und theologische Bedeutung*, Paderborn, 2. erweiterte Auflage 1967, hier: 361–368. Im folgenden zitiert als Stakemeier. Für die Einordnung und Bewertung des Kapitel II von »Dei Verbum« vgl. den genannten Aufsatz von A. Dulles, der den Traditionsbegriff des Konzils gegen den der Modernisten und Traditionalisten absetzt. Vgl. ferner: P. VAN LEEUWEN, *Der Reifungsprozeß des Zweiten Vatikanischen Konzils in der Lehre über die göttliche Offenbarung und ihre Weitergabe*, in: *Conc (D)* 3 (1967) 2–8.

[7] Vgl. RATZINGER 498–499.

rungsschema am 14.11.1962[8] liegen sechs Artikel Congars zum Thema »Tradition« vor, drei weitere folgen noch bis Jahresende.

Congar kommt nach Rom als theologischer Berater der französischen Bischöfe und erlebt die Unzufriedenheit des deutschen, holländischen, belgischen und französischen Episkopats mit den vier geplanten dogmatischen Schemata hautnah.[9] Er selbst urteilt: »Es stimmt, die vorbereiteten Schemata sind oberflächlich, schulmäßig, zu philosophisch und zu negativ; man könnte glauben, es hätte nicht vierzig Jahre biblischer, theologischer und liturgischer Arbeit gegeben.«[10]

Bei der Mitarbeit am Schema »De Fontibus Revelationis« trifft Congar auf eine Reihe von Theologen, die uns aus unserem Teil A bekannt sind, darunter zwei, die man aufgrund der Vorgeschichte als Gegner bezeichnen könnte: S. Tromp und P. Parente.[11]

Durch das vorgelegte Schema hindurch zieht sich eine vorsichtig-ängstliche Haltung gegenüber der neueren Exegese,[12] eine apologetische Tendenz, die die Positionen der neuzeitlichen päpstlichen Verlautbarungen einschärft, eine fast einhämmernde Betonung des Lehramtes. Bezeichnend sind die Referenzen: Neben »Divino afflante spiritu« kommen vor allem die lehramtlichen Dokumente »Lamentabili«, der Antimodernisteneid und »Humani generis« zum Zuge.

Im Auftrag deutscher und französischer Bischöfe verfaßt Congar »ein Proömium von heilgeschichtlich-kerygmatischer Gestaltung«;[13] die Theologen Rahner, Ratzinger, Daniélou, Semmelroth, Labourdette und Bischof Volk arbeiten parallel.[14] Congars Text »in Form eines großen, kerygmatischen Glaubensbekenntnisses«[15] wird von Kardinal Frings in 200 Exemplaren in Umlauf gebracht, bleibt in seiner Wirkung allerdings weit hinter dem Entwurf Rahners zurück, der in 3000 Exemplaren Verbreitung findet und von den Vorsitzenden der österreichischen, belgischen, französischen und deut-

---

[8] Das am 14.11.1962 vorgelegte Schema gilt bei Ratzinger bereits als Form C. Vgl. *ebd.* 503.
[9] Y. CONGAR, *Erinnerungen an eine Episode auf dem II. Vatikanischen Konzil,* in: E. KLINGER/ K. WITTSTADT (Hrsg.), *Glaube im Prozeß. Christsein nach dem II. Vatikanum,* Freiburg 1984, 22–32. Im folgenden zitiert als Erinnerungen.
[10] *Erinnerungen* 26.
[11] Vgl. Teil A: I, 4b; III, 1 c und d.
[12] Relativ viele Verweise auf die Enzyklika »Providentissimus Deus« Leo XIII., die Dansette als »une victoire de l'école traditionaliste« bezeichnet (A. DANSETTE, *Histoire de la France contemporaine,* aaO. 676).
[13] *Erinnerungen* 24.
[14] Vgl. *ebd.* 25.
[15] *Ebd.* 28. Wiedergabe des Textes im selben Buch auf den Seiten 51 bis 64.

schen Bischofskonferenz unterstützt wird.[16] Ein englischsprachiges Papier von Schillebeeckx zirkuliert ebenfalls mit mehr Erfolg.[17]
In der Theologischen Kommission entsteht eine harte und heftige Diskussion; Kardinal Ottaviani und S. Tromp versuchen, alle Gegenvorschläge zu unterdrücken und das römische Schema durchzuboxen. Congar erfährt Ottavianis aggressive Einstellung auch in einem persönlichen Gespräch.[18] Er selbst setzt in seinem Engagement zwei Akzente: Er richtet sich energisch »gegen die Auffassung von zwei Quellen und gegen die Zuweisung, die Tradition zu hüten, allein an das Lehramt«.[19]

*3. Congars Entwurf von 1962*

Neben dem Proömium erstellt Congar im November 1962 auf die Anfrage einiger Bischöfe und in Zusammenarbeit mit ihnen einen Text über Schrift und Tradition. Er ist in fünf Abschnitte gegliedert: 1. Die Verkündigung der heilbringenden Wahrheit. 2. Die Schriften des Alten und Neuen Bundes. 3. Über die nichtschriftliche Tradition. 4. Die Kirche, das Subjekt der Tradition. 5. Über das Verhältnis von Schrift, Tradition und Kirche.[20]
Ein Vergleich mit dem von der Theologischen Kommission vorgelegten Schema bietet sich an. Congars Text versteht sich vor allem als Korrektur zu Kapitel I, das den Titel trägt: »De duplici fonte revelationis«.[21] Darin findet sich die These von zwei Offenbarungsquellen,[22] ein einseitig verbales und intellektualistisches Offenbarungsverständnis, die Auffassung vom Lehramt

---

[16] Der Rahner-Text ist ebenfalls zu finden in: E. KLINGER/K. WITTSTADT, *Glaube im Prozeß*, aaO. 33–50.
[17] Vgl. *Erinnerungen* 30.
[18] Vgl. *ebd.* 31.
[19] »et contre l'idée de deux sources, et contre l'attribution au seul magistère de la garde de la Tradition«, in: YVES CONGAR, *Journal du Concile I*, 154. Eintragung vom 17.11.1962. Das Konzilstagebuch Congars existiert nur in drei Exemplaren (ein eigenes, eins in der Bibliothek »Le Saulchoir« und eins an der Universität Löwen) und darf nur mit persönlicher Einwilligung Congars benutzt werden. Es umfaßt zwei Bände, die allerdings durchgehende Seitenzahlen haben.
[20] Der lateinische Text und eine französische Übersetzung sind veröffentlicht in: B.-D. DUPUY, *La révélation divine II*, Paris 1968, 589–598. Lateinischer Titel: *De Traditione et Scriptura*. Französischer Titel: *Tradition et Ecriture*. Ich beziehe mich auf den lateinischen Text und verweise auf die nummerierten Kapitel (1. Promulgatio veritatis salutiferae. 2. Scripturae Veteris et Novi Testamenti. 3. De Traditione non scripta. 4. Ecclesia, subjectum Traditionis. 5. De habitudine inter Traditionem, Scripturam et Ecclesiam).
[21] Das Schema findet sich in: *Acta Synodalia Sacrosancti Concilii Oecumenici Vaticani II, Vol. I, Pars III*, 14–26. Ich zitiere nach den dort gebrauchten Nummern.
[22] Vgl. *ebd.* Nr. 4.

als »regula proxima« des Glaubens,[23] eine starke Hervorhebung des Lehramtes. Congar stellt dagegen heraus das Evangelium vom dreieinigen Gott als die Offenbarung, aus der Schrift und Tradition hervorgehen,[24] er betont die Heilsdimension der Wahrheit,[25] er bezeichnet die Heilige Schrift als höchste Norm des Glaubens, nach der sich gläubiges Leben und Verkündigung zu richten haben,[26] er spricht von der lebendigen und realen Tradition, die er höher bewertet als die verbale Weitergabe.[27] Völlig neu bringt Congar ein: das Wachstum der Tradition, die Bedeutung des aktiven Beitrags der Traditionsträger,[28] die Rolle der gesamten Kirche im Traditionsprozeß, die Unterordnung des Lehramts unter die Offenbarung in Schrift und Tradition,[29] das Ineinander von Kirche, Schrift und Tradition.[30]

Interessant ist ein Vergleich der Zitate bzw. der Referenzen. Congar übernimmt vom Schema die Verwendung von Mk 16,16; Mt 28,18–20 und das uns bereits geläufige Zitat aus dem Korintherbrief des Clemens von Rom (42,1–3). Im Unterschied zum vorliegenden Schema versucht er, eine größere Zahl von Schriftbezügen herzustellen, und zieht die Kirchenväter (hier Irenäus von Lyon, Vinzenz von Lerin und Cyprian von Karthago) mehr heran; die Verweise auf das Konzil von Trient, auf das Vatikanum I und auf die Enzyklika »Humani generis« entfallen. Es manifestiert sich deutlich sein Prinzip: hin zur tieferen Tradition, Schöpfen aus den Quellen, schriftgemäße und patristische Erneuerung. Congar will die Fragestellungen und Horizonte der genannten Dokumente überwinden.

*4. Von der ersten zur zweiten Sitzungsperiode*

Am Ende der ersten Konzilsperiode muß Congars Einfluß als bescheiden eingeschätzt werden, denn er ist weder an den Textentwürfen der Vorbereitungskommission beteiligt noch wird er während der Sitzungen herangezogen.[31] Persönliche Defizite kommen nach seinem eigenen Urteil hinzu: »Es ist zutreffend, daß ich zu zurückhaltend gewesen bin, daß ich mich weder genug beunruhigt noch mich genug gesträubt habe. Man hätte von lästiger Hartnäk-

---

[23] Vgl. *ebd.* Nr. 6.
[24] Vgl. *De Traditione et Scriptura Nr. 1–3.*
[25] Mehrfach setzt Congar zu Evangelium oder Wahrheit die Spezifizierung »salus« bzw. »salutaris« hinzu.
[26] Vgl. *De Traditione et Scriptura Nr. 2.*
[27] Vgl. *ebd.* Nr. 3.
[28] Vgl. *ebd.*
[29] Vgl. *ebd.* Nr. 4.
[30] Vgl. *ebd.* Nr. 5.
[31] Vgl. *Journal du Concile I,* 185.

kigkeit sein müssen«[32]. Er beklagt sich über das Fehlen exegetischer und ostkirchlicher Fachleute in der Kommission. »Aber ich habe die Gewohnheit, 1. nur die Wahrheit vorzuschlagen, jedem vorzuschlagen, aufmerksam zu sein; 2. meine Ware nicht anzupreisen, nicht zu wiederholen. Man hätte es bis zur Aufdringlichkeit tun müssen. Ich habe versäumt, es zu tun.«[33]
Congars Tagebuchaufzeichnungen geben einen Einblick in die gedrückte bzw. explosive Atmosphäre der ersten Konzilsperiode, die geprägt ist durch eine Reihe von diplomatischen Schachzügen, durch den Versuch des hl. Offiziums, die Kommissionen zu kontrollieren, durch die Schwierigkeit, offen und frei zu reden.[34]
Als das römische Schema starken Widerspruch erfährt (wenn auch am 19.11.1962 nicht die nötige Zwei-Drittel-Mehrheit zur Ablehnung zustandekommt) und auf Initiative des Papstes ein neues in Auftrag gegeben wird, atmet Congar auf.[35] Er gewinnt der Sicht Sympathie ab, daß mit diesem Votum das Zeitalter der Gegenreformation beendet ist.[36]
Jedoch gibt die Partei Ottavianis noch nicht auf. Congar muß sich von Ottaviani selbst vorwerfen lassen, einige Konzilstexte, lehramtliche Äußerungen und Kirchenväter falsch zu interpretieren.[37] Denselben Vorwurf erhebt Msgr. Parente.[38] Überwachung und Verdächtigung dauern an. »Ich sehe, daß ich ein für allemal und für immer verdächtig bin. Das wird mich nicht hindern, zu arbeiten. Meine Arbeit mißfällt ihnen, weil es ihr ganzer Sinn ist – sie merken es wohl –, Gedanken wieder in Umlauf zu setzen, gewisse Dinge, die auszuschließen sie sich seit 400 Jahren und vor allem seit 100 Jahren bemüht haben. Aber genau dies ist meine Berufung und mein Dienst, im Namen des Evange-

---

[32] »Il est exact que j'ai été trop timide, que je me suis, ni assez inquiété, ni assez débattu. Il eût fallu être importun avec entêtement« (*ebd.* 154. Vgl. auch 317).
[33] »Mais j'ai l'habitude 1. de proposer seulement la vérité, à chacun d'y être attentif; 2. de ne pas vanter ma marchandise, de ne pas répéter. Il eût fallu le faire jusqu'à l'importunité. J'ai manqué de le faire« (*ebd.*).
[34] Vgl. *ebd.* 155–156.
[35] Das Schema der Theologischen Kommission konnte in der Abstimmung am 20.11.1962 nicht zu Fall gebracht werden. Allerdings war die Form der Abstimmung unglücklich: Ein Ja bedeutete Ablehnung des Schemas, ein Nein Zustimmung, so daß diejenigen, die den Text zurückweisen wollten, eine Zwei-Drittel-Mehrheit aufbringen mußten, nicht wie sonst üblich die Partei derer, die den Text bejahte. Wegen dieser Umkehrung, die vielleicht nicht allen Konzilsvätern klar war, und wegen der hohen Zahl der Ablehnungen (1368 gegen 822) griff der Papst selbst ein, nahm den Text von der Tagesordnung und setzte eine »Gemischte Kommission« zur weiteren Bearbeitung ein, an der auch das Einheitssekretariat beteiligt war. Vgl. dazu RATZINGER 501.
[36] Vgl. *Journal du Concile I*, 162; *Le Concile du Vatican II*, Paris 1984, 58.
[37] Vgl. *Journal du Concile I*, 184 (Eintragung vom 30.11.1962).
[38] Vgl. *ebd.* 233 (11.3.1963).

liums und der Tradition.«[39] Im Namen der Tradition also gegen erstarrte Traditionen.

Die Denkweise Ottavianis charakterisiert Congar als eingleisig und undifferenziert: »Er spricht und denkt niemals dialektisch von der Kirche.«[40] Seine Leitwerte sind: Homogenität und Bestärkung der Autorität. Um Gegner attackieren zu können, greift er Worte und Sätze heraus und isoliert sie, ohne das Ganze zu beachten. Sein Interesse an der Verurteilung der Position Geiselmanns und an der Approbation der zwei Quellen hat nach Congar den theologischen Hintergrund, daß er von der Offenbarung »die Vorstellung einer Reihe einzelner Aussagesätze«[41] hat. Für Congar hingegen beinhaltet die Offenbarung das Ganze der wahren religiösen Beziehung.[42]

Msgr. Parente vertritt eine ähnliche Position wie Ottaviani. Er faßt Congars Werk als ein Bemühen auf, die materiale Suffizienz der Schrift zu beweisen, und setzt ihm entgegen, daß es Wahrheiten gibt, »die die Kirche definiert hat, die zu glauben notwendig ist und die sich nicht ausdrücklich in der Schrift finden, sei es auch implizit, sondern nur virtuell, die Zahl der 7 Sakramente, die Aufnahme (Mariens) beispielsweise oder die unbefleckte Empfängnis. Sie sind allein in der Tradition enthalten«[43]. Congar entgegnet, daß für ihn die Frage nach der Suffizienz der Schrift gar nicht zentral sei, sondern daß es ihm darauf ankomme, die Eigenart der Tradition gegenüber der Schrift genauer zu fassen. Als zweites Hauptanliegen seiner Bemühungen nennt er den Kampf gegen »die Vorstellung einer nicht geschriebenen und *wörtlich* von Mund zu Mund weitergegebenen Lehre«[44]. Aber er hat den Eindruck, daß er Parente nicht überzeugen kann.

Wissenschaftlich erhält die Gegenseite neue Verstärkung durch ein Buch von P. C. Balic, das zu beweisen sucht, die Auffassung von den zwei Quellen sei mehrheitliche Lehre in der katholischen Kirche.[45] Ferner veröffentlicht H. Schauf eine Studie über die Provinzialkonzilien und Katechismen nach dem

---

[39] »Je vois que je suis une fois pour toutes et à jamais soupçonné. Cela ne m'empêchera pas de travailler. Mon travail leur déplaît parce que, ils le sentent bien, tout son sens est de remettre dans le commerce des idées, certaines choses qu'ils se sont appliqués depuis 400 ans et surtout 100 ans à en exclure. Mais c'est cela ma vocation et mon service, au nom de l'Evangile et de la Tradition« (*ebd.* 185).
[40] »il ne parle et ne pense jamais dialectiquement de l'Eglise« (*Journal du Concile I*, 207; Eintragung vom 9.12.1962).
[41] »l'idée d'une série de propositions particulières« (*ebd.*).
[42] Vgl. *ebd.*
[43] »Il y a des vérités que l'Eglise a définies, qu'il est nécessaire de croire, et qui ne se trouvent pas formellement dans l'Ecriture, fût-ce implicitement, mais seulement virtuellement, le nombre de 7 sacrements, l'Assomption, par exemple, ou l'Immaculée Conception. Elles sont dans la seule Tradition« (*ebd.* 233; Eintragung vom 11.3.1963).
[44] »... la fiction d'une docrine non écrite et communiqué *verbalement* de bouche à oreille« (*ebd.*).
[45] C. BALIC (Hrsg.), *De Scriptura et traditione,* Rom 1963.

Trienter Konzil, die zum selben Ergebnis kommt.[46] Congar ist besorgt über diese Engführung des Traditionsproblems und seine mögliche Auswirkung auf bestimmte Bischöfe. Er schreibt in sein Tagebuch: »Meiner Ansicht nach handelt es sich *darum* gerade nicht. Die Frage ist heute genau die, *über diese bestimmte Problematik hinauszugehen.*«[47] Er möchte gern den Diskussionsstand aufarbeiten und darlegen, aber er hat keine Zeit.

Congar beklagt noch ein Jahr später, daß eigentlich keine umfassende Auffrischung und Erneuerung der Theologie von den Quellen her stattgefunden habe, sondern nur eine Einarbeitung einzelner Elemente in das klassische System; er bedauert die starke Unterrepräsentation der Exegeten beim Konzil, die Entfernung der Theologen der »Ecole biblique« von Jerusalem und des römischen Bibel-Instituts. »In Rom gibt es keine (wissenschaftliche) Forschung, nur in einigen nebensächlichen, begrenzten und technischen Bereichen: die byzantinische Sigillographie und anderes dieser Art.«[48] Da die Debatte über Schrift und Tradition im vollen Gang ist, hat Congar Bedenken, bald ein Ergebnis herbeizuführen; ihm scheint eine Verschiebung angebracht.[49]

Eine vom Papst selbst eingesetzte »Gemischte Kommission« mit den gleichberechtigten Vorsitzenden Ottaviani und Bea (Sekretäre: S. Tromp und Msgr. Willebrands) bemüht sich ab November 1962 (25.11.) um eine Neufassung des Schemas. In zehn Sitzungen wird bis zum März 1963 (27.3.) ein Text erarbeitet (Form D), der auf Wunsch des Papstes im April 1963 an die Väter versandt wird.[50]

Das erste Kapitel ist überschrieben: »De Verbo Dei revelato«. Das Leben und Handeln Jesu wird darin – über die vorhergehenden Entwürfe hinausgehend – als Teil seines Evangeliums und dieses ganzheitlich verstandene Evangelium als Quelle aller Wahrheit begriffen;[51] die enge Verbundenheit und gegenseitige Verwiesenheit von Schrift und Tradition wird thematisiert, ihre Einheit wird von der Identität des Ursprungs und des Zieles her begründet.[52] Dem Lehramt wird eine dienende, interpretierende Funktion zugeschrieben, aller-

---

[46] H. SCHAUF, *Die Lehre der Kirche über Schrift und Tradition in den Katechismen,* Essen 1963. Congar nimmt Bezug auf beide Werke in: Le Concile au jour le jour II. Paris 1964, 63.
[47] »A mon avis, ce n'est pas *de cela* qu'il s'agit. La question est précisément aujourd'hui *de sortir de cette problématique*« (Journal du Concile I, 262; Eintragung von Anfang August 1963).
[48] »A Rome, il n'y a pas de recherche, sauf en quelques secteurs périphériques, limités et purement techniques: la sigillographie byzantine et alia hujusmodi« (ebd. 317).
[49] Vgl. *Le Concile au jour le jour II*, aaO. 64.
[50] Vgl. RATZINGER 501; STAKEMEIER 363–364. Den Text siehe: *Acta et documenta Concilio Vaticano II apparando*. Series II. Volumen III. Pars III, 78–82.
[51] Vgl. Nr. 7.
[52] Vgl. Nr. 8.

dings bleibt die Redeweise vom Lehramt als »regula proxima« erhalten.[53] Die Referenzen entsprechen denen des vorhergehenden Schemas: das Konzil von Trient, das Vatikanum I und »Humani generis«.
Trotz allen Fortschritts urteilt daher J. Ratzinger über den Vorschlag: »Er war zu dürftig und karg, auf den ersten Blick als ein Produkt der Resignation zu erkennen.«[54] Weil niemand mit dem Entwurf zufrieden ist, gibt es Bemühungen, das ganze Vorhaben fallen zu lassen und »die Hauptthemen des Entwurfs der Konstitution über die Kirche einzuverleiben«.[55] Die Schlußrede Paul VI. zur zweiten Sitzungsperiode (4.12.1963) macht jedoch – für viele überraschend –[56] deutlich, daß das Schema über die Offenbarung auf der Tagesordnung der 3. Sitzungsperiode stehen wird.

*5. Zwischen zweiter und dritter Sitzungsperiode*

Bis zum Februar 1964 treffen eine Menge von Änderungsvorschlägen und Anträgen ein, ungefähr 300 Väter äußern sich.[57] Am 11. März 1964 beginnt die Arbeit am Schema über Offenbarung-Schrift-Tradition von neuem. Es werden auf Vorschlag von Msgr. Philips und Msgr. Charue zwei Subkommissionen gebildet mit jeweils zwei Untergruppen, die die zahlreichen Wünsche der Konzilsväter berücksichtigen sollen.
Die 1. Subkommission hat als Mitglieder E. Florit (Präsident), G. L. Pelletier, J. Heuschen, Abt Butler; für die Untergruppe »De Revelatione« werden als Periti benannt: Smulders, Moeller, Prignon, Colombo;[58] für die Untergruppe »De Traditione« die Periti: Congar, Betti, Rahner, Schauf.
Die 2. Subkommission mit A. Charue (Präsident), F. Barbado, J. van Dodewaard wird unterteilt in die Gebiete »De Inspiratione« (Periti: Gagnebet, Grillmeier, Semmelroth, Garofalo) und »De Veto et Novo Testamento« (Periti: Turrado, Rigaux, Castellino, Kerrigan);[59] »hinzuzufügen sind selbstverständlich die beiden Sekretäre der Theologischen Kommission, die sich maßgebend am Werden des Textes beteiligten, S. Tromp und G. Philips«.[60]
Die Untergruppe, der Congar angehört, einigt sich mit Msgr. Florit auf folgende Arbeitsbereiche: 1. die Verbindung von Offenbarung und Tradition, 2. das Wesen der Tradition und ihre Bedeutung für das Leben der Kirche, 3.

---

[53] Vgl. Nr. 9.
[54] RATZINGER 501. Vgl. MOELLER 305.
[55] *Ebd.* Vgl. MOELLER 307–308. Anspielung auf die Beratungen unter Kardinal Florit in der »Villa Cancelli« am 26./27.9.1963.
[56] Vgl. MOELLER 309.
[57] Vgl. STAKEMEIER 363.
[58] Moeller nennt auch noch Ramirez (MOELLER 311).
[59] Vgl. *Journal du Concile II*, 441 (11.3.1964).
[60] RATZINGER 501.

Tradition und Schrift, 4. Tradition und Lehramt bzw. Kirche. Congar wird mit den Punkten 2 und 4 beauftragt, während Rahner und Schauf Punkt 3 übernehmen.[61]

Die Kommission tagt vom 20. bis 25. April. Congars Entwurf, betitelt »De Revelationis transmissione et praesertim de Traditione«, vorgestellt am 22.4.1964,[62] setzt die Akzente ähnlich wie in seinem Text von 1962. Im Tagebuch vermerkt Congar am 22.4.1964, daß er zusammen mit Rahner in der Kommission die Wichtigkeit der »Traditio realis« unterstreicht.[63] Unter dem gleichen Datum berichtet Congar vom Wunsch Ottavianis, P. van den Eynde zur Kommission hinzuzuziehen, was dann auch geschieht. Ottaviani versucht auf jede Weise, die Streitpunkte in seinem Sinne zu entscheiden, möchte gern zwei gegensätzliche Texte zur Abstimmung bringen, während ein Großteil der Kommissionsmitglieder sich einig ist, die kontroversen Fragen offen zu lassen.[64] Florit und Betti konzentrieren sich auf die Bestimmung des Inhalts von Schrift und Tradition; sie wollen auf jeden Fall verhindern, daß Geiselmanns Position sich durchsetzt, wittern in jeder Textveränderung, in jedem Vorschlag einen Schritt in Richtung auf die Suffizienz der Heiligen Schrift. Congar erregt sich über diese »Besessenheit«[65]. Er schreibt, daß er über diesen Diskussionstand hinaus sei, und vermutet, daß beide keine eigenständige Meinung zum Thema haben, sondern gelenkt werden.[66] Noch einmal rauft sich die Kommission zusammen: Keine der beiden Richtungen soll verurteilt, bestätigt oder ausgeschlossen werden. Betti und Florit halten sich an die Abmachung – nicht ohne Mühe –, und es gelingt, einen für alle akzeptablen Text über die Tradition zu verfassen. S. Tromps These, »die Tradition ist mit demselben Anspruch Wort Gottes wie die Schrift«,[67] findet keine große Anhängerschaft mehr.

Der von der Kommission verabschiedete Text geht an Kardinal Bea bzw. das Einheitssekretariat. Der Sekretär des Einheitssekretariats, Msgr. Willebrands, unterrichtet die Theologische Kommission von der generellen Billigung des Schemas.[68] Vom 1. Juni 1964 an wird es dann in der Vollversamm-

---

[61] Vgl. *Journal du Concile II*, 442.
[62] Zum Titel vgl. MOELLER 313. Über den Termin bestehen unterschiedliche Angaben: Congar nennt den 22.4. (vgl. *Journal du Concile II*, 455), während Moeller den 20./21.4. angibt (vgl. MOELLER 313).
[63] Vgl. *Journal du Concile II*, 456.
[64] Vgl. *ebd.*
[65] »Florit et Betti (idem sunt) ont eu d'un bout à l'autre l'obsession, oui, *l'obsession*, de la question du *contenu* respectif de l'Ecriture et de la Tradition« (*ebd.* 457; Eintragung vom 23.4.1964).
[66] Vgl. *ebd.*
[67] »la Tradition est parole de Dieu *au même titre* que l'Ecriture. Sic P. Tromp ...« (*ebd.* 458; Eintragung vom 25.4.1964).
[68] Vgl. STAKEMEIER 363.

lung der Theologischen Kommission diskutiert und am 3. Juli auf Anordnung Paul VI. den Vätern zugesandt.[69]

## 6. Congars Entwurf von 1964

In Congars Entwurf vom April 1964[70] begegnen uns die Hauptzüge seines Textes von 1962 wieder: die Betonung der »traditio realis«, vor allem der Liturgie, die Überzeugung vom Wachstum der Tradition, die Sicht des Lehramtes als Dienst am Wort Gottes, die Herausstellung der Heiligen Schrift als oberste Regel, Norm und Autorität, die Auffassung, daß die gesamte Kirche in Bekenntnis, Gebet und Handeln die Tradition bewahrt und vermittelt, die Darstellung der wechselseitigen Bezogenheit von Schrift, Kirche und Tradition. Einige Zitate übernimmt er,[71] andere fallen weg,[72] ohne daß dadurch jedoch inhaltliche Veränderungen die Folge wären. Neu kommen hinzu Bezüge auf einige johanneische Stellen und auf das Konzil von Trient,[73] auf Apg 2,42 und auf die Bulle »Ineffabilis« bzw. die Konstitution »Munificentissimus«[74]. Die Einfügung der Verweise auf konziliare bzw. päpstliche Dokumente darf als Versuch gewertet werden, dem Text bei der lehramtsorientierten Minderheit mehr Akzeptanz zu verschaffen.

Inhaltlich ergeben sich zwei erwähnenswerte Verschiebungen: 1. Eine weitere heilsgeschichtliche Schau, die dem Alten Bund mehr Raum gibt, die Tradition als Grundzug der gesamten Geschichte Gottes mit den Menschen darstellt und Christus als Zusammenfassung und Höhepunkt der vorhergehenden Geschichte einführt.[75] 2. Congar hält nun ausdrücklich fest, daß Schrift und Überlieferung einer gemeinsamen Quelle entspringen und ein gemeinsames Ziel haben.[76] Damit wird die Ablehnung der »Zwei-Quellen-Theorie« deutlicher.

---

[69] Vgl.*ebd.* Der Text findet sich in: *Acta Synodalia Sacrosancti Concilii Oecumenici Vaticani II*, Vol. III. Pars III, 78–82.
[70] Siehe den bisher noch nicht veröffentlichten lateinischen Text im Anhang. Er umfaßt im Original 4 Seiten und enthält folgende Abschnitte: Traditio Populi Dei (1,1–26), Monumentum Scripturarum in Traditione Populi Dei (1,27–2,7/ 18 Zeilen), Traditio in Ecclesia post conditas Scripturas (2,8–3,10/ 38 Zeilen), Subjectum Traditionis: Ecclesia et Magisterium (3,11–4,6/ 32 Zeilen). Ich numeriere die vier Abschnitte fortlaufend und gebe bei Verweisen und Zitaten diese Zahlen an.
[71] Mk 16,15f.; Mt 13,33 bzw. Lk 13,21; Lk 2,19.51; 2 Kor 13,13; Irenäus von Lyon (Adv. haer. III,1,1); Cyprian von Karthago (Brief 66,8); Vinzenz von Lerin (Commonitorium c.2).
[72] Mt 28,18–20; 1 Kor 1,10; Kol 2,3; 1 Tim 6,20; 1 Klem 42,1–3; Nicaenum II.
[73] Vgl. Abschnitt 1.
[74] Vgl. Abschnitt 4.
[75] Vgl. Abschnitt 1.
[76] Vgl. Abschnitt 3.

Congars Vorlage vom April 1964 hat merkliche Auswirkungen gehabt. Die Kommission orientiert sich in der Verfassung ihres Textes zwar am Entwurf Bettis, dieser jedoch hat bereits »eine Reihe von Elementen der Texte Rahner-Congar«[77] verarbeitet. Eine Vorlage von Heuschen kommt noch hinzu.[78] Eine Gegenüberstellung der Texte macht offensichtlich, daß teilweise wörtliche Anklänge und Übereinstimmungen zwischen Congars Vorschlag und dem von der Kommission später verabschiedeten Text bestehen. Die Kursivstellungen kennzeichnen die Parallelen und Ähnlichkeiten.

---

[77] »une série d'éléments des textes Rahner-Congar« (MOELLER 319).
[78] Vgl. *ebd.*

| ENTWURF CONGARS VOM APRIL 1964 | TEXTUS EMENDATUS JULI 1964[79] |
|---|---|
| ... *Summa* ergo Traditionis in *Evangelio* consistit seu Mysterio Christi, quod *promissum ante per Prophetas* (in Scripturis sanctis) Dominus noster Jesus Christus *proprio ore* primo *promulgavit* deinde per suos Apostolos tamquam *fontem omnis et salutaris veritatis et morum disciplinae »omni creaturae praedicari«* (Mc 16, 15) iussit. (Nr. 1) | Ideo Christus Dominus, in quo summi Dei tota revelatio consummatur ... mandatum dedit Apostolis ut *Evangelium, quod promissum ante per prophetas* Ipse adimplevit et *proprio ore promulgavit,* tamquam *fontem omnis et salutaris veritatis et morum disciplinae omnibus praedicarent...* (Nr. 7) |
| Haec revelatio Dei viventis paulatim facta et in mysterio Christi completa, perpetuo traditur integra dum *viva vox Evangelii resonat in Ecclesia et per Ecclesiam in mundo.* Non tamen verbis tantum traditur sacrum revelationis seu religionis christianae depositum, sed etiam annua et quotidiana celebratione mysteriorum, *exemplo et praxi vitae christianae,* diversis moribus, institutis ritibusque ipsius *credentis,* amantis et *orantis Populi Dei.* (Nr. 3) | ... Spiritus Sanctus, qui *vivam vocem Evangelii in Ecclesia, et per ipsam in mundo resonare facit,* credentes in omnem veritatem inducit ... (Nr. 8)<br><br>Sanctorum Patrum dicta huius Traditionis vivificam testificantur praesentiam, cuius divitiae *in praxim vitamque credentis et orantis Ecclesiae* transfunduntur (Nr. 8) |
| *Arcte enim inter se connectuntur atque communicant S. Scriptura et S. Traditio, cum ambae ex eodem fonte promanent et in unum quodammodo coalescunt et ad eundem tendunt finem:* nihil enim est S. Scriptura nisi Traditio Populi Dei *Spiritu divino afflante scripta,* nec alius est S. Tradi- | S. Traditio et S. Scriptura arcte inter se connectuntur atque communicant. Nam *ambae, ex eadem divina scaturigine promanentes, in unum quodammodo coalescunt et in eundem finem tendunt.* Etenim S. Scriptura est locutio Dei quatenus *divino afflante Spiritu scripto* consignata, S. |

---

[79] Zur Textwiedergabe vgl. Anm. 69. Insgesamt umfaßt der Text einen kurzen Prolog und sechs Kapitel: I. De ipsa Revelatione. II. De divinae Revelationis transmissione. III. De Sacrae Scripturae divina inspiratione et interpretatione. IV. De Vetero Testamento. V. De Novo Testamento. VI. De Sacra Scriptura in vita Ecclesiae. Aufbau und Gliederung finden sich in der Endfassung der Konstitution wieder.

| | |
|---|---|
| tio nisi *spiritus, doctrina, exempla et mandata Christi fideliter, adstante Spiritu Christi, transmissa.* (Nr. 3) | Traditio autem *mens, doctrina, exempla et mandata Christi* per Apostolorum eorumque successorum praeconium, *assistente Spiritu Sancto, fideliter transmissa.* Quapropter utraque pari pietatis affectu ac reverentia suscipienda et veneranda est. (Nr. 9) |
| Haec integra *Traditio* in Ecclesia *profectum habet. Crescit enim intelligentia* ecclesiastica tam rerum quam verborum traditorum, tum *ex contemplatione credentium ea conferentium in corde suo (cf. Lc. 2.19, 51), tum ex experientia intima spiritualium realitatum.* Non enim otiosa, *volventibus saeculis,* remanet *Ecclesia,* sed tanquam *mulier illa evangelica abscondit acceptum fermentum in farinae satis tribus donec fermentatum est totum* (cf. Mt. 13, 33; Lc. 13, 21). (Nr. 3) | Viva haec *Traditio* in Ecclesia sub assistentia Spiritus Sancti *proficit. Crescit enim* tam rerum quam verborum traditorum *intelligentia* tum *ex contemplatione credentium, qui ea conferunt in corde suo* (cf. Lc. 2, 19 et 51), *tum ex intima spiritualium rerum experientia. Ecclesia* scilicet, *volventibus saeculis, mulierem illam evangelicam* imitatur, quae *abscondit fermentum in farinae satis tribus, donec fermentatum est totum* (cf. Mt. 13, 33; Lc. 13, 21). (Nr. 8) |
| *Tota* enim *plebs sancta sacerdotibus suis adunata perseverat in doctrina Apostolorum, in communicatione, in fractione panis et orationibus* (cf. Act. 2.42, sec. graecum), *ita ut in fide tenenda, exercenda profitendaque, conspiratio fiat fidelium ac pastorum* (Nr. 4) | S. Traditio et S. Scriptura unum verbi Dei sacrum depositum constituunt, Ecclesiae commissum, cui inhaerens *tota plebs sancta sacerdotibus suis adunata in doctrina Apostolorum et communione, in fractione panis et orationibus* iugiter *perseverat* (cf. Act. 2, 42 gr), *ita ut in* tradita *fide tenenda, exercenda profitendaque* singularis *fiat antistitum et fidelium conspiratio* (Nr. 10). |
| In hoc tamen gravi munere, *pastores ut ministri Verbi Dei, non domini,* sunt positi (Nr. 4). | Quod quidem *Magisterium non supra verbum Dei est, sed eidem ministrat,* docens nonnisi quod traditum est (Nr. 10) |

## 7. Congars Kommentar zum »Textus emendatus« vom Juli 1964

Congar verfaßt einen ausführlichen Kommentar zur Textvorlage der Kommission, datiert auf den 30. Juni 1964, veröffentlicht vom Konzilssekretariat des französischen Episkopats als die Nr. 13 der Reihe »Etudes et Documents«[80].

Congar sieht in den uns interessierenden ersten beiden Kapiteln an Fortschritten gegenüber dem Text von 1963: Der personale Aspekt der Offenbarung ist treffender gekennzeichnet; neben den Worten wird den Taten, Gesten und den Ereignissen der Geschichte ihr Gewicht in der Offenbarung zuerkannt. Letzteres geschieht parallel im Traditionsverständnis: Die »Traditio realis« (Beispiel, Institution) kommt gegenüber einer einseitig kognitiv-verbalen Traditionsauffassung zu ihrem Recht. Congar begrüßt ferner, daß dem Wunsch vieler Väter entsprechend eine neue Nummer eingefügt wird, die sich um eine Theologie der Tradition bemüht und dabei die gegenreformatorische Position überwindet. »Erstmalig spricht ein Konzilstext so offen die Tatsache der Entwicklung aus«[81], gegenüber dem Vatikanum I ein beachtlicher Fortschritt. Die Streitfrage um die materiale Suffizienz bzw. Insuffizienz der Heiligen Schrift wird offengelassen. Congar gibt seiner Befriedigung darüber Ausdruck, daß – verglichen mit dem Text von 1963 – nicht nur das Lehramt, sondern die ganze Kirche in Beziehung zu Schrift und Tradition gesetzt wird und daß dabei Zitate von Cyprian und Newman einfließen, die er selbst gern gebraucht.[82] Der Wegfall der Unterscheidung von »regula remota« (depositum) und »regula proxima« (Lehramt) wird von Congar ebenfalls erfreut zur Kenntnis genommen, da er – mit Berufung auf den hl. Thomas von Aquin – den Begriff »regula« allein der objektiven Wahrheit vorbehalten will und beim Lehramt, das an diese Regel gebunden ist, eher das richterliche, urteilende Moment herausheben möchte.[83] Eine große ökumenische Tragweite billigt er dem Satz zu: »Jede kirchliche Verkündigung und die christliche Religion selbst müssen sich immer auf die Schrift beziehen als Norm und Autorität, durch die sie festgesetzt und beurteilt werden.«[84] Da diese Passage durch die westfranzösischen Bischöfe eingebracht wird, darf man dahinter Congars eigene Position vermuten. Als ökumenisch bedeutsam bewertet Congar auch

---

[80] Congars Zusammenfassung und Kommentar umfaßt fünf DIN A 4 Seiten in französischer Sprache. Die uns betreffenden Passagen zum ersten und zweiten Kapitel sind im Anhang wiedergegeben.
[81] »C'est la première fois qu'un texte conciliaire énonce aussi franchement le fait du développement« (Kommentar zu Kap. II, Nr. 8).
[82] Vgl. Kommentar zu Kap. II, Nr. 8 und Nr. 10.
[83] Vgl. Kommentar zu Kap. II, Nr. 10.
[84] »Toute prédication ecclésiastique et la religion chrétienne elle-même doivent toujours se référer à l'Ecriture comme à la norme et l'autorité par lesquelles elles sont réglées et jugées« (Kommentar zu Kap. VI, Nr. 21; Übersetzung aus der Vorlage).

den Abschluß dieses Teils mit einer Aussage über die wirkende Kraft des Wortes.[85]

Im Anschluß an seinen Kommentar zum neuen Entwurf nimmt Congar Stellung zur Diskussion über die materiale Suffizienz der Heiligen Schrift.[86] Da uns seine diesbezügliche Position bereits aus Teil B bekannt ist, brauchen wir darauf nicht weiter einzugehen.

## 8. Die dritte und vierte Sitzungsperiode

Bis zum September 1964 nutzen einige Konzilsväter die Möglichkeit zur schriftlichen Stellungnahme zum neuen Schema-Entwurf. Am 14. 9. wird die 3. Konzilsperiode eröffnet, und am 30. 9. beginnt die Diskussion über das Offenbarungsschema, die bis zum 6. 10. dauert. Erzbischof Florit von Florenz stellt im Namen der Mehrheit der Theologischen Kommission den Text vor, eine Relatio, die großen Einfluß hat.[87] Bischof Franič von Split informiert über die Einwände der Minderheit.[88]

Unter dem Datum 14.10.1964 veröffentlicht Congar einen Beitrag über die Konzilsdiskussion.[89] Er führt darin die unterschiedlichen Positionen auf »die Verschiedenheit des theologischen Klimas«[90] und des Interessenschwerpunktes zurück. Er hält es für unbestreitbar, daß in gewissem Sinn in der Tradition mehr enthalten ist als in der Schrift, aber er fügt hinzu, daß die Heilige Schrift tiefer, objektiver und sicherer sei. Congar sieht die Lösung in einer dialektischen Position: Einerseits ist die protestantische Engführung des »sola scriptura« abzulehnen, als gäbe es keine andere Weitergabe der Wahrheit Gottes in der Kirche, andererseits aber weiß Congar kein einziges Beispiel, wo ein Glaubensinhalt nur in der Tradition zu finden ist.[91] »Es gibt kein Dogma, das die Kirche nur durch die Schrift *allein* oder nur durch die Tradition *allein* festhält.«[92] Er gleicht die Schwierigkeit des inhaltlichen Überhangs der Tradition aus durch die Vorstellung der Dogmenentwicklung und durch die These vom gegenseitigen Ineinander von Schrift und Tradition. Er begreift die Tradition als eine eigene, konkrete und lebendige Weise der Weitergabe »all dessen, was die Kirche ist, all dessen, was sie glaubt, all dessen, was sie empfangen hat …

---

[85] Vgl. Kommentar zu Kap. VI, Nr. 21. Bezug auf Hebr 4, 12; Apg 20, 32; 1 Thess 2.13.
[86] Le débat sur la question du rapport entre Ecriture et Tradition au point de vue de leur contenu matériel, in: *RSPhTh* 48 (1964) 645–657. Die Abfassung dieses Aufsatzes liegt vor dem Kommentar (12. Juni–30. Juni).
[87] Wortlaut bei STAKEMEIER 132–146.
[88] Wortlaut bei STAKEMEIER 146–152.
[89] *Le Concile au jour le jour III*, Paris 1965, 61–64.
[90] »la diversité de climat théologique« (*ebd.* 62).
[91] Vgl. *ebd.*
[92] »Il n'est aucun dogme que l'Eglise tienne par l'Ecriture *seule*, aucun par la Tradition *seule*…« (*ebd.*).

Die Tradition erscheint also als fast identisch mit dem Leben der Kirche in seiner zeitlichen Kontinuität.«[93]

Im Oktober und November erfolgt eine Neuberatung des Textes durch die Theologische Kommission, um die Äußerungen der Väter einzubeziehen. Die vierte Fassung[94] wird zwar noch am Ende der dritten Konzilsperiode verteilt (20.11.1964), kommt aber nicht mehr zur Abstimmung.
In der 4. Konzilsperiode, die am 14.9.1965 eröffnet wird, werden vom 20. bis 22.9. die einzelnen Artikel und Kapitel abgestimmt. Kapitel II hat die höchste Anzahl von »placet iuxta modum«: 354 bei 2079 positiven und 9 negativen Stimmen.[95] Anschließend versucht die Theologische Kommission, die letzten Änderungsvorschläge einzuarbeiten. Vom 1. bis 6. Oktober wird noch einmal hart diskutiert. 60 Modi zum Kapitel II müssen berücksichtigt werden.[96] Wiederum geht es unter anderem um das Problem der materialen Suffizienz der Heiligen Schrift. 270 Väter verlangen eine Ergänzung der Nr. 9, die die Notwendigkeit der Tradition für die sichere Erkenntnis der Offenbarungswahrheit ausdrücken soll.[97] Congar schreibt dazu in sein Tagebuch, die materiale Vollständigkeit der Heiligen Schrift sei ganz traditionelle These. Bei den Gegnern vermutet er eine Vorstellung von der Offenbarung als einer Liste von Sätzen. Congar freut sich über die Beibehaltung des Ausdrucks »veritas salutaris« gegen die Interventionen von Gagnebet und Garofalo. Vergeblich bittet er um das Wort, denn Ottaviani gibt es ihm selten.[98]
Da manche Väter mit dem Ergebnis nicht zufrieden sind, treten sie an den Papst heran, der sich über die Problematik informiert und schließlich selbst Veränderungsvorschläge zu den Artikeln 9, 11 und 19 an die Theologische Kommission schickt.[99] Am 19.10.1965 stimmt die Theologische Kommission über die Modi ab und verfaßt den endgültigen Text. Sie entscheidet sich in der Problematik Schrift – Tradition für eine Formulierung, die stärker als bisher den Wert der Tradition für die Sicherheit der Glaubenserkenntnis gewichtet, aber so offen gehalten ist, daß die materiale Suffizienz der Heiligen Schrift prinzipiell weder geleugnet noch bestätigt wird.[100] Zusammen mit der Begründung für die Annahme oder Ablehnung der Änderungswünsche wird der Text am 25.10. allen Konzilsvätern ausgeteilt. Nach der Billigung der

---

[93] »... de tout ce qu'est, de tout ce qui croit, de tout ce qu'a reçu l'Eglise... la Tradition apparaît alors comme presque identique à la vie de l'Eglise en sa continuité temporelle« (*ebd.* 63–64).
[94] Siehe: *Acta Synodalia Sacrosancti Concilii Oecumenici Vaticani II*, Vol. IV. Pars I, 348–351.
[95] Vgl. MOELLER 336.
[96] Vgl. *ebd.*
[97] Vgl. MOELLER 339.
[98] Vgl. *Journal du Concile II*, 733 (Eintragung vom 3.10.1965).
[99] Am 17./18.10.65. Vgl. STAKEMEIER 366–367.
[100] Vgl. MOELLER 341–342.

Bearbeitung der Modi am 29.10.1965 (2123 Placet, 55 Non placet) wird die Konstitution am 18.11.1965 mit überwältigender Mehrheit (2344 Placet, 6 Non placet) angenommen und von Paul VI. promulgiert.

## 9. Die Position Congars im Verhältnis zur dogmatischen Konstitution »Dei Verbum«

Zwischen den besprochenen Textentwürfen Congars und der Endfassung der Konstitution »Dei Verbum« lassen sich grundsätzliche Übereinstimmungen feststellen, so die trinitarische Konzeption und heilsgeschichtliche Sicht, die Überwindung der Trienter Fragestellung und der Diskussion über die materiale Suffizienz der Heiligen Schrift, der Einbezug der Realtradition, die Veranschlagung eines Fortschrittes in der Tradition, die Bindung des Lehramtes an Schrift und Tradition und seine dienende Funktion, die gegenseitige Verwiesenheit und Verbundenheit von Schrift und Tradition im Gegensatz zur Theorie von zwei unabhängigen, material verschiedenen Quellen, die Bedeutung der Gesamtkirche im Traditionsprozeß.

Unsere Ausführungen haben gezeigt, daß Congar an der Einbringung und Durchsetzung mancher Punkte maßgeblich beteiligt ist. Über den »Textus emendatus« vom Juli 1964 gelangen sogar einige Formulierungen wörtlich oder in Anklängen in den promulgierten Text. Die folgende Synopse der in dieser Hinsicht relevanten Partien veranschaulicht dies anhand der Kursivstellungen.

## ENTWURF CONGAR

Ea tamen omnia in Domino Iesu Christo Filioque Dei Vivi ... collecta et completa sunt. Est enim Christus expletio promissionum Dei ... Summa ergo Traditionis in *Evangelio* consistit seu Mysterio Christi, *quod promissum ante per Prophetas* (in Scripturis sanctis) Dominus noster Iesus Christus *proprio ore primo promulgavit* deinde per suos Apostolos *tamquam fontem omnis et salutaris veritatis et morum disciplinae* »omni creaturae praedicari« (Mc. 16, 15) iussit. (Nr. 1)

*Arcte* enim *inter se connectuntur atque communicant S. Scriptura et S. Traditio,* cum *ambae ex eodem fonte promanant et in unum quodammodo coalescunt et ad eundem tendunt finem* (Nr. 3).

Haec integra *Traditio in Ecclesia profectum habet. Crescit enim intelligentia ecclesiastica tam rerum quam verborum traditorum, tum ex contemplatione credentium ea conferentium in corde suo* (Cf. Lc 2, 19, 51), *tum ex experientia intima spiritualium realitatum* (Nr. 3).

*Tota* enim *plebs sancta sacerdotibus suis adunata perseverat in doctrina Apostolorum, in communicatione, in fractione panis et orationibus* (cf. Act. 2.42, sec. graecum), *ita ut in fide*

## DEI VERBUM

Ideo Christus Dominus, in quo summi Dei tota revelatio consummatur (cfr. 2Cor 1, 20 et 3, 16–4, 6), mandatum dedit Apostolis ut *Evangelium, quod promissum ante per Prophetas* Ipse adimplevit et *proprio ore promulgavit, tamquam fontem omnis et salutaris veritatis et morum disciplinae* omnibus praedicarent, eis dona divina communicantes. (Art. 7)

*Sacra Traditio* ergo *et Sacra Scriptura arcte inter se connectuntur atque communicant.* Nam *ambae, ex eadem divina scaturigine promanentes, in unam quodammodo coalescunt et in eundem finem tendunt* (Art. 9).

Haec quae est ab Apostolis *Traditio* sub assistentia Spiritus Sancti *in Ecclesia proficit: crescit enim tam rerum quam verborum traditorum* perceptio, *tum ex contemplatione* et studio *credentium qui ea conferunt in corde suo* (cfr. Lc. 2, 19 et 51), *tum ex intima spiritualium rerum quam experiuntur intellegentia,* tum ex praeconio eorum qui cum episcopatus successione charisma veritatis certum acceperunt. (Art. 8)

*Sacra Traditio et Sacra Scriptura* unum verbi Dei sacrum depositum constituunt Ecclesiae commissum, cui inhaerens tota plebs sancta Pastoribus suis adunata in doctrina Aposto-

*tenenda, exercenda profitendaque, conspiratio fiat fidelium ac pastorum* (Nr. 4).

Magisterii ergo divinitus instituti est examinare et perpendere omnia quae in medio Ecclesiae proferuntur ... In hoc tamen gravi munere, *pastores ut ministri Verbi Dei, non domini, sunt positi*. Non eis licet aliam revelationem proponere, cum testes sint Revelationis Apostolis traditae, et ligati remaneant in Domino iis quae in scriptis et non scriptis traditionibus apostolicis continentur (Nr. 4).

*lorum et communione, fractione panis et orationibus* iugiter *perseverat* (cfr. Act. 2, 42 gr.), *ita ut in tradita fide tenenda, exercende profitendaque* singularis *fiat Antistitum et fidelium conspiratio* (Art. 10).

Quod quidem *Magisterium non supra verbum Dei est, sed eidem ministrat,* docens nonnisi quod traditum est ... (Art. 10).

Soviel Congar einbringen konnte, es wurden dennoch nicht alle seine Positionen übernommen. Es gibt bei Congar einen Überhang gegenüber »Dei Verbum«. An weitergehenden Standpunkten sind festzuhalten:
– Congar erkennt der »Traditio realis« einen Vorrang zu, während die Konstitution sie der Worttradition einfach an die Seite stellt und keine Vor- oder Unterordnung angibt.[101]
– Congar stellt mehr heraus, daß die Tradition (und nicht nur die Traditionen) der Prüfung bedarf. Dieses Anliegen manifestiert sich z. B., wenn er ausdrücklich die Attribute »sincera«, »pura« und »integra« hinzufügt.[102]
– Congar mißt dem Lehramt beim Fortschritt der Tradition nicht die Bedeutung zu, wie es »Dei Verbum« tut.[103]
– Congar akzentuiert stärker die traditionskritische Funktion der Heiligen Schrift und artikuliert deutlich die Überordnung über die Tradition. Die

---

[101] Vgl. *Dei Verbum Nr. 7 und 8*.
Vgl. bei CONGAR: *De Traditione et Scriptura* Nr. 3; *De Revelationis transmissione et praesertim de Traditione,* Nr. 3. Congar entfaltet die Einzelaspekte der »traditio realis« viel breiter als »Dei Verbum« und stellt vor allem immer den Anteil der Liturgie heraus.
[102] Vgl. *De Traditione et Scriptura,* Nr. 3 und 5.
[103] Vgl. *Dei Verbum* Nr. 8 (»durch die Verkündigung derer, die mit der Nachfolge im Bischofsamt das sichere Charisma der Wahrheit empfangen haben«). Bei Congar fehlt an den entsprechenden Stellen (*De Traditione et Scriptura* Nr. 3 und *De Revelationis transmissione et praesertim de Traditione* Nr. 3) die Erwähnung des Lehramtes.

Konstitution hingegen nennt Tradition und Schrift zusammen als »die höchste Richtschnur«[104] des Glaubens. Generell stellt sie beide nebeneinander. Die Heilige Schrift erscheint nie allein als Norm und Regel der Kirche, sondern sie wird lediglich als Nahrung und Orientierung der kirchlichen Verkündigung bezeichnet.[105]
– Insgesamt betont Congar weniger die besondere Autorität des Lehramtes und gibt der Rolle der Gesamtkirche im Traditionsprozeß mehr Raum.[106]
– Congar vertritt die These von der materialen Suffizienz der Heiligen Schrift, die das Konzil aus Rücksicht auf die Minderheit nicht in die Konstitution aufnimmt.[107]

---

[104] *Dei Verbum* Nr. 21.
[105] Vgl. *Dei Verbum* Nr. 7.9.10.21.
[106] Vgl. *De Traditione et Scriptura* Nr. 4; *De Revelationis transmissione et praesertim de Traditione* Nr. 4.
[107] Die Grenzen von »Dei Verbum« im Hinblick auf den Offenbarungsbegriff faßt Congar bereits im Dezember 1965 so zusammen: »la question du caratère économique de la Révélation n'est guère touchée qu'implicitemnt. L'idée d'une hierarchie dans les vérités révélées, qui est si bien exprimé dans le Décret sur l'oecuménisme est encore plus implicite; ... on eut aimé la lire expressément. Enfin ... le Concile n'a pas voulu entrer dans la question de la valeur des religions non chrétiennes, la juive exceptée, au point de vue d'une révélation de Dieu« (*Une deuxième condition: La question de la Révélation*, in: *La nouvelle image de l'Eglise. Bilan du Concile Vatican II*, Paris 1967, 217–238).

# D

FORTFÜHRUNGEN, ANWENDUNGEN, KORREKTUREN

I.

# NEUE HERAUSFORDERUNGEN DES TRADITIONSVERSTÄNDNISSES

Es gibt eine Reihe von Phänomenen, die Congar in der nachkonziliaren Zeit herausfordern, das Thema »Tradition« explizit zu aktualisieren bzw. mit der Tradition zu argumentieren. Zu erwähnen sind: die Durchführung der Liturgiereform, die Bildung von innerkirchlichen Spontangruppen, Basisgemeinschaften und priesterlichen Solidaritätsgruppen mit ihrer praktischen und theoretischen Distanz zu Institutionen, Recht und Hierarchie, die Abnahme der lehramtlichen Autorität, Konflikte zwischen Lehramt und Theologen, die Traditionalistenbewegung um Lefebvre, die Frage nach der Zulassung von Frauen zu kirchlichen Diensten, die charismatische Erneuerungsbewegung.

## 1. Die Welt im Umbruch

Congar trägt dem gesellschaftlich-kulturellen Hintergrund Rechnung, vor dem sich die kirchlichen Auseinandersetzungen abspielen.[1] Er bezieht Umfragen, soziologische Untersuchungen, politische Ereignisse, kulturelle Strömungen, wissenschaftlich-technische Entwicklungen, das Lebensgefühl der jungen Generation, neue Formen der Gemeinschaftsbildung, philosophische Trends, Mentalitäten und eigene Erlebnisse in sein Denken, in die theologische Erörterung ein. »Wir müssen von den heutigen Problemen und Ideen als von einer neuen ›Vorgegebenheit‹ ausgehen, die erhellt werden muß.«[2] Versuchen wir, ein Bild der Welt zu zeichnen, wie sie sich in den sechziger und siebziger Jahren aus der Perspektive Congars darbietet.
Congar stellt mehrfach gewaltige, tiefreichende und sehr schnelle Umbrüche fest, die sich auf fast allen Ebenen der Gesellschaft, der Wissenschaft, Technik und Kultur vollziehen, und erkennt ihnen eine geschichtlich einmalige Verbreitung und Wirkung zu.[3] Er sieht eine epochale Mutatation riesigen Aus-

---

[1] »Wenn die Theologie eine notwendige Funktion erfüllt, ist sie notwendigerweise an die allgemeine Situation gebunden, in der die Kirche sich zu einer bestimmten Zeit befindet, eine Situation, die man unmöglich völlig von jener Situation trennen kann, in der die menschliche Gesellschaft als ganze sich befindet« (*Situation und Aufgabe der Theologie heute,* in: *Situation und Aufgabe der Theologie heute,* Paderborn 1971, 66–96, hier: 67; Sigel für den ganzen Band: SuA).
[2] *Ebd.* 84.
[3] Vgl. *Soll das Christentum übermittelt und übernommen oder frei und neu interpretiert und gelebt werden?,* in: *Conc* (D) 11 (1975) 421–426, hier: 421.423.425; *Der Fall Lefebvre. Schisma in der Kirche?,* Freiburg 1977 69–75; *Eglise catholique et France moderne,* Paris 1978, 21–60.

maßes, die nicht ihresgleichen kennt und deren Wurzeln bis in die Anfänge der Neuzeit zurückreichen. Die Umwälzungen erstrecken sich auf die Lebens- und Arbeitswelt, auf die leitenden Werte, auf das Denken, auf die Haltung gegenüber der Religion. Als Zentrum sondiert Congar den »Übergang von einer Welt, worin der Mensch in eine bestimmte, relativ stabile natürliche Ordnung der Dinge eingebettet war, zu einer geschichtlichen Welt, die vom Menschen dominiert und in ihrem Lauf bestimmt wird.«[4] Die Welt wird neuzeitlich nicht mehr zuerst als ein geordnetes, vorgegebenes und stabiles Ganzes betrachtet, in das sich der Mensch als ein Teil einfügt, sondern vielmehr als Wirk- und Experimentierfeld, das der Mensch selbst nach seinen Plänen, Wünschen und Bedürfnissen gestaltet.[5]

Da eine auch nur annähernde Schilderung der Einzelphänomene nicht zu leisten ist, seien zumindest die wichtigsten Stichworte zusammengetragen, die bei Congar zu finden sind.[6] Als Kennzeichen der Lebenswelt und Mentalität führt er an: Säkularisierung, Industrialisierung, neue Kommunikationsmöglichkeiten, soziale Umschichtungen, Verstädterung, Pluralismus der Werte, materieller Komfort, fieberhafter Lebens- und Arbeitsrhythmus, Individualismus, Autonomiestreben, ausbeutende Herrschaft über die Natur, Emanzipation der Frau, Aversion gegenüber Institutionen, Normen, Gesetzen und Autoritäten, Reizüberflutung, Sensationslust, Nonkonformismus um seiner selbst willen, übersteigerte Zukunftsorientierung und -erwartung bei weitgehender Ausklammerung der eigenen Bedingtheiten.

Auf der Ebene der Reflexion fallen ins Gewicht: Positivismus, Antitheismus, Materialismus, Evolutionismus, Szientismus, Religionskritik durch Historie, Psychologie, Soziologie und Philosophie, Erschütterung der Metaphysik und Kosmologie, Subjektivismus und Pragmatismus, Anthropozentrismus.

Die »außerordentliche Beschleunigung der Geschichte«[7] mit der Erschütterung bestehender Ordnung, der anscheinenden Überholung und Außerkraftsetzung des bisher Geltenden und der rasanten Durchsetzung vielfältiger Neuerungen ruft einerseits Unsicherheit, Angst und Abwehr hervor und andererseits euphorisches Vertrauen in die Möglichkeiten der Zukunft, den Glauben an die Machbarkeit von Freiheit, Glück und menschenwürdiger

---

[4] *Soll das Christentum übermittelt ... werden?*, aaO. 423. Vgl. *Au milieu des orages. L'Eglise affronte aujourd'hui son avenir*, Paris 1969, 76: »Avec les temps modernes, on est passé d'une monde objectif, fixe et hierarchisé, où la personne se voyait située dans une ordre total englobant tout le créé, à une monde où le sujet affirme sa propre subjectivité et son libre choix personnel«.

[5] Vgl. *SuA* 81.

[6] Hauptfundorte: *Eglise catholique et France moderne*, aaO. 26–53; *Appelés à la vie*, Paris 1985, 54–57; *FL* 70–73; *Veränderung des Begriffs ›Zugehörigkeit zur Kirche‹*, in: *IKaZ Communio* 5 (1976) 207–219; *CV* 69–70. 106–107.

[7] *Die Wesenseigenschaften der Kirche*, in: *MySal IV/1*, 357–502. 535–594. Einsiedeln-Köln 1972, hier: 474.

Gesellschaft. So kommt es im Extrem zu zwei gegensätzlichen Reaktionen: dem krampfhaften Festhalten am Vergangenen bzw. der Zementierung eines bestimmten Zustandes oder der Aufgabe des Bestehenden und der generellen Verwerfung von Vorgaben.

Die zuletzt genannte Neigung findet einen exemplarischen Ausdruck in der »Revolte der Jugend« vom Mai 1968, die Congar als ein »weltweites Faktum«[8] betrachtet. Er hebt einerseits ihren institutions-, gesetz- und autoritätskritischen Zug, die Auflehnung gegen jegliche Bestimmtheit des eigenen Lebens durch Natur, Vergangenheit und Machtverhältnisse hervor[9] und zum anderen die narzißtische Tendenz, das Kreisen um die Entfaltung des eigenen Selbst. Die Revolte der Jugend stellt sich für Congar dar als »das Bedürfnis, sich selbst wiederzufinden, der Vorrang der Zukunft vor der Vergangenheit, der Taumel des Glücks, das der Transzendenz nicht bedarf, sexuelle Befreiung, Auseinandersetzung mit den tragischen Ereignissen der Welt, Abscheu vor und Kritik an den Herrschaftsstrukturen«[10]. Gesellschaftspolitische Veränderung und revolutionäre Praxis stehen auf dem Banner dieser Bewegung. Alles was den Anspruch erhebt, Denken und Tun zu regulieren – ob Schule, Familie, Staat oder Kirche – wird als repressiv abgestempelt und abgelehnt.[11] Mit dem pointiert politischen Engagement geht merkwürdigerweise ein extremer Individualismus einher.[12] Das Streben nach Sicherheit rückt in die Nähe der Sünde, rechtliche Aspekte menschlichen Lebens werden als peripher abgetan. Sprache, Ausdrucksformen, Verhaltensweisen unterscheiden sich demonstrativ vom bisher Gewohnten, so daß von einem »Bruch mit der Vergangenheit«[13] gesprochen werden kann. Congar diagnostiziert bei dieser Richtung, die sich ganz der Zukunft im Widerspruch zur Vergangenheit verschrieben hat, einen schrecklichen »Mangel an geschichtlichem Sinn«[14]. Das Alte wird wie selbstverständlich als veraltet und überholt hingestellt. Aus der Entdeckung der Geschichtlichkeit geboren, vergißt diese Richtung ihre eigene geschichtliche Bedingtheit.

Dem gegenüber steht eine traditionalistische und restaurative Geisteshaltung, ein starrer und antidemokratischer Integralismus,[15] dem jede Veränderung, alles Moderne zutiefst suspekt ist. Er zeichnet sich aus durch einen paternalistischen Begriff von Autorität, durch eine Begünstigung autoritärer Staatsformen und durch eine grundsätzliche Ablehnung der Ideen der Französischen

---

[8] *FL* 73
[9] Vgl. *FL* 73; *Eglise catholique et France moderne*, aaO. 51.
[10] *FL* 73–74.
[11] Vgl. *Soll das Christentum übermittelt ... werden?*, aaO. 424.
[12] Vgl. *Eglise catholique et France moderne*, aaO. 51.
[13] *FL* 74.
[14] *Soll das Christentum übermittelt ... werden?*, aaO. 425.
[15] Vgl. *FL* 24–25.

Revolution.[16] Ein vergangenes Stadium gesellschaftlicher Ordnung wird zum ewig gültigen Ideal erhoben.

## 2. Kirchliche Erschütterungen

Bedingt durch die Öffnung der Kirche zur Welt, wie sie im Zweiten Vatikanischen Konzil auch offiziell vollzogen wurde, schlagen sich diese gesellschaftlichen Phänomene in der Kirche nieder, so daß Congar behauptet, »daß die Hauptursache der gegenwärtigen Krise in der Härte liegt, mit der die Fragen, Kämpfe und Veränderungen, welche die gesamte Gesellschaft kennzeichnen, auf das Volk Gottes aufprallen«[17]. Nach einer Zeit der Abschirmung der Kirche gegenüber der Welt, des Ghettodaseins, der Verschanzung in einem geschlossenen System wirkt das Eindringen der gesellschaftlichen Umwälzungen in den kirchlichen Bereich um so beunruhigender. Congar spricht von einem »Wirbelwind«[18]. »Die Schleusen wurden hochgezogen, und das Wasser flutete in wildem Strudel herein. Das Eis ist geschmolzen, und dies war der Einbruch eines überstürzten Tauwetters. Fenster und Türen wurden geöffnet, und der Wind hat sich darin verfangen«.[19] Das Vatikanum II versuchte, sich den Problemen der modernen Welt zu stellen und ihre positiven Impulse aufzugreifen; besonders die Liturgiereform, die Aufnahme der ökumenischen Bewegung, die Erklärung über die Religionsfreiheit, die Lehre von der Kollegialität mit der Aufwertung der Ortskirchen, die positivere Einschätzung der zeitlichen Güter und die Verlagerung vom juridischen zum pastoralen Denken[20] bezeugen eine Auseinandersetzung mit zeitgenössischen Strömungen in Mentalität, Denkweise und Praxis. Das Eingehen auf die Welt bewirkte jedoch zwangsläufig, daß ihre Krise einen Platz in der Kirche erhielt.[21]

Parallel zu den oben aufgezählten sozio-kulturellen Entwicklungen, Fakten und Theorien sind für die kirchliche Situation an Merkmalen zu nennen:[22] Verunsicherung im Glauben, Erfahrung der Abwesenheit Gottes, Forderung nach einer neuen Sprache, Ablehnung einer religiösen Sonderwelt mit eigenen Gesetzlichkeiten, Bruch mit der offiziellen Morallehre – vor allem im sexuel-

---

[16] Vgl. *Erzbischof Lefebvre. Lehrmeister der »Tradition«? Die notwendigen Unterscheidungen,* in: Conc (D) 14 (1978) 619–623, hier: 621.
[17] *FL* 75.
[18] *FL* 69.
[19] *FL* 72.
[20] Vgl. *Eglise catholique et France moderne,* aaO. 44–48.
[21] Vgl. ebd. 49–58.
[22] Vgl. ebd. 51.66–68; *Veränderung des Begriffs ›Zugehörigkeit zur Kirche‹,* aaO. 214–215; *Soll das Christentum übermittelt ... werden?,* aaO. 424; *SuA* 73; *Im Geist und im Feuer. Glaubensperspektiven.* Freiburg 1987, 106.113.116–120.125 (Sigel: GF).

len Bereich –, Privatisierung des Glaubens, Autoritätsverlust der Hierarchie, Infragestellung überkommener Formen, bisweilen harsche und radikale Kritik an den kirchlichen Strukturen, an der Amtskirche, Bewegungen einer »Kirche von unten«, Eigenmächtigkeiten in Liturgie und Ökumene, Rückzug aus der Kirche, Trennung von Kirche und Christsein, Vorrang der Mitmenschlichkeit vor Kult und Lehre, Politisierung, starke Neigung zum Studium der Humanwissenschaften, schwindendes Vertrauen in den Wert und die Nützlichkeit der Theologie.
Wenden wir uns zunächst jedoch dem restaurativ-reaktionären Versuch zu, den Umbrüchen, Anfragen und Auflösungserscheinungen zu trotzen durch die Beschwörung des guten Alten, durch den Rückzug auf den »Tridentinismus«,[23] durch das hämmernde Einpochen der Positionen der Gegenreformation, des Syllabus und des Antimodernisteneides.

*a) Traditionalismus*

Der Traditionismus kristallisiert sich kirchlich nach dem Vatikanum II in der Person des Alt-Erzbischofs Marcel Lefebvre und in der von ihm ins Leben gerufenen Bruderschaft Pius X. In seiner Analyse geht Congar sowohl den theologischen als auch den gesellschaftlichen und politischen Hintergründen nach. Er ist sich bewußt, daß soziale und psychische Ursachen den Traditionalismus mit bedingen und spricht von krankhaften Zügen,[24] ohne die Traditionalisten jedoch in den Bereich der Psychiatrie abzuschieben. Er nimmt ihr Anliegen als intellektuelle Herausforderung ernst und bemüht sich um eine sachliche und brüderliche Antwort.
Die traditionalistische Bewegung manifestiert sich greifbar in der Beibehaltung des römischen Missale Pius V., im Latein als alleiniger sakraler Sprache, im Tragen der Soutane durch die Priester, in der Errichtung eines eigenen Priesterseminars nach tridentinischem Muster. Doch hinter diesen äußeren Besonderheiten steht eine grundsätzliche ekklesiologische Position, die in der Ablehnung des Vatikanum II kulminiert. Vor allem die Liturgiereform, das neue Verständnis von Religionsfreiheit, die Wiederbelebung des Kollegialitätsprinzips und die ökumenische Haltung des Konzils werden von Lefebvre zurückgewiesen, weil er in ihnen »ein Eindringen der Prinzipien der Französischen Revolution von 1789 in die Kirche sieht«.[25] Das Moderne wird als modernistisch verleumdet, das Zugehen auf die getrennten Kirchen, das Eintreten für gesellschaftliche Veränderungen, der Schutz der Religions- und Gewissensfreiheit, die Anpassung an Bedürfnisse unserer Zeit, die Schaffung

---

[23] Vgl. *Herbstgespräche*, München 1988, 10f.
[24] Vgl. *Erzbischof Lefebvre. Lehrmeister der »Tradition«?*, aaO. 623.
[25] *FL* 24.

kollegialer Strukturen, die Neuordnung der Messe als Liberalismus abqualifiziert.[26] Praktisch äußert sich diese Position in einer »Allergie gegen jede Änderung«[27]: »inmitten so vieler Umstürze und in die Tiefe gehender Neuerungen soll wenigstens die Kirche fest, unerschütterlich und zuverlässig bleiben«[28].

Congar läßt keinen Zweifel daran, daß sich Lefebvre mit der Ablehnung des Vatikanum II an den Rand der Kirche stellt und sich der Autorität des Papstes widersetzt.[29] Er weist auf die einzigartige Universalität des Vatikanum II hin, auf die überwältigende Mehrheit bei den Endabstimmungen und auf die Rücksichtnahme gegenüber der Konzilsminderheit. Congar widerlegt Lefebvre mit historischen, theologischen, kirchenrechtlichen und pastoralen Argumenten.[30]

Der entscheidende Irrtum Lefebvres liegt nach Congar in einem Mißverständnis der Tradition, das das Leben der Kirche im Heiligen Geist nicht berücksichtigt. Er bestreitet Lefebvre das Recht, sich für sein Denken und Handeln auf die Tradition berufen zu dürfen, da er sie mit einem »Augenblick der Geschichte«[31] verwechsele und die Tradition auf »Formeln der Vergangenheit«[32] reduziere. Dagegen insistiert Congar: »Tradition ist nicht Vergangenheit, sind nicht alte Gewohnheiten ... Sie ist Aktualität, ist zugleich Weitergabe, Aufnahme und Kreativität. Sie ist Gegenwart eines Prinzips zu jedem Zeitpunkt seiner Entwicklung.«[33] Als theoretischen Nerv der Bewegung entdeckt Congar ein ahistorisches Denken, das die »Geschichtlichkeit der Situationen, Formen und Ausdrücke«[34] verkennt und das Relative der Geschichte zum Absoluten des Glaubens macht. Die Tradition werde von Lefebvre beschränkt auf die lehramtlichen Dokumente zwischen dem Konzil von Trient und dem Pontifikat Pius XII., ein Vorgehen, das sogar von den Päpsten dieses Zeitraumes, auf die Lefebvre sich dauernd bezieht, abgelehnt worden wäre.[35] Congar attestiert Lefebvre ein »starres und ewigkeitliches Weltbild«[36], Dogmatismus und Ideologie, die sich äußern in der »Verneinung der Tatsache, daß es *neue* Probleme gibt, die nach *neuen* Antworten verlangen«[37].

---

[26] Vgl. *Erzbischof Lefebvre. Lehrmeister der »Tradition«?*, aaO. 621.
[27] *FL* 76.
[28] *FL* 26.
[29] Vgl. *FL* 27.
[30] Vgl. *FL* 38–47.
[31] *FL* 62.
[32] *FL* 65.
[33] *FL* 74.
[34] *Erzbischof Lefebvre. Lehrmeister der »Tradition«?*, aaO. 623.
[35] Vgl. *FL* 23.
[36] *Erzbischof Lefebvre. Lehrmeister der »Tradition«?*, aaO. 623.
[37] *Ebd.* 620.

*b) Aufbruchsbewegung*

Das Neue, das die Traditionalisten fürchten und zurückweisen und gegen das sie sich verschanzen, ist es gerade, was viele andere in der Kirche nach dem Konzil fasziniert und ermutigt, was sie lange begehrt und ersehnt haben, worauf sie nun ihre Hoffnung setzen. Begeistert lösen sie sich von den bisherigen Vorgaben, die sie als Fesseln empfinden, um eine herrschaftsfreie, menschliche und zeitgemäße Kirche herbeizuführen. Die strukturellen und stabilen Elemente werden stark relativiert, stattdessen das permanente Experiment zum Ideal erhoben.

Der Revolte der Jugend entspricht innerkirchlich die gleiche »Weigerung, sich von einer überkommenen Tradition bestimmen zu lassen«[38]. Gegenüber der institutionellen, traditionellen Großkirche bildet sich eine neue Kirche aus kleinen Gruppen, eine Kirche aus Basisgemeinden, eine Untergrundkirche.[39] Sie geht auf Distanz zur Hierarchie, lehnt eine feste Organisation ab, schafft sich eigene liturgische Formen, stellt bisweilen Sakramente und Amt grundsätzlich in Frage, beschreitet ökumenisch eigene Wege und strebt Autonomie und Spontaneität als maßgebliche Werte an.[40] In ihr geschehen signifikante und tiefgreifende Verlagerungen: vom Denken aus der Tradition zum Vorrang neuer Entwürfe, vom primären Bezug zum Ursprung zur Ausrichtung auf die alles versprechende Zukunft, vom Schöpfen aus den Quellen zur Orientierung an der Utopie, von der Orthodoxie zur Orthopraxis, von der intellektuellen Erkenntnis zur Verifizierung mittels der Erfahrung, vom exakten Begriff zum authentischen Gefühl. Die Ontologie wird des Essentialismus, leerer Worte und mangelnden Wirklichkeitsbezuges verdächtigt, der Wahrheitsbegriff neu gefaßt.[41] Im Zentrum des Interesses steht der gesellschaftspolitische und revolutionäre Einsatz, der visionäre Ausblick in die zu machende Zukunft in Absetzung von der belastenden, einengenden und kompromittierenden Vergangenheit. Marxistisches Gedankengut wird hoffähig, Emanzipation avanciert zum Leitwort. Die Kirche wird profanisiert und in Umkehrung die Politik sakralisiert.[42]

---

[38] *Soll das Christentum ... übermittelt werden?*, aaO. 421.
[39] Vgl. zur Beschreibung des Phänomens und zur Kategorisierung: *Die Spontangruppen in der Kirche aus katholischer Sicht*, in: *Die Spontangruppen in der Kirche*, hrsg. von R. METZ/J. SCHLICK 1971, 191–218. Schlußwort von Yves Congar, *ebd.* 222–227.
[40] Vgl. *ebd.* 216; FL 72.
[41] Vgl. *Eglise catholique et France moderne*, aaO. 50: »Cela donne la primauté à l'avenir par rapport au passé et à son héritage. Il y a davantage en avant qu'en arrière. La vérité est en avant, et elle est moins spéculative que pratique, liée à l'expérience, au vérifiable. Elle est affectée d'historicité. L'ancienne métaphysique des natures fixes et hiérarchisée est soupçonnée de verbalisme, d'irréalisme, d'essentialisme«.
[42] Vgl. *Die Spontangruppen in der Kirche aus katholischer Sicht*, aaO. 213.

Allerdings, es gibt noch eine andere Richtung des Aufbruchs, wie sie sich z. B. in der charismatischen Erneuerung abzeichnet. Sie teilt mit der zuerst beschriebenen protestierend-kritischen Linie die Wertschätzung der Erfahrung, der kleinen Gruppe, der Spontaneität, der Selbständigkeit der Laien, lebt aber mehr und bewußt innerhalb der Kirche und setzt den Akzent auf Innerlichkeit, Gebet, persönliche und alltägliche Gottesbeziehung.[43]
Congar räumt ein, daß in den neu entstehenden kirchlichen Gebilden durchaus eine Reihe von Werten angestrebt werden. Er anerkennt ihren wichtigen Beitrag zur spirituellen Erneuerung der Kirche, zur Verlebendigung, Konkretisierung und persönlichen Aneignung des Glaubens und zur Präsenz im außerchristlichen Bereich,[44] ja, er kann sich einen Dienst als »Kirche der Schwelle«[45] vorstellen, die von der Peripherie zum Zentrum führt. Nur zu gut kennt Congar die Gefahr der Kirche, »sich aufgrund einer klerikalen, pyramidalen und einigermaßen verdinglichten oder mechanistisch verstandenen Ekklesiologie selbst absolut zu setzen«[46].
Doch bei aller Berechtigung der Kritik an Strukturen der Kirche gibt Congar die Doppeldeutigkeit solcher Angriffe zu bedenken.[47] Er weist ungenaue, affektgeladene und verallgemeinernde Kritiken an der institutionellen Verfaßtheit der Kirche zurück,[48] warnt vor einer Isolierung und Verselbständigung der kleinen Gruppen und vor der Eigendynamik der Protesthaltung.[49] In der Auseinandersetzung mit den nachkonziliaren kirchlichen Aufbrüchen sieht Congar die christliche Identität und Einheit, den Offenbarungs-, Theologie- und Wahrheitsbegriff, die rechtliche und institutionelle Verfaßtheit der Kirche und die Ekklesiologie des Vatikanum II in Frage gestellt. Die breite Palette von zentralen Themen, die hier angesprochen sind und die Congars Traditionsbegriff auf den Plan rufen, erfordert eine detaillierte Darstellung, so daß wir zu mehreren Kapiteln genötigt sind.

---

[43] Vgl. *GF* 81–82.91–96.
[44] Vgl. *Die Spontangruppen in der Kirche aus katholischer Sicht,* aaO. 209–211.
[45] *Ebd.* 212.
[46] *Ebd.* 208.
[47] Vgl. *ebd.* 206.226; *Erneuerung des Geistes und Reform der Institution,* in: *Conc (D)* 8 (1972) 171–177, hier: 176.
[48] Vgl. *ebd.* 226.
[49] Vgl. *ebd.* 207.

II.

DIE OFFENBARUNG GOTTES
VERSTEHEN DURCH DIE TRADITION

*1. Offenbarung und Erfahrung*

Mehrfach kommt Congar auf den Offenbarungsbegriff der dogmatischen Konstitution »Dei Verbum« des Vatikanum II zurück.[50] Er begrüßt die Überwindung des intellektualistischen Verständnisses, das er als Erbe der »Schulbuchscholastik«[51] und als Reaktion auf den liberalen Protestantismus und den Modernismus hinstellt, und lobt die Aussagen über den geschichtlichen, ereignishaften, öffentlichen, personalen, soteriologischen, anthropologisch relevanten, christozentrischen, gemeinschaftsstiftenden, eschatologischen und auf das Universale gerichteten Charakter der Offenbarung.[52] Inzwischen haben sich die Fronten jedoch gewandelt: Nicht so sehr die instruktionstheoretische Verkürzung macht Sorge, sondern die einseitige Identifizierung der Offenbarung mit der Geschichte, mit Zeichen der Zeit oder mit persönlicher Erfahrung.[53] »Man ist beunruhigt, wenn man die Behauptung findet, man begegne Gott allein in den Ereignissen, in der konkreten Erfahrung unserer Mit-Menschlichkeit, man brauche keine feste überlieferte Gegebenheit mehr in Anspruch zu nehmen oder mit einer Kategorie des Religiösen als von vornherein eigengesetzlicher und eigenständiger Sphäre zu rechnen.«[54] Die Kirche lebt aber in Congars Sicht von einer historisch einmaligen Offenbarung, aus der die Kirche, die Sakramente und das apostolische Amt hervorgegangen sind, und die etwas anderes bzw. mehr ist als ein besonderes Phänomen dieser Welt. Nur die Bindung an diese geschichtlichen Wirklichkeiten rechtfertigt es, von christlichem Glauben und christlichem Handeln zu sprechen; erst von ihnen her hat der Mensch heute die Möglichkeit, Christi Spuren in allen Vorgängen und Tatsachen zu entdecken und zu erkennen.[55] Congar macht Front

---

[50] Vgl. *Réponse aux questions sur la révélation*, in: *Union catholique des scientifiques français 1971*, 7–10; *Une deuxième condition: La question de la révélation*, in: *La nouvelle image de l'Eglise. Bilan du Concile Vatican II*, Paris 1967, 217–238; *SuA* 19.111; *GF* 40–43; Puyo 183–184; *PS* 100.
[51] *SuA* 110.
[52] Vgl. außer den in Anm. 50 genannten Stellen: *SuA* 38–42. 98.110–113.120–121.
[53] Vgl. *Réponse aux questions sur la révélation*, aaO. 10; *SuA* 85; *Pneumatologie et Théologie de l'Histoire*, in: *La Théologie de l'Histoire. Herméneutique et Eschatologie.* Actes du Colloque E. Castelli, Paris 1971, 61–70, hier: 69–70; *Le chrétien, son présent et son passé*, in: *Lumière et Vie* 21 (1972) 72–82, hier: 81.
[54] *Die Spontangruppen in der Kirche aus katholischer Sicht*, aaO. 215.
[55] Vgl. *Réponse aux questions sur la révélation*, aaO. 10.

gegen eine Überbewertung und Verselbständigung der persönlichen Erfahrung. Allem Enthusiasmus gegenüber hält er nüchtern fest: »die gegenwärtige Erfahrung ist keine absolute, nie dagewesene Neuheit«[56]. Congar leugnet natürlich nicht, daß ein Erlebnis, eine Begegnung, ein Widerfahrnis für den Einzelnen zur Offenbarung werden kann,[57] sondern es ist ihm um den Vorrang der in Christus geschehenen Offenbarung zu tun. Nur sie verhindert die beliebige und willkürliche Erhebung von Erfahrung zu Offenbarung, nur sie gewährleistet durch ihre inhaltliche Gestalt, daß ich heute wirklich an die Offenbarung Gottes glaube und nicht an meinen selbstgemachten Überbau. Die Offenbarung aber erreicht den heutigen Menschen in kontrollierter und überprüfbarer Form nur über die geschichtliche Vermittlung durch die Tradition. Die Tradition ist die unverzichtbare Vermittlerin zwischen der alles überbietenden Offenbarung Gottes in Jesus Christus und gegenwärtiger Glaubenserfahrung. Sie ermöglicht erst aktuelle Glaubenserfahrung, die sich zu Recht christlich nennen darf, sie legitimiert erst dazu, zeitgenössische religiöse Erfahrung mit göttlicher Offenbarung in Verbindung zu bringen.

Doch Congar besteht nicht nur auf der Objektivität, Vorgegebenheit und Normativität der Offenbarung, wie sie in der Geschichte Israels und vor allem in Leben, Tod und Auferstehung Jesu Christi geschehen ist und durch die Tradition weitervermittelt wird, er bejaht vielmehr eine darüberhinausgehende Verwendung des Offenbarungsbegriffes, insofern zur Offenbarung auch ihre Erkenntnis durch den Menschen gehört.[58]

Das Theologumenon vom Abschluß der Offenbarung mit dem Tod des letzten Apostels, das seit dem Dekret »Lamentabili« vom 3. Juli 1907 zum Bestand des katholischen Traktates »De Revelatione« gehörte, wird von Congar daher nur in bestimmter Hinsicht aufgenommen.[59] Insofern es sich der Gleichsetzung der Offenbarung mit religiösen Ideen, mit innerer Erleuchtung und persönlichem Anruf und der Vorstellung einer zunehmenden Bewußtwerdung Gottes in der Menschheitsgeschichte – Ansichten, denen wir im Modernismus begegnen – entgegenstellt, hält Congar es für berechtigt.[60] Er ruft einige geschichtliche Fälle in Erinnerung, in denen die Offenba-

---

[56] *Die Spontangruppen in der Kirche aus katholischer Sicht. Schlußwort*, aaO. 224.
[57] Vgl. *GF* 140.
[58] Vgl. *PS* 99.
[59] Vgl. *PS* 96–101.
[60] Der Modernismus bleibt präsent. Congar entdeckt anscheinend mehrfach Parallelen zur gegenwärtigen Problematik (vgl. *PS* 96–97; *FL* 71; *GF* 39; *SuA* 19.110; *Puyo* 35–38.99–100; *Réponse aux questions sur la révélation*, aaO. 10; *Une deuxième condition: La question de la révélation*, aaO. 221–222; *Changements et continuité dans l'Eglise*, in: B. Renard/L. Bouyer/Y. Congar/J. Daniélou, *Notre Foi*, Paris 1967, 55–73; hier: 58.68). Interessant, daß Congar Tyrells Position ganz in die Nähe von Rahner, Schillebeeckx und de Lubac rückt und sie also als diskutabel qualifiziert (vgl. *PS* 96–97).

rung über die Zeit Jesu und der Apostel ausgeweitet wurde.[61] Er setzt sich ferner mit den Erweckungsbewegungen, die eine Gottunmittelbarkeit proklamieren,[62] mit dem Phänomen der Prophetie und mit dem Anspruch moderner Propheten auseinander.[63] Sein Fazit ist stets dasselbe: Die Lösung von der in Jesus Christus gipfelnden, einmaligen, historischen Offenbarung führt ins Ungewisse, Zweifelhafte, bisweilen Gefährliche und ist theologisch nicht akzeptabel.

Von einer solchen Spiritualisierung, Individualisierung oder Rationalisierung der Offenbarung unterscheidet Congar aber einen erweiterten Offenbarungsbegriff, wie er bei den Kirchenvätern und den mittelalterlichen Theologen vorliegt, die beispielsweise konziliare Beschlüsse, kirchliche Normen und Entscheidungen ohne Umschweife als offenbart kategorisieren. In diesem Zusammenhang nimmt Congar eine Korrektur seiner früheren Auffassung vor: Hatte er 1963 die Präzisierung der Begriffe »revelatio« und »inspiratio« bei Thomas von Aquin, die Objektivierung der Offenbarung und ihre Eingrenzung auf die Zeit Jesu und der Apostel gelobt, so gibt er nun doch dem alten Wortgebrauch den Vorzug, weil er dem gegenwärtigen und immerwährenden Handeln Gottes – durch seinen Geist – besser Rechnung trägt.[64]

Die jeweilige Annahme und das Verstehen der Offenbarung durch die Kirche im Heiligen Geist werden von Congar als Vollendung der Offenbarung gewertet.[65] Er schließt sich de Lubac, K. Rahner und Schillebeeckx an, die die Lehre vom Abschluß der Offenbarung mit dem Tod des letzten Apostels dahingehend interpretieren, daß das Christus betreffende Zeugnis mit dem gemeinten Zeitpunkt beendet ist. Eine Offenheit für diese Ausdehnung des Offenbarungsbegriffes meint Congar auch in der Konstitution »Dei Verbum« angelegt zu finden, in die die Formulierung »mit dem Tod des letzten Apostels« bewußt nicht aufgenommen wurde. Bereits die geschichtliche Realität der frühchristlichen Überlieferung macht diese Aussage nämlich problematisch, da ein Teil der Heiligen Schrift erst nach dem Tod des letzten Apostels verfaßt sein dürfte.[66] Congar nimmt hier eine zweite »retractatio« vor: Die straffe Zuordnung der Offenbarung zu den Aposteln als Empfänger und Zeugen, die er früher herausgestellt hat, wird von ihm aufgrund der neueren

---

[61] Bemerkenswert, daß Congar Joachim von Fiores Konzeption weniger als Lehre von einer neuen Offenbarung, sondern als neuartiges Begreifen der Offenbarung und als neue Lebenspraxis einschätzt. Ist er darin Thomas treu? (vgl. *PS* 97).
[62] Vgl. *PS* 86–92.
[63] Vgl. *PS* 108–124.
[64] Vgl. *PS* 98–99
[65] »on ne saura vraiment le contenu plénier de la révélation que lorsqu'elle aura atteint tous ceux qu'elle doit atteindre« (PUYO 175).
[66] Vgl. *PS* 99–100.

exegetischen und historischen Erkenntnisse nicht mehr aufrecht erhalten; seine Kritik an Rahner wird damit relativiert.[67]

## 2. Theologie und Hermeneutik

In seiner Auffassung von Theologie bleibt Congar weitgehend seinen uns schon bekannten Optionen treu:[68] Vorrang des Quellenstudiums, insbesondere Wertschätzung der Heiligen Schrift als Seele und Kriterium der Theologie, dementsprechend die Heilsgeschichte als normativer Bezugsrahmen, geschichtliches und eschatologisches Denken, Überwindung der neuscholastischen theologischen Schulen, der Konklusionstheologie und des Systems, die er als einseitig begrifflich, analytisch und deduktiv einstuft, pastorale und

---

[67] Vgl. *PS* 101 Anm. 29 und *PS* 113. Eine zusätzliche Erweiterung des Offenbarungsbegriffes vollzieht Congar im Hinblick auf die Möglichkeit der natürlichen Gotteserkenntnis und auf die nicht-christlichen Religionen. Im ersten Fall geschieht Offenbarung »par une sorte d'intuition immédiate« (PUYO 173), in der der Mensch sich selbst und die Welt überschreitet, Gott erkennt und anerkennt und dadurch zur Öffnung zum Mitmenschen bewegt wird. Bei den nicht-christlichen Religionen entdeckt Congar »des grâces de révélation« (PUYO 174), die er zunächst auf der Ebene der persönlichen Gottesbeziehung situiert, dann aber auch in Riten, religiösen Traditionen und Lehren findet. Wichtig ist zur richtigen Einschätzung dieser Aussagen, daß Offenbarung hier kleingeschrieben im Gegensatz zur Großschreibung, wenn die jüdisch-christliche Offenbarung gemeint ist. Noch deutlicher bringt die Verwendung von Plural und Singular den Unterschied zwischen außerchristlicher und christlicher Gottesbeziehung zum Ausdruck: Spricht Congar in Bezug auf nicht-christliche Religionen von Gnaden und Wahrheiten, die in ihnen enthalten sind, so sieht er im Christentum d i e Gnade und d i e Wahrheit (vgl. *A mes frères,* Paris 1968, 38). Man könnte im Sinne Congars sagen: Die christliche Offenbarung ist die reinigende Kritik und die überbietende Synthese der nicht-christlichen Offenbarungen; sie ist Offenbarung sowohl der Werte als auch der Dunkelheiten anderer Erkenntnis- und Heilswege. So sehr Congar daher einen Stil des Austausches, des Teilens und des Dialoges im Umgang mit Andersgläubigen befürwortet (vgl. *A mes frères,* aaO. 32), hält er es doch für unzulänglich, wenn die Mission bestimmt wird als Hilfe für die anderen, sich selbst zu finden, oder als solidarische Teilnahme am Leben der Menschen, denn dadurch wird die Spannung zwischen Schöpfungs- und Erlösungsordnung aufgehoben (vgl. *A mes frères,* aaO. 38; PUYO 178; *Au milieu des orages. L'Eglise affronte aujourd'hui son avenir,* Paris 1969, 36; Sigel: *MO*). Das Christentum hat in den Dialog etwas einzubringen, was sich von dem, was es vorfindet, unterscheidet (vgl. PUYO 176.178): die Kenntnis Jesu Christi und des universalen Heilsplanes Gottes. Die Mission bleibt nur dann ihrem Auftrag treu, wenn sie sich bewußt als Mitarbeit am Heilswerk Gottes versteht und explizit die Kontinuität mit der Sendung Christi und der Apostel wahrt (vgl. *MO* 35–36; *A mes frères* 39). Denn: »L'Eglise est le fruit d'une série d'initiatives divines, qui culminent dans l'Incarnation et la Pentecôte, c'est-à-dire la mission du Verbe et de l'Esprit, et qui sont irréductibles aux énergies investies dans la Création et à ce qui se développe dans l'Histoire à partir d'elles« (*MO* 29).

[68] Vgl. zur folgenden Charakterisierung: *SuA* 18.20.30.31.38.40–41.43–44.49.57.64.67.83–84.

ökumenische Ausrichtung, Einbezug der gegenwärtigen Erfahrungen, der neuen Fragen, der aktuellen Situation, der hl. Thomas als »Lehrmeister für das Denken«[69], Bemühen um weitestgehende Integration aller Gesichtspunkte.

An Akzentverstärkungen bzw. -verschiebungen lassen sich feststellen: Seit Beginn der sechziger Jahre fordert Congar vermehrt die Entfaltung der Anthropologie in Anknüpfung an die zeitgenössische Philosophie, mahnt überhaupt die Notwendigkeit einer neuen philosophischen Grundlegung an,[70] berücksichtigt bezüglich Herkunft und Vollzug in größerem Maße den doxologischen Aspekt der Theologie,[71] stellt ihren dialogischen Charakter heraus[72] und betont die Hereinnahme von Welt-, Ideen- und Zeitgeschichte in den Ansatz der Theologie.[73]

Congar ist der theologischen Richtung zuzuordnen, die er selbst charakterisiert als »die von dem Depositum der Tradition ausgehende Suche nicht nur nach einem rational erarbeiteten *intellectus fidei*, sondern einer Antwort auf die Fragen der Zeit und des Menschen«[74]. Signifikant der zentrale Stellenwert der Tradition in diesem theologischen Konzept: Sie ist Basis, Lebens- und Denkraum, Kriterium und Norm für den Theologen,[75] der sich zwar unabdingbar auf die aktuellen Probleme der Gesellschaft und die existentiellen Bedingungen menschlichen Lebens einzulassen hat, der sich aber in seiner Antwort nicht allein von den Plausibilitäten des Heute bestimmen lassen darf. Mehrfach beharrt Congar auf diesem Ansatz gegenüber anderen theologischen Strömungen, in denen die eigene Erfahrung oder die gesellschaftliche Evidenz bzw. Effizienz Übergewicht erhalten. Er spricht von der notwendigen Schulung an den Klassikern, von der Verpflichtung des Wissenschaftlers, die bereits vor ihm und von anderen gemachten Erkenntnisse sich anzueignen, vom kritischen Potential der Vergangenheit gegenüber Aktualitäten und Moden.[76]

Congar hat insbesondere eine Abneigung gegen den breiten Siegeszug der Hermeneutik, die sich mit Totalitätsansprüchen breitmacht, und rückt sie in die Nähe einer intellektuellen Krankheit, wenn er vom »Fieber des Herme-

---

[69] *SuA* 63.
[70] Vgl. *SuA* 33.37.42.80–81.85–87.
[71] Vgl. *SuA* 54.146–147; *GF* 131–134.
[72] Vgl. *SuA* 43.55.78.88; Puyo 176.178; *MC* 248.252. Definition des Dialogs: »Le dialogue est ouverture à l'autre, accueil du nouveau et de l'inattendu. Il n'est pas du tout renonciation à nos certitudes, mais il est acceptation du fait que l'autre ait quelque chose à nous révéler« (*A mes frères*, aaO. 90).
[73] Vgl. den gesamten Aufsatz *SuA* 66–96.
[74] *SuA* 24.
[75] »Die Theologie wird immer von ihren Quellen: Schrift und Tradition, genährt und an ihnen gemessen werden« (*SuA* 26).
[76] Vgl. *SuA* 64.84.90.

neutismus«[77] redet. Seine Sorge besteht darin, daß durch die Überziehung der Hermeneutik die eigenen Ideen und Gedanken zum alles bestimmenden Inhalt werden und das Auszulegende verfälschen. »Das Risiko der Hermeneutik ist, daß sie, obwohl sie den Text für uns neu aktualisieren und aussagekräftig machen will, sie ihn auf *unsere* Aktualität, auf *unsere* Kategorien zurückführt und so verhindert, daß wir von ihm belehrt und beurteilt werden.«[78] Er befürchtet die Ausgrenzung des Fremdartigen, des Sperrigen und Unbequemen aus der christlichen Botschaft, die Reduktion der Theologie auf Anthropologie, die Projektion eigener Vorstellungen in die zu deutenden Texte und Ereignisse.[79] »Was man momentan macht, läuft darauf hinaus, dem Text *unsere* Fragen zu stellen, uns selbst in dem zu suchen, was für mich eine normative *Vorgabe* ist.«[80] Statt uns selbst durch das Wort Gottes in Frage stellen zu lassen, drohen nur mehr die eigenen Fragen die theologische Überlegung zu bestimmen. Da die Antworten von den Fragen abhängen, sieht Congar die Gefahr, über das Eigeninteresse und die Selbstwahrnehmung nicht hinauszugelangen. Er äußert den Verdacht, bei einer »Selbst-Interpretation«[81] stehen zu bleiben.

Er verdeutlicht dies am Beispiel der Politisierung. Nach seiner Meinung wurde in manchen Fällen aus einer legitimen und erforderlichen Suche nach den politischen Implikationen des Glaubens eine Vereinnahmung des Glaubens für bestimmte politische Konzeptionen. »Die Gefahr ist in meinen Augen, daß die Politik den Glauben verschlingt, daß die christlichen Begriffe durch andere ersetzt werden ...«.[82] Frühere Fehlentwicklungen, die es zweifellos gerade auch in diesem Bereich gab, rechtfertigen nicht die Wiederholung dieses Mißbrauchs. Gerade der politisch-soziologische Ansatz zeigt die Neigung, sich zum alles bestimmenden Interpretationsprinzip zu machen.[83]

---

[77] »fièvre d'herméneutisme«, in: *CV* 69.106–107.
[78] »Le risque de l'herméneutique est que, voulant ré-actualiser le texte por nous et nous le rendre signifiant, elle le ramène à *notre* actualité, à *nos* catégories, évitant de nous faire instruire et juger par lui« (*Un peuple messianique. Salut et libération*, Paris 1975, 189; Sigel: *PM*). Ähnlich: *Thomismus und Ökumenismus,* in: *Entwürfe der Theologie,* hrsg. von J. B. Bauer, Graz-Wien-Köln 1985, 45; *Christsein zwischen Vergangenheit und Gegenwart,* in: *ThG* 15 (1972) 187–195, hier: 189.
[79] Vgl. *SuA* 72–73.84.
[80] »Ce qu'on fait actuellement revient à poser *nos* questions au texte, à nous chercher nous-mêmes dans ce qui est, pour moi, un *donné* normatif« (*Regards sur la théologie française d'aujourd'hui,* in: *Savoir, faire, espérer: les limites de la raison* Bd. 2 (en hommage à Msgr H. Van Camp), Brüssel 1976 (PETUL 5), 697–711, hier: 704.
[81] GF 114. Vgl. *Le vrai sens historique,* in: *Esprit* 39 (1971) 623–628, hier: 625.
[82] »Le danger est à mes yeux que la politique dévore la foi, que les concepts chrétiens soient remplacés par d'autres ...« (*Regards sur la théologie française d'aujourd'hui,* aaO. 708). Vgl. PUYO 227.
[83] Vgl. *PM* 191–192; *Une passion: l'unité,* aaO. 100.

Congar konkretisiert seine Vorbehalte an einigen Äußerungen europäischer politischer Theologie und lateinamerikanischer Befreiungstheologie. Er kritisiert die einseitige Auswahl der Schriftbezüge, die Ausblendung der paulinischen Theologie, die fast exklusive Vorliebe für das AT, die Reduzierung der Christologie auf das beispielhafte Handeln Jesu, die Identifizierung des christlichen Heils mit sozialer Befreiung.[84]

So sehr die soziale, kulturelle, ökonomische und psychische Realität für die Theologie einen unverzichtbaren Ausgangspunkt ihres Denkens darstellt, es muß doch ebenso vermieden werden, Gott einfachhin in den Ereignissen und Tatsachen, in den Menschen, in der existenziellen Erfahrung zu situieren. Chenu geht hier für Congar zu weit, wenn er die Geschichte insgesamt als Wort Gottes versteht und die Situation zum Maß des Wortes Gottes macht. Congar insistiert auf einer differenzierteren Sicht, in der Gottes Wort zunächst einmal in Leben und Geschichte der Kirche gesucht wird.[85] Dem entspricht auf der Ebene der Wissenschaft der Vorrang der theologischen Quellen vor den Humanwissenschaften.[86] Für Congar ist die Theologie zuerst die »Ausarbeitung eines ›Vorgegebenen‹«[87]. Aus der Perspektive der Heilsgeschichte, aus der Kenntnis der eigenen Quellen, aus der Vergegenwärtigung der Tradition will er versuchen, einen Beitrag zu den aktuellen Fragen zu liefern.[88] Der Ausgangspunkt hat für ihn entscheidende Bedeutung: Es geht ihm darum, vom inhaltlich bestimmten Glauben her auf die gegenwärtigen Probleme hin zu denken und nicht die eigenen und gesellschaftlichen Erfahrungen, Erkenntnisse und Wünsche zum Prinzip der Theologie, der Schriftauslegung und der Moral zu machen. Nur dadurch meint Congar das Plus des Christentums gegenüber innerweltlichen Bewegungen wahren zu können.[89]

Das Studium der Tradition und das Leben in der Tradition ist für Congar indessen das Mittel, um größere Objektivität zu gewährleisten, um vom Selbst und seinen Vorlieben und Einseitigkeiten loszukommen, um nicht nur den Christus meiner Einbildungskraft und theoretischen Konstruktion, vielmehr den wirklichen Christus zu erreichen, um die Andersartigkeit, Neuheit und Eigenheit der christlichen Offenbarung im Blick zu behalten, um nicht einen (meinen, unseren) Teil zum Ganzen zu machen. Nach dem Extrem der defensiven Apologetik und der Eigenherrlichkeit einer in sich verschlossenen

---

[84] Vgl. *PM* 188–190.
[85] Vgl. *Regards sur la théologie française d'aujourd'hui*, aaO. 705f.
[86] Vgl. PUYO 222.
[87] »Pour moi, la théologie reste incontestablement l'élaboration d'un ›donné‹« (PUYO 226).
[88] Vgl. PUYO 226–227; *L'héritage reçu dans l'Eglise*, in: *Cahiers Saint Dominique* Nr. 145, 1974, 229–242, hier: 240.
[89] Vgl. PUYO 228.

Theologie darf man laut Congar nicht in das gegenteilige Extrem einer ungeprüften, unkritischen Übernahme gängigen Gedankengutes verfallen.[90]
Congar verficht also eine »Hermeneutik der Tradition«[91]. Sie bewahrt vor einem Eklektizismus in der Schriftinterpretation, bietet Zusammenschau und Synthese des christlichen Mysteriums, führt ein in das organisch gestufte Ganze des Christentums,[92] stellt die Einheit mit der gesamten Kirche her, schützt vor einseitiger Intellektualisierung, bezieht Erfahrung und Leben als authentische Quelle der Theologie ein, ermöglicht Distanz zum aktuellen Geschehen und gibt Kriterien für ein sachgemäßes theologisches Urteil an die Hand.

### 3. Einheit und Pluralismus

Ein Kennzeichen der kirchlichen Situation nach dem Vatikanum II ist die zunehmende Vielfalt in Theologie und Praxis: Neue Denkansätze unterschiedlichster Art werden erprobt; die vom Konzil bestärkte Eigenständigkeit der Ortskirchen wird umgesetzt und zeitigt eine breite Skala von konkreten Ausformungen; das Bedürfnis wächst, eine den jeweiligen Kulturen und Gesellschaften entsprechende Theologie und Kirche zu entwickeln; die Laien werden sich ihrer Selbständigkeit und ihres Eigenwertes bewußt. Konflikte bleiben nicht aus: Konflikte zwischen Theologie und Lehramt, zwischen Ortskirche und römischer Kurie, zwischen freien Bewegungen und amtlichem Führungsanspruch.
Auch in diesem Spannungsfeld von Pluralismus und Einheit spielt der Traditionsbegriff für Congar eine wichtige Rolle: Von ihm her akzeptiert er etwa einen gewissen liturgischen Freiraum entsprechend der Praxis der Alten Kirche,[93] von ihm her lehnt er aber ebenso »liturgische Anarchie«[94] und »Eucharistiefeiern« ohne geweihten Priester ab, da sie mit der Tradition der West- und Ostkirche nicht vereinbar sind.[95] Die Tradition bietet Congar ein theologisches Kriterium, das ihn nach mehreren Seiten Distanz gewinnen läßt: Wie er die neuzeitliche Übersteigerung des päpstlichen Lehramtes, den Hang bestimmter Gruppierungen zu neuen Definitionen, die Inflation des Begriffes der Unfehlbarkeit, die Einseitigkeit des Vatikanum I, die allzu juridische Sicht der apostolischen Sukzession kritisch anfragt und um Korrektur bemüht ist – Korrektur von der tieferen Tradition her –,[96] so mahnt er auf der

---

[90] Vgl. *SuA* 84–85.
[91] *GF* 114.
[92] Vgl. *GF* 46.49–50; *SuA* 145–146.
[93] Vgl. *GF* 116.
[94] *FL* 78.
[95] Vgl. *GF* 119.
[96] Vgl. das ganze Buch: *Ministères et communion ecclésiale*, Paris 1971 (Sigel: MC).

anderen Seite die Berücksichtigung des Lehramtes, seines unverwechselbaren Auftrags, der dogmatischen Formulierungen und Lehren, der Institution und des Rechts an, eben weil sie konstitutive Elemente der Tradition sind.[97]
Auch Congars Kritik an Hans Küng, sowohl was seine allgemeine Ekklesiologie als auch seine Amtstheologie betrifft, erfolgt vom Gesichtspunkt der Tradition her: »Er berücksichtigt die Tradition nicht genug.«[98] Congar wirft Küng einen fast protestantischen Ansatz der »sola scriptura« vor, der die Patristik und die Liturgie vernachlässigt. Beispielsweise erinnert er an die traditionelle Auslegung von der Durchbohrung der Seite Christi, die in Blut und Wasser die Sakramente der Taufe und der Eucharistie und mit ihnen die Kirche aus dem Kreuz Christi hervorgehen sieht, eine Interpretation, die bis in die Neuzeit durchgängig präsent ist und bei Küng nicht beachtet wird.[99] Statt einer Erweiterung und Fortführung der traditionellen Lehren spürt Congar bei Küng die Neigung zu einer »vollständigen Revision«[100], zur Ersetzung des Bisherigen durch etwas anderes. Congar hingegen plädiert für die Aufnahme, Reinigung und Vertiefung der Tradition. Er urteilt über den Unterschied zu Küng: »ich bin Reformer, er ist ein wenig Revolutionär.«[101]
Der Rückgriff auf die Tradition als Ermöglichung von Vielfalt und gleichzeitig als Sicherung der Einheit, dieser Gedanke führt uns zur Frage nach den Invariablen der Tradition, und ihr werden wir später nachgehen, indem wir uns der Rede Congars von Institution und göttlichem Recht zuwenden.

---

[97] Siehe Kapitel IV.
[98] »Il ne tient pas assez compte de la tradition« (PUYO 162). Vgl. ebd. 161.
[99] Vgl. PUYO 162–163; *MC* 159.
[100] »révision complète« (*MC* 159).
[101] »je suis réformiste, il est un peu révolutionnaire« (PUYO 161).

III.

TRADITION
ALS GESCHICHTLICHE VERMITTLUNG DER WAHRHEIT

*1. Geschichte und Identität*

Der Glaube bezieht sich auf geschichtliche Ereignisse, wird durch die Kirche durch die Jahrhunderte getragen und vom Einzelnen als inhaltlich geprägte Gestalt vorgefunden. Wo dies geleugnet, beiseite geschoben oder außer Acht gelassen wird, steht nach Congars Urteil das christliche Proprium auf dem Spiel. »Als Christ bin ich nichts, wenn ich mich nicht in die Reihe der Zeugen und Treueerweise hineinstelle, die durch eine ununterbrochene Abfolge zu den Aposteln, zu Jesus, zu den Propheten, zu unserem heiligen Vater Abraham hinaufreichen.«[102] Kein Christ beginnt am Punkt Null: »Wir sind weder Findelkinder noch wilde Kinder.«[103] Congar insistiert auf der Notwendigkeit, sich in die Tradition hineinzustellen. Der Kontakt mit der Tradition und das Leben aus der Tradition bietet für ihn die entscheidende Gewähr, nicht etwas als christlich hinzustellen, das es gar nicht ist. »Der Bezug zur Vergangenheit ist für den Christen das Mittel und sogar die notwendige Bedingung seiner eigenen Identität.«[104] Der Glaube ist ein empfangenes Gut, ein Erbe, eine Vorgabe, woraus der Schluß zu ziehen ist: »Für die Kirche ist eine Überlieferungs-(Übermittlungs-)Struktur wesentlich.«[105] Congar wehrt sich vehement gegen alle Bestrebungen, die mit der Vergangenheit brechen wollen, da nur Identitätsverlust und Selbstzerstörung die Folgen sein können. Wer den lebendigen Austausch mit seinen Wurzeln unterbricht, führt sein eigenes Ende herbei: Verdorren, Krankheitsbefall, Absterben. Die Bewältigung von Gegenwart und Zukunft wird durch die Abkopplung von der Vergangenheit nicht erleichtert, sondern vereitelt, denn die Kraft zum Wachstum und zum Widerstand gegen Krankheiten kann nur aus der Verbindung mit der Wurzel kommen. Daher sagt Congar kategorisch: »Ich akzeptiere alle Infragestellungen, ich akzeptiere die Innovation, ich akzeptiere die Kreativität, aber ich akzeptiere nicht den Bruch.«[106]

---

[102] »Je ne suis rien, comme chrétien, si je ne me situe pas dans la suite des témoins et des fidélités qui remonte, par une succession ininterrompue, aux apôtres, à Jésus, aux prophètes, à notre père saint Abraham« (*Le vrai sens historique*, aaO. 626).
[103] »Nous ne sommes ni des enfants trouvés ni des enfants sauvages« (*ebd.*).
[104] »La référence au passé est, pour le chrétien, le moyen et même la condition nécessaire de sa propre identité« (*Le chrétien, son présent et son passé*, aaO. 73).
[105] *Soll das Christentum ... übermittelt werden?*, aaO. 422.
[106] »J'accepte toutes les mises en question, j'accepte l'innovation, j'accepte la créativité, mais je n'accepte pas la rupture« (*L'héritage reçu dans l'Eglise*, aaO. 242).

## 2. Geschichte und Erkenntnis

Die Verwiesenheit auf Geschichte beurteilt Congar nicht als spezifisch oder exklusiv christlich, sondern als Eigenschaft jeder Kultur, jedes Volkes, jedes einzelnen Menschen, als Grunddatum der Anthropologie und der Erkenntnistheorie.[107] Sie hängt zusammen mit der leiblichen Konstitution des Menschen.[108] Leiblichkeit bedeutet Kontextualität, Hineingestelltsein in biologische und soziale Zusammenhänge, in den Rhythmus von Werden und Vergehen, in eine Abfolge von Vorher und Nachher. Weil sie eine »bruchstückhafte, schrittweise und fortschreitende Wahrnehmung«[109] impliziert, wirkt sie bis in das Denken hinein. Lehren, Meinungen, Vorstellungen und Begriffe tragen den Stempel ihrer Epoche und Gesellschaft.

Historisches Denken heißt aber nicht nur, der Entstehungsgeschichte eines Sachverhaltes, einer Wirklichkeit oder eines Menschen nachgehen, sondern zugleich sich die Geschichtlichkeit des eigenen Standpunktes vor Augen halten. Auch der Rückblick auf die Geschichte und der Versuch ihrer Deutung ist selbst noch einmal geschichtlich. »Die Kenntnis bestimmter historischer Abfolgen, bestimmter Bedingungen hat uns die Geschichtlichkeit des Augenblicks, in den wir hineingestellt sind, bewußt gemacht.«[110] Daher ist es sinnvoll, die Geschichte der Geschichtsschreibung, auch der Kirchengeschichtsschreibung, zu betreiben.[111]

Die »Meta-Historie« gewährt Einsicht in die Bedingtheit unserer Erkenntnis durch Interessen, Voreingenommenheiten und Unwissenheit. Das Studium der Geschichte ist für Congar daher identisch mit der Suche nach der größeren und umfassenderen Wahrheit.[112] »Die Geschichte ist eine große Lehrerin der Wahrheit.«[113] Im denkenden Nachvollzug der Geschichte treten die eigenen

---

[107] Vgl. *Le vrai sens historique*, aaO. 627; *L'historicité de l'homme selon Thomas d'Aquin*, in: *DoC* 22 (1969) 297–304.

[108] Vgl. *Die Wesenseigenschaften der Kirche*, in: *MySal IV/1*, 457–502.535–594, hier: 452.

[109] *Ebd.*

[110] *SuA* 73.

[111] Vgl. *Théologie historique*, in: *Initiation à la pratique de la théologie I*. Deuxième édition revue et corrigée, Paris 1982, 233–262, hier: 239.

[112] Vgl. *Die Geschichte der Kirche als »locus theologicus«*, in: *Conc* (D) 6 (1970) 496–501, hier: 498.

[113] »L'histoire est une grande maîtresse de vérité« (*Changements et continuité dans l'Eglise*, aaO. 57). Vgl. C. MACDONALD, *Church and World in the Plan of God*, aaO. VII (Vorwort Congars): »J'ai toujours eu le goût de l'histoire ... Ce goût de l'histoire s'identifie en moi avec le goût de la vérité. Mais celui-ci est plus qu'un goût, c'est un besoin vital, c'est une consécration, un culte, un absolu. Je donnerais ma vie pour la vérité; je lui ai donné ma vie«. Vgl. auch die Aussage M.-J. Le Guillous über Congar in: *Bilanz der Theologie im 20. Jahrhundert. Bahnbrechende Theologen*, Freiburg 1970, 194: »Die Geschichte, so denkt der große Theologe, ist eine Erzieherin zur Wahrheit, und sie allein kann von gewissen Anfällen von ›rabies theologica‹ heilen. Sie allein setzt

Existenz- und Denkbedingungen zutage, und dieses Einholen der eigenen Voraussetzungen führt zu einem höheren Maß an Objektivität. Die Realisierung der Vorläufigkeit und Begrenztheit unserer Erkenntnis und damit unserer Theorien und Formulierungen treibt den Menschen zu ernsthafter, sorgfältiger und kritischer Forschung. Sie liefert damit eine Basis für vernünftige Argumentation, für rationalen Diskurs, für Wissenschaftlichkeit. Gerade die sich kritisch gebärdende Protesthaltung, die die Vergangenheit einfach abstreifen will, ist naiv, weil sie ihre eigenen Prämissen nicht wahrnimmt. Im Anschluß an Louis Halphen zählt Congar die Früchte des geschichtlichen Bewußtseins auf: »Bescheidenheit, Ausgeglichenheit im Urteil, Klugheit, die jeder unzeitigen Hast entgegengesetzt ist, begründeter und angemessener Zweifel, gesunder Menschenverstand und Maß.«[114] An anderem Ort spricht Congar von einem »gesunden Relativismus«[115], der Realitätssinn verleihe. »Die Geschichte gestattet es ..., das Relative in seiner Realität zu sehen und so das Absolute besser zu erkennen«[116], nur das als absolut gelten zu lassen, was wirklich absolut ist. Congar unterstreicht die befreiende Wirkung der Historie: Er spricht mit H. I. Marrou von einer Katharsis.[117] Die Kenntnis der Geschichte ermögliche ein Abstreifen unnötiger Lasten, ein Bewußtwerden der eigenen Relativität, ein gelöstes Zugehen auf die Zukunft, eine Entdramatisierung der »Besorgnisse, die das Aufkommen neuer Ideen und Formen zwangsläufig in uns weckt«[118]. Die Geschichtswissenschaft hat in psychischer – auch sozialpsychischer – Hinsicht geradezu eine hygienische Funktion.

Congar legt Wert darauf, daß das geschichtliche Wissen uns nicht zu Sklaven der Vergangenheit macht.[119] Er sieht seine große und eigentümliche Leistung vielmehr darin, unsere gegenwärtigen Erfahrungen und Vorstellungen zu bereichern und eine möglichst unabhängige Ausgangsposition zu gewinnen. Die Kenntnis der Geschichte vermittelt Distanz zu Ideologien und weckt den Sinn für das Konkrete. Sie kann uns befähigen, weder dem konservativen Eigengewicht unserer Bequemlichkeit und unseres Sicherheitsstrebens nachzugeben noch dem Zeittrend der Bilderstürmerei zu erliegen.[120]

uns in den Stand, nicht die Wahrheit zu relativieren, sondern sie aus dem Relativen, das sie umgibt, herauszuschälen«. Vgl. ferner: *Herbstgespräche*, München 1988, 109f.
[114] »modestie, équité dans les jugements, prudence opposée à toute hâte intempestive, doute raisonné et raisonnable, bon sens et mesure« (*Théologie historique*, aaO. 237.)
[115] *Die Geschichte der Kirche als »locus theologicus«*, aaO. 497.
[116] *Thomismus und Ökumenismus*, aaO. 42. Vgl. *Changements et continuité dans l'Eglise*, aaO. 56; *Die Geschichte der Kirche als »locus theologicus«*, aaO. 497.
[117] Vgl. *Histoire des dogmes et histoire de l'Eglise*, in: Seminarium 25 (1973) 75–88, hier: 84.
[118] *Die Geschichte der Kirche als »locus theologicus«*, aaO. 497.
[119] Vgl. *Histoire des dogmes et histoire de l'Eglise*, aaO. 86.
[120] Vgl. *Changements et continuité dans l'Eglise*, aaO. 59–60.

Congar übersieht bei der Beschäftigung mit der Geschichte nicht die Gefahren: völlige Relativierung, »als ob alles nur eine Frage des Augenblicks wäre, und, was gestern wahr gewesen, heute es nicht mehr wäre«[121], Skeptizismus, Entleerung der Bedeutung der Geschichte,[122] Reduzierung der Theologie auf Anthropologie. Eine kritische Anlayse droht laut Congar auf jedem Gebiet »die Sicherheit, die Kohärenz, die berechtigte Naivität unserer Vorstellung aufzulösen«[123].

## 3. Theologie der Geschichte

Als Antwort auf Relativismus und Skeptizismus bringt Congar die Eschatologie ins Spiel. Sie entspricht der dem Menschen innewohnenden Dynamik, die auf vollständige und endgültige Verwirklichung ausgreift. »Die Geschichtlichkeit zielt über sich hinaus auf einen nicht-geschichtlichen Zustand als ihren Abschluß in dem zweifachen Sinn: als Aufhebung der Geschichtlichkeit und als im Verborgenen angestrebtes Ergebnis.«[124] Die Geschichte genügt sich nicht selbst und trägt in sich ein Streben nach Überschreitung der Geschichtlichkeit, und zwar gerade um der Erfüllung ihrer selbst willen. Der Historiker kann daher auf das Denken über das Ziel der Geschichte nicht verzichten. Erst das Eschaton sichert den Wert der Geschichte, die Erhaltung des verwirklichten Guten, nur die Eschatologie ermöglicht ein sachgerechtes Urteil über die Geschichte. Hier liegt die Grenze der profanen Geschichtswissenschaft: Der eschatologische Wert von Tatsachen und Vorgängen ist ihr nicht zugänglich.[125] Der Christ hingegen steht in einer »durch die Eschatologie zielbestimmten Perspektive«.[126] Dies ist möglich, weil dem Glauben nach mit Jesus Christus die Endzeit begonnen hat. Christus hat »das Ende vorweggenommen«[127]. In ihm ist uns das Alpha und das Omega der Geschichte bekannt, so daß wir einen »eschatologischen Standpunkt«[128] einnehmen können. Jesus Christus als der Anfang, die Mitte und das Ende der Geschichte ist der Maßstab, an dem die Ereignisse zu messen sind.
Mit Christus aber sind wir verbunden durch die Heilige Schrift, durch die Apostel, durch die Kirchenväter, durch die Tradition, durch die Kirche.

---

[121] *Die Wesenseigenschaften der Kirche*, aaO. 452.
[122] Vgl. *Le vrai sens historique*, aaO. 627.
[123] »... de dissoudre l'assurance, la cohérence, la légitime naïveté de notre représentation« (*Théologie historique*, aaO. 237).
[124] *Die Wesenseigenschaften der Kirche*, aaO. 453.
[125] Vgl. *Théologie historique*, aaO. 240–245.
[126] *Die Wesenseigenschaften der Kirche*, aaO. 453.
[127] *Die Geschichte der Kirche als »locus theologicus«*, aaO. 499.
[128] *Die Wesenseigenschaften der Kirche*, aaO. 454.

Diese alle aber verweisen auf den Heiligen Geist als Garanten: Er ist die knospenhafte Gegenwart der Endzeit, der die göttliche Zukunft, »die Zukunft Christi in seinem Leib«,[129] herbeiführt. Geschichte und Geschichtlichkeit stehen christlich im Horizont der Pneumatologie.

Der Heilige Geist wirkt seit der Schöpfung in der Welt, er ist »der transzendente Handlungsträger dessen, was in der Geschichte für Gott ist«.[130] Sein Wirken überschreitet unsere Erkenntnis und Vorstellungskraft, so daß wir ihn nicht auf bestimmte Räume, Zeiten, Menschengruppen oder Handlungsweisen begrenzen dürfen.[131] Indessen wissen wir sicher von seiner Gegenwart in Jesus Christus und seiner Kirche; er ist der Geist Christi, der dessen Werk in dieser Welt fortführt, vorantreibt, universalisiert und vollendet.

Weil der Heilige Geist der Geschichte koexistent ist und sie gleichzeitig überschreitet, in ihr wirkt und doch über ihr steht, kann er uns den Sinn der Geschichte erschließen. Innere Kenntnis und Überblick von außen versetzen ihn in die Lage, uns die Geschichte zu deuten, nicht nur die Offenbarungsgeschichte, sondern auch die Zeichen der Zeit im Ablauf der Weltgeschichte.[132]

Der Heilige Geist ist ein Geist der Prophetie, Prophetie verstanden als die Gabe der Interpretation der Ereignisse im Lichte des Planes Gottes, wie ihn uns die Heiligen Schiften zeigen. Die Heilige Schrift hat wiederum das Geheimnis Christi als Mitte. »Der gesamte Plan Gottes ist bezogen auf Jesus Christus, den menschgewordenen Gott, der der Sinn und der Herr der Weltgeschichte ist.«[133] Jesus indes zu verstehen, setzt eine tiefe Bekehrung voraus. Wir befinden uns abermals im hermeneutischen Zirkel von Pneumatologie, Christologie und Ekklesiologie, die einander gegenseitig bedürfen.

Aufgrund der komplexen hermeneutischen Situation warnt Congar vor Simplifikationen in der Theologie der Geschichte. »Sicher, wir kennen den Heilsplan Gottes in seinen großen Linien ... Im Glauben kennen wir den Sinn des Ganzen, aber der der einzelnen Tatsachen im kleinen Bereich unseres alltäglichen Lebens entgeht uns oft. Und zwar weil die Geschichte des Heils oder der Heiligkeit und die zeitliche oder kosmische Geschichte vermischt sind, ohne miteinander zu verschmelzen.«[134] Daher können in der Deutung geschichtlicher Ereignisse durchaus unterschiedliche Positionen bezogen werden. Es

---

[129] *Die Geschichte der Kirche als »locus theologicus«*, aaO. 499.

[130] »l'agent transcendant de ce qui, dans l'histoire, est pour Dieu« (*Pneumatologie et Théologie de l'Histoire*, aaO. 62).

[131] Vgl. *PS* 199.

[132] Vgl. *Pneumatologie et Théologie de l'Histoire*, aaO. 67.

[133] »Tout le plan de Dieu est relatif à Jésus-Christ, qui, Dieu fait homme, est le sens et le Seigneur de l'histoire du monde« (*ebd.*).

[134] »Certes, nous connaissons le plan de salut de Dieu dans ses grandes lignes ... Dans la foi, nous connaissons le sens du tout, mais celui des faits particuliers, dans le petit carré de notre existence quotidienne, nous échappe le plus souvent. C'est que l'histoire du salut ou de la sainteté et l'histoire temporelle ou cosmique sont mêlées sans se confondre« (*ebd.* 68).

besteht ein qualitativer Unterschied zwischen der Offenbarung als normativer Deutung geschichtlicher Vorgänge und der kirchlichen Interpretation von Tatsachen. Zustimmend zitiert Congar Gabriel Marcels These: »Ich weiß nicht, was Gott von der Reformation denkt.«[135] Gott spricht zu uns durch die Ereignisse, aber ihre christliche Bewertung geschieht in einem vielschichtigen Prozeß, der die Heilige Schrift und die kirchliche Tradition als Norm einbezieht und vom Lehramt kontrolliert wird.
Solange die Geschichte noch nicht abgeschlossen ist, haftet ihr eine tiefe Doppeldeutigkeit an. Sie ist nicht nur Weg und Mittel zum Heil, sondern auch Schauplatz »von mißlungenen Versuchen, von Sackgassen, von Irrtümern«[136], durchsetzt mit Fehlern, Versagen und Sünden.

### 4. Die Geschichte der Wahrheit in der Sprache der Kirche

Die Doppeldeutigkeit betrifft auch die Geschichte der Kirche. Sie geht so weit, daß sogar Spaltungen und Häresien einen »möglichen positiven Sinn«[137] haben können. Noch pointierter als früher macht Congar auf die Wahrheitselemente außerhalb der Kirche aufmerksam, die zu bergen sind. Die Dogmengeschichte ist für ihn kein linearer Fortschritt, sondern durchsetzt von Verengungen und Rückschritten: »Denn nicht alles ist nur positiv und vorteilhaft in jenem Prozeß der Dogmatisierung und fortschreitenden Präzisierung, der eine Frucht der Häresien ist.«[138] So sehr Congar mit den Vätern die Notwendigkeit dieses Prozesses bejaht, er benennt klar die Gefahr, »daß Begriffe und Themen, welche der Irrtum mißbraucht und verkehrt hat, die aber ihren Platz im katholischen Denken hatten und haben müssen, in Verruf kommen und ausgemerzt werden«[139]. Dieser Sachverhalt erfordert eine ergänzende Hermeneutik für lehramtliche Dokumente.
Congar macht sich die Kritik zu eigen, die eine Übertragung des biologischen Entwicklungsbegriffes auf die Dogmengeschichte als zu optimistisch beurteilt.[140] Er kennzeichnet die Dogmengeschichte nicht mehr wie früher als »eine fortschreitende Herausschälung des implizit Enthaltenen ..., sondern eher als eine Folge von Formulierungen ein und desselben Glaubensinhaltes, der sich in verschiedenen Kulturwelten reflektiert und ausdrückt«[141]. Der Konzeption einer homogenen Evolution, wie Marin-Sola sie vortrug, zieht er Newmans Rede von der Bewahrung des Typs und der Kontinuität der Prinzi-

---

[135] »Je ne sais pas ce que Dieu pense de la Réforme« (*ebd.* 69).
[136] *Die Wesenseigenschaften der Kirche,* aaO. 453.
[137] *Ebd.* 455.
[138] *Ebd.*
[139] *Ebd.*
[140] Vgl. *Histoire des dogmes et histoire de l'Eglise,* aaO. 82.
[141] *Die Geschichte der Kirche als »locus theologicus«,* aaO. 497.

pien vor.¹⁴² Wegen der kulturellen, sozialen und sprachlichen Bedingtheit der Dogmen mißt er der Begriffsgeschichte und der Erkenntnissoziologie immer größere Bedeutung bei.¹⁴³ Die intensive Konsultation von Historie, Philologie und Soziologie führt Congar dazu, sich nicht auf punktuelle oder regionale Realisierungen des Glaubens zu versteifen, sondern nach der darin enthaltenen Ausrichtung zu suchen.¹⁴⁴
Jede theologische Reflexion und jedes theologische System hat sich seiner Unangemessenheit bewußt zu sein: Die Wirklichkeit Gottes ist größer als unsere Worte. Deshalb liebt Congar die mittelalterliche Definition des Glaubensartikels: »Perceptio divinae veritatis tendens in ipsam«¹⁴⁵. Congar betont in dieser Formel besonders das »in«. Die Wahrheit wird nicht ein für allemal in einem Satz formuliert, der nur wiederholt zu werden braucht, sondern die menschlichen Worte sind in Bewegung auf die Wirklichkeit Gottes hin, die sie bezeichnen wollen. Dieser Prozeß der Wahrheitssuche und der Versprachlichung ist unabgeschlossen, solange diese Welt währt. Damit öffnet sich ein breiter Raum für je neue Formulierungen der einen Wahrheit, wir können sagen: der Raum der Tradition. Unterschiedliche Traditionen brauchen nicht verwirren, da die Wahrnehmung Gottes durch historische und kulturelle Bedingtheiten erfolgt, die in die begriffliche Konzeption des Glaubens einfließen. Entscheidend und zeitüberdauernd ist die Identität des Sinnes, die Wahrung der Intention des Glaubens, »der Elan auf das hin, dem er gilt«¹⁴⁶. Damit wird von Congar nicht die Wahrheit selbst relativiert, sondern unser Zugang zur Wahrheit.¹⁴⁷ Er hält an der Absolutheit der Wahrheit fest und schreibt den Wandel unserer Aufnahme und Versprachlichung zu. Einerseits gilt: »Das, was wahr ist, ist tatsächlich endgültig war«¹⁴⁸, andererseits muß »die Geschichtlichkeit *unserer* Wahrnehmung und *unserer* Ausdrücke des Wahren«¹⁴⁹ bedacht werden. Ursache der Veränderungen von kirchlichen Bekenntnisaussagen und moralischen Normen ist also nicht Gott selbst, son-

---

[142] Vgl. *Histoire des dogmes et histoire de l'Eglise*, aaO. 82–83.
[143] Vgl. *ebd.* 79.81.
[144] Vgl. *ebd.* 82–83.
[145] Congar findet diese Definition bei Albertus Magnus, Thomas von Aquin und Bonaventura. Er zitiert sie sehr oft: *FTh* 71.74.75.; *JC* 168; *MC* 153.243; *PS* 19; *Le moment »économique« et le moment »ontologique« dans la Sacra doctrina*, aaO. 174; *Thomas von Aquin als Vorläufiger ökumenischen Geistes*, aaO. 255; *Thomismus und Ökumenismus*, aaO. 47; *GF* 101; *Le théologien dans l'Eglise d'aujourd'hui*, in: *Les quatre fleuves* Nr. 12 (1980) 7–27, hier: 15.
[146] *Thomismus und Ökumenismus*, aaO. 48. Vgl. *PS* 21.
[147] Vgl. *Versuch einer katholischen Synthese*, in: *Conc (D)* 17 (1981) 669–679, hier: 670.
[148] *Erzbischof Lefebvre. Lehrmeister der »Tradition«? Die notwendigen Unterscheidungen*, in: *Conc (D)* 14 (1978) 619–624, hier: 619. Vgl. *Changements et continuité dans l'Eglise*, aaO. 58.
[149] *Ebd.* 621.

dern der Mensch mit seinem begrenzten Erkenntnisvermögen und der unaufhebbaren Differenz zwischen Wirklichkeit und Sprache. Es liegt in der Konstitution des Menschen begründet, die Wahrheit nur in stets ergänzungsbedürftigen Fragmenten zu besitzen. Diese haben jedoch durchaus ihren Wert, denn wir brauchen sie als Schutz vor Beliebigkeit und Irrtum und als Orientierung und Annäherung. Die Geschichte der Kirche ist die Geschichte immer neuer Versuche, die eine und immer gültige Wahrheit, die transzendent ist, die Gottes Leben selbst ist, menschlich auszusagen und zu verwirklichen.[150] Um die Transzendenz Gottes zu wahren und das Zeugnis der Kirche vermittlungsfähig zu machen, ist eine ständige Überprüfung der Ausdrucksmittel notwendig.

Ein hervorragendes Beispiel für die Notwendigkeit, sprachliche Repräsentation und Realität zu unterscheiden, liefert Congar die Trinitätstheologie, die im Osten und Westen verschiedene Ausprägungen erfahren hat.

Congar begreift die beiden Denkversuche als unterschiedliche Zugangsweisen zur einen Wahrheit: Obwohl sie systematisch und begrifflich nicht auf einen Nenner gebracht werden können, sich einer Synthese entziehen, drücken sie ein und denselben Glauben aus. Congar hält die Differenz weder für kirchen- noch für glaubenstrennend, und er schließt weitere, eigenständige und in sich berechtigte Annäherungen aus anderen Kulturkreisen und Denkhorizonten nicht aus.[151]

Daß wir überhaupt gültige Aussagen über Gott machen können, begründet Congar gut thomistisch mit der Analogielehre.[152] Dabei stellt er zunächst klar, daß unsere Begriff sich nicht anmaßen dürfen, Gott zu erfassen. »Unsere Begriffe sind unvermeidlich begrenzt. Wir können keinen Begriff von Gott haben, denn wir haben nur geschaffene Begriffe. Sobald wir etwas behaupten, müssen wir eine Negation hinzusetzen.«[153] Trotzdem ist ein Reden von Gott möglich, einmal weil Gott selbst sich der menschlichen Sprache bedient hat, und zum anderen weil es Worte gibt, »die, indem sie eine Realität bezeichnen, nicht auch eine Unvollkommenheit einschließen«[154]. Congar verweist auf die johanneischen Gleichsetzungen: Gott ist Wahrheit, Licht, Liebe. Die Möglichkeit und Berechtigung einer analogen Prädikation sieht Congar also zunächst durch das Wort Gottes selbst gegeben. Die biblische Rede von Gott in Bildern, Gleichnissen, Metaphern, Symbolen und Erzählungen legitimiert die Analogielehre. Die Analogie des Glaubens bildet die Grundlage für den Gebrauch der Analogie in der Theologie. Neuere Untersuchungen über

---

[150] Vgl. *Versuch einer katholischen Synthese*, aaO. 669.
[151] Vgl. *Thomismus und Ökumenismus*, aaO.; PS 21; ausführlich behandelt in: *Der Heilige Geist*, Freiburg 1982, 439–453.
[152] Vgl. PS 16–18; *Thomismus und Ökumenismus*, aaO. 47.
[153] *Thomismus und Ökumenismus*, aaO. 47.
[154] *Ebd.*

Gleichnisrede und Metaphern bestätigen Congar die Gültigkeit der thomasischen Lehre von der analogen Prädikation.[155]
Congar beachtet aber auch den Eigenwert und den Überhang bildlicher Sprache. Er schätzt die Fähigkeit der Symbolik, der Poesie und der Kunst, mitzuteilen, ohne zu definieren, zu denken, ohne zu konzeptualisieren; ihre Stärke besteht in der Aussage, die gleichzeitig die Transzendenz des Ausgesagten deutlich macht, die in der Mitteilung selbst den Unterschied von Repräsentation der Wirklichkeit und der Wirklichkeit selbst festhält.[156]
Congar sucht also insgesamt einen Weg zwischen einem Apophatismus, der jede genaue Aussage verneint, und einem Positivismus, der sich auf nur eine sprachliche Definition festlegt.

## 5. Von der Geschichte zur Ontologie

Ein Teil der Tradition besteht nun gerade in der Überführung narrativer oder metaphorischer in reflexive Aussagen. Diese Transformation wurde in der Neuzeit mehrfach als verfälschend angegriffen, was sich besonders in einer Ablehnung der Scholastik äußerte. Congar nimmt die Kritik auf, indem er die Vorteile der geschichtlichen, handlungsorientierten, personalen und relationalen Denkweise der Bibel würdigt[157] und die katastrophalen Folgen der Verselbständigung der ontologischen Theologie benennt.[158] Er anerkennt, daß es Möglichkeiten des Sprechens von Gott gibt, die ganz aus der Sprache der Heiligen Schrift leben, die paradoxe und dialektische Aussagen nicht mehr in eine höhere Synthese aufheben. Als Beispiele verweist er auf Bernhard von Clairvaux und Martin Luther,[159] und er stellt fest, daß diese Art des Theologisierens dem heutigen Denken entgegenkommt.[160] Congar selbst jedoch möchte die Tradition der Scholastik bewahrt wissen.
Gegenüber der dramatischen und dialektischen Konzeption der reformatorischen Theologie, die die Spannung zwischen Gott und Mensch *nie* aufhebt,[161] beharrt Congar auf einer »Schau der Harmonie und Weisheit«;[162] gegenüber

---

[155] Vgl. *PS* 21. Congar verweist z. B. auf die Studie von P. RICOEUR, *La métaphore vive*, Paris 1975. Er vereinnahmt aber etwas zu schnell und unvermittelt für seine Position.
[156] Vgl. *PS* 17–19.
[157] Vgl. *Le moment »économique« et le moment »ontologique« dans la Sacra doctrina* (Révélation, Théologie, Somme théologique), in: *Mélanges offerts à M.-D. Chenu*, Paris 1967, 135–187, hier: 137–143.
[158] Vgl. *ebd.* 182.
[159] Vgl. *PS* 18.
[160] Vgl. *SuA* 80–81.
[161] Vgl. *Une deuxième condition: La question de la révélation*, aaO. 220; *La recherche théologique*, in: *Recherches et Débats* Bd. 54 (1966) 89–102, hier: 97.
[162] »vision d'harmonie et de sagesse« (*Une deuxième condition: La question de la révélation*, aaO. 219–220).

einer exklusiv geschichtlichen und funktionalen Interpretation der Offenbarung legt er Wert auf die ontologischen Implikationen; gegenüber einer existentialistischen Verabsolutierung des Glaubensaktes weist er auf die inhaltliche Vorgabe der geschichtlichen Offenbarung hin. Congar bezieht sich indirekt und direkt auf zeitgenössische theologische Programme, sei es auf eine antischolastische und antimetaphysische Strömung im Katholizismus, sei es auf Cullmanns heilsgeschichtliche Theologie, sei es auf Bultmanns eschatologischen Aktualismus.[163] Ist die Ablehnung der Position Bultmanns von Congars geschichtlichem Ansatz her nur zu evident und prinzipieller Natur – ihre Wege scheiden sich bereits im Offenbarungsbegriff –, so ist seine Haltung gegenüber den anderen Richtungen differenzierter, denn er gehört ihnen ja selbst teilweise an bzw. findet in ihnen eigene Anliegen wieder. Congar setzt sich nur ab von einem Überziehen des geschichtlichen Denkens, von einer totalen Negierung der Metaphysik, von einem Ausspielen der Ökonomie gegen die Ontologie. Dies käme für ihn dem Verzicht auf eine theologische Synthese gleich. Seine Argumentation für eine harmonische, weisheitliche und ontologische Theologie bewegt sich auf mehreren Ebenen.

Von seiner kritischen Erkenntnistheorie her bemerkt Congar, daß auch eine Theologie, die sich als rein biblisch ausgibt, systematischen Prämissen unterliegt. Jedes Denken und jede Sprache bewegen sich laut Congar in einem Referenzsystem, dessen Vokabular und Wahrheitsanspruch ontologische Implikationen bergen. Auch Theologen, die eine Ontologie zurückweisen – Congar nennt K. Barth und P. Tillich –, haben eine Ontologie, eben eine andere und eigene Ontologie, die ihnen nicht bewußt ist.[164]

Congar kann die Heilige Schrift selbst ins Feld führen, um der Reduzierung theologischer Rede auf Aussagen über Gottes Handeln in der Geschichte zu widersprechen: Die Doxologien qualifizieren Gott in sich selbst, genauso wie die Namen Gottes bzw. Christi etwas über ihr Wesen ausdrücken wollen.[165] Es gab also von Anfang an den Versuch, Gottes inneres Geheimnis zur Sprache zu bringen.[166] Diese geschichtliche Tatsache hat ihren sachlichen Grund. Nach Congars Ansicht ist es nicht nur legitim und möglich, sondern sogar notwendig, von ökonomischer zu ontologischer Prädikation überzugehen, gerade um das Gewicht und die Aussagekraft des geschichtlichen Wirkens Gottes zu wahren.[167] Die trinitätstheologischen und christologischen Debatten der ersten Jahrhunderte dienen ihm als Beleg dafür: In der Verteidigung

---

[163] Vgl. *Le moment »économique« et le moment »ontologique« dans la Sacra doctrina*, aaO. 149.
[164] Vgl. *ebd.* 150.
[165] Vgl. *ebd.* 151; *SuA* 114; *GF* 131–134.
[166] Vgl. *ebd.* 161.
[167] Vgl. Préface zu A. Feuillet, *Le Christ sagesse de Dieu d'après les épîtres pauliniennes*, Paris 1966, 7–15, hier: 13.

des christlichen Glaubens gegen Häresien war eine ontologische Klärung unverzichtbar, um das christliche Bekenntnis in seinem ganzen Umfang verständlich zu machen und aufrechterhalten zu können. Weil die Irrlehren ontologische Prämissen hatten, mußte das Christentum die seinen entfalten.[168]

Beispielhafte Verwirklichungen der Verbindung von Ökonomie und Ontologie sieht Congar in zwei von den Kirchenvätern oft gebrauchten Axiomen: 1. Christus ist das geworden, was wir sind, um uns zu dem zu machen, was er ist. 2. Was nicht angenommen ist, ist nicht erlöst.[169] Die Bewegung von Gott in Christus auf uns zu, sein Handeln an uns und für uns, hat einen Grund und ein Ziel, die durch ein bestimmtes Sein qualifiziert sind. Anders gesagt: Christus kann das, was er getan hat, nur tun, wenn er ist, der er ist: Gott und Mensch.[170] Das Christusgeschehen impliziert eine Ontologie: Sein Handeln beruht auf einem Sein, die Ökonomie setzt eine Theologie voraus.

Entspricht es ferner nicht ganz einfach dem normalen menschlichen Bemühen um Verständnis von Taten und Geschehnissen, wenn er nach den handelnden Personen fragt? Wenn Gott sein Sein im Handeln offenbart, sollte dann kein Rückschluß vom Handeln auf das Sein möglich sein?[171]

Zu all dem kommt noch hinzu das Bedürfnis, den Glauben zu anderen Bereichen des Lebens in Beziehung zu setzen, menschliches Wissen und göttliche Wahrheit übereinzubringen.[172] Die Ontologie ist Grundlage für eine systematische Darstellung des Glaubens und Hilfe für den Dialog mit Andersdenkenden.

Congar faßt diese Beweggründe so zusammen: »Einmal empfanden anspruchsvolle Geister aus ihrer menschlichen Bildung heraus und im Bestreben, auf dem Gebiet des Wahren zu einer Geschlossenheit zu gelangen, in sich den Drang, über die Offenbarung zu reflektieren; zweitens stellte sich die Aufgabe, das von den Aposteln her übermittelte Glaubensgut gegenüber Deutungen und Formulierungen, die seinem Sinn und Inhalt zuwider waren, zu verteidigen und zu erhellen. Es war ganz in Ordnung, die Aussagen der Schrift in Seinsbegriffen zu formulieren, denn dies entspricht dem Gesetz des Geistes, wie Gott ihn erschaffen hat und zur Antwort des Glaubens beruft.«[173] Die Erwähnung der in die Schöpfung hineingelegten Struktur des menschlichen Geistes macht die tiefste Ebene der Argumentation offenbar: Schöpfung und Erlösung, Natur und Gnade, Vernunft und Glaube dürfen

---

[168] Vgl. *Le moment »économique« et le moment »ontologique« dans la Sacra doctrina,* aaO. 154–156.
[169] Vgl. *ebd.* 157.
[170] Vgl. *ebd.*; *Christsein zwischen Vergangenheit und Gegenwart,* aaO. 188.
[171] Vgl. *ebd.* 152.
[172] Vgl. *ebd.* 159.
[173] *SuA* 114.

nicht gegeneinander gestellt werden, sondern sind aufeinander bezogen, erhellen einander gegenseitig.

Weil Schöpfungs- und Erlösungsordnung nicht voneinander getrennt werden dürfen, wendet Congar sich gegen eine kategorische Verteufelung der Ontotheologie.[174] Er ist sich ihrer Aporie bewußt, er erkennt die Gefahr der Abhängigkeit der Theologie von Philosophie, Logik und Metaphysik. Deshalb akzeptiert er ihre Ablehnung, »wenn es um einen unkritischen Gebrauch unserer Begriffe geht, die so von Gott sprechen, wie wir vom geschaffenen ›Seienden‹ sprechen«[175]. Unter der Voraussetzung hingegen, daß Ausdrücke und Realität nicht einfach gleichgesetzt werden, hält Congar die Ontotheologie für unumgehbar: »sobald Gott eine menschliche Sprache spricht, sobald der Glaube sich ausdrückt, braucht man sehr wohl den Gedanken des Seins«[176] und dementsprechend die Ausdrücke des Seins.[177]

## 6. Heilsgeschichte und Trinität

Weil das geschichtliche Heilshandeln Gottes wirklich Gott selbst offenbart, sind von ihm her ontologische Aussagen über das dreifaltige Leben Gottes möglich. Gegenüber P. Schoonenberg bekräftigt Congar, daß das Geheimnis der immanenten Trinität nicht als »unerkannt und unerkennbar«[178] offengelassen werden dürfe. Obwohl Congar also prinzipiell die Erkennbarkeit des trinitarischen Geheimnisses aufgrund der Ökonomie bejaht, kann er dennoch K. Rahners Axiom: »die ökonomische Trinität ist die immanente Trinität und

---

[174] Vgl. *Thomismus und Ökumenismus*, aaO. 46–47.
[175] *Ebd.* 47.
[176] *Ebd.* 46.
[177] Es stellt sich hier die Frage nach Congars eigener Ontologie. Congar verteidigt zum einen die Ontologie des hl. Thomas: Das Prinzip der kausalen Abhängigkeit, das Thomas von der aristotelischen Philosophie der Bewegung her einführt, erscheint Congar als der Offenbarung konform, ohne daß er jedoch die Defizite verschweigt. Andererseits tritt diese Linie wenig hervor, vielmehr gewinnt unterschwellig ein anderer Leitgedanke den Vorrang: die Partizipation. Allein die Häufigkeit der Termini »participation« und »communication« weist auf diesen ontologischen Hintergrund. Damit steht er ebenfalls in der Tradition des Thomas von Aquin, allerdings eines platonischen Thomas, den er nun biblisch und theologisch rechtfertigt: Das Christusereignis erlaubt es, eine Philosophie der Teilhabe bzw. der Teilgabe als Explikation zu verwenden, weil in sich die Aussage enthält: Gott gibt uns teil an sich selbst. Die Selbstmitteilung Gottes in Jesus Christus legitimiert die Theologie, ihre Inhalte mit Hilfe des Prinzips der Partizipation zu formulieren. Diese Linie kann bis ins Zentrum der Theologie ausgezogen werden: Sie bewährt sich bis in die Trinitätstheologie hinein. Das Sein als Mitteilung zu denken, stimmt überein mit den Beziehungen der drei göttlichen Personen, die im gegenseitigen Geben und Empfangen leben (vgl. *Le moment »économique« et le moment »ontologique« dans la Sacra doctrina*, aaO. 157.162).
[178] *Der Heilige Geist*, aaO. 336.

umgekehrt«[179], nicht ganz zustimmen. Er hat Reserven gegenüber der Behauptung der Umkehrbarkeit. Seine Argumentation läßt sich in vier Punkten zusammenfassen:[180]

1. Er stellt in Frage, daß das Heilshandeln Gottes wirklich das *ganze* Geheimnis der Dreieinigkeit offenbare. Er verweist auf das Wort Jesu, nach dem der Vater größer ist als er, auf die Unerforschlichkeit Gottes, die nach östlicher Tradition sogar durch die »visio beatifica« nicht aufgehoben wird, auf die Schwierigkeit, den Unterschied von Zeugung und Hervorgang genau anzugeben.

2. Congar gibt zu bedenken, daß der Übergang vom dreieinigen Leben Gottes zur Schöpfung und zum Engagement in der Welt eine freie Entscheidung ist. Von daher müsse beachtet werden, daß die Ökonomie keine Bedingung der Trinität sei, daß Gott unabhängig von den Geschöpfen aus eigener Notwendigkeit als Vater, Sohn und Geist lebt. Der innergöttliche Hervorgang der Personen gemäß der Natur und das freie Handeln nach außen haben eine je eigene Gesetzlichkeit der beiden Bereiche zur Folge. Während die innertrinitarischen Hervorgänge für die Personen seinskonstitutiv sind, setzt ihr Handeln in der Welt ihre Existenz voraus und begründet sie nicht erst.

3. »Die Selbstoffenbarung und Selbstmitteilung Gottes geschieht in der Ökonomie unter den Bedingungen der Kenose und des Kreuzes. Die Art der Wirklichkeit des trinitarischen Geheimnisses in der Ewigkeit Gottes bleibt jenseits dessen, was uns darin mitgeteilt und zugänglich ist.«[181] Erst das Eschaton gewährt die volle Selbstmitteilung Gottes.[182]

4. Gegen die schlichte Gleichsetzung von immanenter und ökonomischer Trinität spricht die ökonomische Inversion: Ist der Heilige Geist trinitätsimmanent die dritte Person, von Vater und Sohn bzw. vom Vater durch den Sohn ausgehend, so wirkt er ökonomisch vor dem Sohn, indem er seine Menschwerdung ermöglicht. Würde man die Ökonomie einfach auf die Theologie übertragen, »müßte man sagen, daß der Sohn ›a Patre Spirituque‹ ausgeht«[183].

Congars Einwände laufen darauf hinaus, daß die Gleichsetzung von immanenter und ökonomischer Trinität die geschichtliche Bedingtheit des göttlichen Handelns und Redens in dieser Welt und die Bedingtheit der menschlichen Erkenntnis in Gott selbst einführt und damit die Überlegenheit Gottes, das Je-größer Gottes nicht gebührend berücksichtigt.

---

[179] K. RAHNER, *Schriften zur Theologie* IV, 115.
[180] Vgl. *HG* 331–337; *PS* 151–152.167.
[181] »L'autorévélation et l'autocommunication de Dieu s'opère, dans l'économie, dans des conditions de kénose et de croix. Le mode de réalité trinitaire dans l'éternité de Dieu demeure au-delà de ce qui nous en est communiqué et accessible« (*PS* 167).
[182] Vgl. *HG* 336.
[183] *HG* 337.

## 7. Die Wahrheit der Geschichte in der Geschichte

Congar bemüht sich, dem biblischen Wahrheitsbegriff gerecht zu werden, ohne den griechischen, der zur abendländischen Tradition gehört, aufzugeben.[184] Dies ist möglich, weil er den griechischen im Denken der Heiligen Schrift wiederfindet – allerdings als ein Element unter anderen. Der biblische Wahrheitsbegriff ist in Congars Sicht der weitere und umfassendere, in dem das griechische Verständnis Platz hat. Mit Congars eigener Terminologie könnte man von einer Neurezeption des griechischen Wahrheitsbegriffes in anderem Kontext und unter neuen Umständen sprechen.

Der biblische Wahrheitsbegriff zeichnet sich nach Congars Interpretation durch seinen eschatologischen, soteriologischen und christologischen Bezug aus.

### a) »Die Wahrheit ist eschatologisch«[185]

Die Wahrheit einer Sache, einer Person, eines Geschehens wird erst am Ende des Geschichtsprozesses voll und ganz erkannt werden können, da sie noch in Bewegung ist und die späteren, durch sie hervorgerufenen Reaktionen noch zu ihr gehören; »die volle Wahrheit einer Sache ist am Ende ihres Werdens«[186], wenn sie dem Ruf Gottes entspricht. Die Wahrheit ist also kein fester Besitz, kein abgeschlossenes Wissen, sie ist »vielmehr nach vorne offen für eine Suche im noch Ungesagten, Ungeklärten«[187]. Diese eschatologische Orientierung läßt die Erkenntnis als einen dynamischen Vorgang begreifen, in dem stets weiterführende Einsichten möglich sind. Die Wahrheit ist »nicht mit einem Male gegeben«[188], sondern sie braucht Zeit, verschiedene Angangsversuche und gegenseitigen Austausch, um sich durchzusetzen. Bei aller Vorläufigkeit und Unvollkommenheit von Formulierungen warnt Congar aber vor ihrer Geringschätzung.[189] »Ich halte nichts von einem antidogmatischen Pragmatismus.«[190] Die Sprache bleibt für ihn, so defizient sie sein mag, unverzichtbarer Träger von Wahrheit. Auch wenn Formulierungen »nur Annäherungen an die Wahrheit«[191] sind, haben sie dennoch »sehr große Bedeu-

---

[184] Vgl. *PS* 75–76.
[185] »La vérité est eschatologique« (*A mes frères*, aaO. 34).
[186] »la pleine vérité d'une chose est au terme de son avenir« (*Pneumatologie et Théologie de l'Histoire*, aaO. 66). Vgl. *PM* 88; *A mes frères*, aaO. 34.
[187] *Versuch einer katholischen Synthese*, aaO. 675.
[188] *Ebd.* 670.
[189] Z. B. gegenüber H. Küng (vgl. *MC* 163).
[190] *GF* 100.
[191] *GF* 101.

tung«[192]. Den Bekenntnissen von Nizäa und Chalcedon mißt er sogar absoluten Wert bei,[193] d. h. ihre Richtungsangabe ist irreversibel verbindlich.

*b) Die Wahrheit ist praktisch*

Die christliche Wahrheit, wie sie in der Offenbarung des dreifaltigen Gottes sich manifestiert hat, ist »Heilswahrheit«[194], uns gegeben nicht nur und nicht zuerst zur theoretischen Konstruktion, sondern als »Quelle des Lebens«[195]. Gottes Wahrheit ist seine Treue, seine Festigkeit, sein Wille, uns zu retten, sein Wirken zu unserem Heil.[196] Dementsprechend enthält die menschliche Wahrheitserkenntnis eine Handlungskomponente. Congar nimmt den johanneischen Wahrheitsbegriff auf:[197] Die Wahrheit ist zu tun. Sie erweist sich im Bekenntnis und Zeugnis, in Lebensstil und Verhaltensweise, in Einsatz und Hingabe, in der Gemeinschaft. »Im Leben und in der geistlichen Erfahrung kommen wir mit dieser Wahrheit oder Wirklichkeit selbst in Berührung.«[198] Daher gehört die Kirche in das Denken der Wahrheit hinein. Ihre Praxis, das Leben ihrer Heiligen und Märtyrer zumal, führt in die Wahrheit ein. Der Christ ist »nur in der Kirche ... der Wahrheit gewiß«[199]. Besondere Hochschätzung bringt Congar dem Beitrag der Liturgie entgegen. »Eine Gebärde oder ein Symbol können viel reicher an Bedeutung sein als jede ausdrückliche, ausführliche Erklärung.«[200] In einer gelungenen Liturgie geschieht Hierophanie,[201] und das bedeutet: Die Wahrheit Gottes geht dem Teilnehmer auf, im Lobpreis wird er Gottes als des Heiligen inne. Das Denken der Wahrheit bleibt auf solches Sich-ereignen der Wahrheit angewiesen; es geht im Glauben um »eine geliebte, gefeierte, gelebte, praktizierte und heilbringende Wahrheit«[202]. Wahrheit im theologischen Sinn kann für Congar nicht außerhalb von Doxologie und gemeinsamem Leben gedacht werden.

---

[192] *Ebd.*
[193] Vgl. *MC* 160.
[194] *Versuch einer katholischen Synthese*, aaO. 669.
[195] *Ebd.*
[196] Vgl. *PS* 76.
[197] Vgl. *PS* 78; *Thomismus und Ökumenismus*, aaO. 48–49; *Les régulations de la foi*, in: VS. Supplément Nr. 133, Mai 1980, 260–281, hier: 268.
[198] *GF* 101.
[199] *Versuch einer katholischen Synthese*, aaO. 194.
[200] *GF* 131.
[201] Vgl. *GF* 138.140.
[202] »une vérité aimée, célébrée, vécue, pratiquée, salutaire« (*Les régulations de la foi*, aaO. 268).

*c) Die Wahrheit ist interpersonal*

Christus ist die Wahrheit als der, der vom Vater ausgeht und den Menschen den Weg zum Vater öffnet. »Als Inkarnierter ist er Wahrheit. Und er ist totale, endgültige, letzte, eschatologische Wahrheit.«[203] Durch ihn, in ihm vollzieht sich der Übergang von einer Bewegung in der Wahrheit auf psychologischer und moralischer Ebene, wie sie dem Alten Bund eignet, zur ontologischen Partizipation an der Wahrheit, an der Wahrheit Gottes des Vaters. Dieser ist Seinsgrund der Wahrheit Christi. Christus offenbart, bezeugt, verkündet Ihn, er macht Sein Tun zu seinem eigenen. Christus ist also die Wahrheit aufgrund seiner Herkunft und Sendung. Die Bezogenheit auf den Vater ist konstitutiver Bestandteil seiner Wahrheit und daher auch unserer Wahrheit. Die Wahrheit Christi aber erinnert und eröffnet uns der Heilige Geist, der Geist der Wahrheit, der in der Kirche wirkt. Die Wahrheitsfrage führt in das Geheimnis der Trinität hinein: »die Wahrheit geht von Gott zu Gott, durch das inkarnierte Wort und durch das Volk der Gläubigen hindurch«[204].

*d) Durch die Tradition zur Wahrheit*

Aus diesem Wahrheitsverständnis folgt die Relativierung aller menschlichen Ansprüche auf Wahrheitsbesitz: »Gott ist die absolute Wahrheit«[205], und der Mensch ist zur Erkenntnis darauf angewiesen, sich auf die Mitteilung der Wahrheit Gottes in der Sendung des Sohnes und des Geistes zu beziehen. »Die Kirche wird in der Wahrheit behütet durch ihren treuen Bezug zu dieser Mitteilung«[206], diese Mitteilung aber erreicht uns nur über die Apostel und die Tradition der Kirche. Die Wahrheit des Glaubens ist »die von den Aposteln empfangene Wahrheit«[207]. Gerade die Tradition soll daher sichern, daß die Wahrheit, die Gott selbst ist, die Regel der Wahrheit bleibt. Der Mensch ist nicht Richter über die Wahrheit Gottes, sondern Gottes Wahrheit richtet über menschliches Erkennen und Handeln. Deshalb lehnt Congar eine Theorie und Praxis der päpstlichen Unfehlbarkeit ab, in der die Autorität sich über die Wahrheit stellt, in der sich das Lehramt verselbständigt und selbst als Quelle der Wahrheit erscheint. Congar will dem Vorrang der Wahrheit, d. h. der Offenbarung, der Tradition und der gesamten Kirche, vor dem Urteil der Autorität wieder Geltung verschaffen.[208] Er ordnet das Lehramt der Wahrheit

[203] »C'est comme Incarné qu'il est vérité. Et il est vérité totale, définitive, dernière, eschatologique« (PS 79). Vgl. zum folgenden PS 79–81.
[204] »la vérité va de Dieu à Dieu en passant par le Verbe incarné et par le peuple des croyants« (PS 82).
[205] *Versuch einer katholischen Synthese*, aaO. 669.
[206] Ebd.
[207] Ebd. 671.
[208] Vgl. *Les régulations de la foi*, aaO. 266–269.

als *ein* Kriterium zu. Congar weist aber auch eine Identifizierung der Wahrheit mit Selbstausdruck oder Treue zu sich selbst, mit Selbsterkenntnis oder persönlicher Wahrhaftigkeit und Authentizität zurück, wie er sie tendenziell im zeitgenössischen Denken registriert.[209] Die Wahrheit des Glaubens ist der Verfügbarkeit entzogen, sie kann nicht einfach erfunden werden, sondern bleibt gebunden an die Zeugnisse der Offenbarung und an die Tradition der Kirche. »Das Kriterium der Wahrheit ist dieses ›id quod traditum est‹.«[210] Eine Leugnung dieses Tatbestandes läuft in den Augen Congars auf eine Streichung der inhaltlichen Katechese hinaus. »Es gäbe nur noch Diskussionsgruppen und Gruppen freier Forschung.«[211] Für Congar hingegen ist ein Unterricht, der sich kirchlichen Normen verpflichtet weiß, unabkömmlich. Wo nur »die eigene Lauterkeit und das Bewußtsein einer persönlichen Angemessenheit«[212] zählen, muß gefragt werden, wie gesichert werden soll, daß der eigene Glaube wirklich christlicher Glaube ist. Wo die Bindung an die Dogmatik abgestreift wird, scheut Congar nicht vor der Kennzeichnung »Synkretismus« zurück und spricht von einem »Christentum à la carte«[213]. Zwar ist die »Erfahrung des christlichen Volks ... ein eigener theologischer Gesichtspunkt«[214] von unersetzlichem Wert, aber sie darf sich nicht gegenüber dem eigenen Ursprung verselbständigen; sie muß in Beziehung gesetzt werden zu den anderen theologischen Erkenntniskriterien. »Die Fülle der Wahrheit ist an die Fülle der Mittel gebunden, die Gott uns gegeben hat, damit wir aus ihr leben, und an die Totalität des Christseins.«[215]

---

[209] Vgl. *Versuch einer katholischen Synthese*, aaO. 673; *Soll das Christentum übermittelt ... werden?*, aaO. 424; *Eglise catholique et France moderne*, Paris 1978, 51.
[210] *Versuch einer katholischen Synthese*, aaO. 676.
[211] *Soll das Christentum übermittelt ... werden?*, aaO. 424.
[212] *Die Spontangruppen in der katholischen Kirche*. Schlußwort, aaO. 226.
[213] *Ebd.* 227.
[214] *GF* 116.
[215] *Die Normen für die Ursprungstreue und Identität der Kirche im Verlauf ihrer Geschichte*, in: *Conc* (D) 9 (1973) 156–163, hier: 162.

## IV.

## STRUKTUR UND RECHT
## ALS MITTEL DER TREUE ZUM URSPRUNG

»Alles, was nicht von mir selbst stammt und nicht Selbstausdruck ist, gilt als repressiv«,[216] so lautet in der Wahrnehmung Congars eine Denkweise und ein Lebensgefühl, das in den siebziger Jahren vor allem bei jungen Leuten um sich greift. Eine solche Einstellung muß insbesondere zum Konflikt mit Institutionen, verpflichtendem Recht und Autoritätspersonen führen. Doch auch wer nicht sofort eine solch extreme Position bezieht kann zurecht an der Kirche Anstoß nehmen, wie Congar eingesteht, Anstoß an Starrheit, autoritärer Machtausübung, Juridismus, Klerikalismus. Wegen dieser berechtigten Angriffspunkte bringt Congar den Anfragen von Basisgemeinschaften, priesterlichen Solidaritätsgruppen, Gemeinschaften der charismatischen Erneuerung, laisierten Priestern und anderen christlichen Kirchen Verständnis entgegen. Er redet einer »sehr mutigen Revision des historischen Elements der Institutionen, Strukturen und Formen«[217] das Wort, er versucht, theologische Grundlagen für nötige Reformen zu schaffen. Zur Begründung schöpft er aus der Tradition. Dieselbe Tradition vermittelt ihm jedoch auch einzuhaltende Eckdaten.
Eine Reform der Strukturen muß begleitet werden von »einem sehr unverfälschten Rückgriff auf die geistig-geistlichen Quellen«[218]; sie darf sich nicht allein auf soziologische Analysen stützen, sondern hat sich »des unantastbaren Gehaltes der zu überliefernden christlichen Realitäten«[219] bewußt zu sein. Congar besteht auf einer Vermittlung von Theologie und Historie, von Theologie und Soziologie, von Kirchenrecht und Pneumatologie. Eine Reform der Kirche unterliegt nicht nur dem Urteil von Exegeten, Kirchengeschichtlern und Soziologen, wenngleich ihre Disziplinen »hoch wirksame Instrumente für die Reinigung und Erneuerung«[220] sind, sondern hat auch den dogmatischen Kriterien gerecht zu werden. Strömungen, die sich ganz und gar in Utopismus und Spontaneität gefallen, die die Kirche nur in kleinen Zellen leben und ihre Zukunft den Bewegungen von unten anvertrauen wollen, gibt Congar eine Absage. Er hält daran fest: »Der Geist kann sich niemals vollständig

---

[216] *Soll das Christentum übermittelt ... werden?,* aaO. 424.
[217] *Erneuerung des Geistes und Reform der Institution,* in: Conc (D) 8 (1982) 171–177, hier: 175.
[218] *Ebd.*
[219] *Ebd.*
[220] *Ebd.*

von Strukturen freimachen.«[221] Nicht die Form an sich ist verwerflich, sondern die Unbeweglichkeit. Um variable und festgelegte strukturelle Elemente der kirchlichen Tradition soll es in den nächsten Abschnitten gehen.

## 1. Wert und Risiko der Institution

»Das Christentum ist wesentlich eine Religion, die durch ein einmaliges Eingreifen Gottes konstituiert, instituiert worden ist.«[222] Mit dieser These bindet Congar zwei Sachverhalte aneinander: Der institutionelle Charakter gehört erstens zur Verfassung der Kirche, und er hängt zweitens zusammen mit ihrer Herkunft. Ja, man darf sogar eine kausale Verbindung annehmen: Weil das Christentum auf einzigartige geschichtliche Vorgänge zurückgeht, hat es zwangsläufig eine institutionelle Form hervorgebracht. Congar hält es zwar bereits ganz allgemein für einen Widerspruch in sich, eine Religion ohne Institution zu denken, da Religion eine Verbindung ihrer Anhänger mit Gott und untereinander intendiere und somit schon rein soziologisch betrachtet zur Organisation hinstreben müsse, doch gilt dies noch verstärkt von den geschichtlichen Offenbarungsreligionen, zu denen das Christentum gehört.[223]

Bevor wir auf dieser Spur weitergehen, ist zunächst, um Congar richtig zu verstehen, seine Begrifflichkeit anzueignen. Er definiert die Institution von der Soziologie her als »eine bestimmte, relativ beständige Struktur, die, aus einem höheren Willen – und nicht einfach aus der Natur der Sache selbst – hervorgehend, einem bestimmten Ziel oder Zweck entspricht, in der der einzelne das Modell für sein Verhalten und die Richtungsweisung für seine Rolle innerhalb der Gruppe findet«[224]. An anderem Ort fügt er – in Anlehnung an die alten Dekretisten und Kanonisten – hinzu, daß eine Institution den einzelnen Mitgliedern vorausgehe und sie überschreite. Er unterscheidet von der Institution die Korporation, die ein Zusammenschluß von Menschen aufgrund gemeinsamen Willens und gemeinsamen Zieles ist, während die Insti-

---

[221] Ebd. 176.
[222] Soll das Christentum übermittelt ... werden?, aaO. 422. Vgl.: »Die Kirche, das Gottesvolk unter dem messianischen Regime, ist eine instituierte religiöse Realität: sie geht aus der Offenbarung und dem Leben hervor, die von Gott in einer Abfolge geschichtlicher und somit einmaliger Interventionen geschenkt worden sind ...« (Die Normen für die Ursprungstreue und Identität der Kirche im Verlauf ihrer Geschichte, aaO. 156). »Das Christentum ist ja ›gestiftete (instituée)‹ Religion ... im Gegensatz zu ›natürlicher‹ Religion. Es ist sogar ganz wesenhaft Weitergabe, ›Tradition‹« (Erneuerung des Geistes und Reform der Institution, aaO. 175). Vgl. ferner PM 87.173; CV 164–165.169.
[223] Vgl. Religion et Institution, in: P. Burke/H. de Lubac/J. Daniélou u. a. (Hrsg.), Théologie d'aujourd'hui et de demain, Paris 1967, 81–97, hier: 81–82.
[224] Erneuerung des Geistes und Reform der Institution, aaO. 171.

tution auf einen Stifter zurückgeht, dessen Gründeridee stets maßgebend bleibt.[225] Congar verknüpft die Institution also mit Stabilität, geschichtlichem Rückbezug, Zielgerichtetheit, Verpflichtung der einzelnen Mitglieder auf die Vorgabe des Gründers. Im Institutionsbegriff ist damit eine Art Unverfügbarkeit enthalten. Zu den unumstößlichen Institutionen des christlichen Glaubens rechnet Congar beispielsweise die Kirche insgesamt, das apostolische Amt, das Petrusamt, die Sakramente, die Heilige Schrift.[226] Dabei versteht Congar unter religiöser Institution nicht einen durchorganisierten Apparat, sondern eine Realität, »die aus einem ›instituierenden‹ göttlichen Willen«[227] hervorgeht. Der göttliche Wille äußert sich gemäß dem christlichen Glauben »in einer Abfolge geschichtlicher und somit einmaliger Interventionen«, die »im Kommen Jesu Christi und der Sendung des Heiligen Geistes gipfeln«[228].

Die Institutionalisierung sichert demnach die Priorität der geschichtlich ergangenen Offenbarung vor allen Ausdrucksformen menschlicher Religiosität. Sie ermöglicht die unverfälschte Teilhabe am Ursprung der Kirche, Jesus Christus. Um seinen Willen getreu zu bewahren, um Eigenmächtigkeiten im Umgang mit der Offenbarung, Abweichungen und Manipulationen zu verhindern, entwickelt die Kirche feste Strukturen. Diese Strukturen tragen den Charakter ihrer Zeit und verändern sich. Sie sind kein Selbstzweck, stehen vielmehr im Dienst der Verwirklichung des Gründungszieles. Institutionen und Strukturen sind nicht identisch, aber eng aneinander gekoppelt. Mittels der Strukturen sichert die Institution Beständigkeit, Treue zum Ursprung, Objektivität, das Bewußtsein, sich jemandem zu verdanken. »Die Form bewahrt den Geist und schützt ihn gegen seine eigenen Schwächen.«[229] Insofern die Kirche auf Christus zurückgeführt werden kann, ihre Strukturen Übersetzungen seines Willens sein wollen, aber aufgrund der Sendung des Geistes legitimerweise erneuerungs- und wandlungsfähig sind, gibt es einen spezifisch christlichen Institutionsbegriff, der die je aktuelle Instituierung durch den verherrlichten Christus und seinen Geist einschließt. Congar fordert: »der Institutionsbegriff ist nicht einer philosophischen, insbesondere

---

[225] Vgl. *Religion et Institution*, aaO. 81.
[226] Vgl. *Théologie historique*, aaO. 251.
[227] *Erneuerung des Geistes und Reform der Institution*, aaO. 171.
[228] *Die Normen für die Ursprungstreue und Identität der Kirche im Verlauf ihrer Geschichte*, aaO. 156.
[229] »La forme garde l'esprit et le protège contre ses propres défaillances« (*Religion et Institution*, aaO. 87). Struktur bestimmt Congar als »... ce qui donne à l'Eglise son identité dans l'ordre de la croyance, des sacrements et des fonctions hiérarchiques« (*MC* 47), die Strukturen im Plural hingegen als die historischen, durch menschliches Tun gebildeten Formen der durch göttlichen Willen ins Leben gerufenen Institutionen (vgl. *Erneuerung des Geistes und Reform der Institution*, aaO. 171).

positivistischen, Rechtsauffassung zu entnehmen, sondern dem Geheimnis der Kirche selbst«[230]
»Die Kirche ist von Gott geschaffen, aber sie ist aus Menschen gemacht oder sogar, genauer gesagt, von Menschen gebildet.«[231] Daraus resultieren Gefahren und Mißstände, die Congar ohne Beschönigung beim Namen nennt: die Verselbständigung der Strukturen, die Erstarrung der Institution, Legalismus, Formalismus, die Verkehrung der Mittel zu Zielen, die Entmündigung und Passivität der einzelnen Mitglieder, der Abbau von Freiheit, Eigenständigkeit und Mitverantwortung der Subjekte durch eine monarchische Theorie und Praxis, die Verdinglichung geistlicher Vorgänge.[232] Congar greift zur Kennzeichnung auch auf das früher entwickelte Vokabular zurück: Er spricht von der Versuchung zum Pharisäismus, wo die Strukturen Selbstzweck werden und nicht mehr dem Ziel dienen, und von der Versuchung, sich zur Synagoge zurückzuentwickeln, wenn die Anrufe der Zeit nicht gehört und Erneuerungen abgelehnt werden.[233] »Die Institution läuft Gefahr, sich aufgrund einer klerikalen, pyramidalen und einigermaßen verdinglichten oder mechanistisch verstandenen Ekklesiologie selbst absolut zu setzen.«[234]
Andererseits kann Congar auch auf erstaunliche Phänomene der Erneuerung hinweisen. Es ist für ihn ein Signal, wenn sogar das Papsttum als die Spitze der Hierarchie, von Zeremoniell umgeben und auf glanzvolle Außendarstellung bedacht, in den letzten Pontifikaten eine erstaunliche Erfindungsgabe bewiesen habe.[235]
Ziehen wir die Ausführungen noch einmal auf unser Thema hin zusammen: Institutionen sind unverzichtbare Mittel der christlichen Überlieferung, da ihre Festigkeit ihnen die Kraft der Bewahrung verleiht. Die Tradition bedient sich ihrer, um ursprüngliches Gut über die Zeiten hin zu erhalten. Sie sind verläßliche Träger der Kontinuität, so daß von einer funktionalen Nähe zwischen Institution und Tradition gesprochen werden kann. Ihr konservativer Charakter verlangt aber nach kritischer Kontrolle und nach Ergänzung durch Unternehmungsgeist, Phantasie und Kreativität.[236] »Die Institution ruft nach

---

[230] »le concept d'institution ne doit pas être emprunté à une conception philosophique, notamment positiviste, du droit, mais au mystère même de l'Eglise« (*Théologie historique,* aaO. 250).
[231] *Die Spontangruppen in der Kirche aus katholischer Sicht,* aaO. 209.
[232] Vgl. *Religion et Institution,* aaO. 83–87.
[233] Vgl. *ebd.* 89.
[234] *Die Spontangruppen in der Kirche aus katholischer Sicht,* aaO. 208.
[235] Vgl. *L'Eglise, antique fontaine d'une eau jaillissante et fraîche,* in : VS Bd. 134 (1980) 31–40, hier: 36.
[236] Vgl. *ebd.*

dem Ereignis.«[237] Der lebendige Strom der Tradition ist breiter und reicher als das Flußbett der Institutionen.

## 2. Tradition in rechtlicher Form

Der antirechtliche Affekt der nachkonziliaren Aufbruchsbewegung wurde verschiedentlich erwähnt. Congar hat zwar Verständnis dafür, weil er zeitlebens gegen einen starren Juridismus gekämpft hat, markiert aber auch die Grenzen des Angriffs.[238] Die Ekklesiologie hat für ihn unvermeidlich eine juridische Komponente, denn – so sein anthropologisches Argument – wo es um die Gemeinschaft von Menschen geht, »übersetzen sich die Prinzipien oder die Ideen in bestimmte Strukturen und in ein Recht«[239]. Das Kirchenrecht führt Congar auf zwei Wurzeln zurück. Es gehört einerseits zum jüdischen Erbe des Christentums, die Glaubensgemeinschaft als Volk Gottes und d. h. auch als Gesellschaft mit einem eigenen Recht zu verstehen.[240] Die Notwendigkeit eines solchen Rechts demonstriert Congar mit Hilfe der Geschichte: Immer dann, wenn die Kirche sich kein Recht gegeben hat oder es nicht angewandt hat, hat ein ziviles, staatliches Recht seinen Platz okkupiert.[241] Diese geschichtliche Tatsache spricht dafür, ein Kirchenrecht zu schaffen. Diese Argumentation bewegt sich auf funktionaler Ebene und bezieht sich auf die Analogie zwischen Volk Gottes und staatlicher Gemeinschaft einer Nation.

Eine zweite, spezifisch theologische Begründung verankert das Kirchenrecht in der Menschheit Jesu Christi und in den von ihm eingesetzten Sakramenten, die in der Folge der Inkarnation begriffen werden:[242] Das Recht hat sich entfaltet von den Aufträgen Jesu her, besonders durch die Einsetzung des

---

[237] »L'institution appelle l'événement« (*PS* 54. Der Satz steht dort in anderem Zusammenhang, aber er ist sinngemäß übertragbar). Vgl.: »L'institution est toute référée à l'événement du Saint-Esprit et à l'édification intérieure des personnes« (*Religion et Institution*, aaO. 97).

[238] Congar hat eine persönliche Beziehung zum Kirchenrecht. Er sagt, er würde Kirchenrecht studieren, wenn er noch einmal beginnen könnte. Siehe: *Droit ancien et structures ecclésiales*, London 1982 (Variorum Reprints), hier: Introduction S. I; C. MACDONALD, *Church and World in the Plan of God*, aaO. IX.
Im folgenden nehmen wir vor allem auf zwei Artikel Bezug: *R. Sohm nous interroge encore*, in: *RSPhTh* 57 (1973) 263–294; »*Ius divinum*«, in: *Revue de Droit canonique* 27 (1978) 108–122.

[239] »... les principes ou les idées se traduisent dans certaines structures et dans un droit« (*Droit ancien et structures ecclésiales*, aaO. 277–278).

[240] Vgl. *R. Sohm nous interroge encore*, aaO. 277–278.

[241] Vgl. *ebd.* 279.

[242] Vgl. *ebd.* 280.

apostolischen Amtes,[243] und durch die Regelung von Sakramentenspendung und Sakramentenempfang.[244] In der theologischen Grundlegung des Kirchenrechts hält Congar es für nötig, »bis zur Ebene der Christologie, der Pneumatologie und des Verhältnisses zwischen beiden«[245] voranzugehen.
Zunächst ist die Verbindung von Tradition und Recht allerdings in der schlichten Tatsache zu erblicken, daß ein Strang der Tradition aus überlieferten Rechtsnormen besteht. Die meisten von ihnen gehören zu den zeitbedingten Ausformungen des kirchlichen Lebens, also zu den Traditionen im Plural, sind von daher veränderlich und korrigierbar, aber daneben gibt es das Phänomen des »ius divinum«, das eine Unverfügbarkeit impliziert und der maßgeblichen Tradition (im Singular) zuzurechnen ist.
An Fällen umstrittenen göttlichen Rechts führt Congar an:[246] das Papsttum, der Unterschied zwischen Klerikern und Laien, der Ausschluß von Frauen von der Priesterweihe, die Hierarchie von Bischöfen und Priestern, die Notwendigkeit der sakramentalen Beichte bei Todsünden.
Congar verfolgt den Gebrauch des Begriffes »ius divinum« von Augustinus über Yves von Chartres, Gratian und Thomas von Aquin bis ins Spätmittelalter.[247] Er stellt in Verständnis und Praxis beträchtliche Schwankungen fest. Die grundsätzliche Schwierigkeit besteht in der menschlichen Vermitteltheit des göttlichen Rechts, auch wo es auf Jesus Christus zurückgeführt wird. Congar referiert, daß für Thomas von Aquin sogar bestimmte Anweisungen Christi, wie die Evangelien sie überliefern, nur provisorischen Charakter haben und erst recht apostolische Weisungen ihm als veränderbar gelten.[248]
Bei einer Begründung des »ius divinum« aus der Heiligen Schrift stellt sich die Frage der Interpretationskriterien. Congar attestiert der katholischen Kirche die Tendenz, die Schrift auf Institution und Gesetz hin zu lesen. Die Überführung von Ermahnungen, Verhaltensregeln und Handlungsweisen in rechtliche Kategorien wirft aber grundsätzliche Probleme auf.[249]
Ein besonders eklatanter Streitpunkt seit der Reformation ist die Wertung des Petrusamtes. Während die Schmalkaldischen Artikel die göttliche Einsetzung leugnen und Melanchton aus Gründen der Einheit höchstens einen Vorrang des Papstes nach menschlichem Recht gelten lassen will, hat das Vatikanum I die göttliche Einsetzung des Primats festgestellt, was seinen Niederschlag im

---

[243] Vgl. *ebd.* 285.
[244] Vgl. *ebd.* 278.
[245] »... jusqu'au niveau de la christologie, de la pneumatologie et du rapport entre les deux« (*ebd.* 280).
[246] Vgl. »*Jus divinum*«, aaO. 116–118.
[247] Vgl. *ebd.* 108–112.
[248] Vgl. *ebd.* 111–112.
[249] Vgl. *ebd.* 118.121.

CIC von 1917 gefunden hat.²⁵⁰ Die Reformatoren kennen zwar den Begriff »ius divinum«, verstehen ihn aber im Sinn von »ordinatio« und »mandatum« und bestehen auf einer Grundlage in der Heiligen Schrift. Ihre Distanz und Kritik findet sich ähnlich bei den Exegeten und Geschichtswissenschaftlern. Congar geht auf die Vorbehalte gegenüber dem Papsttum als »iure divino« ein, indem er klarstellt, daß die historischen Formen, die das Papsttum angenommen hat und die von den protestantischen Kirchen kritisiert werden, nicht auf göttlichem Recht beruhen. Congars Meinung nach war die Reformation lediglich eine Ablehnung des mittelalterlichen Katholizismus, demgegenüber die heutige katholische Kirche eine Rückkehr und Umkehr zum Evangelium durchgemacht habe.²⁵¹ Er kann protestantische Theologen anführen, die ein Papsttum göttlichen Rechts immerhin für möglich halten. Als vermittelnden Gedanken bringt er ein, daß die Einsicht in die historische Notwendigkeit der Entwicklung zum Papsttum und die Annahme einer göttlichen Führung durch eben diese geschichtlichen Umstände nicht weit voneinander entfernt liegen. Ein »ius divinum« kann infolgedessen in der Linie von Congars Überlegungen nicht nur bei einer ausdrücklichen Weisung Jesu Christi vorliegen,²⁵² sondern sich auch in einer kirchengeschichtlich entstandenen Institution äußern, die als gott-menschliche Antwort auf die sozio-kulturellen Herausforderungen verstanden werden darf.

Entscheidend ist die Rolle, die man dem Heiligen Geist zuschreibt. Congar bezeichnet ihn als »*Mitbegründer* der Kirche«²⁵³, der auch in ihren lehramtlichen und kanonischen Bestimmungen wirkt. Congar erinnert daran, daß die Kirchenväter und die Theologen des Mittelalters bis hin zum Konzil von Trient den Offenbarungsbegriff auf konziliare Entscheidungen und Kanones ausgedehnt haben. Er stimmt E. Schlink zu, der die unlösliche Durchdringung von menschlichem und göttlichem Wirken in der Kirche betont, so daß das christliche Gesetz mehr als ein »ius humanum« sei. Insofern es »von der Treue zur göttlichen Sendung unter der Führung des Heiligen Geistes«²⁵⁴ geprägt sei, lasse sich von göttlichem Recht »in einer Form historischer Aktualisierung«²⁵⁵ sprechen. Anders gesagt: »das göttliche Recht der Institutionen existiert konkret in Formen menschlichen Rechts«²⁵⁶. Diese sind deshalb noch nicht gering zu schätzen, da »die geschichtlichen Formen, die als

---

[250] Vgl. *ebd.* 114–116.
[251] Vgl. *ebd.* 115.
[252] Vgl. KARL RAHNER, »*Ius divinum« im katholischen Verständnis*, in: *Schriften zur Theologie V*, Einsiedeln 1962, 249–277.
[253] »*co-instituant* de l'Eglise« (»*Jus divinum*«, aaO. 119).
[254] »par la fidélité à la mission divine, sous la conduite du Saint-Esprit« (*ebd.* 120).
[255] »en une forme d'actualisation historique« *(Ebd.)*. Vgl. *MC* 32.
[256] »le droit divin des institutions existe concrètement en des formes de droit humain« (*Théologie historique*, aaO. 251).

solche relativ sind, doch konkrete Formen sind, in denen die absoluten Werte selbst gelebt und weitergetragen wurden. Beim Kritisieren unterliegt man leicht der Gefahr, den zu bewahrenden religiösen Gehalt unbewußt aufzugeben«[257]. Congars Strategie zur Vermeidung inhaltlicher Entleerung bei strukturellen Veränderungen ist pragmatischer Art: Er empfiehlt Vorsicht und Geduld. Dies entspricht seiner Gewohnheit, dem organischen Leben den Vorrang vor der intellektuellen Analyse zu geben. Er gesteht zu, daß dies für eine kritische Betrachtungsweise unbefriedigend ist.[258]
Congar kommt zum Schluß, daß der Begriff des göttlichen Rechts vieldeutig ist.[259] Er kann eine auf Gottes geschichtliche Initiative zurückgehende Institution bezeichnen, sich auf eine Erkenntnis der Kirche in ihrer Geschichte beziehen, die feststellt, daß etwas mit dem Willen Gottes übereinstimmt, oder eine Konkretisierung und Applizierung eines Auftrages Christi meinen. Mit dem Vatikanum II zieht Congar es vor, von »institutio divina« zu sprechen.[260] Darin kommt besser zum Ausdruck, daß es sich nicht zuerst um eine feste Organisation und äußere Struktur handelt – eine Konnotation, die dem Institutionsbegriff erst neuzeitlich anhaftet –, sondern um ein weiterwirkendes Gründungsgeschehen, um ein fortwährendes Handeln des Initiators.
Gegen die Rede vom »ius divinum« findet sich bei Congar außer dem dargelegten vieldeutigen Tatbestand der Tradition ein Argument sprachlogischer Art angedeutet,[261] das mit dem Offenbarungsbegriff zusammenhängt und das entfaltet zu werden verdient: Die Sprache der Bibel als Zeugnis der Offenbarung ist – mit Ausnahme der alttestamentlichen Rechtsbücher – eine andere als die der rechtlichen Kodifizierung; deshalb kann keine juristische Norm völlige Deckungsgleichheit mit dem Willen Gottes bzw. dem Auftrag Christi beanspruchen. Die Problematik des Wechsels der sprachlichen Ebenen weist auf einen sachlichen Unterschied hin: Lebensweisung und -orientierung, Moral und Paränese lassen sich nicht völlig in rechtliche Bestimmungen übersetzen und fixieren. Wir haben es mit einer Spielart des bereits mehrfach zutagegetretenen Prinzips zu tun, daß die Offenbarung die Sprache und natürlich erst recht eine Fachsprache übersteigt und nicht gänzlich in ihr einzufangen ist.
Zusammenfassend läßt sich festhalten: Congars Überlegungen führen zu einer differenzierten Sicht des göttlichen Rechtes, in der die positive, historische Offenbarung, die geschichtliche Entwicklung der Kirche unter dem Bei-

---

[257] SuA 84.
[258] Vgl. *Changements et continuité dans l'Eglise*, aaO. 68.73; *Die Wesenseigenschaften der Kirche*, aaO. 474–475.
[259] Vgl. »*Ius divinum*«, aaO. 121.
[260] Vgl. ebd. 121–122.
[261] Vgl. *Le théologien dans l'Eglise aujourd'hui*, in: *Les quatre fleuves* Nr. 12 (1980) 7–27, hier: 27: »il est délicat de traduire en procédure juridique les règles évangéliques«.

stand des Heiligen Geistes und die Variabilität der Formen und Theorien einen Platz haben. Die Frage des »ius divinum« stellt sich bei näherer Betrachtung dar als spezieller Fall der Frage nach dem Verhältnis von Heiliger Schrift, Exegese und Dogmatik, von Christologie und Pneumatologie, von göttlicher Unmittelbarkeit und menschlicher Vermitteltheit. Sie ist für das Traditionsthema wichtig, weil es darin um Verbindlichkeit und Kreativität des Traditionsprozesses, um seine Festgelegtheit und seinen Bewegungsspielraum geht. Die katholische Lektüre der Heiligen Schrift durch die mittelalterliche Tradition wird hier besonders augenfällig. Die Heranziehung der Breite der Tradition hilft Congar wieder einmal, eine »orthodoxe« Relativierung vorzunehmen, ohne jegliche Affirmation aufzugeben. Daß es das Papsttum gibt und daß es mehr ist als eine letzte Instanz bei Streitfällen, daß ein Amt in der Kirche besteht, das nicht auf das allgemeine Priestertum aller Gläubigen zurückzuführen ist, daß die Heilige Schrift und die Sakramente zur unaufgebbaren Struktur der Kirche gehören, ist für Congar eine göttliche und damit unantastbare Vorgabe. Über die konkreten Ausgestaltungen des Papsttums, des Ordo, der Schriftdeutung und der Sakramente läßt sich hingegen jeweils diskutieren und entscheidet die Kirche. Auf einen konkreten Fall umstrittenen göttlichen Rechts werden wir noch ausführlicher eingehen.

## 3. Zwischen persönlicher Freiheit und amtlicher Autorität

Congar nimmt die Impulse derer, die mehr Freiheit, Machtbeteiligung und Brüderlichkeit in der Kirche verlangen, auf. Sein Bemühen gilt ja seit langem der Aufwertung des Laien, der Entfaltung der Charismen, der Reform entfremdender Strukturen, der Weckung des Sinnes für die Mitverantwortung aller für die Kirche. Er wendet sich gegen eine »Mystik des Gehorsams«[262], die nur zu häufig entweder zu Passivität und Konformismus oder zu Aufruhr und Anarchie geführt habe.[263] Auch auf die Gefahr hin, dem Subjektivismus und der Beliebigkeit eine Tür zu öffnen, spricht Congar sich für eine Höherschätzung der persönlichen Freiheit in der Kirche aus, da nur eine angenommene Norm das Leben von innen formen könne, da der einzelne Christ sich ja gerade selbst einbringen solle und daher aus Überzeugung hinter seinem Tun stehen müsse. »Die Lösung liegt in einer Vision der Kirche als geistlicher Gemeinschaft, die sozial strukturiert ist. ›Gemeinschaft‹ besagt zugleich Überzeugung oder Handlung *von jemandem* und etwas anderes als Individualismus.«[264] Die Kirche ist weder eine »Verwaltungs-

---

[262] »mystique de l'obéissance« (*PS* 93).
[263] Vgl. *PS* 95.
[264] »La solution est dans une vision de l'Eglise comme communion spirituelle socialement structurée. ›Communion‹ dit à la fois conviction ou activité de *quelqu'un*, et autre chose qu'un individualisme« (*PS* 95).

maschinerie«[265] noch eine zentrale Macht mit Untergebenen. Congar fordert Freiheit und Vertrauen, damit nicht einerseits der fruchtbare Impuls neuer Ideen und Initiativen verlorengeht und damit andererseits die Aufbrüche sich nicht von der Kirche trennen. Bezeichnend, daß Congar genau an diesem Punkt auf die Tradition zu sprechen kommt. Ihr traut er anscheinend die Fähigkeit zur Vermittlung zu: »... die wahre Tradition ist Kritik und Kreativität ebenso wie Übergabe desselben und Bewahrung«[266]. Congar beklagt den mangelnden geschichtlichen Sinn und die fehlende Offenheit für die Zukunft, wie sie einem katholischen Konservatismus eigen sind, der die Hoffnung individualisiert und auf das Jenseits beschränkt.

Das größte Hindernis für die Verwirklichung christlicher Freiheit stellt für viele das klerikale Machtmonopol dar. Als Kenner der Kirchengeschichte weiß Congar nur zu gut, welche Berechtigung solche Vorwürfe haben. Doch darf man deshalb Forderungen nach der Abschaffung der traditionellen Amtsstruktur nachgeben? Wiederum befragt Congar die Alte Kirche, nimmt den Dialog mit der Ostkirche auf und gibt dem Protest der Reformatoren Raum. Das Schöpfen aus diesen Quellen führt ihn zu Korrekturen an der scholastischen, barocken und nachtridentinischen Amtstheologie:[267] Er bricht das formal-juridische Verständnis auf, ergänzt die christologische durch eine pneumatologische Herleitung, bestimmt den Amtsträger von der Wortverkündigung her – ohne ihn von der Sakramentenspendung zu trennen –, bindet das Amt in die Gemeinschaft der Gläubigen ein und ruft die Normiertheit durch die Wahrheit des Glaubens, wie sie in Heiliger Schrift und Tradition zum Ausdruck kommt, in Erinnerung. Von der Erkenntnis der tieferen Tradition her revidiert Congar auch sein eigenes Modell aus den fünfziger Jahren.[268]

Dennoch willigt Congar nicht in eine Demokratisierung, in eine reine Funktionalisierung und Egalisierung des Amtes ein. Dieselbe Tradition, die ihn zur Kritik befähigt und ermächtigt hat, bewegt ihn auch, einer Umgestaltung Grenzen zu setzen.

»Die christliche Bruderschaft ist seit den Ursprüngen eine hierarchisch gegliederte Gemeinschaft, und dies zugleich auf einer sakramentalen und einer juridischen Grundlage.«[269] Unzählige Male wiederholt Congar, daß das Volk

---

[265] »machinerie administrative« *(Ebd.)*
[266] »... la vraie Tradition est critique et créativité autant que transmission de l'identique et conservation« *(PS 95–96).*
[267] Vgl. zum folgenden: *MC* 18–22.31–49.51–94.
[268] Zu Congars persönlicher Korrektur vgl. *MC* 16–18.
[269] »La fraternité chrétienne est, depuis les origines, une communauté hiérarchiquement structurée, et ceci sur une base sacramentelle en même temps que sur une base juridique« *(MO* 86).

Gottes eine »strukturierte Gemeinschaft«[270] bzw. »eine Gemeinschaft in Form einer Gesellschaft«[271] ist. Rechtliche Bestimmungen und bevollmächtigte Autorität sind für ihn keine Verfremdung der Kirche, stehen nicht im Widerspruch zur brüderlichen Gemeinschaft, sondern dienen ihr auf eigene und unverzichtbare Weise, indem sie Erfahrungen der Vergangenheit bündeln und erinnern, die Einheit sichern und – indem sie den Einzelnen über sich selbst hinausführen – ein größeres Maß an Objektivität verbürgen.[272] Die neuzeitliche Reserve gegenüber der Autorität, die aus dem individualistischen Freiheitsbegriff und dem Autonomiegedanken resultiert, läuft in den Augen Congars auf die Leugnung der eigenen Bedingtheiten, des persönlichen und kulturellen Erbes, der existentiellen Wurzeln, der natürlichen Abhängigkeit und der geschichtlichen Herkunft hinaus.[273]

Congar kann akzeptieren, daß das Amt immer mehr als Dienst in der und für die und im Auftrag der Gemeinschaft und somit funktional betrachtet wird,[274] jedoch kann und will er deshalb die von der Tradition gedeckte Lehre vom »character indelibilis« (verstanden als die ganzheitliche Inanspruchnahme des Priesters durch Gott im Sakrament der Weihe und als Gleichgestaltung mit Christus, die über Taufe und Firmung hinausgeht) und die Auffassung von der Teilhabe an der Vollmacht und Autorität Christi nicht streichen.[275]

Congar begrüßt ebenso, den Charismen in der Kirche mehr Platz und Freiheit einzuräumen, indessen lehnt er den Entwurf G. Hasenhüttls ab, der die Charismen zum Ordnungsprinzip der Kirche machen möchte und Amt und Rechtsstruktur nur als Hilfsmittel im Falle des Versagens und Nichtfunktionierens betrachtet.[276] Mit U. Betti ordnet Congar die Charismen der Handlungsebene zu, auf der ein Reichtum an Variationen und Erfindungen wünschenswert ist,[277] während das apostolische Amt der Kirche als durchtragender Stabilitätsfaktor vorgegeben ist.[278] Die hierarchische und rechtliche Struktur ist in Congars Sicht durch die apostolische Sendung und die Sakramente bedingt und daher mehr als Notbehelf. Das Amt hat für Congar die unersetzliche Aufgabe, »das Band mit der apostolischen Institution, die selbst

---

[270] »communauté structurée« (*MC* 18.19; *MO* 86).
[271] »communion existant en forme de société« (*CV* 81)
[272] Vgl. *MO* 83.88.93.
[273] Vgl. *MO* 67–68.71.
[274] Vgl. *MC* 27–39.
[275] Vgl. *MO* 24; *MC* 39.41.
[276] Vgl. *PS* 130–132.
[277] Vgl. *PS* 133.
[278] Vgl. *Composantes et idée de la Succession Apostolique*, in: *Oecumenica. Jahrbuch für ökumenische Forschung 1966*, hrsg. von F. W. Kantzenbach und V. Vajta, Straßburg 1966, 61–80, hier: 74 (Verweis auf Irenäus von Lyon, der die apostolische Sukzession als das Rückgrat des Leibes Christi bezeichnet).

von Christus, dem Gründer des neuen Gottesvolkes, kommt«[279], aufrechtzuerhalten, Apostolizität und Katholizität zu sichern und die Sakramente – vor allem Buße und Eucharistie – zu spenden. »Der letzte Sinn der hierarchischen Ordnung mit ihrem Gesetz der Nachfolge ist es, zu verwirklichen und kundzutun, daß alles vom menschgewordenen, gestorbenen und auferstanden Wort kommt.«[280]
Natürlich ist sich Congar der Schwierigkeit einer exegetischen Grundlegung seiner Amtstheologie bewußt, und selbstverständlich kennt er das Problem der historischen Lücken in der apostolischen Sukzession. Er liest die Heilige Schrift – und das ist allerdings eine fundamentale Vorentscheidung, nämlich die Bejahung des sog. Frühkatholizismus – mit den Augen der frühen Kirche, und sein Gewährsmann ist vor allem und immer wieder der hl. Irenäus.[281] Den Exegeten und Historikern, die nur die neutestamentlichen Texte gelten lassen wollen, hält er entgegen, daß eine Realität da sein könne ohne eine entsprechende sprachliche Formulierung. Wir finden das uns vertraute Prinzip wieder, daß »die Wirklichkeit den Text übersteigt, vor allem Gelegenheitstexte wie Sendschreiben und Briefe. Die Wirklichkeit der Dienste, die die Kirche strukturieren, ist *umfassend* weitergegeben worden, also weit über das hinaus, was die Texte darüber sagen können. Die Weitergabe hat sich vollzogen, wie sie sich immer noch vollzieht, in einem *realen* Vorgang, der als solcher mehr mit der Tradition als mit der Schrift zusammenhängt.«[282] Congar vertraut auf die Authentizität der realen Tradition gerade in den lebenswichtigen sakramentalen Vollzügen.
Schließen wir mit einer Aussage, die verdeutlicht, wie eng Congar die Tradition an das apostolische Amt knüpft: Er bezeichnet den Bischof als die Ikone der Tradition der Kirche:[283] Im Amt kommt die Tradition zum Ausdruck, gewinnt wahrnehmbare Gestalt, verdichtet sich zu faßbarer Darstellung.

## 4. Die Frage der Zulassung von Frauen zum Amt

Die Frage nach dem Diakonat und Priestertum für Frauen wird in den sechziger und siebziger Jahren breit diskutiert. Von Congar gibt es vier ausdrückli-

---

[279] »... le lien avec l'institution apostolique qui vient elle-même du Christ, fondateur du nouveau Peuple de Dieu« (*PS* 134). Vgl. *MC* 39; *MO* 31.
[280] *Die Wesenseigenschaften der Kirche*, aaO. 565.
[281] Vgl. *MC* 66–70; *Composantes et idée de la Succession Apostolique*, aaO. 74–75. Bezeichnenderweise nennt Congar Irenäus »un théologien de la Tradition et de la ›succession apostolique‹« (*L'Eglise, antique fontaine d'une eau jaillissante et fraîche*, aaO. 32).
[282] *Die Wesenseigenschaften der Kirche*, aaO. 550–551.
[283] Vgl. *Changements et continuité dans l'Eglise*, aaO. 59.

che Stellungnahmen.[284] Seine Position läßt sich tendenziell auf den Nenner bringen: Ja zum Diakonat der Frau, Vorbehalte gegenüber dem Priestertum der Frau.

Congars Argumentation bewegt sich auf mehreren Ebenen: exegetisch, historisch, anthropologisch, dogmatisch, pastoral, ökumenisch, gesellschaftlich. Die Aussagen der Heiligen Schrift und der Tradition haben dabei maßgebliches Gewicht.

In allen Äußerungen nennt Congar als zentrale Eckdaten:[285] 1. In der Heiligen Schrift ist die mit sakraler Autorität ausgestattete Person immer männlich, und es ist nicht zu beweisen, daß dieses Faktum nur auf sozio-kulturellen Umständen beruht. 2. Die Tradition kennt Frauen als Diakone, aber nicht als Priester. Congar unterstreicht, daß die Entscheidung der Frage von der Richtigkeit und Geltungskraft dieser beiden Thesen abhängt.

Hinsichtlich seiner Zustimmung zur Zulassung von Frauen zum Diakonat bemerkt er: »Mein Motiv ist vielfältig, aber was mir grünes Licht gibt – ich sage es in aller Einfachheit – ist, daß dies geschehen ist, daß es das gab.«[286] Genau derselbe Grund – und es ist für ihn eigentlich der einzig durchschlagende – spricht für Congar gegen die Ordination von Frauen zu Priestern: »Es ist biblische, evangeliumsgemäße, apostolische und durch die Tradition gedeckte Tatsache, daß es dies niemals gegeben hat, daß es sogar sehr ausdrücklich ausgeschlossen worden ist.«[287]

Hier erheben sich natürlich kritische Rückfragen: Macht Congar es sich nicht zu einfach, wenn er ohne Zwischenschritte aus der geschichtlichen Faktizität dogmatische Schlüsse zieht? Und was für ein Traditionsbegriff steht im Hintergrund? Entspricht er seiner eigenen Theorie? Läuft die Argumentation nicht kurzschlüssig darauf hinaus, daß die Kirche nur das tun darf, was sie immer schon getan hat – also ein sehr statisches Traditionsverständnis?[288] Wo bleibt der Spielraum der kreativen Aneignung und Weiterentwicklung, die Offenheit nach vorn?

Zur Verteidigung Congars ist zunächst darauf hinzuweisen, daß seine Befürwortung des Diakonats für Frauen durchaus einen schöpferischen Umgang

---

[284] Préface à Elsie Gibson, *Femmes et ministères dans l'Eglise*, Paris 1971, 7–15; *Simples réflexions*, in: *Vie consacrée* 44 (1972) 310–314; *Sur le diaconat féminin*, in: *Effort diaconal* 34/35, Jan. – Juni 1974, 31–37; *Symbolisme chrétien et ordination des femmes*, in: *Effort diaconal* 37/38. Sept. 1974 – März 1975, 6–17.
[285] Vgl. *Préface à Elsie Gibson* aaO. 11; *Simples réflexions*, aaO. 310–311; *Sur le diaconat féminin*, aaO. 36; *Symbolisme chrétien et ordination des femmes*, aaO. 11.13.
[286] »Mon motif est multiple, mais ce qui me donne le feu vert, je le dis en toute simplicité, c'est que ça s'est fait, ça a existé« (*Symbolisme chrétien et ordination des femmes*, aaO. 11).
[287] »Le fait biblique, évangélique, apostolique et de tradition, c'est que ça n'a jamais existé, ça a même été expressément exclu« (ebd.).
[288] Vgl. Congars eigenen Einwand: *Simples réflexions,* aaO. 311.

mit der Tradition voraussetzt, denn die altkirchliche Form des weiblichen
Diakonats, auf die Congar sich beruft, hatte ein ziemlich anderes Gesicht als
der heute vom Diakon geleistete Dienst,[289] so daß Congar mit Recht folgert:
»man könnte sagen, daß der weibliche Diakonat eine neue Schöpfung
wäre«[290]. Es handelt sich also nicht um einen geradlinigen Übergang von
geschichtlicher Tatsache zu dogmatischer Lehre. Das historische Argument
besteht nicht nur in der Gegebenheit des weiblichen Diakonats in der Alten
Kirche, sondern genauso in der Entscheidung der Alten Kirche zu dieser Praxis, die ebenfalls auf einem selbständig gestaltenden Umgang mit der vorhergehenden, nicht völlig eindeutigen Tradition beruht.[291] Daß auf demselben
Gebiet eine vergleichbare Entwicklung bereits einmal stattgefunden hat und
die Heilige Schrift keine Gegenaussage macht, im Gegenteil einige Indizien für
die in der Alten Kirche eingeschlagene Richtung enthält, führt Congar dazu,
in unserer Situation – Frauenbewegung als Zeichen der Zeit, Entdeckung vielfältiger kirchlicher Dienste, Entwicklung in den protestantischen Kirchen –[292]
eine analoge Entscheidung zu unterstützen. Dieses Zusammenkommen von
biblisch-historischen und aktuellen Gründen muß beachtet werden.
Im Bezug auf das Priestertum der Frau ist die Ausgangslage eine andere. Der
Grad der Innovation wäre viel höher, weil es weder materielle noch formale
Parallelen in der Kirchengeschichte gibt und weil die Intention der Heiligen
Schrift bzw. Jesu selbst nicht eindeutig feststellbar ist. Hier fällt dann die Tatsache ins Gewicht, daß die Tradition die Vorgabe der Heiligen Schrift über
Jahrhunderte hinweg so verstanden hat, daß das Priester- und Bischofsamt
dem Mann vorbehalten bleibt. Gewährt die Tradition hinsichtlich des weibli-
chen Diakonats prinzipiell einen Bewegungsspielraum, so läßt sie bezüglich
des Priestertums für Frauen keine Variablen erkennen. Diese Tradition hat für
Congar nur dann keine Verbindlichkeit und kann umgeworfen werden, wenn
nachgewiesen wird, daß die Beschränkung des presbyteralen und episkopalen
Dienstes auf Männer im NT und in der Kirchengeschichte *nur* sozio-kulturelle
Ursachen hat.[293]
Die Tradition leistet aber innerhalb des Themas noch einen weiteren wichtigen
Beitrag, einen Beitrag zum Denkstil: Sie relativiert gängige Argumenta-
tionsmuster, die allein von einem bestimmten Verständnis von Gleichberech-
tigung ausgehen[294] oder einem ganz intellektualistischen Rationalitätsbegriff
erliegen, und bringt von der Heiligen Schrift, den Kirchenvätern und dem

---

[289] Vgl. *Sur le diaconat féminin,* aaO. 33.
[290] »on peut dire que le diaconat féminin serait une création nouvelle« (*ebd.* 34). Vgl.
*Herbstgespräche,* München 1988, 89.
[291] Vgl. *ebd.*
[292] Vgl. *Simples réflexions,* aaO. 311–313.
[293] Vgl. *ebd.* 311; *Symbolisme chrétien et ordination des femmes,* aaO. 11.
[294] Vgl. *Simples réflexions,* aaO. 313.

Mittelalter das symbolische Denken mit seiner eigenen Plausibilität und Kohärenz in das Gespräch ein.[295] Das Heranziehen der Tradition führt also nicht einfach zur apodiktischen Feststellung: »das Priestertum der Frau hat es bisher nicht gegeben und darf es daher auch zukünftig nicht geben«, sondern es macht auch die innere – vielleicht fremdartige – Rationalität vergangener Entscheidungen bewußt und verhindert so die Verabsolutierung gegenwärtig fraglos akzeptierter Erfahrungen und Denkweisen.

## 5. Die Bedeutung der Rezeption

Einen vergessenen Bewegungsspielraum gegenüber Amt, Recht und Tradition versucht Congar zu eröffnen, indem er die Bedeutung der Rezeption ins Gespräch bringt.[296] Die Geschichte der Konzilien, der Liturgie, des Rechts und der Disziplin liefert ihm reichlich Material für die Feststellung, daß die Rezeption, ohne theologisch reflektiert zu sein, seit jeher faktisch eine große Rolle gespielt hat.[297] Dabei versteht er unter Rezeption »den Prozeß, worin eine kirchliche Körperschaft sich eine Bestimmung, die sie sich nicht selbst gegeben hat, zu eigen macht, indem sie in der promulgierten Maßnahme eine Regelung anerkennt, die ihrem Leben entspricht«[298]. Im Unterschied zum Gehorsam liegt laut Congar in der Rezeption ein eigener »Beitrag an Zustimmung« bzw. ein Urteil, »worin sich das Leben einer Körperschaft äußert«[299].

Aus der imponierenden Aufzählung historischer Fälle seien erwähnt: die Bildung des Schriftkanons, die bisweilen sehr mühselige und langsame Rezeption der ersten Konzilien, die teilweise erst deren Ökumenizität begründete, die Verbreitung der römischen Liturgie, die Aufnahme bestimmter regionaler Feste in den Gesamtkalender.[300]

Das Ausbleiben der Rezeption hatte nach einigen Konzilien schlimme Folgen für die Kirche: Nach dem Chalcedonense spalteten sich die Kopten ab, weil sie die christologische Formel nicht akzeptierten; die Ablehnung des Unionskonzils von Florenz durch das orthodoxe Volk verstärkte die Trennung zwi-

---

[295] Vgl. *Symbolisme chrétien et ordination des femmes*, aaO. 6–10.12–13.
[296] Vgl. den Artikel: *Die Rezeption als ekklesiologische Realität*, in: *Conc* (D) 8 (1972) 500–514. Verkürzte deutsche Fassung von: *La »réception« comme réalité ecclésiologique*, in: *RSPhTh* 56 (1972) 369–403.
[297] Vgl. ebd. 501–507.
[298] Ebd. 501.
[299] Ebd.
[300] Vgl. ebd. 502–505. An aktuellen Beispielen nennt Congar: die Gutheißung kollegialer bischöflicher Initiativen durch den Papst (Verweis auf *LG* 22), die Anerkennung (nicht Einsetzung oder Ernennung) neuer Bischöfe des orientalischen Ritus durch den Papst, die zeitgenössische Neuinterpretation des Chalcedonense durch die Betonung der Menschheit Jesu, die Aufnahme und Verarbeitung des Vatikanum I auf dem Vatikanum II (siehe zum letzten Punkt unser Kapitel V).

schen Ost- und Westkirche; die Zurückweisung des Unfehlbarkeitsdogmas führte zur Entstehung der Alt-Katholiken. An Beispielen aus der jüngsten Geschichte bringt Congar die Wirkungslosigkeit der Konstitution »Veterum sapientia« Johannes XXIII. und die Protestreaktionen auf die Enzyklika »Humanae vitae«[301].
Congar situiert die Rezeption in einer Theologie der »communio«. Die Grundlage der Bedeutung der Rezeption ist für ihn die Pneumatologie: Weil die ganze Kirche vom Heiligen Geist beseelt ist, gibt es nicht nur juristische Vollmacht, die Gehorsam verlangt, sondern auch ein Finden der Wahrheit in der Suche nach einem Konsens aller. Die Rezeption stellt laut Congar einen organischen Lebensvorgang dar, der dem Wesen der Kirche als Gemeinschaft zuhöchst entspricht. Rezeption heißt für Congar »die Erweiterung, Ausfaltung und Verlängerung des Konzilsvorgangs; sie hängt mit der tiefen ›Konziliarität‹ der Kirche zusammen«[302]. Diese wiederum verankert Congar im dreifaltigen Leben Gottes; vom trinitarischen Gottesbild her fordert er eine Einheit, die die Einzelperson nicht erstickt. Wo Inhalte nicht von oben auferlegt werden, sondern durch die Zustimmung aller Gewicht erhalten, gewinnt wieder die Wahrheit den Primat vor der Autorität, eine Entwicklung, die Congar fördern möchte.
Schwieriger als die theologische Einbettung der Rezeption fällt Congar die Bestimmung ihres juristischen Status.[303] Er stellt klar, daß die Legitimität und der verpflichtende Charakter eines Konzilsentscheides nicht erst von der Rezeption abhängen; eine Rezeption »stellt fest, anerkennt und bezeugt, daß er dem Wohle der Kirche entspricht«[304]. Eine fehlende Rezeption bedeutet nicht die Falschheit oder gar rechtliche Ungültigkeit einer lehramtlichen Aussage, sondern belegt die Nutzlosigkeit für das Leben der Kirche. Wenn also die Rezeption für eine Lehre oder eine Vorschrift nicht konstitutiv ist, so fügt sie der juristischen Gültigkeit doch etwas Wichtiges hinzu, das auf der geistig-moralischen Ebene anzusiedeln ist: die Glaubwürdigkeit und Vertrauenswürdigkeit.[305] Erst die Rezeption sichert einer rechtlich einwandfreien Entscheidung die Autorität, die zu Befolgung und Umsetzung führt. Von daher identifiziert Congar auf der praktischen Ebene Rezeption und Wirksamkeit.
Congar fragt leider nicht weiter, was denn mit lehramtlichen Aussagen geschieht, die nicht der Auferbauung der Kirche dienen und die keine gestal-

---

[301] Vgl. *ebd.* 506.
[302] *Ebd.* 509.
[303] Vgl. *ebd.* 509–511.
[304] *Ebd.* 510. Congar spricht von der enthüllenden – oder darf man auch übersetzen: offenbarenden? – Funktion der Rezeption: » *la réception par l'Eglise* occupe une place décisive: non comme *créatrice* de validité, mais comme *révélatrice*« [Propos en vue d'une théologie de l'»Economie« dans la tradition latine, in: *Iren.* 5 (1972) 155–206, hier: 203].
[305] Vgl. *ebd.* 510–511.

tende Lebenskraft besitzen. Es handelt sich dann ja wohl um ziemlich intellektuelle Festlegungen, die im Leben der Gläubigen keine Entsprechung haben. Von Congars eigenem Ansatz her müßte angemerkt werden, daß sie dem biblischen Wahrheitsbegriff, der auch das Tun der Wahrheit umfaßt, nur rudimentär genügen.

Es gibt allerdings auch dogmatische Aussagen, die zu einem bestimmten Zeitpunkt für die Kirche lebenswichtig und identitätserhaltend waren und die heute als fremdartig empfunden werden. Die einmalige Rezeption reicht nicht aus, um einer Bestimmung dauernde Fruchtbarkeit zu verleihen, vielmehr ist zu jeder Zeit eine neue Rezeption notwendig. »Ré-réception« ist seit der Mitte der siebziger Jahre eines der Lieblingswörter Congars.[306] Er versteht darunter die Wiederaufnahme von Dogmen und ihre Aneignung unter neuen Gesichtspunkten, bedingt durch Änderungen in Gedankenwelt und Mentalität und Zuwachs an relevanten Erkenntnissen. »›Neu rezipieren‹ besagt, eine Lehre oder eine kanonische Maßnahme oder eine Andacht in einen anderen, anders erhellten Kontext zu übernehmen in Synthese mit anderen Werten. Dies verändert das Gleichgewicht der Elemente und sogar die Tragweite der Dinge.«[307] Congars Rede von der »ré-réception« führt zur Frage nach der Verbindlichkeit der ersten Rezeption. Inwieweit kann eine zweite Rezeption von der ersten abweichen und sie korrigieren? Solange eine Rezeption nicht wiederum Niederschlag in verbindlichen Dokumenten gefunden hat, ist sie reversibel. Neurezeption schließt ja Neuinterpretation ein, und für sie gilt Congars Faustregel: Eine Auslegung darf nicht gegen eine formulierte Lehre angehen, sie kann jedoch in der Richtung dessen, was gesagt werden sollte, hinzufügen und erweitern. Es kann auch sein, daß eine Ergänzung notwendig ist durch das Danebenstellen eines anderen Teilaspektes. Ein tieferes Eindringen in den Sachverhalt wird häufig dadurch möglich, daß eine Lehre in einen anderen Rahmen plaziert und mit adäquateren Begriffen ausgedrückt wird.[308] So gesehen bedeutet jede neue Rezeption bereits eine Fortentwicklung.
Als unbefriedigend empfindet Congar, daß die Rezeption bzw. ihr Ausbleiben bisher nur auf der geistig-moralischen Ebene Konsequenzen hat. Eine juristische Umschreibung des Wertes der Rezeption wäre wünschenswert, um das Kirchenmodell der »communio« praktisch weiterzuführen, um ein Gegengewicht zur Vollmacht der Amtsträger zu haben. Auf wissenschaftstheoretischer Ebene bedeutet der Einbezug der Rezeption die stärkere Auf-

---

[306] Vgl. *Bref historique des formes du »magistère« et de ses relations avec les docteurs*, in: RSPhTh 60 (1976) 99–112, hier: 109; *Diversités et Communion*, Paris 1982, 249; CV 84.102–103; Rezension zu H.J. POTTMEYER, *Unfehlbarkeit und Souveränität*, in: ThRv 72 (1976) 127–130, hier: 130.
[307] *Die Theologen, das Pastoral-Konzil und die Theologie*, in: Diakonia 13 (1982) 364–376, hier: 369.
[308] Vgl. *Unité et pluralisme*, in: MC 229–258, hier: 243.

nahme der Konsenstheorie in den Wahrheitsbegriff, eine Entwicklung, die in Congars Augen von Heiliger Schrift und Tradition gedeckt, ja von ihnen her gefordert ist.[309] Die Rezeption hat im Traditionsprozeß noch nicht den ihr gebührenden Rang erhalten. Was nützen auferlegte Bestimmungen, die keine Wirkung zeitigen? Kann etwas, das ganz und gar nicht in die Gedanken- und Lebenswelt aufgenommen wurde, zum verpflichtenden Bestand der Tradition gerechnet werden? Wie soll etwas überliefert werden, wenn es in den Christen nichts auslöst, keinen Widerhall in Denken, Tun und Beten findet? Und ist unter juristischem Gesichtspunkt die Tatsache schon genug bedacht, daß es Konzilien gab, »die an und für sich rechtlich korrekt waren«[310] und die nicht rezipiert worden sind? Natürlich ist die Rezeption nur eine Komponente im Traditionsgeschehen, und sie zum alles bestimmenden Wahrheitskriterium zu machen, hieße, Gott auf die menschliche Fassungskraft reduzieren zu wollen, die Anstößigkeit der christlichen Botschaft und letztlich das Kreuz, die Nicht-Annahme Jesu, zu verkennen, aber wo die Rezeption ausfällt, wird auch nichts mehr tradiert. Etwas Totes weitergeben, widerspricht dem Ziel der christlichen Tradition, die Leben wecken und Leben ermöglichen will. Keine Tradition ohne Rezeption, genauso wie ohne Glaube keine Offenbarung.

Diese Parallelsetzung, daß sich die Rezeption zur Tradition verhält wie der Glaube zur Offenbarung, ist gut geeignet, die Bedeutung der Rezeption auszusagen. Die Rezeption ist von Seiten des Menschen die Bedingung von Tradition, die subjektive Entsprechung zum objektiven Inhalt. In der Rezeption kommt die Tradition an ihr Ziel, erreicht sie den Menschen, wird in Leben und Denken integriert. Wie die Tradition ist die Rezeption ein unabgeschlossener Prozeß, da die Zeit die Möglichkeit eines tieferen Verständnisses der Tradition bringt.

---

[309] Vgl. *Die Rezeption als ekklesiologische Realität*, aaO. 508–509. Congar könnte allerdings auf einen juristischen Einbezug der Rezeption in seinem Orden verweisen: Im Dominikanerorden gelten von einem Generalkapitel (gewählte Vertretung aller Brüder, höchste Autorität im Orden) erlassene Bestimmungen in der Regel erst nach der Bestätigung durch zwei weitere Generalkapitel, die sich je anders zusammensetzen, als verbindlich; es besteht auf diese Weise die Möglichkeit eines Einspruchs »von unten«.
[310] *Ebd.* 509.

## V.

## TRADITION, INNOVATION UND REZEPTION AM BEISPIEL DES ZWEITEN VATIKANISCHEN KONZILS

Die Auseinandersetzungen über Erfahrung, Hermeneutik und Pluralismus, über das geschichtliche Wahrheitsverständnis und über die Bedeutung von Institutionen, Recht und Strukturen bzw. die Rolle des Subjekts finden sich wieder in der Art und Weise, wie das Zweite Vatikanische Konzil interpretiert und umgesetzt, ganz oder teilweise abgelehnt oder als überholt hingestellt wird. Im Rückblick auf das Vatikanum II konkretisiert sich Congars Position ein weiteres Mal.[311] In seiner Beurteilung macht sich sein Traditionsbegriff verschiedentlich bemerkbar.

### 1. Das Neuartige am Vatikanum II

Für Congar ist das Vatikanum II ein prägendes Ereignis seines Lebens, auf das er immer wieder Bezug nimmt, die manifeste Erfahrung des Wirkens des Heiligen Geistes in seiner Kirche, »ein Ereignis pfingstlicher Art«[312]. In ihm sieht er weitgehend verwirklicht und anerkannt, für was er jahrelang gekämpft und gelitten hat.[313] Noch vor den Inhalten rangiert für ihn allerdings die Tatsache, daß das Konzil stattgefunden hat, gab es doch vorher eine weit verbreitete Strömung, die nach dem Unfehlbarkeitsdogma von 1870 ein weiteres Konzil für überflüssig und nutzlos hielt.[314] Allein das überraschende Zustandekommen eines neuen Konzils faßt Congar als eine Korrektur einseitiger Interpretationen des Vatikanum I auf. Der Vorgang gemeinsamer Feiern und Diskussionen hat – allen Beschlüssen vorweg – ein unschätzbares Eigengewicht, ist »eine einzigartige Erfahrung«[315], denn das Versammeltsein konfrontiert aus sich selbst heraus mit der Bedeutung der Ortskirchen, der Kollegialität der Bischöfe, der entscheidenden Verbundenheit der Teilnehmer durch das

---

[311] Congar hat eine Fülle von Artikeln über das Vatikanum II veröffentlicht, an Kommentaren mitgearbeitet und nimmt in vielen nachkonziliaren Schriften Bezug auf das Konzil bzw. seine Wirkung und Umsetzung. Ich halte mich hier im wesentlichen an eine Sammlung von 12 Aufsätzen (Erscheinungszeit 1969–1983), in denen teilweise bereits eine erste Bilanz gezogen wird. Sie sind zusammengestellt aus Anlaß des 80. Geburtstages von P. CONGAR im Band: *Le Concile de Vatican II. Son église. Peuple de Dieu et Corps du Christ*. Paris 1984. Vorwort von R. Rémond (Théologie historique 71). Ich verwende dafür das Sigel CV.
[312] »un événement de type pentecostal« (CV 68).
[313] Vgl. *Une passion: l'unité*, aaO. 90.
[314] Vgl. CV 51–53.
[315] »une expérience originale« (CV 79).

Sakrament der Bischofsweihe, dem konziliaren Leben der Kirche insgesamt und der verschiedenen Art und Weise, Liturgie zu feiern.[316] Die Erfahrung der »communio« hat eine Bewegung in Gang gesetzt: Die Einrichtung der Bischofssynoden,[317] das Bemühen der orthodoxen Kirchen, ein großes gemeinsames Konzil zu halten, und „die Entwicklung der Idee der ›konziliaren Gemeinschaft‹ im Ökumenischen Rat der Kirchen"[318] hält Congar für Ausflüsse des Vatikanum II als des überragenden Geschehens der jüngsten Kirchengeschichte.

Congar unterstreicht mehrfach den Ereignischarakter eines Konzils. Unter Ereignis versteht er »etwas anderes als der regelmäßige Ablauf der Erscheinungen der Natur oder als die erwarteten Äußerungen einer Institution. Es ist eine Begebenheit, die – einmal geschehen – etwas in der Gegenwart und in der Zukunft verändert«[319]. Es basiert auf der Zusammenkunft einmaliger, nicht im voraus zu berechnender Umstände und kann auf keinen Fall verglichen werden mit schriftlicher Befragung, Stellungnahme und Auswertung, wie sie Pius IX. für das Dogma von der Unbefleckten Empfängnis Mariens und Pius XII. für das Dogma von der leiblichen Aufnahme Mariens in den Himmel vornahmen. Überraschung und Neuerung, geboren aus der Gunst der Stunde, der Notwendigkeit des Augenblicks und der persönlichen Begegnung in Gespräch, Arbeit, Feier und Leben, gehören geradezu zum Wesen eines Konzils dazu.[320]

An entscheidenden Neuheiten und Veränderungen zählt Congar auf: die Entdeckung der Ortskirchen als Verwirklichung der einen, heiligen, katholischen und apostolischen Kirche,[321] die vergleichsweise hohe Präsenz nichteuropäischer Bischöfe, die ökumenische Öffnung,[322] die pastorale Ausrichtung, die die christliche Praxis und Erfahrung als eine »Quelle der Lehre«[323] berücksichtigt,[324] die Aufwertung des Laien und die Anerkennung einer Vielzahl von Charismen aufgrund der Volk-Gottes-Ekklesiologie,[325] der Einsatz

---

[316] Vgl. *CV* 56.
[317] Paul VI. führte zur Begründung der Bischofssynoden u. a. die Erfahrung der Verbundenheit mit den Bischöfen auf dem Konzil an. Vgl. Motu proprio »Apostolica sollicitudo« vom 15. 9. 1965 (Vgl. *CV* 56.81).
[318] »le développement de l'idée de ›communauté conciliaire‹ dans le Conseil oecuméniques des Eglises« (*CV* 56).
[319] »quelque chose d'autre que la récurrence régulière des phénomènes de la nature ou que les manifestations attendues d'une institution. C'est un fait qui, arrivé une fois, change quelque chose dans le présent et dans le futur« (*CV* 53). Vgl. *CV* 80.169–170.
[320] Vgl. *CV* 79–80.
[321] Vgl. *CV* 170 (mit Verweis auf K. Rahner).
[322] Vgl. *CV* 57–60.
[323] »source de doctrine« (*CV* 65).
[324] Vgl. *CV* 60–66.
[325] Vgl. *CV* 70.

für den Menschen, die Neueinschätzung der irdischen Güter, der Dienst der Kirche für die Welt,[326] die Überwindung des »Tridentinismus«[327] und der Gegenreformation,[328] die Liturgiereform, die positivere Sicht anderer Religionen und der Heilsmöglichkeit außerhalb der Kirche, der Verzicht auf Anathema,[329] der Einbezug der historischen und eschatologischen Dimension.[330]

## 2. Die Traditionsverbundenheit des Vatikanum II

Trotz aller neuen Akzente besteht Congar auf der Kontinuität zwischen den beiden vatikanischen Konzilien,[331] eine Kontinuität, die sich auch wortstatistisch untermauern läßt.[332] Neben der horizontalen Weite des Vatikanum II durch die Repräsentation der Weltkirche in ihren Bischöfen, durch den Einfluß ostkirchlicher Vorstellungen, durch die Präsenz aller Traditionen der Kirche und aller Völker der Erde sieht Congar eine vertikale und qualitative Umfassendheit,[333] worunter er die Aufnahme früherer Konzilien und Lehrentscheidungen, »die Präsenz der Vergangenheit, der Schätze der Tradition«[334] versteht. Das Vatikanum II steht nicht nur in einer – im Vergleich mit früheren Konzilien beispiellosen – synchronen »communio«, sondern auch in einer diachronen »communio«. »Auf dem Vatikanum II zählt man 93 Zitate früherer Konzilien, davon 21 des Konzils von Trient und 24 des Vatikanum I, und nicht weniger als 201 Zitate von oder Verweise auf 92 Akten Pius XII.«[335] Beachtenswert sind ferner die Bezüge auf die Kirchenväter.[336] Wenn auch beim Vatikanum II nicht wie auf den alten Konzilien zu Beginn die Akten der vorhergehenden Konzilien vorgelesen wurden, so ist es doch – wie alle anderen Konzilien – »la totalisation de la Tradition ..., la totalisation de la conscience de L'Eglise«[337]. Congar liegt deshalb daran zu zeigen, daß etwa die

---

[326] Vgl. CV 104; SuA 165–180.
[327] »tridentinisme« (CV 81). Mit »Tridentinismus« bezeichnet Congar im Anschluß an G. Alberigo eine pyramidale Sicht der Kirche mit einer Überbetonung des Papsttums, eine extrem juridische Ekklesiologie, die die Strukturen übergewichtet, eine defensiv-apologetische Haltung.
[328] Vgl. CV 58.
[329] Vgl. CV 77.
[330] Vgl. CV 170.173.
[331] Vgl. CV 55.
[332] Vgl. CV 75.
[333] Vgl. CV 57–59.
[334] »la présence du passé, des trésors de la Tradition« (CV 55).
[335] »A Vatican II, on compte 93 citations des conciles antérieurs, dont 21 du Concile de Trente et 24 de Vatican I, et pas moins de 201 citations ou références à 92 actes de Pie XII« (CV 55).
[336] Vgl. CV 58.
[337] CV 41. Vgl. CV 53.

Lehre des Vatikanum II vom Bischofsamt und von der Kollegialität keinen Widerspruch zum Unfehlbarkeitsdogma des Vatikanum I darstellt, sondern sie als Ausgleich betrachtet werden muß, als Ergänzung, die bereits in der Absicht des Vatikanum I lag, jedoch aufgrund äußerer Umstände nicht ausgeführt werden konnte.[338] Das Vatikanum II hat zwar eine im positiven Sinn schockierende Wirkung,[339] aber es setzt sich nicht ostentativ von der bisherigen Lehre ab, sondern weitet den Blick, ergänzt, führt weiter, aktualisiert. »Das Vatikanum II war *integrierend*.«[340]
Bei der gläubigen Analyse und Beleuchtung gegenwärtiger Situationen ist es allerdings geschehen – eine Notwendigkeit des pastoralen Anliegens –, daß Aussagen gemacht wurden, die über das überlieferte Glaubensgut im strengen Sinn hinausgehen, insofern sie nicht das Ergebnis »einer reinen Deduktion«[341] aus den Glaubensartikeln sind, sondern auch Theorien der Humanwissenschaften einfließen lassen. Das Hinausgehen über hergebrachte Positionen, das Eingehen auf moderne Fragen, die Hinwendung zur Welt sieht Congar bereits im Anfang und im Auftrag des Konzils grundgelegt. Gern zitiert er aus der Eröffnungsansprache Johannes XXIII. vom 11.10.1962, der das Konzil seiner Meinung nach treu geblieben ist: »Doch ist es nicht unsere Aufgabe, diesen kostbaren Schatz nur zu bewahren, als ob wir uns einzig und allein für das interessieren, was alt ist, sondern wir wollen jetzt freudig und furchtlos an das Werk gehen, das unsere Zeit erfordert, und den Weg fortsetzen, den die Kirche seit zwanzig Jahrhunderten zurückgelegt hat.«[342]
Das Vatikanum II war ein Reformkonzil und wollte es sein.[343] Reform meint aber in Congars Verständnis nicht einfach Bruch und Neuanfang, sondern er versteht darunter – wobei er auf sein Werk »Vraie et fausse réforme dans l'Eglise« verweist und Péguy zitiert – das Zurückgreifen auf eine tiefere Tradition, das Aufdecken authentischer Quellen. »Es ist einer der entscheidensten Züge des Vatikanum II, über ein bestimmtes Mittelalter, die Gegenreformation und die antineuzeitliche Restauration des 19. Jahrhunderts hinaus an die Inspirationen der ungeteilten Kirche wieder angeknüpft zu haben.«[344]

[338] Vgl. *CV* 55.
[339] Congar spricht von »ébranlement« (*CV* 56).
[340] »Vatican II a été *intégrant:* pas d'Ecriture sans Tradition, pas de Tradition sans Ecriture; pas de sacrement sans Parole; pas de christologie sans pneumatologie; pas de hierarchie sans peuple, pas de peuple sans hiérarchie; pas d'épiscopat sans Pape, pas de Pape sans épiscopat; pas d'Eglise locale qui ne soit missionnaire, pas de mission qui ne soit ecclésiale; pas d'Eglise qui n'ait le souci de toute l'Eglise et d'offrir en son sein l'universalité etc.« (*CV* 59).
[341] »d'une pure déduction« (*CV* 65).
[342] Zitiert nach: *Her. Korr* 17 (1962/1963) 87. Dort findet sich die gesamte Ansprache in deutscher Übersetzung auf den Seiten 85–88. Zitate bei Congar siehe *CV* 46.61.
[343] Vgl. *CV* 58
[344] »Un des traits les plus décisifs de Vatican II est d'avoir, par-dessus un certain Moyen Age, la Contre-Réforme et la restauration antimoderne du XIX$^e$ siècle, renoué avec des inspirations de l'Eglise indivise« (*CV* 58).

Hier manifestiert sich der für Congar charakteristische Umgang mit Tradition: die Bevorzugung älterer Tradition gegenüber neueren, getrübten Traditionen.[345]

## 3. Die Unabgeschlossenheit des Vatikanum II

So hoch Congar das Vatikanum II einschätzt, so sehr er dessen Übereinstimmung mit der Tradition betont, so sehr er Neuerungen begrüßt, auch das Vatikanum II ist für ihn »kein Endpunkt, sondern eine Etappe«[346]. Wie die anderen Konzilien hat das Vatikanum II ebenso seine Bedingtheiten und Grenzen;[347] es gibt Defizite, es bleiben Desiderate. Als besonders krasses Beispiel gilt für Congar das Dekret »Presbyterorum ordinis«: Durch die Krise des Lehramtes und die Diskussionen um die Vielfalt der Dienste und Ämter in der Kirche geriet dieses Dokument bald ins Abseits, weil es von den aktuellen Entwicklungen überholt wurde.[348] Andere Dokumente sind nach Congars Ansicht auf halbem Weg stehengeblieben. Die Theologie der Kollegialität, des Episkopats, der Ortskirchen und der Konziliarität beurteilt er als nur »zur Hälfte gelungen«[349], weil »das Vatikanum II zwei Denkweisen oder zwei Perspektiven bewahrt hat, ohne zu einer vollkommenen Synthese zu gelangen: die der Kirche definiert als Gesellschaft und die der Kirche gesehen als Gemeinschaft«[350]. Der Theologie bleibt die Aufgabe gestellt, die sakramentale Grundlage der Gemeinschaft, die Stellung des Kirchenrechts, die Bedeutung der Ortskirchen, die Rolle der Dienste, den Ort der Frauen, den genauen Stellenwert des römischen Primats im Verhältnis zur Gemeinschaft der Ortskirchen näher zu bestimmen.[351] Das Vatikanum II hatte zwar innovierende Funktion, aber es war noch mehr der krönende Abschluß einer Reihe von Bewegungen, die schon jahrzehntelang währten.[352] Die heutige Problemstellung ist in mancher Hinsicht über den damaligen Horizont fortgeschritten, so daß es in theologischer Systematik und in pastoraler Arbeit neue Versuche braucht.[353] Das Vatikanum II ist kein riesiges Lager, das nur ausgebeutet wer-

---

[345] Vgl. auch *CV* 81; *Une passion: l'unité*, aaO. 92.
[346] »pas un terme, mais une étape« (*CV* 90). Vgl. *Une passion: l'unité*, aaO. 95.
[347] Vgl. *CV* 107.
[348] Vgl. *CV* 104.
[349] »A demi réussi« (*CV* 81). Vgl. *CV* 84: »En beaucoup de domaines Vatican II est resté à mi-chemin«.
[350] »... Vatican II a gardé, sans parvenir à une synthèse parfaite, deux logiques ou deux perspectives: celle de l'Eglise définie comme société et celle de l'Eglise vue comme communion« (*CV* 81).
[351] Vgl. *CV* 81–82.
[352] Vgl. *CV* 84.
[353] Vgl. *CV* 107: »il serait vain de se contenter de réaffirmer, d'exploiter et d'appliquer Vatican II«. Ferner *CV* 88: »Beaucoup de problèmes sont nouveaux ou se posent dans des conditions nouvelles. Plusieurs chapitres hérités du passé sont à récrire«.

den braucht, um alles Nötige für heute zu finden, obwohl nicht einmal dies ausreichend geschehen ist. Insofern hält es Congar für berechtigt, von einer »Dynamik des Konzils«[354] zu sprechen, die sich in der Nachfolgezeit entfaltet und die über Erinnerung, Rückblick und Wiederholung hinausgeht,[355] wenn auch die Gefahr besteht, daß unter diesem Deckmantel der Boden des Konzils verlassen wird.[356]

Als »Gebiete notwendiger Weiterführungen«[357] benennt Congar die Pneumatologie in Verbindung mit der Ekklesiologie,[358] die Theologie des Priestertums, die Probleme der Mission mit der Aufgabe der Inkulturation, das Verhältnis der Kirche zur Welt und zur Politik, die Ethik und Anthropologie, die Beziehung von Lehramt und Theologie.[359] In Bezug auf das Priesteramt stellt er fest, daß nach dem Konzil »ein rein christologischer, vertikaler und persönlicher Angang«[360] überschritten wurde zu einer trinitarischen Konzeption mit gemeinschaftlich-funktionaler Akzentuierung, eine Entwicklung, die nach Congars Urteil mit der »communio«-Ekklesiologie übereinstimmt.[361] Was die Inkulturation angeht, fordert Congar einen Freiraum in Liturgie, Disziplin und dogmatischer Formulierung, um den örtlichen Bedürfnissen, Verständnishorizonten und menschlich-kulturellen Bedingungen gerecht werden zu können.[362] Hinsichtlich der Beziehung der Kirche zur Welt hält er es für offensichtlich, daß die politischen und ökonomischen Dimensionen des Glaubens weiterentfaltet werden müssen. Die Bischofssynoden von 1971 und 1974 und Johannes Paul II. haben deutlich gemacht, daß die Evangelisierung die Befreiung umfaßt.[363] Gerade im Bereich der Moral diagnostiziert Congar »eine Schwäche des Vatikanum II«[364].

## 4. Die nachkonziliare Krise

Congar räumt ein, daß die Neuerungen des Vatikanum II für manche Gläubigen schmerzliche Einschnitte bedeuteten, und er hat Verständnis dafür, denn auch er selbst hatte emotionale Bindungen an Formen der vorkonziliaren Kirche: »Ich habe die lateinische Messe, die ich fast vierzig Jahre hindurch gele-

---

[354] »Dynamisme du Concile« (Vgl. *CV* 56.66.69.84.107; *FL* 69).
[355] Vgl. *CV* 107.
[356] Vgl. *CV* 84.104.
[357] »domaines de nécessaires prolongements« (*CV* 84).
[358] Vgl. *CV* 82.171–172.176. Congar greift hier eine Aussage Paul VI. in der Generalaudienz vom 6.6.1973 auf.
[359] Vgl. *CV* 84–90.
[360] »une approche purement christologique, verticale et personnelle« (*CV* 85).
[361] Vgl. *ebd.*
[362] Vgl. *CV* 106.
[363] Vgl. *CV* 87–88.
[364] »une faiblesse de Vatican II« (*CV* 88).

sen habe, gern gehabt.«³⁶⁵ Er leidet darunter, daß Liebgewordenes reduziert, herabgesetzt oder ganz abgestoßen wurde und wird.³⁶⁶ Beunruhigt und besorgt beobachtet er mißbräuchliche Anwendungen und einseitige Interpretationen des Vatikanum II,³⁶⁷ beklagt Fehlentwicklungen durch eine völlig formlose Liturgie, eine vom kirchlichen Denken entfremdete Theologie und eine politisierende Praxis.³⁶⁸ Aber wichtiger und entscheidender als all dies ist für ihn die Tatsache, daß es unzählige hoffnungsvolle Ansätze in der Kirche gibt, auf deren Entfaltung er setzt. Seine Auffassung vom Verhältnis von Schaden und Gewinn kleidet er in ein chinesisches Sprichwort: »wenn ein Baum fällt, macht es Lärm; wenn ein Wald wächst, hört man nichts«³⁶⁹.

Congar lehnt es ab, die Schuld für die Krise dem Vatikanum II zuzuweisen, zum einen weil viele Entwicklungen sich bereits Jahrzehnte vor dem Konzil angekündigt haben, zum anderen weil außerkirchliche Umstände einen maßgeblichen Anteil an ihnen haben.³⁷⁰ Gesellschaftliche, kulturelle, wissenschaftliche und atmosphärische Umbrüche haben Fragen aufgeworfen, die zur Konzilszeit noch nicht so akut waren und die ein Hinausgehen über das Konzil nötig machen, wenn denn die Kirche ihren Anspruch aufrechterhalten will, der Welt von Heute und von Morgen etwas Lebenswichtiges mitzuteilen.

Das Vatikanum II hat allerdings selbst insofern zur Krise beigetragen, als es öffentlich eine Kirche in Diskussion, Spannung und Meinungsvielfalt zeigte, die das bei vielen vorhandene Bild von einer monolithischen und strikt pyramidalen Kirche zerstörte. Das offensichtliche Eingeständnis, nicht auf alles eine Antwort zu haben, führte weithin zu Unsicherheit.³⁷¹

## 5. Die Zukunft des Vatikanum II

Die nachkonziliare Krise ist für Congar ein wesentlicher Grund dafür, daß das Konzil heute partiell überholt ist. Um sie zu meistern und um das Gut der Tradition, das unverzichtbarer Bezugspunkt bleibt, schöpferisch in die neue Welt zu übertragen, plädiert Congar für einen Prozeß der gegenseitigen Information, des Sich-Öffnens und Aufeinanderhörens, des Studierens und Miteinanderredens, wobei er der Zusammenarbeit von Bischöfen und Theo-

---

³⁶⁵ *FL* 46.
³⁶⁶ Vgl. *CV* 71.
³⁶⁷ Vgl. *Une passion: l'unité*, aaO. 94; *MO* 7; *CV* 69; *SuA* 161–164.
³⁶⁸ Vgl. *FL* 77–84.
³⁶⁹ »quand un arbre tombe, cela fait du bruit; quand une forêt pousse, on n'entend rien« (*CV* 71). Congar übernimmt dieses Sprichwort aus einer Ansprache von Bischof Etchegaray.
³⁷⁰ Vgl. Kapitel I/1.
³⁷¹ Vgl. *CV* 70; *FL* 67–69; *Eglise catholique et France moderne*, aaO. 49–50.

logen eine besondere Verantwortung zuschreibt.[372] Die Kirche »schreitet voran auf dem Weg der Menschen. In eben diesem Sinn *muß* sie fortwährend *gestaltet werden.* In ihrem Glaubensbekenntnis, in der Theologie, die es darlegt, gibt es immer noch ungesagte, unentdeckte Dinge.«[373] Für die Wirkung des Konzils hängt Entscheidendes von der Rezeption ab, wie Congar am Beispiel früherer Konzilien und am Schicksal der Enzyklika »Humanae vitae« demonstriert. Es gibt drei, voneinander unlösbare Kriterien, die laut Congar das Leben der Kirche bestimmen: die Offenbarung, wie sie uns in Schrift und Tradition gegeben ist, das pastorale Lehramt und der Glaubenssinn bzw. die Erfahrung der Gläubigen.[374] Letztere Dimension der Wahrheitsfindung darf nicht vernachlässigt werden; weil sie dazugehört, wird bereits die Art und Weise, wie das Vatikanum II weiterhin ganz, teilweise oder kaum rezipiert wird, eine inhaltliche Fortentwicklung implizieren.

An einigen Punkten beobachtet Congar, daß bereits ein Übergang der Lehren und Beschlüsse in das Leben der Kirche erfolgt ist, so vor allem im Bereich der Liturgie, der Ökumene, der Ekklesiologie und des Engagements der Kirche für die Welt.[375] Er rechnet mit weiteren Wirkungen und Realisierungen.[376] Daß das Vatikanum II noch eine Zukunft vor sich hat, schließt er aus der Untersuchung früherer bedeutender Konzilien, ihrer verzögerten Aufnahme, der ihnen entgegentretenden Widerstände, ihrer nur allmählichen Durchsetzung und Effektivität: »Alle diese Konzilien hatten eine Zukunft und wirkten sich langsam, aber für lange Zeit auf die Geister und das Leben der Kirche aus.«[377] Congar hält es deshalb für »sicher, zumindest sehr wahrscheinlich, daß das Vatikanum II das Leben der Kirche für lange Zeit bestimmen wird. Denn ein Konzil nimmt eine große Dichte an Glaubenstreue und Weisheit, die von der Gesamtkirche kommt, auf; es ist ... ein Besuch des Heiligen Geistes«[378].

---

[372] Vgl. *CV* 107.
[373] L'Eglise »avance dans l'itinéraire des hommes. En ce sens-là, elle est *à faire* sans cesse. Dans sa confession de foi, dans la théologie qui l'expose, il y a encore des choses non dites, non découvertes« (CV 89–90).
[374] Vgl. *CV* 101.
[375] Vgl. *CV* 70.103–104.
[376] Mehrfach fordert Congar eine konsequentere Verwirklichung für »Dei Verbum«, insofern eine solide Grundlegung und Durchdringung der Verkündigung, der lehramtlichen Dokumente und der Theologie durch die Auslegung der Heiligen Schrift, der Seele und Nahrung jeder Verkündigung, noch aussteht (vgl. CV 90.104; *FL* 88; *GF* 49).
[377] »Tous ces conciles ont eu un avenir et ont agi lentement, mais longtemps, sur les esprits et la vie de l'Eglise« (*CV* 67).
[378] »certain, au moins bien probable, que Vatican II conditionnera la vie de l'Eglise pendant longtemps. C'est qu'un concile incorpore une grande densité de fidélité et de sagesse venant de l'Eglise entière; il est ... une visite de l'Esprit Saint« (CV 68). Vgl. *CV* 105.

## 6. Eine Hermeneutik der Tradition

Charakteristisch für Congars Konzilshermeneutik sind folgende Punkte:
a) Er stellt das Vatikanum II in seine Vorgeschichte hinein. Er liest es sowohl mit den Augen der Gegenwart nach vorne in die Zukunft hinein als auch aus der Perspektive der altkirchlichen und neuzeitlichen Konzilien- und Theologiegeschichte, als Impuls für heute und als Konzentration vorhergegangener Denkprozesse, Bewegungen und Erfahrungen. Dadurch gelangt er zu einem gerechten Urteil und verhindert, vom Konzil Antworten auf Fragen zu erwarten, mit denen es sich noch nicht konfrontiert sah. Der geschichtliche Vergleich hilft Congar, die Größe und Originalität, aber auch die Begrenztheit und Zeitgebundenheit des Vatikanum II zu erfassen.

b) Congar nimmt das Konzil als Ereignis ernst, das mit Gottes Wirken in dieser Welt zu tun hat; er spricht von ihm im Rahmen der Pneumatologie. In ihm kommt für Congar der göttliche Grund der Kirche zum Ausdruck. Ein Konzil ist mehr als die Tagung eines Verwaltungsgremiums; zu ihm gehört die Feier der Liturgie und die Erfahrung der Gemeinschaft, es ist Theologie im Vollzug. Dementsprechend ist sein Sinn erst dann erfüllt, wenn die ganze Kirche in den konziliaren Prozeß eintritt und dadurch die geistliche Gemeinschaft erneuert wird.

c) Bei der Konkretisierung, Übersetzung und Anwendung der Konzilsbeschlüsse gesteht Congar der Rezeption eine wichtige Rolle für eine angemessene Interpretation zu. Die ausgelöste Wirkung gehört in die Deutung des Vatikanum II hinein. Congars realgeschichtliche Hermeneutik erstreckt sich in die Vergangenheit und in die Zukunft.

d) Indem Congar das Vatikanum II mit anderen Konzilien vergleicht, wird es ihm möglich, die nachkonziliare Krise zu relativieren und eine realistische Hoffnung für den Fortgang der Kirche zu entwickeln.

Congars Traditionsbegriff kommt zum Tragen, wenn er sowohl die Offenheit des Konzils nach vorne hin als auch seine Rückgebundenheit an die Konzils- und Kirchengeschichte, seine innovative und seine integrative Intention, seine theologische und seine pastoral-geistliche Dimension, seine geschichtliche Bedingtheit und seine zeitüberdauernde Wahrheit, seine universal-anthropologische Ausrichtung und seine christologische Konzentration, die rechtliche Verbindlichkeit der Beschlüsse und die Bedeutsamkeit der Rezeption festhält. In diesem Sowohl-als-auch manifestiert sich die Weite der Tradition. Sie erscheint als umfassende hermeneutische Kategorie, weil in ihr die verschiedenen theologischen Kriterien zur menschlichen Erkenntnis der Wahrheit ständig zusammenspielen: Realgeschichte und Theologiegeschichte, Erfahrung und Offenbarung, Gemeinschaft und Autorität, Glaubenssinn aller Christen und Lehramt, Doxologie und Analyse, Wissenschaft und Handeln aus dem Glauben, Rationalität und Transzendenz, menschliches Denken und göttliche

Erleuchtung. Die Kenntnis der Tradition und das Sich-Hineinstellen in die Tradition trägt zudem noch geistliche Früchte: Sie nehmen Sorgen und Ängste, befreien zu mutiger Weiterführung, verleihen Erwartungen und Forderungen realistisches Augenmaß und lassen zuversichtlich in die Zukunft schauen.

## VI.

## DER TRADITIONSBEGRIFF ZWISCHEN CHRISTOLOGIE UND PNEUMATOLOGIE

In fast allen Themenbereichen, die wir durchlaufen haben, konnten wir feststellen, daß Congar, indem er aus der Tradition und mit der Tradition argumentiert, die Priorität der einmaligen, in Christus gipfelnden, geschichtlichen Offenbarung Gottes erhalten und ihren originalen Charakter schützen will. Die Tradition erhält nur deshalb einen so hohen Stellenwert, weil sie mit Jesus Christus verbindet, weil sie sein Leben weitergibt, weil sie sich von ihm herleitet. Alle Kriterien zur Unterscheidung zwischen authentischer und verfälschter, verzeichneter oder unverbindlicher Tradition verweisen ihrerseits noch einmal an den Ursprung der Tradition, von dem her sie sich selbst legitimieren: Christus und die von ihm »gestiftete« Kirche. Am Punkt der Kirchengründung werden entscheidende Weichen für das Verständnis der Tradition gestellt.

### 1. Das Problem der »Kirchengründung«

Congar resümiert die Diskussion der letzten dreißig Jahre zu diesem umstrittenen Sachverhalt und zieht neueste exegetische Veröffentlichungen heran.[379] Von ihnen her kommt er zur Einsicht, »daß der vorösterliche Jesus die Existenz eines neuen Gottesvolkes in Aussicht hatte und ahnen ließ, eines Gottesvolkes, das von seiner Predigt des Reiches und der Gruppe der Zwölf herkam«[380]. Congar räumt die Schwierigkeiten ein, aus den Quellen exakte historische Erkenntnisse über die Entstehung der Kirche zu gewinnen, die Schwierigkeit auch, verschiedene neutestamentliche Konzeptionen übereinzubringen. Er anerkennt, daß in der Apostelgeschichte die Kirche vor allem als eine neue Schöpfung des Geistes geschildert wird. Er spricht nicht mehr einfach von der Kirchengründung durch den vorösterlichen Jesus, sondern formuliert kritischer und vorsichtiger, daß das Wirken Jesu auf die Sammlung eines neuen Gottesvolkes hin offen gewesen sei. Gegenüber minimalistischen Einschätzungen des historischen Bezuges gibt er aber zu bedenken, daß zentrale Lebensvollzüge wie Mission, Taufe, Eucharistie, amtliche Beauftragung und

---

[379] Verweis auf: A.-L. Descamps, *L'origine de l'institution ecclésiale selon le Nouveau Testament*, in: *L'Eglise: institution et foi* (PFTUL 14), Bruxelles 1979, 91–138; N. Lohfink, *Wie hat Jesus Gemeinde gewollt? Zur gesellschaftlichen Dimension des christlichen Glaubens,* Freiburg 1982.
[380] »... que le Jésus prépascal a eu en vue et a fait pressentir l'existence d'un nouveau peuple de Dieu venant de sa prédication du Royaume et du groupe des Douze« (*PS* 128).

formulierte Glaubensbekenntnisse von Anfang an in der frühen Kirche wie selbstverständlich da waren. Aufgrund seiner Theorie von der Tradition als lebensmäßiger Weitergabe, die umfassender ist als alle Texte, hält Congar an einer historischen Verankerung der Kirche im Leben Jesu fest. Sein Fazit: Die Kirche in unserem heutigen Sinn geht auf das Pfingstereignis und auf die Apostel zurück, wobei die Apostel Kontinuitätsträger zwischen vorösterlichem Jesus und nachösterlicher Kirche sind.[381]

An L. Boff kritisiert Congar die Vernachlässigung dieser Brücke zwischen vorösterlichem Jesus und pfingstlicher Kirche; diese Unterbewertung habe zur Folge, daß Boff einen weiten Spielraum in der Gestaltung der institutionellen Formen sehe und beispielsweise die Feier der Eucharistie durch Laien bei dauerndem Priestermangel oder die Weihe von Frauen erwäge. »Unsere Reaktion auf diese Vorschläge ist nicht rein negativ«[382], erwidert Congar zurückhaltend, jedoch macht er keinen Hehl daraus, daß er das Gleichgewicht zwischen Christologie und Pneumatologie für gestört hält. Congar begreift Christus und Geist als »co-instituants«[383] der Kirche, als gemeinsame und untrennbare Initiatoren, Gründer, Stifter – und zwar im ersten wie im zwanzigsten Jahrhundert – und wehrt sich gegen eine Verselbständigung des Werkes des Heiligen Geistes.

Die bereits angedeutete Akzentverlagerung in Congars Auffassung von der Kirchengründung wird in einer zweiten Aussage nochmals deutlich: Congar betont stärker als früher, daß von einer weitergehenden Gründung der Kirche gesprochen werden muß: »Die Kirche wurde nicht nur am Anfang gegründet: Gott baut sie unaufhörlich und aktiv.«[384] Jesus erscheint daher nicht mehr nur als historischer Gründer, sondern auch als bleibender Grund der Kirche. Diese Sicht eröffnet einen größeren Freiraum für Veränderungen, für den Beitrag des Einzelnen, für die Entfaltung der Freiheit. Weil die Kirche »keine abgeschlossene Größe, ... gleichsam vorgefertigt« ist, hat in ihr »schöpferisches Handeln«[385] einen Platz.

Die zunehmende Gewichtung des aktuellen göttlichen Heilshandelns macht jedoch die christologischen Vorgaben nicht nebensächlich und läßt sie auch nicht als überholt erscheinen. Die Heilige Schrift, die Sakramente und das apostolische Amt markieren sowohl die Unverfügbarkeit Gottes für die Kirche als auch die irreversible Bindung Gottes selbst. Ihre Existenz macht offenbar, daß Gott wirklich in unsere Geschichte als begrenzter Mensch eingetreten ist und daher auf endliche und menschliche Mittel der Weitergabe ange-

---

[381] Vgl. *ebd.*
[382] »Notre réaction devant ces propos n'est pas purement négative« (*PS* 129).
[383] *PS* 129.
[384] »L'Eglise n'a pas été seulement fondée à l'origine: Dieu la construit sans cesse activement« (*PS* 130). Vgl. *GF* 94.
[385] *GF* 75.

wiesen ist.[386] Gerade die Sakramente stellen für Congar »eine Fortführung der Inkarnation«[387] dar. Und »der Dienst der ordinierten Amtsträger ... gehört zu dem, was ich die Bundesstrukturen genannt habe, d. h. Wirklichkeiten im menschlich-sozialen Bereich, die in sichtbarer und dauerhafter Weise wahrgenommen werden, um das Werk des fleischgewordenen Wortes zu tun«[388].

## 2. Das Wirken des Geistes

Praktisch angeregt durch die Pfingstbewegung und die charismatische Erneuerung, auf systematischem Gebiet herausgefordert durch den Vorwurf der Geistvergessenheit und des Christomonismus, wie ihn orthodoxe Theologen dem Westen gegenüber erheben,[389] und ekklesiologisch auf die Verbesserung seiner eigenen Konzeption bedacht, wendet sich Congar von der Mitte der sechziger Jahre an vermehrt der Pneumatologie zu. Als wichtigstes Ergebnis seiner ausführlichen Studien hält er wiederholt fest: Die Pneumatologie bleibt auf die Christologie bezogen und darf nicht von ihr getrennt werden.[390] Diese These ist gerichtet gegen das Mißverständnis »einer privaten Pseudo-Inspiration«[391], gegen die Richtung »pseudo-charismatischer Anarchie«[392], gegen eine leichtfertige Inanspruchnahme des Geistes für jeden Non-Konformismus und jeden anti-institutionellen Affekt.[393] Die Gesundheit der Pneumatologie liegt für Congar in der Bindung an die Christologie, weil nur so Naturalisierung, willkürliche Berufung, Psychologisierung, Irrationalität und Spiritualismus ausgeschlossen werden können.

Das Thema der Zusammengehörigkeit wird von Congar vielfach variiert, teilweise in uns schon geläufigen Formulierungen: Der Heilige Geist ist der Zugang zum Wort Gottes, der die Menschen befähigt, es zu hören und zu verstehen und seine Menschwerdung in Jesus Christus zu erkennen.[394] Christus ist die gestaltgewordene Wahrheit. »Wenn Christus der Offenbarer und Ausleger des Vaters ist, dann ist der Geist der Exeget Christi.«[395] »Der verherr-

---

[386] Vgl. *Composantes et idée de la Succession Apostolique*, aaO. 70–72.
[387] »une suite de l'incarnation« (*PS* 70).
[388] *GF* 77.
[389] Vgl. *PS* 180–181.
[390] Vgl. das ganze Buch: *La Parole et le Souffle*; *GF* 96; *Christsein zwischen Vergangenheit und Gegenwart*, aaO. 190–191; *Chronique de Pneumatologie*, in: *RSPhTh* 64 (1980) 448; *Renouveau dans l'Esprit et institution ecclésiale*, in: *RHPhR* 55 (1975) 148–149; *Esprit de l'homme, Esprit de Dieu*, Paris 1983 (Foi vivante 206) 16; *L'Eglise, antique fontaine d'une eau jaillissante et fraîche*, aaO. 37.
[391] *GF* 78.
[392] *Ebd.*
[393] Vgl. *ebd.; Esprit de l'homme, Esprit de Dieu*, aaO. 52.58.
[394] Vgl. *PS* 46–50.
[395] *GF* 47.

lichte Herr und der Geist tun dasselbe Werk.«[396] »Der Geist läßt das Werk Christi in Ereignissen Gegenwart werden«[397], läßt »Christus im Innern der Menschen lebendig werden«[398]. »Der Geist ist jener, der das Wort nach außen dringen läßt, er sorgt für die Zukunft Christi im Laufe der Geschichte. Er trägt die Wahrheit, die er vom Wort erhält, nach vorn in die kommende Zeit hinein.«[399] Mit Christus verbindet Congar Form, Institution, sakramentales Zeichen, äußere Gestalt, feste Bestimmtheit, mit dem Heiligen Geist hingegen Bewegung, Dynamik, schöpferische Initiative, lebendige Kraft, Innerlichkeit, Erneuerung, dem Subjekt entsprechende Geschmeidigkeit, Freiheit.[400] Vermehrt akzentuiert Congar die futurische und eschatologische Dimension des Geistes, der Geist verstanden »als Gott-vor-uns, als der ständig vorwärts rufende Gott, als göttliches Prinzip des Neuen und der Erneuerung, als eschatologische Gabe, die schon in der Geschichte am Werk ist«[401], als »das Bewegungsprinzip der Rückkehr zum Vater«[402] als »das Prinzip des Reiches Gottes«[403]. Dem Christusbezug wird die Orientierung auf den Vater hinzugefügt. Obwohl Congar in vielen Angängen versucht, die Personalität des Heiligen Geistes in ihrer Unverwechselbarkeit und Besonderheit zu zeichnen, klassisch ausgedrückt: dem Geist bestimmte Eigenschaften und Handlungsweisen approprirt, so lehnt er es – sich selbst korrigierend – doch ab, dem Geist einen ihm vorbehaltenen Freiraum zuzusprechen, in dem er allein und unabhängig vom Sohn schalten und walten könnte. Es besteht funktional eine unlösliche Gemeinsamkeit. Congar liebt das Bild, das Irenäus von Lyon gebraucht, wenn er von Sohn und Geist als den beiden Händen des Vaters spricht.[404] Im Anschluß an Thomas von Aquin teilt er in einem anderen Bild die Rollen so auf, daß er Christus als Haupt der Kirche und den Heiligen Geist als ihr Herz versteht. Der Geist wohnt aber nicht nur der Kirche inne, sondern er erfüllt auch Christus: Es ist derselbe Geist, der das Haupt und den Leib bewegt.[405]

## 3. Auf dem Weg zu einer pneumatologischen Christologie

Congar gelangt in seiner intensiven Beschäftigung mit der Pneumatologie nicht nur zur Einsicht, daß der Geist nicht ohne die Vorgabe Christi zu den-

---

[396] »Le Seigneur glorifié et l'Esprit font la même oeuvre« (*PS* 53).
[397] *GF* 77.
[398] *GF* 70.
[399] *GF* 97.
[400] Vgl. *PS* 72.133; *Christsein in Vergangenheit und Gegenwart*, aaO. 190; *Esprit de l'homme, Esprit de Dieu*, aaO. 55.
[401] *GF* 80.
[402] *GF* 86.
[403] *GF* 87.
[404] Vgl. *PS* 105–106.
[405] Vgl. *PS* 106–108.

ken ist, sondern gewichtet zunehmend auch den Umkehrschluß: Der Sohn ist ohne den Geist nicht vorstellbar. Diese Gedanken entwickelt er einmal mehr in der Auseinandersetzung mit der thomasischen Christologie, die er an diesem Punkt kritisiert. Nach Congars Urteil wird Thomas der Rolle des Heiligen Geistes bei der Empfängnis nicht gerecht und hebt – ganz von Chalcedon geprägt – einseitig die deszendente Linie hervor, so daß Jesu menschliches Wirken als Messias und Retter in bestimmter geschichtlicher Situation zu kurz kommt ebenso wie das Paschageschehen als Aufstieg zum Vater.[406] Da für Thomas und die Kirchenväter mit der Fleischwerdung des Wortes schon alles erreicht sei, bedeuten die folgenden Ereignisse des Lebens Jesu nur ein Nach-außen-treten. Congar setzt sich davon ab, weil eine solche Sicht die Historizität Jesu, sein freies menschliches Handeln, in dem er vom Heiligen Geist bewegt werde, und die Bedeutung einmaliger Vorfälle in seinem Leben verkenne. Laut Congar gibt es aber in Jesu Lebenslauf Höhe- und Wendepunkte, die eine je neue Qualität der Selbstmitteilung Gottes in Jesus Christus und an Jesus Christus darstellen. »Es gab aufeinanderfolgende Herabkünfte des Geistes auf Jesus unter dem Gesichtspunkt seiner Eigenschaft als ›Christus-Retter‹.«[407]

Congar stellt die entsprechenden biblischen Zeugnisse zusammen:[408] Empfängnis Jesu, Taufe, Versuchung, der Kampf gegen Dämonen, der Lobpreis des Vaters, die Auferweckung. Die Führung, Stärkung, Erleuchtung und Auferweckung Jesu durch den Geist und der jeweilige Eigenwert der historischen Etappen geht für Congar in einer rein ontologischen Betrachtungsweise und einer rein deszenten Christologie unter.[409] Letztere lehnt er nicht ab und hält er nicht für falsch, aber er meint, ihnen eine Ergänzung schuldig zu sein, um der Menschheit Jesu, seiner Geschichtlichkeit und den einzelnen Phasen des menschlichen Wirkens Jesu, die als Wegstationen für Jesu Identität als Sohn Gottes und für unser Heil bedeutsam sind, gerecht zu werden. Eine solche Sicht eröffnet ferner unserem Selbstverständnis als Kinder Gottes, als Menge der Brüder, die dem Erstgeborenen folgen und an seinem Leben teilhaben, neue und realistische Möglichkeiten, weil wir so seinen Weg eher zu unserem Weg machen können.[410]

Der Tatbestand der Heilsgeschichte, wie sie sukzessiv abgelaufen ist, führt Congar zu einer Christologie in dreifacher Perspektive:[411] der Sohn Gottes

---

[406] Vgl. *PS* 140–141.
[407] »Il a existé des venues sucessives de l'Esprit sur Jésus au point de vue de sa qualité de ›Christ-Sauveur‹« (*PS* 142).
[408] Vgl. *PS* 142–149.
[409] Vgl. *PS* 149.
[410] Vgl. *PS* 150–151.
[411] Vgl. *PS* 151–159. Congar setzt sich mit K. Barth, O. Cullmann und P. Benoit auseinander. Er verteidigt die Rede von der Präexistenz des Wortes, die Berechtigung,

von Ewigkeit, der am Herzen des Vaters ruht; der durch den Heiligen Geist menschgewordene und von ihm geleitete und begabte Sohn Gottes, der in der Gestalt des Dieners die messianische Sendung des Retters in menschlicher Weise ausführt; der in der Kraft des Geistes Auferstandene, Erhöhte und vom Vater als Herr Eingesetzte. Erst alle drei Hinsichten gemeinsam ergeben das ganze und wahre Christusbild, aber wenn wir die menschliche Geschichte Jesu ernstnehmen, ferner einen Unterschied wahren zwischen Gottes innerem Geheimnis und seinem Wirken nach außen und dann noch unsere zeitliche und begrenzte Konstitution hinzunehmen, dürfen wir diese drei »Zustände« nicht einfach in eins schauen. Wir können und müssen den Perspektivenwechsel und -übergang vollziehen, aber die Perspektivenverschmelzung ist uns erst in Gott möglich.

Mit der pneumatologischen Christologie, die der Historizität Christi Geltung verschafft, legt Congar eigentlich den letzten theoretischen Grund für eine historisch-realistische Sicht der Tradition: Weil Jesus selbst eine Geschichte hat, zu der eine gewisse »Entwicklung«, die Aufeinanderfolge mehrerer Etappen von jeweils eigenem Wert und unterschiedlicher Gestalt gehört, ist es nicht verwunderlich, daß die menschlich-geschichtliche Weitergabe des Lebens, Leidens und Auferwecktwerdens Jesu genauso sukzessive Neuheiten kennt. Weil Gott sich selbst geschichtlich vermittelt, ist die Vermittlung dieser Vermittlung erst recht geschichtlich. Wenn nicht einmal Jesus in seinem irdischen Leben (vor der Auferstehung) die Fülle Gottes völlig offenbart und verwirklicht hat,[412] wie könnten wir Menschen dies von einer bestimmten historischen Gestalt der Kirche erwarten? Jesus wurde erst durch Tod und Auferstehung vollendet, diese stehen aber für uns noch aus. Weil wir aber von Jesu Auferstehung wissen, kann, wenn Menschen sich auf die in ihm geschehene, erfahrene und erkannte Fülle beziehen, eine Antizipation des Eschaton stattfinden und im geschichtlichen Vorgriff etwas Endgültiges gelebt und gesagt werden. Dies geschieht am dichtesten in der sakramentalen Doxologie.

---

unabhängig von der Menschwerdung den Sohn in Gott zu betrachten, die Unterscheidung von immanenter und ökonomischer Trinität, bedingt durch die umgekehrte Reihenfolge von Sohn und Geist bei der Inkarnation. Er lehnt K. Barths Forderung, den Sohn Gottes nur als Jesus Christus zu betrachten, ab (vgl. *PS* 155), er hält O. Cullmanns Rede von der Präexistenz des Menschensohnes, der das vollkommene Bild Gottes ist, für unzureichend (vgl. *PS* 156–157), er kann P. Benoits Vorstellung von einer nicht näher beschriebenen Präexistenz des Gott-Menschen nicht folgen (vgl. *PS* 157–158). Die Schwierigkeit liegt im Verhältnis von Zeit und Ewigkeit. Mit L. Bouyer geht Congar so weit zu sagen, daß die Menschwerdung von Gott aus gesehen keine einmalige Angelegenheit sei, sondern der Vater seinen Sohn auch als Fleischgewordenen ewig zeuge (vgl. *PS* 158).
[412] Vgl. *PS* 123: »Cette plénitude n'a été ni totalement révélée ni totalement accomplie dans le Christ selon la chair«. Ähnlich in: *L'Eglise: antique fontaine d'une eau jaillissante et fraîche*, aaO. 33: »Le Christ a tout contenu, mais il n'a pas tout été ni tout vécu«.

VII.

# EINE THEOLOGIE DES GLEICHGEWICHTS

*1. Im Balanceakt nach vorn*

Ob Bruch mit der Vergangenheit oder Fixierung auf ein bestimmtes geschichtliches Stadium, ob Ablehnung fester Strukturen oder Verschanzung hinter Autoritäten, ob schwärmerische Idealisierung alles Neuen oder Verklärung des Alten, ob Legalismus oder Anarchismus, ob Christomonismus oder Pneumatokratie, ob Starrheit oder Auflösung aller Formen, ob Verkrampfung oder Ekstase, ob Konservatismus oder prophetische Verkündigung der Revolution, ob Individualismus oder Soziologismus: Congar begegnet allen Herausforderungen mit seinem Traditionsbegriff, der sowohl die Geschichtlichkeit und Relativität als auch »die unwandelbare Wahrheit der göttlichen Offenbarung«[413], die Entwicklungsfähigkeit des Christentums und die unantastbare Norm des Glaubens, die Gebundenheit an die Vergangenheit und die Offenheit für die Zukunft, das christologische Ein-für-alle-Mal und das pneumatologische Immer, die Institutionalisierung und die charismatische Freiheit, das gemeinsame Recht und die persönliche Spontaneität, die objektive Vorgabe und die subjektive Aneignung und Entfaltung, die Unverfügbarkeit Gottes und die kreative Gestaltungskraft des Menschen festhält.

Seine Argumentationsgestalt gegenüber allen genannten Strömungen und Geistesrichtungen ist dieselbe in vielfältiger Variation: Er geht auf sie zu, nimmt ihre Anliegen auf, konfrontiert die Fragen mit der Tradition (inklusive der Heiligen Schrift) und schafft von daher legitimen Handlungsspielraum oder aber setzt Grenzen, meistens beides zusammen. Ist das Maßnehmen an der Heiligen Schrift inzwischen für die meisten Theologen selbstverständlich geworden, so wird der Bezug auf die Tradition sehr unterschiedlich gehandhabt. Es hat sich eingebürgert, die Tradition von der Heiligen Schrift her kritisch zu beurteilen, doch ist es nicht in gleichem Maße üblich, die umgekehrte Bewegung zu vollziehen, d. h. die Heilige Schrift durch die Tradition hindurch zu lesen. Für Congar hingegen gilt dies als die Regel: »Sich in die Schule der Tradition zu begeben ist die angemessene Weise, die Schrift in der Kirche zu lesen.«[414] Die Tradition hat in den Augen Congars die unersetzliche und lebenswichtige Aufgabe, das Gültige der Geschichte, das sich zwar primär in der Offenbarungsgeschichte, aber von ihr angestoßen und gemäß den jeweiligen Möglichkeiten und Fähigkeiten umgesetzt auch in der Kirchengeschichte

[413] *FL* 46.
[414] *GF* 46.

findet, in die Gegenwart zu retten und an die Zukunft weiterzugeben. »Denn obwohl die Kirche in ihrer evangeliumsgemäßen Substanz immer die gleiche bleibt, kann sie nicht eine Kirche von gestern in einer Welt von heute und morgen sein. Ihre Zukunft erfordert, daß sie der Zukunft der Welt gegenwärtig ist, um sie auf die Zukunft Gottes hin auszurichten.«[415] Das Gültige, zu Bewahrende und Unantastbare besteht aber nicht in bestimmten, begrenzten Verwirklichungen des Glaubens und der Kirche, sondern in der Absicht, die dahintersteht, in der Leitidee, in der lebendigen Orientierung. Der alle Konkretisierungen jeweils überschreitende Sinn, der erst im Eschaton völlig realisiert wird, läßt sich so zusammenfassen: Gott, der Dreifaltige, der das Heil der Menschen wirken will, verwirklicht diesen Plan durch die Sendung des Sohnes und des Geistes, die gemeinsam und fortwährend gemäß den Vorgaben des historischen Jesus Christus, wie sie uns die Apostel überliefern, die Kirche bauen, eine Kirche, die selbst wiederum Sakrament des Heiles für alle Menschen ist.

## 2. Gewichtsverlagerung und Akzentverstärkung

Eine Reihe von Aussagen über die Tradition, die wir in diesem letzten Teil präsentiert haben, sind uns bereits aus den anderen Teilen bekannt. Congar wirft seine Theologie nach dem Vatikanum II nicht um. Jedoch sind Verschiebungen nicht zu verkennen. Aktuelle Anfragen bewegen Congar, weiterzudenken. Drei Begriffe lassen sich herausstellen, die die Richtung seines Denkens anzeigen: Ereignis, Geheimnis und Kreativität.
Erinnern wir uns, daß Congar den letztgenannten Begriff einmal abgelehnt hatte. Jetzt schreibt er ohne Abstriche über die Tradition: »Sie ist Bezogenheit und Kreativität ... Gäbe es keine Bezogenheit, geschähe keine Weitergabe des Vorgegebenen. Gäbe es keine Kreativität, geschähe keine wirksame Weitergabe, denn es fände keine Rezeption statt.«[416] »Es genügt nicht mehr, mit Hilfe entsprechender Anpassung früheres festzuhalten; was Not tut, ist Neuaufbau«[417], und Congar spricht auch von »Neuschöpfung«. Bereits die Terminologie legt nahe, daß die positive Einschätzung der Kreativität mit einer zunehmenden Gewichtung der Schöpfungstheologie in Beziehung steht. Im Menschen und im Kosmos anerkennt Congar Werte, deren Aufnahme die christliche Tradition bereichern kann: »Die Fülle, die in Christus ist, teilt sich

---

[415] »Car, tout en demeurant l'Eglise de toujours en sa substance évangélique, elle ne peut être une Eglise d'hier dans le monde d'aujourd'hui et de demain. Son avenir exige qu'elle soit présente à l'avenir du monde pour l'orienter vers l'avenir de Dieu« (*Eglise catholique et France moderne*, aaO. 53).
[416] Art. *Tradition*, in: *Dictionnaire des Religions*, hrsg. von P. Poupard, Paris 1984, 1714–1718, hier: 1717.
[417] *Erneuerung des Geistes und Reform der Institution*, aaO. 175.

nicht einer leeren und untätigen Menschheit mit. Es gibt eine Quelle des Reichtums auch im Menschen, in der menschlichen Natur.«[418] Mit solchen Aussagen macht Congar deutlich, daß Tradition nur gelingen kann, wenn Menschen sich selbst in den Traditionsprozeß einbringen, wenn sie sich in Freiheit das Überlieferungsgut zu eigen machen, wenn das Vorgefundene zum selbständig bejahten Fundus wird, bei dessen Auffindung die Erfindungsgabe des Menschen mitspielt. Der schöpferische Beitrag des Subjekts ist unverzichtbar, wenn das objektive Depositum nicht zu einer toten Sache werden soll, die niemanden mehr berührt. Die Überlieferung macht mit der einmaligen und objektivierten Glaubenserfahrung, die Menschen im Umgang mit Jesus Christus gehabt haben, vertraut, um zu eigener Erfahrung mit Jesus Christus zu befähigen. Das Ziel christlicher Tradition ist, daß immer wieder sich Christusoffenbarung und Christuserfahrung ereignet – in der Liturgie, im Gebet, im Lesen der Heiligen Schrift, in der menschlichen Begegnung, im gemeinsamen Tun.

Damit sind wir beim Stichwort Ereignis. Für Congar hat es Bedeutung in zweierlei Hinsicht: einmal zur Bezeichnung der historischen Offenbarung, die eben primär nicht aus Worten und Lehren, sondern aus einem überraschenden, unableitbaren Geschehen besteht; dann in Verbindung mit der Aktualisierung der Tradition durch den Heiligen Geist, wie sie im Leben des Einzelnen und in der Kirchengeschichte stattfindet. Wie die historische Offenbarung vor allem in Ereignissen geschah, so verhält es sich auch mit der Weitergabe: Sie braucht die Sprengung der Routine im Einbruch des Unerwarteten, um den Menschen ganz zu erfassen. Ereignis meint hier die lebendige Begegnung mit Gott, die jeweils über das Objektivierbare und in Worten und Riten Zuhandene hinausführt.

Ereignis und Begegnung münden ins Geheimnis. Dieses dritte Stichwort ist bei Congar seit Ende der dreißiger Jahre geläufig und behält seinen zentralen Stellenwert. Geheimnis heißt ganz allgemein eine Wirklichkeit, deren »Tiefe wir nicht voll erfassen können«[419], theologisch die sakramentale Wirklichkeit, »die sich selbst übersteigt«,[420] oder ganz einfach der Plan Gottes als ganzer.[421] Sowohl Personen als auch Ereignisse betrachtet Congar als Geheimnisse: »Wir wissen niemals ganz und gar, *was* wir tun, auf *was* wir uns mit unseren Entscheidungen einlassen. Wir wissen niemals genau, *wem* wir begegnen.«[422] Die ganze Heilsgeschichte ist voll von geheimnisvollen Gestalten und Begebenheiten, von göttlichen, menschlichen und naturhaften

---

[418] *Die Wesenseigenschaften der Kirche,* aaO. 491. Vgl. *ebd.* 494.
[419] *GF* 51.
[420] *Ebd.*
[421] Vgl. *GF* 52.
[422] *GF* 62.

Inkognitos,[423] die in die »Perspektive einer ... für das Unbekannte offenen Zukunft«[424] verweisen. In der Kategorie des Geheimnisses klingt also die transzendente und eschatologische Dimension der Wirklichkeit und die Grenze unserer Erkenntnisfähigkeit an. Mit Geheimnis korrespondieren Begriffe wie Fülle und Ganzheit; sie kennzeichnen Congars Theologie insgesamt. Aus ihrer Schlüsselrolle resultiert eine Theologie, die stets offen bleibt für neue Wahrnehmungen und tiefere Einsichten, die skeptisch ist gegenüber schematischer Einteilung und logischer Sezierung, gegenüber dem Hang, alles zu definieren und zu kategorisieren,[425] eine Theologie, die behutsam vorgeht und vorsichtig urteilt, die sich auf einen langwierigen Erkenntnisprozeß einläßt, der Gebet und christliches Leben umfaßt. »›Der Geist ist schnell‹; er kann, dialektisch, leicht eine logische Konsequenz, eine Unterscheidung oder einen Gegensatz begreifen. Dagegen braucht er, um eine Fülle zu erfassen, viel Zeit, Geduld, Demut und Offenheit gegenüber andern.«[426] Indem die Tradition die letztgenannten Eigenschaften fördert und lehrt, vermittelt sie göttliche Wirklichkeit und menschliche Vernunft, unmittelbaren Kontakt und Reflexivität, Individuum und Gemeinschaft, schafft sie die methodische Voraussetzung für ein theologisches Denken, das seinem Gegenstand angemessen ist. Weil die Tradition epiphanischen, intellektuellen, pädagogischen und sozialen Charakter hat, ist sie fähig und geeignet, dem Menschen als Zugang zu Gott zu dienen, der nach christlichem Verständnis lebendige Wirklichkeit, Wahrheit, Weg und Gemeinschaft ist.

Drei Orientierungen also lassen sich festhalten: Tradition als kreativer Prozeß und als Impuls zu eigener Kreativität, Tradition als Vermittlung von Ereignissen und als Hinführung zu eigenem Erlebnis, Tradition als geheimnisvolle, unerschöpfliche Gabe und als Einführung ins Geheimnis des Je-Größeren, als Mystagogie.

### 3. Ein historischer Vergleich

Es hat für die Einordnung des Traditionsbegriffes in der Theologie Congars nach dem Vatikanum II Bedeutung, welche geschichtlichen Analogien von ihm genannt werden, und es ist sicher kein Zufall, wenn in dem uns betreffenden Diskussionsfeld öfter die Namen Lacordaire bzw. Lamennais, modernistische Autoren oder der Begriff des Modernismus auftauchen.[427] In den Aus-

---

[423] Vgl. *GF* 53–58.
[424] *GF* 58.
[425] Vgl. *Thomismus und Ökumenismus*, aaO. 42.
[426] *Die Wesenseigenschaften der Kirche*, aaO. 436.
[427] Lamennais wird erwähnt: *SuA* 77; *L'héritage reçu dans l'Eglise*, aaO. 237; *Christsein in Vergangenheit und Gegenwart*, aaO. 193.
Zum Stichwort des Modernismus vgl. Anm. 60.

einandersetzungen der sechziger und siebziger Jahre gibt es Parallelen zum Konflikt zwischen Modernismus und Neuscholastik: Wieder ist die Versuchung da, andere Wissenschaften – nun z. B. die Soziologie – zum Maßstab dessen zu machen, was Theologie sagen kann und darf; wieder greift ein dem Evolutionismus verwandtes Denken und Empfinden um sich, das sich ohne historische Rückbindung völlig der Zukunft verschreibt; abermals wird um die Gründung der Kirche durch den historischen Jesus gestritten; und mit noch ungleich größerer Wucht wird das Recht der Subjektivität und der Wert der persönlichen Erfahrung eingefordert. Allerdings haben sich die Mehrheiten und Machtverhältnisse, aber auch die theologisch wissenschaftlichen Mittel und der Stil des Lehramtes geändert.

Dürfen wir vor diesem Hintergrund eine Parallele zwischen Blondel und Congar ziehen? Congar begegnet den Infragestellungen und Erschütterungen ausgerechnet mit dem Traditionsbegriff – wie Blondel an der Jahrhundertwende, und wie Blondel setzt er ihn gegen die beiden extremen Richtungen ein. Läßt sich der Extrinsezismus im Traditionalismus Lefebvres recht unverstellt wiederfinden, so fächert sich der »Modernismus der sechziger und siebziger Jahre«[428] breiter aus: politische Theologie, Jesulogie (statt Christologie), anarchische Ekklesiologie, irrationale Pneumatologie, eine Reihe von »Genetiv-Theologien«. Anders als Blondel geht Congar sehr ins Detail, registriert die große Differenziertheit der Anfragen, argumentiert theologisch, geschichtlich, pastoral. Seine Beiträge verstehen sich als Vermittlungsversuche, als Einladungen zum Gespräch. Wie Blondel gerät Congar aber eher in den Verdacht, mit den Neuerern zu sympathisieren und ihnen nahe zu stehen als Anhänger der »Rechten« zu sein, und nicht zufällig wird Congar durchaus von H. Küng, E. Schillebeeckx und L. Boff als Referenz geschätzt.

## 4. Tradition statt System

Im Vergleich mit der Zeit vor dem Vatikanum II hat sich die Funktion des Traditionsbegriffes im Gebrauch Congars im Konkreten gewandelt: Diente er ihm von den dreißiger bis fünfziger Jahren zur Überwindung nachtridentinischer Engführungen, so verlangt er nun mit ihm, die Werte auch dieser Periode der Kirchen- und Theologiegeschichte aufzunehmen; griff er mit ihm zuerst Juridismus, erstarrte Strukturen und Papalismus an, so verteidigt er jetzt mit ihm Institution, Recht und Papsttum; führte er einst durch ihn die Erfahrung als Bezugspunkt der Theologie ein, so stellt er ihn nun gegen einen sich verabsolutierenden Aktualismus; brach er mit ihm dem geschichtlichen Denken Bahn, so wendet er ihn jetzt gegen die Auflösung der Ontologie an;

---

[428] Dieser Name ist wirklich nur als Analogie zu verstehen. Er möchte keinen der betroffenen Autoren in die Ecke der Häresie abschieben.

nutzte er die Tradition der ungeteilten Christenheit zum ökumenischen Aufbruch, so warnt er nun mit ihr vor einem »säkularen Ökumenismus«[429].

Man könnte angesichts dieser Verlagerungen sagen, Congar sei eben älter und damit konservativer geworden, aber dies wäre eine gar zu leichte Erklärung. Schließlich ist Congar noch mit 70 Jahren zu einer prinzipiellen Stellungnahme für die Befreiungstheologie fähig,[430] und wie wir gesehen haben, ist sein Traditionsbegriff eher »progressiver« geworden. Nicht Congars Denken, sondern die Situation hat sich grundlegend verändert,[431] und erstaunlich ist, daß der Traditionsbegriff Congars in der Lage ist, zentrale theologische Kategorie zu bleiben trotz der Umwälzungen und Umbrüche, die geschehen sind. Die Zeit hat ihn nicht zur unbewohnbaren Ruine verwittern lassen, sondern er erweist sich als gutes altes Mauerwerk, das manchen Sturm überdauert, und als zukunftsträchtiges Reservoir, das Ideen und Impulse freisetzt. Der Traditionsbegriff manifestiert in der Hand Congars eine bemerkenswerte Flexibilität, eine frappierende Fähigkeit, sich auf neue Sachverhalte einzustellen, eine verblüffende Widerspenstigkeit gegen jegliche Ideologisierung. Congar nennt die Tradition die innere Befestigung und den Beziehungsrahmen seines Denkens. »Ich bin kein Systematiker ... Was für mich die Stelle des Systems eingenommen hat ..., das war die Tradition.«[432] Tradition als theologischer Systembegriff, das ist eine Art Paradox, denn mit der Tradition will Congar ja gerade jedes geschlossene System sprengen und der Freiheit, den neuen Ereignissen der Geschichte und der alles übersteigenden Wirklichkeit Gottes Raum geben. Eine solche Theologie macht sich keinen Plan, sondern läßt sich vom Plan Gottes führen und in Anspruch nehmen, antwortet jeweils auf die Fragen und Schwierigkeiten, die der Klärung bedürfen, läßt sich bestimmen vom Leben der Kirche: »Ich habe nie einen Plan gehabt, ich habe versucht, auf das zu antworten, was Gott mich fragte ...«[433] Nicht eine ausgefeilte Begriffslogik ist Congars Ideal, sondern der Nachvollzug der Gedanken Gottes; kein origineller Entwurf ist sein Ziel, sondern das Aufspüren der Absicht Gottes, wie sie im Lauf der Heilsgeschichte zutage tritt.

[429] *Soll das Christentum übermittelt ... werden?*, aaO. 424. *Une passion: l'unité*, aaO. 97–101.
[430] So darf wohl insgesamt sein Buch »*Un peuple messianique*«, Paris 1975, gewertet werden.
[431] Vgl. *Die Wesenseigenschaften der Kirche*, aaO. 473: »Die Idee von der Reform der Kirche hat einen tiefen Wandel erfahren: es handelt sich nicht mehr um eine Revision von gewissen *Lebens*formen der Kirche, sondern um eine Infragestellung ihrer *Strukturen* selbst, und zwar auf den drei Gebieten der Lehre, der Sakramente oder des Kultes, der Befugnisse und Strukturen des Amtes. Ein unannehmbares Ansinnen ...«.
[432] *Thomismus und Ökumenismus*, aaO. 43.
[433] »Je n'ai jamais eu de plan, j'ai essayé de répondre à ce que Dieu me demandait ...« (Vorwort zu C. MACDONALD, *Church and World in the Plan of God*, aaO. VII). Vgl. *Thomismus und Ökumenismus*, aaO. 42–43; PUYO 238: »Or, vivre les questions est source de fécondité«.

Der Vorteil einer solchen Theologie der Tradition: Sie ist konkret, pastoral, aufgeschlossen für neue Entwicklungen, wissenschaftlich und geistlich zugleich, biblisch durchtränkt, kritisch nach allen Seiten und abgewogen im Urteil, kirchlich geerdet, reich an Wissen, ökumenisch, von innerer Weite bei gleichzeitigem Gespür für die Grenzen des Möglichen, reformfreudig, integrativ. Ihr Problem und ihre Gefahr besteht vielleicht darin, immer nur Theologie in der Nachhut zu sein, weil sie stets reagiert auf das, was gerade passiert. Ihr geht der Glanz und die Faszination des systematischen Entwurfs ab. Sie vollzieht sich im mühsamen Zusammentragen tausender Fakten und Gedanken, die sorgsam untersucht, abgewogen, ins Gespräch miteinander gebracht werden. Statt eine Schneise durch den Wald zu schlagen, geht sie den vorhandenen Wegen, Umwegen und Irrwegen nach. Daher braucht es schon eine Zeit des Mitgehens, bis sie den Teilnehmer überzeugt. Ob sie deshalb heute keine große Chance hat?

Die Umfassendheit des Traditionsbegriffes wird deutlich, wenn wir noch einmal zusammenstellen, in welchen Funktionen und Perspektiven Congar ihn gebraucht.

Die Tradition ist in bezug auf die Offenbarung: historische Brücke, lebensweltlicher Zugang, Ermöglichung der Aktualisierung in eigener Erfahrung, Erkenntniskriterium, Hermeneutik, Sicherung des Vorrangs der Christusoffenbarung.

Sie ist für die Theologie: Bezugspunkt und Norm, Schatz an Weisheit, geschichtliches, d. h. menschlich-begrenztes Gefäß göttlicher Wahrheit, Weg zur Erkenntnis, Raum, in dem Wissenschaft und Leben zusammenkommen, reichhaltiges Potential an Ideen, Kritik von Absolutismen, Synthese und Integration, ein rückgreifender Vorgriff aufs Ganze, Bewußtsein der eigenen Grenzen.

Sie ist für das kirchliche Leben: Garant der Identität, Fundament der Einheit, Verbindung zum Ursprung, Kraft der Bewahrung, Impuls zur Erneuerung, verläßliche Orientierung, je größere Kontinuität in aller Diskontinuität der eigenen Geschichte, Offenheit zum Eschaton hin, Sprengung von Enge, Feld der Freiheit, Korrektur gegenwärtiger Trends.

# EPILOG: THEOLOGIE UND BIOGRAPHIE

In Congars Plädoyer für eine Theologie, die auf der Tradition als sicherer Basis aufruht und sich von ihr her den gegenwärtigen Herausforderungen stellt, spielen nicht nur theoretische und kirchliche Gründe eine Rolle, es besteht vielmehr auch eine Affinität zu seiner Persönlichkeitsstruktur bzw. zum Verlauf seines Lebens. Bereits eingangs erwähnten wir, wie es ihn innerlich berührt, daß er Menschen begegnet ist, die ihn durch ihre Augenzeugenschaft mit großen Heiligen in Kontakt gebracht haben, mit der Tradition also, die am besten die ganze Wirklichkeit des Christentums weitergibt. Er erlebt im Orden hautnah, wie man durch seinen historischen Ursprung geprägt werden und trotz aller kulturellen und völkischen Verschiedenheit Einheit und Identität von einer Gründergestalt her finden kann.[434] Als »unschätzbare Wohltat«[435] erfährt er es, im Orden eine geistige Tradition gefunden zu haben, die für das intellektuelle Leben dasselbe bedeutet wie die Familie für ein Kind, wie die brüderliche Gemeinschaft für die emotionale Entfaltung. Der Reichtum, den eine Tradition darstellt, wird ihm noch bewußter, als er junge Provinzen des Ordens kennenlernt, die faktisch am Punkt Null anfangen müssen.[436]

Congar spricht von sich selbst als »Mann der Tradition«[437], als »verwurzelter Mensch«[438], als »sehr klassischer Mensch«[439], als »Zeuge der Tradition inmitten der Veränderung«[440]. Er bringt dies in Verbindung mit seiner Herkunft aus den Ardennen und mit seiner Prägung durch den Orden, mit seiner Neigung zu Ordnung,[441] Gesetz und Sicherheit und mit seiner Lebensweise der Treue, des Gehorsams und der Regelmäßigkeit.[442] Selbstkritisch bemerkt er die Gefahren, die darin liegen:[443] Enge, Distanz zu den bedrängenden Fragen und Erschütterungen, Vorsicht und Zurückhaltung bei Neuerungen, zu stark

---

[434] Vgl. PUYO 32.
[435] »bienfait inestimable« (PUYO 35).
[436] Vgl. ebd.
[437] *Soll das Christentum ... übermittelt werden?*, aaO. 422.
[438] »homme enraciné« (PUYO 185). Vgl. ebd. 236.
[439] »homme très classique« (PUYO 54).
[440] »témoin de la Tradition au milieu du changement« (PUYO 239). Die letzten Sätze des biographischen Interviews von J. PUYO gehören der Tradition!
[441] Die Kategorie der Ordnung spielt eine große Rolle (vgl. PUYO 183.185.198.236; JOSSUA 59). Hier steht einmal mehr der hl. Thomas im Hintergrund.
[442] Vgl. PUYO 32.183.236.
[443] Vgl. PUYO 54.185–186.221–222.238; *Une passion: l'unité*, aaO. 111.

bewahrende Sicht. Doch die Vorteile sind nicht weniger zu gewichten: Festigkeit, Frieden, Beheimatung, Realismus.
Congar will kein Konservativer sein,[444] was in Frankreich mehr bzw. anders als bei uns den Klang des Rückwärtsgewandten und Unbeweglichen hat, genausowenig jedoch ein Revolutionär – weder kirchlich noch politisch.[445] Er legt Wert auf Kontinuität, weshalb er den Bruch mit der Vergangenheit sowohl für die Gemeinschaft als auch für das Individuum scharf zurückweist, und er fordert Flexibilität im Hinblick auf die Zukunft, die Bereitschaft, sich auf Unerwartetes und Neues einzulassen.[446] Daher nennt er sich einen Reformer. Er kann akzeptieren, wenn Mitbrüder, Theologen, Christen einen anderen Weg gehen, der sich stärker vom Bisherigen absetzt, und wenn bis hin zur Lebensform Experimente unternommen werden, aber er stellt besorgt die Frage: Was setzen sie an die Stelle der Tradition und der Traditionen?[447] Wohin wird ihr Elan sie treiben, wenn er nicht fest zurückgebunden ist? Vor allem für die jungen Menschen, die gar keine katholische Umwelt und Kultur mehr kennengelernt haben und die sich weit aus der Kirche herauslehnen, fürchtet Congar, daß Heimatlosigkeit und Entwurzelung die Folgen sein könnten. »Die Generation, die das Konzil eröffnet hatte, war in einer beruhigten Kirche groß geworden und hatte dort Wurzeln geschlagen. Wo soll man nun seinen festen Grund finden, woraus seinen Lebenssaft ziehen, wenn man nur eine Kirche in Bewegung, eine in Fragen zerstückelte Theologie, eine Welt in Gärung und eine Kultur kennt, die ihre Einheit verloren hat?«[448]
Es besteht aber bei Congar nicht nur ein Einfluß des Lebens auf das Denken, sondern ebenso der theologischen Arbeit auf sein Handeln und Empfinden. So urteilt er in bezug auf die praktische Umsetzung der neuen Ekklesiologie: »Ich habe in meinen Forschungen die Überzeugung gewonnen, daß Zeit, Verzögerungen, Reifungsprozesse nötig sind.«[449] Das Traditionsthema hat Wirkung bis in die pastorale Einstellung hinein: Congar spricht sich für »organisches Wachstum«[450] und Geduld aus. Er ist keiner, der nach straffem und energischem Durchgreifen ruft. Sein Konfliktmodell ist der offene und freimütige Dialog und die ständige gegenseitige Korrektur.[451] Er setzt auf Einsicht und Rücksichtnahme. Seine Vorliebe für Paul VI. darf wohl auch damit in Zusammenhang gebracht werden.

---

[444] Vgl. PUYO 54; *Soll das Christentum übermittelt ... werden?*, aaO. 422.
[445] Vgl. PUYO 96.161.197.
[446] Vgl. PUYO 155.236; *MO* 14; *Une passion: l'unité*, aaO. 110.
[447] Vgl. PUYO 223.
[448] *Wie steht es mit der Glaubensaussage?*, in: *Conc* (D) 19 (1983) 816–819, hier: 818.
[449] »J'ai acquis dans mes recherches la conviction qu'il faut du temps, des délais, des maturations« (PUYO 196–197).
[450] *Wie steht es mit der Glaubensaussage?*, aaO. 819. Vgl. *Changements et continuité dans l'Eglise*, aaO. 68.
[451] Vgl. *Changements et continuité dans l'Eglise*, aaO. 73.

Erstaunlich für alle, die Tradition spontan mit Festgefahrenheit oder Enge verbinden, ist die Tatsache, daß die Vertiefung in die eigene Tradition Congar gerade offen und empfänglich für den Wert anderer Traditionen gemacht hat. Der Umgang mit der Tradition lehrt ihn das Hören und Zuhören, die Relativierung der eigenen Position, das Verstehen von Gedanken und Gefühlen und Vorgängen, die dem eigenen Ich fremd sind. Die Tradition ist für Congar Schule der Sachlichkeit, der Nüchternheit und der Unterscheidungsgabe. Die Analogien, die sich in der Tradition zu heutigen Zuständen und Ereignissen finden, helfen ihm zu einem klugen und maßvollen Urteil, das unnötige Schärfen vermeidet.

Zu den Früchten des Studiums der Tradition gehören ferner Zuversicht und Gelassenheit. So sehr Congar manches an den nachkonziliaren Entwicklungen zuwider ist, so läßt er sich dadurch nicht aufreizen: Weder Abschottung noch Aggressivität oder Bitterkeit sind festzustellen. Der Vergleich mit der Kirchengeschichte führt Congar trotz aller unleugbaren Mängel oder sogar Ärgernisse zur Behauptung: Wir leben in einer Zeit, die so voll von ursprünglich christlichem, dem Evangelium entsprechenden Geist ist, wie es vielleicht nur noch in der Märtyrerkirche des 2. und 3. Jahrhunderts der Fall war.[452]

Und noch eine Wirkung zeitigt das Studium der Tradition bei Congar: Er nimmt sich selbst nicht so wichtig, schätzt sich bescheiden als ein Theologe ein, dem zu viel Aufmerksamkeit geschenkt werde.[453]

---

[452] Vgl. *Die Wesenseigenschaften der Kirche*, aaO. 474; *L'Eglise, antique fontaine d'une eau jaillissante et fraîche*, aaO. 35; PUYO 230; *Herbstgespräche*, München 1988, 102.
[453] Vgl. PUYO 238; *Thomismus und Ökumenismus*, aaO. 44; *Une passion: l'unité*, aaO. 113.

# ANHANG

*Textentwurf Congars*
*»De Revelationis transmissione et praesertim de Traditione« vom April 1964*

(Nr. 1) Traditio Populi Dei.
Magnis Domini operibus, quae sunt omnium quum (sic!) pro omnium salute acta fuerint testificatur Populus Dei, qui non desinit quin ex eis vivat eaque cum dilectione scrutetur.[1] Ea vero scrutando vocemque audiendo innumerabilium hominum Spiritu edoctorum qui locutus est per prophetas, Populus Dei paulatim revelationem acepit quam proposuit Deus Populo suo et tandem omnibus hominibus communicare. Opus ergo est haec res a Deo pro omnibus semel gestae simul ac revelatio cum eis cohaerens omnibus innotescant, ita ut earum omnes participes fiant ad salutem credendo regulisque vitae ac cultus eas sequentibus pareant.
Actus quo testimonium de his omnibus sine intermissione transmittitur atque recipitur, non obstantibus tempore vel spatio, Traditio nuncupatur, quae obiective nihil aliud est nisi summa testimoniorum de his quibus Deus Seipsum revelando necnon Propositum gratiae suae, fit nobiscum et pro nobis Deus, nos autem populus acquisitionis secundum Voluntatem eius evadimus.
Ea tamen omnia in Domino Iesu Christo Filioque Dei Vivi (cf. Mt. 16, 16; Io. 6, 67; 20, 21) collecta et completa sunt. Est enim Christus expletio promissionum Dei,[2] de quo omnes testimonium perhibent prophetae Scripturaeque (cf. Io. 5, 39; Lc. 24, 25 – 27, 44 – 46), in quo omnis inhabitat plenitudo divinitatis corporaliter (Col. 2, 9). Summa ergo Traditionis in Evangelio consistit seu Mysterio Christi, quod promissum ante per Prophetas (in Scripturis sanctis) Dominus noster Iesus Chistus proprio ore primo promulgavit deinde per suos Apostolos tamquam fontem omnis et salutaris veritatis et morum disciplinae »omni creaturae praedicari« (Mc. 16, 15) iussit.[3]

*(Nr. 2) Momentum Scripturarum in Traditione Populi Dei.*
In medio autem sui Populi suscitavit Deus homines peculiari charismate revelationi praeditos, qui non tantum in historia populi huius revelationem dignoscerent divinam, eamque notam facerent, sed testimonium tam de magnis Dei operibus quam de verbo eius atque revelatione scriptis mandarent: hagiographos[4] scilicet ac prophetas qui libros Veteris Testamenti conscripserunt. Apostoli vero Christi, vel apostolici viri, Evangelium quod primo praeconaverunt »postea per Dei voluntatem in Scripturis nobis tradiderunt, fundamentum et columnam fidei nostrae futurum«.[5] Habet ergo Populus Dei in scripturis tam Novi quam Veteris Testamenti Spiritu Dei inspiratis, testimonium authenticum absolute certum verumque, et ideo normativum seu canonicum,

---

[1] Ps. 111, 2 (Vg 110): cf novam versionem iussu Pii XII confectam. Hic psalmus est initium »Hallel« (= Ps. 111–115). Comp.Act. 2, 11, »loquente magnalia Dei«. Haec locutio, »magnalia Dei«, invenitur Ex. 14, 13; Deut. 10, 21 et 11, 2; Ps. 70, 19; 105, 21; Eccli 17, 7–8; 18, 3 et 5; 36, 2 et 3; 2 Mc. 3, 34.
[2] Cf. 2 Cor. 1, 20; Lc. I, 55; Act. 13, 32; etc.
[3] Ex Concilio Tridentino, sess. IV (Denz. 783; Denz Schömmetzer 1501).
[4] Haec vox invenitur apud S. Ieronymum et est tradionalis, ad designandos eos qui libros inspiratos conscripserunt: cf. J. Leclarcq, L'Ecriture sainte dans l'hagiographie monastique du Haut Moyen Age, in: La Bibbia nel Medio Evo, Spoleto 1963, p. 105.
[5] Iraeneus, Adv.Haer., lib. III, c. 1, n. 1 (P.G., 7, 848).

de his quae credit quibusque sedulo vivit. Revera Scripturas canonicas semper sicut supremam fidei vitaeque suae regulam seu normam habuit Ecclesia Christi, cum non tantum a Deo inspiratae sint, ita ut verbum Ipsius Dei impertiant, sed insuper caracterem immutabilitatis ad regulam pertinentem maxime praebeant et ipsissima prophetarum apostolorumque verba personare perpetuo faciant.

*(Nr. 3) Traditio in Ecclesia post conditas Scripturas.*

Post conditas tamen Scripturas non cessat Populus Dei tradere testimonium de salutaribus Domini operibus atque de inspiratis verbis quibus ipse Deus sese ac propositum suum nobis revelavit. Haec revelatio Dei viventis paulatim facta et in mysterio Christi completa, perpetuo traditur integra dum viva vox Evangelii resonat in Ecclesia et per Ecclesiam in mundo. Non tamen verbis tantum traditur sacrum revelationis seu religionis christianae depositum, sed etiam annua et quotidiana celebratione sanctorum mysteriorum, exemplo et praxi vitae christianae, diversis moribus, institutis ritibusque ipsius credentis, amantis et orantis Populi Dei. Iam vero Apostoli vel primi discipuli, praeter scripta sua, oretenus aliqua, testantibus ipsis scriptis suis, ecclesiis tradiderunt, multa instituerunt ac disposuerunt, mysteria celebrarunt, exempla vitae ac pastoralis activitatis praebuerunt: quae omnia in Ecclesiarum memoria et praxi servata hanc sine scripto traditionem aluit, per quam simul ac per scripta ad nos usque pervenit apostolicae plenitudo hereditatis, ita ut, testante beato Vincentio Lerinensi, si quis vellet »in fide sana sanus atque integer permanere, duplici modo munire fidem suam, Domino adiuvante, deberet, primum scilicet divinae legis auctoritate, tum deinde Ecclesiae catholicae traditione«.[6] Arcte enim inter se connectuntur atque communicant S. Scriptura et S. Traditio, cum ambae ex eodem fonte promanant et in unum quodammodo coalescunt et ad eundem tendunt finem: nihil enim est S. Scriptura nisi Traditio Populi Dei Spiritu divino afflante scripta, nec aliud est S. Traditio nisi spiritus, doctrina, exempla et mandata Christi fideliter, adstante Spriritu Christi, transmissa.

Haec integra Traditio in Ecclesia profectum habet. Crescit enim intelligentia ecclesiastica tam rerum quam verborum traditorum, tum ex contemplatione credentium ea conferentium in corde suo (cf. Lc. 2.19, 51), tum ex experientia intima spiritualium realitatum. Non enim otiosa, volventibus saeculis, remanet Ecclesia, sed tanquam mulier illa evangelica abscondit acceptum fermentum in farinae satis tribus donec fermentatum est totum (cf. Mt. 13, 33; Lc. 13, 21). Necessitas insuper ipsi incumbit responsum dare ex Revelatione eductum tot ac tantis quaestionibus, imo erroneis doctrinis, quibus decursu saeculorum laborat intellectus hominum. Incessanter ergo vitam suam degit Ecclesia, Scripturas legit, Traditionemque suam in mente revocat ac tandem de omnibus sibi commissis recogitat, quasi sub luce novarum quaestionum sibi undique propositarum.

*(Nr. 4) Subiectum Traditionis: Ecclesia et Magisterium.*

Tota igitur credens, amans, oransque tota Ecclesia, charismatibus praedita, custodit tradita atque transmittit. Tota enim plebs sancta sacerdotibus suis adunata perseverat in doctrina Apostolorum, in communicatione, in fractione panis et orationibus (cf. Act. 2.42, sec. graecum), ita ut in fide tenenda, exercenda profitendaque, conspiratio fiat fidelium ac pastorum.[7] Partes autem praecipuas habet hierarchicum Collegium Episcoporum una cum capite suo Petri Successore in custodiendo tradendoque sacrum depositum salutiferae fidei, cum insuper ipsi, et quidem soli, pertineat munus depositum authentice interpretandi explicandique, insurgentes errores iudicandi, fidem tandem

---

[6] Commonitorium, c. 2 (P.L., 50, 639).
[7] Hac expressione utuntur Bulla Ineffabilis (8. XII. 1854): Pii IX Acta, t.I, p. 615 – et Constitutio Munificentissimus (1. XI. 1950): AAS, 42 (1950) p. 756.

Ecclesiae, si necesse sit, definiendi: ita ut Verbum Dei et testimonium apostolicum semper vigeant in mundo. Magisterii ergo divinitus instituti examinare et perpendere est omnia quae in medio Ecclesiae proferuntur, et sic, inter effata varia, sinceram Traditionem discernere, semper Scripturas sacras secundum sensum ecclesiasticum interpretando,[8] traditionemque ecclesiasticam secundum rationem Scripturarum perpendendo, quibus omnis praedicatio atque religio christiana semper se referre debet tamquam normae et auctoritati quibus regulantur et iudicantur. In hoc tamen gravi munere, pastores ut ministri Verbi Dei, non domini, sunt positi. Non eis licet aliam revelationem proponere, testes sint Revelationis Apostolis traditae, et ligati remaneant in Domino iis quae in scriptis et non scriptis traditionibus apostolicis continentur, necnon definitionibus a Magisterio ecclesiastico iam editis. Neque eis munus tantum concreditum est quin eis, in persona Apostolorum, quibus succedunt, et in consecratione sua episcopali, promissa sit assistentia Spiritus Sancti. Ipse Spiritus Dei est qui, cum distantiam superet temporum vel locorum, cum illabetur uniuscuiusque et universorum menti, et sit Ipse Communicatio (cf. 2 Cor. 13, 13), omnes communicare, conspirare concordareque facit, ita ut eum nominare possemus intimum, quamvis transcendens et tempora locaque superans identitatis principium, tam Corporis Christi mystici quam sanctae et vivae Traditionis.

[8] Cf. multos textus SS. Patrum circa »sensum ecclesiasticum« vel »ekklèsiastikon phronèma«, in Y.M.-J. Congar, La Tradition et les traditions, t. II, Paris 1963, p. 151 et 315, n. 83 et sq. Cui sensui intimo correspondet is »sensus quem tenet et semper tenuit Ecclesia«, qui est sensus communiter a catholicis datus textibus S.Scripturae, SS.Patrum et Magisterii (de quo, id op., p. 82–83).

*Secrétariat conciliaire
de l'Episcopat.*

*Cette nouvelle série d'ETUDES ET DOCUMENTS rassemble un certain nombre de travaux présentés à NN. SS. les Evêques par le Secrétariat conciliaire de l'Episcopat.*

# ÉTUDES ET DOCUMENTS

30 JUIN 1964 — N° 13
106, rue du Bac - PARIS 7ᵉ

## LE TEXTE RÉVISE

DU

## « DE REVELATIONE »

(R. P. CONGAR, o.p.)

On se rappelle comment le DE REVELATIONE soumis à la discussion conciliaire en novembre 1962 avait été finalement rejeté et renvoyé à une Commission mixte (Théologie et Secrétariat pour l'unité, plus quelques Cardinaux). Le texte élaboré par cette Commission mixte a été envoyé aux Pères. Il n'a jamais été discuté *in aula*, mais a fait l'objet de nombreuses remarques critiques formulées par écrit. Celles qui sont arrivées au Secrétariat du Concile ou à celui de la Commission théologique jusqu'en février 1964 forment un ensemble de 225 pages de grand format. Ces remarques étaient telles que, sur plusieurs points de très grande importance, une refonte s'imposait. La Commission théologique a désigné, pour cela, une sous-commission dont les membres ont travaillé, d'abord chacun chez soi, puis tous réunis à Rome, du 20 au 25 avril. Cette sous-commission, présidée par Mgr Charue, vice-président de la Commission théologique, s'est-elle-même divisée en deux sections : une première section comprenant Mgr Florit, président, Mgr Heuschen, Dom Butler, a retravaillé les notions de Révélation et de Tradition. Une seconde section, composée par Mgr Charue, Mgr Van Dodewaard (Mgr Barbado s'était excusé de ne pouvoir venir : il est mort peu après), revoyait les chapitres traitant des saintes Ecritures.. Les experts étaient, pour la section 1: Mgr Schauf, Prignon, chan. Moeller, les PP. K. Rahner, Smulders, Congar, Betti, Tromp, Ramirez, puis, un peu plus tard, D. Van den Eynde ; pour la section 2 : Mgr Cerfaux, Garofalo, chan. Turrado (Salamanque), PP. Rigaux, Gagnebet, Semmelroth, Grillmeier.

Il avait été convenu que le texte revu serait soumis au Cardinal Bea, qui jugerait lui-même si l'importance et le contenu des changements opérés demandaient que ce texte soit soumis au Secrétariat et approuvé par lui. Ainsi a-t-il été fait. Le Cardinal Bea a jugé inutile l'intervention du Secrétariat. Cependant, plusieurs membres de celui-ci, évêques et experts, ont adressé par écrit des remarques dont il a été tenu compte dans la discussion finale. En effet, le texte revu a été entièrement discuté en réunion plénière de la Commission théologique, à partir du 1ᵉʳ juin 1964, et approuvé.

Il se compose d'un bref prologue (citation de I Jean, 1, 2-3) et de six chapitres.

A) BRÈVE ANALYSE DU NOUVEAU TEXTE
CHAPITRE I : **De ipsa Revelatione**

N° 2. *De Revelationis natura et objecto.*

Plusieurs Pères avaient demandé qu'on proposât une notion plus complète et plus satisfaisante que ce que voulait exprimer le prologue du texte de 1963. Cela supposait une refonte sérieuse. La convenance de la Révélation est prise non, comme en 1963, du côté de l'homme et de ses limites, mais du côté de Dieu et de sa bonté. L'aspect *personnel* du rapport que crée la Révélation est mieux marqué : les mots sont pris du vocabulaire des relations interpersonnelles. La Révélation elle-même est de l'ordre de la connaissance, mais les voies ou l'économie de la Révélation ne comportent pas seulement des paroles : les *gesta* ont même, ici, une priorité sur les *verba*. Cette Révélation parle de Dieu, de l'homme au point de vue du dessein de Dieu sur lui. Elle a sa plénitude dans le Christ.

N° 3. *De evangelicae revelationis praeparatione* (ancien n° 2).

Le texte tâche de situer, en les distinguant, la révélation naturelle offerte à tout esprit par la création, une certaine révélation surnaturelle, faite à nos premiers parents avec, après leur chute, la promesse éloignée d'un rédempteur, enfin la Révélation constitutive du Peuple de Dieu, qui commence avec Abraham et monte jusqu'à Jésus-Christ.

N° 4. *De Christo Revelationis Consummatore.*

Texte tiré des anciens n° 3 et n° 4, mais insistant davantage sur la valeur de révélation qu'ont eue les *opera et signa*, la mort du Christ et toute sa personne (au sens concret et commun du mot) : tout cela n'a pas seulement valeur apologétique de preuve, mais valeur de révélation de Dieu. Ainsi se trouve dépassée une notion de Révélation trop étroitement limitée à la *locutio formalis*. Les paroles sont révélantes, mais il y a, dans les faits et dans l'histoire, une valeur de révélation propre, qui ne se réduit pas à celle des paroles, encore qu'elle doive être complétée par celles-ci.

N° 5. *De Fide Revelationi praebenda* (ancien n° 6, retouché).

N° 6. *De veritatibus revelatis* (et non plus comme en 1963, *Veritates naturales cum Revelatione connexae* : car il ne s'agit pas de celles-ci seulement). Doctrine classique, avec référence à Vatican I.

## CHAPITRE II : **De divinae Revelationis transmissione**

Titre qui remplace avantageusement l'ancien *De Verbo Dei revelato*.

N° 7. *Apostoli eorumque successores, praecones Evangelii.*

Il s'agit d'abord ici de la proposition et de la communication intégrales du dépôt, c'est-à-dire de la « Tradition » au sens intégral du mot, qui signifie la transmission même, sous quelque mode que ce soit. La *raison* est donnée dès le début : ce qui a été fait ou dit *une fois* doit pouvoir parvenir *à tous les hommes*. Le texte du Concile de Trente (Denz., 783) est repris, comme en 1963, mais sans oublier la mention des prophètes, par qui « l'Evangile » a d'abord été promis. On y ajoute l'idée de communication (réelle) des dons divins, parmi lesquels prend évidemment place celui de la Révélation elle-même : ainsi, dès le début, s'annonce une insistance sur l'idée de Tradition *réelle*, et pas purement noétique. Les Apôtres, aussi bien, n'ont pas « transmis » seulement par la parole, mais par l'exemple et par diverses institutions (sacrements, multiples dispositions). Ils l'ont fait par écrit, eux ou des « hommes apostoliques » : car plusieurs écrits du Nouveau Testament n'ont pas pour auteurs des Apôtres au sens strict (les Douze et Paul). Enfin, pour que l'évangile soit gardé de façon intégrale et vivante, les Apôtres ont institué, pour y veiller après eux, des évêques (point énoncé dès le titre du n°). Ainsi l'Eglise a-t-elle, pour connaître Dieu, une sorte de miroir fait de l'Ecriture et de la Tradition.

N° 8. *De sacra Traditione.*

Ce numéro est nouveau. Le texte de 1963, en effet, ne donnait aucune description, aucune notion substantielle, de la Tradition. Beaucoup de Pères (près de 280) ont demandé qu'on proposât les éléments d'une théologie de la Tradition. Ce numéro s'efforce de le faire. Il parle d'abord de la tradition au niveau apostolique, puis à celui de la vie historique de l'Eglise. Le Nouveau Testament atteste l'existence de traditions orales. Cependant, l'objet ou le contenu de la Tradition est défini, non, comme on l'a fait trop exclusivement, en réaction contre la Réforme, par un ensemble de vérités ou points que l'Ecriture n'énoncerait d'aucune façon, ce qui est une façon assez mauvaise de poser la question en termes de concurrence, mais comme touchant tout ce qui est nécessaire au Peuple de Dieu pour vivre saintement : l'Eglise transmet sans cesse, aux générations qui viennent, « tout ce qu'elle est, tout ce qu'elle a, tout ce qu'elle croit ».

La Tradition est montrée ensuite dans l'Histoire, comme Tradition *vivante* et qui connaît un développement. Deux voies de ce développement sont indiquées : la méditation (dans laquelle on inclut le travail théologique) et l'expérience des réalités spirituelles. C'est la première fois qu'un texte conciliaire énonce aussi franchement le fait du développement. Le premier Concile du Vatican ne l'avait fait que timidement, en citant le texte bien connu de S. Vincent de Lérins. Mais Vincent de Lérins insistait surtout sur l'identité, voire l'immutabilité substantielle, et telle était encore la perspective de Pie IX et de Vatican I. Or, le développement n'atteint pas seulement l'extérieur des formules, il atteint la connaissance du contenu même du dépôt... Sans traiter à cet endroit des relations entre la Tradition et l'Ecriture, on note que, dans la Tradition, les saintes Ecritures sont connues comme telles (question du Canon) avec une absolue certitude, et qu'elles ne cessent de se montrer actives.

N° 9. *Sacrae Traditionis et Sacrae Scripturae mutua relatio.*

C'est le titre de l'ancien n°8, mais avec inversion des deux termes : la Tradition est temporairement première. On a repris le texte ancien, dont la formulation avait coûté tant de peine à la Commission mixte. Il ne fallait pas toucher à l'équilibre et à la paix si difficilement obtenus. Ce fut, du reste, un principe scrupuleusement observé dans le travail de la sous-commission, de ne pas dirimer le débat actuellement encore pendant au sujet de ce qu'on appelle la suffisance ou l'insuffisance matérielle de l'Ecriture : la Tradition contient-elle des vérités de foi que l'Ecriture ne contient pas, serait-ce implicitement ou confusément ? Aucune formule du *De Revelatione* n'exclut, soit la réponse affirmative, soit la réponse négative. Le texte permet de tenir l'une ou l'autre position, à charge évidemment, de satisfaire, tant à la doctrine catholique qu'aux faits et à l'histoire. C'est conformément à ce souci qu'on s'est contenté, au début du n° 8, de dire que la prédication apostolique est exprimée, dans les écrits inspirés, *speciali modo.* L'expression est un peu froide et vraiment courte, mais si l'on avait dit, par exemple, *excellentiori modo*, on eût pu paraître insinuer une plus grande extension du contenu, ce dont on voulait s'abstenir. Le *specialis modus* est expliqué : c'est au titre de l'inspiration.

On a seulement ajouté ici, à la formule de 1963, un texte proposé par un Père : « L'Ecriture est la Parole de Dieu consignée par écrit sous le souffle du Saint-Esprit ; la Tradition est l'esprit, l'enseignement, les exemples et commandements du Christ fidèlement transmis par la prédication des Apôtres et de leurs successeurs, avec l'assistance du Saint-Esprit ». Il est clair que cette formule, prise au sens rigoureux, ne s'applique qu'à ce qui est de Tradition divine ou, à la rigueur, divino-apostolique.

N° 10. *Utriusque relatio ad totam Ecclesiam et Magisterium.*

Ce numéro reprend le contenu des anciens n° 9 et n° 10, mais on parle cette fois, plus sainement qu'en 1963, du rapport de l'Ecriture et de la Tradition, non seulement avec le magistère, mais avec toute l'Eglise. On le fait en assumant l'expression bien connue de saint Cyprien sur l'Eglise, « plebs sacerdoti suo adunata » et celle de Newman, reprise dans la bulle *Ineffabilis* de Pie IX et la constitution *Munificentissimus* de Pie XII : « conspiratio antistitum (pastorum) et fidelium ». Toute l'Eglise garde le dépôt, en vit, le transmet, et contribue à le développer. Mais il revient au magistère d'interpréter authentiquement son contenu. On dit : « Verbum Dei scriptum vel traditum », mais on a omis la phrase de 1963 qui rappelait un peu « les deux sources » de 1962, à savoir « in una vel altera parte depositi ». On n'a pas non plus repris, dans la rédaction nouvelle, la phrase du texte de 1963 canonisant, en quelque sorte, l'idée, assez courante en théologie, selon laquelle le dépôt serait « règle éloignée », et le magistère « règle prochaine » de la Foi. Nous avions déjà noté que cette distinction scolaire, apparemment pratique, est assez discutable. Elle a l'inconvénient d'appliquer également le terme de *regula* au dépôt objectif et au magistère, ce qu'un saint Thomas évitait généralement de faire. En réalité, seule la vérité *objective* est « règle » de la Foi : le nouveau texte dit bien que le magistère lui est lié, « docens nonnisi quod traditum est ». On a beaucoup abusé, dans la théologie moderne, de l'idée de « Tradition active », en en faisant parfois l'équivalent de la Tradition tout court, alors que les Pères ont entendu d'abord par *Traditio* l'objet ou le dépôt transmis. Il faudrait réserver l'expression de « règle » à l'objet, et appeler le magistère, non « règle prochaine », mais *juge* des traductions et des interprétations qu'on donne du dépôt, dans l'Eglise.

En résumé, on peut dire que la nouvelle rédaction touchant la Tradition;

1°) dit quelque chose, alors que l'ancienne disait à peu près rien ;

2°) satisfait aux requêtes des Pères, en parlant de Tradition *réelle* et de Tradition *vivante* ; également en marquant le rôle de *toute* l'Eglise;

3°) évite d'entrer dans le débat actuel sur le contenu matériel respectif de l'Ecriture et de la Tradition, n'exclut ou ne condamne aucune des positions tenues librement aujourd'hui dans l'Eglise.

# PERSONENREGISTER

Adam, K. 81, 113, 119
Alberigo, G. 22, 41, 34f., 46f., 76f., 353
Albertus Magnus 322
Allmen, J. J. von 263
Allo, E. B. 130
Anacker, U. 147
Aristoteles 39
Aron, R. 146ff.
Asting, R. 140
Aubert, R. 17, 25, 33, 34f., 41, 46f., 76f.
Auer, A. 7, 179
Augustinus 12, 130, 191, 236

Bacht, H. 131, 133
Bainvel, J. 130
Balic, C. 281
Balthasar, H. U. von 1
Barbado, F. 283
Basilius von Cäsarea 198
Barth, K. 13, 95, 130, 195, 239f., 325, 365f.
Batiffol, P. 22–24, 39, 47, 62, 72, 136
Bauer, J. B. 150, 312
Baumgartner, H. M. 147, 157
Bea, A. 282, 284
Beauduin, L. 13, 130
Bellarmin, R. 127
Benoit, A. 150
Benoit, P. 130, 365f.
Berdiaeff, N. 13, 145
Bergson, H. 77
Berr, H. 146
Betti, U. 283f., 343
Betz, J. 49, 126
Beumer, J. 127
Biemer, G. 127
Billot, L. 130
Bivort de la Saudée, J. de 89
Bloch, M. 87, 146ff.

Blondel, M. 9, 17, 25–35, 44, 48–51, 56, 64, 72, 75, 77, 84f., 94, 108, 130, 153f., 179f., 210, 224, 235, 268f., 275, 371
Blum, G. G. 150
Böckle, F. 127
Boeckler, R. 132
Boff, L. 362, 371
Bonaventura 128, 322
Bonnard, P. 143
Bosco, G. (Don) 10
Botte, B. 130
Bouillard, H. 25, 81
Boulgakov, S. 13, 66
Bouyer, L. 96, 130f., 308, 366
Braudel, F. 146
Brunetière, F. 34
Buber, M. 161, 272
Bultmann, R. 2, 95f.
Burke, P. 334
Butler, C. 283

Cambier, J. 138
Camp, H. van 312
Cardijn, J. 14
Casel, O. 77, 130, 211, 234, 252
Castelli, E. 17, 307
Castellino, G. 283
Cerfaux, L. 130, 136, 138, 184
Certeau, M. de 146f.
Charue, A. M. 283
Chenu, M. D. 1, 11f., 17, 22, 33ff., 37–48, 56, 62, 81f., 130, 147f., 324
Clemens von Rom 167
Clérissac, H. 12
Collingwood, R. G. 146
Colombo, C. 283
Comblin, J. 1
Comte, A. 18
Condorcet, M. J. de 17
Conzelmann, H. 138, 144
Coulanges, F. de 144

Couturier, P. 13
Croce, B. 141
Cullmann, O. 80, 95ff., 127, 130f., 138, 146, 191–195, 209, 365f.
Cyprian von Karthago 226, 279, 284, 289

Daly, G. 17
Daniélou, J. 76ff., 81, 95f., 125, 130, 146, 277, 308, 334
Dansette, A. 17, 25, 277
Darlap, A. 147
Deneffe, A. 204
Déscamps, A.-L. 361
Dillenschneider, C. 127
Dodd, C. H. 95f.
Dodewaard, J. van 283
Dostojewski, F. 14
Drey, J. S. 43
Dubarle, D. 11, 17, 25, 33
Dulles, A. 275
Duployé, P. 11
Dupuy, B.-D. 275f., 278
Duquesne, J. 33, 148f.

Ebeling, G. 130, 132, 239
Emery, P. Y. 263

Febvre, L. 87, 146ff.
Feckes, C. 62
Feiner, J. 127
Féret, H.-M. 11, 37, 44, 82
Feuillet, A. 130, 325
Flesseman-Van-Leer, E. 127, 130, 152
Florit, E. 283f., 290
Florovsky, G. 130
Fouilloux, E. 37
Franic, F. 290
Franzelin, J. B. 131, 220, 259
Fries, H. 49, 126
Frey, C. 10, 33, 37, 76–81
Frisque, J. 46, 77, 131
Fröhlich, K. 131

Gagnebet, R. 130, 283, 290
Gardeil, A. 11, 22, 33–40, 43, 45f., 56, 62, 72, 74, 130, 171
Garofalo, S. 283, 290

Garrigou-Lagrange, R. 9, 38, 44, 130
Geiselmann, J. R. 49, 126, 131, 138, 237, 284
Ghellinck, J. de 130
Gibson, E. 345
Gillet, L. 13
Gilson, E. 13, 59
Godin 14, 76
Goff, J. le 147
Goppelt, L. 138
Gouhier, H. 17
Grandmaison, L. de 22, 33, 39, 47, 72, 117, 130
Gratian 338
Gratieux, A. 13
Gregor der Große 97
Greisch, J. 17, 21
Grelot, P. 143
Grillmeier, A. 283
Grosche, R. 95
Gründer, K. 147
Guardini, R. 85
Gucht, R. van der 19
Günther, A. 19
Guérard des Lauriers, M. L. 93
Guéranger, P. 130

Halder, A. 147
Halphen, L. 318
Harnack, A. von 19f.
Hasenhüttl, G. 343
Hegel, G. F. W. 77
Heidegger, M. 48, 272
Heiler, F. 12
Henrici, P. 25, 50
Hermes, G. 19
Hermesmann, H. G. 131
Heuschen, J. 283, 286
Hilarius von Poitiers 221
Hippolyth von Rom 226
Holstein, H. 127, 131
Horst, U. 127
Hünermann, P. 147
Hüttenbügel, J. 89

Irenäus von Lyon 49, 73, 130, 150, 226, 236, 279, 285, 344, 364
Iserloh, E. 49

Jacquin, M. 11, 37, 46, 72, 130
Joachim von Fiore 309
Johannes XXIII. 348, 354
Johannes Paul II. 356
Journet, C. 84, 96, 130, 215f.
Jossua, J. P. 7–14, 78f., 82f.
Jundt, A. 13
Jungmann, A. J. 130

Käsemann, E. 193
Kant, I. 53
Kasper, W. 2, 131, 147
Kerrigan, A. 283
Khomiakov, A. S. 86
Kierkegaard, S. 13, 42, 65, 77, 272
Kinder, E. 130
Klinger, E. 275, 277f.
Köhler, O. 147
Koster, M. D. 127
Küng, H. 315, 329, 371
Kuhn, J. Ev. 245

Laberthonnière, L. 9, 179
Labourdette 277
Lacordaire, H. 10, 50, 370
Lagrange, M.-J. 11, 17, 19f., 22–25, 37ff., 46f., 62, 119, 130, 192
Lallement, D. 9f., 13
Lammenais, H. F. R. de 117, 370
Lang, H. 56
Langlois, V. 146
Larcher, G. 17f., 21f., 22–25, 37ff., 46f., 62, 119, 130, 192
Lecerf, A. 13
Ledwith, M. 132
Leenhardt, F. J. 263
Leeuwen, P. van 276
Lefebvre, M. 299, 302ff.
LeGuillou, M.-J. 1, 7, 10, 71, 78, 221, 317
Lehmann, K. 3, 147
Lemonnyer, A. 11, 37f., 41, 45f., 72, 130
Lengsfeld, P. 127, 131
Lennerz, H. 127
Leo der Große 190
Leo XIII. 277
Léon-Dufour, X. 130
LeRoy, E. 35, 41

Leuba, J. L. 130ff., 138, 263
Leverrier, U. 222
Lialine, C. 13
Löser, W. 3, 147
Lohfink, N. 361
Loisy, A. 13, 19f., 24f., 35, 41, 256
Lortz, J. 49
Lossky, V. 130
Lubac, H. de 1, 84, 95, 308f., 334
Luther, M. 12f., 53, 58, 240
Lutz-Bachmann, M. 3, 147

MacDonald, C. 2f., 7, 48, 78f., 126, 178f., 271, 317, 337, 372
Mandonnet, P. 11, 37f., 41, 45f.
Manns, P. 49
Marcel, G. 9, 13, 272, 321
Maréchal, J. 19
Marin-Sola, F. 37, 43, 224, 321
Maritain, J. 9, 13
Marlé, R. 160
Marrou, H. I. 147f., 318
Martimort, A.-G. 130
Marx, K. 77
Maydieu, A.-J. 11
Mehlhausen, J. 147
Mersch, E. 62, 75, 84f., 96, 180
Metz, R. 305
Minde, H. J. vander 138
Möhler, J. A. 11, 41, 44f., 49, 56, 64, 66–71, 77, 79, 82, 84ff., 131, 152, 154, 202, 226, 230
Moeller, C. 275, 283f., 291
Monod, G. 146
Monod, W. 13
Mounier, E. 13
Mouroux, J. 1
Müller, P. G. 138, 144

Nautin, P. 187
Neufeld, K. H. 17
Newman, J. H. 34, 39, 43, 49, 64, 77, 79, 84, 86, 127, 131, 141, 154, 203ff., 236, 269, 289, 321
Nietzsche, F. 77
Nora, P. 147
Novatian 226
Nygren, A. 213

Ollig, H.-L.  147
Origines  130
Ortigues, E.  237
Osner, M.  3, 178
Ottaviani, A.  275, 278, 280ff., 290

Pannenberg, W.  147
Parente, P.  277, 280ff.
Pascal, B.  12, 56, 84, 158, 198, 260
Passaglia, C.  131, 259
Paul VI.  283, 285, 292, 352, 376
Péguy, C.  14, 354
Pelletier, G. L.  283
Perrone, G.  131, 220, 259
Philips, G.  283
Pius V.  303
Pius IX.  205, 352
Pius X.  303
Pius XI.  10, 12
Pius XII.  62, 304, 352f.
Plato  272
Plutarch  7
Potterie, I. de la  130
Pottmeyer, H. J.  349
Poulat, E.  17, 20, 22f.
Poupard, P.  270, 368
Prignon, A.  283
Puyo, J.  3, 7f., 11–14, 45, 48, 56, 66, 78f., 82, 103, 147, 270f., 307f., 310, 313, 315, 375ff.

Rabeau, G.  37
Raffelt, A.  25
Rahner, K.  1, 130f., 187, 191, 193f., 276f., 283f., 286, 308ff., 327f., 339, 352
Rast, T.  19
Ratzinger, J.  128, 131, 275f., 277, 280, 282f.
Reding, M.  81
Remond, R.  351
Renan, E.  18
Renard, B.  308
Ricoeur, P.  324
Riesenfeld, H.  136
Rigaux, B.  283
Ritschl, A.  52
Rivière, J.  17, 39
Rodger, P. C.  132

Roland-Gosselin, M.-D.  48
Rordorf, W.  150
Rousseau, J.-J.  105f.
Rousseau, O.  13
Rousselot, P.  56, 77, 84
Roqueplo, H. D.  131

Sabatier, A.  52
Schaeffler, R.  17, 145, 147
Schauf, H.  281–284
Scheeben, M.-J.  49, 86, 131, 153, 204, 259
Scheler, M.  164, 235
Scherer, R.  25
Schierse, F. J.  143
Schillebeeckx, E.  1, 278, 308f., 371
Schleiermacher, F.  48, 52f.
Schlette, A.  25
Schlick, J.  305
Schlink, E.  339
Schmaus, M.  127f.
Schmitz, J.  25, 174
Schneider, A.  130, 150
Schoonenberg, P.  327
Schrader, C.  131
Schultes, P.  39
Schultz, H. J.  7, 179
Schwalm, M.-B.  12
Schweitzer, A.  95, 128
Seckler, M.  174
Seeliger, H. R.  147
Seignobos, C.  146
Semmelroth, O.  277, 283
Sertillanges, A.-D.  9
Sillon  117
Skydsgaard, K. E.  130, 132
Smulders, P.  128, 130, 132
Söhngen, G.  138
Spaemann, R.  147
Splett, J.  147
Stakemeier, E.  276, 282ff., 290f.
Stolz, A.  59

Taine, H.-A.  18
Tavard, G. H.  128, 131
Teilhard de Chardin, P.  81
Tertullian  226
Théobald, C.  17, 21ff., 25
Therese von Lisieux  10

Thierry, A. 146
Thomas von Aquin 9, 12, 24, 33–35, 38, 45, 47, 49, 56, 59, 61, 75, 78, 84f., 110, 126, 130, 171f., 232, 253, 309f., 322, 327, 338, 364
Thurian, M. 130, 263
Tillich, P. 325
Tromp, S. 80, 275–278, 282ff.
Trütsch, J. 127
Tyrrell, G. 35, 41, 308

Vajta, V. 150
Veiga Coutinho, L. da 128, 131
Verne, J. 7
Verweyen, H. 26, 51

Vigouroux, F. 192
Vinzenz von Lerin 217, 279
Virgoulay, R. 23, 26
Vischer, L. 132
Vischer, W. 93
Volk, H. 277
Vooght, P. de 128
Vorgrimler, H. 19, 147, 276

Wegenast, K. 138
Wengst, K. 138
Willebrands, J. G. M. 282, 284
Wittstadt, K. 275, 277f.

Yves von Chartres 338